# HISTOIRE

DU

# COMMERCE DE MONTPELLIER.

# HISTOIRE
# DU COMMERCE
## DE MONTPELLIER,

ANTÉRIEUREMENT A L'OUVERTURE DU PORT DE CETTE,

RÉDIGÉE D'APRÈS LES DOCUMENTS ORIGINAUX,
ET ACCOMPAGNÉE DE PIÈCES JUSTIFICATIVES INÉDITES;

PAR

## A. GERMAIN,

PROFESSEUR D'HISTOIRE A LA FACULTÉ DES LETTRES DE MONTPELLIER,
MEMBRE CORRESPONDANT DE L'INSTITUT.

### TOME II.

MONTPELLIER,
IMPRIMERIE DE JEAN MARTEL AINÉ,
RUE DE LA CANABASSERIE, 2.
1861

# HISTOIRE

DU

# COMMERCE DE MONTPELLIER.

## V.

### COMMERCE DE MONTPELLIER AVEC LE LEVANT.

Les traces les plus reculées qui subsistent des relations de Montpellier avec le Levant, datent des Croisades. La part qu'eurent nos évêques et nos seigneurs à ces pieuses entreprises, accrut nécessairement les rapports des deux pays, et le commerce ne fut pas le dernier à en tirer avantage. De là, les importantes stipulations et les précieux priviléges conservés dans les diverses Archives. Un des plus anciens bienfaits de cette nature est celui qu'octroya en 1187 Conrad de Montferrat aux bourgeois de Saint-Gilles, de Montpellier, de Marseille et de Barcelone, en reconnaissance du secours qu'ils lui avaient prêté contre Saladin, de pouvoir entrer librement dans ses possessions et en sortir de même, sans payer d'impôt. Il leur permit, en outre, d'avoir à Tyr un consulat, pour y diriger leurs affaires et y juger leurs simples différends, avec four et droit de balances et de mesurage [1]. Il paraîtrait que le roi de Jérusalem Gui de Lusignan accorda à nos marchands des faveurs analogues dans sa ville de Saint-Jean d'Acre et le reste de ses états ; car une charte du 25 octobre 1190, renfermant des concessions au profit des Marseillais, les assimile, quant aux prérogatives, aux gens de Montpellier [2].

Mais ce fut durant le cours du XIII<sup>e</sup> siècle que le

---

[1] Méry et Guindon, *Histoire analytique et chronologique des actes et des délibérations du corps et du conseil de la municipalité de Marseille*, I, 190. — Les rapports commerciaux de Montpellier avec l'Orient seraient même antérieurs aux Croisades, si l'on consultait la tradition. Le choix que les habitants d'Ascalon firent en 1099 de Raymond de Saint-Gilles, pour se donner à lui, préférablement aux autres princes de l'armée des Croisés, aurait été motivé, selon Guillaume de Malmesbury *(De gest. reg. Anglor., lib. V)*, par la réputation de probité et d'héroïsme dont les marchands de Montpellier commerçant en Syrie avaient honoré spécialement ce seigneur : « *Quod multi, eo antea a Montepessulano navigio venientes negotiatum, fidem ejus et virtutem in cœlum tulerant.* »

[2] « *Si hominibus Montis Pessulani nos majorem libertatem dare obtigerit, concedimus ut eadem gaudeatis libertate.* » Méry et Guindon, *ibid.*, I, 195. Cf. Papon, *Hist. de Prov.*, II, Pr. 25.

commerce montpelliérain atteignit en Orient son plus grand lustre. Tous les ports, toutes les villes maritimes s'ouvrirent alors à lui comme de concert, et l'histoire ne signale aucun lieu qui lui soit demeuré fermé. La liste des priviléges qu'il obtint constitue un de nos plus beaux titres de gloire, en même temps qu'une de nos principales sources de richesse. Partout où les bourgeois de Marseille acquéraient des priviléges, ceux de Montpellier s'en faisaient délivrer également. On eût dit que le commerce maritime des deux villes allait de pair, et que l'une d'elles ne pouvait progresser sans l'autre. Lorsqu'au mois de mars 1236, par exemple, le roi de Chypre Henri Ier de Lusignan gratifia d'enviables avantages commerciaux les Marseillais, il admit du même coup à leur participation les habitants de Montpellier. Il leur concéda en commun, sur la demande de leurs représentants respectifs, Geraut Oliver et Raymond de Conches, l'autorisation d'introduire dans son royaume insulaire toute espèce de marchandises, en payant seulement un bezant sur cent, et sans rien acquitter pour celles qu'ils ne vendraient pas, à moins qu'elles ne vînssent des terres du sultan d'Iconium. Dans ce dernier cas, ils auraient à débourser une fois pour toutes, comme droit protecteur de l'industrie chypriote contre la concurrence turque, un bezant par quintal d'alun, deux bezants par quintal de laine, un bezant par centaine de peaux de bouc ou de chèvre, un demi-bezant par rote de soie, un bezant par quintal de drap de soie ou de toute autre marchandise [1].

Ce privilége profitait surtout aux denrées occidentales. Toutes les populations du Midi de la France furent, d'une manière générale, admises à y prendre part; mais les commerçants de Marseille et de Montpellier en furent, d'après le texte même de la charte officielle, les promoteurs. Il parut alors si important, que, dans le but sans doute d'en maintenir la perpétuité, on crut devoir réclamer pour lui la sanction du Saint-Siége. Innocent IV le confirma le 18 mars 1250 [2].

Ce ne sont pas là les seules concessions que sollicitèrent et obtinrent en Orient, au XIIIe siècle, les représentants du commerce de Montpellier. Nous avons l'original d'un privilége analogue que leur octroya, en février 1243, Bohémond V, prince d'Antioche et comte de Tripoli. Ils y acquièrent la faculté de payer sim-

---

[1] Voy. le texte de cette concession dans l'*Histoire analytique et chronologique des actes et des délibérations du corps et du conseil de la municipalité de Marseille*, par Méry et Guindon, I, 419. Cf. Ruffi, *Hist. de Marseille*, I, 96, et Depping, *Hist. du commerce entre le Levant et l'Europe*, II, 84. — Le rote ou rotl de Chypre était un poids qui paraîtrait avoir équivalu à deux kilogrammes et demi d'aujourd'hui. Voy. M. de Mas-Latrie, *Relations de l'Asie-Mineure avec l'île de Chypre*, *Biblioth. de l'École des chartes*, 2e série, I, 307.

[2] MM. Méry et Guindon (*ibid.*, I, 422) ont publié la bulle de cette confirmation, où se trouve reproduite la concession de Henri Ier de Lusignan.

plement le tiers des droits exigibles dans sa ville de
Tripoli, avec l'autorisation d'y occuper une rue spéciale
pour leur résidence, et un hôtel particulier ou *fondique*
pour leur consulat. En cas de querelle, soit entre eux,
soit avec les Génois ou les Pisans, leur consul devait
prononcer. Non-seulement les hommes de Montpellier
jouiraient à Tripoli de la plus entière sécurité, quant
à leurs personnes et leurs marchandises, mais, s'il
leur arrivait d'être arrêtés ou détenus sur une terre en
relation d'amitié avec le prince d'Antioche, celui-ci
aurait à les réclamer comme ses propres sujets. Bohémond V mettait, toutefois, une condition à ces faveurs :
c'est que les marchands montpelliérains conduiraient
chaque année au port de Tripoli un navire d'au moins
quarante hommes d'équipage et d'au moins huit cents
quintaux de marchandises. Le privilége était valable
pour dix ans, à partir du jour où le premier navire
ferait son apparition; et, de même, il devait être annulé
à l'expiration de la première année qui s'écoulerait sans
l'accomplissement d'un voyage de cette nature [1].

[1] Voy. *Hist. de la Comm. de Montp.*, II, 513, où nous avons édité ce privilége, d'après l'expédition originale qu'en possèdent nos Archives. Il existe à la Bibliothèque impériale de Paris, Fonds de Languedoc, Tom. LXXIX, fol. 224, un acte identique, avec la seule variante du mot *Constantinople* substitué à celui de *Tripoli*. Mais cette substitution ne proviendrait-elle pas d'une erreur de copiste, en vertu de laquelle *Cuens de Triple* aurait été lu *Constantinople?* Bohémond V n'était guère en position d'accorder pour la capitale de l'empire d'Orient un privilége de ce genre; et la

Nos marchands jouissaient de faveurs équivalentes dans la capitale et dans toute l'étendue de l'empire d'Orient. Un rescrit impérial, sans date, quant à la copie du moins que nous en avons eue sous les yeux [1],

parité de date qui caractérise les deux textes prouve, d'ailleurs, par une raison péremptoire d'*alibi*, l'inexactitude de la transcription. Le chef de la principauté d'Antioche, se fût-il, du reste, rencontré en février 1243 au sein de cette métropole, eût été inhabile à y rien statuer la concernant, Constantinople se trouvant alors sous le sceptre de l'empereur Baudouin II. Les Bénédictins, malgré leur sagacité habituelle de critique, ont donc eu tort d'admettre dans leur *Histoire générale de Languedoc*, III, 531, l'authenticité de cette pièce prétendue byzantine. Le Charles auquel ils la rapportent semble n'être lui-même qu'un nom imaginaire, résultant d'un vice de lecture, analogue à celui qui a induit Gariel (*Ser. præsul. Magal.*, I, 357) à dénaturer en Benjamin notre Bohémond V. — La méprise est d'autant plus regrettable, que, sur la foi de ses auteurs, elle a été reproduite par Capmany.

[1] Biblioth. impér. de Paris, Fonds de Languedoc, Tom. LXXIX, fol. 225. — M. Pardessus ne devait pas connaître ce document, quand il déplorait l'absence d'actes authentiques constatant l'autorisation pour Montpellier de commercer, à l'exemple de Narbonne, dans l'empire grec, ap. *Lois maritimes*, III, CVIII et CIX. — C'est vraisemblablement le double original de ce rescrit qu'enregistre un inventaire de 1495, en ces termes : « *Item ung privileige, script la mitat en lectre hebraica, et l'autre mitat en lectra romana, de la ciutat de Contastinnoble, so es marchans de Montpellier puesguen navigar en la dicta ciutat et per touta la seignouria, en pagant los dretz, signat dessus C. P.* » Mais qu'est devenu ce double original grec et latin? (Car l'hébreu ne semble avoir dû exister ici que pour l'œil d'un archiviste ignorant.) Nous l'avons vainement cherché. Il avait déjà disparu de nos Archives en 1662, lors de la rédaction de l'inventaire de Louvet, où il ne figure pas.

mais paraissant devoir se rattacher à la première moitié du XIVe siècle, leur accorde de précieux avantages pour leur commerce, en fixant à quatre pour cent le droit d'entrée ou de sortie payable pour leurs marchandises dans les ports byzantins, et en les affranchissant de la ruineuse solidarité qui les rendait responsables des pertes infligées par les corsaires occidentaux au négoce des sujets établis sur le territoire de l'Empire. L'empereur renonce à leur égard, par le même rescrit, aux bénéfices que lui rapportait la coutume barbare, encore suivie dans beaucoup d'états, de s'adjuger les dépouilles des naufragés. Il leur permet, en outre, d'instituer et d'entretenir dans ses possessions un consul, ayant charge de représenter leurs intérêts et de régler leurs différends, en dehors toutefois des causes capitales. Il les autorise, de plus, à avoir dans ses domaines une loge, avec un ou plusieurs tribunaux de commerce, et des prisons, à la condition cependant de ne pas introduire parmi leurs propres marchandises d'objets étrangers, pour lesquels un droit plus fort serait exigible, et de révéler au plus tôt les entreprises de piraterie qu'ils sauraient menacer quelque partie de

Gariel paraîtrait cependant l'avoir vu. « *Extant* », écrivait-il en 1665, dans le *Series præsulum Magalonensium*, I, 37, « *privilegia a Paleologo mercatoribus nostris data græce, latineque ex parte conscripta, quorum sigillum, quia ex auro puro putoque impressum erat, ablatum nunc est : ansam furto dedit materiæ pretium. In urbanis etiam codicibus nostris reperiuntur concessionis pro commerciis tabulæ, græco idiomate scriptæ.* »

l'empire d'Orient. Il est fâcheux que nous ne lisions ni l'époque précise de ce rescrit ni le nom de l'empereur qui l'a octroyé. Si pourtant, comme tout nous conduit à le supposer, l'acte est contemporain du diplôme de même genre publié par Du Cange [1] concernant le commerce de Narbonne, l'auteur de cette précieuse concession doit avoir été Andronic III.

On signalerait bien peu de points des régions orientales que n'ait pas embrassés dans son rayonnement, au XIII⁰ et au XIV⁰ siècle, le commerce de Montpellier. Il enveloppait toutes les échelles du Levant, avec Rhodes, Chypre, Saint-Jean d'Acre, Alexandrie [2] pour principaux centres, et se répandait de là jusqu'aux lointaines extrémités, s'imposant en tous lieux, et se faisant respecter par tous les monarques [3]. Les sou-

[1] Dans ses *Familiæ byzantinæ*, pag. 237-238. — Le texte identique de ce diplôme de Narbonne nous a servi à rectifier celui de Montpellier, que nous avons emprunté au volume LXXIX du Fonds de Languedoc, de la Bibliothèque impériale de Paris, et que nous éditons parmi nos Pièces justificatives, N⁰ cxxi. Nous avons inutilement cherché le manuscrit de la bibliothèque d'Aubais, auquel renvoie la copie annexée à ce volume.

[2] Nos marchands paraîtraient avoir eu, dès le XIII⁰ siècle, un établissement assez considérable à Alexandrie, d'après la charte de rémission qu'ils obtinrent de Jayme I⁰ʳ le 27 décembre 1264, et que conservent nos Archives municipales, Arm. A, Tiroir XVIII, N⁰ 3. — P. J., xxxviii.

[3] Plusieurs de ces monarques y prenaient part pour leur compte personnel. On lit, au Tome I⁰ʳ du *Recueil des lettres patentes de la sénéchaussée de Nîmes*, fol. 260, une sorte de passavant, au

verains de la Petite-Arménie eux-mêmes lui accordaient de remarquables priviléges. Il existe dans le Grand Chartrier de nos Archives municipales des concessions de cette nature, émanées des rois Oschïn et Léon V, aux dates de 1314 et de 1321 [1].

nom du roi de Chypre Hugues IV de Lusignan, relatif à six cents caisses de sucre en poudre, qu'il adressait, le 15 mars 1354, à Raymond Serralier, marchand de Narbonne, possédant une maison à Montpellier. Nous avons également une reconnaissance de Jayme Ier, du 7 avril 1262, qui mentionne cent huit balles d'alun d'Alep et dix sacs de graine à écarlate, reçus d'un de nos marchands, Jean Boisson, par le poivrier Pierre de Fontaines et par le notaire Guillaume Arnaud, au profit de ce prince. — P. J., xxxvi.

[1] Ces deux documents sont en langue arménienne. Nous en devons l'interprétation à la gracieuse obligeance de M. Dulaurier, professeur à l'École des langues orientales de Paris. Par le premier, le roi Oschïn permet aux marchands de Montpellier de trafiquer librement dans toute l'étendue de ses états, à la charge d'acquitter à la douane d'Aïas un simple droit de deux pour cent. L'autre diplôme a pour objet de maintenir la concession, et il se rapporte au fils d'Oschïn, le roi Léon V. Ces deux pièces, d'une très-haute valeur historique, sont des chartes originales, sur papier d'Orient. M. Pardessus en ignorait vraisemblablement l'existence, lorsqu'il a rédigé, touchant le commerce des Occidentaux avec la Petite-Arménie, le chapitre imprimé aux pages xvii et xviii du Tome III de son importante *Collection de lois maritimes*. Un ancien inventaire, à la date de 1495, mentionne comme existant alors dans nos Archives municipales de Montpellier, Arm. A, Cass. XVII, trois pièces de ce genre, d'où il résulterait que l'une d'elles se sera perdue depuis. Voici, d'après M. Dulaurier, la traduction des deux qui subsistent. Le lecteur y verra, en la rapprochant du paragraphe déjà indiqué de M. Pardessus, que nos marchands

Mais c'étaient surtout les îles de la Chrétienté d'Orient que fréquentait notre commerce montpel-

montpelliérains y sont traités à l'instar des marchands vénitiens et génois, c'est-à-dire à l'égal des commerçants les mieux favorisés de ce temps-là.

### I.

« En vertu de l'ordre sublime du roi.

» Sache, baron Oschïn Ehannents, proximos, que nous te don-
» nons l'ordre suivant : — Les marchands de Montpellier, partout
» où ils se transporteront dans notre pays, soit à Aïas, soit dans
» tout autre lieu où ils iront et viendront successivement, pour
» trafiquer dans notre pays gardé par Dieu, jouiront à Aïas du
» privilége suivant : A la douane de cette ville, sur les marchan-
» dises qu'ils vendront ou achèteront, ils paieront deux pour cent
» seulement. Aie ceci pour entendu. En l'année 763 de la grande
» ère, le 7 janvier.... »

*(Au verso)* : « De la part de moi, Oschïn Ehannents, proximos,
» sache, Thoros Mikhaïlents, préposé en chef de la douane d'Aïas,
» que tu aies à recevoir l'ordre sublime, écrit de la main du roi,
» et à le faire exécuter aux balances de la douane; et agis en con-
» séquence de ce qui est relaté et prescrit d'autre part. »

### II.

« En vertu de l'ordre sublime du roi.

» Sache, baron Bedros, proximos, que les marchands de Mont-
» pellier nous ont remis le privilége que notre père défunt en
» Jésus-Christ leur avait concédé, privilége que nous avons vu, et
» qui porte que, soit à Aïas, soit dans toute autre partie de notre
» pays gardé par Dieu, où ils iront et viendront pour le commerce
» qu'ils font à Aïas, ils nous paieront comme droits à la douane
» de cette ville, sur les marchandises qu'ils achèteront ou vendront,
» deux pour cent seulement. Nous t'enjoignons de veiller au main-
» tien du privilége que notre père leur a accordé. Aie ceci pour

liérain. Ces avant-postes de la civilisation, conquis par l'héroïsme et le sang des Croisés, servaient en même temps d'entrepôts à l'industrieuse activité du négoce occidental, et nos marchands en sillonnaient chaque jour de leurs navires les parages. Le grand-maître des Chevaliers de Rhodes, Roger de Pins, leur octroie, par une charte du 18 juillet 1356, l'autorisation d'entretenir dans sa capitale un consul, chargé de prononcer sur leurs différends commerciaux ou maritimes, avec droit de recourir aux prisons publiques, en cas de désobéissance, et de condamner à une peine pécuniaire n'excédant pas cinquante bezants. Ce consul serait envoyé directement de Montpellier. Mais, s'il s'absentait ou changeait de résidence, il se concerterait, avant son départ, avec les autres marchands montpelliérains établis à Rhodes, pour se désigner un rem-

» entendu. Le 16 de mars, 4ᵉ année de l'ère, et 770 de la grande
» ère.
   » Fais mettre cet écrit en forme de privilége. »
   *(Au verso)* : « Nous, Héthoum, chambellan, et Héthoum, séné-
» chal, nous notifions les volontés du roi. *(Signé)* Héthoum. *(Signé)*
» Héthoum.
   » De la part de moi Bedros.... ouents, sache, baron Gosdants,
» préposé en chef de la douane d'Aïas, que tu aies à recevoir l'ordre
» sublime du roi, écrit de sa main, ordre que les baïles ont tran-
» scrit d'autre part, et à le faire exécuter aux balances de la douane.
» Que ceci soit accompli comme c'est ordonné d'autre part. »
   Voy., pour le texte et pour l'explication de ces deux documents, les savantes *Recherches* de M. Dulaurier *sur la Chronologie arménienne*, 1ʳᵉ partie, Appendice, pag. 187-191.

plaçant, investi de semblables pouvoirs. Le consul venant à mourir dans l'exercice de ses fonctions, ce serait également aux marchands de Montpellier pour lors à Rhodes qu'incomberait le soin de lui donner un successeur, jouissant des mêmes avantages. Ce consul connaîtrait non-seulement des débats existants entre ses concitoyens, mais encore des différends soulevés contre eux par des personnes de n'importe quel pays, sauf appel à la juridiction locale. Si toutefois le demandeur uniquement était de Montpellier, cette dernière juridiction aurait aussi uniquement compétence pour juger le litige. Les marchands seraient, en outre, autorisés à faire construire, ou à se procurer d'une manière quelconque, une loge dans la capitale de l'île, librement, et à l'abri de toute redevance comme de toute servitude, pourvu, néanmoins, qu'elle n'eût ni tour de défense ni fortification d'aucune sorte. Leur consul jouirait, de plus, de la faculté d'entretenir pour le service de sa charge un ou deux sergents, sur la baguette desquels figureraient simultanément les armoiries de la Commune de Montpellier et de l'ordre de Saint-Jean de Jérusalem. Il ne pourrait cependant rien prescrire à ces officiers qu'à l'égard de personnes nées à Montpellier même ou de parents originaires de Montpellier, les sujets et les enfants des sujets du grand-maître des Chevaliers de Rhodes devant échapper à son action. Les gens de Montpellier compris dans cette double catégorie disposeraient de la plus entière franchise pour leur négoce, consistât-il en denrées alimentaires, avec cette réserve toutefois que celles-ci ne seraient qu'objet d'importation. Le trafic des esclaves de l'un et de l'autre sexe ne jouirait pas, lui non plus, d'une liberté sans limites. Dans le but de le restreindre sans doute, on le soumettait, pour tous les marchands indistinctement, au droit commun de redevance : stipulation caractéristique, de la part d'un ordre religieux, qui semblait reconnaître par là son impuissance à obtenir la suppression directe d'un outrage à l'humanité, contre lequel ne se révoltait pas encore victorieusement la conscience publique. Les esclaves employés au service domestique des marchands montpelliérains demeureraient seuls affranchis du paiement des droits ordinaires. Le commerce serait, du reste, pour les marchands de Montpellier, comme pour tous les autres, sans en excepter les Rhodiens, asujetti à une tenue régulière d'écritures, destinée à faire foi dans l'appréciation des choses litigieuses. En dehors de ce procédé général de police, l'ensemble du négoce était déclaré parfaitement libre, et les marchands de Montpellier ne devaient payer d'autres contributions que celles dont exigerait le prélèvement la réparation des ports de l'île : encore était-il expressément déclaré que leur consul aurait voix dans l'assemblée où pareille imposition serait établie. Si, ajoutait enfin la charte du 18 juillet 1356, quelque autre nation obtenait à Rhodes de plus amples faveurs, les marchands montpelliérains y participeraient de droit. Mais, en revanche, ils devaient, la nécessité le requérant, prendre tous les armes, sur l'ordre du châtelain, pour la défense du territoire contre ses agresseurs [1].

Les marchands de Montpellier obtinrent dans l'île de Chypre des garanties analogues. Ils les reçurent des rois Hugues IV et Pierre I<sup>er</sup> de Lusignan. Le texte original du privilége de Hugues IV doit s'être égaré ; car nous l'avons infructueusement demandé aux diverses collections, imprimées ou manuscrites. Mais il y est fait allusion dans plusieurs lettres adressées, de 1352 à 1356, par ce monarque aux consuls de Montpellier, de même que dans une supplique de ceux-ci à son fils

---

[1] Arch. mun. de Montp., Arm. A, Cass. XVII, N° 5, et Arm. B, Tiroir XV, N° 1. Cf. *Hist. de la Comm. de Montp.*, II, 536, où nous avons édité le texte original de ce précieux document. — Selon certaines *Annales de la ville de Montpellier*, rédigées vers la fin du XVII<sup>e</sup> siècle par un auteur anonyme, et dont la Bibliothèque de notre Société archéologique possède un manuscrit, peut-être unique, le grand-maître Hélion de Villeneuve, afin d'attirer à Rhodes les marchands de Montpellier, les aurait autorisés, dès 1325, à venir trafiquer librement dans son île, avec franchise pendant dix ans de tout droit de péage, à l'entrée et à la sortie. Mais, quelque soin que nous ayons mis à rechercher l'acte authentique de cette concession, mentionnée d'ailleurs également par Gariel (*Idée de la ville de Montpellier*, Part. II, pag. 81), nous n'avons pu le découvrir nulle part ; et, bien que notre anonyme dise l'avoir vu et lu, son témoignage nous paraît insuffisant pour en tenir lieu. Le Privilége du 18 juillet 1356 ne rappelle rien de semblable.

et successeur Pierre I$^{er}$ [1]. Il comprenait, comme tous les priviléges de ce genre, le droit de consulat et de juridiction pour affaires de commerce, et spécifiait la concession d'une loge, surmontée des armes de Montpellier. Il proclamait de plus, au profit des marchands de notre ville, la liberté du négoce, moyennant une redevance de deux pour cent, à percevoir sur les objets soit d'importation, soit d'exportation. Pierre I$^{er}$ de Lusignan, à la requête des magistrats municipaux de Montpellier, qui lui avaient porté plainte touchant diverses infractions commises par les officiers chypriotes à l'encontre de ce privilége, en octroya le renouvellement. Cette seconde charte fut donnée à Nicosie, le 14 janvier 1365 [2]. Elle confirme, en les énumérant, les

---

[1] Voy. ces documents parmi les Pièces justificatives du Tome II de l'*Histoire de la Commune de Montpellier*, pag. 541-544, et 506-511.

[2] Et non le 14 juin, comme l'écrivent par erreur les Bénédictins dans l'*Histoire générale de Languedoc*, IV, 517. — Nous regrettions en 1851, au moment de la publication de notre *Histoire de la Commune de Montpellier*, de n'avoir pu nous procurer cette charte. Nous en avons depuis retrouvé, à défaut de l'original, une copie en double expédition, à la Bibliothèque impériale de Paris, Fonds de Languedoc, Tom. LXXXVI, fol. 45. Cette copie, dont paraissent avoir fait usage les collaborateurs de D. Vaissete, donne très-nettement la date du 14 janvier, et non celle du 14 juin. Nous l'éditons, en nous aidant du texte d'une charte analogue, concédée en octobre 1291 aux marchands catalans par Henri II de Lusignan, et publiée par Capmany dans sa précieuse collection diplomatique.

faveurs déjà concédées par le roi précédent, et semble y ajouter certains articles, dont l'existence n'est point indiquée dans l'analyse du privilége primitif [1]. Tel serait, par exemple, celui qui réduit de deux à un pour cent la somme payable par les marchands montpelliérains, à l'occasion des marchandises déjà frappées d'une redevance de deux pour cent à l'entrée du royaume de Chypre, et postérieurement conduites ailleurs. Telle serait aussi la disposition en vertu de laquelle est converti en un dixième, c'est-à-dire diminué de moitié, le droit de quint, naguère exigible des gens de Montpellier, à titre de naulage [2]. A part ces articles, qui paraissent représenter un surcroît de concessions, la charte de Pierre Ier garantissait à nos marchands l'ensemble des avantages commerciaux naguère accordés par Hugues IV [3].

Le commerce de Montpellier avec l'Orient ne se distinguait pas seulement par la multiplicité des points qu'il atteignait, mais aussi par la variété des objets qui en constituaient la base. Les draps, ceux du midi

---

[1] Cette analyse forme la première partie de la supplique de nos consuls, éditée au Tome II de l'*Histoire de la Commune de Montpellier*, pag. 506.

[2] Voy. nos Pièces justificatives, N° CLVII.

[3] Ces avantages eurent pour effet de déterminer entre nos marchands et l'île de Chypre de très-fréquentes relations; et rien ne le prouve mieux peut-être que la mention au *Petit Thalamus* des évènements relatifs à cette île. Aucune histoire étrangère ne paraît avoir intéressé Montpellier à l'égal de celle-là.

particulièrement, y tenaient une belle place, et nous remarquions tout-à-l'heure que les esclaves eux-mêmes en formaient une branche [1]. Ce n'était pas la plus considérable, et il y a lieu de croire que, dans le privilége émané du grand-maître des Chevaliers de Rhodes, la traite des esclaves figurait plutôt à l'état de prévision ou de possibilité, qu'avec le cachet normal de fait quotidien. Il ne pouvait, au XIV° siècle, exister pour les marchands montpelliérains de régularité en pareille matière, et nous inclinons beaucoup à n'y voir qu'un accident. Nos marchands trafiquaient infiniment plus sur les choses que sur les hommes. Leurs spéculations ordinaires embrassaient les draps, les cuirs, les vins, l'huile, les chairs salées, le froment et autres denrées [2]. C'étaient là les principaux objets

---

[1] Les esclaves sarrazins, il y a apparence, comme ceux dont parle M. Port dans son *Essai sur l'histoire du commerce maritime de Narbonne*, pag 71 et 72.

[2] Les électuaires, notamment, les conserves, et les objets divers destinés à la médecine et aux plaisirs de la table, qui se vendaient à un prix fort élevé. Voy. Pardessus, *Lois maritimes*, II, LX. Cf. *Notices des manuscrits de la Bibliothèque du roi*, IV, 506, et Depping, *Hist. du comm. entre le Levant et l'Europe*, I, 305 sq., où sont rapportés ces vers de la *Bible Guiot :*

> S'ils reviennent de Montpellier,
> Lor lectuaires sont moult chier;
> Lor dient-ils, ce m'est avis,
> Qu'ils ont jingembre et pliris,
> Et diadragant et rosat,
> Et penidium et violat.

importés par eux de l'Occident [1]. Ils ramenaient, en échange, les divers produits de l'Orient [2]. Car ils ne se bornaient pas à trafiquer avec les populations chrétiennes, bien qu'ils eussent chez elles leurs stations d'entrepôts ; ils faisaient aussi le négoce avec les pays mahométans ; et c'est sans doute ce qui explique la présence dans nos Archives municipales [3] de certaine bulle de Grégoire X, du 25 août 1272, interdisant de livrer aux ennemis du nom chrétien ni vivres, ni armes, ni navires, ni rien de ce qui pourrait accroître leur force et leur marine. Le concile de Montpellier de 1162 et les conciles œcuméniques de Latran de 1179 et de 1215 avaient déjà émis une défense analogue [4].

[1] Une note des Rôles français de la Tour de Londres extraits par Bréquigny, relative aux approvisionnements de la maison du roi d'Angleterre Henri III, renferme, à la date de 1232, ce passage caractéristique, touchant notre commerce montpelliérain : « *Rogavit dominus rex Gailardum Colam, quod emi faciat, ad opus domini regis, apud Montempessulanum viginti pannos sericos, et quatuor pannos de scarletta, et tres curdas de gyngibraceo.* » — Consulter, touchant cette partie, les savantes *Recherches sur le commerce, la fabrication et l'usage des étoffes de soie*, etc., publiées par notre collègue M. Francisque Michel.

[2] Voy., entre autres, M. de Mas-Latrie, *Histoire de Chypre sous les princes de la maison de Lusignan, passim*, et particulièrement III, 728 sq. Cf. Marin. Sanut., *Secret. fidel. Crucis*, ap. Bongars, *Gesta Dei per Francos*.

[3] Grand Chartrier, Arm. E, Cass. V, Liasse 4, N° 1.—P. J., xlvi.

[4] Une interdiction de même espèce se trouve formulée dans le *Digeste*, lib. XXXIX, tit. 4 ; dans les *Capitulaires des rois de France*, lib. III, cap. 6, et lib. VI, cap. 273 ; et dans les *Basiliques*,

Grégoire X donnerait à penser, en la réitérant, que le commerce montpelliérain n'en tenait pas toujours sévèrement compte. Peut-être aussi la bulle de Grégoire X n'est-elle qu'une sorte de circulaire, dont l'importance du commerce maritime de Montpellier aurait motivé l'envoi [1].

Ce n'est pas, du reste, la seule bulle pontificale que nous possédions, relative à notre commerce avec les contrées mahométanes. Les papes avaient la police de ce commerce, et ils l'autorisaient ou le restreignaient à leur convenance. On voit, entre autres, Urbain V, l'un des pontifes qui se sont signalés par le plus de faveurs envers les habitants de Montpellier, leur permettre une première fois d'expédier deux navires, puis une seconde fois six navires, chez les Infidèles d'Afrique ou d'Asie, à condition de ne leur porter aucunes marchandises prohibées [2]. On ne savait prendre trop de

lib. VI, tit. 1, cap. 25; lib. XIX, tit. 1, cap. 24 et 25; lib. LX, tit. 1, cap. 66. Cf. Pardessus, *Collection de lois maritimes*, I, 81, 176, 273, 279; et de Mas-Latrie, *Histoire de Chypre sous les princes de la maison de Lusignan*, II, 125 sq.

[1] Le ton général de la bulle fortifierait cette interprétation. Voy. P. J., XLVI. — Un règlement de Philippe le Bel du 28 août 1312, ap. *Ordonn. des rois de France*, I, 505, est conçu dans le même sens.

[2] Arch. mun. de Montp., Arm. B, Tiroir XIV, N° 1, et Arm. F, Cass. V, N° 9. — Il existe aux mêmes Archives, Arm. A, Cass. XIII, Liasse 6, une désignation de navire et de patron pour une expédition de ce genre, à la date du 16 octobre 1382, où se trouve invoquée la concession pontificale. — P. J., CLVIII, CLX et CLXXXIII.

mesures pour maintenir le peu qui subsistait de l'œuvre des Croisades, à une époque où l'on n'avait pas renoncé à ces aventureuses entreprises ; et la surveillance du Saint-Siége achevait de se révéler, d'accord avec celle de nos rois [1], comme la meilleure garantie de succès à opposer à la cupidité mercantile de spéculateurs plus avides d'argent, que jaloux du salut de la Chrétienté.

L'Afrique, ou du moins l'Égypte, marchait commercialement de pair avec le littoral de l'Asie. Les deux contrées ne se séparaient guère plus dans la pensée générale que par les intérêts ; et le pape Urbain V les confond ou les unit dans sa bulle du 18 février 1367. Les deux pays, se trouvant habités par des peuples de même religion et de même langue, ne faisaient, pour ainsi dire, qu'un aux yeux des hommes de l'Occident. Ceux de Montpellier trafiquaient indistinctement avec tous ces peuples. Nous connaissons un traité de commerce du 14 février 1270 entre Jayme I$^{er}$ et le roi de Tunis Abou-Abd-Allah-Mohammed, où notre ville, alors soumise au sceptre aragonais, dut recueillir sa part d'avantages. Et ce ne fut pas, comme on pourrait le soupçonner, un acte purement éphémère : on le voit renouvelé en 1278 par Jayme II, et en 1313 par Sanche de Majorque [2].

---

[1] Voy. *Ordonn. des rois de France*, I, 505. Cf. Hautefeuille, *Histoire des origines, des progrès et des variations du droit maritime international*, pag. 120 sq.

[2] *Documents inédits sur l'histoire de France*, Tom. II des

Il subsiste un traité de même nature, à la date du 15 avril 1339, conclu à Tlemcen entre le roi de Majorque Jayme III et le roi de Maroc Abolchaçan-Ali. Il contient, lui aussi, à part certaines restrictions commandées par les circonstances, de précieuses garanties pour le commerce des sujets des deux souverains, et stipule expressément, dans l'intérêt commun, l'interdiction de la piraterie [1].

Les relations commerciales de Montpellier avec le monde mahométan étaient si fréquentes, qu'on éprouva le besoin d'établir une monnaie spéciale qui leur fût affectée. Ce dut être une contrefaçon de la monnaie arabe; car le pape Clément IV reproche, le 16 septembre 1266, à notre évêque Bérenger de Fredol d'y tolérer la présence d'une légende mahométane. Ce prélat — chose non moins caractéristique ! — bénéficiait sur la fabrication de cette monnaie, comme s'il se fût corrompu au contact de l'air qu'il respirait [2].

*Mélanges.* — Antérieurement à 1270, et dès le 27 août 1231, Jayme I<sup>er</sup> avait garanti à nos bourgeois la sécurité de leur commerce avec les Sarrazins : « *Concedimus* », dit-il dans un diplôme de cette date, ap. *Gr. Thal.*, fol. 32 r°, « *et laudamus vobis quod mercatores de cetero Montispessulani possint habere et percipere securitatem a Sarracenis, causa mercimonii exercendi, licet nos cum Sarracenis illis guerram habuerimus, dum tamen mercatores ad terram Sarracenorum res prohibitas defferre non reperiantur.* »

[1] Ce traité est publié en catalan et en arabe, Tom. II, pag. 112 des *Documents historiques inédits* de M. Champollion-Figeac.

[2] Voy. notre *Mémoire sur la monnaie mahométane attribuée à*

Les chrétiens, d'ailleurs, n'allaient pas seuls au-devant de leurs anciens adversaires. Les hommes de l'Orient venaient, à leur tour, chez nous [1]; et quiconque eût observé l'aspect de Montpellier, du XII° au XV° siècle, eût appliqué à notre ville avec une certaine justesse ce qu'a dit de Pise le moine Donizo :

> *Qui pergit Pisas, videt illic monstra marina.*
> *Hæc urbs Paganis, Turchis, Libycis quoque Parthis*
> *Sordida; Chaldæi sua lustrant littora tetri* [2].

Montpellier devait avoir la physionomie bigarrée qu'offre de nos jours Marseille, avec ses étrangers de

*un évêque de Maguelone* et notre *Étude historique sur les comtes de Maguelone, de Substantion et de Melgueil.* — Ce n'est pas le seul prélat dont l'histoire ait eu à enregistrer des écarts en ce sens. Le cardinal Talleyrand de Périgord ne résista pas, lui non plus, dans le siècle suivant, aux séductions des entreprises commerciales. Son testament, publié par Du Chesne au Tome II de l'*Histoire des cardinaux français*, nous le montre léguant à son neveu toute une provision de poivre, qu'il avait fait venir d'Orient à Montpellier, et dix mille florins d'or, que lui devait un marchand de la même ville.

[1] C'est au passage de l'un d'eux, vraisemblablement, que se rapporte le dirhem récemment exhumé sur la plage de Maguelone, et que conserve dans sa collection M. le docteur Piron, sous-bibliothécaire de la Faculté de médecine de Montpellier. M. le commandant Puiggari y a lu le nom du sultan mamelouk du Caire El-Melek-el-Mansour, et le millésime 763 de l'hégire, correspondant à notre année 1361 de J.-C.

[2] *Vita Mathildis comitissæ*, lib. I, cap. 20, ap. Murat, *Rer. italic. script.*, V, 364.

tous pays, aussi remarquables par la variété de leur langage que par celle de leur costume. C'était comme une sorte d'asile, ouvert, sinon à toutes les religions, du moins à toutes les races. L'Orient et l'Occident semblaient s'y donner la main, dans la quiétude d'une mutuelle fraternité.

Ces relations se maintinrent long-temps, et il ne tint pas à Jacques Cœur qu'elles n'aient toujours duré. Qui ne connaît la constance de ses efforts pour les perpétuer et les étendre ?

Jacques Cœur, avec son immense sagacité et son merveilleux coup-d'œil, crut entrevoir dans le ralentissement qu'éprouvait le commerce de Marseille, par suite des guerres de la maison d'Anjou pour ressaisir le royaume de Naples, l'occasion favorable d'accroître l'importance du négoce de Montpellier ; et il résolut d'y fixer le centre de ses opérations. Leur succès dépassa son espoir : sa fortune grandit tellement, qu'elle mit bientôt l'habile spéculateur en état d'armer et d'entretenir dix ou douze navires, qui trafiquaient, sans discontinuer, en Égypte et au Levant. Jacques Cœur se plaisait, selon certaine tradition, à les contempler du haut de la plate-forme de sa maison de Montpellier, allant et venant sur la mer. Il arriva, de progrès en progrès, à faire seul, dit-on, pendant vingt ans, plus d'affaires que les plus célèbres commerçants d'Italie. Mais ce surcroît de prospérité tenait à la vie d'un homme ; et encore n'atteignit-il pas les limites de l'existence de son auteur. On sait quelle fut la fin malheureuse du magnifique argentier de Charles VII. Montpellier perdit beaucoup à cette catastrophe : elle inaugura pour nous une décadence, que devait compléter en 1481 l'acquisition de Marseille par Louis XI.

Au moyen âge, le commerce du Levant constituait une source inappréciable de richesse ; et c'est ce qui explique la persistance des Génois à vouloir, comme nous le remarquions dans le chapitre précédent, interdire aux marchands de Montpellier la navigation vers les pays orientaux. Tous les commerces se rattachaient à celui-là ; il était, selon le langage des représentants de Barcelone à Alphonse V, le principe et l'âme de tout le négoce.

Ne soyons donc pas surpris de l'amoindrissement que dut causer à Montpellier l'interruption de ce commerce, lors de la ruine de Jacques Cœur ; et ne nous étonnons pas davantage de la supériorité que le périodique développement de ces relations d'outre-mer valut à Marseille. Le temps approche où la fille de l'antique Phocée, par une sorte de privilége en rapport avec son origine, revendiquera parmi les villes de France la possession exclusive du commerce du Levant.

## VI.

COMMERCE DE MONTPELLIER AVEC L'ESPAGNE. — COMMERCE AVEC LES DIVERS POINTS DE LA FRANCE ET AVEC LE NORD DE L'EUROPE.

Une ville qui entretenait des relations si actives avec l'Italie et avec l'Orient, ne pouvait négliger d'en avoir aussi avec l'Espagne, surtout quand les liens politiques, indépendamment du voisinage, l'y conviaient. Montpellier eut pour souverains, durant près d'un siècle et demi, les rois d'Aragon et de Majorque ; et, avant comme après, des rapports incessants, quoique moins directs, unirent les deux pays. L'héritière de Maguelone, nous l'avons établi ailleurs, a obéi dès le XII$^e$ siècle à l'influence espagnole ; et celle-ci, on ne saurait le nier, a long-temps survécu aux causes qui en motivaient le maintien. Elle reposait, dans le principe, non-seulement sur une parité d'intérêts et sur une communauté de sympathies, mais sur une ressemblance d'idiomes. La langue populaire en usage au sein de la seigneurie de Montpellier, à l'époque des Croisades, offre de profondes analogies avec celle qui se parlait alors dans la portion aragonaise de la péninsule.

Aussi existe-t-il, dès le XIIe siècle, un continuel échange de relations entre Montpellier et l'Espagne, avec l'Aragon et la Catalogne surtout, grâce à leur proximité. Un prince de la dynastie des Guillems acquit durant ce siècle des droits féodaux sur Tortose, qu'il transmit à ses descendants ; et Barcelone, à son tour, nous envoya ses comtes pour seigneurs, au commencement du siècle suivant. Ces monarques firent beaucoup pour la prospérité commerciale de leur nouvelle seigneurie. Non-seulement ils lui ménagèrent de nombreuses et lointaines alliances sur le littoral de la Méditerranée, mais ils lui octroyèrent, en leur nom personnel, d'importantes concessions dans les terres de leur dépendance. Le roi Pierre II, à peine installé chez nous en 1204, par suite de son mariage avec la fille de Guillem VIII, s'empresse d'accorder à ses nouveaux sujets le droit de commercer librement, et sans avoir à acquitter aucunes redevances, n'importe en quels lieux ils voudront du territoire soumis à sa domination, soit par terre, soit par eau. Jayme Ier réitéra cette concession le 27 août 1231, postérieurement à la conquête du royaume de Majorque, qu'il y engloba [1].

[1] Arch. mun. de Montp., *Gr. Thal.*, fol. 33 vo, et *Livre Noir*, fol. 42 vo. Cf. Arm. Dorée, Liasse A, No 2 *bis*. — Cette concession

C'était justice : la ville de Montpellier avait largement concouru à l'acquisition des Baléares[1] ; pouvait-elle ne pas en partager les profits ?

L'année où Jayme Ier honorait de cette faveur les habitants de Montpellier, et un peu plus de deux mois avant, le seigneur de Roussillon, Nugnez-Sanche, leur promettait également toutes garanties pour leur commerce, et s'engageait à protéger leurs opérations sur les divers territoires de ses domaines[2].

Jayme Ier eut, pendant son long règne, beaucoup d'autres occasions de donner à ses sujets de Montpellier des preuves de sa sollicitude pour leur commerce. On le rencontre encore, le 5 juin 1272, autorisant, à leur avantage, la libre exportation des céréales et des autres denrées dirigées de ses terres sur leur ville. Il n'y met de restriction que pour les cas où il y aurait urgente nécessité de l'interdire, pour celui de disette, par exemple, ou de mauvaise récolte[3].

fut confirmée par Louis XI en mai 1466. Voy. *Ordonn. des rois de France,* XVI, 482. Nous en donnons parmi nos Pièces justificatives (N° XI) un texte plus exact et plus complet.

[1] Voy. *Hist. de la Comm. de Montp.*, II, 14.

[2] Charte du 18 juin 1231, Arch. mun. de Montp., *Gr. Thal.*, fol. 34 r° et v°, et *Livre Noir,* fol. 43 v° et 44 r°. — P. J., x. — La chronique du *Petit Thalamus* la mentionne en ces termes : « *L'an de M e CC e XXXI, fon facha pas en aquel cossolat, ab lo senhor En Nino Sancho.* »

[3] Arch. mun. de Montp., *Gr. Thal.*, fol. 28 r° et 60 r°. — P. J., XLV.

Ces relations commerciales survécurent à la seigneurie des rois d'Aragon, et se perpétuèrent sous les rois de Majorque. On les retrouve en pleine activité pendant la première partie du XIVe siècle; et si les désastres de la guerre de Cent ans en paralysèrent l'essor, ils ne les anéantirent pas. Notre ville était trop solidement enchaînée par les intérêts et les traditions au Nord de l'Espagne, pour pouvoir s'en détacher complètement. A la fin du XVe siècle encore, les actes originaux y mentionnent la présence de marchands espagnols, et surtout catalans, assez nombreux, qui durent s'y maintenir ou s'y succéder jusqu'à l'explosion des troubles du Protestantisme. Ils renferment même, à la date de 1501, la réception d'un marchand de Lisbonne en qualité de bourgeois de Montpellier, Lopez Machade, que nos consuls exemptèrent pour cinq ans, avec sa famille, du paiement des tailles et autres contributions urbaines, moyennant une somme de deux livres, acquittée au profit des pauvres de nos hôpitaux[1]. L'année suivante vit également l'admission de deux autres marchands portugais, Alfonse et Ferrand Alvarez, qui donnèrent, à leur tour, trente sous à nos hôpitaux de Saint-Éloi et de Saint-Jacques[2]. En 1503, une faveur identique est concédée à deux Portugais encore, à un licencié en médecine, Alfonse Dossa, et à un

[1] Arch. mun. de Montp., Arm. Dorée, *Liber affranquitorum*, 1469-1553.
[2] *Ibid.*

simple étudiant, Bernard Bernardi [1]. La péninsule hispanique gagne chez nous le terrain qu'y délaissent peu à peu les colons de la péninsule italienne.

En même temps que le commerce mettait Montpellier en rapport avec l'Espagne, il servait de lien entre nos marchands et ceux des autres parties du Midi de la France. C'était d'ordinaire un Montpelliérain qui exerçait les fonctions de capitaine des marchands de Languedoc aux foires de Champagne. Nos échanges avec l'Aragon, d'un autre côté, quand ils ne suivaient pas la route maritime des ports de Lattes et d'Aiguesmortes à Barcelone, avaient lieu le plus souvent par Narbonne. Narbonne était un des entrepôts les plus considérables de nos provinces méridionales. Il le disputa énergiquement en importance à celui de Montpellier [2], et ne lui devint inférieur qu'à partir du milieu du XIV<sup>e</sup> siècle. Les rois de France entraient alors en possession de la seigneurie de Montpellier, et leur politique consista désormais à favoriser la ville même dont ils avaient précédemment cherché à entraver la fortune, par esprit d'opposition à la dynastie aragonaise des rois de Majorque. Narbonne ne tarda pas à se ressentir de ce revirement : sa décadence, activée d'ailleurs par d'autres causes, était déjà irrémédiable avant la fin

[1] *Liber affranquitorum*, 1469-1553, déjà cité.
[2] Consulter à ce sujet l'excellent travail de M. Port, intitulé : *Essai sur l'histoire du commerce maritime de Narbonne*. Paris, 1854, in-8°.

du siècle[1]. Mais Narbonne fut toutefois jusqu'en 1349 un des principaux foyers du commerce méridional, et une des routes les plus fréquemment suivies par les marchandises destinées à l'Espagne, ou venant de cette péninsule. De là, le soin que mettent les divers seigneurs des fiefs répandus le long des côtes de la Méditerranée à s'assurer le passage par Narbonne. Bernard-Aton IV, à la fois vicomte d'Albi, de Nimes, de Carcassonne, de Rasès, de Béziers et d'Agde, en stipule d'une manière expresse la jouissance, le 12 février 1117, auprès du vicomte de Narbonne Aimeri II et de la vicomtesse Ermengarde[2]. Plus tard on rencontre, sous la date du 24 mars 1253, un règlement relatif au droit de leude payable à Narbonne, et à l'acquittement duquel les marchands de Montpellier étaient eux-mêmes soumis, sans pouvoir s'en dispenser. Les denrées ou marchandises ne s'y trouvaient pas seules assujetties, les Sarrazins et les Juifs étaient dans le tarif assimilés aux marchandises[3]. N'en soyons pas surpris: c'était une coutume générale; un tribut analogue était exigible à l'entrée ou à la sortie de Montpellier[4].

[1] Voy. M. Port, *ibid.*, pag. 189 sq.

[2] *Cartulaire des Trencavels*, fol. 152 v°.

[3] Arch. mun. de Montp., *Gr. Thal.*, fol. 27 r°. Cf. Du Mège, *Addit. à l'hist. gén. de Lang.*, VII, 128, et Port, *Essai sur l'hist. du comm. marit. de Narb.*, pag. 43 sq.

[4] Voy. plus haut, chap. II, et *Hist. de la Comm. de Montp.*, introd. et chap. IV.

Les habitants de Montpellier avaient, par suite, intérêt à entretenir avec ceux de Narbonne des rapports de bon voisinage. Ces rapports ne demeurèrent pas toujours à l'état de simples relations amicales. Ils aboutirent, en 1254, à une vraie ligue, à propos de laquelle le vicomte de Narbonne Amalric promit aux consuls et aux syndics de Montpellier le secours de deux cents arbalétriers de ses sujets [1]: nous avons dit ailleurs [2] dans quelles circonstances. L'entreprenante commune obéissait alors aux inspirations d'une chaleureuse rivalité avec son seigneur le roi d'Aragon Jayme I$^{er}$; et l'assistance d'un feudataire du roi de Castille, puissant comme l'était le vicomte Amalric, lui paraissait de nature à rendre d'inappréciables services. L'effet de cette ligue fut singulièrement amoindri par la réconciliation survenue, quatre ans après, entre Jayme I$^{er}$ et nos bourgeois montpelliérains [3]. Mais elle n'en témoigne pas moins des sympathies que professaient habilement ces derniers à l'égard des bourgeois narbonnais. Ces mêmes hommes, qui leur prêtaient dans un moment d'urgence l'appui de leurs bras et de

---

[1] Voy. *Hist. gén. de Lang.*, III, Pr. 509 sq. — Il est regrettable que ce document n'y soit pas publié d'après l'original qu'en possèdent nos Archives de Montpellier, Arm. B, Tiroir X, N° 1. Les Bénédictins y auraient puisé un meilleur texte. La copie provenant de la Bibliothèque du château d'Aubais, dont ils se sont servis, offre une leçon beaucoup moins pure.

[2] *Hist. de la Comm. de Montp.*, II, 25.

[3] Voy. *ibid.*, II, 27.

leurs armes, avaient, en outre, à toute heure, à la disposition de leur commerce, un passage qu'il ne dépendait que d'eux d'interdire, et des vaisseaux dont il convenait de s'assurer les services.

Nos marchands étaient d'autant plus intéressés à vivre en bonne intelligence avec les Narbonnais et à se ménager de ce côté une route toujours ouverte, que la mer ne leur apparaissait pas également libre partout. Pour ne rien rappeler des obstacles apportés à la circulation par les corsaires, cette plaie jadis inhérente au commerce maritime de presque tous les peuples, ils ne furent pas constamment dans les meilleurs termes avec les Marseillais. Marseille et Montpellier étaient deux rivales, entre lesquelles, sauf une part réservée à Narbonne et à quelques autres ports moins importants, se divisait le commerce français de la Méditerranée. Mais les deux villes, à cause même de cette rivalité, ne demeurèrent pas continuellement d'accord. Elles eurent beau se lier, en 1229, par une promesse de mutuelle harmonie; le traité qu'elles échangèrent au profit de leur commerce reçut plus d'une atteinte; et elles avaient, du reste, prévu la dificulté d'en assurer perpétuellement le maintien, en en limitant la durée obligatoire à une période de cinq ans [1]. Ce fut un traité modèle, qu'on prorogea ou reproduisit à diverses reprises; il en existe une rénovation presque conforme,

---

[1] Voy. le texte de ce traité dans notre *Histoire de la Commune de Montpellier,* II, 457.

datée du 19 décembre 1254 [1]. Mais avant cette rénovation, et postérieurement aussi, la paix fut plusieurs fois troublée entre les deux villes. Les marchands de Montpellier et de Marseille n'étaient pas rivaux seulement sur mer; ils l'étaient, en outre, dans les comptoirs du Levant, et à Saint-Jean d'Acre en particulier, l'un des plus considérables. Ce fut dans ces parages surtout qu'éclatèrent leurs conflits [2]. Ils engendrèrent de funestes excès, et la concorde ne put se rétablir que grâce à l'intervention du puissant comte de Provence Charles d'Anjou. Encore fallut-il, pour triompher du mauvais vouloir des Marseillais, la double médiation du pape Alexandre IV et du saint roi Louis IX [3]. La paix fut signée à Brignoles entre les représentants des deux villes, le 9 juillet 1257, à condition que celle de Montpellier paierait à l'autre 60,000 sous royaux, pour réparation des dommages causés [4]; somme importante, qui semblerait attester, avec une fâcheuse supériorité des marchands montpelliérains dans la lutte, l'existence de pertes notables, qu'ils auraient infligées à leurs adversaires.

[1] Nous l'avons également éditée dans l'*Histoire de la Commune de Montpellier*, II, 477.

[2] Voy. la charte du 10 mai 1249, éditée dans l'*Histoire de la Commune de Montpellier*, II, 465.

[3] Arch. mun. de Montp., Arm. E, Cass. IV, N° 44, et *Gr. Thal.*, fol. 46 r°. — P. J., XXVI et XXVII.

[4] Arch. mun. de Montp., Arm. A, Cass. X, N° 6. Cf. *Hist. gén. de Lang.*, III, 484, et Pr. 529, et *Hist. de la Comm. de Montp.*, II, 41.

Le commerce de Montpellier fut naturellement mis à contribution pour le paiement de l'indemnité convenue [1]. Il régnait toutefois un tel esprit d'antagonisme entre les deux villes, que, malgré les clauses les plus expresses de la pacification, la guerre faillit presque aussitôt renaître, au sujet d'un différend survenu à Lattes. Il y eut nécessité de recourir, le 31 octobre 1262, à un nouvel accord, dont la restitution de cinq galées aux Marseillais [2] paraît avoir garanti cette fois le maintien.

---

[1] « *Cum per compositionem seu pacem, factam nuper inter Montempessulanum et Marssiliam per comitem Provincie, homines Montispessulani debeant et teneantur dare pro emenda hominibus Marssilie LX mil. sol. regal. per diversos terminos, ut in instrumento de dicta pasce facta noscitur contineri, et dictos LX mil. sol. debeant solvere mercatores Montispessulani tantum navigantes, statuimus quod omnes et singuli mercatores de Montepessulano de omnibus averis sive mercibus, quos seu quas de se ipsis aut aliis hominibus seu mulieribus de Montepessulano portabunt, qui portarent eos ad quascumque partes per mare debeant, ubicumque mittant se in mari, causa navigandi per mare, dent et solvant pro singulis libris, facta estimatione mercaturarum juramento corporali ab ipsis portantibus, unum denarium in motu, et alium jure delicti, et idem solvant etiam homines extranei de illis rebus quas de hominibus seu mulieribus Montispessulani portabunt; et omnes mercatores, tam extranei quam privati, teneantur sacramento corporali de rebus suis, et aliis que ab hominibus seu mulieribus aliquibus Montispessulani portabunt, dicere veritatem. Et hec tam diu serventur et fiant, quousque dicta LX millia solid. fuerint persoluta.* » Arch. mun. de Montp., *Gr. Thal.*, fol. 49 v°.

[2] Arch. mun. de Montp., Arm. B, Tiroir VI, N° 2. — P. J., XXXVII.

Montpellier ne pouvait, néanmoins, compter éternellement sur l'amitié d'une rivale comme Marseille. De là, sans doute, le soin que déployèrent nos marchands à se créer des alliances sur divers points de la région méditerranéenne, et même assez avant vers le Nord, afin de s'assurer la navigation du Rhône. Nous avons déjà signalé leurs traités avec le littoral italien, avec Nice, Vintimille, Gênes et Pise. Ils en négocièrent d'analogues avec les villes du littoral français : témoin ceux que possèdent nos Archives relativement à Agde, Hyères, Toulon et Antibes [1]. Ils ne négligèrent même pas d'englober dans le cercle de leur action commerciale le petit port et les petits seigneurs de Frontignan [2]. Plus on était leur voisin, plus il leur importait qu'on fût de leurs amis. Leur politique ne se révèle ni moins attentive ni moins habile à l'égard des pays échelonnés le long du Rhône. Non-seulement ils se mirent en mesure de pouvoir disposer librement de la partie basse du fleuve, au moyen d'opportunes stipulations avec Arles [3] et Avignon [4], mais ils se ménagèrent

---

[1] Ils ont été édités dans notre *Histoire de la Commune de Montpellier*, II, 420, 449, 450 et 453.

[2] Voy. le traité de protection réciproque du 18 février 1225 (1226), publié dans notre *Histoire de la Commune de Montpellier*, II, 456.

[3] Traité de protection et de commerce, conclu pour dix ans entre les communes d'Arles et de Montpellier, le 18 novembre 1237 (*Hist. de la Comm. de Montp.*, II, 462).

[4] Transaction entre les villes de Montpellier et d'Avignon, du

la voie jusqu'à Lyon, pour avoir ensuite faculté de circuler à travers la Saône vers les marchés de la France septentrionale. Tel est le but des promesses qu'ils obtinrent en 1265 du comte de Valence [1] et des seigneurs de Montélimar [2]. Ils eurent tant à cœur d'en garantir l'observation, que, le comte de Valence s'obstinant, soit par arrière-pensée, soit par simple entêtement, à ne vouloir rien promettre que verbalement, ils firent à l'écart prendre acte de sa parole, à l'aide d'un notaire et de témoignages dûment requis, se flattant de mieux s'assurer par cette précaution la liberté de commerce qu'ils ambitionnaient sur le territoire du récalcitrant baron [3]. Les seigneurs de Montélimar s'exécutèrent avec plus de franchise. Après avoir consenti, par deux actes régulièrement rédigés le 17 mars et le 25 août 1265, à rétablir en faveur des marchands de Montpellier la liberté commerciale, troublée sous de fâcheux prétextes [4], ils ne craignirent pas de s'engager par un contrat perpétuel de réciproque

---

24 octobre 1273, Arch. mun. de Montp., Arm. E, Cass. IV, N° 19. — P. J., XLIX.

[1] Acte du 21 septembre 1265, Arch. mun. de Montp., Arm. E, Cass. IV, N° 18. — P. J., XL.

[2] Voy., dans notre *Histoire de la Commune de Montpellier*, II, 487 sq., les chartes du 17 mars et du 25 août 1265.

[3] Acte déjà mentionné du 21 septembre 1265. Le texte original est curieux à consulter. — P. J., XL.

[4] Voy. la formule des deux chartes du 17 mars et du 25 août 1265 indiquées ci-dessus.

amitié. Nos magistrats seigneuriaux et municipaux donnèrent, il est vrai, les premiers, le 4 juillet 1288, l'exemple de cette salutaire entente [1]; mais les seigneurs de Montélimar en eurent à peine connaissance, qu'ils répondirent, à deux jours d'intervalle, par une charte du même genre [2], à l'immense satisfaction des deux villes, et aux applaudissements redoublés de leur commerce respectif.

Grâce à cette persistante politique d'alliances, les marchands de Montpellier, n'ayant rien à redouter sur le Rhône, pouvaient s'avancer jusqu'au cœur de la France. Aussi les rencontre-t-on nombreux aux foires de la Champagne et de la Brie [3], et les voit-on commercer avec la Flandre [4] et le Brabant [5]. Ils avaient

---

[1] Ce traité du 4 juillet 1288 se trouve édité dans notre *Histoire de la Commune de Montpellier*, II, 492.

[2] Traité du 6 juillet 1288, également publié dans l'*Histoire de la Commune de Montpellier*, II, 495.

[3] Arch. mun. de Montp., Arm. A, Cass. VIII, *passim*, et Tiroir XVIII, N° 2; et Arch. départ. de l'Hérault, Fonds des consuls de mer de Montpellier, B, 71.

[4] Lettres de Louis X du 9 janvier 1315 (1316), et de Charles VI du 30 janvier 1404 (1405) et du 5 avril 1410, Arch. mun. de Montp., Grand Chartrier, Arm. G, Cass. VI, N° 14, Arm. C, Cass. VII, N° 4, et Arch. du greffe de la maison consulaire, Arm. A, Liasse 15. Cf. Biblioth. de la Fac. de méd. de Montp., manuscr. H, 119. — P. J., LXXXI, CXCII et CXCIV.

[5] Arch. du greffe de la mais. cons. de Montp., Arm. A, Liasse 15, et Biblioth. de la Fac. de méd. de Montp., manuscr. H, 119. — P. J., CXCIV.

des comptoirs à Londres : les registres de Guild-Hall y mentionnent leur négoce [1].

Il n'était pas rare, par contre, d'avoir à signaler des hommes de la Normandie, du Gâtinais, de la Bretagne, de l'Anjou, du Maine, des Flandres, de l'Orléanais, du Poitou, du Forez, de la Bresse, de la Bourgogne, du Dauphiné, de la Picardie, de la Champagne, du Limousin, de la Lorraine, du Bourbonnais, de l'Auvergne, de la Savoie, du pays chartrain, de la Touraine, de Paris et des villes rhénanes même, postulant à Montpellier des lettres d'*habitanage*, et y obtenant, avec exemption temporaire des tailles et des charges municipales, le privilége de citoyens. Nos consuls y trouvaient avantage; car ils recevaient sur l'heure, en argent ou en nature, certaine somme, que la mort ou le départ des intéressés eût pu ravir à la Commune ; et celle-ci s'assurait, par suite, leur possession pour le nombre d'années que durerait leur franchise [2]. Aussi paraît-elle avoir multiplié ces

---

[1] *Collect. gén. des docum. franç. qui se trouvent en Anglet.*, par M. Delpit, I, 93, 61 et *passim*. — Ce négoce de nos marchands avec l'Angleterre reçut à la fois une sanction et un encouragement par les lettres de sauvegarde que leur octroya, le 20 juillet 1372, pour son comté d'Évreux, le roi de Navarre Charles le Mauvais. Arch. départ. de l'Hérault, Fonds des consuls de mer de Montpellier, B, 71. — P. J., CLXXI.

[2] Les registres auxquels nous empruntons ces détails mentionnent d'ordinaire, en effet, l'acquittement d'une redevance au moment de la réception du nouveau bourgeois. Le plus ancien

concessions, à mesure qu'elle sentit le commerce et l'industrie faiblir sous la verge des malheurs publics. Le premier des registres affectés à ces enrôlements, que conservent nos Archives [1], renferme, pour la période comprise entre 1424 et 1441, deux cent quatre-vingt-dix-huit admissions de ce genre. Le second registre en contient trois cent vingt-cinq, pour l'intervalle de 1469 à 1553 ; mais le XVIe siècle figure dans ce chiffre avec le modeste contingent de soixante-seize inscriptions. Le commerce de Montpellier était alors agonisant, et les troubles religieux allaient lui porter le dernier coup.

de ces volumes, donnant les actes d'*habitanage* compris entre les années 1424 et 1441, offre, d'ailleurs, le titre que voici, apposé sur la couverture par une main plus récente : « Reception faite par »les consuls des etrangers pour habitans de Montpellier, les affran-»chissant des charges de la ville pour leurs biens meubles, pour »certain tems, moyenant certaine somme. »

[1] Et qui peut-être ont existé ; car il semblerait résulter de la présence des feuilles volantes contenues dans la couverture de ce registre, qu'antérieurement on procédait à l'aide de papiers isolés. Les feuilles annexées à ce premier registre embrassent nombre d'actes remontant à 1421 ; et un relevé qui les accompagne en énumère neuf pour la fin de cette année-là, à partir du 26 novembre, 31 pour 1422, 12 pour 1423, et 32 jusqu'au 15 décembre 1424. — Le *Petit Thalamus* indique, au bas de sa page 279, quelques réceptions analogues, dont la plus ancienne ne va pas au-delà de 1353. Le Tome Ier des *Lettres patentes de la sénéchaussée de Nismes*, fol. 123, 235 et 258, renferme des lettres de bourgeoisie de même ordre, concédées, en 1339 et 1351, à sept Italiens par Philippe de Valois et le roi Jean.

Jusque-là, néanmoins, le commerce de Montpellier a été, d'une manière générale, celui de la France. Car, antérieurement à l'annexion de Marseille, ce fut par Aiguesmortes et Montpellier que les provinces françaises correspondirent avec la Méditerranée. Ce fut par Aiguesmortes et Montpellier, et à certaines époques par Montpellier spécialement, que leur arrivèrent les denrées et marchandises, soit de l'Asie, soit de l'Afrique, soit de l'Espagne ou des rivages italiens; de sorte que l'histoire du commerce de Montpellier est, sous beaucoup de rapports, l'histoire du commerce de la France, étudié dans une de ses sources essentielles. Un tel point de vue agrandit singulièrement l'horizon de nos recherches. Ce n'est plus une simple question de localité qui se trouve ici en scène; c'est une portion importante des origines du commerce français, un des principaux courants où il a puisé ses moyens d'existence jusqu'au seuil des temps modernes, et dans un âge où la Méditerranée était encore la grande voie suivie par la marche du négoce comme par le rayonnement de la civilisation. Qu'on ne s'étonne donc pas du soin que nous mettons à scruter ce sujet, et qu'on ne soit pas non plus surpris de la sollicitude déployée durant plusieurs siècles par les divers pouvoirs sociaux, à l'égard de la ville dont nous retraçons le passé commercial.

# VII.

**PROTECTORAT DES ROIS DE FRANCE A L'ÉGARD DU COMMERCE ET DE L'INDUSTRIE DE MONTPELLIER. — AMOINDRISSEMENT SUCCESSIF DE MONTPELLIER.**

Le voyage d'exploration auquel nous venons de nous livrer, pour recueillir les traces de nos marchands autour du bassin de la Méditerranée et à travers les pays du Nord, nous a permis de les contempler recevant çà et là les encouragements des pouvoirs investis de la mission de surveiller leurs intérêts. Les rois de France occupent une place considérable dans les annales de ce glorieux protectorat, et leur rôle, quoique différent, ne le cède en rien à l'action immédiate des seigneurs locaux. Mais on aurait une idée insuffisante de la part qu'ils ont à revendiquer dans notre développement commercial, si l'on s'en tenait aux indications déjà fournies. Les Archives nous transmettent d'autres renseignements, qu'il y aurait perte pour l'histoire à ne pas comprendre dans cet ensemble; nous allons nous appliquer à les coordonner.

Nous ne ramènerons le lecteur ni en Italie, ni en Espagne, ni dans les comptoirs du Levant ou d'Afrique. Nous nous bornerons à constater l'avantage que découvraient nos rois à stimuler cette lointaine expansion, et les efforts qu'ils firent pour seconder la confiance de nos marchands.

Ils trouvaient bénéfice à les protéger, même avant que Montpellier fût rattaché au domaine de la couronne de France, par le surcroît d'activité qu'en recevait le commerce général de leurs états, et par l'augmentation de recettes dont s'enrichissait leur fisc. Aussi Louis VIII, durant le cours de son expédition contre le parti albigeois, et alors qu'il faisait le siége d'Avignon, honora-t-il, dès le mois de juin 1226, nos bourgeois d'une sauvegarde privilégiée, où figuraient d'une manière expresse, à côté de précieuses garanties pour leurs personnes, les assurances les plus étendues pour leurs biens, et en particulier pour les objets de leur négoce. Il leur concéda ces prérogatives non-seulement sur ses terres domaniales, mais dans celles des princes ses alliés; et S. Louis crut n'avoir rien de mieux à faire que de confirmer ces paternelles dispositions [1].

[1] Arch. mun. de Montp., Arm. A, Cass. XVIII, No 1, et Arm. B, Tiroir VI, No 3. Cf. *Gr. Thal,*, fol. 10, et *Livre Noir,* fol. 27. — P. J., vii. — Philippe-Auguste avait frayé la voie, par une charte du mois d'avril 1214, publiée dans l'*Histoire générale de Languedoc,* III, Pr. 238.

Les monarques suivants pratiquèrent à l'envi la même politique. Mais ce fut surtout à partir de l'acquisition de la seigneurie de Montpellier par Philippe de Valois, en 1349, qu'elle reçut son déploiement normal. Montpellier devint alors pour les rois de France, non plus simplement, comme naguère, une ville dont il parut bon d'encourager le commerce, eu égard aux profits que pouvait procurer au trésor le passage des marchandises par les possessions royales, mais un vaste entrepôt, où les transactions intérieures elles-mêmes ouvrirent une source abondante de revenus. Il y eut, en conséquence, rivalité entre les successeurs de Philippe de Valois, à qui favoriserait nos marchands. Le pouvoir royal les avait jusque-là patronnés de pair avec ceux de Marseille, en agrandissant sa protection à mesure qu'il voyait approcher le jour où, l'ombre des rois de Majorque s'évanouissant, il les compterait parmi ses sujets immédiats. Il les mit désormais bien au-dessus de leurs rivaux de la Provence, dans son estime et ses libéralités. Le gouvernement du roi Jean, par exemple, ne se borna pas à leur prouver de toutes manières son intérêt ; il s'attacha particulièrement à les affranchir des entraves que les Marseillais prétendaient infliger à leur commerce ; et comme ceux-ci, dans un moment de désastreuse disette, menaçaient d'arrêter, par vengeance ou par représailles, les blés que nos bourgeois tiraient de cette partie de la Méditerranée, il aima mieux se déjuger, en suspendant l'exercice du droit de marque établi à leur avantage, que de les exposer à mourir de faim [1].

Rien ne prouve plus manifestement l'importance dont jouissait encore, malgré les obstacles causés par le progrès des infortunes nationales, le commerce de Montpellier, que les soins attentifs auxquels se livraient pour son maintien les divers pouvoirs appelés à régir le pays. Les marchands montpelliérains ayant, au commencement du règne de Charles V, témoigné le désir de voir autoriser dans leur ville deux foires chaque année, à l'instar de celles de Pézenas, l'une le lendemain de l'Ascension, l'autre le jour de la Saint-Luc, le monarque prescrivit, le 6 août 1368, une enquête sur le plus ou moins d'opportunité de la concession [2]. Il en ordonna une seconde, le 15 décembre 1376, au sujet de l'établissement d'un marché aux draps, demandé pour certain jour de chaque semaine, et impliquant fixation d'une marque spéciale, à apposer sur toute pièce sortant d'une fabrique de Montpellier [3]. L'établissement eut lieu l'année d'après; mais ce ne fut pas Charles V, ce fut Charles le Mauvais qui le décréta [4],

[1] Lettres du roi Jean du 4 août 1362, Arch. mun. de Montp., Arm. C, Cass. XX, N° 11. — P. J., CXLVIII.

[2] Arch. mun. de Montp., Arm. B, Cass. XII, N° 4. — P. J., CLXIV.

[3] Arch. mun. de Montp., Arm. A, Cass. IX, N° 17. Cf. *Hist. de la Comm. de Montp.*, III, 489.

[4] Par des lettres données à Olette au mois de mai 1377, et éditées dans notre *Histoire de la Commune de Montpellier*, III, 490.

et la charte renferma, outre l'octroi du marché hebdomadaire sollicité, une sorte de règlement de police industrielle, relatif à la vente et à la fabrication des draps, que devaient surveiller des gardes ou inspecteurs experts, annuellement élus par les consuls de l'art de la draperie, et fonctionnant, sans acception de personnes, au profit de l'intérêt général [1].

Charles V s'effaçait, en cette occasion, devant les droits seigneuriaux d'un vassal qu'il eût été imprudent de mécontenter. Mais, quoique s'étant par politique dessaisi de la seigneurie de Montpellier en faveur de Charles le Mauvais, dont la présence lui paraissait moins dangereuse sur la Méditerranée qu'au cœur même du royaume de France [2], il ne laissait pas pour cela refroidir ses sympathies à l'égard des bourgeois de Montpellier. Il avait, presque aussitôt après l'échange avec le roi de Navarre, signifié au bailli de Mâcon et aux divers justiciers ou péagers de ses domaines, qu'il n'entendait pas que nos marchands fussent réduits pour

---

[1] Arch. mun. de Montp., Arm. B, Tiroir IV, N° 5. Cf. *Hist. de la Comm. de Montp.*, III, 490. — Charles le Mauvais, avant d'encourager de la sorte ce genre spécial d'industrie, avait déjà honoré d'une protection collective tous ceux de nos marchands que leur commerce appellerait, soit dans son royaume de Navarre, soit dans son comté d'Évreux. Voy. aux Pièces justificatives ses lettres du 20 juillet 1372.

[2] Voy., touchant cette politique et cet échange, notre *Histoire de la Commune de Montpellier*, II, 178. Cf. Secousse, *Hist. de Charles le Mauvais.*

leur commerce à l'état d'étrangers, en recommandant de n'exiger d'eux que les impositions ou redevances exigibles de tous les sujets français [1].

Son frère, le duc d'Anjou, représentant du pouvoir royal au sein de la province de Languedoc, semble s'être conformé à cette manière d'agir. Il accorde, le 26 octobre 1374, sur la demande des consuls de Montpellier, un sauf-conduit à ceux de nos commerçants qui se proposaient de mener des marchandises à la foire de Pézenas [2]; et il affecte, en outre, le 23 mai 1377, à la construction d'une *loge* dans leur ville un douzième de l'impôt qui se prélèverait chez eux pendant deux ans [3]. Cette loge, que nous appellerions aujourd'hui Bourse et Tribunal de commerce, devait être bâtie sur la place Notre-Dame des Tables, à peu de distance de l'Hôtel-de-ville d'alors. Elle a subsisté jusqu'à une époque voisine de la nôtre, à l'aide de périodiques réparations, mais gardant des traces nombreuses de sa primitive architecture [4]. La maison qui lui a succédé paraissait encore presque neuve, quand tout récemment on en a abattu l'angle, pour régula-

---

[1] Lettres du 10 juillet 1366, Arch. mun. de Montp., Arm. A, Cass. XVII, N° 3. — P. J., CLIX.

[2] Arch. mun. de Montp., Arm. B, Cass. XII, N° 6. — P. J., CLXXVII.

[3] Arch. mun. de Montp., Arm. E, Cass. VII, N° 37. Cf. Arm. A, Cass. XVI, N° 8, et Arm. Dorée, Liasse 6, N° 4. — P. J., CLXXXI.

[4] Voy., pour plus de détails, le chapitre VIII de cette Histoire.

riser les abords de la nouvelle halle et aligner la rue de l'Aiguillerie.

Venant du duc d'Anjou, une telle faveur était on ne peut plus gracieuse. Qui ne connaît ses impitoyables habitudes fiscales, et ne se rappelle jusqu'où elles ont porté le mécontentement parmi les populations ? L'émeute de Montpellier de 1379 n'est-elle pas gravée dans l'histoire en caractères de sang[1] ?

Le duc d'Anjou, en s'écartant de ses principes de rigide accaparement, par ses lettres du 23 mai 1377, honorait d'une générosité d'autant plus rare les habitants de Montpellier. Les traditions monarchiques lui prescrivaient sans doute ce sacrifice ; mais il ne faut pas moins lui savoir gré d'avoir consenti à une déviation si peu en harmonie avec ses maximes ordinaires.

Le duc de Berri signala, à son tour, sa lieutenance royale dans nos provinces, en exemptant, le 20 juin 1386, les facteurs des marchands de Montpellier du paiement de tout impôt dans les localités où ils s'arrêteraient pour leur commerce[2]. La justice le voulait ainsi, et nos consuls le lui avaient les premiers fait sentir. Mais il régnait tant d'arbitraire au sujet des droits fiscaux, que, dans certains lieux, à Toulouse

---

[1] Voy. *Hist. de la Comm. de Montp.*, II, 187 sq., et notre Mémoire académique de 1847, intitulé : *Une émeute populaire sous Charles V.*

[2] Arch. mun. de Montp., Arm. E, Cass. VII, N° 43. — P. J., CLXXXVI.

par exemple et à Narbonne, l'autorité municipale, en quête d'expédients pour se procurer des ressources, imaginait de faire peser les charges publiques jusque sur les étrangers stationnant à raison de leur négoce. Le duc de Berri, docile aux remontrances de nos marchands, réprima cet abus, en décidant que le centre d'un établissement commercial constitue seul la résidence.

Le pouvoir monarchique, exercé directement ou par délégation, apparaissait déjà comme le foyer où venaient converger tous les rayons, et comme le cœur destiné à répandre la vie par tout le corps de la France. Charles VI, sur l'initiative de nos consuls, prescrit, le 16 juin 1394, au bayle de Montpellier de veiller à la réparation des ponts du Lez, qu'un débordement, survenu l'année précédente, à la suite d'une pluie diluvienne, avait rendus impraticables [1]. Il réitère ses ordres pour le même objet le 9 septembre 1395, et en transmet encore d'analogues le 31 août 1401, en exigeant, outre le rétablissement des ponts, celui des chemins nécessaires aux besoins du commerce [2].

Malgré cette constante assistance du pouvoir, néanmoins, la prospérité commerciale de Montpellier déclinait. Comment n'en eût-il pas été ainsi, avec les malheurs qui depuis un demi-siècle accablaient la France ?

---

[1] Arch. mun. de Montp., Arm. G, Cass. V, N° 12. — P. J., CLXXXIX. — Cf. Chronique du *Petit Thalamus*, à l'année 1393.

[2] Arch. mun. de Montp., Arm. C, Cass. XII, N° 2 et 3.— P. J., CLXXXIX.

L'invasion anglaise n'était pas l'unique cause de ruine. Les ravages occasionnés par les courses périodiques des Grandes-compagnies exerçaient une action peut-être plus meurtrière [1]; car ils constituaient un danger toujours présent, qui, en tenant le commerce sans cesse en échec, nuisait non-seulement à son développement, mais à son maintien. Qu'on ajoute à ces motifs généraux de décadence les blessures infligées par un fisc insatiable, les périls résultant de la fréquence des maladies épidémiques, et l'éternelle réapparition de la piraterie, cet autre épouvantail, d'autant plus effrayant qu'il n'épargnait personne et semblait se rire de tous les efforts tentés pour sa répression ; qu'on y ajoute aussi, comme suite nécessaire, les pertes éprouvées çà et là et le progressif appauvrissement qui en découlait [2], et on n'aura nulle peine à s'expliquer la situation amoindrie dont notre ville, naguère si riche et si florissante, offrait le spectacle à la fin du XIVe siècle [3].

---

[1] Ils étaient si redoutés, qu'en 1367 et 1368 il fallut payer des soldats pour faire la garde autour des vendangeurs. Voy. *Pet. Thal.*, pag. 381 et 383.

[2] Ces diverses causes de ruine sont indiquées dans nombre de documents de l'époque, et entre autres dans des lettres de Charles VI, du 26 mai 1411, que conservent nos Archives municipales, Arm. E, Cass. VII, Liasse 44. Elles figurent également dans un acte du 31 octobre 1427 et dans les lettres de Charles VII du 17 juillet 1450, qu'on lira parmi nos Pièces justificatives, No CXCV, CXCIX et CCVII.

[3] Et même avant; témoin ce préambule du règlement somptuaire

Charles VI, en face de ces motifs d'infériorité, est contraint, après avoir épuisé tous les remèdes et tous les délais, de prescrire, le 27 mars 1397 (1398), une enquête sur le nombre réel des feux de Montpellier, c'est-à-dire sur la quote-part de contributions que ses ressources permettaient de demander à ses habitants[1]. Ce n'était pas la première fois qu'il fallait s'occuper ainsi d'abaisser le chiffre de l'impôt à répartir entre

du 1er avril 1365, où se peint d'une manière caractéristique le découragement de nos bourgeois, sous le coup de tant d'infortunes : « *E nom de Nostre Senhor Dieu Jeshu Crist,...... nos cossols de la villa de Montpellier, considerans que, juxta la doctrina del apostol, totz los fatz de Crist son nostra instruction, e que nos lo devem resemblar de tot nostre poder segon la humanitat, attendens los grans mals e las grans tribulacios, que an lonc temps durat et encaras duron, et es dupte de mays durar e de creysser, si la misericordia de Nostre Senher Dieux Jhesu Crist non nos ajuda, so es assaber de mortalitatz, de fams e de carestias, de guerras, de tempestas, e de grans perdemens de bens en mar et en terra ; considerans atressi que, segon l'Escriptura, totz los mals que avem nos venon per nostres peccatz, regardans en alcuna manieyra a l'issemple del rey del pobol de la ciutat de Ninyve,... avuda deliberacion e conseilh plenier e madur am los curials de las cortz et am lo pobol de Montpellier, a honor de Dieu et de la Verges Maria e de tota la Cort celestial, e per placar Nostre Senher de la siena ira, la cal sembla que aia contra nos per los peccatz nostres, e per extirpar peccatz et oster materia de desplazes de Nostre Senher, e per lo ben et profich comun de la villa e dels habitans de la villa de Montpellier, volem, ordenam et establem*, etc. » Pet. Thal., pag. 464.

[1] Arch. mun. de Montp., Arm. D, Cass. XIV, N° 16.

nos bourgeois; et rien n'établit mieux avec quelle triste vitesse décroissait la prospérité de notre ville, que la décroissance même de ce chiffre. Il était encore de 4,520 feux en 1367, soit pour l'enceinte, soit pour les faubourgs de Montpellier [1]. En 1370, il n'est déjà plus que de 4,421 feux [2]. En 1373, il est de 2,300 feux [3]; en 1379 de 1,000 feux [4]. Il descend à 800 feux en 1390 [5], et tombe jusqu'à 334 feux en 1412 [6] : preuve irrécusable, sinon de la dépopulation de notre ville, du moins de l'affaiblissement graduel de sa richesse et de sa prospérité marchande.

Ce serait donc vers la limite chronologiquement indiquée par la fin du second tiers du XIV<sup>e</sup> siècle et le commencement du XV<sup>e</sup> qu'il conviendrait de placer la crise à l'issue de laquelle, sous la délétère influence des malheurs publics, s'est arrêtée la période ascendante de la vie commerciale de Montpellier. Elle ne fit que décliner de plus en plus, à partir de là. Les

---

[1] Arch. mun. de Montp., Arm. D, Cass. XIV, N° 1. — Il avait plus anciennement dépassé 10,000 feux. Voy. *Hist. de la Comm. de Montp.*, II, 327.

[2] *Hist. gén. de Lang.*, IV, Pr. 303.

[3] Arch. mun. de Montp., Arm. D, Cass. XIV, N° 2, et *Gr. Thal.*, fol. 88.

[4] Arch. mun. de Montp., Arm. D, Cass. XIV, N° 11, et *Gr. Thal.*, fol. 105.

[5] Arch. mun. de Montp., Arm. D, Cass. XIV, N° 13.

[6] Arch. mun. de Montp., Arm. A, Cass. XIV, N° 26. Cf. *Hist. de la Comm. de Montp.*, II, 328.

causes qui en avaient suspendu le développement subsistant, rien ne pouvait conjurer la décadence[1]. Nos monarques interposèrent en vain leur action réparatrice, dure ou mitigeante. Charles VI, entre autres, eut beau, le 5 avril 1410, accorder en faveur de nos marchands la contrainte par corps, à défaut du paiement régulier des lettres de change[2]; et Charles VII eut beau leur octroyer, à son tour, le 18 août 1428, avec une tolérance exceptionnelle touchant l'usage des monnaies, la rémission des peines déjà encourues pour désobéissance à ses prescriptions monétaires[3]. Le commerce n'en continua pas moins de décroître. Puis il changea de théâtre, marquant sa retraite, dans la direction de Marseille, par de successives étapes à Avignon, à Beaucaire, à Arles et ailleurs[4]. L'émigration fut activée par la réunion de la Provence au domaine

[1] Pas même les efforts que tentèrent nos consuls pour attirer les étrangers, en exemptant de toute contribution aux charges publiques durant six ans ceux d'entre eux qui éliraient domicile à Montpellier. Voy., parmi nos Pièces justificatives, la déclaration officielle du 6 septembre 1432, N° CCI.

[2] Biblioth. de la Fac. de méd. de Montp., manuscr. H, 119, et Arch. du greffe de la maison consul. de Montp., Arm. A, Liasse 15. — P. J., CXCIV.

[3] Arch. mun. de Montp., Arm. G, Cass. III, N° 19. — P. J., CC.

[4] « *Ob causam mutationum predictarum, mercantie que fieri solebant in Montepessulano, modo sunt in Avinione, et in Provincia, et in aliis regionibus circumvicinis dicte patrie Lingue Occitane.* » Acte du 31 octobre 1427, Arch. mun. de Montp., Arm. C, Cass. VII, N° 6. — P. J., CXCIX.

de la couronne des rois français en 1481. Mais elle se serait vraisemblablement passée de ce stimulant, sauf à s'accomplir un peu moins vite.

Nos consuls semblent, du reste, avoir envisagé l'évènement d'un œil assez tranquille : ils n'hésitèrent pas à se faire représenter au sein du conseil où Louis XI mit en délibération les moyens les plus propres à tirer parti de son nouvel héritage [1]. C'était travailler contre les intérêts de leur ville. Mais ils professaient un si grand respect pour les ordres de la royauté, qu'ils s'exécutèrent de la meilleure grâce, et que, sans peut-être mesurer toutes les conséquences de leur acquiescement, ils tendirent avec une complaisante résignation une main fraternelle à leurs anciens rivaux, au risque de les voir monopoliser à leurs propres dépens le commerce de la Méditerranée.

Il ne fut plus désormais question des entraves naguère mises à la liberté du négoce, au profit des ports d'Agde et d'Aiguesmortes. Louis XI lui-même, après les avoir sanctionnées [2], en faisait le sacrifice.

---

[1] Ils déléguèrent à cet effet les deux marchands Guiraud Boisson et Étienne Cezely, par une procuration du 24 janvier 1481-82, conservée dans nos Archives municipales, Arm. dorée, Liasse 8, No 9. — P. J., CCXIII.

[2] Le 12 septembre 1463, en ordonnant « par eedict que doresen-
» avant toute espicerie, sucres et drogueries quy entreront audit
» royaume par ailheurs que par lesdiz portz et autres lieux mari-
» times du royaume, et aussy par la ville de Lion, pour la franchize
» paiera dix pour cent, et ce sur peyne de confiscation desdictes

La politique du monarque changeait avec les circonstances ; et Marseille, objet précédemment des jalouses susceptibilités du pouvoir, allait participer aux mêmes prérogatives que Montpellier. Marseille allait jouir d'une fortune plus enviable encore : nos rois ayant un égal intérêt à protéger dorénavant les deux villes, elle devait, par le seul privilége de son exceptionnelle supériorité, l'emporter invinciblement sur sa rivale.

Le prince que de nouvelles exigences entraînaient dans cette nouvelle voie, avait plus d'un titre à la gratitude de nos marchands. Non content d'avoir, au commencement de son règne, adouci en leur faveur la dangereuse concurrence du commerce marseillais, par une notable élévation de droits sur les denrées dont il se constituait l'introducteur, il avait promulgué, à leur avantage, d'utiles règlements, relatifs à la vente des grains[1] et à la fabrication des draps[2]. Ces statuts

---

» espices, sucres et drogueries. » Arch. mun. de Montp., *Gr. Thal.*, fol. 354 vo. — P. J., CCXI.

[1] Lettres de Louis XI du mois de mai 1466, Arch. mun. de Montp., *Gr. Thal.*, fol. 180 ro, et Arch. du greffe de la maison consulaire, Arm. A, Liasse 15. Cf. *Ordonn. des rois de France*, XVI, 485.

[2] Lettres de Louis XI du 23 janvier 1475-76, Arch. mun. de Montp., *Gr. Thal.*, fol. 178 ro. — P. J., CCXII. — Nous ne parlons pas de l'établissement à poste fixe de la Cour des aides à Montpellier en 1467. (*Ordonn. des rois de France*, XVII, 10.) Ce bienfait de Louis XI envers notre ville appartient à un autre ordre d'idées.

étaient particulièrement de nature à rendre à Montpellier les plus grands services ; car, en y remettant sur un pied considérable une branche d'industrie capable d'occuper nombre de bras, ils pouvaient remédier en partie à l'effrayante dépopulation qui y régnait. Louis XI constate, le 23 janvier 1475 (1476), que la moitié des maisons demeurait chez nous inhabitée, et que la désertion s'étendait de jour en jour à vue d'œil. L'appauvrissement marchait de pair, et le roi se trouva contraint d'accorder à nos bourgeois, le 9 mars 1481 (1482), un dégrèvement d'impôt de deux mille cinq cents livres tournois. L'émigration était alors presque totalement accomplie ; et ceux des négociants étrangers qui n'avaient pas pris leur essor vers la Provence, achevaient de s'établir à Lyon, où les attirait la perspective de foires importantes [1].

La ville de Montpellier, jadis si splendide, apparaissait donc maintenant misérable et délaissée. Tous les fléaux semblaient avoir fondu sur elle à la fois, comme s'ils se fussent concertés pour sa perte. Outre le contrecoup des calamités publiques, épidémies, disettes, invasions, ravages des pirates et des gens de guerre, absence de culture et de sécurité, qui avaient, à tant de reprises et sous tant de formes, battu en brèche son commerce, un incendie y avait, l'année précédente,

---

[1] Lettres de Louis XI du 9 mars 1481-82, Arch. mun. de Montp., Arm. G, Cass. VI, N° 50. — P. J., CCXIV.

détruit en quelques heures vingt ou vingt-cinq maisons ; et les débordements du Lez et du Verdanson avaient encore accru le mal [1]. La pauvre ville s'en allait progressivement, et se sentait menacée de ne plus conserver bientôt, avec ses écoles, amoindries elles-mêmes par l'infortune des temps, que le souvenir glorieux de son antique supériorité.

Le gouvernement de Charles VIII essaya, comme celui de Louis XI, tout ce qui lui était possible pour parer à cette affligeante décadence. Il couvrit de sa protection, à peine installé, et exempta de tout impôt les étrangers ou les sujets français, non originaires du Languedoc, qui viendraient, avec leur famille et leurs biens, élire domicile à Montpellier. Ils n'y devraient contribution que pour les immeubles précédemment taxés dont ils se feraient acquéreurs, et n'auraient rien à y redouter pour leurs héritiers des rigueurs du droit d'aubaine, désormais complètement suspendu à leur égard [2]. Aux yeux de quiconque apprécie les funestes conséquences de ce droit à demi barbare et l'étendue des exigences fiscales alors déployées sur le commerce, ces concessions renferment un immense bienfait. Le gouvernement de Charles VIII ne s'en tint

---

[1] Lettres de Louis XI du 9 mars 1481-82, déjà citées.

[2] Lettres de Charles VIII du dernier jour de février 1483-84, Arch. mun. de Montp., Arm. F, Cass. V, N° 46, Arm. G, Cass. VI, N° 74, et *Gr. Thal.*, fol. 195 v°. Cf. *Ordonn. des rois de France*, XIX, 275.

pas là. Par de nouvelles lettres du 20 mars 1485 (1486), il proclama de plus fort, au profit des étrangers qui fixeraient ou auraient déjà fixé leur résidence à Montpellier, le privilége de ne pouvoir être atteints par aucunes « marques, contre-marques ou représailles », et annula certaine procédure, entreprise sous ce prétexte par la cour du sénéchal de Beaucaire, contre un marchand barcelonais, Jacques Vernegail, récemment établi dans notre ville[1]. Le pouvoir royal, afin d'y rappeler le commerce avec plus d'efficacité encore, y créa, en mars 1488, deux foires annuelles, de huit jours chacune, qui s'ouvriraient le 26 avril et le 1er octobre[2]. Il fallut une grande fermeté de résolution pour obtenir quelques fruits de ce bienfait ; car les habitants de Pézenas et de Montagnac, depuis longtemps en possession de foires analogues[3], s'efforcèrent de le neutraliser, en alléguant l'impossibilité à laquelle s'était de lui-même condamné le roi de France, de créer aucunes nouvelles foires en deçà

---

[1] Arch. mun. de Montp., Arm. C, Cass. XX, N° 13. Cf. Arm. G, Cass. VI, N° 71, et *Gr. Thal.*, fol. 196 v°. — P. J., CCXVII.

[2] Arch. mun. de Montp., Arm. Dorée, Liasse C, N° 6 *bis*. — P. J., CCXVIII.

[3] Ces foires remontaient à la fin du XIIIe siècle, et au règne de Philippe le Bel. Voy. les lettres du 4 janvier 1295-96 et de septembre 1298, ap. *Ordonn. des rois de France*, XIX, 623. — Elles se tenaient chaque année trois fois à Pézenas et deux fois à Montagnac.

d'un rayon de trente lieues autour de leurs villes respectives [1]. Mais le gouvernement de Charles VIII sut briser cette résistance, et maintint avec succès l'octroi des deux foires, départi au commerce de Montpellier [2]. Il confirma également l'érection, déjà consentie par Louis XI, de l'*art* de la draperie dans nos murs, avec jouissance de priviléges pareils à ceux des villes les plus favorisées en ce genre, telles que Rouen, Bourges, Perpignan et Tours, en ajoutant aux concessions de son prédécesseur relatives aux draps de laine des franchises analogues touchant les draps de soie [3]. Puis il revêtit immédiatement de sa haute approbation les statuts destinés à régir chez nous cette branche importante d'industrie [4]. En même temps, fidèle aux vieux usages, et jaloux de remettre en vigueur les anciennes traditions, il prescrivit l'exacte observance de la coutume qui limitait aux changeurs ou banquiers, ainsi qu'aux bourgeois, marchands et artisans, l'admission au

---

[1] Lettres de Charles VIII du 12 mai et du 16 août 1488, Arch. mun. de Montp., Grand Chartrier, Arm. B, Cass. XII, N° 3, et Arch. du greffe de la mais. consul., Arm. A, Liasse 15. Cf. Lettres du même prince du 9 septembre 1488, où toute l'affaire est longuement exposée (Arm. Dorée, Liasse C, N° 5). — P. J., CCXIX et CCXX.

[2] Lettres du 9 septembre 1488, déjà citées. — P. J., CCXX.

[3] Lettres de juillet 1493, Arch. mun. de Montp., *Gr. Thal.*, fol. 202 r°. — P. J., CCXXV.

[4] Autres lettres de Charles VIII de juillet 1493, *Gr. Thal.*, fol. 199 v°. — P. J., CCXXVI.

consulat, à l'exclusion des clercs, docteurs, avocats et autres gradués[1].

C'était manifester clairement l'intention de conserver à Montpellier son rôle commercial. Aussi la bonne ville en remercia-t-elle avec sincérité le gouvernement de Charles VIII, surtout lorsqu'elle vit nombre d'étrangers, prenant au sérieux les grâces royales, transporter dans son enceinte leur domicile et leur industrie[2].

Louis XII suivit ces voies réparatrices. On le rencontre s'appliquant à protéger ces laborieux bourgeois de récente installation[3], et s'efforçant de raviver, au profit de la masse des habitants, nos affaires languissantes. Un de ses premiers soins comme monarque est de confirmer, en juillet 1498, les priviléges octroyés par ses prédécesseurs à la draperie montpelliéraine, c'est-à-dire aux divers métiers travaillant chez nous la laine et la soie[4]. Puis, en août 1505, il ajoute aux

[1] Lettres du 6 juillet 1493, Arm. Dorée, Liasse 2, N° 5. — P. J., CCXXIV.

[2] Arch. mun. de Montp., Arm. Dorée, Registres d'*habitanage* cotés 59 A et 59 B, et Liasse 2, N° 4. Cf. Arm. F, Cass. V, N° 47, et Arm. G, Cass. VI, N° 70.

[3] A les protéger contre nos consuls eux-mêmes, qui, oubliant les services que ces étrangers rendaient à leur ville, prétendaient les astreindre immédiatement à payer les tailles. Louis XII favorisa, sous ce rapport, une salutaire transaction, comme le marquent ses lettres du 7 décembre 1503, transcrites au *Grand Thalamus*, fol. 224 r°. — P. J., CCXXXI.

[4] Arch. mun. de Montp., Arm. Dorée, Papiers ramassés, Liasse 4,

deux foires précédemment concédées par Charles VIII deux marchés, revenant eux aussi deux fois chaque année, et devant durer chacun également huit jours non fériés. Il veut, afin de retenir plus efficacement à Montpellier le commerce, qui tend sans cesse à s'en éloigner, que ces deux marchés s'intercalent à juste distance entre les deux foires, le premier s'ouvrant le 2 janvier, et l'autre le 12 juillet. En réalité, et quoique sous un nom différent, Louis XII créait là pour nous deux nouvelles foires ; car il assimilait ces marchés, quant aux franchises, non-seulement aux anciennes foires de Montpellier, mais à celles de Pézenas, de Champagne, de Brie et de Lyon, qui occupaient le principal rang parmi les rendez-vous commerciaux de la France d'alors [1]. Aussi l'opposition qu'avaient interjetée, dix-sept ans auparavant, Montagnac et Pézenas contre l'établissement des foires de Montpellier, se reproduisit-elle à propos de l'institution de nos deux marchés. Mais le gouvernement de Louis XII ne sut pas moins se faire obéir que celui de Charles VIII [2], et les deux marchés continuèrent de venir en aide aux deux foires, pour retenir

N° 12, et *Gr. Thal.*, fol. 215 v°. Cf. *Ordonn. des rois de France*, XXI, 103.

[1] Arch. mun. de Montp., Arm. Dorée, Liasse 1, N° 16. — P. J., ccxxxii.

[2] Lettres de Louis XII du 17 décembre 1505, Arch. du greffe de la mais. consul., Arm. A, Liasse 15. — P. J., ccxxxiii.

le peu de commerce subsistant au sein de notre ville [1].

Ces sages dispositions de Louis XII furent respectées par ses successeurs [2]. Henri IV fit plus que de les maintenir : à la requête du seigneur de Boutonnet, Aymart de Calvisson, il établit pour ce faubourg de Montpellier, au mois d'août 1609, quatre foires par an, et un marché le jeudi de chaque semaine [3]. Il avait déjà, en mai 1605, confirmé de la manière la plus expresse les priviléges concernant notre art de la draperie [4]. Cette branche industrielle se soutenait avec honneur; et elle voyait même se développer à ses côtés, bien que plus modestement, l'art non moins utile du

---

[1] Une note couchée au *Grand Thalamus* donnerait à croire que le marché dont les Lettres de Louis XII fixaient la tenue au 2 janvier, ne se tint que le 2 février, afin sans doute d'espacer plus régulièrement foires et marchés. « *La fierre comense a* XXVI *de anpvril* », porte-t-elle textuellement; « *lou merquat comense a* XII *de juliet; la fierre lou premier jour d'octobre; lou merquat comense a* II *de fevrier. Duron* VIII *jours obriers, teneus an senblables previlieiges que las fierres de Brie, Chanpanhe, Lion, Pezenas et Montanhac.* » *Gr. Thal.*, fol. 218 v°. — Ces foires et marchés n'ont rien de commun avec notre foire actuelle du 2 novembre, qui n'a pris naissance qu'en 1694, au Port-Juvénal, où elle s'est tenue jusqu'à ces derniers temps.

[2] Arch. du greffe de la mais. consul., Arm. A, Liasse 15; Lettres de François II de septembre 1560. — P. J., CCXXXVII.

[3] Arch. du greffe de la mais. consul., Arm. A, Liasse 15. — P. J., CCXLV.

[4] Arch. mun. de Montp., *Gr. Thal.*, fol. 328 v° et 329 r°. — P. J., CCXLIV.

tissage des toiles, pour lequel il existe des statuts spéciaux, datés du 14 septembre 1582 [1]. Mais elle courait risque de se démembrer en grande et petite maîtrise, par l'opiniâtreté que déployaient à vouloir s'administrer séparément certains nouveaux venus des Cevennes, voués à la fabrication de draps inférieurs. Henri IV prescrivit le maintien de l'unité parmi la turbulente corporation ; et un arrêt du parlement de Toulouse, du 10 avril 1606, remit l'art de la draperie dans son premier état [2].

Malgré ces efforts successifs de restauration, cependant, le commerce dominait de moins en moins à Montpellier, et la mesure de Charles VIII, renouvelée par Louis XII [3], reconnaissant à la classe marchande le

[1] Arch. mun. de Montp., Arm. Dorée, Papiers ramassés, Liasse I, N° 6. — **P. J.**, ccxxxix.

[2] Arch. mun. de Montp., *Gr. Thal.*, fol. 329 r°. — On apprend par le texte de cet arrêt que le tissage des draps occupait alors à Montpellier « cent ou six vingtz familles » ; que « les maistres de » la grand maistrise ont tousjours travaillé a faire draps de la grand » sorte, de la largeur de doutze ou quinze pans, et en couvertes » aussy ; et ceux de la petite primerie ne veulent point trevailler en » draps de la grand sorte ny en couvertes, ains seullement en » burattes, camelottes, estamines et sarges, de la largeur jusques » a quatre pans, et non davantage, suivant les statutz qu'ilz auroient » dressez par autoritté du gouverneur de Montpellier, de la dicte » petite maistrize » ; que « l'ancienne maistrize est composée de » quatre vingtz et tant de maistres, etc. »

[3] Lettres du 30 janvier 1510-11, Arch. mun. de Montp., *Gr. Thal.*, fol. 232 r°. — **P. J.**, ccxxxv.

droit de monopoliser le consulat, n'avait plus la même raison d'être. François 1er s'en était déjà préoccupé ; car, levant l'ancienne interdiction, il avait, le 25 février 1544 (1545), appelé au partage de cette magistrature municipale les officiers de ses hautes cours judiciaires[1]. Cette politique, toutefois, ne prévalut pas auprès de Henri II, qui, dès le début de son règne, revint aux vieux errements. Mais il fit de ce retour l'objet d'une ordonnance générale, applicable à toutes les villes indistinctement[2]. Il ne paraît pas, néanmoins, qu'à Montpellier on ait fidèlement observé la prescription[3] : et il fut, en conséquence, très-aisé à Henri IV de ramener officiellement notre consulat à la voie ouverte par François Ier[4]. Le commerce cessa dès-lors

[1] Arch. mun. de Montp., *Gr. Thal.*, fol. 275 r° et v°. — P. J., CCXXXVI.

[2] Lettres datées de Fontainebleau, octobre 1547, Arch. mun. de Montp., Arm. Dorée, Liasse E, N° 7.

[3] C'est du moins ce que semblent indiquer les listes consulaires du *Petit Thalamus.* La transformation sociale de la population de Montpellier s'y annonce déjà, car un noble ou un magistrat y occupe ordinairement la première place ; et on lit, à la date de 1564, ce trait caractéristique, point de départ d'un nouveau changement : « A ceste année, feust convenu d'eslire en consuls les » officiers du Roy, voire des cours souveraines,... et ce pour la » rareté et faulte d'autres habitans catholicques, gens de equallité » pour tenir le ranc de premier, y procedant la ville ainsi par man- » dement du Roy et de ses lieutenans pour la creation prochaine. » Cf. Lettres de Henri IV du 18 juin 1596, mentionnées ci-après.

[4] Lettres données à Paris le 18 juin 1596, Arch. mun. de Montp., *Gr. Thal.*, fol. 340 r°. — P. J., CCXLI.

définitivement de constituer chez nous avec l'industrie l'unique aptitude aux honneurs consulaires ; et rien ne prouve mieux peut-être la stérilité des essais périodiquement tentés par le pouvoir royal pour ranimer notre existence commerciale.

Les troubles occasionnés par l'invasion du Protestantisme avaient d'ailleurs achevé d'anéantir ce qui en restait encore ; et quand la salutaire sagesse de Henri IV eut, par l'édit de Nantes, imposé silence à la fureur des partis, il ne subsistait plus parmi nous assez d'éléments pour recommencer l'œuvre restauratrice de Louis XI et de Charles VIII. Il fallait, avant tout, réorganiser la société et fermer les blessures douloureusement saignantes de la France. Le règne de Henri IV put à peine suffire à cette tâche laborieuse.

Le gouvernement de Louis XIII, malgré les orages d'une régence toujours sur le qui-vive, entreprit de remédier à notre détresse industrielle et commerciale. On le voit, en juillet 1611, honorer de ses soins notre art de la draperie [1], et en juillet 1615, confirmer les priviléges juridictionnels de nos consuls de mer [2]. Mais les sanglantes perturbations qu'engendra la recrudescence du fanatisme protestant au sein de nos provinces portèrent, en rendant inévitable le siége de

---

[1] Arch. mun. de Montp., Liasse cotée *Lanéfice*. — P. J., CCXLVI.
[2] Arch. départ. de l'Hérault, Fonds des consuls de mer de Montpellier, B, 63, et Arch. mun. de Montp., *Gr. Thal.*, fol. 350 r°. — P. J., CCXLVIII.

Montpellier par l'armée royale, un coup terriblement
décisif aux intérêts de nos marchands; et, lorsque
notre ville put enfin se remettre de cette longue série
d'épreuves, sa nature parut essentiellement modifiée. A
la ville industrielle et commerciale, traditionnellement
imbue de démocratie, venait de succéder la ville doc-
torale et aristocratique, vouée par rôle et par nécessité
aux principes du royalisme. La science, la médecine
surtout et le droit, qu'avaient comme éclipsée dans
l'ancien ordre de choses les instincts commerciaux,
occupait à l'avenir le premier rang. Le progrès intel-
lectuel du siècle, de la société française en particulier,
sur laquelle allait se lever le soleil de Louis XIV, et
l'affluence de plus en plus nombreuse dans nos murs,
non-seulement de disciples rajeunis d'Hippocrate,
professeurs ou étudiants, mais de fonctionnaires et de
magistrats, chez qui le culte des lettres se mariait
fructueusement aux études juridiques, membres du
présidial, de la cour des aides, de l'université des
lois, officiers royaux de divers noms et de divers
degrés, tout cela semblait donner à la vieille métropole du commerce un aspect nouveau. A la foule
bariolée des hommes de l'Orient ou des deux pénin-
sules d'Italie et d'Espagne, qui se coudoyait naguère
dans nos rues, s'était substituée une population plus
homogène et plus nationale, moins entassée, parce
qu'elle cherchait davantage ses aises. Rivalisant de
luxe avec la population marchande d'autrefois, il lui

fallait, en outre, plus d'air et plus d'espace ; elle aimait les beaux hôtels et affectionnait les vastes résidences. Aussi sera-t-il sérieusement question d'agrandir l'enceinte de Montpellier [1]. Ce n'est pas que le nombre des habitants se fût beaucoup accru. Il est vraisemblable que, si nous avions des statistiques régulières, les chiffres du XVII° siècle nous apparaîtraient inférieurs à ceux du XIII°. Mais nous trouverions une différence profondément caractérisée dans le personnel. Celui de la haute société avait gagné ce que la société industrielle et marchande avait perdu. Mise en fuite par les désastres du XIV° et du XV° siècle, puis, presque aussitôt après sa reconstitution, chassée de nouveau par l'absence d'affaires et de sécurité que traînait à sa suite la tempête protestante, cette société travailleuse ne se reforma chez nous qu'en tremblant. Indépendamment du souvenir, toujours vivace, des affreuses secousses qu'elle avait tant de fois endurées, beaucoup de ses membres appartenaient au parti calvinien ; et l'autorité lui donnait de temps à autre d'assez rudes leçons, dont la conséquence naturelle était d'entraver ou de ralentir son libre développement. Elle avait toutefois, quoique descendue au second rang, repris une certaine importance dès le commencement du ministère de Colbert ; car elle reçut en 1664 des lettres de Louis XIV, qui la conviaient à participer aux opérations

[1] Arch. mun. de Montp., Arm. Dorée, Liasse DDDD, N° 1, et Liasse S, N° 10. — P. J., CCI.

de la Compagnie des Indes-Orientales [1]. Le même monarque lui ouvrit, deux ans après, le port de Cette. Mais ce port fut loin de profiter à Montpellier autant qu'on l'espérait : il exerça sur notre ville une force d'attraction, qui, à l'instar de celle de Marseille, eut plutôt pour effet d'occasionner un nouveau déplacement du commerce. L'influence attractive a grandi progressivement ; et aujourd'hui notre prospérité commerciale n'existe plus guère que dans l'histoire : Marseille et Cette s'en sont partagé les débris. On s'est avisé trop tard de ce qu'il eût fallu faire pour la conserver. Divers plans s'élaborent à l'heure qu'il est [2], tendant à rappeler dans nos murs la vie qui les a délaissés. Y parviendra-t-on ? Il est permis d'en douter : on voit

---

[1] Lettre du 13 juin 1664, Arch. mun. de Montp., Arm. Dorée, Liasse NNN, N° 10. — P. J., CCLI.

[2] Nous avons ici particulièrement en vue les projets de MM. Pagezy et de Grave. Le premier, émis en 1846, consisterait à creuser un canal maritime, qui permettrait aux navires de deux cents tonneaux d'arriver jusque sous les murs de Montpellier. Le second, plus récent, quant à sa dernière formule du moins (1er janvier 1860), serait d'approfondir et d'élargir le canal du Lez, de manière à amener au Port-Juvénal des navires de quinze cents tonneaux et au-delà. Il ne nous appartient ni de comparer ni de discuter ces deux projets. Ils rendent, comme celui que Gariel (*Idée de la ville de Montpellier*, 2e part., pag. 79) prêtait, il y aura bientôt deux siècles, au pape Urbain V, un imposant hommage à l'ancienne supériorité commerciale dont nous retraçons l'histoire ; et nous sommes heureux de pouvoir applaudir à des pensées de résurrection si noblement conçues.

rarement un fleuve dont le cours a été détourné reprendre son premier lit ; et nous craignons bien qu'en dépit de tant d'efforts il ne reste à notre ville, de l'héritage de son glorieux passé, que la grande place qu'elle occupe encore financièrement et que la fortune de ses écoles. Puisse-t-elle, au moins, garder toujours ces dernières, et ne pas éprouver la suprême déception de les contempler allant enrichir, elles aussi, quelque centre plus favorisé !

## VIII.

INSTITUTIONS COMMERCIALES DE MONTPELLIER. — CONSULS DE MER ET CONSULS SUR MER. — CONSULS EN PAYS ÉTRANGERS. — RÈGLEMENTS ET USAGES COMMERCIAUX DIVERS. — COUR DU PETIT-SCEL. — LOGE.

Une ville aussi importante que l'était Montpellier devait nécessairement avoir un personnel de magistrats et un ensemble d'institutions propres à surveiller et à protéger commercialement ses intérêts.

C'est à ce double besoin qu'il faut rapporter l'origine des consuls de divers ordres, mentionnés par nos documents, comme ayant eu mission de pourvoir à cette branche de services publics. Tels étaient : 1º les consuls de mer, 2º les consuls sur mer, ou consuls des marchands naviguants, et 3º les consuls établis dans les comptoirs d'outre-mer, pour y départir d'une manière constante la justice à laquelle avaient droit leurs concitoyens. Examinons successivement ces trois sortes de magistratures, en commençant par la principale.

Nul doute que les consuls de mer n'aient primé chez

nous les consuls sur mer et les consuls d'outre-mer. Ils jouissaient d'une autorité à la fois plus ancienne et plus étendue. On attribue, en effet, leur création à Guillem V, après son retour de la croisade de Jérusalem, à l'aurore du XII<sup>e</sup> siècle. Ils étaient au nombre de quatre. Le seigneur de Montpellier les choisit lui-même, dans le principe, parmi « les plus sages et les plus riches » de la ville ; mais ensuite la Commune les soumit à une forme d'élection en rapport avec celle des consuls majeurs, dont leur autorité semblait n'être qu'une émanation. Ces derniers désignaient tous les ans, le 1<sup>er</sup> janvier, vingt bourgeois, entre lesquels le sort se chargeait de trouver les futurs consuls de mer. On interrogeait le sort pour leur élection, à peu près comme pour celle des consuls majeurs. Les vingt bourgeois se partageaient en quatre séries égales, de cinq membres chacune. On préparait pour les quatre groupes cinq billets semblables, dont un marqué de certain signe distinctif, et on enfermait les cinq billets dans autant de petites boules de cire, de même volume et de même couleur. Les boules une fois mêlées, un étranger ou un enfant les distribuait au hasard, et celui des cinq membres de chaque série ou de chaque groupe auquel tombait la boule de cire contenant le billet marqué du signe distinctif, était proclamé consul de mer. Les quatre nouveaux magistrats ainsi élus entraient immédiatement en charge, et fonctionnaient jusqu'au 1<sup>er</sup> janvier de l'année suivante. Ils rendaient leurs comptes aux consuls majeurs. Annuels comme eux, comme eux ils étaient privés de la faculté de se perpétuer dans leur poste : ils ne pouvaient, aux termes de l'*établissement* de 1258, destiné à régler les formes de leur élection, être réélus qu'au bout de trois ans, à partir du jour où expirait leur magistrature [1].

Les attributions de nos consuls de mer se trouvent en partie énumérées dans le texte d'un second *établissement*, contemporain, selon apparence, de celui que nous venons de citer [2]. Ils juraient sur les saints Evan-

[1] Arch. mun. de Montp., *Gr. Thal.*, fol. 49 v°, et *Pet. Thal.*, pag. 114 et 275. — P. J., XXXIII. — Ce programme perdit peu à peu de sa primitive originalité, et se transforma, par l'addition de maints accessoires, en celui que renferme (fol. 46 v°) notre *Cérémonial consulaire*. — P. J., CCXXVII. — Les maillers, receveurs des mailles ou oboles de Lattes, choisis par les consuls de mer pour la perception quotidienne de l'impôt, étaient également annuels. Voy. Statut de 1256, *Pet. Thal.*, pag. 119.

[2] Il est du moins couché dans le *Petit Thalamus* à la suite de l'établissement de 1258, déjà indiqué. En voici la substance : « *Nos cossols de Montpeslier....... establiem que IIII proshomes sian elegutz per los XII cossols, a recebre las mesalhas, o autra quantitat de nos establidoira, o dels successors nostres, dels navegans de Montpeslier o del castel de Latas, per mar o per estanh anant o tornant, o a Montpeslier o a Latas per mar o per estanh venent, liquals mezeus IIII proshomes cossols de mar sian apelatz. Et aquist cossols de mar haion plenier poder de la sobredicha exaction, per se o per autres, de recebre et de destrenher de totz navegans, e de cadaun estiers d'aquels, que aportarian blat o farina o carns per mar o per estanh a Montpeslier o a Latas, et salva remanent la franquesa, laqual han li Genoeses e li Pisans, per la composicion*

giles, en présence des consuls majeurs, de percevoir fidèlement l'impôt sur le transport des marchandises, de Lattes à Montpellier et de Montpellier à Lattes, d'en consacrer les revenus à l'entretien de la route de Lattes, ainsi que du grau et de la robine qui mettaient celle-ci, à partir des murs de Lattes, en relation directe avec les étangs et la Méditerranée, et par suite avec Aiguesmortes. Ils promettaient, en outre, de veiller attentivement à la sûreté de la navigation [1].

*entre els e nos facha; e negueys receubuda la dicha exaction, haion poder de despendre ad encaussar raubadors e mals homes de mar e d'estanh, et a melhurar lo Gra e la Goleta, et en autras causas que far se puescon, per que plus seguramens e plus utilmens se puesca far lo navegament. Et empero en las majors despensas sian tengutz de requerre nostre cossell, o dels successors nostres... Encaras establiem que lur poder dure ses plus per 1 an, e comesson a regir en la festa d'annou; et en la vigilia d'annou juraran als XII cossols, segon que el sagramental sobre aisso fag se conten; et en la fin del an rendran compte als cossols.* » Pet. Thal., pag. 115 et 275.

[1] « *Aquest sagramen fan los cossols de mar : Ieu hom elegut en cossol de mar, promete e convene a vos senhors cossols de Montpeylier, que tot lo temps de mon ufizi, en aquel meteys ufizi ben e fizelmens me auray, en las mealhas o en autra quantitat establida o establidoyra, e demandar faray a bona fe dels trespassans ab bestias cargadas per lo camin que va de Latas entro Montpeylier, e de Montpeylier entro Latas, ayssi coma es acostumat; e de la moneda que s'en levara, de las dichas mealhas, adobar faray e melhurar tot lo dig camin entro la Goleta, el Gra e las Canals. E las despensas fizelmens faray, segon la forma de la costuma sobre aysso facha, aquella en totas causas fizelmens gardan, et als*

Le produit de l'impôt qu'ils avaient à régir paraîtra sans doute peu considérable à quiconque n'aurait égard qu'à la dénomination de *mailles* ou d'*oboles de Lattes* sous laquelle il est connu. Cette obole par livre devait, toutefois, dans les bonnes années, donner une somme assez ronde [1], et, à une époque où l'argent valait infi-

*navegans et a las causas dels acosselhan, et els ajudan, e las causas dels salvan a bona fe. Si Dieus me ajut et aquetz sans de Dieu evangelis, de me corporalmens tocatz. Sotz aquestz sagramen meteys prometens a vos sobredigs senhors cossols, que a vos bon cosselh e lial daray, e vostres secretz cosselhs celaray. — Encaras promete que bona persona e lial elegiray, per culhir las dichas mealhas; e s'il sabia ol conoychia per sospechors, ay tantostz l'en gitaray, sens esperansa que non y torne. E non suffriray que negun hom prenga, ni sia establitz a penre las dichas mealhas, si non era estatgans de Montpeylier. — Encaras promete e convene..... que, per tot lo temps de ma aministration, ben e fizelmens faray et enqueray et tractaray tot l'afar de l'obra, etc.* » *Pet. Thal.*, pag. 261.

[1] La perception fut simplifiée, en vertu d'un tarif inséré au *Petit Thalamus*, qui prescrit trois deniers par charrette chargée, un denier par bête bâtée, et une maille ou obole par âne. Les consuls de mer recoururent à un procédé plus simple encore, en affermant d'année en année le revenu de l'impôt. Un acte du 28 janvier 1354-55 nous les montre l'adjugeant sur enchère à un poissonnier de Montpellier, moyennant 64 livres tournois, payables mensuellement par douzième. — P. J., cxxxviii. — Un autre parchemin, du 9 février 1362-43, les représente arrentant à un orgier de Lattes, outre le péage du chemin de terre, celui du robinage du port, à raison de 216 livres tournois, se décomposant en 165 livres pour droit de robinage et 51 livres pour droit de péage; chiffre dont l'abaissement semblerait marquer la décroissance de notre commerce maritime. — P. J., cli. — Le droit de péage se

niment plus que de nos jours, permettre de faire face aux besoins. De là, l'importance qu'attachait la Commune de Montpellier à la perception des oboles de Lattes, et l'appui du Saint-Siége, qu'elle invoqua à deux reprises pour le maintien régulier de cet impôt [1]; de là également, le zèle qu'elle déployait à avoir de bons consuls de mer, et, quoiqu'ils appartinssent habituellement au négoce, l'admission des nobles à cette charge. Indépendamment de l'honneur attaché à l'exercice du consulat de mer, et propre à en faire rechercher les fonctions, il convenait d'y appeler les hommes les plus capables. Les consuls de mer correspondaient avec les délégués du commerce local dans les principaux ports ou comptoirs de la Méditerranée; ils réprimaient la piraterie, et élaboraient souvent à l'avance les traités, que signaient ensuite les consuls majeurs et le pouvoir seigneurial, avec les diverses villes maritimes. Pour occuper un tel poste, il était indispensable de joindre

percevait, soit aux portes de Montpellier, soit à l'entrée de Lattes. Le bureau de Montpellier avoisinait le couvent des Frères-Mineurs, dont l'église sert aujourd'hui de temple aux Protestants; et il était interdit, de par les consuls de mer, de faire suivre aux marchandises une autre route. Il y avait toutefois franchise pour les objets destinés à l'usage personnel des habitants de Lattes ou de Montpellier, aux termes d'un *établissement* de 1256, couché au *Petit Thalamus*, pag. 119.

[1] Voy. les bulles de Grégoire IX et d'Alexandre IV, des 12 mars 1238 et 17 février 1257, éditées au Tome I<sup>er</sup> de notre *Histoire de la Commune de Montpellier,* pag. 374 et 375.

le prestige de l'autorité morale à une certaine réputation d'habileté.

Ces conditions devinrent de plus en plus impérieuses, à mesure que grandit la position de nos consuls de mer. Simples administrateurs à l'origine, ils reçurent de Louis XI, le 12 septembre 1463, des attributions judiciaires caractérisées. Ce prince, aussi attentif aux nécessités du commerce que jaloux d'étendre le pouvoir royal, prescrivit, afin d'obvier aux longueurs des procédures engagées devant les cours ordinaires, que les consuls de mer de Montpellier connaîtraient et décideraient à l'avenir en matières commerciales intéressant leur ville et les ports d'Aiguesmortes et d'Agde. Leur compétence ne devait pas s'aventurer au delà ; mais elle devait s'exercer dans ces limites pleinement, quoique sommairement, d'après les formes en usage parmi les consuls de mer de Perpignan [1]. Charles VIII en 1483 et Louis XIII en 1615 confirmèrent ce privilége [2] ; et nos consuls de mer purent, grâce à cette triple concession, se perpétuer jusqu'aux temps modernes [3]. Le mode de leur élection semblerait toutefois s'être pro-

---

[1] Arch. mun. de Montp., *Gr. Thal.*, fol. 351 v°. — P. J., ccxi. — Cf. Pardessus, *Lois maritimes*, IV, 232. — Les consuls de mer de Perpignan suivaient eux-mêmes les coutumes maritimes espagnoles. Voy. Pardessus, *ibid.*, 235.

[2] Arch. dép. de l'Hérault, Fonds des consuls de mer, B, 63, et Arch. mun. de Montp., *Gr. Thal.*, fol. 350 r°. — P. J., ccxlviii.

[3] Jusqu'en 1691, où Louis XIV, par un édit donné à Versailles au mois de mai, leur substitua une *Bourse commune des marchands*.

gressivement simplifié. L'espèce de compromis entre les chances du sort et une désignation personnelle, que les documents du XIII⁰ siècle nous ont montré alors en vigueur, était tombé en désuétude à la fin du XIV⁰. Les procès-verbaux nous représentent, dès 1383, les consuls majeurs nommant directement, le 1ᵉʳ janvier, les quatre consuls de mer pour l'année qui s'ouvrait [1].

Les renseignements empruntés à ces minutes périodiques se trouvent confirmés dans un certificat officiel, délivré le 12 novembre 1612 par les consuls majeurs de Montpellier; et il y est, en outre, précisé que les quatre consuls de mer, ainsi directement élus, avaient coutume de comprendre un bourgeois, un marchand d'épiceries, un marchand de toiles ou de laines, et un mangonnier. « Ils ont », poursuit l'acte, « juridiction »dans ladicte ville, de touttes les questions que inter- »viennent entre les marchans ; et de leurs santances il »y a appel ez la cour de parlement, saulf en ce qui est »de la facture de soye et laynes, que se facturent dans »ladicte ville. De ces deux cas ils jugent souveraine- »ment sans appel, en présance du consel de vingt- »quatre de ladicte ville, suivant les lettres pattentes de »Sa Majesté, données a Paris au mois de julhet l'an »mil quatre cens quatre-vingts-treze [2], estant leur juri-

[1] Arch. mun. de Montp, Grand Chartrier, *passim*, et notamment Registre original de 1382 à 1414.

[2] C'est l'octroi de ces lettres qui a motivé l'addition à la formule

»diction jusques aux graux de Maguelonne et Agde,
»comme cognoissans aussy de touttes contestations que
»interviennent sur le faict de la marine. Et pour faire
»justice ils s'assamblent deux jours de la sepmaine, qui
»sont les mardy et vendredy apres disner, ou ils tien-
»nent leurs assises, ayant la ung greffier pour escripre
»touttes les causes qui se meuvent par devant eux,
»et ung bedeau qui assigne les parties, ayans a cest
»usage ung lieu dans ladicte ville, appellé *la Loge*, ou
»ils tiennent leurs assises. Et lorsque lesdits consuls de
»mer vont es honneur, leur bedeau porte la masse
»d'argent devant eux, estant ladicte costume sy an-
»tienne, que despuis l'année mil trois cens il a esté
»observé, comme se veriffie des registres de la maison
»consulaire [1]. »

La Loge dont il est ici mention n'existe plus que dans les souvenirs, et la maison qui en avait absorbé l'emplacement a vu elle-même une partie de son sol incorporée à la voie publique, par suite des travaux exécutés en dernier lieu aux abords de la Halle-Neuve. Elle était située à l'angle de la place actuelle de l'Herberie et de la rue de l'Aiguillerie, dans un des endroits les plus avantageux de la ville, puisqu'elle faisait

de serment des consuls de mer, du paragraphe supplémentaire publié en note pag. 261 du *Petit Thalamus*.

[1] Certificat des consuls majeurs de Montpellier, du 12 novembre 1612, Arch. départ. de l'Hérault, Fonds des consuls de mer, B, 71. — P. J., CCXLVII.

face au portail de l'église Notre-Dame des Tables, où se réunissait journellement la foule. C'était un édifice d'architecture du XV⁰ siècle [1]. Car, bien que le duc d'Anjou eût, dès 1377, à l'époque où il exerçait en Languedoc les fonctions de lieutenant-général, prescrit sa construction, et que Charles V se fût immédiatement associé à une fondation si propre à servir les intérêts de nos marchands, en ratifiant l'octroi du douzième d'impôts affecté pour deux ans par ce prince à l'établissement dont il s'agit [2], les sommes perçues avaient à peine suffi à l'achat du terrain et à la pose des premières assises. L'œuvre était conséquemment demeurée interrompue ; et elle ne fut reprise que sous Charles VII, quand, le 17 juillet 1450, il eut fait don aux consuls et aux bourgeois de Montpellier du tiers des tailles de six années, afin de leur permettre d'achever

[1] Le poids public, ou *l'archimbelle*, y était attenant. Il avait même précédé à cet endroit l'achèvement de la Loge, puisqu'un testament du 27 mai 1416 l'y indique déjà. « *Lego per in perpetuum* », dit Claire de Valat dans cet acte, « *magno lampadario Beate Marie de Tabulis Montispessulani totam quandam renlam, quam habeo in pondere Regis, quod pondus est ante ecclesiam predicte Marie de Tabulis.* » Arch. départ. de l'Hérault, Fonds des consuls de mer, B, 47, fol. 694 v⁰. — Le Poids public ne quitta cet emplacement qu'en 1770 ; et il fut alors transféré auprès de la Poissonnerie. Quelle difficulté de circulation ne devait-il donc pas y avoir devant l'église Notre-Dame !

[2] Lettres du duc d'Anjou du 23 mai 1377, et de Charles V du 28 août de la même année. — P. J., CLXXXI et CLXXXII.

leur Loge. Cette remise plus considérable resta toutefois encore insuffisante, et il fallut que Jacques Cœur vînt personnellement au secours de notre ville. Il fournit 1869 livres 13 sous 4 deniers; libéralité splendide pour l'époque, et sans laquelle le bâtiment risquait de ne pouvoir être mené à terme, mais qui faillit devenir funeste, puisque, lors de la disgrâce du généreux argentier, les officiers commis à l'exécution de l'arrêt prononcé contre lui prétextèrent cette défense, pour confisquer l'édifice sous la main du roi. Force fut de recourir de nouveau à Charles VII. Le monarque s'empressa de faire lever la saisie [1], et nos marchands purent enfin jouir de leur Loge en pleine liberté. Elle était assez ample pour leurs réunions, d'autant mieux qu'ils ne s'y assemblaient en général que par députations ou par compagnies. Mais, quoiqu'elle ait au XVII<sup>e</sup> siècle, faute d'églises, servi au culte, son enceinte n'avait rien de précisément vaste. Nos bourgeois, s'occupant de l'orner, au temps de Jacques Cœur, y indiquent seulement deux salles, qu'ils désignent par les dénomina-

[1] Arch. départ. de l'Hérault, Fonds des consuls de mer de Montpellier, B, 62 et 63. — P. J., ccvii, ccix et ccx. — Consulter, au sujet des relations de Jacques Cœur avec Montpellier, Pardessus, *Lois maritimes*, III, cix et cx ; Bonamy, *Mémoires sur les dernières années de la vie de Jacques Cœur,* Tom. XX du Recueil de l'Académie des inscriptions et belles-lettres; et Depping, *Histoire du commerce entre le Levant et l'Europe,* I, 304. Voir également les importantes monographies publiées, en 1840 et en 1853, sur Jacques Cœur, par le baron Trouvé et par M. Pierre Clément.

tions de salle basse et de salle haute, et pour chacune desquelles « il faut », disent-ils, « que la tapisserie ait de long neuf cannes d'une part, et quatre cannes et demie [1]. » C'était dans la salle haute que tenaient leurs audiences les consuls de mer; et on sentit le besoin, pour l'approprier à cette destination, de la diviser en plusieurs pièces. La salle basse abritait les marchands et les financiers, qui venaient chaque jour s'y entretenir de leurs affaires et y traiter leurs opérations commerciales, sorte de *parloir aux bourgeois*, où s'élaboraient simultanément la politique et le négoce [2].

[1] « *Advis faitz en la ville de Montpellier par les consulz, merchans, bourgois et autres de laditte ville, pour doter et parer la Louge nouvellement faitte et construite par noble et tres honoré seigneur sire Jaques Cuer, conseiller et argentier du Roy nostre sire.* » Arch. départ. de l'Hérault, Fonds des consuls de mer, B, 63. — P. J., CCVIII.

[2] Voici, pour ceux de nos lecteurs qu'intéressent les souvenirs de localité, une description détaillée de la Loge, extraite d'un Mémoire de la fin du XVIIe siècle. C'est surtout au moment où disparaissent les derniers vestiges du vieil édifice, qu'il convient d'enregistrer ces traditions.

« Pour exercer ladite juridiction » (des consuls de mer, investis par Louis XI du droit de jugement), « fut fait à la salle haute de
» ladite loge un tribunal, avec une inscription en lettres d'or, conte-
» nant ces mots : « *Vous serés hommes veritables, haïssant avarice,*
» *et n'aurés point d'égard à l'apparence de la personne en juge-*
» *ment* », garni tout à l'entour d'un tapis de drap bleu, parsemé
» de fleurs de lys ; et sur une planche, a costé gauche dudit tri-
» bunal, sont peintes les armes desdits consuls de mer.....

» En l'année 1646, la fermature des bois des quatre croisieres

La Loge de Montpellier doit donc rappeler à l'esprit la double idée de bourse et de tribunal de commerce.

» de la salle haute de ladite loge fut faite, avec les deux separations
» des bois et balustres qui divisent ladite loge en trois parties. La
» premiere est la salle des parties. Sur la droite est l'auditoire ou est
» ledit tribunal; et sur la gauche estoit pour les surposez. Et il se
» voit encore au-dessus de la porte qui va audit auditoire les armes
» peintes desdits consuls de mer, avec le millesime de 1617. Et au-
» dessus de la meme porte, du costé de l'auditoire, il y a depeinct
» un navire flottant sur l'onde, avec cette devise contenant ces mots :
« *Quoi que advienne, je tiendray le timon droict* », et au-dessous
» dudit navire, il y a « *1617.* »

» Il est a remarquer que au-dessus de la porte de l'entrée du
» degré pour monter a ladite salle sont les armes peintes desdits
» consuls de mer en deux endroits, avec cette inscription en
» lettres d'or au-dessus : « *Auditoire des consuls de mer, juges des*
» *marchands* », et au bas « *1618.* »

» Et au bas de ladite loge s'assembloient tous les jours des bour-
» geois, marchands, capitaines des vaisseaux, patrons des barques
» et autres negociants, tant de cette ville et province de Languedoc
» que autres du royaume et pays etrangers, pour traiter de leurs
» affaires, negoce et commerce... On entroit a ladite loge par trois
» portes, et le bas estoit eclairé par quatre croisieres et une petite
» fenestre. Et depuis qu'elle a esté construite, elle a esté toujours
» libre; et n'y avoit aucunes boutiques par dèhors, que jusques en
» 1650, que celles qui y sont presentement furent faites.

» Lesdits consuls de mer ont aussi joui de ladite loge depuis
» qu'elle a esté faite jusques en 1622, que le roy Louis XIII, ayant
» reduit cette ville a son obeissance et y estant entré, n'ayant
» trouvé aucune esglise en estat pour y faire le service divin, a
» cause qu'elles furent abatues par ceux de la R. P. R , il fit establir
» dans ladite loge pour un cependant les chanoines de Saint-Pierre

Elle jouait le même rôle que l'édifice Saint-Côme de nos jours. Les pierres que nous avons vu récemment

« et les curés de Nostre-Dame des Tables, pour y faire le service
» divin, ou lesdits curés ont resté jusques au 29 may 1650, qu'ils
» furent changés dans la chapelle des Penitents Blancs de cette ville.

» Depuis que lesdits consuls de mer furent etablis juges et consuls,
» ils furent troublés dans leur fonction par les officiers presidiaux,
» juge royal et ordinaire de cette ville, et par les prieur et consuls de
» la bource commune des marchands en Tholose. Mais, nonobstant
» toutes leurs oppositions et empechements, lesdits consuls de mer
» furent maintenus en la fonction de ladite juridiction jusques en
» l'année 1626, que par arrest du parlement de Tholose celle de
» juges et consuls leur fut ostée, et celle de connoistre des mar-
» chandises de ladite ville de Montpellier, port d'Aiguesmortes et
» Agde, et apellations des jugements des surposés, leur fut con-
» firmée.....

» Pour ce qui est de la maison apellée *la Petite Loge*, elle apar-
» tenoit auparavant l'establissement des consuls de mer aux mar-
» chans poivriers, parce que pour lors chaque profession differente
» des marchans faisoit un corps separé ; et pour marque il y a,
» a la façade de ladite maison, une figure qui represente un ange,
» ayant un escusson devant, dans lequel est marqué en relevé des
» clous de giroffe et grains de poivre.

» Depuis que les bourgeois et marchands se sont unis avec
» les consuls de mer, ils n'ont fait qu'un meme corps, et par conse-
» quent ladite maison a esté unie au patrimoine des consuls de mer ;
» et elle est tres petite.

» Le roy, qui a bien reconnu l'importance du negoce de cette
» ville et meme de la province, sur ce qui lui fut représenté par les
» memoires baillés par les marchands deputés des principales villes
» de la province, assemblés par son ordre en la ville de Beziers en
» 1665 devant nos seigneurs les commissaires aux Estats, sur les

extraire de ses fondations, ont porté durant des siècles la fortune d'un des principaux centres commerciaux de l'Europe et le siége d'une importante juridiction. Là trônaient nos consuls de mer; là se sont débattus bien des litiges ; là sont venus vaincre ou se briser bien des intérêts ; de là sont parties nombre de sentences qui ont réjoui ou attristé maintes familles. De combien d'hommes, de combien de maisons ce petit coin de terre n'a-t-il pas fait la prospérité ou la ruine! Que d'avenirs décrétés par ses jugements, que de triomphes du droit et de la justice, que de flétrissures infligées

» moyens du retablissement, bonification et augmentation du com-
» merce, a accordé aux remontrans la juridiction de juges consuls en
» la present ville pour la generalité de Montpellier, au lieu qu'aupa-
» ravant leur juridiction n'etoit que pour Montpellier, port d'Aigues-
» mortes et Agde..... » ( *Mémoire présenté par les consuls de mer et marchands de Montpellier à l'intendant d'Aguesseau, contre les consuls majeurs, qui revendiquoient pour la Grande Loge.* Arch. dép. de l'Hérault, Fonds des consuls de mer, B, 63.) — Par jugement de l'intendant de Basville, du 26 mars 1692, la Loge fut maintenue aux marchands, et affectée à leur *bourse,* nouvellement instituée. — L'édifice subsistait avec son architecture originale, au moment où le chanoine De Grefeuille publiait son *Histoire de Montpellier.* « Cet ouvrage », y dit-il, en parlant de la Loge (I, 209), « est encore dans son entier, comme s'il sortoit de la main de l'ou-
» vrier, sans qu'aucune pierre se soit démentie. Les ornemens n'y
» sont pas épargnés; et les chimistes, qui ont écrit tant de mer-
» veilles de la pierre philosophale, ont pris occasion des figures
» énigmatiques qu'on y voit, pour nous persuader que Jacques
» Cœur avait eu le secret de faire de l'or. »

à l'audace et à la fraude nous aurions à révéler, si les décisions de cette cour réparatrice étaient toutes arrivées jusqu'à nous!

Il n'importait pas seulement de protéger de loin le commerce ; il fallait aussi le protéger de près et lui assurer une sauvegarde permanente, se déplaçant avec les marchandises et les accompagnant jusqu'à destination. Il existait si peu de sécurité dans ce temps-là, et la piraterie s'ajoutait si fréquemment aux périls naturels! Cette nécessité quotidienne donna naissance à l'institution des consuls sur mer. A la différence des consuls de mer, qui ne quittaient pas Montpellier, et qui représentaient au chef-lieu les intérêts commerciaux, les consuls sur mer suivaient le navire dans sa route. Leur mission avait ordinairement la même durée que le voyage, aller et retour, et consistait à subvenir à toutes les éventualités, soit en aidant l'expédition de leurs conseils, soit en arrangeant les débats et contestations susceptibles de surgir entre marchands ou simples passagers, soit enfin en pourvoyant, en cas de mort des propriétaires, à ce que leur part respective de cargaison, ou sa valeur équipollente, échût à leurs héritiers [1].

[1] Ces indications résultent du texte même du serment qu'ils prêtaient aux consuls majeurs, et que voici : « *Ieu hom elegut en cossol dels mercadiers que van per mar navegans de Montpeylier, promet a vos* XII *cossols que bon e lial cosselh donaray a tostz et a cascun dels distz mercadiers, et dels autres que son e seran sostz*

Il y avait ordinairement un de ces consuls par navire [1]. Sa désignation appartenait aux consuls majeurs, procédant d'après la requête et avec le concours des marchands intéressés. Ils recevaient son serment, puis lui délivraient une sorte de passe-port ou de certificat, propre à lui permettre de circuler librement sur mer et à le recommander aux chefs des pays qu'il aurait lieu de visiter en s'acquittant de son office. Notre *Histoire de la Commune de Montpellier* [2] renferme un sauf-

*mon regimen, e lur profieg enqueray, e lur dan esquivaray, e la honor del comun de Montpeylier e de la universitat dels mercadiers sobredigs faray e procuraray, et dels contrastz et dels clams que seran entr'els mercadiers ni que venran e mon poder faray per dreg, ab volontat de las parts o per amor, so que miels ma coscentia me dechara. Encaras promete e jure que, si estalvara que el temps del mieu viatge o del mieu regiment alcun o alcuns dels ditz mercadiers de Montpellier morian, o lurs bens, o lurs deniers, o lurs mercadarias, o autras causas lurs jocaron, o en avols uzes las despendron, fazen lo dich viatge, que ieu lur o levaray tot, ab cosselh de mot cosselhers, fach primicyrament eventari de las dichas causas, et en aprop aquelas fizalment gardaray del mieilh que yeu poyray, e complit lo viatge entierament las restituaray, totas aquelas que seran en mon poder, azaquels alscals pertenhiran, etc.* » Pet. Thal., pag. 274. Cf. Biblioth. impér. de Paris, *Cartul. manuscr. de Montp.*, fol. 127 r° et v°; et *Hist. de la Comm. de Montp.*, II, 504.

[1] Ce chiffre ressort non-seulement de l'usage habituel de Montpellier, mais aussi de l'article VII des priviléges donnés en 1246 à Aiguesmortes par S. Louis. Voy. *Ordonn. des rois de France*, IV, 47 et 48. Cf. Pardessus, *Lois maritimes*, IV, 233 et 234.

[2] Tom. II, pag. 503.

conduit de ce genre, émis le 23 août 1345 en faveur d'Étienne d'Auriac, allant accompagner dans les parages de l'île de Chypre le navire Sainte-Marie de Vauvert. Les consuls majeurs, néanmoins, ne nommèrent pas toujours directement à ces fonctions particulières. Un *établissement* du 16 janvier 1329, dont nous avons également publié le texte [1], les montre se déchargeant de ce soin sur deux *régents*, annuellement élus le 1er janvier parmi les marchands voués au négoce maritime, et ayant tous les deux pour attribution les affaires de fret ou de naulage [2]. Mais la plupart des autres documents laissent voir les consuls sur mer relevant immédiatement de nos consuls majeurs, de qui ils tiennent leurs pouvoirs, et entre les mains desquels ils prêtent serment [3].

Les consuls sur mer, une fois arrivés à destination, ou même dans les ports intermédiaires, avec les marchandises dont la surveillance leur était dévolue, trouvaient un protecteur naturel dans le représentant du commerce montpelliérain établi à poste fixe sur les principaux points du littoral de la Méditerranée. Il

---

[1] *Hist. de la Comm. de Montp.*, III, 487.

[2] Voy., pag. 297 du *Petit Thalamus*, la formule du serment de ces officiers. Cf. *Cérémonial consulaire*, fol. 46 v°. — P. J., CCXXVII.

[3] A moins, toutefois, qu'il ne plaise aux consuls majeurs de recevoir le serment par délégation, comme dans l'acte du 11 octobre 1385. — P. J., CLXXXV.

serait difficile de préciser à quelle époque a commencé ce troisième ordre de consuls maritimes. Mais il paraîtrait remonter assez haut : il existe en principe dans la concession de Conrad de Montferrat de 1187, déjà mentionnée [1]. Nous avons vu également Bohémond V accorder, en 1243, aux marchands de Montpellier le privilége d'entretenir un magistrat de cette nature dans la capitale de son comté de Tripoli, avec droit de juridiction [2]. Une charte de Jayme Ier, du 2 janvier 1267 (1268), achève de nous renseigner : elle octroie à Bernard Desmoulins et à Bernard Duplan, que ce prince envoyait en message à Alexandrie, la faculté d'y établir un ou même plusieurs consuls, investis de la mission de juger civilement et criminellement [3].

[1] Voy. chap. V, pag. 2 de ce volume.
[2] Voy. ibid., pag. 5, et *Hist. de la Comm. de Montp.*, II, 513.
[3] « *Nos Jacobus, Dei gratia rex Aragonum.... et dominus Montispesulani, damus et concedimus vobis, fidelibus nostris, Bernardo de Molendinis et Bernardo de Plano, burgensibus Montispesulani, præsentem misatgeriam Alexandriæ, ita scilicet quod vos sitis nuntii nostri dicti viatici seu dictæ misatgeriæ, et non aliquis alius, et possitis ducere vobiscum navem quam volueritis in misatgeria et viatico predictis, salve et secure, et sine impedimento alicujus personæ, dantes et concedentes vobis licentiam et plenam potestatem quod possitis in partibus Alexandriæ constituere consulem et consules, prout vobis videbitur expedire, qui audiant et determinent omnes causas, quæ inter homines terræ et jurisdictionis nostræ et quorumdam aliorum locorum verterentur in partibus Alexandriæ, et possint ponere pœnas civiles et criminales super illos qui delin-*

Le commerce de Montpellier avait donc déjà, au XIII⁰ siècle, des représentants consulaires en Orient. A plus forte raison en fut-il ainsi au XIV⁰ siècle, lorsque l'Europe, se repliant sur elle-même, par suite de la cessation des Croisades, n'y conserva que de rares débris de ses anciennes conquêtes. Le privilége délivré le 18 juillet 1356 par le grand-maître des Chevaliers de Rhodes, Roger de Pins, constate pour cette île la présence continue d'un consul, chargé d'administrer, avec juridiction en matière de commerce, les affaires des marchands de Montpellier [1]. Ce consul se perpétua, en dépit de nos infortunes nationales, comme le prouve une formule d'institution du 23 juin 1374 [2]. Des formules analogues,

---

*quent quoquomodo, prout eis visum fuerit de jure faciendum,......  dantes etiam vobis licentiam et plenum posse imponendi pœnam et pœnas super illos similiter qui in partibus Alexandriæ fuerint, dum vos in dicta misatyeria fueritis seu steteritis.... Insuper etiam concedimus vobis quod possitis vendere hominibus terræ et jurisdictionis nostræ alfundicum et consulatum nostrum Alexandriæ, loco nostri.... Datum in Dertusa, quarto nonas januarii, anno Domini millesimo ducentesimo sexagesimo septimo. »* Capmany, *Mem. hist. sobr. la marina, comercio y artes de Barcelona*, Suppl. IV, Collect. diplom. 6, N⁰ 3.

[1] Arch. mun. de Montp., Arm. A, Cass. XVII, N⁰ 5, et Arm. B, Tiroir XV, N⁰ 1. Cf. *Hist. de la Comm. de Montp.*, II, 536, et pag. 11 du présent volume.

[2] Arch. mun. de Montp., Arm. A, Cass. XIII, Liasse 6. — P. J., CLXXIV.

datées du 2 décembre 1381, du 13 juin 1386, du 12 juillet 1392 et du 11 décembre 1400, établissent une semblable persistance pour le consul de Montpellier résidant à Alexandrie [1]; et divers autres documents, non moins authentiques, témoignent du même fait, quant à l'île de Chypre [2].

Ce n'était pas, du reste, uniquement dans les parages d'outre-mer que Montpellier déléguait des consuls. On en rencontre sur nombre d'autres points, jusque dans le nord de la France, aux foires de Brie et de Champagne. Nous avons des lettres de 1246, de 1258, de 1273, de 1290 et de 1298, instituant des officiers de cette catégorie [3]. Comme ces foires duraient toute l'année, quoique changeant de ville, le consul suivait, il y a apparence, les marchands à Lagny, à Bar-sur-Aube, à Provins et à Troyes, et recevait pour ses périodiques déplacements, en même temps qu'à titre d'honoraires, une somme annuelle. Elle est fixée, dans les provisions de Pierre de Castelnau, du 15 avril 1258,

---

[1] Arch. mun. de Montp., Arm. A, Cass. XIII, Liasse 6. — P. J., CLXXIV.

[2] Arch. mun. de Montp., Arm. B, Tiroir XIII, N° 1 et 2; Arm. A, Cass. XIII, N° 4; et Biblioth. impér. de Paris, Fonds de Languedoc, Tom. LXXXVI, fol. 45. Cf. *Hist. de la Comm. de Montp.*, II, 506 et 541; et *Hist. gén. de Lang.*, IV, 517.

[3] Arch. mun. de Montp., Arm. A, Tiroir XVIII, N° 2, et Cass. VIII, N° 1, 4, 7, 10 et 12; Arch. départ. de l'Hérault, Fonds des consuls de mer, B, 71. — P. J., XIV, XV, XVI, XXX, XLVIII et LXII. Cf. *Hist. gén. de Lang.*, IV, Pr. 93.

à quinze livres tournois par foire [1], ce qui représenterait soixante livres par an. Le consul ou capitaine des marchands de Montpellier aux foires de Champagne était d'ordinaire nommé pour un temps indéfini : il exerçait jusqu'à révocation ; et les consuls majeurs, de qui émanaient ses pouvoirs, et parmi lesquels il était pris parfois [2], ne lui appliquaient cette peine que sur des motifs graves, appuyés d'une plainte émise ou soutenue par la majorité de ses justiciables [3]. Sa juridiction embrassait, outre les marchands de Montpellier proprement dits, ceux du voisinage, ou même des provinces méridionales, qui consentaient à se grouper autour de lui [4]. Dans l'acte en vertu duquel Jean

[1] Arch. mun. de Montp., Arm. A, Cass. VIII, N° 4. — P. J., xxx.

[2] Comme Étienne Lobet, ainsi que l'atteste le diplôme de sa nomination, daté du 27 décembre 1246, et conservé aux Archives départementales de l'Hérault, Fonds des consuls de mer, B, 71. — P. J., xv.

[3] Arch. mun. de Montp., Arm. A, Cass. VIII, *passim*. — On peut mettre en regard de la partie de ces documents que nous publions parmi nos Pièces justificatives, N° LXII, cette indication fournie par le Cartulaire 22 de la Bibliothèque impériale de Paris (*Cartulaire* ou *Petit Thalamus* de Montpellier) : « *En l'an de MCCCXVII, li cossols destituyron En R. Arpin, per so demerites, de l'uffici del capitanat de Campanha, e instituiron en capitani per la Lengua d'Oc En R. de Latas.* »

[4] « *Consules Montispessuli, ab antiquis temporibus citra, habuerunt et habere consueverunt capitaneum in nundinis Campanie, pro se et aliis mercatoribus Lingue Provincialis.* » Lettres du roi de Majorque Jayme II, du 21 novembre 1289, aux gardes des foires de Champagne, *Hist. gén. de Lang.*, IV, Pr. 92.

Chrestien se vit confirmé à Lagny, le 2 février 1290, en qualité de capitaine aux foires de Champagne, par le procureur des consuls de Montpellier Jean de Foissac, figurent, en compagnie de douze ou treize marchands montpelliérains, des marchands de Saint-Thibéry, de Saint-Guillem du Désert, de Béziers, de Sommières, de Saint-Flour, d'Aurillac et de Narbonne [1]. Le délégué de Montpellier apparaissait là, en pays d'usages et d'idiomes français, comme une sorte de représentant naturel des hommes de la langue d'Oc. Il leur rendait, il y a lieu de le croire, justice en cette langue ; car l'acte de 1290 que nous résumons le montre escorté d'un notaire ou greffier de ses compatriotes, Raymond de Melgueil. A une époque où la pratique de la langue d'Oil était peu répandue dans notre Midi, et où les juges du Nord comprenaient, à leur tour, de moins en moins le langage méridional, ce devait être une bonne fortune, pour les marchands habitués à le parler, que la présence permanente d'un magistrat défendant leurs intérêts et s'exprimant comme eux, sauf à faire ensuite rédiger en latin la pièce définitive, destinée à l'honneur de devenir officielle. Aussi voyons-nous le roi de France, dans la personne de Philippe le Bel, prendre sous sa protection le consul ou capitaine des marchands de Montpellier aux foires de Cham-

---

[1] Arch. mun. de Montp., Arm. A, Cass. VIII, N° 12. Cf. *Hist. gén. de Lang.*, IV, 66, et Pr. 93.

pagne[1]. Il était sûr de se concilier par là non-seulement l'affection d'une des villes les plus importantes des bords de la Méditerranée, mais les sympathies de la moitié la plus riche de ses États.

A ce que nous venons de dire sur les trois ordres de consuls, chargés par délégation spéciale de pourvoir aux besoins de notre commerce maritime, se rattache naturellement ce que nous ont transmis les Archives concernant soit la claverie d'Aiguesmortes, soit la législation protectrice de la sécurité et de la fortune de nos marchands.

Nous avons déjà parlé de la claverie d'Aiguesmortes, à propos du privilége du port de cette ville. Il était juste que Montpellier, dont le commerce alimentait en grande partie le mouvement de ce port, eût une place dans la surveillance et l'administration des revenus affectés à son entretien. Elle lui fut assignée par les lettres de Charles V du 2 juillet 1364. Le monarque, ratifiant au début de son règne les dispositions prises par le sénéchal de Beaucaire Raymond de Rabastens et par le trésorier Bernard François, en vertu d'une délégation antérieure du roi Jean, arrêta que, des trois officiers préposés à l'amélioration du port d'Aiguesmortes, deux seraient régulièrement présentés par la commune de Montpellier, savoir : le clavaire ou rece-

---

[1] Lettres du vendredi avant la fête de S. Laurent 1292, Arch. mun. de Montp., Arm. A, Cass. VIII, N° 8. — P. J., LVII.

veur des émoluments du port, et le surintendant chargé d'en diriger ou inspecter l'emploi. La Commune de Montpellier, cependant, n'exerçait pas seule ce droit de présentation ; elle ne l'exerçait qu'une année sur deux pour le clavaire, et qu'une année sur trois pour le surintendant ; car elle alternait, quant au premier, avec la ville d'Aiguesmortes, et quant au second, avec les villes d'Aiguesmortes et de Lunel, parmi lesquelles néanmoins elle avait rang de priorité. Le 21 décembre, jour de Saint-Thomas, ou le lendemain au plus tard, nos consuls majeurs, lorsque arrivait pour Montpellier le jour de présentation, soit de l'un ou de l'autre de ces officiers, soit de ces deux officiers à la fois, s'occupaient de dresser une liste de quatre candidats, librement débattue et arrêtée en conseil, relative à chacune de ces deux charges, et qu'ils devaient transmettre la veille de Noël, par lettre close, au sénéchal de Beaucaire et au trésorier de Nimes, à qui revenait le droit de nommer de concert aux deux postes. Ces magistrats choisissaient un candidat sur chaque liste ; il leur appartenait même de nommer sans présentation, si la liste, simple ou double selon l'occurrence, ne leur parvenait pas au jour marqué. Nos consuls avaient conséquemment intérêt à se piquer d'exactitude, pour ne laisser ni passer leur tour, ni périmer leur privilége. Ils n'étaient pas moins intéressés à mûrir leur choix ; car la transmission seule de la liste engageait leur responsabilité. Dans le cas où l'élu pris sur les quatre candidats de chaque liste sortait insolvable, par incapacité ou malversation, c'était aux consuls eux-mêmes à combler le déficit, comme ils le firent, par exemple, en 1370, à l'égard du canabassier Guillem d'Agrifuelh, qui, à l'expiration de sa charge de clavaire, ne put équilibrer ses comptes. Une telle solidarité devait naturellement avoir pour résultat d'imposer à nos consuls la nécessité de listes consciencieuses ; et elle explique l'obligation où se trouvaient le sénéchal de Beaucaire et le trésorier de Nimes, chaque fois que la liste, simple ou double, leur était remise en temps opportun, de ne pas s'en écarter pour leur choix définitif [1].

C'était là une garantie précieuse, au point de vue de notre commerce maritime, en même temps qu'une prescription souverainement libérale. Nous en dirons autant des dispositions inscrites en faveur de nos marchands sur les feuillets du *Petit Thalamus*.

On lit, en effet, ce qui suit dans les statuts consulaires du 1er août 1223, faisant suite à la Coutume de Montpellier. Nous traduisons littéralement :

« Quand un marchand de Montpellier vient à mourir
» dans le cours d'un voyage sur terre ou sur mer,
» laissant un testament, ou quelque autre acte équiva-
» lent, avec désignation d'exécuteurs ou de commis-

---

[1] Arch. mun. de Montp., *Cérémonial consulaire*, fol. 43 r°, et Lettres de Charles V du 2 juillet 1364, *Gr. Thal.*, fol. 142 v°. — P. J., ccxxviii et cliii.

» saires, appelés à entrer aussitôt en possession du
» droit de présider à la garde de son héritage, le pre-
» mier devoir de ceux-ci, avant de rien remuer ou
» toucher, est de réunir au moins cinq personnes con-
» nues et capables, selon leur choix, lesquelles seront
» de Montpellier, ou, à défaut de gens de Montpel-
» lier, appartiendront au voisinage le plus proche, et
» de dresser immédiatement en leur présence l'inven-
» taire des biens et marchandises du défunt. Ils les
» estimeront à leur valeur, les coucheront en détail
» par écrit, et feront signer au bas chacun des cinq
» témoins, à qui ils remettront individuellement copie
» de l'inventaire.

» Cette formalité remplie, l'exécuteur ou les exécu-
» teurs seront tenus de renvoyer à Montpellier, par le
» premier voyage, ou par le second au plus tard, sinon
» de reporter eux-mêmes, les biens et marchandises du
» défunt, ou le produit de leur vente, équitablement
» faite par eux, sans en rien garder qu'un huitième
» de bénéfice. Ils ne sont, en pareil cas, nullement
» responsables des risques et périls courus par les mar-
» chandises; mais ils en répondent complètement, s'ils
» ajournent la restitution au-delà du délai marqué.

» Comme hors de Montpellier il n'est pas toujours
» facile de se procurer les sept témoins dont la Cou-
» tume[1] réclame la présence pour la validité d'un

---

[1] La Charte coutumière du 15 août 1204, par son article 58, ainsi conçu : « *Si alibi testamentum vel ultima voluntas a patre*

» testament, le marchand qui tombe malade en voyage
» peut se contenter de cinq témoins. S'il meurt intestat,
» et s'il se trouve sur les mêmes lieux cinq marchands
» de Montpellier, qu'ils élisent à l'unanimité, après s'y
» être engagés par serment, le plus capable ou les deux
» plus capables d'entre eux. Celui-ci ou ceux-ci jure-
» ront, à leur tour, de garder ou de restituer fidèlement
» les biens et marchandises du défunt, puis procèderont
» à leur inventaire en la forme précédemment indiquée,
» en place d'exécuteurs nommément établis par le mort.

» A défaut des cinq marchands montpelliérains pres-
» crits, les gens de Montpellier là présents, marchands
» ou non, choisiront cinq personnes de Montpellier ou
» du voisinage, s'ils les trouvent, pour dresser et signer
» l'inventaire obligé. Chacun en ayant reçu copie, et le
» compte dûment arrêté, les biens et marchandises du
» défunt seront déposés à la douane, si la chose se passe
» en pays sarrazin, ou mis en lieu sûr, si l'on est en
» pays chrétien, avec faculté de les retirer pour qui-
» conque viendra les réclamer, muni d'une lettre scellée
» du sceau des consuls et de la cour de Montpellier.
» Celui qui les restituera de la sorte sera quitte à tout
» jamais.

» Celui, au contraire, qui sans les formalités pres-
» crites toucherait aux biens et marchandises d'un

---

vel ab extero fiat, legitime probari debet per septem vel per quinque testes, non requisitis signaculis vel suprascriptionibus. » Pet Thal., pag. 30. Cf. *Hist. de la Comm. de Montp.*, I, 93.

» marchand mort soit après testament, soit intestat,
» ne pourra le faire qu'à ses risques et périls.

» Il en sera ainsi, et quand les marchandises appar-
» tiendront en totalité au défunt, et quand elles ne lui
» appartiendront que partiellement [1]. »

Tel est dans sa teneur le règlement du 1<sup>er</sup> août 1223. Le statut sur les commandes n'est pas moins digne d'attention.

« Il est statué que celui qui aura pris en commande
» ou en société, d'une personne quelconque, de l'ar-
» gent ou de la marchandise, ou d'autres objets quels
» qu'ils soient, pour les porter en un voyage par mer
» ou par terre, sera tenu, à son retour dudit voyage,
» à la réquisition du donneur ou de son mandataire,
» ou de ses héritiers, de rendre compte fidèle, sans
» retard ni excuses, de cette commande ou société, et
» des profits qu'elle aura produits, ou qui auront eu

---

[1] *Pet. Thal.*, pag. 88. Cf. Pardessus, *Lois maritimes*, IV, 253, et le document N° IV des Pièces justificatives de notre *Histoire de la Commune de Montpellier*, où nous avons complété le texte de ce statut consulaire du 1<sup>er</sup> août 1223. — Une disposition analogue sauvegardait les biens de l'étranger qui mourait à Montpellier. « *Si quis habitator Montispessulani, vel extraneus* », dit l'article 115 de la Charte du 15 août 1204, « *intestatus ibi decesserit, et ibi nullus apparebit proximus, ad quem ejus bona de jure pertineant, illa bona penes bonos et securos viros debent deponi, et ab eis per annum et diem servari, ut, si infra illud tempus venerit quis, ad quem ea pertineant, ei reddantur; sin autem fisco, qui etiam postea teneatur ea reddere cui jus voluerit.* » *Pet. Thal.*, pag. 50. Cf. *Hist. de la Comm. de Montp.*, I, 120.

» lieu à cette occasion ; et, ledit compte fait, il devra
» restituer le montant de ladite commande ou société au
» donneur, pleinement et sans délais ni exceptions.

» Et si, sur la demande de celui qui avait donné la
» commande ou fait la société, celui qui doit rendre le
» compte y a apporté des retards, ou s'y refuse en quel-
» que manière, la cour de Montpellier, à la réquisition
» du demandeur, et sur le vu de l'acte de commande
» ou de société, ou de toute autre preuve que cette
» commande ou société a été faite, contraindra, sans
» aucune forme et solennité de droit, ledit preneur ou
» associé à la restituer sur-le-champ, avec les gains qui
» en seront résultés, comme il vient d'être dit, sans
» qu'il puisse y avoir ni être admis aucune opposition,
» appel ou espérance d'appel [1].

[1] Pardessus, *Lois maritimes*, IV, 255. Cf. Pet. Thal., pag. 132, où les éditeurs auraient sagement fait d'ajouter le texte latin du même statut, demeuré inédit, et couché au *Grand Thalamus*, fol. 50, comme il suit : « *Item, statuimus quod quilibet, qui ab aliqua persona peccuniam vel merces, seu res alias quascunque receperit in commandam seu societatem, portandam in viatico aliquo per mare vel terram, post redditum dicti viatici ; ad requisitionem comandantis, seu alterius ejus nomine, vel heredis ipsius, de tota dicta comanda seu societate et lucro facto cum ea, vel ejus intuitu, facere et reddere justum computum teneatur, absque dilatione et excusatione quacunque; et, facto dicto computo, dictam comandam seu societatem dicto domino, omni cessante dilatione et exceptione, restituere et reddere plenarie teneatur. — Verum, si requisitus ab eo cujus comanda fuerit seu societas, eam reddere differat, seu in aliquo contradicat, curia Montispessulani, ad*

A Montpellier donc, on ne pratiquait pas seulement le commerce d'une manière individuelle et d'homme à homme ; on le pratiquait aussi collectivement, par société ou association. Nombre de textes l'attesteraient d'accord avec ces deux statuts [1]. Le fait est, néanmoins, trop naturel pour nécessiter une démonstration ; et, alors même que rien ne l'eût mentionné, nous aurions été autorisé en principe à l'admettre.

L'industrie elle-même adoptait parfois ce mode collectif ; témoin l'article 31 de la Charte du 15 août 1204 : « Si un étranger a confié à quelqu'un de l'or, de l'argent

*primam requisitionem comandantis, viso instrumento dicte comande seu societatis, aut aliter fide sibi facta de comanda seu societate, omni juri[s] sollempnitate et alia qualibet pretermissa, prefatum comandatarium seu socium in eodem instanti, ad dictam comandam seu societatem illico restituendam, et omnia alia suprascripta complenda, compellat, omni appellatione, contradictione, sive spe aliqua appellationis alicujus penitus quiescente.* »

[1] Notamment l'article 2 du statut consulaire du 29 juillet 1212, publié au *Petit Thalamus*, pag. 72, puis une quittance du 30 janvier 1265-66, conservée dans nos Archives municipales, Arm. F, Cass. V, N° 11, — P. J., XLI, — et une bulle de Clément V du 10 juin 1308, cotée à la section des manuscrits de la Bibliothèque impériale de Paris, Poitiers, 48 des Pièces détachées. — P. J., LXXIV. — Voir aussi le contrat du 1er avril 1335, publié dans l'*Histoire de la Commune de Montpellier*, II, 501. — Une *compagnie des Angoissoles* figure de même dans une lettre du procureur du bayle et des consuls de Montpellier en Champagne, Girars du Fijac, sans date précise, mais paraissant se rapporter à 1317 ou 1318. Arch. mun. de Montp., Arm. A, Cass. VIII, N° 19.

» ou d'autres valeurs, comme prêt ou comme dépôt, a
» mis son avoir en société avec quelqu'un, ou exerce
» lui-même quelque métier, soit comme chef, soit
» comme ouvrier, il doit avoir sûreté et protection pour
» tout ce qu'il possède, en temps de paix et en temps
» de guerre. Il en est de même du fils, du neveu, ou
» d'un subordonné quelconque, que l'étranger envoie
» en apprentissage à Montpellier [1]. »

L'étranger honnête est donc traité en ami et en frère;
mais l'étranger prévaricateur est, par contre, un ennemi envers lequel s'arme la loi, jusqu'à envelopper ses
compatriotes dans sa disgrâce. Les délits de l'étranger
ne sont pas réputés personnels; ils sont, en quelque
sorte, nationaux, et peuvent devenir le prétexte d'une
collision. La Coutume de Montpellier ne dit sans doute
plus, comme la Loi romaine : *Hostis vel peregrinus;*
mais elle est encore profondément empreinte de l'esprit
d'individualisme et de morcellement, répandu parmi
les petites sociétés féodales du moyen âge. L'article qui
suit, dans la même Charte de 1204, renferme une
solennelle consécration du droit barbare de représailles :

[1] « *Si quis extraneus apud quemquam deposuerit, vel cuilibet crediderit aurum, argentum, nummos, vel alias quaslibet res, vel averum suum miserit in societatem alicui, vel ipsemet tabulam, vel operatorium, vel quodlibet officium exercebit, omnia debent esse salva et secura, in pace et guerra. Vel, si quis miserit filium suum, vel nepotem, vel quemlibet alium, ad officium, cum rebus eorum salvi sint et securi, in pace et in guerra.* » Pet. Thal., p. 18. Cf. ibid. 19, et Hist. de la Comm. de Montp., I, 78.

« Toute personne, quelle qu'elle soit et d'où qu'elle
» soit, peut, en temps de paix et en temps de guerre,
» entrer en sûreté avec sa fortune à Montpellier, y
» séjourner et en sortir sans opposition ; et sa fortune,
» même en son absence, doit y être également en sûreté,
» en temps de paix et en temps de guerre, à moins
» que cette personne ne soit trouvée coupable par sa
» propre faute. Si cependant les gens de Montpellier,
» après avoir éprouvé quelque dommage ou quelque
» injure dans la ville ou dans l'endroit d'où est cette
» personne, n'ont pu s'y faire rendre ni justice ni raison,
» la cour doit enjoindre aux hommes dudit lieu de sortir
» de Montpellier avec leur fortune ; et après leur retraite
» il est permis aux gens de Montpellier qui ont reçu
» l'offense, de faire saisie et de se venger sur la personne
» et sur les biens des hommes dudit lieu, là où le déni
» de justice se sera manifesté, et où le malfaiteur se
» sera retiré avec son méfait [1]. »

---

[1] « *Omnes et singuli, quicumque et undecumque sint et fuerint, per pacem et per guerram salvi et securi cum rebus suis possint ad villam Montispessulani accedere, et ibi morari et inde exire sine contrarietate ; et res ejus in pace et in guerra, etiam sine eo, ibi salve et secure debent esse, nisi ex propria culpa ille reus inveniatur. Verumtamen, si in villa vel in castro unde ille sit, homines Montispessulani, dampnum vel injuriam passi, non invenirent ibi exhibitionem justicie et rationis, curia debet indicere illis hominibus illius loci, ut cum suis rebus a villa recedant salvi et securi. Et post discessum eorum, injuriam vel dampnum passis liceat pignorare et vindicare de hominibus illius loci et rebus eorum,*

Ne soyons point surpris de cette jurisprudence. Les édits de Philippe de Valois concernant le droit de marque ne la sanctionnent-ils pas, à une époque moins ancienne de près d'un siècle et demi, et à l'âge d'or de la prépondérance sociale des légistes?

L'article 33 de la Charte de 1204, quoique plus juste, doit être également noté; car il déclare Montpellier ville d'arrêt : circonstance capitale, eu égard au commerce.

« Si un étranger, noble, ecclésiastique, ou de toute
» autre condition, se trouve débiteur d'un habitant de
» Montpellier, celui-ci, après avoir porté plainte à la
» cour pour être payé, peut, à défaut de satisfaction
» de la part du débiteur, le contraindre dans sa per-
» sonne et dans ses biens, sans que ni le créancier ni
» ceux qui lui prêtent assistance soient tenus à rien
» envers le seigneur, envers la cour, ou même envers le
» débiteur. Les ecclésiastiques, néanmoins, ne peuvent
» être contraints dans leur personne, mais seulement
» dans leurs biens, sauf le droit et l'autorité de l'évêque
» de Magulone sur les clercs de son évêché et sur
» leurs biens [1]. »

---

*in quo loco deffectus justicie invenietur, vel in quo loco malefactor malefactum reduxerit.* » *Pet. Thal.*, pag. 18. Cf. *ibid.* 19, et *Hist. de la Comm. de Montp.*, I, 79.

[1] « *Si aliquis homo, miles vel clericus, vel quislibet alius extraneus, deinde creditor fuerit alicujus hominis Montispessulani, et, clamore exposito curie de solutione, nisi satisfecerit, liceat credi-*

Le droit de contrainte par corps est toutefois limité, selon l'article 36 de la même Charte, aux créanciers chrétiens. Les créanciers juifs en sont exclus. Ce droit n'autorise pas non plus le créancier à transférer la personne du débiteur partout où il voudra. « Les débi-
» teurs insolvables doivent être livrés à leurs créanciers
» chrétiens, à la charge pour ceux-ci de ne pas leur
» faire quitter la ville. Les créanciers ne sont tenus de
» leur rien donner, à moins qu'ils ne manquent de quoi
» vivre. Il est pourvu à leur nourriture, dans ce dernier
» cas, par arbitrage de la cour. Si les débiteurs, pour-
» tant, sont devenus insolvables par accident, et sans
» qu'il y ait de leur faute, c'est à la cour à décider
» s'il convient de les livrer à leurs créanciers [1]. »

*tori, sua propria auctoritate, illum in persona et rebus suis de solutione sui debiti cogere et pignorare : cujus coactionis vel pignorationis nomine, ille creditor, vel coadjutores sui, domino vel curie, vel etiam illi coacto et pignorato, nullatenus teneantur obnoxii. Sed clerici in personis non cogantur, sed in rebus, salvo jure et jurisdictione Magalonensis episcopi in clericis episcopatus sui et rebus eorum.* » L'article 100 de la même Charte complète cette disposition : « *A creditore, seu a dampnum passo, debitor vel malefactor extraneus potest retineri, quando suspicatur ut fugiat, cum ad curiam venire renuerit ; et si, eo ad curiam deducto, nichil detentor possit consequi, detentus de detentore, vel de coadjutoribus suis, non possit conqueri, si sacramento calumpnie detentor se purgaverit. Sed ab hoc excipiuntur, secundum quod dictum est, homines comitatus Melgorii et clerici.* » Pet. Thal., pag. 18 et 46. Cf. *ibid.* 19 et 47, et *Hist. de la Comm. de Montp.*, I, 80 et 113.

[1] « *Debitores qui fuerint non solvendo, creditoribus christianis*

« Si les débiteurs », poursuit l'article 37, « ont des
» biens, et ne paient pas, de bonne foi et sans fraude,
» dans l'intervalle de deux mois après la chose jugée,
» leurs biens doivent être saisis et vendus par autorité
» de la cour, sinon par la cour elle-même ; et le prix de la
» vente tout entier doit être distribué en paiement entre
» tous les créanciers, au prorata de ce qui est dû à
» chacun d'eux, sauf l'action privilégiée accordée par la
» loi. Personne ne sera tenu d'éviction des biens saisis
» et vendus, si ce n'est le débiteur ou son héritier [1]. »

Ce délai de deux mois, octroyé au débiteur, est le délai légal ; mais l'article 72 confère au juge le pouvoir de l'étendre à volonté [2].

Les articles 41, 43, 73 et 74 de la même Charte du

*tradi debent, eo tenore quod de villa ista non trahantur: qui creditores non coguntur in aliquo procurare eos, nisi qui non habent unde viverent, quibus dabitur refectio, arbitrio curie. Si tamen aliquo fortuito casu, sine eorum culpa, facti sunt non solvendo, decernere debet curia utrum sint tradendi creditoribus.* » *Pet. Thal.*, pag. 20. Cf. ibid. 21, et *Hist. de la Comm. de Montp.*, I, 82.

[1] « *Si debitores bona habuerint, et non solverint post rem judicatam, infra duos menses, bona fide et sine omni malo ingenio, auctoritate curie eorum bona debent distrahi ab ipsis coactis, sin autem a curia; et totum eorum precium pro rata debiti in solutum cedat omnibus creditoribus, salvis privilegiis actionum a lege indultis ; et nemo de evictione rerum distractarum tenebitur, nisi debitor et heres ejus.* » *Pet. Thal.*, pag. 22. Cf. ibid. 23, et *Hist. de la Comm. de Montp.*, I, 82.

[2] Voy. *Pet. Thal.*, pag. 36, et *Hist. de la Comm. de Montp.*, I, 100.

15 août 1204 s'occupent également de régler les relations diverses de débiteur à créancier ¹. Les statuts complémentaires du 13 juin 1205 ², du 29 juillet 1212 ³, du 29 juin 1221 ⁴, du 1ᵉʳ août 1223 ⁵, ajoutent encore à cette jurisprudence ; et il est impossible, en en lisant le progressif développement, de ne pas se sentir vivre au milieu d'une atmosphère vraiment commerciale ⁶.

Commerciale et industrielle tout ensemble ; car nos statuts, soit seigneuriaux, soit consulaires, confondent dans une même pensée de surveillance et de protection l'industrie et le commerce. Pendant que le seigneur règle la fabrique et la teinture des draps, les consuls, qui du reste ne négligent pas non plus cette branche ⁷, prescrivent, de leur côté, touchant la vente

---

¹ Voy. *Pet. Thal.*, pag. 24, 36, 46, et *Hist. de la Comm. de Montp.*, I, 84, 85, 100 et 113.

² *Pet. Thal.*, pag. 60.

³ *Pet. Thal.*, pag. 70.

⁴ *Pet. Thal.*, pag. 76.

⁵ *Pet. Thal.*, pag. 80. Cf. *De l'organisation administrative de Montpellier au moyen âge.* — Pièces justificatives, N° 2.

⁶ Les bulles pontificales de nos Archives portent elles-mêmes parfois ce cachet. Nous en éditons plusieurs, où se révèle la même préoccupation. Telles sont, notamment, celles d'Alexandre IV, d'Urbain V et de Grégoire XI, qui interdisent aux débiteurs l'asile des églises. — P. J., xxviii.

⁷ Témoin les *établissements* du 17 décembre 1226 et du 10 juin 1251, couchés au *Petit Thalamus*, pag. 138-139. Témoin aussi cette mention inscrite au Cartulaire 22 (*Cartulaire* ou *Petit Thalamus de Montpellier*) de la Bibliothèque impériale de Paris: « *Item,*

des toiles [1], la préparation des peaux, qu'ils soumettent à une marque uniforme [2], la fonte de la vaisselle d'étain, pour laquelle ils fixent la dose d'alliage [3], etc.

Cette jurisprudence, jalouse de garantir la moralité du commerce montpelliérain, va jusqu'à vouloir l'uniformité des poids et mesures. « Il doit y avoir égalité » dans les setiers, émines et autres mesures », est-il dit à l'article 87 de la Charte du 15 août 1204 : « le setier » et l'émine de sel ou de son ne doivent être ni plus ni » moins grands que le setier ou l'émine de blé. L'égalité » doit être aussi observée, comme elle l'a été ancienne- » ment, pour les marcs, onces, livres et autres poids, » pour les cannes et aunes, pour le poids du fer ou » quintal, de même que pour le poids de l'or ou de » l'argent. Le soin de veiller au maintien de cette » égalité sera confié à deux prud'hommes, qui, deux » fois chaque année, inspecteront tous les poids et » mesures [4]. »

*aquel meteysz an (M CCC XIIII), li senhors cossols feron far pararia de draps e Montpeslier, e feron gracias e deron franquezas als paradors que vengron a Montpeslier, per far la pararie sobredicha.* »

[1] *Pet. Thal.*, pag. 137.

[2] Établissement du 10 février 1348-49, *Pet. Thal.*, pag. 158.

[3] Établissement du 6 décembre 1473, *Pet. Thal*, pag. 194. Cf. *ibid.*, pag. 307-308, formule de serment des gardes et des maîtres potiers.

[4] « *Equalitas servari debet in sestarüs et eminalibus, et in aliis mensuris; et minus vel majus sestarium vel emina non debet esse*

Ces inspecteurs opéraient sous la responsabilité des consuls majeurs [1]. Les consuls majeurs présidaient chez

*salis vel brenni quam tritici; et in marcis et in unciis et in libris et in aliis ponderibus, et in cannis et alnis, et in ferro quintali equalitas servari debet, secundum quod antiquitus servatum est; et in esmero auri et argenti similiter. Et ad custodiam istorum duo probi homines constituantur, qui bis singulis annis omnia recognoscant.* » Pet. Thal., pag. 40. Cf. ibid. 41, et *Hist. de la Comm. de Montp.*, I, 106.

[1] « *Ipsi domini consules debent et consueverunt, et ad ipsorum spectat officium, totiens quotiens eis videbitur faciendum, per se seu gentes suas capere, seu capi facere propria auctoritate omnia et singula pondera, et omnes et singulas mensuras quorumcumque mercatorum, draperiorum, canabasseriorum, pipperariorum, apothecariorum, hordeariorum, revenditorum, merceriorum, tabernariorum seu vinum vendentium, et quorumcumque aliorum dicte ville, et eas et ea ad domum dicti consulatus facere portari cognoscereque, et, nisi bone et legales reperiantur, ipsas frangere, ad expensas illorum quorum sunt.* » Acte de 1364, Arch. mun. de Montp., Arm. H, Cass. VII, N° 35. Cf. *Hist. de la Comm. de Montp.*, I, 369. — Voy. aussi, pag. 290 du *Petit Thalamus*, la formule du serment que prêtaient aux consuls les gardes préposés aux poids et mesures. — La même pensée de surveillance et de moralité aura sans doute dicté l'article 29 de la Charte du 15 août 1204, cantonnant par groupes les diverses industries : « *Omnia officia et officine, que per diversa loca hactenus usitata et frequentata sunt in Montepessulano, in suis semper locis permaneant; et nulla occasione in aliis locis debent mutari...... Sed in locis vicinis omnia officia augmentari et ampliari possint.* » De là, les noms d'Argenterie, d'Aiguillerie, de Blanquerie, de Verrerie, de Barrallerie, de Canabasserie, etc., demeurés à quelques-unes de nos rues. Voy. *Hist. de la Comm. de Montp.*, I, 76. Cf. *ibid.* 205.

nous, de concert avec la puissance seigneuriale ou royale, à tout ce qui intéressait, de près ou de loin, la ville dont l'administration leur était confiée. C'est de leur autorité qu'émanent les règlements transcrits en dernier lieu touchant les commandes et les moyens à prendre pour la conservation des biens des commerçants morts en pays étranger ; de même que tout-à-l'heure c'était de leur pouvoir qu'émanait la triple juridiction des consuls de mer, des consuls sur mer et des consuls d'outre-mer. C'est en leur nom également que sont rédigées les lettres d'*habitanage*, demeurées si nombreuses dans nos Archives, et ayant pour but de faire participer aux droits et priviléges dont jouissaient les bourgeois originaires de Montpellier une foule de marchands ou d'ouvriers venus d'ailleurs. Elles équivalaient, pour le cercle où se déployait l'action de notre ville, à ce que représentent aujourd'hui, pour un territoire et avec des avantages infiniment plus vastes, nos lettres de naturalisation. Les registres où en reposent les minutes établissent hautement, mis en regard de nos deux *Thalamus*, jusqu'où allaient, d'une part, les prérogatives et la vigilance de l'administration municipale, et à quel point, d'autre part, était ambitionné le titre de citoyen de Montpellier : double indice de l'importance à la fois commerciale et industrielle de notre Commune dans ces vieux temps.

L'autorité des consuls majeurs ne s'en tenait pas encore là. Toujours présente et active, elle désignait régulièrement chaque année quatre commerçants honorables, chargés, sous le nom de *gardes des marchandises et avoirs*, de prévenir la fraude dans la préparation, la vente ou l'expédition des denrées et autres objets : moyen infaillible d'obvier du même coup aux fâcheuses conséquences de la mauvaise foi mercantile, en empêchant l'empoisonnement sur place, et en parant à la dépréciation qui, sur les marchés extérieurs, n'eût pas manqué d'atteindre nos envois. Nulle marchandise ne pouvait sortir de Montpellier sans un laisser-passer officiel, que les gardes ne délivraient qu'à la suite d'une minutieuse vérification [1].

Ils recouraient, dans les cas douteux, à l'expertise d'hommes compétents [2], et, quand il y avait falsification bien constatée, en donnaient acte aux consuls majeurs, qui déféraient, à leur tour, la fraude à la justice du bayle [3]. Le bayle ne se montrait ni moins consciencieux

---

[1] Acte du 4 octobre 1326, Arch. mun. de Montp., Arm. A, Cass. XIV, N° 6.—P. J., xcv. — Cf. *Pet. Thal.*, pag. 265, formule du serment des gardes des *avoirs*.

[2] A celle des médecins notamment, pour ce qui touchait à l'apothicairerie. Voy., parmi les formules de serment du *Petit Thalamus*, celle que prononçaient les épiciers, pag. 270.

[3] « *Si contingat aliqua victualia et alias merces esse suspectas de corruptione, infectione, sofisticatione, dicti domini consules, vel custodes officiorum ab eis instituti, et deputati eorum nomine, possunt et consueverunt talia victualia, vel merces, per se vel gentes suas, eorum propria auctoritate, capere a quibuscumque, privilegiatis vel non privilegiatis, in villa et pertinentiis Montispessulani*

ni moins inexorable que les gardes et les consuls, et, lorsqu'il s'agissait de choses dont l'emploi risquait de devenir nuisible, de safran par exemple, ou de toute autre sorte d'épicerie, prescrivait le plus ordinairement que la marchandise serait détruite par le feu [1].

Avec une pareille sévérité envers soi-même, il est permis de ne pas tolérer la fraude chez autrui. Nos consuls majeurs mollissaient moins que personne à cet égard. Non-seulement ils châtiaient les coupables, mais ils les dénonçaient à l'opinion publique. Témoin les lettres qu'ils écrivirent, en 1440, contre divers marchands italiens, aux mains desquels avait été surprise certaine quantité d'or filé, d'un titre inférieur. Force fut aux

*ea habentibus, et ad domum Consulatus asportari facere, et ibidem per dictos custodes et alios in talibus expertos, si ipsis dominis consulibus videatur, diligenter videri et inspici facere, et, si res ipsas bonas aut sufficientes repererint, illis quorum sunt restitui facere; si vero insufficientes reperiantur, pauperibus elargiri; quod si sofisticate vel incamarate reperiantur, dicto domino bajulo remittere, pro ipsis publice comburendis; quam exequutionem idem dominus bajulus illico facere debet, nulla alia solemnitate vel cognitione requisita; et ultra hoc culpabiles punire debet bajulus regius antedictus, prout jura volunt.»* Déclaration du syndic des consuls de Montpellier de 1364, Arch. mun. de Montp., Arm. H, Cass. VII, N° 35. Cf. *Hist. de la Comm. de Montp.*, I, 369.

[1] Procès-verbaux du 11 septembre et du 30 octobre 1326, Arch. mun. de Montp., Arm. D, Cass. XV, N° 1 et 2, et Lettres du roi Jean du 24 juin 1355, *ibid.*, N° 4. — Voy. aussi le procès-verbal des publications faites le 24 janvier 1399, relativement à la police de la vente des marchandises. — P. J., xciv, xcvi, cxxxix et cxci.

magistrats de Gênes, pour atténuer l'effet d'une stigmatisante dénonciation, de rechercher les vrais auteurs de la fraude, et de se constituer, à leur tour, les vengeurs de l'outrage infligé, par la faute de quelques-uns de leurs nationaux, à un genre d'industrie qui faisait vivre une partie si considérable de la population génoise [1].

Comment ne pas s'expliquer, après cela, l'universel renom dont jouissaient l'or et l'orfévrerie de Montpellier [2]? Qu'y a t-il d'étonnant de les voir figurer comme type dans une foule d'anciens actes?

Nos consuls ne se bornaient pas à user si honorablement de leur autorité; ils s'en montraient d'autant plus jaloux qu'ils en faisaient un meilleur emploi, et ils s'attachaient à ne s'en laisser ravir aucune parcelle. Ils savaient même en défendre les prérogatives contre les représentants du pouvoir royal. La cour du sénéchal s'étant permis, en 1305, de vouloir faire arrêter d'un coup, pour les lui amener à Nimes, tous les Marseillais qui se rencontreraient à Montpellier, nos consuls protes-

[1] Lettres du 29 juillet et du 25 octobre 1440, Arch. mun. de Montp., Arm. C, Cass. III, N° 6. — P. J., CCII.

[2] La législation y tenait la main. « *In Montepessulano non fiunt vasa argentea vel aurea, nisi fina* », dit l'article 28 de la Charte du 15 août 1204. Voy. *Hist. de la Comm. de Montp.*, I, 75 et 204. Voy. aussi au *Petit Thalamus*, pag. 299 et 300, la formule du serment que prêtaient les argentiers et les gardes de l'argenterie. Le titre de l'argent fin de Montpellier y est expressément coté au minimum de onze deniers et demi.

tèrent aussitôt. L'acte original de leur protestation nous est resté; et comme il contribue à renseigner sur nos anciennes franchises commerciales, aussi bien que sur le rôle de nos premiers magistrats municipaux, il n'est pas inutile d'en résumer ici le contenu.

Une société de marchands italiens, qui possédait une maison ou un comptoir à Nimes, et qui avait eu à se plaindre des Marseillais, était parvenue à obtenir contre eux une sentence du sénéchal de Beaucaire, portant concession de marque ou de représailles. C'était alors le droit commun, en matière commerciale[1], droit barbare s'il en fut, et dernier écho des anciennes guerres privées, que le progrès de la civilisation chrétienne n'avait pu détruire complètement. Le sénéchal, non content d'avoir autorisé les représailles à l'égard des Marseillais en résidence à Nimes, avait cru devoir comprendre Montpellier dans la sentence, afin sans doute de frapper plus fort. Mais Montpellier n'appartenait qu'à demi à la France : Philippe le Bel n'y avait qu'un pied, et, en attendant l'occasion d'y mettre l'autre, partageait toujours la juridiction avec le roi de Majorque. Celui-ci, malgré sa faiblesse comparative, n'était pas disposé à se laisser faire, et nos consuls s'abritaient derrière lui, pour prolonger le plus possible leur indépendance. Ils virent avec peine le représentant du roi de France intimer à celui du roi

---

[1] Voy. Hautefeuille, *Hist. des origines, des progrès et des variations du droit maritime international*, pag. 126 sq.

de Majorque à Montpellier l'ordre d'envoyer dans les prisons de Nimes les Marseillais, après avoir saisi leurs biens en même temps que leurs personnes, et députèrent immédiatement vers le sénéchal, pour former opposition. Ce fut le consul Gabriel Catalan qui s'acquitta du message. Il comparut le 30 janvier devant Guiraud du Tillet, lieutenant du sénéchal Jourdain de L'Isle, en se faisant, selon l'usage, escorter d'un notaire, lequel donna lecture de la protestation, qu'il déposa ensuite entre les mains de ce magistrat.

La mesure prescrite contre les Marseillais présents à Montpellier était, aux termes de la cédule, préjudiciable aux droits du consulat et de la ville tout entière; car, d'après un statut en vigueur à Montpellier, aucune marque ne peut y être assise avant l'expiration d'un délai fixe, laissant à quiconque est atteint par elle la faculté préalable de sortir sain et sauf avec tous ses biens. Ce délaï, si libéralement octroyé par la Coutume montpelliéraine, n'a pas été respecté par le sénéchal, qui a, au contraire, ordonné d'agir sans répit. Lorsque, d'ailleurs, une marque est accordée, elle ne doit avoir d'effet que sur le théâtre du délit qui la motive. A ce compte, les Marseillais résidants à Montpellier ne sauraient être responsables de choses qui se sont passées à Nimes, si tant est même qu'elles s'y soient réellement passées, ce dont la lettre du sénéchal ne dit rien. Les usages et conventions de la Champagne, d'un autre côté, qui ont servi de base aux conventions des marchands italiens établis à Nîmes, ne permettent pas d'imposer de marques en dehors du lieu des foires. Si, du reste, on exécutait l'ordre du sénéchal, ce ne seraient pas les Marseillais qui en souffriraient le plus, mais les gens de Montpellier, puisque, pour un Marseillais qui se trouve à Montpellier, on rencontre à Marseille deux Montpelliérains, et que la mesure appliquée aux Marseillais à Montpellier aurait immédiatement le résultat de provoquer à Marseille une mesure analogue contre les Montpelliérains. Les Marseillais viennent journellement avec leurs marchandises à Nîmes, à Aiguesmortes et autres endroits de la sénéchaussée, soumis sans intermédiaire à la juridiction du roi de France, où il est facile de leur faire saisie, attendu surtout que la somme réclamée d'eux n'excède pas 500 livres de monnaie courante. Et puis il est de coutume que des châtiments de cette nature ne soient infligés par la cour du sénéchal qu'en vertu d'une concession particulière du roi de France; concession dont on ne produit nullement le texte, et qu'on ne mentionne même pas, pour ne rien articuler d'une foule de raisons secondaires, dont on parlera en temps opportun, et devant lesquelles aurait dû s'arrêter la justice du sénéchal. Enfin, on a prescrit cette mesure sans avoir pris conseil ni du syndic ni de personne autre de la commune de Montpellier, quand il s'agissait pourtant de nuire à la ville de Montpellier, de forfaire à ses statuts, à ses libertés, à ses droits. On l'a prescrite à la légère, sans avoir instruit la cause, sans avoir entendu ni même averti aucun des intéressés. Le consul Gabriel Catalan en appelait conséquemment, en son nom et au nom de ses collègues, à la justice du roi de France.

Rien dans nos Archives ne renseigne sur les suites de cette affaire. Mais l'appel en lui-même et les motifs allégués à l'appui par le consulat de Montpellier n'en sont pas moins très-dignes d'attention. Le lieutenant du sénéchal essaya en vain de les réfuter. L'appel fut maintenu, et Gabriel Catalan se fit donner acte de sa persistance [1].

Voilà comment procédaient nos consuls, à une époque qu'on se figure endormie sous le joug d'un abrutissant despotisme. Il faut qu'ils aient été bien fermement convaincus de leur droit, pour avoir tenu un tel langage; et il faut qu'ils aient eu en même temps une bien grande idée de leurs concitoyens. Quelle noble fierté dans cette protestation! Quel profond sentiment de la dignité humaine! Quel magnifique amour de la justice! L'esprit qui animait la commune de Montpellier respire là tout entier.

Il y est aussi vigoureusement empreint que dans les formules de serment couchées sur notre *Petit Thalamus*. Le serment! Ce mot, à lui seul, révèle, de la part de nos bourgeois, une admirable foi de l'homme en

---

[1] Acte du 30 janvier 1304 (1305), Arch. mun. de Montp., Arm. E, Cass. IV, N° 27. — P. J., LXXI.

l'homme. C'est d'une autre manière, et sur une plus large échelle, le même respect, le même culte à l'égard de la personnalité et de la dignité de celui qui jure. Nos ancêtres ont fait, avec la simple sauvegarde du serment, beaucoup plus que nombre de peuples avec l'arsenal de lois le mieux fourni.

Le serment n'était pas obligatoire seulement pour les consuls et autres magistrats supérieurs; il l'était aussi pour toute position ou industrie même qui entraînait une responsabilité quelconque. Le commerce y avait sa place : il suffit de parcourir le *Petit Thalamus* pour voir quelles garanties on exigeait de tout habitant appelé à l'honneur de jouer n'importe quel rôle dans ce concert de progressive expansion.

Une si exquise moralité ne pouvait être sympathique aux habitudes usuraires, dont se trouvait entachée certaine classe de financiers ou de commerçants. Non-seulement la Coutume de Montpellier défendait de recevoir cette sorte de gens en témoignage [1], et non-seulement

---

[1] « *Renovarii seu usurarii, qui denarios pro denariis accommodant, non recipiantur in testimonio.* » Charte du 15 août 1204, art. 10, *Pet. Thal.*, pag. 8. Cf. *Hist. de la Comm. de Montp.*, I, 65. — La même Charte de 1204, afin d'atteindre également l'usurier par une peine matérielle, déclare, à l'article 117, que les intérêts d'une somme prêtée, une fois montés par accumulation jusqu'au chiffre du capital, ne pourront plus s'accroître, malgré la longueur du temps : « *Postquam usura equiparata fuerit sorti, deinde usura nullatenus accrescat ulla temporis diuturnitate; et si etiam sacramento vel fide plenita promissa fuerit, non judicetur in plus Judeis*

l'Église leur refusait, à son tour, jusqu'à la sépulture religieuse [1], mais la population tout entière professait pour eux une répugnance instinctive. Elle embrassait naturellement les Juifs dans cette antipathie ; car les Juifs ne se faisaient pas scrupule d'abuser de leurs richesses, soit en prêtant à d'illicites intérêts, soit en associant la fraude à la pratique du commerce. Jayme Ier, après s'être, quelques années auparavant, constitué leur protecteur vis-à-vis des dépositaires de son autorité seigneuriale à Montpellier [2], fut contraint d'intervenir, le 5 avril 1259, pour réprimer leurs ruses usuraires, en les forçant à jurer sur la loi de Moïse, comme les Chrétiens le juraient sur l'Évangile, qu'ils n'excèderaient pas dans leurs prêts le taux mensuel de quatre deniers par livre [3]. Cette précaution paraîtrait, toutefois, n'avoir apporté au mal qu'un remède tem-

---

*vel Christianis, quia ista constitutione ita taxantur.* » *Pet. Thal.*, pag. 50. Cf. *Hist. de la Comm. de Montp.*, I, 121. — Rien ne découvre plus hideusement l'étendue de la plaie usuraire au sein de notre monde commercial.

[1] Actes du concile de Montpellier de 1214, ap. Labbe et Cossart, *Sacros. concil.*, XI, 103 sq. ; Baluze, *Concil. Gall. Narbon.*, pag. 40 sq. ; Gariel, *Ser. præsul. Magal.*, I, 299 sq. Cf. *Hist. de la Comm. de Montp.*, I, 224.

[2] Chartes du 23 octobre 1252 et du 10 décembre 1258, Arch. mun. de Montp., *Gr. Thal.*, fol. 44 v°, 47 v°, et Arm. A, Cass. IV, N° 7. Cf. *Hist. de la Comm. de Montp.*, II, 331 sq.

[3] Arch. mun. de Montp., Arm. D, Cass. XX, N° 3. — P. J., XXIII et XXXIV.

poraire. Nos consuls se voyaient, soixante ans plus tard, dans la nécessité de renouveler leurs plaintes auprès du roi de France. Les Juifs et autres usuriers se livraient, selon eux, à de tels excès, que, non contents de ruiner radicalement les emprunteurs, ils les forçaient à aller mourir en prison, sans leur permettre de se libérer par une cession légitime de leurs biens [1]. La magistrature royale, comme on sait, ne transigeait guère sur de pareilles duretés. Elle en prescrivit une si sévère répression, que le commerce en reçut de notables atteintes [2], et que Philippe de Valois eut à défendre la liberté de nos marchands contre le zèle intempestif de ses officiers [3]. Le pouvoir monarchique ne se montra pas moins intelligent dans l'application de ses nombreuses ordonnances monétaires, dont il sut tempérer à Montpellier la rigueur par une exceptionnelle tolérance [4]; et il faudrait être bien aveugle ou

---

[1] Lettres de Philippe le Long du 16 août 1319, Arch. mun. de Montp.. Arm. D, Cass. XX, N° 8. — P. J., LXXXVII. — Cf. Lettres du roi Jean du 23 avril 1363, *ibid.*, N° 17. — P. J., CLII. —, et *Hist. de la Comm. de Montp.*, III, 253.

[2] Le commerce et même l'exercice de la juridiction seigneuriale du roi de Majorque, comme l'atteste une lettre du 25 mai 1325, conservée dans nos Archives municipales, Arm. C, Cass. IX, N° 1.

[3] Lettres du 7 avril 1337 et du 28 mai 1345, Arch. mun. de Montp., Arm. G, Cass. V, N° 21, et Arm. G, Cass. II, N° 17. — P. J., CXII et CXXVII.

[4] Lettres de Philippe de Valois du 2 mars 1342-43, et du duc Louis d'Anjou du 11 septembre 1368, Arch. mun. de Montp.,

bien passionné, pour ne pas lui tenir grand compte de tous les efforts qu'il tenta, afin de se concilier chez nous la faveur de l'opinion publique. Ce ne fut pas une œuvre purement individuelle ; ce fut, au contraire, de la part des souverains français, une politique traditionnellement constante, que nous voyons se dérouler dès le temps de la croisade contre les Albigeois. Ils éprouvaient sans doute la nécessité, pour mieux asseoir leur conquête au sein de nos provinces méridionales, de se donner dans les habitants d'une ville aussi importante que l'était alors Montpellier, des amis susceptibles de devenir un jour, au profit de leur progressive ambition, d'utiles auxiliaires. Sur les traces de Louis VIII, qui ouvre un des premiers la voie sous ce rapport [1], Louis IX et la reine Blanche luttent, en quelque sorte, de courtoisie à l'égard de nos marchands. Le pieux monarque leur accorde, en 1248, avant de s'embarquer à Aiguesmortes pour la Croisade, le privilége de pouvoir circuler en liberté à travers ses possessions, en y acquittant les péages ordinaires, et sans avoir à y redouter ni marques ni entraves d'aucune autre nature. Il les autorise même à tirer de ses terres, hors le cas de circonstances exceptionnelles, toute espèce de denrées ou de provisions à leur usage [2].

Arm. G, Cass. III, N° 11, et Arm. Dorée, Liasse 8, N° 7. — P. J., CXXIV et CLXV.

[1] Voy. *Hist. de la Comm. de Montp.*, II, 11.

[2] « *Eodem anno* (1248), *transfretavit de portu Aquarum Mor-*

La reine Blanche, en renouvelant ces concessions durant l'absence du saint roi, ne leur assigne pour limites que les obstacles qu'y apporteraient par leur manière d'agir les habitants de Montpellier. Elle y ajoute la stipulation d'une pleine sécurité pour quiconque se rendra au port d'Aiguesmortes, et pour tout homme de Montpellier à qui on n'aurait à reprocher ni délit ni dette personnels, à moins de défaut de justice imputable à nos consuls [1].

S. Louis, à son retour de Palestine [2], se hâta, sur

*tuarum dominus Ludovicus, Dei gratia rex Francorum, in quo etiam anno dictus rex, ad preces [ et ] postulationem consulum, concessit et donavit ipsis consulibus et populo Montispessulani, quod scilicet nullus Montispessulani mercator, vel alius, solvendo debita pedatica, possit in terra sua aliquo facto alieno marchari vel impediri. Item, quod de cetero non fiat in terra sua interdictum aliquod vel prohibitio, de non portandis et introducendis victualibus de terra sua ad Montempessulanum, nisi forte ex magna causa et urgenti necessitate. Item, quod nullus Januensis, vel alius, non habeatur vel recipiatur pro cive sive burgense Aquarum Mortuarum, secundum ordinationem et statutum datum et concessum ab ipso domino rege habitatoribus veris ejusdem loci. Et hoc concessit dictus dominus rex in dicto loco, scilicet in Aquis Mortuis, et precepit ore proprio senescallis suis Bellicadri et Carcassone, ut predicta servarent, et facerent ab omnibus custodiri.* » Arch. mun. de Montp., *Gr. Thal.*, fol. 86 r°. Cf. *Hist. gén. de Lang.*, III, Pr. 112.

[1] Lettres de la reine Blanche, reçues par le sénéchal de Beaucaire Odard de Villars le mardi après la Saint-Barthélemi 1250, Arch. mun. de Montp., *Gr. Thal.*, fol. 59 v°. — P. J., xx.

[2] En Palestine même, il parait avoir continué à nos marchands

la demande de nos bourgeois, d'amplifier de nouveau ces prérogatives. Non-seulement il confirma à nos marchands la promesse de complète protection que leur avait donnée sa mère, par rapport aux rivages d'Aiguesmortes, mais il prescrivit réparation et satisfaction à leur égard, dans le cas d'injure ou de violence, en chargeant ses officiers de les leur faire obtenir immédiatement, soit sur les terres du domaine royal, soit sur celles des divers barons, comme si les habitants de Montpellier appartenaient à sa propre bourgeoisie [1]. Philippe le Long et Philippe de Valois nous maintinrent ces avantages [2]. Philippe VI ne se borna pas à patronner notre liberté commerciale contre les exigences du port d'Aiguesmortes ; il la protégea aussi contre les prétentions des péagers de la robine de Narbonne [3], et

---

les témoignages de sa royale protection ; car tout conduit à lui attribuer, malgré l'absence de millésime, les lettres que nous éditons parmi nos Pièces justificatives, N° xxv, et qui ont été données dans le camp près de Sidon le jour de la fête de l'Invention de S. Étienne. L'écriture de ce document, conservé en original dans nos Archives, semble indiquer le milieu du XIII° siècle.

[1] Lettres du mois de mars 1254-55, Arch. mun. de Montp., *Gr. Thal.*, fol. 45 v°, publiées dans notre *Hist. de la Comm. de Montp.*, II, 518.

[2] Lettres du 6 septembre 1317, du 22 juillet 1335, du 28 mai 1345 et du 7 décembre 1348, Arch. mun. de Montp., Arm. E, Cass. II, N° 18, Arm. H, Cass. V, N° 9, Arm. G, Cass. II, N° 17, et Cass. V, N° 35. — P. J., LXXXVI, CVIII, CXXVII et CXXXIII.

[3] Lettres du 26 avril 1347, Arch. mun. de Montp., Arm. H, Cass. V, N° 27. — P. J., CXXXII.

en face, qui plus est, des hardiesses du roi de Majorque[1], bien que le roi de Majorque fût encore seigneur direct

[1] En suspendant, puis en mitigeant, par ses lettres du 7 mai et du 19 juillet 1346, une contribution de deux deniers par livre, dont Jayme III avait frappé en 1345 toutes les marchandises qui se vendraient à Montpellier, et dont la perception menaçait de ruiner le commerce de cette ville. « *Tenderet evidenter in destructionem dicte ville* », disent à ce sujet les syndics de nos consuls, « *et in enorme dampnum dicte universitatis, et in diminutionem non modicam patrimonii singulorum, cum sepius accideret quod dictus dominus rex Majoricarum plus haberet a singulis venditoribus emolumenti, recipiendo duos denarios pro libra, quam singulares homines lucri consequerentur vendendo, cum sepius accidat quod non solum duos denarios non lucrantur venditores pro libra, ymo sepius eosdem et amplius de proprio capitali amitunt, presertim hodiernis temporibus, quibus, propter turbationem regni Francie, mercancie in Montepessulano non offerunt magnum fructum seu lucrum mercatoribus dicte ville;... item in eo quia, cum major pars mercatorum qui in Montepessulano mercantur sint extranei, mercancias et alias res venales afferentes ad Montempessulanum de regno et de extra regnum, et de ultra mare, et de diversis mundi partibus, cum quibus mercatoribus et eorum mercanciis villa Montispessulani in habitatoribus augmentatur, nec non et in divitiis et facultatibus et aliter multipliciter prosperatur et honoratur, si dicta impositio ad effectum perduceretur, quod Deus avertat ! dicti mercatores cum eorum mercanciis, pre timore dicte impositionis, a villa Montispessulani recederent, et ad alias partes se transferrent; et ita magna pars hominum Montispessulani, qui statum suum et vitam exinde habebant et sustentabant, cogerentur a dicta villa recedere et exules fieri,... et ita dicta villa Montispessulani, que inter nobiliores et meliores connumeratur, ignobilis fieret et deserta... Et jam etiam revera aliqui mercatores a villa Montispessulani cum suis mercanciis recesserunt...* » Arch. mun. de Montp., Arm. D, Cass. XII, N° 3, 4, 6, 7 et 9.

de Montpellier. Le roi Jean et Charles V se montrèrent fidèles aux mêmes principes[1]; et il serait aisé de suivre jusqu'au seuil des temps modernes le développement de cette politique libéralement protectrice.

Elle était, du reste, commandée par la force des choses; et les rois de France, alors que la nécessité ne leur en eût pas fait une loi, n'auraient pu sans péril pour leur popularité tenir une ligne différente de conduite, lorsque surtout les papes eux-mêmes témoignaient tant d'égards à nos marchands. Urbain V, qui leur permit, on se le rappelle, de continuer de commercer avec les Sarrazins des pays orientaux, et qui honora l'un d'entre eux de sa préférence pour en faire le beau-père de son propre neveu[2], ne fut pas seul à ambitionner de leur être agréable. Nous mentionnions tout-à-l'heure, à propos des consuls de mer, les bulles de Grégoire IX et d'Alexandre IV, relatives aux oboles de Lattes. Le même Grégoire IX, par une autre bulle du 4 janvier 1228, ne craignit pas de relever nos négociants montpelliérains de l'excommunication qu'ils avaient encourue en s'associant à un trafic prohibé[3]. Il subsiste, à la date du 27 août 1373, une sentence analogue d'absolution émanée du cardinal de Saint-

---

[1] Lettres du 4 juillet 1353 et du 31 janvier 1371-72, Arch. mun. de Montp., Arm. A, Cass. XVII, N° 6, et Arm. H, Cass. V, N° 46. — P. J., CXXXVI et CLXX.

[2] Voy. *Hist. de la Comm. de Montp.*, II, 270-276.

[3] Arch. mun. de Montp., Arm. E, Cass. V. — P. J., VIII.

Eusèbe, Étienne de Poissy, en faveur des marchands de Montpellier, coupables d'avoir commercé avec divers excommuniés [1]. Grégoire XI, au nom de qui elle est rendue, prit personnellement en mains, l'année suivante, les intérêts de notre population. Trois lettres de ce pontife, données à Villeneuve-lez-Avignon le 30 septembre 1374, et adressées l'une à noble Mariano, juge d'Arborea [2], la seconde au doge de Gênes Campo-Fregose, et la troisième au roi d'Aragon Pierre le Cruel, qui disputait aux Génois la possession de la Sardaigne, ont pour objet de venir en aide aux gens de Montpellier, qu'un manque de récolte avait décidés à s'approvisionner de grains dans cette île [3]. Cette constante protection du Saint-Siége était naturelle : les liens qui avaient uni anciennement, et depuis Innocent III surtout, Montpellier à l'Église romaine, se perpétuaient dans leur intégrité, et il n'y a pas lieu de s'étonner que les papes, en général si fidèles aux traditions, les aient respectés, à une époque où la fréquence de leurs rapports avec Avignon, s'ajoutant à leur origine française, nous les maintenait sympathiques.

Nous finirons ce chapitre par quelques mots touchant

---

[1] Arch. mun. de Montp., *Gr. Thal.*, fol. 142 v°.—P. J., CLXXII.

[2] Oristagni ou Oristano, sur la côte occidentale de l'île de Sardaigne (?) Voy. *Dictionn.* de Bruzen de la Martinière.

[3] Arch. mun. de Montp., Arm. E, Cass. V. — P. J., CLXXVI. Cf. *Pet. Thal.*, pag. 392.

l'importance commerciale de la cour du Petit-Scel de Montpellier.

Nous avons parlé ailleurs [1] de cette cour. Elle fut, on le sait, fondé par S. Louis, qui l'établit successivement au château de Montredon et au pont de Sommières, puis la transféra en 1254 à Aiguesmortes, pour la plus grande commodité de ses justiciables. Philippe le Bel, devenu maître de Montpelliéret, la transporta, à son tour, dans cette *Part-antique* de Montpellier, où elle séjourna jusqu'au milieu du règne de Louis XIV. C'était une cour attributive, à l'instar de celle du Châtelet de Paris, et dont la mission consistait à juger en matière de dettes.

Nous n'avons besoin de faire ressortir ni la convenance de l'établissement d'une pareille cour, ni surtout celle de son installation à Montpellier. Une ville de grande marchandise, comme l'était la nôtre, dut considérablement gagner à la présence permanente d'un tribunal de cette nature. Les dettes ont toujours constitué un des principaux écueils du négoce : témoin les dispositions répandues à cet égard dans notre Charte organique de 1204 et dans les statuts des années subséquentes insérés au *Petit Thalamus*[2]. Quel immense privilége donc pour Montpellier, que de se voir, par une prérogative insigne, le siége d'une justice continuellement prête à agir au

---

[1] *Hist. de la Comm. de Montp.*, II, 123 et 309.

[2] Voy. plus haut dans ce même chapitre. Cf. *Hist. de la Comm. de Montp.*, I, *passim*, et III, 244.

profit de son commerce, et dont la plupart des villes les mieux partagées se bornaient à ressentir simplement la lointaine émanation! La permanence du Petit-Scel à Montpellier, en permettant à ses juges de surveiller sur place et à toute heure, les rendait d'autant plus exacts observateurs du devoir, au point de les faire accuser parfois de manquer aux règles de la stricte humanité[1]. Quiconque connaît la lenteur des tribunaux d'alors, et apprécie quelles entraves elle apportait au commerce, estimera à sa valeur cet avantage exceptionnel de procédures plus promptes et moins dispendieuses.

[1] « *Conquesti sunt nobis consules ville Montispessulani, quod curiales nostri loci ejusdem ac custos sigilli nostri, homines suis creditoribus pecuniariter obligatos incarcerari faciunt, non obstante quod cedant bonis suis sine fraude, et sic, quum non habeant unde vivant, plures ex eis fame pereunt, prout asserunt consules antedicti. Quare, mandamus vobis quod, si est ita, dictos homines pecuniariter obligatos, qui bonis suis cum effectu cedere volunt sine fraude, non permittatis incarcerari ratione sue obligationis, et incarceratos, si qui sint, premissa cessione predicta, faciatis a custodia liberari.* » Lettres de Charles le Bel, du 17 avril 1323, au sénéchal de Beaucaire, Arch. mun. de Montp., Arm. A, Cass. IX, N° 16. — Charles V, à son tour, se trouve, en 1364, dans l'obligation de prescrire aux officiers de la cour du Petit-Scel de Montpellier de faire surseoir au paiement des sommes enregistrées depuis trente, quarante et cinquante ans: « *Ex quo tale inconveniens sequitur* », ajoute-t-il, « *quod perplures ex hoc hactenus sunt exheredati, et plures adhuc de die in diem super hoc diversis fatigantur laboribus et expensis, in ipsorum grande prejudicium et gravamen.* » Lettres du 8 septembre 1364, Arch. mun. de Montp., Arm. C, Cass. XVI, N° 1.

Les rigueurs que déploya la cour du Petit-Scel n'eurent, du reste, rien de précisément neuf pour notre population. Il était traditionnel à Montpellier de ne pas mollir envers le débiteur insolvable. Ne remarquions-nous pas tout-à-l'heure la Charte du 15 août 1204 livrant à la merci du créancier la personne du débiteur étranger au territoire du comté de Melgueil [1]? Le statut consulaire du 29 juin 1221 était plus explicite encore : il condamnait le délinquant à l'exposition publique sur la place du Change, les braies sur la tête, sans préjudice de la détention [2]. Un article des *établissements*

---

[1] Voy., plus haut, l'article 100 de la Charte du 15 août 1204, rapporté dans la note de la page 102 de ce volume.

[2] « *Clamore facto curie, pro aliquo debito vel debitis, de aliquo debitore, Montispessulani habitatore, masculo, majore seu minore, dum tamen negociator fuerit, principali numeratione, vel rei traditione, vel alio modo, ex proprio contractu, non ex liberalitate, neque ex causa dotis, neque ex causa hereditaria, debito summam centum solidorum excedente, si ipse debitor bonis cesserit, ante sententiam vel post, et ille condempnatus, infra tempus a curia constitutum, post condempnationem vel compositionem a curia factam, dixerit se non posse solvere, nisi ostenderit infra mensem se factum esse non solvendo casu fortuito, vel sine culpa sua, ipso interim a curia custodito, curia ipsum tradi indicente vel precipiente, talis, post dictum mensem, per correuos curie, proclamante precone, in tabulis Cambii publice ducatur, et ibi, braccis detractis et super caput ejus depositis, creditoribus suis christianis, tamen si ipsum recipere voluerint, tradatur, et in captione et custodia tamdiu infra villam ab eis detineatur, quousque eis fuerit satisfactum, moderatione custodie et refectionis ejus a curia arbitrata. Non obstante vero traditione, creditoribus satisfiat de hiis*

couchés au *Petit Thalamus* va même jusqu'à lui infliger comme première peine deux mois de prison au pain et à l'eau ; après quoi, ses biens devaient être vendus au profit de ses créanciers, libres de le retenir enfermé, avec impossibilité à lui de se tirer d'affaire par cession de biens [1].

La cour du Petit-Scel n'innova donc point en fait de sévérité. Mais, il y a long-temps qu'on l'a dit, *summum jus, summa injuria;* et ce sera l'éternel honneur de notre vieille royauté, que d'avoir osé mettre le poids de l'équité chrétienne dans la balance de l'ancien droit.

Qu'on joigne à ces bienfaits des monarques Capétiens celui qui dut résulter de la translation de l'hôtel des

*que traditus habere inventus fuerit, sive per venditionem, sive per dationem in solutum, ab ipso debitore factam, vel a curia, per curatorem ipsis faciendis datum.* » Pet. Thal., pag. 76. Cf. ibid. 77.

[1] « *Quant alcuns homs non poyra pagar sos deutes, que tengua hostatges en la cort, ins el coselh per dos mezes en pan et en ayga; e denfra aquestz dos mezes sian vendut sieu bens; e pueys sia rendut als crezedors, et aion plen poder qu'el meton en preyzon; e non puescon esser delivres per nulh cessamen que fasson de lur bens; e por li crezedor l'auran en lur poder, non sion tengustz de donar mais pan et aiga; e sia en lur merce de delivrar; e la cort nols puesca alongar, ses cosselh e ses volontat dels crezedors.* » *Pet. Thal.*, pag. 132-133. — Nos Juifs et autres usuriers se fondaient sans doute sur ce règlement, alors tombé en désuétude, pour se comporter à l'égard de leurs créanciers avec la rigueur que leur reprochait en 1319 Philippe le Long, d'après les plaintes de nos consuls.

monnaies de Sommières à Montpellier, où on leur attribue également la création d'une bourse des marchands [1]. Bien peu de centres ont, au moyen âge, réuni un tel ensemble d'institutions commerciales ; et, s'il a fallu pour les grouper ainsi une force attractive presque unique à une époque d'infini morcellement, elles ont, à leur tour, vigoureusement activé l'essor des principes auxquels appartenait leur existence. Non-seulement on s'explique, avec ce rare ensemble, les merveilleux progrès du commerce montpelliérain, mais on serait surpris qu'ils ne se fussent pas manifestés. On se rend compte du même coup de la prodigieuse splendeur dont brilla Montpellier jusque vers la fin du XIV<sup>e</sup> siècle, et, les yeux comme éblouis de l'éclat des fortunes qu'accumulèrent nombre de nos familles, on conçoit la raison des règlements somptuaires épars dans le *Petit Thalamus*. Froissart, à propos de la visite que nous fit Charles VI en 1389, et des « beaux presens » que nos bourgeois prodiguèrent au gracieux monarque pour sa bienvenue, vante, même à cette date, le lustre commercial de Montpellier. « Montpellier est », dit-il explicitement [2], « une puissante ville et riche, et garnie de » grand' marchandise ; et moult le prisa le roi, quand » il eut vu et consideré leur fait et leur puissance. Et » bien fut dit au roi que, sans comparaison, elle avoit

---

[1] Voy. *Hist. de la Comm. de Montp.*, II, 123 et 311.

[2] *Chroniques*, liv. IV, chap. 4. — Cf. *Hist. de la Comm. de Montp.*, II, 180.

» eté trop plus riche que pour le present on ne la trou-
» voit ; car le duc d'Anjou et le duc de Berry, chacun
» a son tour, l'avoient malement pillée et robée... Cette
» ville-ci est de soi-meme de grand recouvrance pour le
» fait de la marchandise, dont ceux de la ville s'en-
» soignent par mer et par terre. »

Le bon chroniqueur de Valenciennes constatait ce qui se remarquait encore de son temps. Il ne pouvait prévoir la nouvelle éclipse qu'allait subir, sous la désastreuse influence de nouvelles infortunes, la prospérité commerciale de Montpellier, jusqu'à l'ouverture du canal des deux mers et du port de Cette.

## IX.

CRÉATION DU CANAL DES DEUX MERS ET DU PORT DE CETTE.

Une des plus remarquables créations du règne de Louis XIV est assurément celle du canal des deux mers et de son annexe le port de Cette ; et rien n'atteste mieux la reconnaissance avec laquelle l'ont accueillie nos provinces, que la glorieuse auréole dont est demeuré revêtu parmi nous le nom de Paul Riquet. Ce n'est pas que Riquet ait eu absolument la première idée de l'entreprise. On avait, dès l'année 1539, pour ne pas remonter à Charlemagne, conçu le projet de joindre les deux mers, au moyen d'une dérivation de la Garonne, conduite jusqu'à l'Aude à la hauteur de Narbonne ; puis, quand Henri IV, au sortir des guerres civiles, s'était mis à vouloir restaurer la France, il avait, en 1596, donnant suite à ce dessein, prescrit la construction d'un port à Cette, en exhortant la province à y contribuer. Mais les États, alors réunis à Béziers, avaient cru devoir éluder cette charge. Louis XIII,

132    HISTOIRE DU COMMERCE

sans pouvoir davantage mettre à exécution un plan deux fois avorté, se borna à ériger en Languedoc, au mois d'août 1630, sept siéges d'amirauté, pour les besoins du commerce et de la marine : quatre principaux à Narbonne, Agde, Frontignan et Sérignan, trois particuliers à Aiguesmortes, Leucate et Vendres[1]. Frontignan jouissait encore, en effet, d'une certaine importance ; et il fut même question de creuser dans son étang le port primitivement projeté et définitivement installé au promontoire de Cette. La position n'était guère moins propice, et on avait l'avantage d'y trouver une ville toute bâtie, et familiarisée de longue date avec les affaires maritimes. Cette velléité cependant s'évanouit bien vite, et l'ancien projet obtint l'honneur final de la préférence du pouvoir.

On s'y arrêta, il est vrai, assez tard. Ce fut en 1666 seulement, et le 29 juillet de cette année-là, qu'on posa la première pierre du port de Cette. Il en était grand

[1] *Hist. gén. de Lang.*, V, 148, 149, 484 et 577. Cf. De Grefeuille, *Hist. de Montp.*, I, 634. — Ce dernier auteur écrit *Sette*; et il a étymologiquement raison. Nous avions nous-même naguère adopté cette orthographe. Mais nous avons craint qu'en la maintenant dans un livre spécialement consacré à l'histoire du commerce, on ne nous accusât de vouloir nous ériger prétentieusement en réformateur. L'amour de la paix nous a toujours dominé, et, sans rien rétracter de notre premier mode, nous nous sommes résigné à subir, comme les Bénédictins dans les endroits auxquels nous renvoyons, l'inexorable tyrannie de l'usage,

*Quem penes arbitrium est et jus et norma loquendi.*

temps : le port d'Aiguesmortes, presque totalement ensablé, refusait service, et le commerce semblait sur le point de déserter cette plage. Paul Riquet, heureusement, venait d'aider à résoudre le problème. Il avait, au vieux projet d'un canal dérivé de la Garonne, substitué, par une conception de génie, celui d'un canal qu'alimenteraient les ruisseaux de la Montagne Noire, et qui pourrait traverser, en les enrichissant, des plaines d'une certaine altitude. La nouvelle voie, bien différente de la primitive, ne devait pas aller simplement jusqu'à l'Aude ; elle dut aboutir à l'étang de Thau et à la Méditerranée, au moyen d'un facile prolongement, qui relierait l'étang au port de Cette. Elle ne fut entièrement achevée qu'en 1681, six mois après la mort de Riquet. Mais on n'en attendit pas la fin pour s'occuper des travaux du port tracé à son embouchure, et Riquet eut lui-même la gloire de les diriger. L'ensemble de l'ouvrage, soit du canal des deux mers, soit du port de Cette, ne coûta guère moins de vingt millions d'alors [1].

Les États de Languedoc en votèrent une partie, et le roi paya le reste. On voudrait que Louis XIV n'eût jamais autorisé que des dépenses aussi utiles : il aurait fait à la fois le bonheur de Colbert et celui de ses peuples.

[1] Voy. Pierre Clément, *Hist. de la vie et de l'administ. de Colbert*, pag. 202. Cf. Creuzé de Lesser, *Statistique du département de l'Hérault*, pag. 383.

Car, il serait ingrat de le méconnaître, la main de Colbert se révèle dans cette double création. Port et canal lui doivent, autant qu'à Riquet, leur existence. Si Colbert se fût moins intéressé au développement de la prospérité de nos provinces par le commerce, il eût moins goûté, moins activement patronné la conception de l'illustre ingénieur; et peut-être aurait-elle partagé le sort des projets émis sous François Ier et Henri IV. Colbert, en s'effaçant pour laisser à Louis XIV le titre absolu de fondateur du canal de Languedoc et du port de Cette, a d'autant mieux mérité de la France, qu'il a dû imposer à son orgueil personnel un sacrifice plus entier [1]. Il s'est même abstenu de disputer la seconde place à Riquet, ajoutant ainsi à la modestie obligée du courtisan l'avantage, précieux pour sa mémoire, d'avoir su comprendre et honorer un homme de génie de plus.

Ce n'était pas simplement une des principales merveilles maritimes du monde qu'aidait de la sorte à réaliser le grand ministre, c'était du même coup une ville qu'il travaillait à établir. Il n'y avait eu jusque-là au cap de Cette que de méchantes cabanes de pêcheurs,

---

[1] Le nom de Colbert ne paraît nullement sur la médaille commémorative frappée à l'occasion de la pose de la première pierre du port de Cette. Tout l'honneur y est rapporté à Louis XIV, et le seul personnage admis à être mentionné au-dessous du monarque est l'intendant Tubeuf, qui présida la cérémonie, par délégation royale.

éparses sur un sol raboteux et escarpé. Il fallut, comme autrefois S. Louis à Aiguesmortes, faire quasi violence à la nature, pour y créer un centre de population, capable de se transformer en un marché commercial de quelque valeur. Il fallut aplanir, aligner, et non-seulement construire des maisons, mais échelonner des rues le long d'une pente souvent abrupte, et se prêtant mal aux travaux de maçonnage : terrasses sur terrasses, escaliers sur escaliers, voies roides et rocailleuses, d'un accès de plus en plus difficile, à mesure qu'on s'élève vers le sommet d'une montagne presque à pic ; ville en rapide amphithéâtre, qui n'a pas même, comme Alger et l'ancienne Marseille, une plate-forme à son point culminant, où l'on puisse se reposer, puisqu'elle n'atteint pas la crête du promontoire aux flancs duquel se déroule son multiple éventail. Aussi fut-il nécessaire, pour vaincre ainsi la nature, de prodiguer les priviléges et les concessions à quiconque viendrait habiter cette plage. L'appât du gain, joint à la manie du changement et à l'attrait de la vie d'aventures, communs à tant d'hommes, seconda puissamment Louis XIV et Colbert dans cette œuvre de laborieuse création ; et la nouvelle ville avait déjà pris assez de consistance en 1685, pour que l'intendant De Basville ait cru devoir y jeter dès-lors les premières bases d'une administration municipale. Elle eut, en outre, à partir de 1692, un juge-général d'amirauté.

La colonie se développa désormais plus régulièrement.

Les spéculations n'y furent pas toujours heureuses ; mais l'insuccès des compagnies du Levant et d'Amérique, qui attrista les débuts, n'y ralentit néanmoins que temporairement l'essor des entreprises commerciales. La ville matérielle grandit parallèlement : le môle, à l'abri duquel s'étendait le port, s'acheva ; les quais se perfectionnèrent ; les forts se construisirent, et une belle église s'édifia à leur côté, en l'honneur de S. Louis. C'était le patron et l'aïeul du monarque fondateur ; et aucun vocable ne paraissait plus propre à représenter la fortune de la France, dans les parages où flottait le pavillon de l'héritière présomptive et déjà régnante d'Aiguesmortes.

La vieille ville de la Croisade put désormais, se renfermant jusqu'à nouvel ordre dans sa féodale enceinte, laisser impunément s'ensabler son port, à peine suffisant pour les besoins d'une autre époque. Le commerce n'eut plus rien à y perdre [1] : il trouvait, non loin de là, sur la même plage, un hâvre mieux approprié aux progrès de la navigation, un port susceptible de grandir et de s'étendre, selon les exigences des temps. Cette, en possession du sceptre maritime du Languedoc, n'avait, pour le garder, qu'à croître avec le pays.

Mais Colbert, tout en créant le port de Cette, avait fait de Marseille le premier port de la Méditerranée, en lui renouvelant et lui assurant la franchise, par le

---

[1] Ce chapitre était écrit avant la récente concession du chemin de fer d'Aiguesmortes.

mémorable édit de 1669 [1]. Qui eût pu soutenir la concurrence avec une métropole investie d'un tel privilége ?

Marseille allait servir de preuve vivante à cette maxime de Smith : « A mesure qu'un pays, qu'une ville » a ouvert ses portes à toutes les nations, au lieu de » trouver sa ruine dans cette liberté de commerce, elle » y trouve sa richesse. »

Au nom de cette liberté même cependant, nous ne désespérons pas de l'avenir du port de Cette. Quelle favorable position que la sienne ! Situé au fond du golfe du Lion, en avant de l'étang de Thau, à l'embouchure du canal du Midi, et considérablement accru comme il l'est de nos jours, quels services ne peut-il pas rendre, quand surtout le canal de Riquet et le canal latéral à la Garonne seront, avec le canal du Lez, convertis, comme on le projette, en canaux de grande navigation, pour les bâtiments d'un fort tonnage ?

Le percement de l'isthme de Suez ne paraît-il pas, d'ailleurs, devoir modifier de nouveau la route du commerce entre l'Occident et l'Orient ? Ne semble-t-il pas promettre à la Méditerranée le retour de son âge d'or ? Le mouvement du port de Cette, qui a triplé depuis vingt ans, en dépit de causes d'infériorité capables d'entraver son essor, doit nécessairement se dilater au centuple sous l'empire de pareilles destinées ; et, quoique nous ne soyons ni prophète ni devin, nous ne

---

[1] Voy. Julliany, *Essai sur le commerce de Marseille*, édition de 1842, Tom. I, pag. 221.

craignons pas de lui présager un brillant surcroît de fortune, en répétant avec le poëte :

*Magnus ab integro seclorum nascitur ordo.*

Puisse Montpellier entrer en partage de ce magnifique avenir ! Il est parfois pour les villes une renaissance qui les grandit en les transformant. Notre bonheur serait au comble, s'il nous était donné de contribuer à hâter l'aurore de cette désirable résurrection.

Ce livre aurait alors une double raison d'être, puisqu'après avoir éclairé le présent par le passé, en restituant à la science toute une série de faits jusqu'ici absente des annales publiques, il servirait comme de trait d'union entre deux gloires.

# PIÈCES JUSTIFICATIVES.

## CXIII.

LETTRES DE PHILIPPE DE VALOIS CONCERNANT LES RELATIONS COMMERCIALES DES HABITANTS DE GÊNES ET DE SAVONE AVEC SES SUJETS.

(4 Décembre 1337.)

Karolus, Dei gracia Francorum rex, notum facimus universis, tam presentibus quam futuris, quod nos de registris in thesauro privilegiorum et cartarum nostrorum existentibus, ad requestam Bertholomei Alquier, Bertrandi Navas, Petri Ovrier et Remondi Capus, extrahi fecimus literas carissimi Philipi regis Francorum, proavi nostri, formam que sequitur continentes :

Philipus, Dei gracia Francorum rex, notum facimus universis, tam presentibus quam futuris, quod, cum plures mercatores et alii nobis subditi haberent marchas, a curia nostra concessas, et alias peticiones de pluribus et diversis peccuniarum sommis, et aliis rebus, contra Januenses et Saonenses ac subditos et habitatores civitatum Janue et Saone, earumque districtuum, occasione plurium roberiarum, depredacionum, et aliorum excessuum, per aliquos ipsorum perpetratorum et commissorum, et hujusmodi marcharum et peticionum occasione prefati Januenses et Saonenses et eorum districtuales cessarunt et longo tempore cessaverint in regno nostro conversari et ibi mercaturas et res suas afferre, pluresque ex nostris subditis cessarent eciam ire ad loca unde solebant mercaturas et alia ad regnum nostrum predictum portare, que omnia cedebant in dicti regni nostri et rei publice ac dictorum nostrorum subditorum eorundemque Januensium et Saonensium ac districtualium detrimentum et non modicam lesionem, et propterea commune dicte civitatis Janue et districtus ejusdem pluries ad nos suos ambaxiatores et nuncios speciales et solemnes miserit, ad investigandum et perquirendum vias et modos utiles, quibus super premissis provideretur, tam satisfactioni dictorum nostrorum subditorum de dampnis eis per dictas roberias illatis, quam aliter dictis Januensibus et Saonensibus ac districtualibus eorundem et subditis eciam regni nostri predicti, et super hoc tractandum, sic quod dicti Januenses et Saonenses ac districtuales eorum liberum accessum haberent veniendi ad regnum nostrum predictum, et in eo mercaturas et res suas portandi, in eodemque regno morandi et conversandi, et ut provideretur eciam quod satisfieret nostris subditis, et quod tales roberie et scandala de cetero cessarent; nosque volentes providere indampnitati regni nostri et subditorum nostrorum, ac eciam dictorum communium Janue et Saone, districtualiumque suorum, quod quidem commune Janue sinceram et bonam affectionem ad nos et dictum regnum nostrum noscitur habuisse retroactis temporibus et habere, mercatores et alios subditos nostros predictos marchas habentes vel habere procurantes contra Januenses et Saonenses ac districtuales predictos, aut aliquos ex eis, vel ab eis, occasione talium roberiarum, aliquid petentes vel petere intendentes, per edictum publicum et voce preconia mandavimus super hiis ad certam diem jam elapsam coram nostris certis gentibus, a nobis quoad hec deputatis, evocari, quorum plures comparuerunt coram gentibus nostris predictis; ipsisque qui comparere voluerunt auditis, et audito eciam viro venerabili magistro Raphaele de Campis, jurisperito, dicti communis Janue sindico, actore, ambaxiatore et procuratore fundato, per literas patentes ipsius communis Janue, quarum tenor inferius est insertus, dictum negocium pro dicto communi prosequente, finaliter comperto de presenti per gentes nostras predictas quod ultra et preter illos ex nostris predictis subditis marchas habentibus, qui non venerunt nec comparuerunt coram dictis gentibus nostris, infrascripti subditi nostri habebant occasione premissorum peticiones et marchas de sommis, rebus et peccuniarum quantitatibus que secuntur, videlicet carissimus consanguineus noster Ludovicus, dux Borbonesii, de quatuordecim milibus florenis auri de Florencia, Hugo Kyereti, miles, de tribus milibus florenis auri de Florencia, Arnaldus de Deuce de Narbona et Johannes Coleti de Montepessullano et eorum socii de quaterviginti milibus regalibus auri, Anthonius Pessani, miles, de sexaginta milibus libris turonensibus, et Bernardus Depertout de Montepessullano de duobus milibus octingentis et quinquaginta libris turonensibus, Georgius de Massa, nomine dicti Bernardi Depertout, de decem et septem ballis lane, Bernardus Saonerii de Bellicadro de trecentis et quindecim florenis auri de Florencia, Guillelmus Adalguerii et Johannes de Castronovo, habitatores Montispellii, de quadringentis florenis auri de Florencia, Matheus Guete de Claromonte et ejus socii de decem octo milibus quadringentis quaterviginti quinque libris turonensibus, Petrus Pommerolii de Alvernia et Thomas Comitis de Montepessullano et eorum socii de novem milibus libris turonensibus, Petrus Raymundi, Arnaldus et Petrus Montisalbani de Narbona de mile libr. turon., procurator noster pro nobis, pro quadam nostra galea, in qua erant merces dictorum Petri Raymondi, Arnaldi et Petri Montisalbani, capta per Januenses, de quingentis libris turonensibus, ad quas fuit dicta galea estimata, prout in arresto inde lato continetur, Guillelmus Boneti de Narbona de duobus milibus libr. turon., et procurator ipsius Guillelmi de novem florenis auri de Florencia, Johannes de Bennania, pro Petro Roqueti quondam, de sexentis libr. tur., per defensam nundinarum nostrarum Campanie et Brie, Guillelmus Villani et Johannes Margoresii de Narbona et eorum socii, pro roberia sex ballarum pelliparie et quarundam aliarum rerum, de quadringentis libr. turon., Bernardus Rogerii de Agathe, habitator Biterris, de quingentis quinquaginta libr. turon., Guillelmus Danez de Agathe de quadraginta octo libris duobus solidis, sex denariis turonensibus, Guillelmus Aureluti de Agathe de quadraginta una libris quinque solidis turonensibus, et Johannes Portalis ac Johannes de Vesa de Montepessullano de mile ducentis novem libris decem solidis turonensibus; Hugo Fabri, mercator de Giniaco, pro se et Petro de Dalbayana et Guillelmo Marchi de Tholosa et Egidio Bartholomei et sociis, habebant peticionem de sexentis quaterviginti quatuor libris turonensibus, occasione cujusdam robarie, facte de decem ponderibus zinziberis, oneratis per dictum Petrum Dalbayana in quadam barcha hominum de Massilia, que invasa fuit, et dicta pondera zinziberis capta fuerunt per Julianum Clavari et ejus socios, qui Julianus erat patronus cujusdam ligni armati; et Pulchinus Ysbarra habebat marcham de duobus milibus ducentis quadraginta duabus libris parisinis ; et quod ultra sommas et res predictas habebant predicti nostri subditi peticiones contra dictos Januenses et Saonenses ac districtuales eorum de maximis peccuniarum sommis, pro eorum custibus, interesse et expensis, prout in singulis eorum marchis et in arrestis super eis datis seu prolatis plenius continetur inter dictas gentes nostras pro nobis et subditis nostris predictis, ex parte una, et dictum magistrum Raphaelem, ambaxiatorem predictum, et pro dictis Januensibus a predicto communi Janue, ex altera, ad sopiendum et tollendum omnem dissencionis materiam et vitandum scandala, que ex premissis vel eorum aliquibus, seu eorum occasione, possent oriri, habita super hiis diligenti et provida ac matura deliberacione, considerato eciam quod, si dicti mercatores et alii subditi nostri super hiis que ex dictis marchis et peticionibus a dictis Januensibus ac Saonensibus, ac districtualibus eorundem, debentur, haberent ulterius cum ipsis facere vel agere et satisfactionem horum ab eis petere, et eam per modum marche vel aliter expectare, posset inde majoris dissencionis materia suboriri, et per consequens possent inde dampna et scandala utrique parti parari, in modum qui sequitur, pluribus tractatibus prehabitis, extitit concorditer ordinatum :

In primis videlicet quod, pro omnibus marchis et peticionibus superius nominatim expressatis et peccuniarum sommis, et aliis rebus ac custibus, interesse et expensis supradictis, dictum commune Janue reddet et solvet nobis, seu thesaurariis nostris pro nobis, centum quindecim milia octingentas quaterviginti sex libras septem solidos et sex denarios turonenses monete nunc currentis, ita quod, si contingeret quod per nos vel successores nostros aliqua fieret ordinacio super monetis, vel cursu aut valore ipsarum, semper habebitur respectus ad monetam nunc currentem, et ad valorem monete nunc currentis solvetur nobis somma centum quindecim milium octingentarum quaterviginti sex librarum septem solidorum et sex denariorum turonensium predicta, ex impositione de qua infra dicetur, ad quam sommam moderando reduximus per modum tractatus, ad dicti ambaxiatoris instanciam et requisicionem, sommas et quantitates peccuniarum supradictas, ac valorem seu extimacionem rerum predictarum, licet [ad] longe majorem sommam ascenderent. Et ultra hoc solvet nobis, seu dictis nostris thesaurariis pro nobis, super dicta impositione predictum commune Janue sommas peccuniarum que reperientur deberi pro marchis jam concessis, que non sunt hic nominatim expressate, et pro concedendis, de roberiis seu factis preteritis, secundum quod infra in presenti concordio continetur, et de ipsis peccuniarum sommis que sic reperientur deberi, nec non et de somma centum quindecim milium octingentarum quaterviginti sex librarum septem solidorum et sex denariorum supradicta, nos satisfactionis onus ex nunc, ad tollendum omnem dissencionis materiam, ut est dictum, in nos suscipientes, de ipsis respondebimus et satisfaciemus dictis subditis nostris, et eis satisfacere promittimus certis terminis, sicut duximus ordinandum; et solventur et levabuntur dicte somme de quadam impositione, quam, ad requestam ambaxiatoris predicti, ac de ejus expressa voluntate et assensu, ordinavimus et per presentes ordinamus et indicimus super omnibus mercaturis, rebus et bonis quorumcunque Januensium et Saonensium ac districtualium eorum, privilegiatorum et non privilegiatorum ;

que ad regnum nostrum venient, ducentur, vel portabuntur undecunque, per terram vel per aquam, et super illis eciam quas de regno nostro predicto extrahi continget quocunque modo et per quamcunque partem, et qualitercunque ad dictum regnum nostrum portentur aut ducantur, inmittantur seu extrahantur ab ipso, levabuntur videlicet tres denarios pro libra pro introitu, et tres denarios pro libra pro exitu eorundem. Et levabitur dicta imposicio per commissarios nostros, quos ad hoc duxerimus deputandos. Ipsum tamen commune poterit deputare, si et ubi voluerit, in regno nostro personas ydoneas, ad levandum cum dictis deputandis a nobis imposicionem predictam; qui quidem commissarii, qui sic ad predictam imposicionem levandam per nos deputabuntur, habebunt potestatem omnes et singulos, qui ex causa dicte imposicionis in aliquo tenebuntur, compellendi ad solvendum, sicut est pro nostris propriis debitis fieri consuetum; et tenebuntur hiidem commissarii, sub pena privacionis et aliis penis ad voluntatem nostram, posse suum facere quod dicta imposicio bene et fideliter levabitur et persolvetur, et quod fraus vel dolus aut salvatarie circa hanc minime committentur; reddant eciam dicti commissarii et dicte imposicionis collectores ac reddere tenebuntur compotum et racionem legitimam gentibus nostris pro nobis, de hiis que inde levabunt et levari facient, bis in anno, videlicet termino Natalis Domini et Beati Johannis Baptiste; et solvent thesaurariis nostris pro nobis omnia que ex ipsa imposicione levabuntur et recipientur, deductis eorum vadiis et expensis racionabilibus, que vadia et expense solventur de emolumentis imposicionis predicte. Et jurabunt dicti commissarii predicta bene et fideliter adimplere; et de hiis, que ad nos seu thesaurarios nostros pro nobis pervenient ex imposicione predicta, fiet quittacio sufficiens communi predicto. Et ne in premissis deinceps fraus aut salvatarie committantur aut possint committi, edicto regio prohibebitur, eciam voce preconia, ne quis fraudem aut salvatariam in premissis committat, sub pena amissionis rerum et bonorum, in quibus fraudem aut salvatariam committi contingeret, applicandorum nobis, in atenuacionem dictarum sommarum, deducta inde decima parte, denunciatoribus persolvenda, personis et bonis quibuscunque salvatariam commitencium ad nostram remanentibus et existentibus voluntatem. Est tamen actum per pactum expressum quod, pro eo quod aliqui Januenses et Saonenses, subditi vel districtuales dictorum communium vel alterius eorum, recusarent aut cessarent ipsam imposicionem solvere, vel in ea fraudem committerent quoquomodo, quod propterea non possit contra commune Janue vel Saone, seu habitatores dictorum communium vel alterius eorum, marcha concedi, nec ipsum commune vel alii cives vel subditi ipsorum communium non culpabiles, propter defectum talis non solventis vel fraudem committentis, in aliquo molestari vel impeti; videlicet bona in quibus fraus committeretur, vel pro quibus ipsa imposicio minime solveretur, sint et intelligantur commissa, et convertantur in atenuacionem dictarum sommarum, ut superius continetur.

Et per modum predictum levabuntur ex dicta imposicione et nobis reddentur somme que continebuntur in marchis in posterum concedendis, si quas concedi contingat, ex roberiis seu factis jam preteritis, et eciam id quod debebitur pro marchis non concessis, que non sunt hic nominatim expressate. Et nos eciam de eis sommis satisfaciemus illis quibus sunt vel erunt dicte marche concesse, secundum quod ordinandum duxerimus, ut est dictum; et quousque de omnibus sommis peccuniarum et rebus predictis nobis ad plenum extiterit satisfactum, durabit dicta imposicio, et non ultra. Verumptamen tractatum est quod, sicut de marchis superius nominatim expressatis fuit facta moderacio, sic fiet moderacio racionabilis de marchis concessis superius nominatim non expressatis, et eciam de marchis concedendis, quarum processus sunt jam ad finem concessionis marche per curiam nostram recepti. Super marchis vero imposterum concedendis procedetur in modum inferius ordinatum.

Et sic provisum est per presens accordum, quod sublate sunt omnes marche et peticiones predicte, quecunque sint, jam concesse, tam superius nominatim expressate, quam eciam non expressate.

Extitit eciam ex nunc concordatum, quod marche ille, quas ex roberiis seu factis jam preteritis in futurum concedi continget contra aliquos de Janua vel Saona vel eorum districtu, non demandabuntur amodo execucioni, prout ante fuerat consuetum, nec pro ipsis, vel premissorum occasione, poterunt amodo per viam execucionis vel aliter impeti per nos vel subditos nostros predictos, seu ad eorum instanciam, aut aliquatenus molestari, sed solummodo recipientur somme et quantitates que debentur et debebuntur pro ipsis marchis non concessis, que non sunt hic supra nominatim expressate, ac eciam pro aliis, si quas in posterum concedi contingat ex roberiis vel factis jam preteritis super imposicionem predictam ultra et preter sommam centum quindecim milium octingentarum quaterviginti sex librarum septem solidorum sex denariorum turonensium superius expressatam. Si que autem marche hactenus sunt concesse per commune Janue vel Saone contra aliquos subditos nostros, illas ordinatum est per presens accordum in suspenso manere, quousque commune de satisfaciendo providerit dampna passis, aut dictas marchas ad nos commune miserit cum instructione qua poterit, vel ad nostram curiam, ut per viam tractatus et concordii de eis possit debite provideri.

Et poterunt dicti Januenses secure venire ad regnum nostrum, et inde redire, ac in eo manere et eciam conversari, solvendo jura et devaria consueta; tuebunturque in eo et deffendentur ab omnibus injuriis, violenciis et opressionibus, sicut mercatores ipsius regni nostri.

Et eciam per nos dicto communi, auctoritate nostra regia, et de speciali gracia, remisse fuerunt offense per dicti communis subditos in subditos nostros hactenus perpetrate. Et modo simili subditi nostri, dicta suspensione pendente, et eciam postquam fuerit de dictis marchis contra subditos nostros concessis concordatum, ire, redire, morari, et eciam conversari poterunt secure in dictorum Januensium et Saonensium districtibus; tuebunturque in eis ab omnibus injuriis, violenciis et opressionibus, sicut subditi eorundem, solvendo pedagia et introitus consuetos.

Et per presens accordum est ordinatum, quod omnia bona mobilia, immobilia et jura Januensium, vel que tanquam bona Januensium tenentur hodie et extant in regno nostro saisita, arrestata, vel aliter impedita, occasione predictorum, eis Januensibus, ad quos spectant seu spectabant ante saisimentum vel impedimentum hujusmodi, libere dimittantur et restituantur, omnibus prefatis impedimentis amotis, exceptis et deductis expensis racionabilibus, factis pro captione et arrestatione eorum. Quicquid autem probabitur per Januenses aliquos vel subditos communis Janue de eorum bonis vel rebus levatum vel receptum fuisse per aliquos nostros subditos, marchas vel peticiones habentes, vel ad eorum instanciam tantumdem, per nos restituetur eisdem Januensibus, a quibus recepta vel levata fuerint, illis terminis quibus restituere seu solvere facere debemus nostris subditis marchas habentibus, deductis tantum expensis pro eorum captionibus rationaliter factis, exceptis his que levata seu recepta fuerint de bonis Benedicti Cibo Pertinalli, et Henrici de Scarzacitis, et eorum sociorum in Aquis Mortuis, de quibus inferius specialiter providetur. Et quantum nos dictis Januensibus restituere oportebit occasio [ne] prefata, tantum minus solvemus nobis subditis qui dicta bona levarunt seu receperunt, levari aut recipi fecerunt. Verumptamen de marcha dictorum Arnaldi de Deuce et Johannis Coleti et eorum sociorum nichil ex causa de ea seu de eo quod ejus occasione debebitur detrahetur seu diminuetur, pro aliquo quod de dictorum Januensium bonis habuerunt modo quolibet usque in diem date presentium literarum. Et quicquid nos restituere oportebit Januensibus, pro eo quod dicti Arnaldus, Johannes et socii de bonis Januensium habuerunt, tantum plus recipiemus super imposicione predicta ultra sommas superius expressatas. Super eo vero quod dictus ambaxiator petebit (petierit?) instanter restitui Benedicto Cibo Pertinalli et Henrico Scarzacitis et sociis estimacio certorum bonorum olim arrestatorum, postea venditorum in Aquis Mortuis, ad instanciam dicti Petri Pomeralii et sociorum, vel alterius eorum, sic extitit concordatum, quod nos restituemus et restituere promittimus dictis mercatoribus de Janua, pro estimacione ipsorum bonorum, pro decem milibus quadringentis viginti quinque florenis auri ad agnum, quam sommam est repertum habitam fuisse ex dictorum vendicione bonorum, septem milia octingentas decem octo libr. quindecim solid. turon. monete nunc currentis; et nos dictam sommam recuperabimus in marcha predicti Petri et ex somma in dicta marcha contenta super imposicionem predictam; mandantes ex nunc per has nostras literas nostris thesaurariis predictis quod dictam sommam peccunie dent et persolvant dictis mercatoribus de Janua, absque alterius expectacione mandati, et omni mora ac impedimento semotis, recipientes ab ipsis mercatoribus, vel a legitima persona pro eis, quittanciam sufficientem et debitam de premissis.

Verum, ne de facili per Januenses aliquos in nos vel subditos nostros committantur de cetero injurie vel rapine, promissum nobis extitit per ambaxiatorem predictum, dicti communis Janue nomine, quod per vicarium capitaneorum Janue, qui nunc est et qui pro tempore fuerit, semper in introitu sui officii prestabitur corporaliter juramentum, et per illum vel illos eciam qui deputati sunt et deputabuntur ad officium roberiarum, et omnes et singulos eorum officiarios, quod ipsi omnibus viis et modis quibus poterunt obviabunt, et pro posse providebunt quod alique roberie, violencie aut injurie non fient nobis, aut aliquibus regnicolis aut subditis nostris, in personis vel bonis, per aliquem vel aliquos Januenses, et quod, si eas, quod absit! fieri contingeret, ipsi, prout ad eos pertinuerit, procedant viriliter ad faciendum fieri emendam dampnificatis; et omni favore postposito facient de delinquentibus justicie complementum, videlicet quod tenebitur predictum commune Janue capere vel capi facere delinquentes predictos, et eorum bona eorumque personas in carceribus claudi, intrudi et teneri facere, et dicta eorum bona distrahere seu distrahi facere, per satisfactionem dampna passorum, aut ea dissipare, devastare et funditus diruere, prout maluerint dampna passi seu procurator eorum; privetque eciam dictum commune delinquentes predictos, juxta demerita eorundem, sic quod ipsi de cetero attemptare familiis formidabunt, cedetque ceteris in exemplum. Et nichilominus compellet dictum commune dictorum delinquencium fidejussores, usque ad sommam in caucione seu fidejussione contentam. Et si hujusmodi delinquentes capi non possent, procedet dictum commune contra ipsos ad bannum, et eciam in bonis eorum, prout supra; nec poterit commune predictum sic captos seu arrestatos a carceribus liberare, aut sic bannitos revocare seu reappellare, aut ad graciam ipsius communis admittere seu reducere, nisi demum satisfacto integraliter dampnum passis. Et recipiet predictum commune Janue a quocunque armare volente in posse ipsius communis naves, galeas, aut alia vasa navigabilia [sacramentum], quod non forefaciet nobis aut alicui nobis subdito, in corpore vel in bonis. Et nichilominus, dicto prefato juramento, dictum commune recipiet de premissis caucionem talem, qualem de amicis ipsius communis non offendendis recipere consuevit a quocunque sic armare volente, cum bonis et sufficiente fidejussione, usque ad sommam recipi et prestari consuetam, ita quod in sic dicta fidejussione prestari solita subditi nostri tanquam amici communis Janue continebuntur specialiter et expresse. Et nisi sic armare volentes prestent juramentum et caucionem sufficientem predictam, dictum commune Janue eos armare non permittet.

Si vero ex nunc in antea contingat, quod marcha contra dictum commune Janue aut aliquos Januenses a nobis vel curia nostra aut aliquibus officiariis nostris requiratur concedi, ad hujusmodi marcharum concessionem in modum qui sequitur procedetur : videlicet quod marcha non concedetur, nisi pro nobis aut illis qui fuerunt nobis subditi, tempore dampni dati. Et requirentes tales marchas tenebuntur informacionem sommariam fieri facere, juxta qualitatem locorum et temporum, ubi melius poterunt, de roberiis, injuriis et dampnis hujusmodi, et de ipsa informacione fidem facere senescallo aut baillivo nostris, cujus dictus requirens erit subditus, aut curie nostre, seu presidenti in ipsa curia pro nobis, si hoc dictus requirens maluerit, et cum hoc a curia nostra obtinere literas continentes factum et dampni illati valorem, ac nomina delinquencium, et requestam, prout fieri consuevit. Tenebitur eciam dictus marchas requirens, per se vel per procuratorem suum, accedere apud Januam, et cum dictis literis requirere commune predictum, seu illos qui preerunt gubernacioni ipsius communis, ut dampna hujusmodi sibi faciant resarciri, vel sommarium et debitum justicie complementum, prout superius est expressum, et pro dictis literis presentandis, et pro responcione dicti communis, seu illorum qui ejus gubernacioni preerunt, habenda, morari Janue per triginta dies continuos, et dictas requestas facere semel ad minus qualibet ebdomada, durantibus triginta diebus predictis. Et nisi infra dictos triginta dies dictum commune, seu illi qui ad ipsius gubernacionem preerunt, faciant dampna emendari et resarciri, vel de ipsis dampna inferentibus, bonis et fidejussoribus eorundem, sommarium et debitum justicie complementum, ut supra, poterit conquerens ad nostrum parlamentum seu nostram curiam recurrere, et ibi, vocato procuratore dicti communis, tradere dictas literas et requestas, quas super hoc dicto communi fecerit vel fieri fecerit, nec non et responciones dicti communis ad dictas literas et requestas subsecutas, si quas dictum commune seu ejus officiarii fecerint, et illa que acta fuerint in premissis; quo facto, nisi procurator dicti communis infra alios triginta dies, a die sic ipsis procuratoribus communis Janue assignata continuandos, sufficientes raciones quare marcha concedi non debebat proposuerit, et sufficienter probaverit easdem infra dictos triginta dies, vel quindecim dies ultra dictos triginta dies, si per nostram curiam concedantur eidem, ipsis triginta diebus et quindecim, si concedantur, lapsis, procedetur ad marche concessionem, alia solemnitate non adhibita, nec eciam requisita, dum tamen pro excessibus, roberiis et delictis, qui et que committerentur forte de cetero per rebelles extrinsecos, vel communis Janue inimicos, in nos aut in aliquem vel aliquos nobis subditos seu regni nostri habitatores, commune Januense aut Januenses, et subditi dicto communi obedientes non molestantur vel perturbentur in aliquo, personaliter vel in bonis, nec possit preterea contra ipsum commune, seu contra alios communi Janue obedientes, marcha concedi, dictis inimicis et rebellione durantibus. Ut autem dicta evocacio seu citacio procuratoris dicti communis absque more dispendio et difficultate fieri possit, tenebitur dictum commune domum alicujus ordinis seu aliquorum religiosorum mendicancium Parisius residencium eligere, per se vel per procuratorem suum, in qua sufficiet ad priorem vel gardianum dicte domus, seu ejus locumtenentem, citacionem fieri de procuratore predicto ; et sic facta tenebit, dum tamen fiat ad terminum octo dierum ad minus, numerandorum a die citacionis prefate, cujus domus electionem gentibus nostre curie parlamenti vel nostre camere compotorum manifestare, seu eciam de domo ipsa certificare tenebitur dicti communis Janue procurator, cum eam facere voluerit, aut eam in aliqua parte ville permutare. Et ex nunc elegit quoad hec ambaxiator predictus, nomine dicti communis, domum Fratrum Augustinorum Parisius existencium. Et hec habent locum in marchis seu peticionibus quarum processus nondum sunt inchoati, et eidem in illis quorum sunt inchoati, nondum tamen communi Janue requisicio facta, ut videlicet fiat requisicio et alia sequencia, juxta modum superius ordinatum. Et si processus inchoati sint, et in parlamento nostro vel curia nostra ad finem concessionis marche recepti, si tamen parlamentum vel curia nostra [in] predictis reperiat sufficienter fuisse processum, tam in requirendo dictum commune, quam aliter, prout ante presens accordum fuerit consuetum, poterit dicta curia ad concessionem marche procedere, nulla alia super eis solemnitate adhibita, seu eciam requisita. Si autem processus nondum esset ad parlamentum remissus, esset tamen commune predictum de justicia requisitum, prout ante presens accordum fuerat consuetum, tenebitur marcham requirens suas requestas cum dicti communis responsione ad parlamentum seu curiam nostram afferre, et ibi, vocato procuratore dicti communis ad certam et competentem diem, eas curie nostre tradere. Litere tamen, si que huc usque per nos vel per curiam nostram alicui nostro subdito concesse fuerint requisitori, communi predicto que nondum fuerint, propter impedimenta guerrarum vel marcharum aut aliter, presentate, potuerint eidem communi seu ad ipsius gubernationem presidentibus presentari, et cum ipsis literis et responsionibus, ut supra, ad nostram curiam conquerens redire ; et nisi infra triginta dies a die sic dicto procuratori communis Janue assignata, vel infra quindecim dies ultra, si, ut supra dictum est, per nostram curiam assignaretur eidem, sufficientes causas seu raciones in dicto parlamento seu curia nostra idem procurator proposuerit quod marcha non sit concordata, et sufficienter probaverit easdem, concedetur ex nunc dicta marcha, alia solemnitate minime requisita. Et idem observabitur in casu quo in parlamento essent jam processus recepti, si diceretur per ipsum parlamentum, seu per nostram dictam curiam, per dictum commune non esset sufficienter requisitum, videlicet quod fiet requisicio et alia sequencia et marche concessio, prout supra. Et in casu quo, quod absit ! contingeret in futurum aliam roberiam vel injuriam fieri per aliquos Januenses vel alios de districtu suo aliquibus subditis nostris, quoad informacionem et requisicionem Janue ac citacionem perfaciendam, et in aliis, forma salvabitur ordinata, hoc addito quod in illo casu quo fieri deberet execucio contra Januenses predictos et eorum bona in regno nostro, de marchis que forte concederentur per nostram curiam pro roberiis vel injuriis quas Januenses, quod absit! committerent in nos ac nostros subditos, de cetero habebunt ipsi Januenses et subditi communis Janue, illi videlicet apud Nemausum morantes, spacium unius anni et quadraginta dierum, et alii, nisi fuerint delinquentes, pro quorum factis dicta marcha concederetur, spacium septem mensium, a die qua pronunciabitur talis marcha numerandorum, ad exigendum si voluerint de regno nostro et levandum sua debita, et extrahendum a regno ipso omnia bona sua, absque eo quod, occasione dicte marche, possint, dicto pendente termino, in aliquo impediri aut molestari, [in] personis vel in bonis, quem terminum unius anni et quadraginta dierum dicti Januenses apud Nemausum morantes soliti sunt habere, secundum convenciones et privilegia, ville Nemausi olim editas, et concessas

Januensibus et aliquibus aliis Ytalicis se **transferentibus** citaturis
[et] exercendis ad civitatem Nemausi-predictam, per carissimum
dominum quondam avunculum nostrum Philipum, bone memorie
Francorum regem, quas convenciones et privilegia, prout scripte et
scripta sunt, firma et illesa atque firmas et illesas esse volumus et
integraliter observari Januensibus antedictis, et quas eciam servari
per Januenses predictos et per dictum commune Janue nobis promisit
ambaxiator predictus, nomine communis predicti. Dictis vero terminis transactis, fiet execucio talis marche; et, vice versa, in casu
quo, quod absit! contingeret in futurum quod, pro aliqua marcha
concedenda per commune Janue vel Saone contra aliquos nostros
subditos, fieri deberet execucio de talibus marchis contra nostros
dictos subditos, vel in bonis eorum, habebunt dicti nostri subditi
apud Januenses vel Saonenses, vel in districtibus eorundem existentes vel morantes, spacium septem mensium, a die qua pronunciabitur talis marcha numerandorum, ad exeundum, si voluerint,
de posse et districtibus dictorum Januensium et Saonensium, et
levandum sua debita, et eciam extrahendum de posse et districtualibus predictis omnia bona sua.

Tenor vero literarum sindicatus actoris, ambaxiatoris et procuratoris dicti magistri Raphaelis, de quibus superius fit mencio,
sequitur in hec verba :

In nomine Domini, amen. Anno Domini millesimo trecentesimo
trisesimo septimo, indictione quarta secundum cursum civitatis
Janue, die octava julii, magnifici et potentes viri domini Raphael
de Aurea, miles, et Galeotus Sponnilla de Lutulo, capitanei communis et populi Januensium, de beneplacito et assensu domini abbatis
populi et ancianorum dicti communis, et dicti abbatis et anciani,
auctoritate et consensu dictorum dominorum capitaneorum, fecerunt,
constituerunt et ordinaverunt, eorum et dicti communis sindicum,
auctoritate ambaxiatoris et procuratoris, nobilem et sapientem virum
dominum Raphaelem de Campis, jurisperitum, ad se presentandum
pro dicto communi coram serenissimo principe domino Philipo,

Dei gracia illustrissimo Francorum rege, et coram quibuscunque officiariis ipsius domini regis, et ad paciscendum, transigendum et componendum cum ipso domino rege vel deputandis ab eo, vel cum habentibus vel habere procurantibus marchas, de et super omnibus et singulis marchis olim datis et concessis seu impositis, concedendis per procuratorem regium contra commune Janue vel Saone et habitatores et cives dictorum locorum, vel alterius eorum, ex causa roberiarum que olim commisse forent per nonnullos Januenses vel Saonenses in gentibus ipsius domini regis, vel de rebus eorum, in mari vel in terra, seu alia quacunque racione vel causa, et ad faciendum, ordinandum et imponendum, propter ea, et colligi faciendum illam imposicionem, de qua concors fuerit cum ipso domino rege, vel cum deputandis ab eo, super bonis et rebus hominum de Janua et districtu, que portabuntur in regnum Francie, vel inde extrahentur, cum illis modis, condicionibus et formis, de quibus dicto procuratore, ambaxiatore et sindico visum fuerit et placuerit, et ad petendum et requirendum ab ipso domino rege et subditis suis restitucionem de quibusdam dampnis, illatis et factis per subditos ipsius domini regis aliquibus districtualibus seu civibus communis Janue, et ad paciscendum, componendum et transigendum de eisdem, per illum modum et formam, de quibus dicto sindico et procuratore videbitur et placuerit, et ad faciendum de omnibus et singulis supradictis finem, concordiam et pactum de perpetuo non ponendo, dantes et concedentes dicto procuratori, actori, ambaxiatori et sindico omnimodam potestatem et bailliam, largum et generale mandatum in omnibus et singulis supradictis et dependentibus ab eisdem vel connexis ab ea, et speciale mandatum in hiis que mandatum exigunt speciale, approbantes et confirmantes ex nunc prout ex tunc quicquid per dictum procuratorem et sindicum factum, promissum fuerit sive gestum in premissis et quolibet premissorum, et eis connexis vel dependentibus ab eisdem. Et promiserunt omnia et singula supradicta perpetuo rata et firma habere et tenere, sub ypotheca et obligacione bonorum dicti communis; et mandaverunt de predictis fieri publicum instrumentum per me notarium infrascriptum, et eciam hoc presens instrumentum sigilli dicti communis, ad perpetuam memoriam, appensione muniri.

Actum in terracia palacii domini abbatis populi Januensis, presentibus Bonifacio de Cauvilis, Arnaudo de Credencia, notario et cancellario communis Janue, Raffo Cazano et Ottobono de Oliva, notariis, testibus vocatis et rogatis. Ego Benedictus Vicecomes, notarius sacri Imperii, rogatus scripsi.

Nos autem accordum predictum et omnia alia universa et singula superius expressata, rata et grata habentes, ea teneri volumus, et faciemus, quantum tangunt nos et nostros subditos, inviolabiliter observari. Dictusque ambaxiator, nomine dicti communis Janue, ea omnia teneri promisit per dictum commune Janue et ejus districtuales ac subditos, ac, quantum ipsum commune ejusque subditos tangunt et tangere possunt, inviolabiliter observari; et ad hoc obligavit dictus ambaxiator commune predictum et bona omnia ipsius communis et subditorum ac districtualium ejusdem; et super hoc nobis vel gentibus nostris tradidit dictus ambaxiator literas, presens accordum et omnia supradicta continentes, sub sigillo Castelleti nostri Parisius constans; easque ratifficari et confirmari facere per commune predictum, cum literis sigillo ipsius communis sigillatis, promisit ambaxiator predictus. Et, ut premissa omnia firma et stabilia permaneant in futurum, presentes literas jussimus sigilli nostri appensione muniri.

Actum apud Longum Pontem, anno Domini millesimo trecentesimo tricesimo septimo, die quarta mensis decembris.

In fine dicti registri sic signatum: Per dominum regem, in consilio suo, ubi fuistis presens, ad relacionem vestram. Ista et alia dupliciter et simul visa fuerunt in camera compotorum, et ibidem expedita. Vistrebet. Duplex facta est collacio per me S. de Sabaudi. In cujus extractus dictarum literarum testimonium, nostrum sigillum literis presentibus est appensum.

Datum Parisius, duodecima die mensis aprilis, anno Domini millesimo CCC° nonagesimo nono, ante Pascha, et regni nostri vicesimo.

Extractum, de vestro precepto ; et facta fuit collacio cum registro literarum superius insertarum. J. Chanteprime.

> Arch. mun. de Montp., Arm. C, Cass. XX, N° 12. Expédition originale sur parchemin, munie du grand sceau royal en cire verte, attaché au moyen de lacs de soie verte et rouge.

## CXIV.

LETTRES DE PHILIPPE DE VALOIS ET DU LIEUTENANT DU SÉNÉCHAL DE BEAUCAIRE, AUTORISANT L'USAGE PROVISOIRE DES GRAUX VOISINS D'AIGUES-MORTES.

(31 Mars 1337-38, et 18 Avril 1339.)

Universis presentes litteras inspecturis, nos Andreas Aubant, domini regis clericus, judex major senescallie Bellicadri et Nemausi, locumque tenens nobilis et potentis viri domini Philippi de Pria, militis dicti domini nostri Francorum regis, ejusque senescalli in senescallia predicta, notum facimus per presentes quod, cum consules Montispessulani, et nonnulli alii mercatores ville Montispessulani, et Lingue Occitane aliorum locorum, et aliunde tam de regno, quam de aliunde, frequentantium mare, nobis dederint intelligi quod, cum, propter multitudinem piratarum et malefactorum, discurrencium per mare, pro quibus sepe et pluries disraubati et depredati et dampnificati fuerunt, et adhuc de die in diem de presenti disraubantur, et etiam propter distractionem portus Aquarum Mortuarum, sive distancia[m] maris a loco dicti portus consueto, in quo portu navigia, propter fortunam sive tempestatem, atque pericula tam maris quam dictorum piratarum, esse non poterant neque possunt, nec venire sive applicare cum eorum mercibus ad dictum portum, quin defraudarentur a dictis piratis, vel naufragium paterentur et patiantur, nec non et clavarii sive receptores ac firmarii clavarie regie et aliorum emolumentorum, que in dicto portu percipiuntur pro domino nostro rege, nobis pluries exposuerant conquerendo, quod, ob predicta, emolumenta dicte clavarie, et alia domino nostro regi debita, omnino amittebantur sive diminuebantur, ea ratione [quod] dicti mercatores cum eorum mercibus ad dictum portum sive locum Aquarum Mortuarum non applicabant, nec transitum faciebant, nec etiam, dato quod vellent, secure possent; sed pocius tam mercatores de regno quam aliunde navigia sua et merces suas onerari et exonerari et aplicari faciebant apud portum Coquiliberi extra regnum, ducendo et reducendo dictas eorum merces per terram ad dictum portum Coquiliberi et in aliis locis non consuetis, et sic predictam clavariam nec alia emolumenta solvebant sive solvere habebant; et idcirco tam dicti mercatores quam dicti clavarii et firmarii, nec non et habitatores ville Aquarum Mortuarum, et pluries, cum instantia nos requisiverunt, ut super hiis, tam pro conservatione juris et utilitatis ac honoris domini nostri regis atque nostri, quam pro utilitate rei publice, providere dignaremus eisdem de remedio opportuno; nosque, audita ipsorum consulum et universitatis mercatorum, ac clavariorum sive receptorum requisitione, vocatis nobiscum in dicto loco Aquarum Mortuarum, et subjecto loco occulis, discreto viro Hugone Becci, aliter Chongo, locumtenente thesaurarii regii dicte senescallie, et pluribus aliis probis viris, congregatoque dicto nostro consilio dicte senescallie pluries in dicto loco Aquarum Mortuarum et in Montepessulano, tum etiam in loco Nemausi, ut moris est in talibus, tangentibus indempnitatem juris regii et rei publice, et prout in similibus est fieri consuetum, congregatisque et vocatis nobiscum venerabilibus et discretis viris dominis Baudeto Macarelli, legum doctore, advocato regio, Stephano de Molceone, judice ordinario Nemausi, legum doctore, Johanne Vannerie, judice criminum, Guillelmo de Ledra, procuratore regio dicte senescallie, Percevallo de Podio, locumtenente dicti thesaurarii, Hugone de Carssano, milite, rectore regio Montispessulani, Johanne Ricardi, judice dicti loci, et Bernardo de Ortolis, judice sigilli Montispessulani, Johanne de Caussanicis, judice regio Sancti Saturnini, Johanne de Regordana, judice regio Andusie, ac pluribus aliis advocatis et consiliariis, cum deliberatione dicti consilii, ad requisitionem dictorum clavariorum Aquarum Mortuarum et hominum dicti loci ac universitatum mercatorum frequentantium mare, ad evitandum predicta dampna et pericula eisdem super hoc eminencia, factaque etiam super premissis de comodo et incomodo regis et mercatorum predictorum debita informatione, nobisque etiam, una cum dicto nostro consilio, appareat, tam per subjectionem oculorum per nos factam in dicto loco et portu Aquarum Mortuarum, dictum portum dicti loci Aquarum Mortuarum non posse perfici nec compleri citra festum Pasche Domini, etiam per relationem nobis factam per magistros et operarios ibidem deputatos ad reparationem portus predicti ; unde, visis et inspectis informatione predicta, nec non litteris regiis, dictis mercatoribus super hoc concessis, quarum tenor sequitur in hec verba :

Philippus, Dei gracia Francorum rex, senescallo Bellicadri, aut ejus locumtenenti, salutem.

Consules Montispessulani et universitas mercatorum Lingue Occitane frequentancium mare nobis dederunt intelligi quod, cum, propter multitudinem piratarum et malefactorum decurrencium per mare, pro quibus sepe et pluries disrobati et dampnifficati fuerunt, et adhuc de die in diem disraubantur, et eciam propter distractionem portus Aquarum Mortuarum, in quo portu navigia, propter pericula tam maris quam dictorum piratarum, esse non poterant neque possunt, nec venire secure, quin disraubentur a dictis piratis, vel naufragium paterentur et patiantur, pluries cum instancia vos requisiverunt, ut super hiis, tam pro conservatione honoris nostri, quam pro utilitate rei publice, providere dignaremini de remedio opportuno, auditaque ipsorum consulum et universitatum requisitione, vos, vocato vobiscum clavario nostro Aquarum Mortuarum, congregatoque consilio nostro vestre senescallie, ut moris est in talibus, tangentibus indempnitatem juris regii et rei publice, congregari, cum deliberatione dicti consilii, ad requisicionem dicti clavarii et hominum Aquarum Mortuarum ac universitatum mercatorum frequentancium mare, ad evitandum predicta dampna et pericula, eisdem concesistis litteras, continentes in effectu quod, usque ad festum Pasche Domini proxime venturum solum, universis navigantibus res vel merces ad regnum nostrum Francie per mare apportari vel adduci facere esset licitum, et eciam a dicto regno merces vel res alias extrahere volentibus cum galeis suis et aliis navigiis, intrandi ac exeundi per gradus, ac onerandi et exonerandi in dictis gradibus, solvendo tamen deveria et alias redibencias, in Aquis Mortuis pro jure regio debita, et alia quecumque pedagia regia et aliorum dominorum, per quorum jurisdictiones navigia seu merces predicte transitum facerent, debita, supplicantes dicti consules et universitas, ut horum sicut nostra vigilare solerter pro utilitate rei publice, sibi per nos super hoc concedi litteras, quod, finito termino dicti festi Pasche, ipsi cum galeis et aliis navigiis, oneratis mercibus vel exoneratis, intrare et exire possent per gradus, et in dictis gradibus onerare, solvendo tamen deveria in Aquis Mortuis pro jure regio debita, et alia pedagia regia et aliorum dominorum, per quorum jurisdictionem dicte merces seu navigia transitum facient, debita, tandiu donec portus Aquarum Mortuarum sit adeo ita reparatus, quod galee et alia navigia onerata possint infra dictum portum intrare et stare secure tam de piratis quam a fortuna maris. Nos vero, audita ipsorum consulum et universitatum supplicatione, mandamus vobis, [et], si sit opus, comittimus, quatenus eis provideatis super hiis de remedio opportuno, taliter quod ipsi non redeant amodo ad nos querelosi, in vestri deffectum.

Datum apud Vicennas, ultima die marcii, anno Domini millesimo trecentesimo tricesimo septimo.

Nosque, annuere volentes eorum supplicationibus, tanquam consentaneis rationi, ordinamus, auctoritate dictarum litterarum regiarum, in modum qui sequitur, videlicet : lini, barche, caupoli et alia vasa maritima minuta, que sine piratarum, cursariorum, disraubatorum, inimicorum maritimorum disraubationis, et mortis et fortune maris periculo in portu Aquarum Mortuarum directo applicari non possent, hinc ad instans et proximum festum Pasche Domini, per gradum Agathe et alios gradus intrare et exire possunt, et per stagna sive robinas directo venire, et aplicare ad portum seu locum Aquarum Mortuarum, absque eo quod in villa Agathe, seu alio loco quocumque, in botigiis seu domibus vel alibi discargent, seu exonerent, sive applicent quoquomodo, nisi quathenus necessarium erit dumtaxat eis pro transeundo et veniendo recta linea in loco Aquarum Mortuarum predicto, et absque eo quod eorum merces in villa Agathe, veniendo versus Aquas Mortuas, possint vendi vel distrahi, donec recta via venerint sive aplicaverint ad dictum locum Aquarum Mortuarum, et quod pro mercibus et denariatis, quas habebunt et portari facient, pedagia, deveria et redibencias debitas, tam in Aquis Mortuis domino nostro regi, quam eciam domino de Lunello in pedagio Rutelle, quam eciam aliis locis per que transitum facient, solvere tenebuntur, sine fraude quacumque. Non est tamen nostre intentionis in galeis et navibus, coquis et aliis magnis vasis maritimis aliqua ordinare, quominus, ut tenentur, in portu per maris directo Aquarum Mortuarum, teneantur applicare precaventer mercatores seu navigantes predicti, ne in solutione pedagiorum, deveriorum seu redibenciarum, vel aliter quoquomodo, per eos fraus aliquathenus comittatur; quod si forsan, quod absit! comissa fuerit, intentionis nostre est, quod merces, ratione fraudis comisse, domino nostro regi aplicentur, et eas statuimus et volumus applicare per presentes, nichilominus de fraude predicta comittentes taliter puniri, quod cedet ceteris in exemplum. Quam quidem ordinationem et concessionem, prout suprascriptum est, fecimus, domini nostri regis et sui venerabilis consilii in omnibus voluntate retenta; mandantes et precipientes districtius injungendo omnibus et singulis justiciariis domini nostri regis, per quorum loca, jurisdictiones et districtus transire habebunt, virtute [et] auctoritate litterarum regiarum predictarum, et auctoritate dicte nostre ordinationis, per nos facte cum maturo consilio, ut presentem provisionem seu ordinationem inviolabiliter teneant et teneri faciant, hinc ad festum Pasche Domini proxime venturum, retenta tamen, prout supradictum est, domini nostri regis et sui venerabilis consilii voluntate; inhibentes, virtute et auctoritate dicte nostre ordinationis et concessionis, quibuscumque pedageriis, leuderiis, pedagiorum, leudarum seu gabellarum levatoribus, et aliis quibuscumque justiciariis, et sub pena quam possent incurrere erga dominum nostrum regem, ne pedagia, redibencias, deveria seu gabellas insolutas et non consuetas prestari a mercatoribus seu navigantibus, tam personarum quam mercium occasione predicta, levent seu exigant quovismodo. Ob predicta autem nolumus nec intendimus aliquod prejudicium generari domino nostro regi in jure suo, proprietate sive possessione, quoad arrestum latum per dominos parlamenti, pro parte procuratoris regii et consulum Aquarum Mortuarum, contra consules Agathe, nec super questione pendente sive vertente inter dictum procuratorem regium et episcopum Agathensem, set ipsum semper remanere salvum et illesum; comittentes nichilominus rectori regio Montispessulani, vel ejus locum tenenti, ut supra concessa et ordinata preconizari voce preconia faciat in loco Montispessulani et aliis locis ubi expediens sibi visum fuerit, dum et cum per dictos consules et mercatores fuerit requisitus; mandantes et precipientes omnibus domini nostri regis subditis, non subditos ex parte regia requirentes, ut eidem in hiis pareant efficaciter et intendant. Nolumus tamen, propter presentem concessionem seu ordinationem, prejudicium aliquod generari domino nostro regi, nec aliquod jus in possessione et proprietate portus episcopi Agathe, seu alterius cujuscumque, atribuere nec concedere; set predicta, prout supradictum est, fieri volumus sine prejudicio aliquo faciendo domino nostro regi.

Datum Nemausi, die decima octava mensis aprilis, anno Domini millesimo trecentesimo tricesimo nono.

Arch. mun. de Montp., Arm. H, Cass. V, N° 14. Parchemin original, avec sceau pendant en cire rouge.

## CXV.

LETTRES DE PHILIPPE DE VALOIS PROLONGEANT, EU ÉGARD AU MAUVAIS ÉTAT DU PORT D'AIGUESMORTES, LA TOLÉRANCE DE NAVIGATION PAR LES GRAUX.

(6 Avril 1339.)

Philippus, Dei gratia Francorum rex, senescallo Bellicadri, aut ejus locumtenenti, salutem.

Significarunt nobis consules Montispessulani et universitas mercatorum Lingue Occitane frequentantium mare quod, propter deteriorationem et ineptitudinem, in quibus est ad presens portus Aquarum Mortuarum, navigia in eodem portu, sine maximis periculis, tam maris quam piratarum et malefactorum discurrentium per mare, secure non possunt applicare, quin ab ipsis piratis disrobentur et naufragium sepius patiantur, asserentes aliter per locumtenentem vestri senescalli, vocatis clavario nostro Aquarum Mortuarum et nonnullis aliis nostris vestre senescallie consiliariis, ad evitanda hujusmodi pericula, fuisse per litteras concessum, quod universi navigantes, res et merces ad regnum nostrum apportantes et ab ipso extrahentes, cum suis galeis et aliis navigiis intrare possent et exire per gradus, et in gradibus onerare et exonerare merces suas, usque ad certum tempus jam lapsum, in dictis litteris comprehensum, solvendo tamen devaria et redibencias in Aquis Mortuis nobis solvi consuetas, nec non et nostra ac aliorum dominorum, per. quorum juridictiones et districtus haberent transire, pedagia, consuetudines et leudas debitas, prout in ipsis litteris asserunt plenius contineri; quibus siquidem litteris, seu contentis in eisdem, vos seu alie gentes vestre dicte senescallie ipsos consules et mercatores post tempus predictum uti minime permisistis, licet portus hujusmodi nondum reparatus existat, supplicantes per nos sibi de oportuno remedio super his provideri. Quocirca mandamus vobis quatinus, visis litteris supradictis, dictam concessionem, quatenus eam dictis supplicantibus et rei publice utilem, nobisque non prejudicialem vel dampnosam inveneritis, non obstante lapsu dicti temporis, teneri et servari, ipsosque ea uti et gaudere faciatis, quousque portus prefatus fuerit adeo reparatus, quod quecumque navigia inibi possint securius applicari, et ab eisdem super premissis taliter provideatis, quod non habeant materiam ad nos ulterius recurrendi.

Datum Parisius, die VI$^a$ aprilis, anno Domini millesimo CCC tricesimo nono.

Per gentes compotorum. Vistrebet.

Arch. mun. de Montp., Arm. H, Cass. V, N° 13. Original à queue de parchemin.

## CXVI.

PROTESTATION DES CONSULS DE MONTPELLIER CONTRE LE MONOPOLE COMMERCIAL ACCORDÉ PAR LE ROI DE FRANCE — EN VERTU DE SES LETTRES DU 16 ET DU 17 DÉCEMBRE 1339 — AUX GÉNOIS CHARLES GRIMALDI ET ANTOINE DORIA.

(25 Janvier 1339-40.)

In Christi nomine, amen. Anno Dominice Incarnationis millesimo trescentesimo tricesimo nono, et die vicesima quinta januarii, domino Philippo Dei gratia Francorum rege regnante. Noverini universi quod, existentes sive constituti in curia ordinaria Montispessulani illustris domini regis Majoricarum et Montispessulant domini, coram venerabili et discreto viro domino Guiraudo Genesii, bajulo dicte curie, Jacobus Galli et Petrus de Lodova, servientes regii Montispessulani, petierunt, virtute quarumdam litterarum excequtoriarum, emanatarum a venerabili et discreto viro domino Bertrando Guillelmi, jurisperito, locumtenente nobilis viri domini Hugonis de Carsano, militis, rectoris regii Montispessulani, in se continentium quasdam litteras regias, per ipsos, seu eorum alterum, eidem domino bajulo presentatas, fieri publice pro villa Montispessulani preconizationem in dictis litteris regiis contentam, cum idem dominus bajulus presentem diem eisdem servientibus regiis, seu alteri eorumdem, assignasset, ut dicebatur, ad audiendum responcionem suam super contentis in dictis litteris, quarum litterarum, tam excequtoriarum quam etiam regiarum, tenores per ordinem subsequntur :

Bertrandus Guillelmi, jurisperitus, locumtenens nobilis et potentis viri domini Hugonis de Cassano, militis, rectoris regii Montispessulani, Jacobo Galli, servienti regio Montispessulani, nec non omnibus aliis servientibus regiis, et eorum cuilibet, salutem.

Litteras patentes nobilis et potentis viri domini Andree Aubant, domini nostri regis clerici, judicis majoris senescallie Bellicadri et Nemausi, ac locumtenentis domini senescalli dicte senescallie, et sigillo dicte senescallie sigillatas, recepimus, sub hiis verbis :

Andreas Aubant, domini nostri regis clericus, judex major senescallie Bellicadri et Nemausi, locumque tenens domini senescalli dicte senescallie, universis et singulis vicariis, bajulis, baylivis, rectoribus, et aliis justitiariis dicte senescallie, ad quos presentes littere pervenerint, et eorum cuilibet, vel eorum locatenentibus, salutem.

Duas litteras patentes regias, sigillo magno regio inpendenti sigillatas, nos recepisse noveritis, sub hiis verbis :

Philippe, par la grace de Dieu roys de France, a tous ceus qui ces presentes lettres verront, salut.

Savoir faisons a touz que, par la grant affection que nous avons au bien commun de nostre royaume, consideranz que par les robeus, coursaires et autres males gens ont esté moult d'empeschemenz faiz aus bons et loiauz marchanz qui amenoient les choses necessaires au gouvernement de nostre pueple, des quiex merchanz li aucuns ont esté robez, occis, noiez, mutilez, traitiez et tormentez inhumainement, pour quoy leurs femmes et enfanz vont par le siecle mendianz, et se meittent a vie deshoneste, les queles malefaçons nous desplaisent tant forment, que nous ne poons plus soufrir que nous n'i pourveons par toutes les voies et remedes convenables que nous porrons ; et pour ce eue deliberation a nostre gran conseil, confianz plainnement de la loiauté, hardiece, sens et diligence esprouvée de noz amez et foiauz conselliers et capitaines Charle de Grimaus, chevalier, et Ayton Doyre, damoisel, et de chascun de eus, les quiex n'ont doubte a mettre leurs corps en perilg de mort pour l'oneur de nous et de la defension de noz subgez et de nostre royaume, par mer et par terre, et en toutes heures, et pour ce que au temps passé avons perceu leurs proesces et hardenies par leurs biauz faiz et victoires que Nostre Seigneur leur a donné contre noz anemis, tant par de la mer comme par de ça, esperanz fermement leur bon port et loial service ou temps avenir, avons traitié et accordé au dessusdiz et a chascun d'euls en la forme et maniere qui s'ensuient. Premierement que noz conseillers et capitaines dessusdiz, pour amener et ramener le traffic et les merchandises en Aigues mortes, doivent tenir tant de galées armées qu'il puisse souffire a amener les merchandises par tout le monde, exceptez les lieus deffenduz de par l'Eglise, se ce n'estoit du congié du Saint Pere; et ou cas que les merchans requerroient avoir nefs, noz diz conseillers et capitaines seroient tenuz de trouver les; et ne doivent pas passer les destroiz de Marroch par de ça, se ce n'estoit de nostre volunté; et se aucuns marchanz voloient aler es parties d'Angleterre et d'Alemaingne, les quiex fussent certifiez par noz lettres a noz diz conseillers et capitaines estre noz anemis, il seront tenuz de euls destourler a leur foial pooir; et ou cas que nos diz conseillers et capitaines auroient mandement de nous par noz lettres, closes ou ouvertes, fussent compaingnités ou autres, noz dessusdiz conseillers et capitaines seront tenuz de prenre les lettres, les quiex seroient leurs, en tant comme a nous puet et doit appartenir. — Item, noz diz conseillers et capitaines, euls et leurs hons, sont tenuz a nous servir a noz propres gages ou despens, par mer et par terre, pour vivre et pour morir, contre touz, exceptez leur commune de Gennes; et pour ce, en tant comme a nous appartient, leur avons donné et donnons, par la teneur de ces presentes lettres, le traffic ou naule de toutes marchandises de nostre royaume, jusques a deus ans prochain a venir, le quel traffic se doit penre ou port d'Aigues mortes, et non ailleurs, et que nul ne puist traire hors marchandise, se ce n'estoit par la licence ou congié de noz diz conseillers et capitaines, ou de leurs deputez. Toutesfois n'es pas nostre entente que toutes manieres de merchans et autres ne puisse amener toutes marchandises sans aucune licence ou congié de noz diz conseillers et capitaines en tout nostre royaume. — Item, noz diz conseillers et capitaines doivent asseurer les marchans de mener et ramener sauvement leurs marchandises contre touz cousaires, en tant comme il le porront faire bonnement, mais precisement a ceus qui seront a accort avec eus et qui seront en leurs vaisseaux, qui vodront estre asseurez, les asseurant de toz domages qui leur porroient venir par force de gens, et non autrement, selont la coustume de merchanz. — Item, noz diz conseillers et capitaines se sont obligiez a nous soufisamment que les dites galées, ou ceuls qui les gouverneront, ne feront guerre a nul crestien, ne mefferont especiaument a noz tres [chiers] et amez cousins l'empereur de Contastinoble, les roy Robert, d'Espaingne, d'Aragon, de Portigal, de Maiorgues, de Cezile, de Chipre, ne a aucun de eus ne a leurs gens; et par especial aussi ne mefferont aux communes de Gennes, de Venisse, de Prise, ne a aucuns autres crestiens, ou gens qui fussent obeissanz aus crestiens, exceptez ceuls que nous leurs manderons par nos lettres patentes, scellées de nostre grant scel, pourveu que en aucun cas noz diz conseillers et capitaines ne soient tenuz de faire contre leur dite commune de Gennes. — Item, se aucuns nos anemis s'efforzoient de faire armée par mer ou par terre, noz dessusnommez conseillers et capitaines les doivent empeschier et destorner a leur loial pooir, par eus et par leurs amis. — Item, c'est l'entente de nous que du naucle ou voiture noz devant diz conseillers et capitainnes s'acordent gracieusement aus merchans, et qu'il en aient aussi grant marchié comme il en ont eu puis deux ans darreniarament passez; et ou cas que plainte en vendroit, que nous i metons atemprement, par nous ou par noz gens. — Item, noz diz conseillers et capitainnes doivent avoir gens de par eus a Nymes ou a Aigues mortes, aus quiex les merchans s'accordent de leur naule ou voiture, et que il puisse traitier et merchander a eus, et dire les lieuz ou il vodront aler e le temps. — Item, se noz diz conseillers et capitainnes, ou l'un d'euls, trouvoient sans fraude cousaires ou autres mauvaises gens de par eus a Nymes ou a Aigues mortes, qui empeschassent la merchandise, il seront tenuz de les pendre et amener en noz prisons prochain, en tant que faire le porront bounement. En tesmoing des choses dessusdites, nous avons fait mettre nostre scel a ces presentes lettres.

Donné a Paris, le XVIe jorn de decembre, l'an de grace mil troy cens trente et nuef.

Philippe, par la grace de Dieu roys de France, au seneschal de Beaucaire, ou a son lieutenant, salut.

Comme pour le commun profit de noz subgiez et de nostre royaume nous aions ordené en nostre grant conseil que toutes merchandises veingnent en nostre pourt d'Aigues mortes, en la fourme et maniere qui fu ordené anciennement, ou temps de nostre besayeul monsieur Saint Loys, et par certains accors faiz avecques noz amez et feauls conseillers et capitainnes Charle de Grimaus, chevalier, et Ayton Doyre, damoisel, nous leur avons donné le traffic ou naule des dites marchandises jusques a deux ans prochain avenir, a penre au dit port d'Aigues mortes, nous vous mandons et comettons que noz diz conseillers et capitainnes vous faciez joyr et user paysiblement du dit traffic ou naule, en la fourme et maniere que contenu est en noz autres lettres seur ce faites, des queles il vous apparra, en contraingnant a ce par voies et remedes convenables les marchanz et touz autres qui i seront a contraindre.

Donné au bois de Vicennes, le XVIIe jorn de decembre, l'an de grace mil troys cens trente et nuef.

Quarum auctoritate litterarum, vobis et cuique vestrum precipimus, comittimus et mandamus, quatenus ordinationem predictam, et omnia et singula in predictis litteris regiis contenta, faciatis et exsequamini, ac compleatis diligenter, juxta dictarum litterarum continentiam et tenorem, et ea omnia et singula supradicta voce preconia in locis publicis ac consuetis publicari faciatis, intimantes et inhibentes subditis vestris, ex parte regia atque nostra, ne contra tenorem litterarum regiarum predictarum aliquid faciant seu attemptent, sub omni pena quam incurrere possent erga dominum nostrum regem, taliter in premissis vos habendo, quod vos et dicti vestri subditi non possitis de inhobedientia et negligentia reprehendi, sed potius de diligentia et hobedientia commendari. Quod si secus fieri contingeret, per vos seu subditos vestros predictos, mutare non possemus, quin contra vos et ipsos procederemus viis et remediis debitis, juxta comissionis dicti domini nostri regis tenorem, super hiis nobis factam.

Datum Nemausi, die quartadecima januarii, anno Domini millesimo trescentesimo tricesimo nono.

Quarum litterarum dicti domini locumtenentis domini senescalli predicti, dictas litteras regias continentium, auctoritate, vobis et vestrum cuilibet precipimus et mandamus, quatenus requiratis bajulos Montispessulani, Frontiniani, Latarum domini Majoricarum regis illustris, et in eorum deffectu seu negligentia locumtenentem ibidem pro domino Majoricarum rege illustri, ut predicta omnia et singula, in suprascriptis litteris contenta, indilate faciant infra jurisdictiones eorumdem, juxta tenorem et formam litterarum prescriptarum; aliter mutare non possemus, quin nos, in eorum negligentia seu deffectu, predicta fieri faceremus indilate, juxta dictarum litterarum continentiam et tenorem; et de requisitionibus predictis, una cum responsionibus inde per dictos bajulos et locumtenentem faciendis, fieri faciatis publica instrumenta, que nobis incontinenti asportetis.

Datum in Montepessulano, die vicesima quarta januarii, anno Domini millesimo trescentesimo tricesimo nono.

Et ibidem existentes Assisclus Deliciosi, Andreas de Furno, Raymundus Coleti, et Petrus Torti, consules ville Montispessulani, pro se et aliis suis conconsulibus dicte ville, et opponendo se dicte preconizationi petite fieri, et contentis in dictis litteris, dixerunt dictam preconizationem fieri non debere, rationibus in quatuor papiri cedulis scriptis, quas eidem domino bajulo reddiderunt, presentibus dictis servientibus regiis, quarum tenores inferius sunt inserti. Et dictus dominus bajulus respondit dictis servientibus regiis, ut sequitur. Et dictus dominus bajulus, attendens quod de novo consules ville Montispessulani dicte preconizationi faciende se opposuerint, et plures rationes reddiderint, ad finem quod non debeat fieri preconizatio antedicta, cum prima facie dicant et asserant ipsam preconizationem esse prejudicialem dicto domino regi Francie, ac rei publice ville Montispessulani et totius regni sui et subditorum suorum, de quibus si dictus dominus senescallus certifficatus fuisset, dictam preconizationem fieri nullathenus precepisset, ideo, predictis attentis, dixit se non posse fieri facere de presenti preconizationem antedictam, donec dictus dominus senescallus, seu ejus locumtenens, plene certifficatus fuerit de predictis ; postquam vero certifficatus fuerit dictus dominus senescallus, seu ejus locumtenens, obtulit se paratum facere quod debebit et fuerit rationis.

Tenores vero dictarum rationum, per dictos consules redditarum, de quibus fit mentio in responsione dicti domini bajuli, per ordinem subsequntur :

Ad illum finem quod littere regie, per quas mandatur quod mercatores regni Francie, mercaturas suas quascumque volentes ultra mare portare, vel aliter de ultra mare citra, habeant nauleiare per manus domini Karoli Grimaudi nec non et Anthonii Doria, non debeant mandari exsequtioni, tanquam subreptitie, vel, si mandate fuerint, quod factum est vigore dictarum litterarum debeat revocari, cum dicte littere sint subreptitie et expressis falsitatibus multis et tacita veritate in pluribus causis, ut inferius apparebit, impetrate, dicunt et proponunt, et, si necesse fuerit, probare intendunt consules ville Montispessulani, nomine dicte ville et singulorum mercatorum de eadem, ut sequitur.

Primo dicunt quod dominus noster rex fuit motus, ad concedendum litteras predictas, propter bonum statum terre, et ob favorem rei publice totius regni sui, credens quod mercature tutius per mare portarentur per naves dictorum dominorum Karoli Grimaudi et Antonii Doria, capitaneorum et consiliariorum suorum, propter multam potentiam, prosperitatem et diligentiam predictorum capitaneorum, et propter victoriam quamplurimam quam dicti capitanei habuerunt in terra et in mari, in multis et diversis locis, et de multis negotiis per dominum nostrum regem Francie eisdem comissis. Et ideo, cum dominus noster rex anelet ad bonum totius regni sui et mercatorum ejusdem regni, ut apparet ex tenore dictarum litterarum, et etiam ex multis aliis potest frequenter et pluries apparere, et contenta in dictis litteris cedant in magnam dicipationem totius regni, nec non et in destructionem omnium mercatorum et aliorum quorumcumque regnicolarum, ideo dicunt consules antedicti dominum nostrum regem et ejus consilium fuisse deceptum et male fuisse informatum de et super contentis in dictis litteris; de quibus si fuisset ad plenum informatus, nunquam dictas litteras concessisset, cum non consueverit regnum suum dicipare, nec mercatores vel alias quascumque gentes regni sui opprimere, contra Deum et justitiam, ymo potius consuevit eos prosperare sibi et dicto regno, quantum justitia patitur, in bono statu fovere et tenere. Et quod dicte littere fuerunt subreptitie impetrate apparet, quia, si, secundum tenorem dictarum litterarum, mercatores non possint nauleiare, nisi per manus capitaneorum predictorum, sequeretur quod dictus dominus noster rex et alie gentes de regno suo habebunt guerram cum diversis gentibus et nationibus, cum quibus modo est pax et concordia; nam certum est quod predicti Karolus et Antonius sunt Januenses, et de Janua traxerunt originem, et multa et infinita dampna intulerunt Catalanis, propter quod Cathalani non permittunt eos libere transire per mare, ymo eis, quantum possunt, se opponunt, et ita mercature hominum regni Francie vel per dictos Cathalanos occupabuntur, vel opportebit quod dictus dominus noster rex pro deffencione regnicolarum guerram habeat cum eisdem; quibus potest obviari, si mercatores possint in suis navibus, vel alienis, sicut eis placuerit, nauleiare. Et ista non solum sunt notoria illis qui consueverunt navigare, ymo etiam et omnibus aliis de regno Francie supradicto. — Item, certum est quod predicti Karolus et Antonius habent inimicos capitales Januenses, et ad Januam ire nec reddire secure non possunt, ymo quicumque de Janua libenter eis dampna inferrent que possent, et ita magnis periculis mercatores regni Francie exponerent merces suas. — Item, prefati Karolus et Anthonius dampna infinita intulerunt hominibus de Venecia; et est lex scripta in Venecia, quod quicumque dampna eis intulerit in mari, quocumque modo possit per eos haberi, tam ipse quam merces, que possent etiam per eosdem Veneticos occupari, omnia dissipentur, quod cederet in magnum incomodum mercatorum regni Francie, et per consequens Montispessulani; et sequeretur de necessitate quod mercatores regni Francie perderent merces suas, vel haberent guerram cum omnibus inimicis dictorum Karoli et Anthonii. — Item, mercatores Montispessulani et de aliis partibus regni Francie inffinita dampna passi fuerunt per predictos Karolum et Anthonium, propter quod nunquam merces suas eisdem comitterent, ymo magis vellent cessare a mercando, quam comittere eis merces suas; et istud potest esse notorium dicto domino nostro regi per omnes mercatores regni Francie : que si omnia fuissent expressata dicto domino nostro regi, nunquam ipse predictas litteras concessisset, cum ipse non consueverit inimicari sibi et regno suo, ymo, quantum potest comode, prosperare. — Item, quia, pro subposito sine prejudicio quod mercatores regni Francie possent secure et vellent nauleiare cum dictis Karolo et Anthonio, inpossibile esset et est quod predicti Karolus et Anthonius possent sufficere ad habendum naves magnas, et ad habendum navigia alia ad usum mercature eisdem necessaria, cum omnia navigia que sunt supra mare sint necessaria ad usum supradictum, nec etiam sufficiant, nec sit possibile per eosdem omnia maris navigia sic de facili occupari; et sic mercatores, cum non possent habere vasa ad navigandum eis necessaria, dampna irreparabilia paterentur. — Item, si mercatores regni Francie, portantes mercaturas suas ultra mare vel citra, non invenirent immediate paratum redditum, et opporteret eos expectare navigia predictorum Karoli et Anthonii, esset eis dampnum irreparabile, cum mercatores tantum lucrentur, et interdum plus, in mercaturis quas reportant, quantum in illis quas ab initio portant; et ita, si tempore congruo, et tempore quo mercature requiruntur, non haberent parata navigia eis necessaria, dampnum non modicum paterentur, quod cederet non solum in detrimentum mercatorum, ymo etiam et detrimentum omnium aliorum regni Francie, qui non possent habere de rebus copiam, sicut habent, et per consequens esset magnum totius regni prejudicium et gravamen. — Item, certum est quod, de jure scripto, quo regitur magna pars regni Francie, et presertim villa Montispessulani, cuilibet est licitum nauleiare in quacumque navi voluerit, cum quilibet sit moderator in re sua, et cuilibet competat libertas, nisi servitus aliquo modo fuerit costituta per eum qui est in libertate, et mercatores regni Francie habeant pro constanti quod, licet prefati Karolus et Anthonius multa servicia fecerint domino nostro Francorum regi, quod non sit intentionis dicti domini nostri regis dare privilegia predictis Karolo et Anthonio in prejudicium aliorum mercatorum, seu quorumcumque aliorum regnicolarum, et de jure scripto privilegium non sit per principem in alterius prejudicium concedendum. — Item, quia, sicut dictum est supra, si, ratione multarum inimicitiarum, quas habent in diversis mundi partibus dicti Karolus et Anthonius, mercatores opporteret pati dampna, et regnum Francie dicipari, ratione predictorum Karoli et Anthonii, seu inimicorum eorumdem, dominus noster rex non posset immutare quominus haberet guerram pro deffeneione regni sui cum diversis gentibus et nationibus, cum quibus modo habet pacem et tranquillitatem, et non solum guerra sit vitanda, ymo etiam et occasio guerre. — Item, evidens dampnum est domini nostri regis Francie, et irreparabile dampnum, si predicta fierent : nam mercatores de Montepessulano et de Narbona, et de aliis diversis partibus regni, propter multa dampna, que fuerunt passi a dictis Januensibus et Catalanis, pro eo quia dicti Januenses et Cathalani non attendebant quod promiserant dictis mercatoribus, ymo, quando promiserant portare merces apud Aquas Mortuas, portabant eas interdum apud Coccum liberum, et interdum apud Massiliam, et interdum ad alia loca diversa, et multum remota a portu predicto Aquarum Mortuarum, propter quod dampna inffinita dicti mercatores passi fuerunt, et ideo inceperunt facere naves et multa navigia, que modo de presenti fiunt, ut possint cum se ipsis nauleiare, quod cedet in magnam utilitatem et comodum domini nostri regis, si in regno Francie et cum gentibus suis possit haberi copia navium et aliorum navigiorum, a conpilatione quarum opportebit dictos mercatores desistere, si non possint nisi cum predictis Karolo et Anthonio navigare; et hec per facti evidentiam sunt apparentia. — Item, dominus rex Majoricarum per suas litteras patentes mandavit hactenus et monuit ac precepit mercatoribus Montispessulani, quod non essent ausi nauleiare cum dictis Karolo et Anthonio, nec cum aliis Januensibus, qui sunt et fuerunt per magna tempora inimici domino regi Majoricarum et terre sue, propter quod mercatores Montispessulani a mercaturis suis quamplurimum opporteret inpediri, quia hobediendo litteris domini nostri regis Francorum comitterent contra dominum regem Majoricarum, et hobediendo litteris domini regis Majoricarum comitterent contra litteras domini regis Francie, quod neutrum aliquomodo facerent, ymo cuilibet, tam domino regi Francie, quam domino regi Majoricarum, prout decet et ad quemlibet pertinet, hobedirent et parati sunt hobedire; et sic, propter perplexitatem predictam, opporteret eos a navigando et mercando cessare. — Item, si mercatores qui non sunt de regno Francie, venientes cum propriis navibus ad regnum Francie, cum diversis mercaturis, non possent alias mercaturas secum reportare, nisi per manus dictorum Anthonii et Karoli, nunquam portarent aliquid ad regnum Francie, quod cederet in totius regni diminutionem maximam et prejudicium subditorum. — Item, illi qui non sunt de regno et habent naves vel alia navigia, [et] vellent locare navigia sua mercatoribus de regno Francie, considerantes quod postea a regno Francie eorum navigia reddirent vacua et sine mercibus, nunquam vellent locare navigia sua hominibus regni Francie, nisi in dupplo vel triplo exhigerent majus naulum a dictis mercatoribus, quam esset debitum, vel aliter fieri consuetum. — Item, si portantes merces suas ad regnum Francie, causa vendendi, non possent aliter merces in regno Francie secum libere portare, set opporteret eas comittere in manibus dictorum Januensium, propter timorem dictarum guerrarum, plus vellent secum portare pecunias, quam merces emere et eisdem comittere; et sic necessario sequeretur totum regnum Francie omni moneta et pecunia denudari, quod non solum cederet in prejudicium regnicolarum, ymo etiam et dicti domini nostri regis. — Item, si opporteret dictos mercatores nauleiare per manus dictorum Karoli et Anthonii, volentes plus desistere a mercaturis, quam merces suas tantis periculis exponere, cederet in magnum dampnum et prejudicium domini nostri regis, quia ex hoc clavarie et alie redibentie sue in multum minuerentur, et ipse ex hoc magnum prejudicium pateretur. — Item, dux Janue, certifficatus de concessione facta per dominum nostrum regem Francie predictis Karolo et Anthonio, considerans quod predicti Karolus et Anthonius velint amplius navigare, causa inferendi dampna dictis Januensibus, quam ex alia causa, nec non et volens se vindicare de dictis Anthonio et Karolo, conatus est et jam incepit se parare ad hoc, quod ipse armabit contra dictos Karolum et Anthonium, et eos persequetur cum armatis navigiis, et eos habebit et capiet totis viribus; et predicta multi mercatores existentes in Janua jam scripserunt; et de facili prefatus dominus noster rex se informare poterit de predictis: propter quod mercatores predicti nullo modo eis comitterent merces suas, ymo magis vellent cessare a navigando, quod cederet in prejudicium dicti domini nostri regis et ejus venerabilis consilii et ejus subditorum. Que quidem omnia si dictus dominus rex scivisset, predictas litteras minime concessisset.

Quocirca petunt et requirunt Ascisclus Deliciosi, Andreas de Furno, Raymundus Coleti, et Petrus Torti, consules ville Montispessulani, pro se et aliis conconsulibus suis, et nomine universitatis ville Montispessulani et singulorum de eadem, dictum dominum bajulum, quod habeat supercedere a preconisationibus predictis faciendis, presertim cum in rescriptis prejudicialibus contra jura et utilitatem publicam nec non et contra principem concessis binus jussus requiratur, de jure scripto, quo regitur terra ista. Et, si predictus dominus bajulus, visis et auditis rationibus supradictis, nollet supercedere a predictis, quod dicti consules non credunt, protestantur dicti domini consules contra dictum dominum bajulum et ejus bona de omni gravamine et dampno, quod posset evenire patrie, presertim quia, cum ipse sit magistratus in regno Francie, licet sit bajulus domini nostri regis Majoricarum, debeat hanelare ad comune bonum totius regni, quantum in eo est, et vitare, pro posse suo, et prout ad eum pertinet, quod dictus dominus noster rex Francie et subditi sui non incurrant in dampnis et periculis supradictis. De quibus dicti domini consules, nominibus quibus supra, sibi petierunt fieri publicum instrumentum.

Acta fuerunt hec in dicta curia Montispessulani dicti domini regis Majoricarum; et fuerunt horum testes domini Bernardus de Rupe fixa, legum doctor, Gerardus Lumbardi, jurisperitus, magistri Johannes Laurentii, Guillelmus de Rosses, Rotbertus Morruti, Petrus Cardinalis, notarius, et ego Bernardus de Camus, notarius regius, qui requisitus de predictis notam recepi.

Arch. mun. de Montp., Arm. H, Cass. V, N° 15 (parchemin original); — et Arm. Dorée, Liasse 8, N° 3.
Au dos : *Instrumentum responcionis facte per dominum bajulum procuratori Karoli de Grimaudo et Antonii Doria, super requisitione facta per dictum procuratorem de preconisandis concessionibus factis dictis Karolo et Antonio per dominum Francorum regem.* — 1339, 25 janvier.

## CXVII.

#### DEUX LETTRES DE PHILIPPE DE VALOIS INTERDISANT L'EXPORTATION DU BLÉ.

(15 Février 1339-40, et 3 Février 1340-41.)

Philippe, par la grace de Dieu roys de France, au seneschal de Biauquere et a touz nos autres justiciers, ou a leurs lieuz tenans, salut.

Monstré nous ont, en complegnant griefment, le commun pueple et singulieres personnes de nostre dite seneschaucie, que, comme pour la grant sterilité ou deffaute de blé, qui ont esté en ceste année presente en la dite seneschaucie, et pour ce aussi que pluseurs gens du dit paiz et d'aillieurs faisoient porter et mener hors de nostre royaume grant quantité des diz blez, pour quoy grant chierté se commençoit ensuir ou dit paiz, les diz complegnans eussent requis vous seneschal dessus dit, ou vostre lieu tenant, que vous leur vousissiez sur ce pourveoir de remede, afin que nostre dite seneschaucie ne demourast desgarnie de vivres, et vous ou vostre dit lieu tenant, a la requeste des diz complegnans, mandastes par vos letres au viguier d'Aiguesmortes et a touz les autres justiciers de vostre seneschaucie qu'il ne laissassent traire nulz blez hors de vostre dite seneschaucie, nientmoins ceulz qui ont acheté ou pris a ferme l'imposition des quatre deniers pour livre en la dite seneschaucie, afin que il aient les quatre deniers pour livre des diz blez, ont pourchassié que l'en trait le dit blé hors de vostre dite seneschaucie, aussi comme il faisoient paravant, pour quoy le dit blé est grandement enchieri, et enchierist encores de jour en jour, et se en pourroit ensuir si grant sterilité et deffaut, que le dit pueple n'auroit de quoy vivre, les quelles choses sont en grant grief, prejudice et domage de nous et de tout le commun paiz, si comme il dient. Pour quoy nous vous mandons, et a chascun de vous, si comme a li appartendra, que, se il vous appert deuement que il soit ainsi, ne laissiez ou souffrez traire ne porter ou faire porter aucuns blez hors de nostre royaume ne de nostre dite seneschaucie, en prejudice des diz complegnans, en faisant sur ce inhibition a touz nos subjets, sur certaines poines a apliquer a nous ; et ce faites en tele maniere que par vous n'i ait deffaut, et que les diz complegnans n'aient cause de retourner pour ce plus plainement par devers nous, non obstant letres subreptices, empetrées ou a empetrer au contraire.

Donné au boys de Vincennes, le XV jour de fevrier, l'an de grace mil CCC trente et nuef. — Es requestes de l'ostel....

Arch. mun. de Montp., Arm. B, Cass. XX, N° 24. Original à queue de parchemin, sceau arraché.

Philippe, par la grace de Dieu roy de France, auz seneschaux de Beucaire et de Carcassonne, vigier de Bediers, et a touz noz autres justiciers, ou a leurz lieus tenans, salut.

Noz amés les consulz de Montpeslier et de Bediers nous ont seignefié en compleignant que, comme par la grant charté de blé, et necessité qui est ou pais par dela, vous, ou aucunz de vous, a requeste des gens du pais, aiez de nostre mandement fait ordenance et deffendu que nulle personne n'ose porter ne gerer blé horz de nostre royalme, et neentmoins l'evesque de Lavaur Bertran de Levis et aucunz autres aient empetré letres de grace de nous et de nostre lieu tenant ou capitaine es parties de Gascueigne, qu'il puissent porter et gerer certaines quantités de blé du dit royalme, dont se pourroit metre grant famine ou pais ; si vous mandons et estroitement commandons, et a chascun de vous, que vous ne laissiez gerer ne porter blé horz de nostre dit royalme, par vertu des dites letres de grace, ne autres quelles qu'elles soient, les quelles nous de certaine science repellons et metons du tout au neent, et toutes autres empetrées ou a empetrer subrepticement au contraire.

Donné a Poyssi, le III jour de fevrier, l'an de grace mil CCC et quarante, souz le scel de nostre secret, en l'absence du grant.

Par le Roy. Forriz.

Arch. mun. de Montp., Arm. B, Cass. XX, N° 24. Original à queue de parchemin, encore muni du sceau royal.

## CXVIII.

COMMISSION DONNÉE PAR PHILIPPE DE VALOIS AU SUJET DES PLAINTES FORMULÉES CONTRE LE MONOPOLE COMMERCIAL CONCÉDÉ AUX GÉNOIS GRIMALDI ET DORIA, ET SENTENCE ANNULANT CE MONOPOLE.

(4 Avril 1339-40, et 14 Juin 1340.)

Philippus, Dei gracia Francorum rex, dilectis et fidelibus nostris Raymundo de Salgis, canonico Parisiensi, clerico et consiliario nostro, ac Thome de Garibaldo, advocato in parlamento nostro, salutem et dilectionem.

Cum nos dilectis et fidelibus nostris Karolo de Grimaldis militi, et Aytono de Auria, ex certis causis, de speciali gracia, concessissemus, sub certis formis et condicionibus, trafigum de certo numero galearum, quod credebamus non esse dampnosum vel periculosum cuique, sed vicinis nostris et subditis, specialiter Januensibus, fore utile atque gratum, tamen, hoc non obstante, carissimus avunculus noster Cicilie et carissimi consanguinei nostri Aragonum et Majoricarum reges, nec non dilecti et fideles nostri dux et commune Januensium et nonnulli communitates et subditi regni nostri, apud nos super dicta gracia gravem querimoniam deponentes, asserendo dictam graciam cedere in eorum detrimentum, periculum atque dampnum, et rei publice lezionem, nosque requisiverunt ac nobis humiliter supplicaverunt, quatenus dictam graciam revocare, et eis providere super predictis de opportuno remedio dignaremur. Nos autem volentes eis complacere, ac ipsorum retinere benivolenciam, et eorum et rei publice indempnitati salubriter providere, de vestris fidelitate et industria plenam fiduciam obtinentes, vobis et cuilibet vestrum comittimus et mandamus, quatenus ad partes Provincie et Italie, et alia loca de quibus vobis videbitur, vos personaliter conferentes, super dictis trauffiguo et gracia et dependentibus ex eis ordinetis et provideatis, prout honori nostro et utilitati regni nostri et subditorum et rei publice videritis expedire, et illud quod super hoc faciendum et ordinandum duxeritis, exequamini et faciatis per amicos nostros et subditos effectui mancipare, mandantes omnibus senescallis, et aliis officialibus et subditis nostris, ut vobis, vel alteri vestrum, obediant et pareant in hac parte.

Datum in abbatia regali prope Pontisaram, quarta die aprilis, anno Domini millesimo trescentesimo tricesimo nono.

Nos autem volentes dicti domini nostri regis mandatum exequi reverenter, nos personaliter ad partes Ytalie, et ad alias de quibus expedire vidimus, transtulimus, et colloquium habuimus super predictis cum memoratis domino Karolo et Aytono; et quia nichil rationabile fuit coram nobis propositum vel hostensum, quod supplicantibus vel supplicationi obsisteret sepedictis, ymo invenimus quod sepefata concessio, quam dictus dominus noster, propter communem utilitatem et bonum mercatorum, fecerat, ut preffertur, ad ipsorum noxam et periculum ac rei publice dampnum tendere noscebatur, idcirco dictas concessionem et graciam.... tenore presencium revocamus,.... consedentes omnibus et singulis mercatoribus et aliis regni Francie, et aliis undecunque, ut, predictis concessione et gracia non obstantibus, possint cum quibuscunque navigiis, per Ecclesiam non prohibitis, ... libere trauffuguare, et de naulo convenire cum illis cum quibus suam condicionem poterunt facere meliorem,.... sicut poterant antequam dictis Karolo et Aytono fierent per dictum dominum nostrum regem concessio et gracie memorate....

Datum in Villanova prope Avinionem, die quartadecima junii, anno Domini millesimo trescentesimo quadragesimo.

> Arch. mun. de Montp., Arm. H, Cass V, N° 17. Parchemin original, au bas duquel se trouve relatée la publication de ces lettres, comme ayant eu lieu à Montpellier le 21 juin 1340.

## CXIX.

STATUTS A L'USAGE DE LA CORPORATION DES TEINTURIERS DE MONTPELLIER.

(17 Juin 1340.)

In nomine Domini nostri Jhesu Christi, amen. Anno Incarnationis ejusdem Domini millesimo trescentesimo quadragesimo, scilicet quintodecimo kalendas julii, domino Philippo rege Francorum regnante. Noverint universi quod Bernardus Salvatoris, Brengarius de Roveria, Jacobus Andree, Petrus Olivarii, Raymundus Cannas, Durantus Rogas, Johannes de Ylice, Solacius de Rosseriis, Guillermus Raymundi, Guillermus Claperii, Johannes Raymundi, Guillermus de Sanguineda, Petrus Rappalli, Stephanus de Manso, Bernardus Egidii, Petrus Cavallerii, Petrus de Varilhis, Bernardus Roverie, Petrus Ermengani, Johannes Michaelis, Petrus de Bruco, Andreas Castaneti, Petrus Andree, Raymundus de Sauzeto, Guillelmus de Cormareto, Guido Raymundi, Hugo Villate, Petrus de Balma, Petrus Calmilli, Guillermus Boyssioni, Poncius Gaucelmi, Bernardus Trialli, Raymundus Petri, Raymundus Bertini, Firminus Magistri, Guillermus Helyas, Johannes Roncini, tincturerii Montispessulani, existentes in domo Consulatus Montispessulani, in presentia venerabilium et discretorum virorum dominorum Guiraudi Quintalerii, Hugonis de Villari, Firmini de Capite Vilario, Johannis Britonis, Johannis Faraudi, Johannis Faverii, Petri de Aurayca et Bernardi Sosponti, consulum ville Montispessulani, dicentes et asserentes se facere corpus, seu majorem et saniorem partem corporis seu officii tinctureriorum Montispessulani, pro se et aliis omnibus de dicto officio tinctureriorum, dictum officium exercentibus presentialiter in Montepessulano, et quos exercere contingerit in futurum, protestatione tamen previa quod, per aliqua que dicant vel faciant, ordinent vel statuant, seu per aliqua in hoc instrumento contenta, nolunt nec intendunt facere rassam, trassam seu monopolium vel conventiculam illicitam, tacite vel expresse, neque juri seu jurisdictioni, dominationi vel honori domini nostri Majoricarum regis, vel domini nostri Francorum regis, vel domini Magalonensis episcopi, vel alicujus alterius superioris in Montepessulano jurisdictionem aliquam habentis, aliquathenus derogare, seu prejudicium aliquod generari, et ubi appareret vel apparere posset per aliqua per eosdem tincturerios dicenda, facienda, statuenda vel ordinanda, tacite vel expresse, directe vel indirecte, juri, honori, dominationi seu jurisdictioni prefatorum dominorum regum seu episcopi, vel alicujus alterius superioris in Montepessulano jurisdictionem habentis, vel eorum alteri, prejudicium aliquod generari, eo casu voluerunt, dixerunt et protestati fuerunt omnia et singula per eos statuenda, dicenda, facienda et ordinanda fore cassa et nulla, et ea omnia haberi penitus pro infectis; verum, ad laudem et gloriam Domini nostri Jhesu Christi et salutem animarum suarum, utilitatemque et exaltationem ac incrementum caritatis, que fit singulis annis in Montepessulano, in festo Assensionis Domini, supradictis protestationibus semper salvis, de voluntate, consilio et auctoritate memoratorum dominorum consulum, statuerunt et ordinaverunt supradicti tincturerii, nominibus quibus supra, et se inviolabiliter observaturos promiserunt omnes unanimiter, nemine discrepante :

Primo videlicet quod, si aliquis eorundem tinctureriorum, exercentium in Montepessulano presentialiter, et quos exercere contingerit in futurum officium supradictum, receperit aliquem dicipulum seu aliquam dicipulam, pro addiscendo officio tinctureriorum sepedicto, quod incontinenti magister discipuli vel discipule, qui talem discipulum seu discipulam receperit, solvat et solvere teneatur caritati dicti officii, seu illis qui ad recipiendum deputati fuerint, quadraginta solidos turonensium parvorum, in utilitatem dicte caritatis convertendos, ita quod de solvendo dictos quadraginta solidos nullus se possit excusare, nisi tantum de, seu pro filiis seu filiabus eorundem tinctureriorum, videlicet si talis discipulus vel discipula esset filius seu filia eorundem tinctureriorum, seu alterius eorundem.

Item, modo simili statuerunt et ordinaverunt, nominibus quibus supra, et se observaturos inviolabiliter promiserunt, sub pena viginti solidorum parvorum turonensium, danda et solvenda dicte caritati, seu illis qui ad hoc deputati fuerint recipiendum, convertendorum in utilitatem dicte caritatis, quod nullus de dicto officio ab inde in antea audeat recipere aliquem vel aliquam in discipulum vel discipulam, vel operarium seu operatricem, qui seu que sit obligatus vel obligata alicui alteri de dicto officio, ratione statgie quam debeat facere ille talis discipulus seu discipula cum eodem, donec ille talis discipulus vel illa discipula compleverit tempus suum seu statgiam cum suo magistro, cui fuerit obligatus vel obligata. Qua quidem pena comissa, soluta et exacta, semel vel pluries, per dictum recolligentem talem discipulum vel talem discipulam, nichilominus dictus discipulus vel dicta discipula teneatur complere statgiam supradictam.

Que quidem omnia supranominati tincturerii, nominibus et auctoritate, et cum protestationibus quibus supra, se tenere, servare, complere, et nunquam, de jure vel de facto, per se vel alium, per aliquod ordinarium vel extraordinarium auxilium, contravenire sibi invicem et michi notario infrascripto, ut publice persone, pro hiis omnibus et singulis quorum interest seu interesso poterit quovismodo stipulantibus, promiserunt et juraverunt super sancta quatuor Dei Euvangelia, per quemlibet ipsorum corporaliter sponte tacta, sub omni renunciatione necessaria et utili juris et cauthele.

Et ibidem incontinenti supranominati domini consules ville Montispessulani, salvis protestationibus supradictis, et eisdem per eosdem dominos consules pro repetitis habitis omnibus et singulis suprascriptis, suam auctoritatem, nomine consulario quo supra, pro se et aliis conconsulibus suis, interposuerunt pariter et assensum.

Acta fuerunt hec in domo Consulatus Montispessulani, in presentia et testimonio Johannis de Piniano et Vitalis Comitis et Francisci Aymerici, nunciorum domus Consulatus, et mei Johannis Laurentii, publici Montispessulani notarii, qui hec in notam recepi, et requisitus fui de prescriptis facere publicum instrumentum.....

In testimonium vero omnium premissorum, nos consules ville Montispessulani sigillum commune dicti Consulatus huic instrumento publico duximus appendendum, anno quo supra, et die vicesima mensis januarii.

Arch. mun. de Montp., Arm. C, Cass. I, N° 4. Parchemin original, avec sceau pendant en cire rouge.

## CXX.

**LETTRES DE PHILIPPE DE VALOIS AUTORISANT DE NOUVEAU, A CAUSE DU MAUVAIS ÉTAT DU PORT D'AIGUESMORTES, LA NAVIGATION PAR LES GRAUX DU VOISINAGE.**

(29 Juillet 1340.)

Philippus, Dei gratia Francorum rex, senescallo Bellicadri, rectorique et judici Montispessulani, aut eorum locatenentibus, salutem.

Cum vos, seu alter vestrum, matura deliberatione prehabita, mercatoribus illarum partium, eo quod in portu nostro Aquarum Mortuarum absque periculo maris et piratarum per mare discurrencium, et propter deteriorationem et ineptitudinem dicti portus, comode applicare et morare non poterant, pro utilitate rei publice, ad certum tempus jam diu elapsum, pro utilitate rei publice et ad evitanda pericula predicta, concessissetis, ut universi navigantes, apportantes res et merces ad regnum nostrum et inde extrahentes, cum galeis et aliis navigiis per gradus intrare et exire possent, et in dictis gradibus onerare et exonerare, solvendo leudas, consuetudines, deveria et redibencias, in Aquis Mortuis et alibi solvi consuetas, ut in vestris aut vestrum alterius litteris plenius dicitur contineri, nosque per nostras alias litteras vobis mandasse dicamur, ut dictam concessionem, quatenus rei publice utilem, et nobis [non] prejudicialem vel dampnosam, non obstante lapsu temporis predicti, teneri et servari, ipsosque ea uti et gaudere faceretis, ut in dictis vestris litteris plenius dicitur contineri, nichilominus vos, pretextu quarumdam litterarum nostrarum, visitatori generali portuum et passagiorum regni nostri directarum, per quas eidem mandasse dicimur ut mercatores in dicto portu nostro Aquarum Mortuarum venire compellat, dictos mercatores per dictos gradus intrare et exire, juxta dictam concessionem, non permittitis, licet dictus portus nondum sit reparatus, et in eo absque predictis periculis applicare et commorari non possunt, quod cedit in ipsorum et tocius rei publice prejudicium et gravamen, sicut dicunt, supplicantes sibi super hiis provideri de remedio competenti. Quocirca nos, eorum supplicacionibus favorabiliter annuentes, mandamus vobis et vestrum cuilibet, si necesse fuerit committentes, quatenus dictos mercatores per dictos gradus intrare et exire, et in eis onerare et exonerare, juxta dictam concessionem, per vos aut vestrum alterum super hoc factam, et dictarum nostrarum litterarum tenorem de quibus liquebit, faciatis et permittatis, taliter, quod utiliter rei publice provideatur, donec dictus portus sit reparatus, dicto lapsu temporis et dictis litteris dicti visitatoris, et aliis subrepticiis impetratis aut eciam impetrandis, non obstantibus quibuscumque.

Datum Atrabati, die XXIX[a] julii, anno Domini millesimo CCC° quadragesimo, sub nostro novo sigillo, in absencia magni.

Arch. mun. de Montp., Arm. H, Cass. V, N° 21. Original à queue de parchemin.

## CXXI.

#### PRIVILÉGES DES MARCHANDS DE MONTPELLIER A CONSTANTINOPLE ET DANS TOUT L'EMPIRE D'ORIENT.

Cum de habitatoribus Montispessuli, subjecte civitatis excellentissimi regis Francorum, venerint, pro parte communis eorum, et deprecaverint ipsis concedi privilegium, aurea bulla munitum Imperii nostri, ut, cum pervenerint aliqui ex ipsis tam in Deo magnificatam, et Deo glorificatam, et Deo custoditam civitatem Constantinopolitanam, quam in aliis terris et castris Imperii nostri, cum mercationibus suis, habere debeant aleviationem in solutione comergii, et quod, si contingeret exire ligna pirathica de terris ipsis, seu de aliis vicinantibus ipsis, et fecerint aliquam lesionem contra aliquos de parte Imperii nostri, non debeant propterea sustinere illi, qui tunc inventi fuerint mercatores de dicta civitate, offensionem aliquam sive dampnum in suis mercationibus, ipsorum deprecationem nostrum admittens Imperium, presens privilegium, aurea bulla munitum Imperii nostri, ipsis concedit, per quod mandat, ut illi qui accesserint de dicta civitate et pro tempore venerint tam in dicta[m] civitate[m] Constantinopoli[tanam], quam in aliis terris et castris Imperii nostri, solvere debeant pro mercationibus quas portaverint, de introitu et exitu insimul, quantitatis yperperorum centum, secundum primam consuetudinem, yperpera quatuor, et postea non requiratur ab ipsis solutio alia aliquo modo. Similiter mandat Imperium nostrum quod, si exiverint de terra ipsorum, sive de aliis vicinantibus eis, ligna piraticha, et fecerint dampnum aliquod contra aliquos de parte Imperii nostri, non invenient propterea offensionem sive dampnum aliquod in personis et mercationibus suis, [sed] se expedient omnimode indempnes, absque ulla offensione. Item, si contigerit naufragium pati in mari aliquod lignum ipsorum ex contingenti tempestate, et in terram cessiderit, in aliqua parte Imperii nostri, teneantur ipsius partis habitatores, et alii qui illuc invenirentur, non usurpare seu rapere aliquod de rebus ipsorum, que essent projecte in terram, sed ipsos dimittere ipsas colligere res, absque ullo impedimento, et quod facere possint de ipsis ad voluntatem et placitum eorum. Nam si aliqui voluerint dampnum inferre dictis naufragis mercatoribus, et auferre aliquid de rebus evasis, non tantum restituere tenebuntur, et satisfacere integre de toto illo quod ab ipsis acceperint, sed etiam ut despectores presentis privilegii, Imperii nostri aurea bulla muniti, predicabuntur, et indignationem nostram consequentur. Item, cum ipsi prefati requisiverint et rogaverint ut, cum pervenerint in partibus nostris, possint ordinare et constituere consulem, ut per ipsum ordinentur inter ipsos habite questiones, et quod possint habere logiam et placitum, unum vel plures, et carceres, concedit etiam Imperium nostrum hoc, et mandat ut hoc etiam fiat, prout requisiverint, ut dictum est, ab Imperio nostro. Non possit tamen dictus consul, qui est et pro tempore fuerit, facere justiciam aliquam sanguinis. Hujus etenim rei gratia, robore et virtute presentis privilegii, Imperii nostri aurea bulla muniti, conservabuntur, post solutionem predictam commergii, omnes illi qui de dicta civitate fuerint mercatores, sine omnimoda lesione, nec sustinebunt ab aliquo, qui de parte fuerit Imperii nostri, injuriam aliquam sive dampnum, aut aliquam lesionem. Verumtamen teneantur et ipsi prefati non introducere in propriis mercationibus alienas mercationes, pro quibus deberetur majus comergium, aut quo volent sublevare quas aportant mercationes ipsorum; sed ipsas omnes manifestare in comergio teneantur. Item teneantur quod, si sciverint quod lignum sive ligna pirathica de supradictis terris, ut predictum est, armarentur, in offensionem sive lesionem partis Imperii nostri, non celare hoc, sed, quo citius poterunt, hoc manifestare Imperio nostro, et nullo modo ipsis prestare, occulte seu manifeste, adjutorium vel favorem, in dampnum partium Imperii nostri, imo ipsos tanquam inimicos habere. Super hoc etenim expositum est presens privilegium, Imperii nostri aurea bulla munitum, et concessum est illis de dicta civitate Montispessuli mercatoribus, in firmitatem roboris, defensionem et omnimodam securitatem ipsorum.

Biblioth. impér. de Paris, Fonds de Languedoc, Tom. LXXIX, fol. 225 r°. Transcription.<br>
En tête : *Cartulaire manuscrit de Montpellier.* Aubays.

## CXXII.

**TROIS LETTRES DE PHILIPPE DE VALOIS AUTORISANT L'IMPORTATION DU BLÉ ET DES AUTRES DENRÉES ALIMENTAIRES A MONTPELLIER.**

(12 Novembre 1341, — 8 Mars 1346-47.)

Philippus, Dei gracia Francorum rex, senescallo Carcassone et vicario Bitteris, ceterisque justiciariis nostris, vel eorum locatenentibus, salutem.

Consules et habitatores ville Montispessulani nobis exponi fecerunt quod, cum, pretextu cujusdam ordinacionis per vos, seu vestrum alterum, facte, inhibitum fuerit, ut nullus presumeret blada extrahere a vicaria Bitterrensi, et, propter deffectum et caristiam bladi, que erat in dicta villa Montispessulani, dilectus et fidelis episcopus Belvacensis, in partibus Occitanis noster locumtenens, de consensu et voluntate consulum predictorum et consulum ville Bitterrensis, super hoc habens potestatem, ordinasset ut habitatores ville Montispessulani blada et alia victualia, litteras dictorum consulum Montispessulani portantes, a dicta vicaria libere extrahere possent, solvendo pedagia et devesia consueta, nichilominus vos, seu alter vestrum, ac custodes portuum et passagiorum regni nostri, consules et habitatores Montispessulani predictos in abstractione bladorum et aliorum victualium a vicaria predicta impeditis et impedire nitimini, contra dictam ordinacionem veniendo, in eorumdem magnum prejudicium et gravamen, sicut dicunt. Quare vobis et vestrum cuilibet mandamus quatinus, si, vocatis evocandis, vobis constiterit de premissis, homines et habitatores predictos, litteras ex parte dictorum consulum portantes, non impediatis nec impediri permittatis, quominus blada et alia victualia a vicaria predicta libere extrahere valeant, solvendo dicta pedagia et alia devesia consueta, juxta ordinacionem predictam, litteris subrepticiis, in contrarium impetratis vel impetrandis, non obstantibus quibuscumque.

Datum Parisius, die XII novembris, anno Domini millesimo CCC quadragesimo primo, sub nostro novo sigillo.

In requestis. P. Clerici.

Arch. mun. de Montp., Arm. B, Cass. XX, N° 24. Original à queue de parchemin, sceau arraché.

Philippus, Dei gracia Francorum rex, universis presentes litteras inspecturis, salutem.

Notum facimus nos vidisse quasdam patentes litteras, formam que sequitur continentes.

Johannes, comes Armaniaci, Fesenciaci et Ruthene, vicecomes

Leomanie et Altivillaris, et locumtenens dominorum nostrorum regis Francorum et ejus primogeniti, ducis Normannie et Aquitanie, in tota Lingua Occitana, senescallo Bellicadri, rectori et judici ordinario et sigilli parvi Montispessulani, ceterisque justiciariis et officiariis dictorum dominorum nostrorum, aut eorum locatenentibus, et commissariis ad levandum et exigendum marchas quascumque deputatis vel deputandis, salutem.

Consules Montispessulani nobis significare curarunt quod, cum in dicta villa Montispessulani nimia et immensa caristia et temporis austeritas, tam propter bladorum, vinorum et aliorum terre fructuum anni presentis deffectus, quam guerrarum presencium oppressiones et vexaciones, que in dicta villa Montispessulani simul concurrunt, esse dicantur, cui quidem caristie mercatores et alii, qui talibus subvenire et providere consueverunt, propter dictarum marcharum exacciones, subvenire recusant et obmittunt, quod cedit in dictorum significancium et dicte ville ac habitancium ejusdem grande prejudicium et gravamen, maxime cum dicta villa propter dictam caristiam bladi et aliis victualibus improvisa remaneat et immunis; et super hiis dicti significantes nobis humiliter supplicaverunt ut eisdem de opportuno remedio providere dignaremur. Nosque, indempnitati et immunitati dicte ville providere volentes et caristie ejusdem, dedimus et concessimus, damusque et concedimus, auctoritate dictorum dominorum nostrorum nobis atributa, de nostra certa sciencia, et, si necesse fuerit, de gracia speciali, ipsis significantibus licenciam et auctoritatem plenariam blada, vina et alia victualia et provisiones portare, ducere et conducere faciendi, pro dicte caristie subveniendo, absque dictarum marcharum prestacione et solucione quacumque. Quocirca vobis et vestrum cuilibet in solidum mandamus quatinus dictos significantes, aut alios pro ipsis vel eorum nomine, seu alios quoscumque, dicta victualia ad dictam villam undecumque apportantes, ad solvendum dictas marchas pro dictis blado, vino et aliis victualibus ad dictam villam Montispessulani portandis, ducendis et conducendis, occasione premissa, minime compellatis, inquietetis, aut aliter molestetis, nec compelli, inquietari, aut aliter molestari per aliquem permittatis, ordinacionibus, inhibicionibus et mandatis ac litteris in contrarium impetratis subrepticie aut impetrandis non obstantibus quibuscumque.

Datum apud Exidolium, sub sigillo nostro parvo, in absencia magni sigilli, die XXVII januarii, anno Domini M CCC XLVI.

Nos autem contenta in predictis litteris rata et grata habentes, mandamus senescallo Bellicadri, ceterisque justiciariis nostris dicte senescallie, et eorum cuilibet, prout ad eum pertinuerit, vel eorum locatenentibus, quatinus omnia et singula contenta in ipsis litteris diligenter adimpleant et sine dilacione qualibet exequantur, nichil in contrarium quomodolibet attemptantes ; et, si quid in contrarium factum vel attemptatum invenerint, id ad statum reducant debitum indilate, litteris in contrarium impetratis vel impetrandis subrepticie non obstantibus quibuscumque.

Datum apud Nemus Vincenne, II die marcii, anno Domini M CCC XLVI.

Per dominum regem, ad relacionem vestram. Berengarius.

Arch. mun. de Montp., Arm. B, Cass. XX, N° 12.<br>
Transcription contemporaine sur papier, à la date<br>
du 14 décembre 1347.

Philippus, Dei gracia Francorum rex, senescallis Tholose, Carcassone, Bellicadri et Ruthenensi, ceterisque justiciariis nostris, aut eorum loca tenentibus, salutem.

Ad supplicacionem consulum Montispessulani, asserentium quod, cum dilectus et fidelis Johannes, comes Armaniaci, noster tunc locum tenens in partibus Occitanis, vobis et vestrum cuilibet per suas litteras mandaverit quod, propter nimiam caristiam, que est in dicta villa Montispessulani et locis circumvicinis, blada, vina et alia victualia quecumque de quibuscumque partibus regni nostri ad dictam villam portari, et de senescalliis et jurisdictionibus vestris extrahi, ac dicta victualia portantes seu portari ad dictam villam facientes per vestras jurisdictiones libere transire permitteretis, non obstantibus prohibicionibus per vos seu vestrum aliquos in contrarium factis, aut eciam faciendis, prout in litteris dicti nostri locum tenentis super hoc factis plenius dicitur contineri; mandamus vobis et vestrum cuilibet, firmiter injungentes, quatinus omnia et singula in dictis litteris contenta faciatis et exequamini diligenter, juxta ipsarum continenciam et tenorem, taliter quod in vobis super hoc nullus reperiatur deffectus, et dictos supplicantes ad nos reddire non opporteat pro premissis, litteris in contrarium impetratis aut eciam impetrandis subrepticie, ac inhibicionibus per vos aut vestrum aliquos super hoc factis, aut eciam faciendis, non obstantibus quibuscumque.

Datum apud Nemus Vincenarum, die octava marcii, anno Domini M° CCC° XL° sexto.

In requestis hospicii. A. Potin.

Arch. mun. de Montp., Arm. B, Cass. XX, N° 11.<br>Extrait d'un vidimus sur papier.

## CXXIII.

#### TARIF DE LA LEUDE PAYABLE A BALARUC.
(Épiscopat d'Arnaud de Verdale.)

Sequuntur res de quibus solvitur leuda in castro de Balaruco per homines extraneos infra juridictionem domino Magalonensi episcopo.

Primo de una sacada bladi, et de quo sit extraneo, obolum. Et descendendo de dicta sacada, usque ad unam eyminam bladi, debetur obolum. — Item de uno porco, vivo vel mortuo, empto per homines extraneos, quod venditum fuerit in juridictione de Balaruco, de quolibet solvitur obolum. — Item, si aliquis homo extraneus vendat bovem, vel aliquam partem bovis, ad macellum in dicta juridictione, solvit 1 den. pro mortuo; sed pro vivis non solvitur aliquid. — Item, si aliqui homines extranei vendant carnes mutoninas vel caprinas, vel aliquam partem earum, solvitur de quolibet animali obolum. De agnis nec de edulis non solvitur aliquid.— Item, si aliquis homo extraneus vendit pannos lineos vel laneos, de qualibet saumada vel onere hominis vel mulieris solvit obolum.— Item, quilibet mercerius, si vendat aliquam rem, solvit obolum. — Item de omni ortalicia et fruchaegio, excepto cogorlas et cocombres, solvit obolum. — Item de filo cambe, lino filato aut non filato, de qualibet saumata vel onere hominis vel mulieris solvit obolum. — Item de quolibet calpol vel barca, solvit pro mercadaria ı den. — Item de quolibet onere fuste hominis vel mulieris et animalis solvit obolum. — Item de quolibet onere certaginum solvit obolum. — Item de quolibet de panies de bredola obolum. — Item de qualibet saumata vel onere hominis vel mulieris de penches solvit obolum. — Item, qui emit in dicta juridictione anguillas maresas, solvit pro centenar ıı den. — Item, qui emit mujolos magnos salatos, solvit pro centenar ıııı$^{or}$ den. — Item, qui emit de mujolis magnis rescentibus, solvit pro centenar ıı den. — Item, qui emit centum cabotos ressentes, solvit ı den. — Item, qui emit centum cabotos salatos, solvit ıı den. — Item, qui emit centum lupos ressentes, solvit ıı den. — Item, qui emit centum lupos salatos, solvit ı den.

Et est pena lx solidorum, qui in hoc deficit, domino nostro Magalonensi episcopo solvenda.

<small>Arch. départ. de l'Hérault, *Cartulaire de Maguelone*, Reg. B init., fol. non coté. Cf. Reg. F, fol. 286 r°.</small>

## CXXIV.

#### LETTRES DE PHILIPPE DE VALOIS, SUR LE FAIT DES MONNAIES, EN FAVEUR DES COMMERÇANTS DE MONTPELLIER.

(2 Mars 1342-43.)

Philippus, Dei gracia Francorum rex, senescallo Carcassone, et deputatis a nobis seu ab aliis nostro nomine in senescallia Bellicadri, ad cognoscendum de transgressionibus monetarum, infra regnum nostrum contra ordinaciones nostras positarum et receptarum, et eorum cuilibet, salutem.

Ad supplicacionem consulum et habitatorum ville Montispessulani senescallie predicte, volumus, ex certa sciencia, et vobis mandamus, inhibentes expresse, quatenus contra mercatores et alios habitatores dicte ville, qui monetas prohibitas et defensas, extra regnum nostrum fabricatas, non tamen falsas, et eciam monetas nostras pro alio et majori precio quam deberent, posuerunt et receperunt, contra dictas nostras ordinaciones super hoc editas, nullathenus procedatis, nec procedi permittatis, donec aliud a nobis receperitis in mandatis, quoniam omnes penas, si in quas contra dictas ordinaciones nostras premissa occasione inciderunt, usque ad diem presentem, eis remittimus, de nostra gracia speciali.

Datum apud Sanctum Germanum in Laya, die secunda marcii, anno Domini millesimo CCC° quadragesimo secundo, sub nostro novo sigillo.

Juxta formam ordinatam per dominum regem presentem domino **Guillelmo de Villaribus. Rougemont.**

Arch. mun. de Montp., Arm. G, Cass. III, N° 11. Original à queue de parchemin, avec fragment de sceau royal en cire jaune.

## CXXV.

LETTRES DU SÉNÉCHAL DE BEAUCAIRE A L'OCCASION D'UN RÈGLEMENT QUI FIXAIT LE PRIX DE LA JOURNÉE DES CULTIVATEURS ET DES ARTISANS DE MONTPELLIER.

(8 Mars 1343-44.)

Petrus de Palude, miles, dominus Varambonis, senescallus seu gubernator senescallie Bellicadri et Nemausi, rectori et judici regiis Montispessulani, aut eorum locatenentibus, salutem.

Audita querela consulum ville Montispessulani, intelleximus quod,

## PIÈCES JUSTIFICATIVES.

licet vobis mandatum fuerit, et in dicta villa, ex parte regia, voce preconia publicatum, quod loqueria cultorum et aliorum hominum dicte ville officia mecanica facientium taxarentur, et fuerint taxata, et [etiam ordinatum] quod dicti cultores pro jornali seu dieta non reciperent ultra duodecim denarios turonenses, nichilominus dicti cultores recipiunt, et de die in diem pro jornali nittuntur recipere xxii den., vel ii sol. turon., in dictarum ordinationum et mandatorum nostrorum contemptum, dampnumque rei publice dicte ville, prout fertur. Quocirca vobis et vestrum cuilibet mandamus, si opus fuerit committentes, quatinus, dictas ordinationes regias et mandata nostra, et preconisationes inde factas, tenentes et inviolabiliter observantes, dictos cultores dictis xii den. turon., et alios juxta taxationem factam, et, ut dictum est, publicatam, contentari faciatis, et transgressores dictarum ordinationum taliter, requisitis requirendis, et eorum deffectum supplentes debite, puniatis, quod cedat ceteris in exemplum.

Datum Nemausi, die VIII<sup>a</sup> marcii, anno Domini M° CCC° XLIII.

Arch. mun. de Montp., Arm. C, Cass. II, N° 6. Original sur papier, avec sceau en cire rouge.

### CXXVI.

LETTRES DE PHILIPPE DE VALOIS ÉTABLISSANT LE SENS D'UNE PRÉCÉDENTE DISPOSITION CONTRE LES LOMBARDS ET AUTRES USURIERS.

(27 Mai 1345.)

Raphael de Campis, legum doctor, judex major senescallie Bellicadri et Nemausi, ac locumtenens domini senescalli Bellicadri et Nemausi, rectori et judici regiis Montispessulani, vel eorum locatenentibus, salutem.

Litteras patentes regias, sigillo magno impendenti sigillatas, nos recepisse noveritis, sub hiis verbis :

Philippe, par la grace de Dieu reys de France, au seneschal de Bieucaire, ou a son lieutenant, salut.

Comme nouz avons entendu que vous, par vertu d'un mandament a vous adrecé nagaires de par nos Conventions, entre les autres choses, que vous feissiés adjorner touz les Lombars usuriers, et autres diffamez d'usure, de votre seneschaucée et du ressort d'icelle, par devant nouz amez et feauls gens de noz comptes a Paris, a certain jour contenu ou dit mandament, pour oir ce que nouz dites gens leur vouldroient demander et dire, avez fait adjorner plusieurs personnes de vostre seneschaucée autres que Lombars, souz l'ombre et couleur de ces mos, c'est assavoir : *Et autres diffamez d'usure*, contenus es dites lettres, les quiex y furent mis par erreur et vice d'escrevain ; si vous mandons que vous, autres fors que Lombars usuriers ne y faciez venir ; et, se venuz y estoient, si est nostre volenté et nostre entente qu'il s'en voisent en leur hostieux, sanz ce qu'il en soient en rienz molestez ne traveilliez, pour cause du dit adjornement, ne par vertu du dit mandament, quant est a present ; et se aucune chose avez saisi ou pris de leurs biens, ou fait inventoire d'iceuls, rendez les leur et mettez au delivré, sanz coux et sanz fraiz, et sanz autre mandemant attendre de nous.

Donné a Paris, le XXVII$^e$ jour de may, l'an de grace mil CCC quarante et cinq. — Pars les gens de comptes. François.

Quarum litterarum regiarum auctoritate, vobis et vestrum cuilibet precipimus et mandamus, si necesse fuerit committentes, quatinus omnia et singula in dictis litteris regiis contenta faciatis, compleatis et exequamini diligenter, juxta dictarum litterarum continentiam et tenorem. Si vero aliquid in contrarium feceritis, id ad statum pristinum et debitum reducatis indilate, juxta tenorem litterarum predictarum.

Datum Nemausi, die XIIII junii, anno Domini millesimo CCC XL quinto.

Arch. mun. de Montp , Arm. C, Cass. II, N° 7. Original sur papier, avec sceau en cire rouge.

## CXXVII.

**LETTRES DE PHILIPPE DE VALOIS CONSACRANT LA LIBERTÉ COMMERCIALE DES MARCHANDS DE MONTPELLIER.**

(28 Mai 1345.)

Philippe, par la grace de Dieu roys de France, au seneschal de Beaucaire, et a touz noz autres justiciers de la dicte seneschaucie, ou a leurs lieux tenans, salut.

Les consuls de la ville de Montpellier nous ont fait signifier que vous, par vertu de certaines lettres, des quelles l'en dit que la teneur est tele :

Philippe, par la grace de Dieu roys de France, a nostre amé et feal conseillier maistre Fremin de Coquerel, doyen de Paris, maistre des requestes de nostre hostel, salut et dilection.

Nous vous mandons et commettons que vous faciez crier es lieux accoustumez en la seneschaucie de Beaucaire et ou ressort, et ailleurs de nostre royaume ou vous verrez qu'il sera bien a faire, que nuls, de quelque estat que ce soit, soit noble ou non noble, ne parte ne aille pour quelque chose que ce soit, sus poine de corps et de biens, et de estre tenuz pour desloyal a nous et a nostre royaume, et que des maintenant nous les condempnons a perdre a touz jours senz rappel ce que il ont en nostre royaume, comme pour trayson et pour crime de lese magesté ; et de touz ceulx qui feront le contraire faites prendre touz leurs biens, en quelque lieu que il soient en nostre royaume, et les faites appliquer a nous et a nostre domaine. Mandons a touz que a vous et aus deputez de par vous en ces choses obeissent et entendent diligemment ; et vous donnons povoir et auctorité de ce faire.

Donné a Saint Germain en Laie, le XXVe jour d'avril, l'an de grace mil CCC quarante et cinq.

Avez fait crier a Montpellier et en divers autres lieux de la dicte seneschaucie les choses contenues es dictes lettres ; dont les marcheans et autres sont empesché et n'osent mener ne porter hors de nostre dit royaume leurs denrées et marchandises, ne y aler faire leurs autres besoignes, en leur tresgrant prejudice et domaige. Et comme nostre entence ne soit et ne fu oncques que celles deffenses generaulx se extendent fors seulement aus nobles et genz d'armes, nous vous mandons, et a chascun de vous, que, non contrestant le contenu en noz dictes lettres, et tout ce qui s'en est ensuivi, vous lessiez les diz marcheans et autres personnes non nobles et non genz d'armes aler et mener ou porter leurs dictes denrées et marchandises, et faire leurs autres besoignes hors de nostre dit royaume, paisiblement, senz les empeschier en riens sur ce, en la maniere qu'il faisoient avant la teneur de noz dictes lettres, en paiant les paages et autres redevances accoustumées a paier ; et mettez au neant, et au premier estat et deu, tout ce qui a esté fait en ceste partie, en prejudice des dessus diz, pour occasion d'ycelles lettres. Toutevoye donnez vous garde qu'il n'y facent fraude.

Donné a Paris, le XXVIII<sup>e</sup> jour de may, l'an de grace mil CCC quarante et cinq.

Par le conseil, estant en la chambre des comptes. Briarre.

Arch. mun. de Montp., Arm. G, Cass. II, N° 17. Origina à queue de parchemin, avec fragment de sceau royal en cire jaune.

## CXXVIII.

**LETTRES DE PHILIPPE DE VALOIS EN FAVEUR DES MARCHANDS QUI FRÉQUENTAIENT LES FOIRES DE PÉZENAS.**

(Février 1345-46.)

Philippus, Dei gratia Francorum rex, notum facimus universis, tam presentibus quam futuris, quod, audita supplicatione consulum et habitatorum ville nostre de Pedenacio, dicentium quod multa commoda, redditus et emolumenta, que nobis et ipsis habitatoribus ac toti patrie, ratione nundinarum que in dicto loco ter in anno, videlicet semel in festo Nativitatis Beate Marie virginis mense septembris, alio semel in festo Beati Amancii, mense novembris, et alio semel in crastinum festi Penthecostes Domini, fieri et teneri consueverunt, et adhuc ibidem fiunt et tenentur, et sic diminuuntur et pereunt, pro eo quia persone mercatorum et bona mercatorum dictas nundinas frequentantium, propter marchas, que per curiam nostram, per judicem parvi sigilli nostri Montispessulani, ac alios justitiarios nostros, acthenus concesse sunt, et de die in diem conceduntur, ibidem, dictis durantibus nundinis, capiuntur et arrestantur, quod, nisi per nos super hoc provideretur de celeri et opportuno remedio, ipse nundine adnullarentur totaliter et perirent, unde dampnum quasi irreparabile eidem patrie, quod absit ! eveniret; asserentes quod, si mercatores et alie persone ad dictas nundinas venientes, stantes et de ipsis redeuntes cum suis mercimoniis essent perpetuo quitti, franchi, liberi et immunes a cujuscumque marche exactione et prestatione pro dictis mercaturis suis per ipsos faciendis, dicte nundine repararentur, ac dicta emolumenta nostra, que sic, ut dicitur, depereunt et perduntur, ad primum et meliorem statum reducerentur de facili, ac eciam augmentarentur; super quibus ipsi consules et habitatores certum tractatum cum aliquibus consiliariis nostris, in illis partibus tunc pro nobis existentibus, habuerunt, quorum consiliariorum nostrorum relatu et rescriptione fuimus super premissis plenius informati; idcirco nos, indempnitati patrie ac subditorum nostrorum, nec non et mercatorum dictas nundinas frequentantium utilitati providere volentes, mediante etiam financia duorum milium et quingentarum librarum turonensium, quas inde nobis promiserant, notum facimus quod nos, ipsorum supplicationi inclinati, premissa attendentes, ipsis supplicantibus ac dictas nundinas frequentantibus, ex plenitudine nostre regie potestatis, et speciali gratia, concessimus et concedimus per presentes, quod omnes persone, tam regnicole nostri quam non regnicole, undecumque et cujuscumque conditionis sive status existant, non prohibite tamen, venientes ad dictas nundinas, vel earum alteram, cum suis mercaturis, tam emendo, vendendo, quam permutando, sint ex nunc perpetuo in personis et bonis quitti, liberi et penitus inmunes, videlicet per decem dies eundo ad dictas nundinas, stando per alios decem dies ibidem, et reddeundo per spatium aliorum decem dierum, ab inde ab omni prestatione et exactione cujuscumque marque, et de non solvendo sive prestando quamcumque marcham pro dictis mercaturis aliquo casu, quas ad dictas nundinas asportabunt seu asportari facient, aut de dictis nundinis extrahent aut extrahi et alibi asportari facient, durante tempore predicto. Et ad tenendum, custodiendum et servandum cum effectu dicta privilegia, teneri, custodiri et servari effectualiter faciendum, ut superius est expressum, ipsis consulibus et eorum universitati deputamus et concedimus in gardiatorem, custodem et conservatorem dictarum nundinarum et privilegiorum predictorum, castellanum vel vicarium dicti loci, qui nunc est et qui pro tempore fuerit, vel ejus locumtenentem, cui in solidum comittimus et mandamus, quatenus dicta privilegia de puncto ad punctum teneri, custodiri et inviolabiliter observari faciat; rebelles et inhobedientes super hoc juris remediis compellat et compelli faciat, absque expectatione alterius cujuscumque mandati : mandantes senescallo Carcassone et omnibus aliis justitiariis nostris, et eorum cuilibet, qui nunc sunt et qui pro tempore fuerint, vel eorum locatenentibus, quatenus ipsos consules et habitatores dicti loci, et euntes ad dictas nundinas et earum quamlibet, aut ibidem stantes per spatia supradicta, ac de ipsis redeuntes, in predictis, virtute quarumcumque litterarum regiarum nostrarum, aut arrestorum seu mandatorum nostrorum factorum aut faciendorum in contrarium, minime impediant, perturbent aut inquietent, perturbari vel inquietari per aliquem permittant; sed nostra presenti gratia speciali ipsos et eorum quemlibet uti et gaudere plene et pacifice faciant et permittant, absque contradictione quacumque, usibus, privilegiis, libertatibus et consuetudinibus, statutis seu arrestis vel ordinationibus, sub quavis forma verborum in contrarium factis vel faciendis, ac litteris in contrarium impetratis vel impetrandis, etiamsi de presentibus facerent mentionem, non obstantibus quibuscumque. Quod ut firmum et stabile perpetuo permaneat in futurum, nostrum sigillum presentibus litteris duximus apponendum, salvo in aliis jure nostro, et in omnibus quolibet alieno.

Datum Parisius, anno Domini millesimo trescentesimo quadragesimo quinto, mense februarii.

Per dominum regem, ad relationem consilii, in quo vos eratis. Pellicerius.

Arch. mun. de Montp., Arm. B, Cass. XII, N° 1. *Vidimus* sur parchemin, émané de la cour du bayle de Montpellier, à la date du 19 mars 1350-51.

## CXXIX.

LETTRES DE PHILIPPE DE VALOIS PRESCRIVANT L'ENTRETIEN DU GRAU DE LA PLAGE DE MELGUEIL.

(7 Juillet 1346.)

Philippus, Dei gratia Francorum rex, senescallo Bellicadri, vicario et judici Aquarum Mortuarum, vel eorum locatenentibus, salutem.

Consules Montispessulani nobis significarunt quod, licet ex fortuna Dei et maris in plagia Melgorii, juxta mare, per quam itur de Aquis Mortuis versus Montempessulanum, quidam gradus apertus extitit, per quem utilitas et sanitas tocius patrie, ubertasque piscium et salis in magna quantitate emergit et valet procurari, qui tamen remanere commode non valet, nisi facto hominum curetur et directus teneatur, vos nichilominus, seu alter vestrum, impeditis et impedire nitimini quominus gradus predictus curetur et conductus teneatur, quod cedit in prejudicium tocius illius patrie et sanitatis ejusdem, impedimentumque ubertatis piscium et salis predictorum, ac tocius rei publice dampnum non modicum, prout dicunt. Quocirca, requisiti de remedio providere, vobis et vestrum cuilibet commictimus et mandamus, quatinus, si, vocato procuratore nostro et aliis evocandis, summarie et de plano vobis constiterit ita esse, non impediatis nec impedire permittatis dictos consules, seu alios quos tanget negocium hujusmodi, quominus dictum gradum curare et conductum tenere possint, facta si que sint in contrarium revocantes, litteris a nobis seu curia nostra in contrarium impetratis vel impetrandis subrepticie non obstantibus quibuscunque, proviso tamen quod nobis prejudiciabile non existat.

Datum apud Nemus Vincenarum, die VII<sup>a</sup> julii, anno Domini millesimo CCC° quadragesimo sexto.

Per regem, ad relationem magistri R. de Aimenilla. Genere.

> Arch. mun. de Montp., Arm. H, Cass. V, N° 25. Original à queue de parchemin, avec fragment de grand sceau royal en cire jaune.

## CXXX.

REQUÊTE ADRESSÉE, DE LA PART DES CONSULS DE MONTPELLIER, AU SÉNÉCHAL DE BEAUCAIRE, POUR LE MAINTIEN ET LE LIBRE ACCÈS D'UN NOUVEAU GRAU, ET POUR LA CESSATION DES TRAVAUX DE LA ROBINE COMMENCÉE AUX ENVIRONS DE LA TOUR CARBONNIÈRE.

(19-24 Octobre 1346.)

Anno ab Incarnatione Domini millesimo trecentesimo quadragesimo sexto, et die decima nona mensis octobris, domino Philippo Dei gratia Francorum rege regnante, existentes discreti viri Bremundus Fabri, Guilhelmus Baralli, et Rogerius Caboti, mercatores et consules ville Montispessulani, pro se et aliis conconsulibus suis, et nomine universitatis hominum dicte ville, in presentia nobilis et potentis viri domini Guilhelmi Rollandi, militis, senescalli Bellicadri et Nemausi, exhibuerunt et presentaverunt eidem quemdam papiri

PIÈCES JUSTIFICATIVES.   201

rotulum scriptum, dicentes, petentes, requirentes, procurantes, appellantes, et appostolos petentes, ac protestantes in omnibus et per omnia, prout in dicto papiri rotulo continetur, cujus tenor talis est :

Existentes in presentia nobilis et potentis viri domini Guilhelmi Rollandi, militis, senescalli Bellicadri et Nemausi, Bremundus Fabri, Guilhelmus Baralli et Rogerius Caboti, consules ville Montispessulani, pro se et aliis conconsulibus suis, dixerunt et proposuerunt coram eo quod, cum aliter procurator, syndicus, seu actor eorumdem et aliorum conconsulum suorum [ad] prefatum dominum senescallum requisitionem suam reddiderunt sub hiis verbis :

Existentes in presentia nobilis et potentis viri domini Guilhelmi Rollandi, militis, senescalli Bellicadri et Nemausi, magister Johannes Bruni, jurisperitus de Montepessulano, procurator et nomine procuratorio consulum dicte ville, ac nomine aliorum sibi adherencium seu adherere volencium in hac parte, dixit et proposuit coram eo quod, cum in corrigia maris, inter mare et stagnum, ab insula Magalone usque ad Motam, vel circa, gradus consueverit esse, et remanere condirectus, et apertura, per quos aqua maris infra stagnum, et aqua stagni infra mare consuevit fluere et dirivare, et hoc antequam villa Aquarum Mortuarum fuisset constructa seu fundata, et a centum annis circa et ultra, et a tanto tempore citra, quod de contrario memoria hominum non existit, videlicet quod, quando unus gradus, qui apertus extiterat per $xxx^{ta}$, $xl^{ta}$ annos, vel amplius, vel minus, gradus in dicta corrigia manualiter vel per fortunam maris et venti aperiebatur, predictaque sic fuerint observata, tam ex privilegio regio quam ex generali consuetudine illarum partium, et a $iiii^{or}$ vel quinque annis proxime elapsis citra, vel circa, quidam gradus, dictus de Porqueria, qui apertus extiterat modo predicto per $xl$ annos et ultra, fuisset clausus naturaliter, et clausus extitisset per $iiii^{or}$ annos, vel circa, propter que plures singulares persone et universitates villarum et locorum Montispessulani, Lunelli, et aliorum locorum circumvicinorum, litteras impetraverint a magestate regia, per quas mandatum et comissum extitit domino Raphaeli de Campis, legum doctori, judici majori dicte senescallie, ut de et super predictis se informaret, an esset expediens et necesse gradum fieri et apertum teneri in corrigia predicta rei publice domini nostri regis, ac villarum et locorum predictorum. — Item, dixit quod coram dicto domino judice et comissario fuit, inter cetera, propositum et probatum quod, quia per dictos III$^{or}$ annos extiterat dicta corrigia sine gradu aperto, quod pro tempore stagnum de Carnone et de Melgorio siccari poterat. — Item, quod ex dicta siquatione et deffectu aquarum, terra circumvicina dictorum stagnorum corrumpi poterat et converti poterat naturaliter, in dampnum rei publice majoris partis hominum senescallie predicte. — Item, quod ex dictis corruptionibus sequeretur necessario, quod ville predicte fient inhabitabiles, et proinde comercium mercandi in istis partibus perderetur, ex quibus dominus noster rex perderet leudas, pelagia et alia devesua, a dictis mercibus et mercationibus recipi consueta. — Item, quod saline, in quibus antea fiebat sal in magna quantitate, erant perdite, sic et taliter, quod in eis sal fieri non poterat, nisi dictus gradus remaneret apertus.—Item, quod piscacio picium, que in dictis stagnis fieri solebat, facta erat inutilis, et loco piscium, pro tempore, non invenirentur in dictis stagnis nisi vermes et corruptiones, ex quo nedum fieret prejudicium dictis locis et villis circumvicinis, ymo etiam personis et locis baylivie Alvernie, et senescallie Caturcensi et Petragoricensi, ad quas partes anguille salse consueverant asportari. — Item, quod pejus est, et esset dampnum irreparabile domini nostri regis et subditorum suorum istarum partium, et maxime tempore istarum guerrarum, si dictus gradus non esset ibi apertus, et dicta stagna, ut dictum est, siccarentur; nam inimici domini nostri regis possent venire cum galeis usque ad litus maris, et deinde per dicta stagna sic desiccata intrarent regnum Francie, et regnum invaderent, in dampnum irreparabile domini nostri regis et subditorum suorum, quod est multum dolendum, et presertim istis guerrarum temporibus penitus evitandum. — Item, quod in terra Lunelli, circumvicina dicti stagni, temporibus inundationum aquarum non possent seminare terras suas habitatores illarum partium, nisi dictus gradus et in dicta corrigia, ut dictum est, sit apertus. — Item, dixit quod dictus dominus judex major et comissarius, attendens quod de novo, per fortunam Dei et eventus maris, quedam fractura facta fuerat in dicta corrigia, inter dictum mare et stagnum Melgorii, per quam dicta aqua maris infra stagnum, et vice versa aqua stagni infra mare suum meatum et cursum habebat, attendens etiam quod amodo et tempore, videlicet a novem mensibus citra, vel circa, dicta stagna, ex dicta dirivatione aque dicte fracture, tam in salinis quam in piscacione et pimguatione aeris, fuerant meliorata, ad utilitatem dicti domini nostri regis et rei publice villarum et locorum predictorum, voluit quod, juxta dictam informationem, per ipsum dominum judicem et comissarium factam, staret apperta et apperiretur, ut ibidem fieret gradus bonus. — Item, dixit dictus procurator quod nonnulli habitatores Aquarum Mortuarum, pretendentes quod quodam colore fictitio,... quod, juxta stattuta Beati Ludovici, dicti gradus non debeant esse in corrigia predicta, et dicentes quod pirate poterunt mercatores ibi navigantes disraubare, quodque billionum auri et argenti poterat per dictum gradum extrahi, procuraverunt, licet de facto et in prejudicium dicti domini nostri regis et subditorum suorum predictorum, quod in dicto gradu fecerunt apponi et apposuerunt quoddam navigium, plenum lapidibus, cum quo dictum gradum clausere.... Verum, quia per litteras regias et alia privilegia postea facta, et ex consuetudine generali predicta, predictis privilegiis fuerit derogatum, tum etiam quia dicta privilegia, si de eis constaret, sunt contra jus comune et contra jus domini nostri regis et rei publice villarum et locorum predictorum, tum etiam quia in dicto gradu, vel introitu ejusdem aperture maris, non est ibi profunditas usque ad duos palmos, et a parte stagni usque ad alios duos palmos, tum etiam quia in dicto gradu, sic noviter et indebite clauso, morari consueverant continue duo homines, unus ut custos seu serviens domini nostri regis, et alius pro quodam navigio ad transeundum homines et animalia ibidem transeuntes, qui custodire poterant ne dictum bilionum per dictum gradum extraheretur, et sic, per consequens, apparet manifeste quod dicti homines Aquarum Mortuarum dictum gradum indebite, et absque sufficienti causa rationabili, clauserunt, seu claudi fecerunt, propter quod tenentur ad emendam domino nostro regi et parti, prout infra declarabit in conclusione. — Item, dicit quod, ultra predicta, dicti homines Aquarum Mortuarum procurant fieri quandam robinam, per quam aque vive paludarum de Carboneria flui valeant et dirivari ad portum Aquarum Mortuarum. Et est sciendum quod, a portu de Agathe usque ad fortalicium de Carboneria, nullus veniens per mare potest per terram meare, nisi per fortalicium seu passagium de Carboneria predicta, ubi dominus noster rex consuevit, et ejus predecessores consueverunt tenere fortalicium, videlicet castellanum et servientes ad certa vadia, et etiam provisionem victualium,.... quia ibi est clavis in istis partibus regni predicti.— Item, dixit quod, si dicte aque vive dictarum paludarum, que in yeme et state jacere consueverunt in paludis predictis, pro dicto fortalicio conservando, cursum suum habeant ad robinam predictam, fieri destinatam, et hoc sequentur plurima dampna multum irreparabilia, quia cessabit dictum fortalicium, nec erit necessarius dictus castellanus, cum tempore stivo dicte paludes habebunt desiccari, sic quod homines, equites et pedites, poterunt transire libere per dictas paludes, et proinde inimici domini nostri regis per dictum mare venientes poterunt intrare et invadere regnum predictum, cessante fortalicio supradicto. — Item, dicit quod, deliberato consilio, et ob utilitatem publicam, quedam robina fuit facta artificialiter, et cum magnis sumptibus et expensis, et de mandato regio multum necessario, que fuit facta, centum anni sunt elapsi, et ultra, per quam merces venientes de ultra mare ad portum Aquarum Mortuarum vehuntur seu vehi ac portari consueverunt usque ad stagnum Latarum, et deinde ad Montempessulanum, et vice versa de Montepessulano ad portum Aquarum Mortuarum predictum, in quo loco dictus dominus rex percipit emolumenta quamplurima. — Item, dixit quod in dicto transitu dominus de Lunello recipit [et] recipere consuevit certa pedagia de mercaturis predictis, in loco dicto de Rudela.—Item, dicit quod, si dicte aque vive dictarum paludarum fluerent ad dictam robinam, noviter fieri orditam, dicta robina, per quam dicte merces vehuntur, perderetur, sic quod mercatores haberent portare merces per terram cum intollerabilibus expensis, que redundarent in dampnum omnium emere volencium merces predictas, et etiam in dampnum dicti domini de Lunello; et cum hoc, pro tempore, dictus portus Aquarum Mortuarum forsan perderetur, et ad alias partes mercatores, qui cum eorum mercibus consueverunt ibidem applicare, possent, quod absit ! si fieret, ad portus alios cum dictis eorum mercibus aplicare, quod redundaret in prejudicium dicti domini nostri regis ac rei publice villarum et locorum predictorum. — Item, dixit quod dictus dominus noster rex per suas patentes litteras mandavit dicto domino senescallo, ut dictum gradum, ob utilitatem publicam, tenere faciat apertum et condirectum, prout in suis litteris, quarum tenor talis est, continetur :

Philippus, Dei gratia Francorum rex, senescallo Bellicadri, vicario et judici Aquarum Mortuarum, vel eorum locatenentibus, salutem.

Consules Montispessulani nobis significaverunt quod, licet fortuna Dei et maris in plagia Melgorii, juxta mare, etc.

Datum apud Nemus Vincennie, die septima julii, anno Domini millesimo CCC° XL° sexto.

Quare, cum ex premissis manifeste appareat de notorio dampno et de prejudicio regis, ac rei publice villarum et locorum predictorum, predictaque indigeant celeri remedio et reparatione, requisivit dictus procurator, quibus supra nominibus, predictum dominum senescallum, ut predictum impedimentum, in dicto gradu de facto appositum, de facto faciat amoveri, sumptibus illorum qui sic inciviliter dictum impedimentum apponi fecerunt, et nichilominus provideat quod dictus gradus apertus et condirectus remaneat ad finem predictum, et cum hoc inhibeat seu inhiberi faciat ne dicte aque vive dictarum paludarum per dictam robinam extrahantur, quodque remaneant in statu in quo fuerunt, ccc anni sunt elapsi, et ultra, et etiam quod dicta robina, per quam dicte merces vehi et portari possint, in statu remaneat consueto, prout a longissimis temporibus extitit usitatum. Et nichilominus petiit dictos consules seu singulares personas Aquarum Mortuarum, et quoscumque alios qui in predicta clausura dicti gradus et opere dicte robine opem, consilium seu juvamen prestiterint, sic et taliter puniri, quod cedat ceteris in exemplum; et cum hoc eosdem petiit in expensis, dampnis et interesse, factis et passis premissorum occasione,... condempnari; aliter protestatus fuit dictus procurator, quibus supra nominibus, contra dictum dominum senescallum et ejus bona, de dampnis, gravaminibus et interesse et expensis, pro quibus intendit habere recursum ad dominum nostrum regem, suis loco et tempore opportunis; et de predictis petiit sibi fieri publicum instrumentum.

Verum, cum dictus dominus senescallus dictis conconsulibus post premissa dixerit et promiserit, ut dixerunt, quod in dicta robina, de novo fieri designata, nichil operaretur seu fieret, nisi prius vocatis comunitatibus Montispessulani et aliorum locorum circumvicinorum, loco in quo dicta robina est fieri ordinata, et aliis probis viris perhiciam habentibus super premissis, et habito consilio eorumdem an fieri vel non fieri expediat robinam antedictam, et dicatur comuniter quod jam incepta est fieri dicta robina, et plures homines operantur ibidem singulis diebus in eadem robina facienda, in maximum dampnum, prejudicium et lesionem prefati domini nostri regis et juris sui, et in periculum regni sui, et comunitatum predictarum et rei publice scandalum et jacturam, ex causis et rationibus in suprascripta requisitione contentis, et aliis suis loco et tempore proponendis, quocirca iterato requirimus....dictum dominum senescallum quathinus inhibeatis seu inhiberi faciatis quod in dicta robina nullum opus fiat ab inde in antea, sed quod cessetur ab omni opere faciendo in eadem, donec, vocatis per vos dictis comunitatibus et probis viris habentibus periciam super istis, et loco subjecto occulis, et viso et cognito an sit expediens et utile domino nostro regi et patrie seu rei publice dictam robinam fieri, nec ne, nec non et impedimentum in dicto gradu appositum amoveri faciatis seu ordinetis, dicto gradu nichilominus aperto remanente; aliter, si facere recusaveritis seu distuleritis, ex hoc sentientes nos, nominibus quibus supra, et universitatem nostram Montispessulani multipliciter agravatos, metuentesque amplius imposterum agravari, ex nunc ut ex tunc, et ex tunc ut ex nunc, ad prefatum dominum nostrum regem in hiis scriptis provocamus et appellamus, eo modo et jure, quibus melius possumus et debemus, apostolos nobis dari et concedi, instancia qua convenit, sepe et sepius postulando, protestantes quod sit nobis licitum premissa prosequi per viam appellacionis, provocacionis, gravaminis, vel simplicis querele, vel aliis juris remediis, quibus nobis et parti nostre melius videbitur expedire....

Et dictus dominus senescallus, habito dicto papiri rotulo perlecto, dixit quod, eo et contentis in eo visis, et deliberato consilio super eis, responderet; ad quam responsionem suam super premissis audiendam eisdem diem crastinam assignavit.

Actum in camera aule episcopalis Montispessulani, presentibus venerabilibus viris dominis Hugone la Serra, domini nostri regis consiliario, Hugone de Carssano, milite, rectore regio Montispessulani, Philippo Olearii, in legibus licentiato, advocato regio in senescallia Bellicadri, magistro Johanne de Villeriis, notario regio, et me notario infrascripto.

Qua die crastina, existens coram dicto domino senescallo, Petrus Noguerii, mercator et conconsul dicte ville Montispessulani, pro se et aliis conconsulibus suis, et nomine dicte universitatis Montispessulani, obtulit se, pro se et quibus supra nominibus, paratum audire responsionem dicti domini senescalli, si quam facere voluerit super predictis, et recipere apostolos, si sibi concedantur, in dictis suis requisicione, appellatione, apostolorum petitione et protestationibus percistendo, in omnibus et per omnia prout supra protestans,..... quod per ipsum non stat, stetit nec stabit, quominus dictam responsionem audiret et dictos apostolos reciperet, si sibi concedantur; de quibus peciit sibi fieri publicum instrumentum.

Actum in aula predicta dicti domini episcopi, presentibus testibus supradicto domino Philippo Olearii, regio advocato, Berenguario Palamini, jurisperito, magistro Johanne Amblardi, notario, et me dicto notario, supra et infrascripto.

Postque, anno quo supra, et die xxiiii dicti mensis octobris,.... existentes coram dicto domino senescallo, supradicti Bremundus Fabri, Johannes Comitis et Guilhelmus de Audemaresio, consules et consulario nomine dicte ville Montispessulani,...... obtulerunt se fore paratos audire responsionem dicti domini senescalli, si quam facere voluerit super eis.....

Et dictus dominus senescallus dixit quod, si que facta fuerunt in et super premissis, illa facta fuerunt ipso absente a dicta senescallia, et sine ejus sciencia vel mandato, per locumtenentem suum et alios officiales regios dicte senescallie, vocatis dictis consulibus dicte ville, et aliis aliorum locorum vicinorum consuetorum super hujusmodi evocari cum ceteris evocandis, super quibus nil innovare intendit, nisi, facta informatione, appareret quod majore et meliore utilitate et comodo regis ac rei publice, et villarum et locorum predictorum, foret aliter immutandum..... Quapropter, ut magis in tuto procedatur, pro omni suspicione et periculis evitandis, cum ipse, regis et aliis publicis negociis occupatus, nequiret comode intendere ad predicta,... voluit et ordinavit quod, infra III$^{or}$ dies ex tunc proximos, sapientes viri, magister Philippus Olearii, in legibus licentiatus advocatus, Raymundus Saynerii, jurisperitus procurator, et Bonjohannes de Valongua, locumtenens thesaurarius dicte senescallie regius, ad dicta loca accedant, et, vocatis consulibus dicte ville, cum ceteris aliorum locorum et villarum propinquarum, quos hujusmodi negocium tangit, et aliis officialibus regiis, et superintendentibus in opere portus Aquarum Mortuarum, cum ceteris evocandis, adeant dicta loca et alia necessaria, super que et aliter de omni comodo et incomodo regis ac dicti portus et ville Montispessulani et aliorum locorum et villarum predictarum se diligenter habeant informare, et prout per informationem eandem fore magis utile et comodosum reperierint, dicta loca aperiri vel claudi faciant, et aliter in omnibus et per omnia procedant et faciant que in et super premissis et dependentibus ex eisdem facienda eis magis videbitur;... super quibus et ea tangentibus idem dominus senescallus eisdem comisit totaliter vices suas....

Actum in supradicta camera aule episcopalis Montispessulani, presentibus testibus venerabilibus viris dominis Petro Calvelli, legum doctore, Pontio Berenguarii jurisperito, judice regio Montispessulani,...... et magistro Raymundo Rubei, publico dicti domini nostri Francorum regis et curie dicti domini senescalli notarii, qui predicta omnia et singula requisitus in notam recepit.

> Arch. mun. de Montp., Arm. H, Cass. V, N° 26. Parchemin original.
>
> Au dos : *Requisitio facta domino senescallo Bellicadri super facto gradus noviter facti, fortuna Dei, inter mare et stagnum, prope locum de Porqueria, quod non claudatur, et super robina noviter incepta fieri prope locum de Carboneria, quod non fiat ; et responsio facta per dictum dominum senescallum.* 1346.

## CXXXI.

LETTRE DU DOGE DE GÈNES AUX CONSULS ET AUX HABITANTS DE MONT-PELLIER, POUR LEUR INTERDIRE DE NAVIGUER VERS L'ÎLE DE CHYPRE ET VERS LA ROMANIE.

(8 Mars 1347.)

Amici carissimi. Cum in conventionibus olim initis inter magnificum principem dominum Raymundum, Dei gratia ducem Nerbone, comitem Thelose, et marchionem Provincie, ex una parte, et commune Janue, ex altera, anno Domini M° C° LXX° IIII°, inter cetera contineatur clausula infrascripta, et, ob reverentiam incliti principis et domini, domini Francorum regis, et sincerum amorem quem erga vos gerimus, diu substinuerimus quod vos, contra formam conventionum predictarum, navigaveritis ad pelagus, licet non in modicum detrimentum nostri communis, et presentialiter urgeat grandis necessitas vobis intimandi infrascripta, et licet fuerimus et simus in tractatu cum venerabilibus viris dominis Raphaele de Campis, utriusque juris perito, et Girardo de Mesiaco, nunciis et ambasciatoribus ac consiliariis dicti domini regis, qui tractatus si ad prolocutum produceretur effectum, esset sedatio premissorum, nichilominus, instante tempore navigationis, nobis, maxime propter quedam ardua, et nostrum commune tangentia in illis partibus, dicta necessitate pensata, pro nostri communis indennitate, et observatione conventionum predictarum, vobis tenore presentium intimamus, quatinus a navigando ad partes Romanie et Cipri velitis, sicut ex forma dictarum conventionum tenemini, totaliter abstinere; scientes procul dubio quod, si contra dictarum conventionum et intimationis presentis formam secus feceritis, intendimus, prout nobis licet ex dictarum conventionum tenore, nostro communi et ejus indennitati debite providere. Et si quod, quod absit! sinistrum, si secus faceretis, vobis accideret, quod molestum gereremus, illud velitis non ad odium, sed ad conservationem nostri juris duntaxat reputare. Nichilominus tamen, ob reverentiam dicti domini regis, cujus honorem toto corde zelamus, et ex convictione amoris quo vobis jungimur, vobis offerimus merces, res et personas vestras in nostris galeis et navigiis, que presentialiter ultra decem habemus parata ad navigandum ad loca predicta, gratiose deferre, et quantum ad naula et victuras, vos sicut nostrates benigne et favorabiliter pertractare ; ac etiam providebimus quod terciam partem solummodo expeditamenti seu redibentie, que solvunt Januenses pro isto anno, Janue solvatis ; ac etiam vos in societatem cum nostratibus de dictis galeis, navigiis et vasis, usque ad partem dimidiam, recipi faciemus. Et nichilominus in omnibus, de quibus vobis poterimus complacere, indubitanter nos promptos et paratos invenietis. Has autem ad cautelam in cancellaria nostra fecimus registrari.

Tenor autem promissionis, facte per dictum dominum ducem et comitem, talis est :

Item, interdicam negotiatoribus tote terre mee ire vel mittere, negotiandi causa, per pelagus, sine licentia consulum communis Janue et majoris partis consiliatorum ipsorum. Eum autem qui contrafecerit, in tercia capitalis et toto proficuo puniam ; vel, si ad manus Januensium pervenerit, licenter ab eis pena simili puniatur.

Datum Janue, M° CCC° XXXX° VII°, die VIII<sup>a</sup> marcii.

Johannes de Murta, Dei gratia dux Januensis, et populi defensor, et consilium ejusdem.

> Arch. mun. de Montp., Arm. E, Cass. IV, N° 40. Lettre originale sur papier, avec fragment de sceau en cire rouge.
> Au dos : *Nobilibus viris dominis consulibus, consilio et universitati mercatorum Montispessulani, amicis carissimis.* — *Dux Januensis et consilium ejus.*

## CXXXII.

**LETTRES DE PHILIPPE DE VALOIS EN FAVEUR DES MARCHANDS DE MONTPELLIER, INDÛMENT RANÇONNÉS PAR LES PÉAGERS DE LA ROBINE DE NARBONNE.**

(26 Avril 1347.)

Philippus, Dei gracia Francorum rex, senescallo Carcassone, vicarioque et judici Biterris, vel eorum locatenentibus, salutem.

Consules ville Montispessulani nobis exposuerunt quod, cum de rebus et mercibus, que per extraneos immittuntur per mare in Narbonam, per robinam dicti loci dumtaxat, certa leuda seu pedagium exigi et levari debeat, secundum quod in registris super hoc factis plenius continetur, nichilominus domini dicte leude seu pedagii, seu leudarii vel pedagiarii sui, ab hominibus dicte ville Montispessulani, seu eorum aliquibus, transeuntibus per mare, et navigantibus de Catalania versus partes Aquarum Mortuarum, et de dictis partibus Aquarum Mortuarum versus partes Catalanie, licet in dictam villam res et merces suas non immittant, nec dictam robinam intrent, pro rebus et mercibus, quas deferunt, leudam seu pedagium, et eciam ab ipsis et aliis intrantibus et immittentibus in Narbonam, majorem leudam seu pedagium quam in registris dicte leude contineatur exigunt, seu exigere et levare nituntur, in ipsorum supplicancium, et hominum et habitatorum dicte ville, et tocius rei publice prejudicium maximum et gravamen, sicut dicunt. Quocirca mandamus vobis et vestrum cuilibet quatenus, si, vocatis evocandis, summarie et de plano vobis constiterit de premissis, ab hominibus dicte ville Montispessulani, seu eorum aliquibus, per mare transeuntibus, res et merces suas in dictam villam non immittentibus, et dictam robinam non intrantibus, nichil, et ab immittentibus res et merces suas per dictam robinam in dictam villam ultra id, quod in registris dicte ville Narbone super hoc confectis contineatur, per dictos dominos, seu eorum leudarios sive pedagiarios, aut alios quoscumque, exigi seu levari nullatenus permittatis; et quod aliter a dictis hominibus dicte ville exactum seu levatum inveneritis, eisdem reddi et restitui celeriter et debite faciatis, taliter super premissis vos habentes, quod dicti consules Montispessulani, in vestri deffectum, ad nos de cetero propter hoc non redeant querelosi, litteris in contrarium subrepticie impetratis seu eciam impetrandis, recusationibus, subterfugiis ac appellationibus frivolis, non obstantibus quibuscumque.

Datum Parisius, die XXVI<sup>a</sup> aprilis, anno Domini millesimo CCC° quadragesimo septimo.

Per vos dominum Oloronensem episcopum. Pellicerius.

> Arch. mun. de Montp., Arm. H, Cass. V, N° 27. Original à queue de parchemin, avec fragment de sceau royal en cire jaune.
>
> Au dos : *Letra que de las mercadarias que vant per la mar de Cataluenha no si page leuda in pezage, si non aysi quant es acustumat* — 1347.

## CXXXIII.

**LETTRES DE PHILIPPE DE VALOIS EN FAVEUR DU COMMERCE MARITIME DE MONTPELLIER.**

( 7 Décembre 1348. )

Philippus, Dei gracia Francorum rex, dilecto clerico nostro, magistro Petro Bonneti, salutem.

Guiraudus Genesii et Johannes Columberii, tam suo quam plurium aliorum mercatorum ville Montispessulani nomine, nobis graviter sunt conquesti quod, licet per privilegia per nos seu predecessores nostros habitatoribus ville et portus Aquarum Mortuarum concessa, de quibus usi fuerunt hactenus pacifice, merces que ad dictum portum adducuntur, causa transfretandi ultra mare, non debeant capi seu arrestari, prout hoc in dictis privilegiis lacius contineri dicuntur, quodque dicti conquerentes, et alie singulares persone ville Montispessulani predicte, pro debitis universitatis ipsius ville minime debeant compelli, nichilominus vos, tanquam comissarius in hac parte per dilectum et fidelem nostrum Galesium de Balma, locum tenentem nostrum in partibus Occitanis, deputatus, quandam navem mercibus oneratam, quam dicti conquerentes in portu Aquarum Mortuarum adduci fecerant, arrestastis seu arrestari fecistis, et quamplurimas alias naves suas de die in diem arrestare nitimini, contra tenorem privilegiorum predictorum temere veniendo, in dictorum conquerencium magnum prejudicium, sicut dicunt. Quocirca mandamus vobis quatenus, si sit ita, dictas naves seu merces, contra tenorem privilegiorum predictorum, de quibus liquebit, in prejudicium dictorum conquerencium, nullatenus arrestare presumatis, seu arrestari a quoquam indebite permittatis, facta seu attemptata in contrarium ad statum pristinum et debitum celeriter reducendo, litteris subrepticiis impetratis seu eciam impetrandis in contrarium, non obstantibus quibuscumque.

Datum Parisius, sub nostro magno sigillo, die VII° decembris, anno Domini millesimo CCC quadragesimo octavo.

Arch. mun. de Montp , Arm. G, Cass. V, N° 35. Original à queue de parchemin, sceau absent.

## CXXXIV.

**LETTRES DE PHILIPPE DE VALOIS PRESCRIVANT UNE ENQUÊTE SUR L'OPPORTUNITÉ D'ACCORDER AU COMMERCE DE MONTPELLIER LE LIBRE USAGE DU GRAU DE CAUQUILLOUSE.**

(3 Août 1350.)

Philippus, Dei gratia Francorum rex, judici nostro Aquarum Mortuarum, vel ejus locumtenenti, salutem.

Consules ville nostre Montispessulani nobis exposuerunt quod, cum parva navigia, que cum mercibus in portu nostro Aquarum Mortuarum applicantur, tam propter piratas quam propter fortunam et tempestatem maris, non possint in dicto portu esse secure, ymo plures depredantur et pereunt, et sit ibi prope quidam gradus, per quem possint intrare stagnum, et venire ad securitatem ad portum nostrum ville nostre Latarum, supplicantes nobis ut dicta navigia, solvendo jura et redibencias, nobis in dicta villa Aquarum Mortuarum debitas et solvi consuetas, per dictum gradum intrare, et ad dictum portum nostrum Latarum venire et applicare valeant, eis concedere dignaremur, non obstantibus prohibitionibus quibuscunque. Quocirca nos, volentes de premissis plenius informari, mandamus vobis, si necesse sit committentes, quatenus de comodo et incomodo quod esset nobis et rei publice, et si sit expediens rei publice, si eorum supplicatio ad suum deduceretur effectum, vos diligenter informetis, et informationem, quam inde feceritis, nobis, vel illis quos ad dictam villam nostram Montispessulani pro regimine et ordinatione ipsius destinabimus, sub vestro fideliter interclusam sigillo, quantocius remittatis, ut, ipsa visa, nos aut dicte gentes nostre super hoc ordinare valeamus quod nobis et rei publice expediens fuerit, vel etiam opportunum.

Datum Parisius, die III<sup>a</sup> augusti, anno Domini M° CCC<sup>mo</sup> quinquagesimo.

Per dominum regem, ad relationem secreti consilii, in quo eratis. Chapelle.

Arch. mun. de Montp., Arm. H, Cass. V, N° 28. Original à queue de parchemin.<br>
Au dos : *1350. Littere tangentes gradum de Cauquilhosa.*

## CXXXV.

#### STATUTS CONCERNANT LA CORPORATION DES PEILLERS OU FRIPIERS DE MONTPELLIER.

( 2 Mars 1350-51.)

Anno Dominice Incarnationis millesimo trescentesimo quinquagesimo, et die secunda mensis marcii, domino Johanne Dei gratia Francorum rege regnante. Noverint universi quod, existentes in domo Consulatus ville Montispessulani, et in presencia venerabilium et discretorum virorum dominorum Jacobi Don, Bernardi Poiole, pro se et Raymundo Laurerii, cujus vocem habet, et Petri de Audemaresio, Stephani Massane, Petri de Cugno, consulum dicte ville, Petrus Juliani, Guillelmus Bernardi, minor dierum, consules caritatis officii pelherie de Montepessulano, de voluntate, consensu et auctoritate Berengarii Goyoni, Stephani Rasoyra, Guillelmi Cayrerii, Raymundi Adhemarii, pelheriorum Montispessulani presencium, quod nos dictus Berengarius, Stephanus, Guillelmus, Raymundus, confitemur esse verum, protestato tamen primitus et ante omnia per eosdem et quemlibet eorum, quod, propter infrascripta seu sequencia, rassam vel trassam seu monopolium facere nolunt nec intendunt, nec in prejudicium juris, jurisdictionis seu honoris dicti domini nostri Francorum regis et Montispessulani domini, nec domini episcopi Magalonensis, vel alicujus eorum superioris, set tantummodo ad honorem Dei et Beate Virginis ejus matris et totius curie celestis, et tantummodo pro bono statu eorum officii pelherie seu exercencium officium antedictum ; et si forte inveniretur aliquid contrarium seu prejudiciabile juri, juridictioni vel honori dicti domini nostri regis vel eorum superiorum in conventionibus infrascriptis, illud totum pro non facto haberi volunt et intendunt : qua quidem protestatione previa, et in omnibus dicendis seu ordinandis ac conveniendis semper salva, convenerunt et ordinaverunt, de et cum voluntate, licencia et auctoritate dictorum dominorum consulum, quod dicti domini consules verum esse confessi fuerunt, ut sequitur :

In primis siquidem convenerunt et ordinaverunt quod ab inde in antea aliquis pelherius seu pelheria, ac eorum familiares, non vendant, nec sint ausi vendere nec emere aliquas raubas sive vestes, aut culcitras, pulvinaria, lodices, linteamina, sive lectos aut pelhas aliquas, nec aliquid aliud quod spectet, tangat seu pertineat ad officium pelherie, in quatuor festivitatibus cujuslibet anni, Beate Virginis Marie, et quatuor Euvangelistarum, videlicet Beatorum Luce, Marci, Mathei et Johannis, et duodecim Apostolorum, et festivitatibus Sancte Crucis. Et quicumque seu quecumque dictorum pelheriorum, aut familiares eorumdem, in dictis festivitatibus seu aliqua earumdem, aliqua emerint seu vendiderint, aut ipsa festa aut aliqua eorumdem emendo vel vendendo offenderint, dent et solvant, dare et solvere teneantur caritati ipsorum pelheriorum, seu consulibus caritatis predicte, qui nunc sunt et qui pro tempore fuerint, annis singulis, unam eyminam frumenti, seu valorem ejusdem.

Item, convenerunt et ordinaverunt quod, quicumque velit intrare de novo officium pelherie antedictum, pro utendo seu exercendo ipsum officium, taliter quod sit caput domus, debeat et teneatur dare dicte caritati, seu dictis consulibus, semel tantum, pro intrata, sexaginta solidos turonenses. Si vero dictus sic intrans noviter, ad utendum seu exercendum dictum officium, filius sit alicujus pelherii seu pelherie, non debeat seu teneatur aliquid dare, solvere seu contribuere de dictis sexaginta solidis caritati antedicte, seu consulibus ejusdem.

Item, convenerunt et ordinaverunt quod, quicumque velit intrare de novo ad adiscendum officium pelherie, et morari cum magistro pro adiscendo officium pelherie, debeat et teneatur dare et exsolvere dicte caritati, sive consulibus dicte caritatis, qui nunc sunt vel qui pro tempore fuerint, pro eorum intrata, unum sestarium frumenti, vel viginti solidos turonenses, si habet unde solvat; si vero non habeat unde solvat, magister qui talem intrantem discipulum ad adiscendum dictum officium pelherie accipiet, debeat et teneatur dare et exsolvere dicte caritati, suis dictis caritaderiis qui nunc sunt vel qui pro tempore erunt, infra tres menses, a tempore quo dictus discipulus intraverit ad adiscendum dictum officium computandos, dictum sestarium frumenti, vel viginti solidos turonenses, pro intrata, et hoc de eorum proprio, ad que solvenda compelli libere possint.

Quas quidem conventiones et ordinationes dicti consules, et alii superius nominati pelherii, et eorum quilibet, ratifficaverunt et confirmaverunt, et ipsas conventiones et ordinationes, et omnia suprascripta, tenere, servare, complere inviolabiliter sibi invicem stipulantibus promiserunt et juraverunt super sancta Dei Euvangelia, ab ipsis et eorum quolibet corporaliter tacta.

Hec acta fuerunt in domo Consulatus Montispessulani, in presencia et testimonio magistri Stephani Galterii, notarii regii, domini Guillelmi Ricardi, presbiteri, Johannis Veyrerii, scutiferi dominorum consulum Montispessulani, et mei Firmini Rippe, publici auctoritate regia notarii, qui, requisitus, predicta in notam recepi, et requisitus fui facere de predictis publicum instrumentum.

Post hec, anno et die quibus supra, nos Stephanus Sale Regalis et Bernardus Sanedanis, pelherii Montispessulani, certifficati ad plenum de supradictis conventionibus,... prescripta omnia laudamus, approbamus, etc.

Post hec, anno quo supra, et die quinta mensis marcii,... nos

Guillelmus Bernardi, major dierum, Bernardus Banas, Petrus Baniati, pelherii Montispessulani, certifficati ad plenum de suprascriptis conventionibus, predicta omnia laudamus, approbamus... et confirmamus...

In quorum testimonium et certitudinem pleniorem, nos consules supradicti Montispessulani sigillum commune dicti Consulatus huic instrumento duximus apponendum.

Arch. mun. de Montp., Arm. C, Cass. I, N° 5. Parchemin original,<br>avec sceau pendant du Consulat, en cire rouge.

## CXXXVI.

**LETTRES DU ROI JEAN EN FAVEUR DE LA LIBRE CIRCULATION DES MARCHANDS DE MONTPELLIER.**

(4 Juillet 1353.)

Johannes, Dei gracia Francorum rex, senescallo Bellicadri, vel ejus locumtenenti, salutem.

Dilecti et fideles nostri consules ville nostre Montispessulani graviter nobis sunt conquesti quod vos, pretextu litterarum nostrarum, in dicta villa Montispessulani et alibi proclamari palam et publice fecistis, ut nullus, cujuscunque condicionis aut status existat, ex quacunque causa, de regno nostro exire audeat, sub pena corporum et bonorum, nisi de licencia nostra expressa, quamvis habitatores dicte ville sint mercatores publici, et pro suis mercaturis exercendi[s] oporteat ipsos ad diversas mundi partes, tam ultramarinas quam alias, accedere, aut aliter dictis suis mercaturis fraudarentur, quod esset eis et nobis, ac toti rei publice, prejudicium maximum et gravamen, sicut dicunt dicti consules. Quare vobis mandamus quatenus, si est ita, cum intencionis nostre non sit aut fuerit quod talis inhibitio ad fideles mercatores regni nostri se extendat, ipsos non impediatis occasione premissorum, sed, quantum ad eos est, revocetis, eciam publice, vel faciatis revocari dictam proclamacionem, et aliter provideatis de tali remedio, quod mercatura et commodum rei publice non impediatur, et nos de cetero non audiamus querelam.

Datum apud Nemoux, die IIII julii, anno Domini millesimo CCC° quinquagesimo tercio.

Arch. mun. de Montp., Arm. A, Cass. XVII, N° 6. Original à queue de parchemin, avec fragment de sceau royal en cire jaune.

## CXXXVII.

LETTRES DU COMTE JEAN D'ARMAGNAC INTERDISANT L'EXPORTATION DES DENRÉES ALIMENTAIRES HORS DES LIMITES DU ROYAUME.

(2 Août 1353.)

Johannes, comes Armaniaci, Fesenciaci et Ruthene, vicecomes Leomanie et Altivillaris, ac locumtenens domini nostri Francorum regis in partibus Occitanis, senescallis Carcassone et Bellicadri, vel eorum locatenentibus, salutem.

Querelam nonnullorum senescalliarum vestrarum audivimus, continentem [quod] per aliquos de extra regnum per vestras predictas senescallias magne quantitates bladorum extrahuntur, carnalatgiorum et aliorum victualium, et ad alias partes de extra regnum adportantur, ex quo fit magna caristia in tota patria, quod tota dicta patria dictis blado, carnalatgiis et victualibus vacua remaneret, quod cederet in magnum prejudicium tocius patrie, nisi provideatur de remedio opportuno. Nos igitur, indempnitati rei publice providere cupientes, et presertim istis temporibus presencium guerrarum, vobis et vestrum cuilibet precipimus et mandamus, quatinus inhibeatis omnibus et singulis dictarum senescalliarum, quibus nos tenore presencium inhibemus, ne aliquis, cujuscumque condicionis existat, sit ausus vendere carnalatgia, seu alia victualia, aliquibus de extra dictum regnum, nec aliquis, extraneus vel privatus, res predictas extrahere audeat seu presumat extra dictum regnum, tam per mare quam per terram, sub pena corporum et averum, non obstantibus aliquibus statutis seu ordinacionibus, olim super trali bladi factis et editis, quas istis guerris durantibus nullius efficacie esse volumus seu vigoris. Et ne aliquis ignoranciam pretendere valeat, per loca dictarum senescalliarum, ubi vobis expediens videbitur, presentem nostram inhibicionem publice preconizari faciatis, taliter in predictis facientes, quod vobis scribere amplius non sit opus; quod si fieret, nobis quamplurimum displiceret.

Datum in campis prope Fenayrollum, die II$^{da}$ augusti, anno Domini millesimo trecentesimo quinquagesimo tercio.

Per dominum locumtenentem, presente magistro Raymundo Caulias. A. de Ponte.

<blockquote>Arch. mun. de Montp., Arm. B, Cass. XX, N° 13. Transcription sur parchemin, avec mandat exécutoire du sénéchal de Beaucaire au recteur et au bayle de Montpellier, donné à Nimes le 7 septembre 1353.</blockquote>

## CXXXVIII.

### ARRENTEMENT DES OBOLES DE LATTES.

(28 Janvier 1354-55.)

In nomine Domini, amen. Anno Incarnationis ejusdem millesimo trescentesimo quinquagesimo quarto, et die vicesima octava mensis januarii, domino Johanne Dei gracia Francorum rege regnante. Noverint universi quod nos Arnaudus Raynaudi, Guiraudus Olrici, Johannes de Grabellis et Johannes Claparede, consules maris Montispessulani, scientes et attendentes emolumenta obolorum, que levari sunt consueta in itinere de Latis, scilicet de quolibet animali [grosso] onerato, de Montepessulano apud Latas, et de Latis apud Montempessulanum, unum denarium, et de quolibet asino onerato unum obolum, et de singulis quadrigiis oneratis tres denarios, prout sunt levari consueta, subastata et incantata fuisse preconia et namphili palam publice, per villam Montispessulani et loca consueta, per preconem.... curie ordinarie Montispessulani, ad nostri instantiam, per tempus debitum et ultra, et post debitam et legitimam subastationem, hodierna die, in janua domus Consulatus Montispessulani, ad extinctum candele, ut est fieri consuetum, livrata fuisse vobis Johanni de Vernite, alias Gauco, peyssonerio Montispessulani, tanquam plus offerenti, a prima die presentis mensis januarii ad unum annum, pro precio sexaginta quatuor librarum turonensium monete curribilis temporibus solutionum de eis faciendarum; idcirco, dictam livrationem emolumentorum predictorum nos dicti consules ratificantes, laudamus, approbamus, cum hoc publico instrumento, firmiter valituro, bona fide, et sine omni dolo et fraude vendimus, arrendamus, et ad firmam tradimus et concedimus vobis dicto Johanni de Verneto, alias Gauconi, peyssonerio Montispessulani, tanquam plus offerenti,.. videlicet emolumenta predicta obolorum, per nos et nostros predecessores consules maris Montispessulani, et per deputatos a nobis et predecessoribus nostris, levari et percipi consueta. Hanc autem venditionem et arrendamentum vobis facimus, a dicta prima die dicti presentis mensis januarii ad unum annum tunc proxime futurum, sequentem et completum, pro pretio dictarum sexaginta quatuor librarum turonensium parvorum, solvendorum per vos nobis, seu michi dicto Arnaudo Raynaudi, clavario dicti consulatus maris, per duodecim solutiones equales, scilicet in fine cujuslibet mensis tocius dicti anni centum et sex solidos et [octo] denarios turonensium parvorum monete percurribilis, et que cursum habebit in qualibet dictarum solutionum... Est tamen actum et in pactum deductum inter nos et vos... quod vobis nec vestris teneri nolumus nec intendimus de gelatis, sive de glace,... seu inundacione aquarum, de guerris, de peste, de siccitate et de personis privilegiatis, nec de aliquo casu seu casibus fortuitis...

Hec acta fuerunt in Montepessulano, in domo Consulatus, in presentia et testimonio Petri Romei,... et mei Arnaudi Ricardi de Montepessulano, publici domini nostri Francorum regis notarii...

Arch. départ. de l'Hérault, Fonds des consuls de mer, B, 70 (Original sur parchemin), et B, 47, fol. 669, r° (Copie).

## CXXXIX.

LETTRES DU ROI JEAN RELATIVES A UNE EXPERTISE DE SAFRAN AVARIÉ.

(24 Juin 1355.)

Johannes, Dei gratia Francorum rex, senescallo Bellicadri et Nemausi, aut ejus locumtenenti, salutem.

Consules universitatis ville Montispessulani et custodes officii piperariorum dicte ville nobis exposuerunt quod, cum pro bono publico in ipsa villa sint in quolibet officio certi deputati custodes, qui mercaturas falsas et incamaratas inspiciunt, et cum false inveniuntur, per dictos consules bajulo regio dicte ville remittuntur, pro justitia super hoc ministranda; in qua quidem villa custodes piperariorum prelibati quamdam quantitatem safrani, ad Johannem Andree, piperarium dicte ville, pertinentem, nuper capi fecissent, ipsoque safrano in domo Consulatus cum pluribus in talibus expertis examinato, repertum fuisset falsum et incamaratum, et propter hoc per dictos consules dicto bajulo traditum, per justitiam ministrandam, dictusque Johannes Andree, qui semper fuit incamarator safrani et aliarum specierum, dubitans quod justitia fieret de eodem, pretendens se fore monetarium de sacramento Francie, licet monete officio non utatur, postmodum procurasset quod Michael de Sancto Germano, magister generalis monetarum regni nostri, prout dicit, dicto bajulo inhibuit ne in causa predicta procederet, et deinde idem magister, asserens quod ad ipsum cognitio premissorum pertinere debebat, causam predictam magistro Gaufrido Palmerii, advocato regio dicte ville, commisit examinandam et finiendam; qui commissarius per quindecim probos mercatores dictum safranum cum diligentia inspici et examinari fecit, qui omnes preter juramenta dixerunt et deposuerunt dictum safranum esse falsum et incamaratum, et deinde dictus commissarius ipsum safranum dicto bajulo remisit, pro justitia super hoc facienda; qui bajulus, partibus auditis, finaliter ordinavit dictum safranum fore comburendum, a quo non extitit appellatum ; nichilominus dictus Johannes, volens suum crimen per cavillationes et diffugia palliare, et punitionem ejusdem evitare, quasdam litteras a rectore et judice partis antique dicte ville, seu eorum altero, dicente se conservatore privilegiorum regiorum monetariorum monete Montispessulani, obtinuit, per quas dictis custodibus mandari fecit, ut dictum safranum eidem judici mitterent ; a quibus quidem litteris et mandato fuit per dictos consules ad nos, seu curiam nostram, appellatum, cum rector et judex predicti nullam potestatem haberent ; qua appellatione non obstante, et in contemptum ejusdem, idem rector iterum per alias litteras mandavit consulibus, custodibus et bajulo predictis, sub certis et magnis penis, [ad] summam $\text{II}^{\text{m}}$ marcharum argenti et ultra ascendentibus, nobis applicandis, ut dictum safranum eidem, tanquam judici competenti, judicandum remitterent, et cum hoc eosdem bajulum et custodem citari fecit, ad comparendum coram eo, responsuros certis articulis, contra eos super hoc formatis, et declarationem dictarum penarum audituros ; a quibus quidem mandatis, citatione et cominationibus, et aliis gravaminibus, per dictos rectorem et judicem factis et illatis, bajulus, consules et custodes sepedicti, sentientes se agravatos, iterum ad nos seu curiam nostram se asserunt legitime appellasse. Quocirca vobis mandamus, si opus fuerit committentes, quatinus Johannem Andree, rectorem et judicem partis antique dicte ville prelibatos, ad dies senescallie vestre nostri futuri proximo parlamenti adjornetis, seu adjornari faciatis, in et super dictis appellationum causis cum predictis appellantibus processuri, et ulterius facturi ut fuerit rationis, non permittentes, dictis appellationibus pendentibus, in prejudicium earumdem dictorumque appellantium aliquid attemptari, seu etiam innovari, sed attemptata seu innovata post et contra si que fuerint, ea ad statum pristinum et debitum reducatis, seu reduci faciatis indilate, ut fuerit rationis ; de quo quidem adjornamento, et aliis que feceritis in premissis, dictam curiam nostram ad dictos dies certificare curetis condecenter, litteris subrepticiis a nobis seu curia nostra in contrarium impetratis seu etiam impetrandis, non obstantibus quibuscumque.

Datum Parisius, XXIIII* die junii, anno Domini millesimo CCC° quinquagesimo quinto.

In requestis. S. Pierre.

<blockquote>Arch. mun. de Montp., Arm. D, Cass. XV, N° 4. Original à queue de parchemin, avec fragment de sceau royal en cire jaune.</blockquote>

## CXL.

**LETTRES DU ROI JEAN EN FAVEUR DES HABITANTS DE MONTPELLIER, CONTRE LES MARCHANDS ITALIENS DES CONVENTIONS-ROYAUX DE NIMES.**

*( 2 Juillet 1355.)*

Johannes, Dei gratia Francorum rex, senescallo Bellicadri, aut ejus locumtenenti, salutem.

Consules ville Montispessulani nobis significaverunt conquerendo quod, licet, juxta et secundum conventiones regias, inter nos et predecessores nostros ex una parte, et certos Ytalicos quarumdam civitatum Ytalie, in villa Nemausi habitare volentes, ex altera, super levandis dictorum Ytalicorum debitis olim factas et editas, inter cetera contineatur quod, si aliquis in dicta civitate Nemausi, vel in senescallia Bellicadri, merces aut res dictorum Ytalicorum emerit, et in solutione precii defecit aut cessavit emptor hujusmodi, ad satisfaciendum compelletur, eo modo quo debitores seu emptores nundinarum Campanie et Brie, qui in nundinis Campanie et Brie contrahunt, consueverunt compelli, prout hec in dictis conventionibus lacius continentur, nichilominus Franciscus Marsuti, Ytalicus de dictis conventionibus, pretextu cujusdam venditionis, seu in solutum dationis et cessionis, sibi facte de quadam dote per Johannem de Cremiato, contra Stephanum Fabri mercatorem, habitatorem dicte ville Montispessulani, procuravit bona dicti Stephani per judicem dictarum conventionum Nemausi capi et in inventario poni, dictumque Stephanum, qui nunquam a dicto Ytalico aliquas merces aut res emit, coram dicto judice in villa Nemausi, que distat a villa Montispessulani per unam dietam, in anfractus litigii nititur involvere, et gravare diversis laboribus et expensis, non obstante quod dictus Stephanus proposuerit coram dicto judice, quod ipse non poterat nec debebat contra dictum Stephanum (Franciscum?) super hoc procedere coram eò, ymo ipsum debebat remittere bajulo regio Montispessulani, judici ordinario et competenti Stephani antedicti, et per eandem viam plures alii Ytalici de dictis conventionibus plures et diversos habitatores dicte ville Montispessulani, sub umbra talium vel similium cessionum, per dictum judicem Nemausi, vigore dictarum conventionum, opprimi et gravari indebite, de die in diem non formidant, contra formam dictarum conventionum temere veniendo, sicut dicunt. Quocirca vobis mandamus quod, si summarie et de plano, vocatis evocandis, constiterit de premissis, dictum Stephanum Fabri et alios habitatores dicte ville Montispessulani, pretextu dicte cessionis et aliarum consimilium cessionum, per dictos Ytalicos in personis vel bonis vexari, citari aut aliter molestari indebite minime permittatis, factaque in contrarium revocetis et revocari faciatis indilate, dictum Ytalicum ad desistendum a premissis, et ad reddendum dicto Stephano dampna, expensas et interesse, in hac parte per eum habita et passa, juris remediis compellendo, subterfugiis et cavillationibus, appellationibusque frivolis et litteris subrepticiis, in contrarium impetratis vel impetrandis, non obstantibus quibuscumque.

Datum Parisius, die secunda julii, anno Domini millesimo CCC quinquagesimo quinto.

In requestis. Jussy.

Arch. mun. de Montp., Arm. B, Cass. VIII, N° 12 (Original à queue de parchemin), et Arm. Dorée, Liasse VIII, N° 5. (Vidimus sur papier, émanant de la cour du sénéchal de Beaucaire.)

## CXLI.

**LETTRE DU VIGUIER DE MARSEILLE AUX AUTORITÉS DE MONTPELLIER, RELATIVE A UNE RÉDUCTION DU DROIT DE MARQUE.**

(5 Octobre 1356.)

Universis et singulis officialibus, rectoribus, consulibus et gubernatoribus Montispessulani, ac aliis presidentibus quibuscunque, quacunque distinctione notentur et officii fulgeant dignitate, per regnum Francie constitutis, ac aliis ad quos spectat seu spectare poterit, et presentes pervenerint, seu ipsorum locatenentibus, presentibus et futuris, amicis, si placet, carissimis, Gaufridus Larcarii, miles de Janua, dominus castri de Luco, vicarius et generale consilium civitatis Massilie, salutem felicem et prosperam, votivis successibus prepollentem.

Presidentis cujuscunque interesse rationis imperio probabiliter noscitur, ut comoditatem rei publice, que adaugere bonum comune pari lance innititur, cunctis aliis utilitatibus preferat privatorum, et quod pro laxata marchamenta jure municipali tradente interdum ipsi rei publice intervallo temporis hinc inde dampnabiliter defuit, per providentiam salubris assumpti consilii in melius ab inde in antea remediabiliter suppleatur. Sane, modernis consideratis temporibus, et in acie mentis nostrum omnium, quantum ratio patitur, circumspectis, quibus tam guerrarum fremitibus, quam marcharum incomodis undique nubilosis varia, tam in civitate jam dicta Massilie, quam eciam in diversis aliis dicti regni partibus, super commerciis et exerciciis mercium, que plerumque vehi et duci Altonisecus consueverunt, dampnanda discrimina et dolenda incomoda mercatoribus succreverunt, cupientes statum ipsum, tanquam vere insterilem, nocumenta notorie dampnabiliter afferentem, ad frugem conditionis sobrie per sanum captatum consilium revocare, ut per revocationem eandem vestri districtuales et subditi in ipsa civitate Massilie et ejus districtu, nostrique Massilienses cives et homines in decretis vobis dicionibus vicissim et adinvicem mercari possint et valeant commerciis mutuis, et solito jam lapsis temporibus amicabiliter conversari, ecce nobilitati et amicicie vestre, et vestrum cujuslibet, harum pagina verius attestamur, quod nos marchas seu represalias hinc retro concessas hominibus dicte civitatis Massilie, quacunque occasione, ratione seu causa, contra vestros districtuales et subditos, seu laxatas, ad laudum denariorum quatuor pro libra, singulis marchas ipsas habentibus in dicta civitate Massilie exolvendum, per tempus decennii, matura deliberatione consilii, felicibus animis duximus certitudinarie reducendas. Unde nobilitatem et amiciciam vestram, et vestrum cujuslibet, presentibus affamur oraculis, deprecantes quatinus reductionem marcharum ipsarum premisso modo reductarum ad laudum per partes et loca vestrum suppositas dicioni preconio patulo mandetis et faciatis publice divulgari, ut per ipsum preconium patulum prescripta reductio in publicam veniat noscionem, homines vestros districtuales et subditos marchas seu represalias contra Massilienses, cives nostros et homines, habere se quomodolibet pretendentes, placabilibus monitis inducentes, ut marchas ipsas seu represalias ad laudum reducant, reducere velint et debeant liberaliter pari modo. In cujus rei testimonium, has nostras presentes litteras sira et sigillo pendenti curie reginalis dicte civitatis Massilie jussimus communiri. Rescripturi nobis respective per vestras litteras intentionis vestre propositum, et quicquid in hiis decreveritis ordinandum.

Datum Massilie, anno Domini millesimo trecentesimo quinquagesimo sexto, die quinto octobris X$^e$ indictionis.

Arch. mun. de Montp., Arm. C, Cass. XX, N° 10. Original sur parchemin, avec sceau pendant en cire rouge.

## CXLII.

LETTRES ROYALES RÉGLANT L'ADMINISTRATION DES REDEVANCES PERÇUES POUR LA RÉPARATION DU PORT D'AIGUESMORTES.

(21 Janvier 1357-58 ; 22 et 29 Octobre 1401).

Karolus, Dei gracia Francorum rex, universis presentes litteras inspecturis salutem.

Notum facimus nos vidisse litteras carissimi genitoris nostri, cujus anime Deus parcat, formam que sequitur continentes :

Karolus, regis Francie primogenitus, ejusque locumtenens, dux Normanie et dalphinus Viennensis, senescallo Bellicadri et Nemausi, aut ejus locumtenenti, salutem.

Pro parte dilectorum et fidelium nostrorum consulum ville Montispessulani, nobis significatum extitit, quod, cum pridem per gentes consilii dicti domini genitoris nostri, et nostre predicte senescallie, nec non et per mercatores frequentantes portum Aquarum Mortuarum, ordinatum extitisset, quod de universis et singulis mercaturis, advenientibus ad dictum portum Aquarum Mortuarum, et ad portus seu passagia Sancti Egidii, Bellicadri, Turris capitis Avinionis, et quorumdam aliorum locorum dicte senescallie, tam infra quam extra regnum Francie deferendis, imposicio unius denarii pro libra, ultra redivencias pro dicto domino genitore nostro et nobis ab hujusmodi mercaturis ibidem levari solitas, levaretur, in reparacionem dicti portus Aquarum Mortuarum, et non alibi sine fraude convertenda, et quod de quatuor probis viris, vobis et receptori regio dicte senescallie, ex parte dicte ville Montispessulani, ac de totidem ex parte dicte ville Aquarum Mortuarum annis singulis presentandis, duo clavarii seu receptores generales per vos eligerentur, quibus administracio premissorum per vos, ex parte dicti domini genitoris nostri et nostra ac dictorum mercatorum, committeretur, et similiter certi particulares receptores in singulis portubus seu passagiis predictis, pro recipienda hujusmodi imposicione, deputarentur, qui receptores particulares predictis duobus clavariis de receptis suis, et ipsi duo clavarii de predicta administracione annis singulis receptori Bellicadri et Nemausi respondere et computare tenerentur, prout hec et alia in predicta ordinacione plenius dicuntur contineri; et licet magna quantitas pecunie ab hujusmodi imposicione levata fuerit, nichilominus ulla sive modica reparacio in dicto portu nondum facta fuit de eadem, ymo dicta pecunia, absque eo quod in dicta reparacione convertatur, ut deberet, totaliter, seu pro majori parte, consumitur et devastatur, tam pro eo quod vos et receptor ac nonnulli alii officiarii dicti domini genitoris nostri, et nostri dicte senescallie, pretendentes interdum visitasse seu velle visitare dictum portum Aquarum Mortuarum, propter hoc, et pro expensis in hujusmodi visitatione per vos factis seu faciendis, et aliter sine causa rationabili, et contra ordinacionem predictam, plures denarios predicte recepte, tam a particularibus quam a generalibus receptoribus predictis, cepistis et habuistis, et de die in diem capitis, quam ex eo quia predicti particulares receptores, seu aliqui ipsorum, plures denarios de hiis que a dicta imposicione receperunt penes se retinent, et de suis receptis nolunt predictis duobus clavariis respondere, ac etiam propter magnas et diversas expensas, quas prefati clavarii faciunt annis singulis, veniendo de Montepessullano et de Aquis Mortuis apud Nemausum, et ab inde redeundo, non semel, sed pluries, antequam receptor predictus compotum predictorum duorum clavariorum de premissis audire et expedire possit aut velit, propter multa alia negocia dicti domini nostri et nostra, quibus est, ut dicit, occupatus, et adhuc plus dicta pecunia consumetur et devastabitur, ac dictus portus magis corrumpetur, in grande prejudicium dicti domini genitoris nostri et nostrum, dictorumque mercatorum ac totius rei publice, nisi per nos super hoc de remedio provideatur opportuno et in brevi, sicut dicunt. Quocirca nos, super hoc providere volentes, vobis districte injungendo precipimus et mandamus, quatinus, si de ordinacione predicta debite vobis constiterit, vos de cetero quicquam de denariis predictis nullathenus, contra ordinacionem predictam, capiatis, seu per quoscumque justiciarios, officiarios, aut alios dicte senescallie, nisi dumtaxat per illos ad quos pertinuerit, capi, recipi, vel exigi faciatis aut permittatis, et quicquid vos inde, contra predictam ordinacionem, receperitis et habueritis, illud predictis duobus receptoribus reddatis, ac etiam ipsis quicquid per alios receptum fuerit seu exactum reddi et restitui faciatis indilate, predictosque receptores particulares, et eorum quemlibet, ad reddendum bonum et legale compotum de suis receptis predictis, et ad solvendum quicquid per fines compotorum suorum debebunt, duobus clavariis predictis compellatis aut compelli faciatis, compotaque dictorum duorum clavariorum de premissis, per dictum receptorem, seu suos in hac parte deputandos, annis singulis audiri et breviter expediri faciatis, et denarios hujusmodi nullo modo alibi, preterquam in reparatione dicti portus, converti seu distribui permittatis. Et in casu quo predictus receptor nollet, aut ultra unum mensem, a die qua super hoc per dictos clavarios fuerit requisitus computandum, differret audire compota predictorum duorum clavariorum, et ipsos super hoc expedire, volumus, pro evitandis expensis hujusmodi, et tenore presentium committimus gubernatori Montispessullani, aut ejus locumtenenti, quatinus, lapso dicto termino, in deffectu predicti receptoris, compotum predictorum clavariorum, vocatis qui fuerint evocandi, audiat, et eos super hoc expediat et acquittet, prout fuerit racionis, litteris tacito de premissis in contrarium impetratis seu etiam impetrandis non obstantibus quibuscumque ; quia premissa sic fieri volumus, et ea de gracia speciali concedimus per presentes, si sit opus.

Datum Parisius, die XXI$^a$ januarii, anno Domini millesimo CCC$^{mo}$ quinquagesimo septimo, sub sigillo Castelleti Parisius, in absencia magni sigilli dicti domini genitoris nostri.

Quibus quidem litteris in nostra cancellaria visis, sanis et integris, non rasis, non suspectis, nec in aliqua earum parte vitiatis, collacionatis, et earum confirmatione sive executoria a nobis obtenta, dicte littere a casu in dicta cancellaria nostra fuerunt perdite. Quocirca, ad supplicacionem dictorum consulum Montispessullani, supplicancium super hiis sibi provideri de remedio opportuno, volumus et ordinamus transcripto seu vidimus hujusmodi, ac dictis litteris domini nostri genitoris, in predictis litteris nostris confirmatoriis insertis, et eciam ipsis litteris nostris confirmatoriis seu executoriis, tantam fidem ubique adhiberi, quanta adhiberi debuisset predictis litteris originalibus, nisi perdite fuissent.

Datum Parisius, die XXIX<sup>a</sup> octobris, anno Domini millesimo quadringentesimo primo, et regni nostri vicesimo secundo.

Per regem, ad relacionem consilii. Lyote.

Arch. mun. de Montp., Arm. H, Cass. V, N° 56. Original<br>à queue de parchemin, sceau arraché.

Karolus, Dei gracia Francorum rex, senescallo Bellicadri et gubernatori Montispessullani, vel eorum locatenentibus, salutem.

Ad supplicacionem dilectorum et fidelium nostrorum consulum ville nostre Montispessullani, asserentium quod, cum carissimus genitor noster, cujus anime Deus parcat, eisdem concesserit provisionem et litteras, tenorem sequentem continentes :

Karolus, regis Francie primogenitus, etc.

Vobis et vestrum cuilibet, prout ad eum pertinuerit, districte precipimus et mandamus, comittendo, si sit opus, quatinus, juxta formam et tenorem premissarum litterarum, loco et tempore opportunis, de et super contentis in eis provideatis, ipsasque executioni demandetis, facta in contrarium, si que sint vel fuerint, reparando, et ad statum pristinum et debitum reducendo, seu reduci indilate faciendo, quoniam sic fieri volumus, et dictis supplicantibus concessimus et concedimus, de gracia speciali, per presentes, litteris subrepticiis ad hoc contrariis non obstantibus quibuscumque.

Datum Parisius, die XXII<sup>a</sup> octobris, anno Domini millesimo quadringentesimo primo, et regni nostri vicesimo secundo.

Per regem, ad relacionem consilii. Freron.

Arch. mun. de Montp., Arm. H, Cass. V, N° 55. Original<br>à queue de parchemin, sceau arraché.

## CXLIII.

**LETTRES DU DAUPHIN CHARLES, DUC DE NORMANDIE, INTERDISANT LA TRANSLATION DU PRIVILÉGE DU PORT D'AIGUESMORTES A LEUCATE.**

De par le duc de Normendie, dauphin de Viennois.

Beau frere,

Nous avons entendu que aucunnes personnes, tant de la ville de Nerbonne comme de pluseurs autres villes de la seneschaucie de Carcassonne, se sont traiz par devers vous, et se efforcent de procurer et pourchacer comment le port qui est au lieu d'Aiguesmortes en la seneschaucie de Beaucaire, soit mué et transporté au lieu que l'en dit la Leucate, ou aillieurs, en la dite seneschaucie de Carcassonne. Si sachez, beau frere, qu'il ne nous plairoit mie, ne ne nous semble mie bon que de la mutation du dit port, qui, si grant temps a, par si tresgrant avis et meure deliberation, pour le prouffit du royaume, fu fet et ordené au dit lieu d'Aiguesmortes par monseigneur Saint Loys, et qui de lors jusques au jour duy y a esté et demoure, soit rien fait par nous ne par vous, ne par autre, senz en savoir, tout avant oeuvre, la volenté de monseigneur, et senz avoir sur ce l'avis et deliberation des gens de son grant conseil et du nostre de par deça. Si ne ouiez, beau frere, aucune requeste sur ce, ne si n'en ordenez ne faites aucune chose comment que ce soit; mes, se aucuns vous en pressoient trop, renvoiez les par devers nous; et nous en ordenerons par bon conseil, et vous ferons savoir ce qui en sera ordené. Toutevoies, beau frere, ou cas que aucunnes des bonnes genz du pais vous mousterroient aucun empeeschement ou dit port d'Aiguesmortes, nous voudriens bien que vous y pourveissiez par la meilleur maniere que faire se pourroit, jusques a ce que autrement en fust ordené. Beau frere, le Saint Esprit vous ait en sa garde.

Escript a Paris, le VII<sup>e</sup> jour de fevrier.

Arch. mun. de Montp., Arm. E, Cass. VII, N° 29.
Original sur parchemin.

De par le duc de Normendie, dauphin de Viennois.

Les genz du conseil de nostre treschier frere le conte de Poitiers,
Nous avons entendu que aucunnes personnes, tant de la ville de Nerbonne comme de pluseurs autres villes de la seneschaucie de Carcassonne, se sont traiz par devers nostre dit frere, et le pressent fort, a fin que le port qui est au lieu d'Aiguesmortes, en la seneschaucie de Beaucaire, soit mué et transporté au lieu que l'en dit la Leucate, ou ailleurs, en la dite seneschaucie de Carcassonne. Si sachez que ce n'est mie nostre entente, ne ne voulons comment que ce soit, que de la mutation du dit port, qui si grant temps a, et par si tresgrant avis et deliberation, pour le prouffit du royaume, fu fet et ordené au dit lieu d'Aiguesmortes par monseigneur Saint Loys, et qui de lors jusques au jour duy y a esté et demoure, soit rien fet, senz en savoir, tout avant oeuvre, la voulenté de monseigneur, et senz avoir sur ce aussi l'avis et deliberation des genz de son grant conseil et du nostre de par deça. Si vous mandons et deffendons que en nulle maniere vous ne souffrez nostre dit frere ouyr aucune requeste sur ce, ne en fere ne ordener aucune chose comment que ce soit ; mais, se aucuns l'en pressoient trop, si faites qu'il les renvoie par devers nous ; et nous en ordenerons par bon conseil ce qui en sera a fere. Toutesvoies, ou cas que aucunnes bonnes genz du pais mousterroient aucun empeeschement ou dit port d'Aiguesmortes, nous voudriens bien que nostre dit frere y pourveist par la meilleur maniere que fere se pourroit, jusques a ce que autrement en fust ordené.

Donné a Paris, le VIIe jour de fevrier.

>Arch. mun. de Montp., Arm. H, Cass. V, N° 58. Original à queue de parchemin, avec fragment de sceau en cire rouge.
>Sur la bande : *A noz amez et feaux les gens du conseil de nostre treschier frere le conte de Poitiers* [1].

---

[1] La liasse cotée 29 dans la Cassette VII de l'Armoire E renferme deux autres lettres identiques, adressées l'une à *messer Gille Ascelin*, et l'autre à *l'eveque de Nevers*, sans date ni désignation plus explicites, et sans autre différence que celle de la suscription.

## CXLIV.

PROTESTATION DU DOGE ET DE LA COMMUNE DE GÊNES, ET RÉPONSE DES CONSULS DE MONTPELLIER, AU SUJET DE LA NAVIGATION ET DU COMMERCE DE LA MÉDITERRANÉE.

(Novembre 1359.)

In nomine Domini, amen. Anno Incarnationis ejusdem millesimo trescentesimo quinquagesimo nono, et die vicesima secunda mensis novembris, domino Johanne Dei gracia Francorum rege regnante. Noverint universi quod, cum per prudentem virum magistrum Georgium de Clavaro, notarium et cancellarium communis Janue, quedam protestatio facta fuisset, nomine sindicario et procuratorio dicti communis Janue, venerabilibus viris dominis consulibus universitatis ville Montispessulani, sub hiis verbis:

In nomine Domini, amen. Georgius de Clavaro, notarius et cancellarius communis Janue, sindicus, actor et procurator magnifici et potentis domini, domini Simonis Buque nigre, Dei gracia Januensis ducis, et populi deffensoris et imperialis vicarii, ac eciam admirati generalis sui consilii et communis Janue, prout de suo sindicatu et procuratorio constat publico instrumento, scripto per [magistrum] Mazinetum, notarium et cancellarium ipsius domini ducis et communis Janue, anno a Nativitate ejusdem Domini M° trescentesimo quinquagesimo nono, die quinta septembris, constitutus in presencia venerabilium virorum dominorum consulum Montispessulani et testium infrascriptorum, ad hec specialiter vocatorum et rogatorum, nomine et vice preffatorum magnifici domini ducis seu consilii et communis Janue, dixit et protestatus fuit prefatis dominis consulibus, quod dudum inter dominos comites et marchiones Provincie, ex una parte, et commune Janue seu presidentes ipsius communis, ex alia, inhite fuerunt conventiones et certa pacta, prout constat publicis documentis, in quibus expressius continetur quod Provinciales navigantes non debent de Provincia [ire] ad pelagus cum mercibus, nisi super vasibus Januensibus, et certis formis servatis, prout in ipsis pactis et conventionibus lacius continetur. Quare, cum nuper ad aures et noticiam dictorum magnifici domini ducis, sui consilii et communis Janue pervenit, quod subditi et districtuales dicti domini regis, videlicet Narbonenses in dictis pactis et conventionibus allegati, armaverint tres galeas, quas ad palaesus (pelagus?) miserunt, mercibus oneratas, contra formam dictarum conventionum, protestatus fuit prefatis dominis consulibus Montispessulani, quod predicta fieri non debuerunt nec potuerunt de jure, et quod a talibus de cetero debeant abstinere, et quod inciderunt propterea dicti Provinciales et Narbonenses in penas in dictis conventionibus appositas, et quod ipsas penas prefati domini dux, consilium et commune Janue suo loco et tempore petere intendunt, ac eciam quod, quantum in ipsis magnifico domino duce et consilio est, parati sunt et semper fuerunt dicta pacta et conventiones observare; ac eciam quod, cum Januenses predicta molestissime gesserint, similia molestius gererent in futurum; et quod propterea ipsi Narbonenses et Provinciales, ceterique in dictis conventionibus expressati, possent pati magna dampna, in here et personis; et, si qua eos pati contingerit, habebunt sibi ipsis imputare.

Cumque predicti domini consules Montispessulani, habita copia dicte protestationis, ad respondendum eidem se paratos obtulissent tercia die, tunc per eos et dictum magistrum Georgium capta et concordata, scilicet dum idem magister Georgius venisset seu reddisset de partibus Narbone, ad quas tunc pro predictis accedere intendebat, ipsoque hac die presenti in domo Consulatus Montispessulani, et coram dominis consulibus inferius nominatis existenti pro dicta responsione audienda et habenda, venerabiles, inquam, viri domini Jacobus de Manhana, Johannes de Bordellis, Petrus Luciani,... consules Montispessulani, pro se et aliis eorum conconsulibus nunc absentibus, responderunt dicte protestationi, ut sequitur :

Requisitioni et protestationi nuper reddite per prudentem virum magistrum Georgium de Clavaro, cancellarium dominorum ducis et communis Janue, dominis consulibus Montispessulani, effectualiter continenti quod, cum dudum inter marchionem Provincie, comitem Tholozanum, ex una parte, et commune Janue, ex altera, fuerint quedam conventiones roborate, quod nullus eorum subditus alibi quam in Januensibus navigiis transfretaret, nichilominus Narbonenses quasdam Provincialium galeas, honustas mercibus, noviter ad partes transmarinas mitere destinarunt, irequisitis et ignorantibus dominis duce et communi Janue predictis, et eorum navigiis pretermissis, contra conventiones jam dictas, ut asserit, veniendo, et ob hoc petendo dicta pacta et conventiones servari, et in contrarium attemptata revocari, de jure eorumdem dominorum ducis et communis protestando, supradicti domini consules respondentes dicunt quod pactiones et conventiones supra memorate, licet earum originalia ipsis dominis consulibus minime sint exhibita, et earum seriem ignorent, cives et habitatores Montispessulani nullathenus consernunt nec contingunt, pro eo quod villa Montispessulani non fuit subdita marchioni Provincie, seu comiti Tholozano, ymo, ex tenore privilegiorum et munimentorum antiquorum ejusdem ville, ipsi domini consules sunt informati plenarie quod villa predicta nunquam subdita fuit marchioni et comiti antedictis. Eapropter dicta conventio eos ligare non potuit, quod inter alios, penitus extraneos, facta fuit; ymo a perpetuo iidem cives Montispessulani, pluries per se et sine aliis, interdum cum Januensibus, ac interdum cum aliis, in citra et ultra marinis partibus, in eorum propriis navigiis libere consueverunt navigare. Si vero aliqua pactio dudum appareat inita, que ipsos consules et cives Montispessulani debeat consernere, iidem domini consules prompti sunt eam pro viribus et ut tenentur servare, et ut conservetur ab aliis procurare. Non enim intendunt prefati consules fedus amicicie ab antiquo cum domino duce et communi Janue inhitum dissolvere, sed gratis serviciis et favoribus colligari, pro viribus, vinculo fortiori. De qua responcione dicti domini consules petierunt fieri publicum instrumentum per me notarium infrascriptum.

Cui quidem responcioni dictus magister Georgius dixit se non concentire, in quantum juri, pactionibus, conventionibus, privilegiis et pactis dicti domini ducis et communis Janue et subditorum suorum in aliquo prejudicare posset. Et nichilominus dicti domini consules dixerunt, responderunt et obtulerunt ut supra, petentes eis de premissis, ut supra, fieri publicum instrumentum per me notarium infrascriptum.

Hec acta fuerunt in domo Consulatus Montispessulani, in presencia et testimonio venerabilium virorum dominorum Poncii Blegerii, legum doctoris, et Petri de Stagno, decretorum doctoris, Dionisii Balanserii, in legibus approbati, et mei Petri Bordonis, publici auctoritate regia notarii, qui de predictis requisitus notam recepi.

Arch. mun. de Montp., *Grand Thalamus*, fol. 140 v°.

## CXLV.

LETTRES ROYALES MAINTENANT LE PRIVILÉGE DU PORT D'AIGUESMORTES CONTRE LES ENTREPRISES DES GENS DE NARBONNE.

(27 Mars 1359-60, et 20 Juin 1360.)

Johannes, regis Francie filius, ejusque locumtenens in partibus Occitanis et Alvernie, comes Pictavensis et Masticonensis, senescallo Bellicadri, vicarioque et castellano Aquarum Mortuarum, ceterisque officialibus et justiciariis regiis dicte senescallie, quibus presentes littere pervenerint, salutem.

Notum facimus nos infrascriptas vidisse litteras, formam que sequitur continentes :

Karolus, regis Francorum primogenitus, regnum regens, dux Normannie et dalphinus Viennensis, carissimo germano nostro, comiti Pictavensi, salutem et dilectionem.

Cum nos intellexerimus, ex querela procuratoris regii et nostri senescallie Bellicadri et Nemausi, ac consulum et habitatorum

Aquarum Mortuarum, quod consules et habitatores Narbone fecerunt ac continuare seu facere de novo portum maris in gradu Narbone nictuntur et intendunt, ex quo portus in loco Aquarum Mortuarum ab antiquo per felicis memorie Beatum Ludovicum, matura et generali deliberatione prehabita cum regnicolis et aliis de partibus maritimis infra et extra regnum existentibus, ordinatus et fundatus deterioraretur et destrueretur omnino, nedum in regium et nostrum, sed et dictorum habitatorum Aquarum Mortuarum ac quamplurimorum aliorum prejudicium, sicut fidedignorum relatio nos instruxit, quorum occasione lis est mota seu moveri speratur inter procuratorem regium ac consules et habitatores Aquarum Mortuarum prefatos, ex una parte, et predictos de Narbona, ex altera, super quibus, instantibus partibus predictis, aut altera ipsarum, certas litteras concessisse, nonnulla que alia fieri mandasse vel ordinasse dicimini; nos igitur, attento quod dictus portus Aquarum Mortuarum est directe proprium hereditagium et domanium regium, quodque super hoc causa alibi agitari non debet quam in parlamento regio Parisius, ubi super domaniis regiis orta dubia deciduntur, nos, consideratione horum et quorumdam contentorum in registris regiis, que proinde inspici et videri fecimus diligenter, circa institutionem et fundationem dicti portus Aquarum Mortuarum, mandamus vobis quatinus in vel super premissis predictos de Narbona nullatenus audiatis vel admittatis, vel quidquam cognoscatis quoquomodo, sed, si quid inde a vobis, seu de mandato vestro, actum fuerit, inde revocari et in statu pristino reponi faciatis, firmiter inhibentes comissariis, si qui fuerint dati super hoc, quibus nos etiam tenore presentium inhibemus, ne de hoc se ulterius intromittant. Mandamus siquidem et comittimus per presentes senescallo Bellicadri ac castellano Aquarum Mortuarum, aut eorum locatenentibus, et cuilibet eorumdem, ut eisdem consulibus et habitatoribus de Narbona, et aliis ad quos pertinuerit, ex parte regia et nostra, inhibeant, ne dictum novum portum construere faciant vel fundare, aut quomodolibet exercere. Et si super hoc experiri voluerint contra conquerentes predictos, vel alios, partes ad proximum parlamentum regium adjornatas ad dies senescallie Bellicadri remittant, super hoc debite processuras, certificando competenter dicti parlamenti curiam de adjornamento, et aliis que fecerint in hac parte.

Datum Parisius, die vicesima septima marcii, anno Domini millesimo trecentesimo quinquagesimo nono.

Quocirca vobis et vestrum cuilibet precipimus et mandamus, comittendo, si sit opus, quatenus omnia et singula in prescriptis litteris contenta faciatis, compleatis et exequamini diligenter, non permittentes a quoquam contrarium fieri seu etiam attemptari, omnes et quoscumque contrafacientes et rebelles viis, modis et remediis debitis compellendo. Et, ne aliquis possit pretendere ignorantiam de premissis, volumus et vobis mandamus, ut predicta publicari et preconizari faciatis publice, in locis et villis senescalliarum Bellicadri et Carcassone, de quibus vobis videbitur, seu fueritis requisiti, inhibentes, sub certis penis et multis, domino nostro regi applicandis, ne aliquis contrafaciat, aut contrafacere audeat vel presumet.

Datum in Montepessulano, die vicesima junii, anno Domini millesimo trecentesimo sexagesimo.

Per dominum locumtenentem, ad relationem concilii, existentis in Montepessulano. Ascelin. — Collatio facta est cum originalibus.

<small>Arch. mun. de Montp., Arm. E, Cass. VII, N° 28 (Original sur parchemin, avec sceau en cire rouge), et Arm. II, Cass. V, N° 40 (Vidimus exécutoire du 1er juillet 1360, délivré à Nimes par le sénéchal Jean Silvain).</small>

## CXLVI.

<small>LETTRES DE JEAN, COMTE DE POITIERS ET LIEUTENANT GÉNÉRAL EN LANGUEDOC, AUTORISANT LES HABITANTS DE MONTPELLIER A FAIRE ENTRER PAR LES GRAUX, SANS PASSER PAR AIGUESMORTES, LES BLÉS NÉCESSAIRES A LEUR SUBSISTANCE.</small>

(30 Avril 1360.)

Anno Domini millesimo trescentesimo sexagesimo, et die decima mensis madii, serenissimo principe domino Johanne Dei gracia Francorum rege regnante. Noverint universi quod, existens apud Aquas Mortuas, ante curiam regiam dicti loci, coram nobili Dalmatio de Varenis, locumtenente nobilis domicelli Geraldi Malepue, servientis armorum dicti domini nostri regis, ejusque castellani et vicarii Aquarum Mortuarum,... venerabilis vir dominus Bernardus Ricardi, in legibus approbatus, procurator et nomine procuratorio venerabilium et egregiorum virorum dominorum consulum Montispessulani,... perlegi requisivit quasdam patentes litteras, quarum tenor talis est:

Johannes de Biterris, miles, dominus de Venejano, locumtenens domini senescalli Bellicadri et Nemausi, castellano [et] vicario Aquarum Mortuarum, ceterisque justitiariis ad quos presentes littere pervenerint, vel eorum locatenentibus, salutem.

Litteras patentes domini comitis Pictavensis nos recepisse noveritis, sub hiis verbis:

Johannes, regis Francorum filius, ejusque locumtenens in partibus Occitanis, comes Pictavensis et Masticonensis, senescallo Bellicadri, castellano et vicario Aquarum Mortuarum, ceterisque justitiariis in senescallia Bellicadri constitutis, aut eorum locatenentibus, salutem.

Dilecti nostri consules Montispessulani nobis exponi fecerunt quod, cum ipsi, propter inopiam et caristiam bladi et aliorum victualium, in senescalliis Carcassone et Bellicadri vigentes, et [pro] provisione dicte ville Montispessulani, certas bladorum quantitates emerint, et per alios emi fecerint, tam in partibus Sardinie, Barbarie et alibi, ampliusque emere intendant, pro portando ad dictam villam, que blada cum diversis navigiis per mare vehi et portari oportet, quodque quecumque navigia, cum quibuscumque rebus et mercaturis per mare venientia, dum lanternam sive faro Aquarum Mortuarum videre possunt, in portu Aquarum Mortuarum, et non alibi, infra certos limites, tenentur applicare, vigore statutorum regiorum super hiis datorum, et quod exonerando granum sive bladum in dicto loco Aquarum Mortuarum, et postea ibidem in aliis navigiis onerando, pro portando apud Montempessulanum, magne expense fiunt, dictumque granum diminuitur et devastatur, aliaque dampna et pericula, tam propter piratas et maris cursores, quam etiam propter indigentiam dicti grani, evenire et contingere possunt, et verisimiliter dubitantur, [propter] quod nobis supplicare fecerunt per nos eis super hiis de remedio providere. Idcirco vobis et vestrum cuilibet, prout ad eum pertinuerit, precipimus et mandamus, quatinus dicta blada et alia victualia, per dictos consules, seu ab eis deputatos empta pronunc, et ad dictam villam Montispessulani vehanda et portanda, pro provisione dicte ville, per gradus qui inter mare et stagnum esse dicuntur ingredi et transire permittatis, absque eo quod opporteat ea in dicto loco et portu Aquarum Mortuarum exonerare, applicare, seu transitum facere quoquomodo, jure regio, si quod debeatur in clavaria dicti loci pro predictis, semper salvo. Quod sic fieri volumus, pro dictis periculis et indigentia evitandis, eisdem consulibus concessimus, et tenore presentium concedimus, de speciali gratia, si sit opus, dictis statutis usuque contrario, oppositionibus, exceptionibus, appellationibus, et litteris in contrarium impetratis vel impetrandis, non obstantibus quibuscumque.

Datum Carcassone, ultima die aprilis, anno Domini millesimo trescentesimo sexagesimo.

Per dominum locumtenentem, ad relationem consilii. Thorre.

Quarum litterarum auctoritate, vobis et vestrum cuilibet, prout ad vos pertinuerit, precipimus et mandamus, quatinus omnia et singula in prescriptis litteris contenta perficiatis, compleatis et exequamini diligenter, juxta dictarum litterarum seriem et tenorem, nil vero in contrarium faciendo, seu a quoquam fieri permittendo.

Datum Nemausi, sub sigillo curie regie ordinarie, absente sigillo dicte senescallie, die octava maii, anno Domini millesimo trescentesimo sexagesimo.

Quibus quidem litteris per dictum dominum procuratorem dictorum dominorum consulum predicto domino locumtenenti domini castellani et vicarii exhibitis et presentatis, et per me infrascriptum notarium, in ejus presentia et testium subdictorum, lectis et vulgariter declaratis, dictus dominus procurator petiit et requisivit contenta in eis per dictum dominum locumtenentem exequi, perfici et compleri cum effectu, juxta ipsarum seriem et tenorem.

Et dictus dominus locumtenens predicti domini castellani et vicarii, receptis et intellectis litteris predictis, cum quanta debuit et potuit reverentia et honore obtulit se paratum contentis in eisdem de puncto in punctum, ut tenetur, obedire, volens et concedens quod contenta in dictis litteris exequantur et perficiantur, juxta ipsarum continentiam et tenorem. De quibus premissis omnibus et singulis dictus dominus procurator... requisivit sibi fieri publicum instrumentum per me notarium infrascriptum.

Acta fuerunt hec, anno, die, loco et regnante quibus supra, in presentia et testimonio Pontii Rebulli, Bernardi Balatoris, Berengari Reynerii de Aquis Mortuis, et mei Guillelmi Villaris, publici regis auctoritate et curie predicte notarii, qui requisitus hanc cartam in notam recepi.

>Arch. mun. de Montp., Arm. H, Cass. V, N° 39. Parchemin original.
>
>Au dos : *Instrumentum presentationis litterarum domini comitis Pictavensis, continentium quod blada possint intrare per gradum, facte vicario et castellano Aquarum Mortuarum.*

## CXLVII.

LETTRES DU CONNÉTABLE ROBERT DE FIENNES, AUTORISANT L'ARRIVÉE DIRECTE PAR LE GRAU DE CAUQUILLOUSE, DES BLÉS NÉCESSAIRES A L'APPROVISIONNEMENT DE MONTPELLIER.

(27 Février 1360-61.)

Robertus, dominus de Fiennis, constabularius Francie, locumque tenens domini nostri regis in partibus Occitanis, universis presentes litteras inspecturis salutem.

## PIÈCES JUSTIFICATIVES.

Notum facimus quod nos, ad supplicationem dilectorum nostrorum consulum Montispessulani, asserentium se in partibus diversis emisse plures bladorum quantitates, pro provisione dicte ville, eisdem, attentis caristia, que nunc viget in villa predicta, et guerrarum calamitatibus, de gracia speciali et de nostra certa scientia, ac auctoritate regia nobis in hac parte attributa, concesserimus, et per presentes concedimus, ut ipsi viginti milia sestaria bladorum, undecunque adducta, possint vehi facere et intrare per gradum Cauquilhose, et exonerare, absque eo quod transeant per portum Aquarum Mortuarum et ibi exonerent, solvendo tamen redibencias et deveria consueta, quas solverent et solvere tenerentur, si in dicto portu Aquarum Mortuarum applicarent, privilegiis et consuetudinibus ac ordinationibus super facto ipsius portus, concessis et editis in contrarium, non obstantibus quibuscunque. Quocirca tenore presentium commitimus et mandamus gubernatori et bajulo regio Montispessulani, vel locatenentibus eorumdem, et cuilibet eorum in solidum, quatenus dictos consules nostra presenti gratia permittant et faciant uti et gaudere. Omnibus justitiariis et subditis regiis mandamus ut dictis gubernatori et bajulo, et eorum cuilibet, pareant in premissis.

Datum Bellicadri, die XXVII februarii, anno Domini M° CCC° sexagesimo.

Arch. mun. de Montp., Arm. H, Cass. V, N° 42. Original à queue de parchemin, avec sceau en cire rouge.

## CXLVIII.

LETTRES DU ROI JEAN, PORTANT SUSPENSION DU DROIT DE MARQUE, EN FAVEUR DES BLÉS NÉCESSAIRES A L'APPROVISIONNEMENT DE MONTPELLIER.

(4 Août 1362.)

Jehan, par la grace de Dieu roy de France, a noz amez et feaulz les gens tenans nostre present parlement a Paris, et qui tendront ceulx avenir, au seneschal de Beaucaire, au recteur de Montpellier, et a touz les autres justiciers de nostre royaume, ou a leurs lieux-tenans, salut et dilection.

Supplié nous ont humblement les consuls et habitans de nostre ville de Montpellier et païs d'environ, comme en l'année passée les ennemis furent par le dit païs, ou temps que les blefs estoient sur les champs, et yceulx gasterent et ardirent, et aussi les dictes bonnes gens ne peurent labourer, pour cause des diz ennemis qui estoient sur le dit païs, par quoy en ceste année presente n'ont eu nulz blefs, par quoy le dit païs en est a moult grant destresse et meschief; car un cheval chargié de blef y vaut bien sept florins et plus : et comme les gens de Montpellier aient grant volenté d'aler queire du blef par la mer, pour aidier et secourre au païs, et leur convient passer par la mer de Mersaille, lesquelles gens de Mersaille leur empeschent et retiennent leurs diz blefs, par la haynne des marques qui ont esté données en nostre court sur les dictes gens de Mersaille, laquelle chose est ou grant dommage du païs, et en pourroit venir une grant famine, se par nous n'y est pourveu, si comme ilz dient; pourquoy nous vous mandons et estroictement enjoignons, et a chascun de vous, si comme a lui appartendra, que les dictes marques contre les dictes gens de Mersaille vous faciez cesser du tout, jusques a deux ans prochain venans, a compter de la date de ces presentes; et leur donnons congié et licence d'aler et venir, demourer et sejourner en nostre royaume, avecques leurs marchandises et biens quelconques, seurement et paisiblement, sanz ce que pour occasion des dictes marques eulx, leurs biens ou marchandises quelconques pendant le dit temps puissent estre pris, saisis, arrestez, empeschiez ou destourbez par quelque maniere que ce soit; et ou cas que aucune chose seroit fait ou attempté contre nostre presente ordenance, nous voulons que tantost il soit rappellé et remis au premier estat et deu. Et gardez que en ce n'ait aucun deffaut; car ou cas ou il y seroit, il nous en desplairoit tresforment, et en puniriens les faisans le contraire, par telle maniere que ce seroit exemple a touz autres; car ainsi le voulons estre fait, et l'avons octroié aux diz supplians de grace especial, non obstant la dicte marque donnée ne quelconques autres lettres empetrées ou a empetrer au contraire.

Donné a Germigny, le IIII<sup>e</sup> jour d'aoust, l'an de grace mil CCC soixante et deux.

Par le roy en son conseil, ouquel vous et messire l'evesque de Chartres, le mareschal d'Odenehem, les gens des requestes de l'ostel, et plusieurs autres estiez. — Ferriais.

Arch. mun. de Montp., Arm. C, Cass. XX, N° 11. Original à queue de parchemin, avec grand sceau royal en cire jaune.

## CXLIX.

LETTRES DU ROI JEAN AUTORISANT LA LIBRE ARRIVÉE DES GRAINS A AIGUESMORTES ET A MONTPELLIER.

(9 Janvier 1362-63.)

Johannes, Dei gracia Francorum rex. Quia regalem decet magnificenciam mercatores, quorum solicitudine et diligencia regnum habundat, et qui pro re publica, sub dubio fortune eventu, et frequenter cum jactura rerum suarum, itinerum periculis et aliis multis calamitatibus se exponunt, sub quadam privilegiorum tutela fovere, ut ceteri, tam regnicole quam extranei, ad amorem regni et rei publice fervencius animentur, notum itaque facimus universis quod, cum per dilectos nostros consules ville nostre de Montepessulo et nonnullos subditos nostros senescallie Bellicadri nobis fuerit expositum quod, obstante certa represalia seu marcha, nonnullis mercatoribus et subditis nostris senescalliarum Bellicadri et Carcassone contra Januenses et Provinciales mercatores concessa, prefati Januenses et Provinciales blada, avenas et alia grana de partibus ultramarinis ad portum Aquarum Mortuarum adducere seu adduci facere non sunt ausi; quare subditi nostri dicte ville Montispessuli et aliarum villarum senescallie Bellicadri memorate, tam propter hoc, quam propter caristiam, que in patria ipsa nunc existit, occasione sterilitatis messium anni preteriti et hostium nostrorum, qui dictam patriam undique discurrerunt, multa dampna paciuntur, et majora sustinerent in futurum, nisi eisdem provideremus de remedio gracioso; idcirco nos, qui fidelibus subditis nostris in suis adversitatibus merito compatimur, ex nostra certa sciencia, auctoritateque regia, et de gracia speciali, volumus, et ad supplicacionem dictorum consulum et subditorum, prefatis mercatoribus Januensibus et Provincialibus, qui tamen de hujusmodi represalia seu marcha culpabiles non fuerint, concedimus per presentes, ut ipsi blada, avenas et alia quecunque grana, de partibus ultramarinis et aliis quibuscunque locis, pro utilitate rei publice et tocius senescallie predicte, ad dictum portum et locum de Aquis Mortuis, ad locumque Montispessuli, nec non ad alia loca dicte senescallie adducere vel portare, seu adduci vel portari facere valeant libere et sine impedimento quocunque, hinc ad festum Nativitatis Beati Johannis Baptiste proximo venturum, dicta represalia seu marcha, eciam si per nos, vel per dilectas et fideles gentes nostri Parisius parlamenti lata fuerit vel concessa, non obstante; prefatis gentibus ac senescallo, ceterisque justiciariis dicte senescallie Bellicadri, vel eorum locatenentibus, firmiter inhibentes, ne dictos Januenses et Provinciales mercatores, vel eorum familias, seu ab eis in hac parte deputandos, occasione dicte represalie seu marche, aut alias quomodolibet indebite, termino durante predicto, capere, perturbare, impedire vel molestare aut forefacere in corporibus sive bonis aliquatenus presumant, nec perturbari, impediri vel molestari faciant aut permittant. In cujus rei testimonium, presentibus litteris nostrum fecimus apponi sigillum.

Datum Nemausi, die IX$^a$ januarii, anno Domini millesimo CCC$^o$ sexagesimo secundo. — Per regem. Ja. Gellon.

Arch. mun. de Montp., Arm. B, Cass. XX, N$^o$ 15. Parchemin original, avec fragment du sceau royal en cire jaune.

## CL.

LETTRES DU ROI JEAN SUSPENDANT L'EXERCICE DU DROIT DE MARQUE AU PROFIT DE L'APPROVISIONNEMENT GÉNÉRAL.

(4 Février 1362-63.)

Johannes, Dei gracia Francorum rex, senescallo Bellicadri, rectori Montispessuli, ceterisque justiciariis nostris, aut eorum locatenentibus, salutem.

Cum patria senescallie nostre Bellicadri predicte sit, occasione guerrarum, victualibus quamplurimum vacuata et depauperata, hinc est quod, dicte patrie succurere volentes, ad commodum subditorum nostrorum, vobis ac vestrum cuilibet districte precipiendo mandamus, quatinus mercatores Januenses aut alios, seu alias quascunque personas cujuscunque patrie, blada, frumenta, avenas, et alia quecunque victualia adducentes et venire facientes in dicta patria senescallie predicte, tam per mare quam per terram, seu per quancunque rippariam, occasione cujuscunque marce seu represalie, date aut dande, contra Januenses aut quoscunque alios, ac eorum bona, eciam si per nos vel per dilectas et fideles gentes nostri Parisius parlamenti lata fuerit vel concessa, aut eciam in futurum concedenda vel latura, hinc ad festum Beati Michaelis proxime venturum, nullatenus arrestetis, impediatis, aut quovis modo perturbetis; ymo permittatis ipsos cum eorum mercaturis, bonis et familiis pacifice, quiete et secure venire, ire, transire et redire per dictam senescalliam, dicto pendente tempore, absque impedimento aut perturbacione quacunque, occasione predicta, non permittentes ipsos aut eorum aliquem, contra tenorem nostre presentis gracie, inquietari, vexari, aut per aliquem molestari; ymo, si quid secus foret attemptatum, ad statum pristinum et debitum reducatis, reducive celeriter faciatis, quia ex nostra certa sciencia, auctoritateque regia et gracia speciali sic fieri volumus, ac pro utilitate dicte patrie sic duximus ordinandum, litteris sub quavis verborum forma, in contrarium impetratis vel impetrandis, non obstantibus quibuscunque.

Datum apud Villam novam prope Avinionem, die IIII$^a$ februarii, anno Domini millesimo CCC° sexagesimo secundo.

Per regem, ad relationem consilii. Ferricus.

Arch. mun. de Montp., Arm. B, Cass. XX, N° 17. Original à queue de parchemin, sceau arraché.

## CLI.

ARRENTEMENT DES OBOLES DU PORT ET DU CHEMIN DE LATTES.

(9 Février 1362-63.)

In nomine Jhesu Christi, amen. Anno Incarnationis ejusdem millesimo trecentesimo sexagesimo secundo, et die nona mensis februarii, domino Johanne Dei gracia rege Francorum regnante. Noverint universi et singuli, presentes pariter et futuri, quod nos Garinus Guilhermi, Petrus Pelegrini, Petrus Alamandini et Bernardus de Quaranta, consules maris Montispessulani, scientes et attendentes emolumenta imposicionum dicti nostri oficii, que levantur et levari consuerunt in portu Latarum, de et super mercaturis que per ipsum portum transeunt, et eciam emolumenta obolorum itineris de Latis, ad ipsum oficium nostrum spectancia, per tempus debitum et consuetum, et ultra, fuisse incantata et subastata publice, per loca consueta ville Montispessulani, per Petrum Dominici, preconem juratum curie dicte ville, et demum die presenti, ante domum Consulatus ejusdem loci, per eumdem preconem livrata fuisse, ad extinctum candele, ut est moris, vobis Petro de Anglacio, ordeario, nunc habitatori Latarum, tanquam plus et ultimo offerenti, pro precio videlicet dictarum primarum imposicionum centum sexaginta quinque librarum turonensium, dictorum vero obolorum quinquaginta unius librarum turonensium parvorum, qui quidem incantus et livracio facti fuerunt juxta formam et tenorem cujusdam albarani papirei, cujus tenor talis est :

A livras es la emposicion de las mercadarias que venon a Latas, la cal es dels senhors cossols de mar de Monpeylier, et aysso del premier jorn de genoyer passat en un an propdanament venent, a pagar cascun mes per dotze pagas egals, et de la moneda corrent al temps de las pagas, per rata de temps et de jorns ; et qui que ho compre, dara bonas fermansas, a voluntat dels dich senhors cossols, et se obligaran en cors et en bes al sagel de pagar lo pres. — Item, a livras son las mealhas del camin de Latas dels dicz senhors cossols de mar, del premier jorn de genoyer passat en un an propdanament venent, a pagar cascun mes per dotze pagas egals, et de la moneda corrent al temps de las pagas, per rata de temps et de jorns ; et qui que ho compre, dara bonas fermansas, a voluntat del dichz senhors cossols, et se obligaran en cors et en bes al sagel de pagar lo pres.

Nos, inquam, dicti consules maris, pro nobis et successoribus nostris dicte ville consulibus maris,.... dictam livrationem et res livratas ratas et gratas habentes, vendimus et... tradimus vobis dicto Petro de Anglacio, presenti,... ad tempus infrascriptum, videlicet omnia et singula emolumenta imposicionum et obolorum predictarum, vobis, ut premititur, livrata, cum suis juribus universis. Hanc siquidem venditionem vobis facimus pro preciis predictis, superius expressatis, solvendis per soluciones supradictas, et de moneta supradicta, nobis vel michi dicto Bernardo de Quaranta, clavario dicti consulatus, ad et per unum annum continuum et completum, prima die mensis januarii ultimo lapsi incohatum, et ab illa die in antea continue numerandum.

Hec acta fuerunt in domo Consulatus ville Montispessulani ; et fuerunt testes presentes Petrus Coste, ordearius, Petrus Riquet, lapicida Montispessulani, et ego Petrus Egidii, notarius publicus dicti domini nostri Francorum regis, etc.

Arch. départ. de l'Hérault, Fonds des consuls de mer, B, 71.
Parchemin original.

## CLII.

**LETTRES DU ROI JEAN CONTRE LES EXIGENCES USURAIRES DES JUIFS.**

( 23 Avril 1363. )

Johannes, Dei gracia Francorum rex, senescallo Bellicadri et Nemausi, ac rectori et bajulo nostris Montispessulani, vel eorum locatenentibus, salutem.

Consules ville nostre Montispessulani nobis exponi fecerunt cum querela quod, cum Judei in regno nostro existentes, specialiter in dicta senescallia Bellicadri exercentes usurariam pravitatem, modum excedunt in exigenda usuraria pravitate, sic et taliter, quod infra annum usura excedit sortem, propter quod subditi regni nostri depauperantur et depauperati sunt, adeo et in tantum, quod, mole usurarum oppressi, coguntur, in Christianitatis opprobrium, mendicare, eorum bonis mobilibus et immobilibus distractis, et que continue distrahuntur, in dictorum subditorum nostrorum grande dispendium et jacturam, si sit ita. Quocirca, nostre provisionis remedio super hoc implorato, vobis et vestrum cuilibet, prout ad eum pertinuerit, precipimus et mandamus, quatinus, si, vocatis evocandis, vobis constiterit de premissis, dictos Judeos, seu eorum aliquem, uti dicta eorum usuraria pravitate ultra modum antiquitus observatum minime permittatis, ipsos et eorum quemlibet ad desistendum a premissis omnibus remediis juris, quibus poteritis, compellendo, taliter in premissis vos habentes, quod ad vos ulterius pro premissis scribere non sit opus, nec ad nos iterato ulterius referatur querela, litteris subrepticiis, impetratis et impetrandis, opposicionibus, appellacionibus et subterfugiis frivolis, non obstantibus quibuscunque.

Datum apud Villam novam prope Avinionem, die XXIII aprilis, anno Domini millesimo CCC° sexagesimo tercio.

In requestis hospicii. J. H. de Hac.

Arch. mun. de Montp., Arm. D, Cass. XX, N° 17. Original à queue de parchemin, sceau arraché.

## CLIII.

LETTRES DE CHARLES V POUR LE PORT ET LA CLAVERIE D'AIGUESMORTES.

(2 Juillet 1364.)

Amedeus de Baucio, miles, senescallus Bellicadri et Nemausi, universis presentes litteras inspecturis salutem.

Notum facimus nos vidisse, tenuisse et diligenter inspexisse quasdam patentes litteras regias, non viciatas, non cancellatas, aut in aliqua sui parte suspectas, ymo sanas et integras, et omni suspicione carentes, quarum tenor talis est :

Karolus, Dei gracia Francorum rex, universis presentes litteras inspecturis salutem.

Notum facimus nos litteras vidisse, formam que sequitur continentes :

Petrus Raimundi de Rapastagno, miles, dominus de Campanhaco, senescallus Bellicadri et Nemausi, et Bernardus Francisci, thesaurarius regius in dicta senescallia, commissarii a magestate regia deputati, super facto reparationis portus Aquarum Mortuarum, universis presentes litteras inspecturis salutem.

Notum facimus quod, cum in prima constitutione et ordinatione portus predicti, pro gubernatione facti dicte reparationis, fuerint tunc instituti et ordinati officiales infrascripti, ex deliberatione consilii regii tunc, communitatum et mercatorum, videlicet unus magister, tres superintendentes, duo clavarii seu receptores, ad vadia ascendentia inter omnes ad summam sexcentarum librarum turonensium, vel circa, qui haberent gubernare, regere, administrare et sollicite vacare circa reparationem dicti portus, pro utilitate nedum regis, sed et tocius rei publice Lingue Occitane, quo tempore dicte prime ordinationis emolumenta denarii pro libra, ad sustentationem dicti portus levari ordinati, de mercaturis intrantibus et exeuntibus dictum portum, ad summam sex milium librarum per annum, et aliquociens plus, et circiter, ascendebant, et ideo omnes dicti officiarii erant tunc necessarii ad vacandum circa dictam reparationem; verum, quia, propter mortalitates pestiferas, que a sexdecim annis citra viguerant, et guerrarum destructiones, emolumenta dicte reparationis quasi ad nichilum sint deventa, in tantum, quod dictus portus de residuo quod est, deductis vadiis predictis, non valet aliqualiter sustineri, et modica reparatio potest fieri de eodem, ex quo dominus noster rex, res publica et mercatores dictum portum frequentantes dampnificantur in immensum, instigantibus procuratore regio dicte senescallie, consulibus villarum Montispessulani, Aquarum Mortuarum, Lunelli, et plurium villarum notabilium dicte senescallie, duximus, pro utilitate tam regis quam dicti portus et tocius rei publice Lingue Occitane, loco occulis penitus subjecto, cum dictis procuratore et consulibus, ordinandum, ut de peccunia levanda pro ipsa reparatione valeat dictus portus sustineri et meliorari, et navigia ad villam regiam Aquarum Mortuarum applicare, quod ab inde in antea, ad dictum portum sustinendum et reparandum, erunt tantum unus magister, eligendus de sufficientioribus qui potuerint reperiri, unus clavarius seu receptor peccunie emolumentorum que levantur pro dicta reparatione, qui presentabitur uno anno per consules Montispessulani, et alio anno per consules Aquarum Mortuarum, et unus superintendens, qui presentabitur uno anno per consules Montispessulani, et alio per consules Aquarum Mortuarum, et alio per sindicos Lunelli, ad vadia condecencia, eis per nos taxanda, juxta arbitrium, consilium et deliberationem dictorum consulum et mercatorum, et laborem in dicto opere impendendum, cum predicta de domini nostri regis processerint voluntate. In quorum testimonium, sigillum autenticum regium dicte senescallie, una cum signo mei dicti thesaurarii, presentibus duximus apponendum.

Actum et datum Nemausi, die XXX<sup>a</sup> maii, anno Domini M° CCC° sexagesimo quarto.

Nos autem litteras suprascriptas, ac ordinationem, et omnia alia et singula in eisdem contenta, ob causas in dictis litteris comprehensas, modo, forma, et sub conditionibus et modifficationibus in ipsis contentis, rata habentes et grata, ea volumus, laudamus, ratificamus, ac de nostra auctoritate regia et speciali gracia tenore presencium confirmamus, mandantes senescallo et receptori predictis, aut eorum locatenentibus, et cuilibet eorumdem, ut ad eum pertinuerit, quatinus predictam ordinationem, et alia predicta in predictis litteris contenta, de puncto in punctum, juxta ipsarum et nostre presentis confirmationis tenorem, observent, et faciant ab omnibus ad quos pertinuerit debite observari. In cujus rei testimonium, nostrum presentibus litteris facimus apponi sigillum.

Datum Parisius, die II julii, anno Domini millesimo CCC sexagesimo quarto.

Per regem, ad relationem consilii. Collatio sic. J. Douhen.

In cujus visionis et diligentis inspectionis fidem et testimonium, nos dictus senescallus sigillum regium autenticum dicte senescallie huic presenti vidimus seu transcripto apponi fecimus impendenti.

Datum Nemausi, die ultima februarii, anno Domini M° CCC° septuagesimo.

Collatio facta est cum originali supra inserto, in archivio regio reposito, per me J. de Lunello, clericum regium et custodem dicti archivii. J. de Lunel.

Arch. mun. de Montp., *Grand Thalamus*, fol. 142 v°.

### CLIV.

LETTRES DE CHARLES V EN FAVEUR DES HABITANTS DE MONTPELLIER, CONTRE LES PRÉTENTIONS RENAISSANTES DES PÉAGERS DE LA RADELLE.

(11 Août 1364.)

Karolus, Dei gratia Francorum rex, senescallo Bellicadri et Nemausi, ac gubernatori Montispessulani, vel eorum locatenentibus, salutem.

Sua nobis dilecti et fideles nostri consules et habitatores ville nostre Montispessulani gravi conquestione monstrarunt quod, cum dicti consules et habitatores dicte ville, ex privilegio et aliter per mandata regia liberi fuerint et immunes ab omni pedagio, leuda sive imposicione solvendis, pro rebus et mercaturis suis transeundis per locum dictum de Fossa sive de Rudella, cumque contraditorio judicio super dictis immunitatibus, pro prejudicio supplicantium, per tunc senescallum Bellicadri et Nemausi lata fuerit sentencia, a qua non existit appellatum, et sic transiit in rem judicatam, usique fuerint expost facto pacifice et quiecte dictis libertatibus, nichilominus tamen, dictis non obstantibus, dicti loci pedagiarii de facto dictos supplicantes nituntur compellere, et dicta pedagia, leudas sive imposiciones solvere, in ipsorum prejudicium et gravamen, supplicantes sibi per nos super his de remedio provideri. Quocirca, vobis mandamus committendo, quatinus, si, vocatis predictis pedagiariis ac procuratore nostro dicte ville cum ceteris evocandis, vobis constiterit de premissis, dictas litteras regias, aliter super premissis obtentas, nec non dictam suam sentenciam diffinitivam, de quibus vobis liquebit, execucioni viriliter et debite demandetis, ipsosque faciatis dictis eorum franchisiis et libertatibus libere gaudere, facta in contrarium ad statum debitum reducendo ; et in casu oppositionis, exhibeatis partibus bonum et breve justicie complementum ; mandantes subditis nostris quibuscumque ut vobis in premissis et ea tangentibus pareant efficaciter et intendant, litteris ad hoc contrariis subreptitiis non obstantibus quibuscumque.

Datum Parisius, die XI$^a$ augusti, anno Domini millesimo CCC$^{mo}$ sexagesimo quarto.

Per regem, ad relationem consilii.... Hocier.

Arch. mun. de Montp., Arm. E, Cass. II, N° 28. Original à queue de parchemin, sceau arraché.

## CLV.

LETTRES DU MARÉCHAL ARNOUL D'AUDREHEM, AUTORISANT L'USAGE DU GRAU DE CAUQUILLOUSE POUR L'IMPORTATION DES DENRÉES A MONTPELLIER.

(6 Septembre 1364.)

Laurentius Sazi, clericus et judex regius Montispessulani, Aquarum Mortuarum et Sumidrii, nobili viro castellano et vicario regio dicti loci Aquarum Mortuarum, vel ejus locumtenenti, salutem.

Litteras patentes domini locumtenentis nobilis et potentis viri domini senescalli Bellicadri et Nemausi nos recepisse noveritis, in hec verba :

Petrus Juliani, licentiatus in legibus, judex major et locumtenens domini senescalli Bellicadri et Nemausi, gubernatori et rectori regio Montispessulani, vicarioque et judici Aquarum Mortuarum, ceterisque regiis dicte senescallie justitiariis, vel eorum locatenentibus, salutem.

Litteras patentes infrascriptas nos recepisse noveritis, sub hiis verbis :

Arnulphus, dominus d'Audenehen, marescallus Francie, et locumtenens domini nostri Francorum regis in partibus Occitane Lingue, senescallo Bellicadri, gubernatori et rectori Montispessulani, ac vicario et judici Aquarum Mortuarum, ceterisque justitiariis regiis, vel eorum locatenentibus, salutem.

Consules ville Montispessulani nobis exposuerunt cum querela quod, licet, propter nimia friguora et gelu, que acthenus, et presertim anno proximo lapso, in istis partibus viguerunt, et etiam propter sterilitatem patrie, victualia, arbores fructifere, vinee et alii fructus quasi totaliter perierint, in tantum quod ex fructibus crescentibus in patria gentes ejusdem non habent de quo per mensem se queant alimentare, et ob hoc necessario habeant sibi de aliis partibus, tam de regno quam de extra regnum et ultra mare, victualia querere, ne, victualibus defficientibus, fame valeant deperire. nichilominus, propter privilegia regia, ut dicitur, concessa consulibus et universitati dicti loci Aquarum Mortuarum, gentes dicte ville Montispessulani et patrie circumvicine non audent hujusmodi victualia adducere apud Montempessulanum, et facere transire de mare in stagnum per gradum de Cauquilhosa, nisi transeant per dictum locum Aquarum Mortuarum; quod si fieret, cederet in magnum dampnum et prejudicium eorumdem, propter plures et varios sumptus, quos sic facere opporteret, et sic necessario dicta victualia efficerentur valde cariora, in magnum rei publice dispendium, sicut dicunt; supplicantes per nos sibi et indempnitati rei publice provideri. Quocirca nos, volentes utilitati rei publice dicte ville et patrie circumvicine providere, et presertim in casu tante nececitatis, dictis consulibus et habitatoribus dicte ville concessimus et concedimus per presentes, ut quecumque sua victualia, undecumque per mare provenientia, per dictum gradum de Cauquilhosa possint libere transire et impunite, absque eo quod teneantur ad dictum locum Aquarum Mortuarum accedere, solvendo tamen redibencias et alia deveria regia ibidem propter hoc exsolvi consueta, mandantes vobis, et vestrum cuilibet, ut dictos consules et habitatores nostra presenti gratia uti et gaudere faciatis et permittatis pacifice et ad plenum, nil in contrarium attemptando, vel attemptari permittendo; set potius facta in contrarium, si que inveneritis, revocetis, et ad statum pristinum et debitum reducatis, seu reduci faciatis indilate, et absque alterius expectatione mandati, ordinationibus et statutis, privilegiisque et literis contrariis, concessis et concedendis, non obstantibus quibuscumque.

Datum in Montepessulano, die sexta mensis septembris, anno Domini M° CCC° LXIIII.

Per dominum locumtenentem. Asselin.

Quarum literarum auctoritate, vobis et vestrum cuilibet precipimus et mandamus, quatinus omnia et singula in dictis literis contenta faciatis, compleatis et exequamini diligenter, juxta ipsarum literarum seriem, continentiam et tenorem, nil in contrarium facientes, seu a quocumque fieri permittentes.

Datum Nemausi, die XVI mensis septembris, anno Domini M° CCC° LXIIII°.

Registrata, et collatio facta. De Salice.

Igitur vobis consulendo mandamus, quatinus omnia et singula in dictis literis contenta faciatis, compleatis, et exequamini diligenter, de puncto in punctum, juxta ipsarum seriem et tenorem, nil in contrarium attemptando, vel attemptari permittendo.

Datum in Montepessulano, sub signo nostro proprio, die XVIIII mensis septembris, anno Domini M° CCC° LXIIII.

Registrata, et collatio facta. P. Egidii.

> Arch. mun. de Montp., Arm. B, Cass. XX, N° 18. Original sur papier.

## CLVI.

#### DEUX LETTRES DE CHARLES V RELATIVES AU GRAU DE LA CHÈVRE ET A LA ROBINE DE LUNEL.

(22 Décembre 1364, et 12 Août 1368.)

Karolus, Dei gracia Francorum rex, vicario Biterrensi et bajulo nostris Montispessulani, aut eorum locatenentibus, salutem.

Cum consules ville nostre Montispessulani se asserant ad nos et nostram curiam legitime appellasse, a quibusdam informationibus et ordinationibus, et mandatis inde sequentibus, factis per senescallum nostrum Bellicadri, seu ejus locumtenentem vel commissarium, per quas fuit indebite et de facto ordinatum aperiri gradum vocatum de Cabra, per quem flumen Rodani decurrit in mareuta Aquarum Mortuarum, versus locum dictum lo Mol et surgitorium ac portum ipsius loci Aquarum Mortuarum, dictis consulibus, quorum intererat non citatis, nec vocatis, nec auditis, qui portus, diu est, fuerat clausus ex toto, non sine magnis sumptibus et expensis, et per ordinationem magni consilii nostri, vocatis ad hoc consulibus, et nonnullis aliis ad hoc expertis, locorum Montispessulani, Nemausi, Lunelli, Sumidrii, Narbone, Masilie, Janue, Venesie, et nonnullorum aliorum locorum regni nostri et aliorum maritimorum, et etiam a quibusdam aliis gravaminibus, sibi et eorum universitati illatis per senescallum et alios predictos, vim diffinitive importantibus, in eorum appellatione hujusmodi latius expressatis; igitur causam appellationis hujusmodi vobis et vestrum cuilibet in solidum commictimus, vocatis evocandis, audiendam, et fine debito terminandam, mandantes vobis et commictentes quatenus, ea pendente, nil vero in prejudicium appellantium predictorum et sue appellationis predicte attemptetis vel innovetis, aut attemptari seu innovari permictatis, sed pocius attemptata et innovata, si que fuerint, revocetis, et ad statum pristinum et debitum reducatis, seu reduci faciatis indilate, mandantes tenore presentium dicto senescallo, aliisque justitiariis et subditis nostris, ut vobis et cuilibet vestrum in solidum, in premissis et ea tangentibus, pareant efficaciter et intendant.

Datum Parisius, die XXII$^a$ decembris, anno Domini millesimo CCC° sexagesimo quarto.

In requestis hospicii. Bailly.

Arch. mun. de Montp., Arm. H, Cass. V, N° 44. Original à queue de parchemin, sceau arraché.

Karolus, Dei gratia Francorum rex, senescallo Bellicadri, et Petro Scatisse, thesaurario nostro, salutem.

Significavit nobis carissimus consanguineus noster, comes Stamparum, dominus de Lunello, quod, cum ipse et habitantes dicte ville de Lunello intendant et proponant, pro utilitate publica, quendam portum, vocatum la Robina, facere fossari, et fossata reparari, et illa taliter ordinare, quod per aquam in dictis fossatis stantem naves et alia vasa marina usque ad dictam villam possint conduci, et in dicta villa cum mercimoniis et mercaturis et aliis bonis in eisdem existentibus stare et in eadem secure teneri, nobis humiliter supplicantes, ut, cum ipsi habitantes habeant propter hoc multas expensas subire et magna onera sustinere, sibi et ipsius subditis concedere velimus, ad suportandum eorum onera, quod, donec dictus portus sit factus et completus, nullus mercator, aut quicumque alius extraneus, possit aut valeat, per aquam vel per terram, sal ad dictam villam conducere, vel conduci facere, et in ea vendere, preterquam mercatores et habitatores ipsius ville de Lunello. Nos, ipsius consanguinei nostri supplicationibus inclinati, et ut dictus portus possit celerius perfici, eidem et dictis habitatoribus concessimus et concedimus per presentes, quod, usque ad perfectionem dicti portus, per mercatores et habitantes dicte ville tantummodo, sal ad dictam villam ducatur et asportetur, et in ea vendatur, sicut in aliis locis ubi gabella tenetur, absque eo quod per alios mercatores, aut alios quoscumque extraneos, dictum sal aliqualiter deportetur vel vendatur, proviso tamen quod subsidia et jura nostra sicut in aliis gabellis nobis integraliter conserventur, nec quod propter hoc in futuris nobis aliquod prejudicium generetur. Volumus insuper, et eidem consanguineo nostro concedimus, quod per aliquos subditos nostros in illis partibus nullus portus novus possit de novo construi vel fieri, licentia nostra super hoc non optenta.

Datum apud Sanctum Paulum, domum nostram, juxta Parisius, anno Domini M CCC LXVIII°, die XII augusti.

Per regem, vobis presente. N. de Venes.

Arch. mun. de Lunel, Arm. 1, Paquet 4. Expédition originale sur papier.

## CLVII.

PRIVILÉGES DES MARCHANDS DE MONTPELLIER DANS L'ÎLE DE CHYPRE.

(14 Janvier 1365.)

Nous Pierre, par la grace de Dieu roy de Jerusalem et de Chypre, faisons a scavoir a tous ceux qui cette presente charte liront ou ouïront, que nous, pour nous et pour nos hoirs, sommes accordez avec les marchands de Montpellier et chacun d'eux, qui sont et seront etayans, allans, venans, entrans et yssans en nostre dit royaume de Chypre, de quelque condition que marchands de Montpellier soient, en la forme et maniere en apres devisée :

C'est a scavoir que tout premiers nous, pour nous et pour nos hoirs, avons reçu et recevons en la Dieu garde et nostre les dits marchands de Montpellier, a sauver et garder allans et venans, entrans, yssans et demeurans en nostre dit royaume de Chypre, en nos ports; et leur avons fait grace speciale que eux, par tout nostre dit royaume de Chypre, puissent avoir conste, et faire porter baton, et faire raison de toutes querelles qui seront de marchands de Montpellier a marchand de Montpellier, sauf de justice et de bourgeoisie, et que toutes les fois que le conste voudra mander par son message aucun sien marchand de Montpellier en nostre possession, que nos gens a la volonté du dit conseil le doivent mettre et traire.

Encore nous, pour nous et pour nos dits hoirs, avons fait et faisons grace aux dits marchands de Montpellier et a chacun d'eux, qui sont et seront etayans, allans, venans, entrans et yssans en nostre dit royaume de Chypre, de quelque condition que marchands de Montpellier soient, que de toutes leurs marchandises, que eux dechargeront ou feront decharger en nostre dit royaume de Chypre, de quelque part qu'elles viennent, que ils n'en doivent payer que deux besans pour sentenar, estimant les dites marchandises convenablement; et de toutes marchandises que eux traiheront de nostre dit royaume payeront aussi deux besans pour sentenar. Et se il avenoit que des marchandises qu'il apporteront ou feront apporter en nostre dit royaume, eux, puis qu'elles seront venues en nos ports, voulussent decharger tout ou partie d'un vaisseau en autre, pour porter fors de nostre dit royaume, eux sont tenus de payer de la quantité qu'ils dechargeront ou feront decharger un besan pour sentenar.

Encore nous, pour nous et pour nos dits hoirs, avons fait et faisons grace aux dits marchands de Montpellier et a chacun d'eux, qui sont

PIÈCES JUSTIFICATIVES. 261

et seront etayans, allans, venans, entrans et yssans en nostre dit royaume de Chypre, de quelque condition que marchands de Montpellier soient, que du droit du quint que les mariniers ont accoutumé de payer pour la raison du nol des vaisseaux, que eux ne leurs gens ne soient tenus de payer que le dixme, et que de toutes manieres de choses que eux acheteront ou feront acheter pour leur vivre en nostre royaume de Chypre, que il payent en la maniere que nos bourgeois payent, qui son etayans a Nichossie; ny autre maniere de raison ni de droiture eux ne leurs gens ne soient tenus de payer.

Et por ce que les choses susdites parmeignent fermes et stables perpetuellement, nous leur avons cette presente charte ouverte scellée de nostre sceau de cire pendant, et l'avons fait ecrire en nostre grand secrete; et sitot comme nous coigneceront, nous leur en ferons privilege, selon la forme de cette charte.

Ce fut fait a Nichossie, en l'an de l'Incarnation de Nostre Seigneur Jesus Chrit 1365, le 14 du mois de janvier.

> Biblioth. impériale de Paris, Fonds de Languedoc, Tom. LXXXVI, fol. 45. — Copie en double exemplaire, donnée comme extraite du *Cartulaire de Montpellier,* parmi les manuscrits d'Aubaïs.

## CLVIII.

BREF EXPLICATIF ET ABSOLUTOIRE TOUCHANT UN PRIVILÈGE COMMERCIAL CONCÉDÉ PAR URBAIN V AUX HABITANTS DE MONTPELLIER.

(16 Août 1365.)

Universis et singulis consulibus, civibus et habitatoribus Montispessulani, Magalonensis diocesis, et aliis ad quos presentes littere pervenerint, Arnaldus, miseratione divina archiepiscopus Auxitanus, domini pape camerarius, salutem in Domino.

Noveritis quod ad audienciam sanctissimi in Christo patris et domini nostri, domini Urbani, digna Dei providencia pape V, pervenit quod, cum ipse dominus noster communitati ejusdem ville Montispessulani dudum concessisset, de gracia speciali, quod ipsa communitas posset licite facere conduci ad Alexandrie et alias partes ultramarinas duas naves, licitis mercimoniis oneratas, ita tamen quod certe condiciones, in litteris apostolicis super hoc confectis contente, observarentur, et nichilominus fuisset etiam intentio ejusdem domini nostri pape, prout ipse postea verbo declaravit, quod dicta gracia non posset vendi, nec in alium extra dictam communitatem transferri ; et per consequens aliter dictas naves conducentes sententias processuum apostolicorum generalium, in die Cene Domini per ipsum dominum nostrum et suos predecessores Romanos pontifices in tales sine licencia ad partes prohibitas navigantes prolatas, incurrerunt ipso facto; consulesque et burgenses, ac nonnulli alii tam viri ecclesiastici quam seculares loci predicti, ut dicitur, hujusmodi gracia sunt abusi, easdem naves donando, et postea donatarii vendendo dictam graciam, et aliter non servando contenta in litteris apostolicis et intentionem ejusdem domini nostri, propter quod sententias ipsas excommunicationis, latas per processus predictos, incurrerunt; tamen, quia nuper, pro parte eorumdem consulum, burgensium et aliorum virorum, tam ecclesiasticorum quam secularium, de absolutionis beneficio dicto domino nostro a predictis sententiis fuit humiliter supplicatum, nos, de mandato ejusdem domini nostri, oraculo vive vocis nobis facto, eosdem consules et burgenses, ac omnes alios et singulos, cujuscumque status, conditionis et sexus existant, qui occasione premissorum essent dictis sententiis innodati, auctoritate dicti domini nostri pape, super his nobis concessa oraculo vive vocis, tenore presentium duximus absolvendos, ac cum personis ecclesiasticis, si que sint predictis ligate sententiis, interim immiscendo se divinis, non in contemptum clavium sancte matris Ecclesie, irregularitatem contraxissent, super ea sic contracta, auctoritate qua supra, nichilominus misericorditer dispensamus. In quorum testimonium, presentes litteras fieri fecimus, et sigilli nostri camerariatus officii appensione muniri.

PIÈCES JUSTIFICATIVES. 265

Datum Avinioni, die sextadecima mensis augusti, anno a Nativitate Domini millesimo trecentesimo sexagesimo quinto, indictione tercia, pontificatus prefati domini nostri pape anno tercio.

>Arch. mun. de Montp., Arm. B, Tiroir XIV, N° 1. Parchemin original, avec sceau oblong pendant, en cire rouge, attaché par une bandelette de parchemin.

## CLIX.

LETTRES DE CHARLES V EN FAVEUR DES MARCHANDS DE MONTPELLIER.

(10 Juillet 1366.)

A touz ceulz qui ces lettres verront, Jehan Bernier, chevalier le roy nostre sire, garde de la prevosté de Paris, salut.

Savoir faisons que nous, l'an mil CCC soixante six, le mercredi quinze jours de juillet, veismes unes lettres scellées du grant scel du roy nostre sire, contenant la forme qui s'ensuit :

Charles, par la grace de Dieu roy de France, au bailli de Mascon, et a touz autres justiciers, ou a leurs lieux tenans, et touz commis et deputez a lever et recevoir paages, travers et passages, imposicions, coustumes, et autres redevances, aus quelz ces lettres vendront, salut.

Comme par le traictié et accort de la paix darrenierement faite entre nous et nostre tres chier et feal frere le roy de Navarre, nous, en lieu des villes de Mante et de Meullant, de la conté de Longueville et des appartenances, les queles pour le tres grant et evident proffit de nous et de nostre royaume nous avons retenu a nous, pour nous, noz hoirs et successeurs a touz jours mes, ayons baillié au dit roy de Navarre, pour lui, ses hoirs et successeurs a touz jours mes, la ville et baronnie de Montpellier, ensemble les appartenances, reservez et retenuz a nous et a noz successeurs a touz jours mes l'ommage, le ressort, la souverainneté et les autres droiz royaulx des dites ville et baronnie et des appartenances, si comme es lettres faites sur le dit traictié et accort est plus pleinnement contenu ; et nous ayons entendu que vous, ou aucun de vous, vous estes efforciez ou voulez efforcier de lever des marchans ou autres bourgois et habitans de la dite ville et baronnie, pour les denrées et les marchandises qu'il prennent en nostre royaume, pour porter en ycelles ville et baronnie, aucuns paiages, travers, passages, imposicions, coustumes ou servitudes, autres que les marchans, bourgois et habitans des autres villes de nostre seneschaucie de Beaucaire ne paient ou doivent paier, en disant qu'il sont Navarrois, et qu'il ne sont pas de nostre royaume, pour ce qu'il sont au dit roy de Navarre ; dont il nous desplaist moult, s'il est ainsi ; nous vous mandons, et a chascun de vous, que des dessus diz marchans, bourgois, ou autres habitans des dites ville et baronnie, ou d'aucuns d'eulz, pour les denrées et marchandises qu'il merront en la dite ville et baronnie de Montpellier, vous ne prenez ou levez, ne vous efforciez de prendre, exiger ou lever dores en avant aucunes imposicions, paages, travers, coustumes, ou autres quelxconques redevances ou servitutes, autres que celles que paient et doivent paier les autres marchans, bourgois et habitans des autres villes de nostre dite seneschaucie de Beaucaire ; et, se riens en avez prins ou saisi, arresté ou empeschié du leur, pour ceste cause, autrement que dessus est dit, rendez leur et delivrez tantost, ces lettres veues, telement que nous n'en aions plus plainte ; car il nous en desplairoit.

Donné a Paris, le X$^e$ jour de juillet, l'an de grace mil trois cens soixante et six, et le tiers de nostre regne.

Ainsi signé : Par le roy. P. Blanchet.

Et nous en ce present transcript avons mis le scel de la dite prevosté de Paris, l'an et le mercredi dessus diz.

Collacion faite.

Arch. mun. de Montp., Arm. A, Cass. XVII, N° 3. Parchemin original, avec sceau pendant, en cire verte.<br>Au dos : *Pour la ville et baronnie de Montpellier.*

## CLX.

**BULLE D'URBAIN V OCTROYANT UN NOUVEAU PRIVILÉGE AU COMMERCE DE MONTPELLIER.**

(18 Février 1367.)

Urbanus episcopus, servus servorum Dei, dilectis filiis consulibus et universitati ville Montispessulani, Magalonensis diocesis, salutem et apostolicam benedictionem.

Sincere devotionis affectus, quem ad nos et Romanam geritis ecclesiam, promeretur ut petitiones vestras, quantum cum Deo possumus, ad exauditionis gratiam admittamus. Hinc est quod nos, vestris in hac parte supplicationibus inclinati, vobis duci faciendi, vestro et dilectorum filiorum mercatorum ville Montispessulani, Magalonensis diocesis, nominibus, sex naves, unam dumtaxat in singulis sex annis, ad Alexandrie et alias partes et terras ultramarinas, que per soldanum Babylonie detinentur, cum nautis et aliis personis ad regimen navium hujusmodi oportunis, ac mercatoribus quos ad hoc assumpseritis, quique sint ex vobis, mercimoniis dumtaxat vestris oneratas, exceptis armis, ferro, lignaminibus, et aliis prohibitis, constitutionibus et processibus, Apostolice Sedis spirituales et temporales penas et sententias prolatas in transfretantes cum mercibus ad partes et terras predictas continentibus nequaquam obstantibus, plenam et liberam licentiam elargimur. Volumus autem quod illi qui in dictis navibus ibunt nulla pacta tractent vel faciant seu promittant cum Saracenis, que possent contra generale passagium, si quod, prestante Deo, fiet imposterum, vel alias contra honorem Romane Ecclesie redundare. Volumus etiam quod hujusmodi gratiam seu licentiam nulli vendatis, nec quovis titulo recipiatis aliquid a mercatoribus, patronis et personis, quos ad ducendum et onerandum naves hujusmodi eligetis seu assumetis; quodque illi, qui dictas naves principaliter conducent ac mercimoniis onerabunt, in manibus diocesani loci, in quo hujusmodi naves onerabuntur, quod premissa, vel aliquod eorumdem, in fraudem non facient, prestent corporaliter juramentum; quodque idem diocesanus, quando dicte naves onerabuntur, per se vel alium seu alios, se diligenter informet, quod in fraudem hujusmodi nichil fiat, et, si fieri repererit, dictam licentiam denunciet non tenere. Alioquin, si iidem conductores et oneratores dictarum navium juramentum hujusmodi non prestiterint, et idem diocesanus dictam informationem non fecerit, ut prefertur, et alia premissa non fuerint observata, seu factum fuerit contra ea, presentem concessionem haberi volumus pro non facta. Super cujus quidem juramenti prestatione et informatione predicta prefatus diocesanus duo consimilia confici faciat publica instrumenta, quorum alterum camere nostre studeat destinare, penes se reliquo reservato. Nulli ergo omnino hominum liceat hanc paginam nostre donationis et voluntatis infringere, vel ei ausu temerario contraire. Si quis autem hoc attemptare presumpserit, indignationem omnipotentis Dei et beatorum Petri et Pauli apostolorum ejus se noverit incursurum.

Datum apud Montempessulanum, Magalonensis diocesis, XII kalendas martii, pontificatus nostri anno quinto.

> Arch. mun. de Montp., Arm. F, Cass. V, N° 9 (Original sur parchemin, avec sceau en plomb); et Arch. départ. de l'Hérault, Fonds des consuls de mer, B, 71 (Autre expédition originale, sceau enlevé).

## CLXI.

#### LETTRES DE CHARLES V DÉGREVANT, POUR LA VENTE DES DENRÉES, LA VILLE ET LA BARONNIE DE MONTPELLIER.

(16 Août 1367.)

A tous ceuls qui ces lettres verront, Jehan, seigneur de Foleville, chevalier, conseiller du roy nostre sire, et garde de la prevosté de Paris, salut.

Savoir faisons que nous, l'an mil CCC IIII$^{xx}$ et quinze, le jeudi IX$^e$ jour de decembre, veismes unes lettres royaulx du roy Charles darrenier trespassé, dont Dieux ait l'ame, scellées de son grant scel, desquelles la teneur est tele :

Karolus, Dei gracia Francorum rex, universis presentes litteras inspecturis salutem.

Notum facimus quod, cum imposicio duodecim denariorum pro libra, rerum quarumcunque venditarum in partibus Occitanis, decima tercia pars vini, et alia subsidia nuper fuerint nostra auctoritate ordinata levari, ut ipsorum exitus in solucionem redempcionis bone memorie carissimi domini genitoris nostri, et non alibi, convertantur, nos, volentes dictam imposicionem, et alia subsidia que inibi levabuntur, prout in civitate et villa nostris Parisius et in aliis partibus Francie exigi et levari, hocque exequi ad minus populi dampnum et gravamen quod fieri poterit, volumus ut de rebus que vendentur in villa Montispessulani et in aliis villis et locis baronie dicte ville, nisi earundem rerum precium assendat ad valorem quinque solidorum per diem, nichil pro dicta imposicione solvatur, nisi venditores ipsarum rerum sint mercatores publici, qui vendere consueverint, et repetitis vicibus, res easdem. Et ulterius concedimus habitatoribus ville et baronie predictarum, ut cujuslibet mercatoris, de rebus venditis per eundem et de precio earundem, quoad exigendam et levandam imposicionem et alia subcidia supradicta, juramento stetur, quacunque alia compulsione cessante. Et, si contingerit aliquem vel aliquos affirmasse vel affirmare juramento se minus vendidisse quam vendiderint, ut minus subcidium inde solvatur, nolumus eos propter hoc incurrisse vel incurrere penas corporum vel bonorum, reservata tamen parti facultate probandi contrarium civiliter, si sua crediderit interesse. Quarum presencium tenore mandamus dilecto et fideli Petro Scatisse, thesaurario nostro et generali subcidii ordinati in partibus predictis pro redempcione predicta, nec non et senescallo Bellicadri, universis insuper justiciariis nostris, et commissariis super hoc deputatis et deputandis, cujuscunque auctoritatis fuerint, vel eorum locatenentibus, et eorum cuilibet, ut ad eum pertinuerit, quatinus dictos habitatores contra hoc non molestant, nec propter hoc contra eos per viam inqueste, informacionis aut processus procedant ad penam aliam quam predictam. Nam sic fieri volumus, et eisdem habitatoribus concedimus de gracia speciali. In cujus rei testimonium, sigillum nostrum presentibus litteris est appensum.

Datum Parisius, die XVI<sup>a</sup> augusti, anno Domini millesimo CCC<sup>o</sup> sexagesimo septimo, regni vero nostri quarto.

Ainsi signées : Per regem. Ivo.

Au dos desquelles lettres estoit escript ce qui s'ensuit, et y estoit plaqué deux signez en cire vermeille : De par les generaulx tresoriers a Paris sur les aydes pour la delivrance du roy Jehan, que Dieux absoille, sire Pierre Scatisse, tresorier de France et general es parties de Langue d'Oc sur le fait desdictes aydes, et vous, maistre Jehan Perdiguier, receveur sur ledit fait esdictes parties, acomplissez ou faites acomplir le contenu au blanc, en la fourme et maniere que le roy le mande.

Escript a Paris, le XXIII<sup>e</sup> jour d'aoust, l'an mil CCCLX sept.

Et nous, a cest present transcript avons mis le scel de la prevosté de Paris, l'an et jour dessus premiers diz.

Arch. mun. de Montp., Arm. C, Cass. XXI, N° 20. Parchemin original, avec fragment de sceau en cire verte.

## CLXII.

#### MÉMOIRE ADRESSÉ A CHARLES V SUR L'AVANTAGE QU'OFFRIRAIT A ÊTRE CONVERTI EN PORT LE GRAU DE CAUQUILLOUSE.

(1366 ou 1367.)

Afin que le Roy nostre sire et son noble conseil vuillent pourveoir au gré de la Cauquilouse, et qu'il soient enfourmez du grant proffit et honneur qui en pouroit avenir au seigneur ou temps avenir, assavoir est que oudit gré puest estre fait un bon port, ou quel pouroient venir et arriver toutes manieres de barques, de grans lins et de galées, et seroit grant seurté pour tout le navire qui venroit des parties de la mer, et arriveroit ou dit gré, et aussi pour eschiver les larrons, coursaires et desrobeurs, qui ont acoustumé a courre sur mer, dont pluseurs esclandres aviennent.

Premier, ou dit gré de la Cauquilouse, de sa propre nature et senz artifice d'omme, ainssi comme Dieux a ordenné, on trouvera touz jours en l'entrée du dit gré eue de vii, aucune foiz de viii, et aucune foiz de ix palmes en perfont; et oultre dedans le dit gré on trouvera touz jours continuelment eue de x jusques a xv palmes en perfont; et qui voudroit ouvrer et continuer ou dit gré par artifice d'omme, on pouroit touz jours trouver en l'entrée eue de xii jusques a xiiii et a xv palmes en perfont, par que toute maniere de navire, chargé et deschargé, excepté grans nez tant seulement, pouroit avoir entrée et yssue ou dit gré, senz aucun empeschement.

Item, dedans le dit gré est mult grant latitude ou largesce, et tele que illec pouroit estre, en temps d'yver et d'esté, grant quantité de navire, et par tele maniere que toute maniere de navire, chargé et deschargé, pouroit aler et passer jusques au lieu de Lates, parmi la reparation qui s'y feroit.

Item, pour ce que le dit gré peust estre plus seurement gardé, on y pouroit fonder et edifier deux belles tours, l'une a destre et l'autre a senestre, es queles demouroient continuelment certainnes gardes, qui y seroient mises et deputées par le Roy nostre sire, et illecques auroit certainnes chaennes de fer, par les queles on fermeroit a clef le dit port chascune nuit, afin que aucun navire ou marchandises n'y peust passer, senz la volenté et licence des dites gardes, et que le Roy nostre sire ne peust estre fraudé de son droit et des redevances qui appartenroient au dit port, et que par nuit ne par jour aucun billon ne peust estre trait du royaume de France par le dit port, qu'il ne venist a la main des dites gardes.

Item, il n'est point de doubte que, ou cas ou le Roy nostre sire voudroit consentir aus choses dessus dites, grant quantité de mariniers et d'autres personnes frequentans l'usaige de la mer venroient en petit de temps, avecques toute leur famile, tant des parties de Gennes, de Provence oultre le Rone, et de Catheloigne, comme de toutes autres parties et nations dehors du royaume, et habiteroient es villes de Lates, de Montpellier, et autres villes voysines; et par ainsi la condition et l'onneur du seigneur amenderoit mult grandement, en tele maniere que, se le Roy nostre sire avoit aucun besoing ou temps avenir de faire armée de xx ou de xxx galées, il pouroit illecques avoir recours aus diz mariniers et gens de son royaume, senz daingier des deforains. Mais pour ce que plus volentiers yceuls mariniers et autres personnes frequentans la mer s'atrayassent et venissent illecques pour demourer, comme dit est, il convendroit de necessité que le Roy nostre sire octroyast, de grace especial, que touz ceulz qui y voudroient venir pour frequenter l'usaige de la mer fussent frans et quittes de toutes tailles, impositions et focaiges, jusques a v ans ou environ, et que pour quelconque marque donnée ou a donner, ne par quelconques statuz ou ordenances royaulx faites et a faire, il ne fussent vexé ne molesté, mais fussent traictié paisiblement, et peussent user et joir des priviliege, franchises et libertez que li autre habitant et neys du royaume de France ont acoustumé d'user et joir, et que avecques ce leur fust ottroyé que jusques a v ans ou environ il ne peussent estre contraint a paier leurs debtes a quelconques personnes que ce fust, a qui il seroient obligiez par contraz fais et celebrez hors du royaume de France.

Item, il n'est point de doubte que, ou cas ou l'en frequenteroit le dit gré par la maniere que dit est, on y pourroit fonder, en petit de temps, un siege de grans pierres, parmi le quel siege on pouroit faire illecques un bon port naturel, pour yverner jusques a xv ou xx grans nez, et grant quantité d'autre navire.

Item, ou cas ou le Roy nostre sire voudroit consentir à la fondation du dit port, et establir illecques cieux privilieges comme Saint

Loys ottroya au lieu d'Aigues Mortes, la Commune de Montpellier et li marchant habitant illecques, et qui voudroient frequenter et user le dit port de la Cauquilouse, feroient volentiers, si comme on dit, aucune composition et finance de deniers, selon leur possibilité, avec le Roy nostre sire ou ses gens ; et aussi voudroient bien que le denier pour livre, que on leve a Aigues Mortes pour la reparation du port, et les autres droiz royaux qui se levent illec fussent aussi levé ou dit gré ou en la ville de Lates, selon ce que le Roy nostre dit seigneur voudroit ordoner ; en tele maniere toutevoyes que le denier pour livre qui se leveroit pour la reparation du port ne fust convertiz en autres usaiges, fors seulement en la reparation et amendement du dit port de la Cauquilouse. Et certainnement, se le Roy nostre sire et son conseil veulent parfectement considerer les grans proffiz et emolumens que le seigneur y pouroit avoir ou temps avenir, il devroient legitimement consentir es choses dessus dites, tant pour le proffit du seigneur, comme pour le bien commun et accroissement de tout le royaume.

Item, ad ce que aucun voudroient dire que, ou cas ou port seroit fait ou dit gré de la Cauquilouse, le lieu d'Aigues Mortes seroit perdu, on respont que non, par raisons cy apres desclairées : premierement que, en donnant doubles gaiges aus personnes qui sont establies illec pour la garde du dit lieu, on trouveroit mult de bone gent qui volentiers y demouroient avec toute leur famile. Et avecques ce il covient de necessité que mult de gent de touz mestiers viegnent et habitent illecques, pour cause du sel et des salines qui sont ou dit lieu, et pour le grant gaain que il y font, ainssi comme ou lieu de Nostre Dame de la Mer, ou quel grant quantité de gent demeure pour le gaain et proffit du sel qui se fait illecques. Et ja soit ce que le dit lieu de Nostre Dame de la Mer soit en touz temps environnez d'aigue, neant moins il y demeurent pour le grant gaain et proffit que il y font pour cause du sel, et non pour autre labour ; car la terre d'environ ne porte autre fruit. Et aussi, pour cause des grans nez qui venroient et arriveroient ou dit port d'Aigues Mortes, il covenroit que mult de gent usassent et frequentassent de necessité ou dit lieu; et avecques ce que pluseurs pescheurs y venissent et demorassent pour la bonne pescherie qui y est. Et par ainssi le dit lieu d'Aigues Mortes ne demouroit desolé, tant pour les choses dessus dites, comme pour pluseurs autres raisons a dire en temps et en lieu.

Item, complus on enquierra et considerera le dit lieu d'Aigues Mortes, on trouvera que c'est un lieu qui ne se puet acroistre, ne jamais multitude de gent ne venroit habiter illecques; car par artifice d'omme quel qu'il soit on ne pouroit longuement maintenir bon port ou dit lieu; mais tout ce qui se despent en la reparation d'icelui est chose perdue, et a esté jusques au jour d'uy; et certainement, se le Roy nostre sire n'y pourvoit, il convenra en la fin que les mariniers et marchans frequentans ou dit port d'Aigues Mortes se pourvoient d'autre port, pour les grans perilz en que il sont chascun jour, pour les larrons, coursaires et desrobeurs, qui ont acoustumé acourir ou dit port, lequel est mult lontains du lieu d'Aigues Mortes. Et qui voudroit dire que, pour amender le dit port d'Aigues Mortes, qui chascun jour empire, on pourroit faire venir le Rone par le lieu d'Aigues Mortes, ad ce on respont en ceste maniere : que, ou cas ou ce se feroit, la chose costeroit mult grant somme de deniers, si comme chascun puet clerement cognoistre; et aussi la ville d'Aigues Mortes seroit en mult grant peril de perdre, et les salines aussi : car il n'est hons qui puisse dominer ne demener la riviere du Rone a sa volenté, si comme chascun puet appercevoir. Et avecques ce les terres basses de environ seroient perdues; et en la fin tout ce qui s'y feroit et despenderoit seroit perdu : et seroit grant dommage au Roy nostre sire et a touz ses subgiez, especialment des parties de par dela, et s'en ensuiroit tel dommage, qui seroit inreparable. Et de ce Monsieur le chancelier doit estre tout enfourmé; car il a esté sur le lieu en sa propre personne.

Arch. mun. de Montp., Arm. II, Cass. V, N° 61. Parchemin original, sans date énoncée.

# PIÈCES JUSTIFICATIVES.

## CLXIII.

**BULLE D'URBAIN V EN FAVEUR DU DRAPIER MONTPELLIÉRAIN BERNARD FRANC.**

(5 Février 1368.)

Urbanus episcopus, servus servorum Dei, dilectis filiis consulibus et universitati loci Montispessulani, Magalonensis diocesis, salutem et apostolicam benedictionem.

Casum depauperationis dilecti filii Bernardi Franci, vestri honorabilis et laudabilis comburgensis, tanto displicentius nuper a fidedignis audivimus, quanto ipsum, ob ejus fidelitatem, aliasque virtutes multiplices, ferventiori prosequimur caritate; gerimusque in votis quod ipse a tanta sui status depressione resurgat, et prioris vel quasi prosperitatis resumptione letetur, ad quod consequendum facilius vestre caritative subventionis auxilium noscitur oportunum. Ideoque dilectionem vestram, quanto affectuosius possimus, deprecamur, quatinus, mature considerantes quod, juxta doctrinam Apostoli, alter alterius onera portare debemus, circa relevationem depressi status ejusdem Bernardi, qui, propter bonum publicum et statum vestrum et ville Montispessulani, innocens passus est, oculos pietatis velitis dirigere, eique de aliquo vestro subsidio providere.

Datum Rome, apud Sanctum Petrum, non. februarii, pontificatus nostri anno sexto.

Arch. mun. de Montp., Arm. E, Cass. V. Original sur parchemin, avec sceau en plomb.

Au dos : *Dilectis filiis consulibus et universitati loci Montispessulani, Magalonensis diocesis.*

## CLXIV.

**ENQUÊTE PRESCRITE PAR CHARLES V SUR L'OPPORTUNITÉ DE LA CONCESSION DE DEUX FOIRES AUX HABITANTS DE MONTPELLIER.**

(6 Août 1368.)

Karolus, Dei gratia Francorum rex, dilecto et fideli thesaurario nostro Petro Scatisse, generali thesaurario subsidiorum, pro redemptione vel deliberatione inclite memorie domini et progenitoris nostri in partibus Occitanis ordinatorum, salutem et dilectionem.

Cum dilecti et fideles subditi nostri, consules, burgenses et habitatores ville nostre Montispessulani, a nobis duas nundinas in anno, certis ex causis, requisierint sibi a nostra majestate concedi, unam videlicet in crastino Ascensionis Dominice, et alteram in die Beati Luce evangeliste, in dicta villa Montispessulani tenendam, nos volentes cum magna deliberatione, patrie ac nostra utilitate vel incommodo pensatis, super hoc providere, vobis committendo mandamus, quatinus de et super commodo vel incommodo, quod ex dictarum concessione nundinarum nobis ac dicte patrie, vel locis vicinis, posset contingere, vos cum diligencia informetis, et informationem, quam super hoc feceritis, nobis vel dilectis et fidelibus gentibus nostri consilii, vestro sigillo cum vestro avisamento interclusis, fideliter remittatis, ut super hoc ordinare et etiam providere de gratia, prout nobis faciendum videbitur, attenta utilitate nostra et rei publice, valeamus.

Datum apud Nemus Vincenarum, VI$^a$ die augusti, anno Domini millesimo CCC° sexagesimo octavo, et regni nostri quinto.

Per regem, ad relationem consilii. De Montagu.

Arch. mun. de Montp., Arm. B, Cass. XII, N° 4. Original à queue de parchemin, sceau absent.

## CLXV.

LETTRES DE LOUIS, DUC D'ANJOU, LIEUTENANT-GÉNÉRAL EN LANGUEDOC, EN FAVEUR DES MARCHANDS DE MONTPELLIER, AU SUJET DU COURS DES MONNAIES.

(11 Septembre 1368.)

Loys, filz de roy de France, frere de monseigneur le Roy, et son lieutenant es parties de la Langue d'Oc, duc d'Anjou, conte du

Maine, au recteur de Montpeslier, et a touz commissaires commis et depputez es choses dessoubz escriptes, salut.

Comme nous vous eussons mandé et commis que, pour cause du trepassement des ordenances faictes pour monseigneur le Roy sur le fait de ses monnoyes, vous procedissiez contre aucuns singuliers marchans et autres de la ville de Montpeslier, nous vous mandons que contre les gens de la dicte ville ne aucun d'iceulz, pour cause du trepassement des dictes ordenances, ne procedez, de ci a un an prouchain venant, si non toutesvoies que les changeours ou autres feissent aler les billons hors du royaume, ou feissent autre si grant trespassement, que nous ne le peussons bonnement souffrir a passer soubz dissimulacion ; car les consuls en ont accordé pour eulz et pour la dicte ville avecques nous, en certaine maniere.

Donné a Thoulouse, le XI<sup>e</sup> jour de septembre, l'an de grace mil CCC sexante et huit.

Par mons. le duc. Du Breyl.

> Arch. mun. de Montp., Arm. dorée, Liasse VIII, N° 7. Original à queue de parchemin, sceau absent.
> Au dos : *Lettres de Louis, duc d'Anjou, au recteur de Montpellier, pour laisser jouir les marchands de Montpellier des cours des monoyes, pourvu qu'ils ne fassent aller les billions hors du royaume.*

## CLXVI.

LETTRES DE CHARLES V AUTORISANT L'ARRIVÉE DES BLÉS A MONTPELLIER PAR LE GRAU DE CAUQUILLOUSE, AUSSI BIEN QUE PAR LE PORT D'AIGUESMORTES.

(4 Août 1369.)

Charles, par la grace de Dieu roy de France, a noz amez et feaulz genz de noz comptes a Paris salut et dilection.

Les consulz, bourgois et habitans de la ville de Montpellier nous ont fait signefier que, pour cause de ce que les blesz et autres vivres sont admenez et apportez par le port d'Aigues Mortes en la dite ville de Montpellier, il convient faire grans coux, fraiz, missions et despenz, et plus grans d'assez que se on les admenast et feist venir par le port de la Cauquilhose, par lequel port plus tost seurement et legierement peussent venir, et a moins de coux et de despens, en la dite ville, que par le dit port d'Aigues Mortes; et la dite ville et tout le pais en fust plus habundamment publées et garnis, et a meilleur marchié; dont il est advenu et advient bien souvent que, pour les grans coux et despenz que pour faire venir les blefs et autres vivres du dit port d'Aigues Mortes convient faire, il a eu et a tresgrant chierté de blefs et autres vivres en la dite ville et pais; et par ainsi les marchans ne peuvent faire ne tenir leurs marchandises, et le poure et menu peuple n'a de quoy avoir sa sustentation, si comme il dient, en nous suppliant que, pour euls relever de ces choses, il nous plaise a eulz octroyer que les marchans puissent faire venir et arriver tous vivres et autres marchandises en la dite ville par le dit port de Cauquilhose, aussi bien que par le dit port d'Aigues Mortes, non contrestant les privilieges, usages et libertez d'icellui port d'Aigues Mortes, en paiant les paiages, redevances, coustumes et autres devoirs ou dit port de la Cauquilhose, aussi bien que ou dit port d'Aigues Mortes. Et comme ces choses ou aucunes d'icelles regardent et concernent nostre demaine, et que vous savez et devez mielx savoir la teneur des diz privilieges et libertez, que nos conseillers que nous avons pardeça, nous vous mandons et commettons, se mestiers est, que, toutes les choses dessuz dites, et chascune d'icelles, par vous diligemment et a grant advis considerées, veue aussi la teneur des diz privilieges, pourvoiez aus diz consulz, bourgois et habitans en ceste partie, de tele grace, remede et provision, comme vous verrez qu'il appartendra, et que vous nous conseillerez a le faire, et ce faites par tele maniere, qu'il ne les en conviengne plus retourner pardevers nous. Car ainsi le leur avons octroyé et octroyons, de nostre certaine science et grace especial, par ces presentes, eu regart et consideracion a tout ce que dit est, non contrestant ordenances, mandemens ou defenses a ce contraires.

Donné a Rouen, le IIII<sup>e</sup> jour d'aoust, l'an de grace mil CCC soixante neuf, et de nostre regne le sisieme.

Par le roy. Jabari.

Arch. mun. de Montp., Arm. H, Cass. V, N° 45. Original à queue de parchemin.

## CLXVII.

LETTRES DE LOUIS, DUC D'ANJOU, LIEUTENANT-GÉNÉRAL EN LANGUEDOC, RATIFIANT POUR LES VIGNES DU TERRITOIRE DE MONTPELLIER LA PRESCRIPTION D'UN MODE DE CULTURE PROPRE A FACILITER L'EXPORTATION DES VINS.

(15 Octobre 1369.)

Ludovicus, regis condam Francorum filius, domini regis germanus, ejusque locumtenens in partibus Occitanis, dux Andegavensis et comes Cenomanensis, senescallo Bellicadri, rectorique et bajulo Montispessulani, vel eorum locatenentibus, salutem.

Cum consules ville Montispessulani nuper, de consensu et voluntate populi ejusdem ville, in domo Consulatus dicti loci, ad sonum campane congregati, ut est moris populum dicte ville convocari, pro utilitate communi dicte ville, et ut vina crescencia in vineis territorii dicti loci melius et longiori tempore valeant conservari, possintque per mare et per terram ad loca remota, causa mercandi et aliter, portari, ordinaverint et statuerint ne vinee dicti territorii, seu pertinentiarum ipsius, debeant ullo tempore fimari, seu fimum in eis apponi, preterquam semel, dum noviter sunt plantate, vel probatgines cum ipsas in eis fieri contingit, et sine fraude; igitur vobis et vestrum cuilibet precipimus et mandamus, quatinus dictam ordinationem, de qua liquebit, teneri et observari faciatis de puncto in punctum, juxta ipsius seriem et tenorem, facientes publice preconizari per loca consueta dicte ville, quod nullus audeat aliquid in contrarium attemptare, sub certis penis fisco dandis, precipientes quod, si qui contrarium fecerint, ipsos taliter puniatis, quod ceteris transeat in exemplum.

Datum in Montepessulano, die XV mensis octobris, anno Domini M° CCC° LX nono.

Per dominum ducem, ad relationem consilii. Massuel.

Arch. mun. de Montp., Arm. E, Cass. VII, Liasse 34. Original à queue de parchemin, avec sceau en cire rouge.

## CLXVIII.

### LETTRES DE LOUIS, DUC D'ANJOU, LIEUTENANT-GÉNÉRAL EN LANGUEDOC, AU SUJET DU PÉAGE DE LA RADELLE.

(15 Mars 1369-70.)

Ludovicus, regis condam Francorum filius, domini nostri regis germanus, ejusque locumtenens in partibus Occitanis, dux Andegavensis et comes Cenomanensis, senescallo Bellicadri et rectori regio Montispessulani, vel eorum locatenentibus, salutem.

Ad supplicacionem dilectorum et fidelium dicti domini mei regis et nostrorum, consulum ville Montispessulani, asserencium quod magister Petrus Torelli et quidam alii curiales curie Lunelli, de facto et novo more compellere nituntur Petrum Poiole et plures alios mercatores Montispessulani ad transeundum cum suis mercaturis per passum qui dicitur de Rudella, veniendo de Aquis Mortuis versus Montempessulanum, et econtra, et ibidem in dicto passu solvendum pedagium seu vectigal, quod asserit pro tali ibi deberi, licet cuique sit licitum, de jure communi quo presens patria gubernatur, ire, transire et redire, cum mercaturis, licitis tamen et non prohibitis, per vias quas vult, et que sibi placent, et, licet hoc aliter non fuerit usitatum, novum vectigal, quantum in se est, dampnabiliter indicendo; vobis et vestrum cuilibet in solidum mandamus, si opus fuerit comittentes, quatinus dicto magistro Petro, et aliis de quibus opportunum fuerit, inhibeatis, ex parte regia atque nostra, quibus etiam nos tenore presencium inhibemus, ne, sub pena mille marcharum argenti, dicto domino meo regi atque nobis applicanda, dictum Petrum, seu alios quoslibet habitatores dicte ville, pretextu nove exaccionis predicte, seu novi modi exaccionis ipsius, vel aliter quam sit consuetum, aliqualiter inquietent vel molestent. Quod si desistere noluerint, ipsos ad desistendum totaliter viriliter et rigide compellatis, seu compelli faciatis, et facta in contrarium, si que fuerint, revocetis, et ad statum pristinum et debitum reducatis indilate; que nos eciam revocamus per presentes, eaque dictis supplicantibus et singularibus concedimus, de certa et expressa sciencia, et speciali gracia, et ex causa, opposicionibus, appellacionibus, recusacionibus et diffugiis frivolis, litterisque in contrarium concessis et concedendis, non obstantibus quibuscumque.

Datum in Montepessulano, die XV mensis marcii, anno Domini millesimo trescentesimo sexagesimo nono.

Per dominum ducem. Tourneur.

Arch. mun. de Montp., Arm. E, Cass. II, N° 29. Original à queue de parchemin, sceau pendant.

## CLXIX.

LETTRES DE LOUIS, DUC D'ANJOU, LIEUTENANT-GÉNÉRAL EN LANGUEDOC, INTERDISANT L'EXPORTATION DES GRAINS.

(20 Décembre 1370.)

Ludovicus, regis quondam Francorum filius, domini nostri regis germanus, ejusque locumtenens in tota Linga Occitana, dux Andegavensis et Turonensis, comesque Cenomanensis, senescallis Tholose, Carcassone et Bellicadri, ceterisque justiciariis et officiariis, ad quos presentes littere pervenerint, vel eorum locatenentibus, salutem.

Ad nostrum nuper pervenit auditum, quod nonnulli mercatores et alie persone magnas bladorum et granorum quantitates de dictis vestris senescalliis, causa vendendi extra regnum Francie, extraxerunt, et de die in diem extrahere non desinunt; et sic tota Linga Occitana, infra breve tempus, victualibus neccessariis dictorum bladorum denudata et expoliata remanebit, et gentes et habitatores dicte Lingue, propter deffectum victualium predictorum, fame morientur et periclitabunt, nisi per nos super predictis provideatur de remedio opportuno. Quocirca nos volentes, prout tenemur, futuris dampnis et periculis rem publicam tangentibus posse nostro obviare, vobis et vestrum cuilibet, prout ad eum pertinuerit, districte precipimus et mandamus, quatinus per loca vobis subdita, in quibus est consuetum talia preconisari, et in quibus expedierit, voce preconia, sub certis et magnis penis, dicto domino nostro sive nobis applicandis, et sub omni alia pena, quam erga dictum dominum nostrum incurrere possent, preconisari et proclamari ac inhiberi faciatis, ut aliqui mercatores, seu alie quevis persone, cujuscumque condictionis existant, blada seu grana de dictis vestris senescalliis et tota patria Lingue Occitane minime extrahant, seu extrahere audeant; et, si forsan contra predictam proclamacionem et inhibicionem facere presumpserint, ipsos taliter puniatis, quod cedat ceteris in exemplum; quia predicta sic fieri volumus, et de gracia concedimus speciali, si sit opus, mandatis et litteris in contrarium subrepticiis, impetratis seu impetrandis, non obstantibus quibuscumque.

Datum Tholose, die vicesima decembris, anno Domini millesimo CCC$^{mo}$ septuagesimo.

In requestis. Carrier.

> Arch. mun. de Montp., Arm. B, Cass. XX, N° 24. Original à queue de parchemin, avec fragment de grand sceau en cire rouge.

## CLXX.

**LETTRES DE CHARLES V PRESCRIVANT ENQUÊTE ET RÉPRESSION TOUCHANT LES ABUS COMMIS PAR LES PÉAGERS DE LA VIGUERIE DE BÉZIERS.**

(31 Janvier 1371-72.)

Karolus, Dei gracia Francorum rex, vicario Biterris, vel ejus locumtenenti, salutem.

Ex gravi querimonia mercatorum bladorum et aliarum mercaturarum Montispessulani, et plurium aliarum regni partium, portus et passagia Agathe, Marsillie, et aliquorum aliorum locorum in exitu regni frequentancium, in hac parte consortum, percepimus quod, dum contingit eos, seu eorum gentes, transitum facere per dictos portus et passagia et districtus, cum bladis et aliis suis mercaturis licitis, nec in aliquo ad vehendum et transportandum vetitis, quidam, qui ibidem dicuntur pro nobis servientes seu custodes esse deputati, ne billonum monete et alie res et mercature prohibite per ipsos portus et passagia de regno ad imperium transferantur, conquerentes ipsos cum dictis suis mercaturis per eosdem portus et passagia transire non permittunt, quousque pro hujusmodi suis mercaturis licitis ad transportandum pecunias extorquerint ab eisdem, nuncupantes hujusmodi pecunie extorsionem pro eorum vino esse, ipsos exponentes ad tales extorsiones, rancones per mercaturarum suarum arrestacionem, eorum transitus dilatacionem, et alia plura impedimenta et vias indirectas trahendo, suis circa id officiis abutendo, roberiamque comittendo, et aliter quamplurimum delinquendo; ex quarum siquidem oppressionum et extorsionum illacione, mercatores suas per dicta loca et passagia mercaturas transportare retardantur, et ex hoc nobis et ipsis ac rei publice magnum dampnum et prejudicium generatur; nostre provisionis remedium implorantes. Quocirca nos, qui talia, que, si vera sint, punicione celeri sunt digna, sub dissimulato velamine nolumus remanere impunita, vobis mandamus, et, attento quod predicta in vestra vicaria commissa sunt, si opus sit, comittimus, quatenus de et super extorsionibus, oppressionibus, et aliis predictis vos diligenter et secrete informetis, et contra illos, quos de hiis culpabiles aut verisimiliter suspectos repereritis, vocato et audito procuratore nostro, cum ceteris evocandis, viis debitis, quibus facti qualitas hoc exposcet, procedatis, ac eosdem super his taliter, juxta sua demerita, mediante justicia, in officiis, bonis vel corporibus, puniatis et corrigatis, quod nobis, justicie et parti sufficiat, et quod metu pene ceteri a comittendis similibus vel aliis criminibus resipiscant, litteris subrepticiis non obstantibus quibuscumque.

Datum Parisius, die ultima januarii, anno Domini millesimo CCC$^{mo}$ septuagesimo primo, et regni nostri octavo.

In requestis hospicii per laycos. Hugo.

Arch. mun. de Montp., Arm. H, Cass. V, N° 46. Original à queue de parchemin.

## CLXXI.

**LETTRES DE SAUVEGARDE ET DE FRANCHISE DU ROI DE NAVARRE CHARLES LE MAUVAIS EN FAVEUR DES MARCHANDS DE MONTPELLIER.**

(20 Juillet 1372.)

Karolus, Dei gracia rex Navarre, comes Ebroycensis et dominus Montispessulani, tam partis nove quam antique, ac rectorie et baronie ejusdem, universis presentes litteras inspecturis salutem.

Celsitudinis regalis, quam decet et expedit locupletes habere subjectos, interest sic suorum subditorum comoda ampliare, et munificentia speciali decorare, quod sic inde se sentiant refectos, ut ad complacendum eidem celsitudini fortius et ferventius solito animentur. Hinc quod nos, attendentes grata obsequia dilectorum et fidelium nostrorum consulum et populi dicte nostre ville Montispessulani, ipsos consules et populum, et eorum singulos, tociens quociens opus fuerit, hinc ad quinquennium a data presentium computandum, euntes, stantes, redeuntes, seu alias transeuntes per regnum nostrum Navarre, et terras seu loca nostra comitatus Ebroycensis et patrie Normannie, causa mercandi, vel peregrinandi, aut alias negociandi, in nostris salvagardia salvoque et securo conductu suscepimus et suscipimus per presentes. Et ad majorem graciam faciendam dilectis et fidelibus nostris burgensibus, habitatoribus, et universitati dicte ville nostre Montispessulani, in dicta villa propria domicilia habentibus, ipsos et quemlibet eorundem, per tempus predictum, quitos, liberos et inmunes esse volumus, pro personis, equitaturis, mercaturis, et aliis bonis suis, ab omnibus talliis, pedatgiis, leudis et vectigalibus quibuscunque, impositis ibi et imponendis ; que eisdem concessimus et concedimus de nostra certa sciencia et gracia speciali per presentes; mandantes omnibus et singulis justiciariis, officiariis et subditis nostris, et cuilibet eorundem, aut eorum locatenentibus, ut dictos consules, burgenses, populum, universitatem, et eorum singulos, presentes seu vidimus aut copiam earundem sub sigillo curie palatii nostri Montispessulani deferentes, dictis nostris concessionibus et qualibet earundem, tempore predicto durante, uti et gaudere pacifice faciant et quiete, nilque in contrarium attemptando, vel attemptari permitendo ; sed potius facta in contrarium, si que fuerint, revocent, et ad statum pristinum reducant, seu reduci faciant, visis presentibus, aut vidimus seu copia earundem, indilate, et absque alterius expectatione mandati.

Datum in villa nostra Montispessulani, vicesima die mensis julii, anno Domini millesimo triscentesimo septuagesimo secundo.

Per regem in consilio, in quo erant domini cancellarius, gubernator, Jacobus Maissendis, Jacobus Rebuffi, Hugo de Aussaco, et plures alii. Froissart. — Mayssen. Registratum.

Arch. départ. de l'Hérault, Fonds des consuls de mer de Montp., B, 71. Original sur parchemin, sceau détaché.

## CLXXII.

**BREF D'ÉTIENNE DE POISSY, CARDINAL DE SAINT-EUSÈBE, PORTANT ABSOLUTION EN FAVEUR DES HABITANTS DE MONTPELLIER POUR DÉLITS DE COMMERCE.**

(27 Août 1373.)

Stephanus, miseratione Divina tituli Sancti Eusebii presbiter cardinalis, discreto viro vicario in spiritualibus, aut officiali episcopi Magalone, salutem in Domino.

Ex parte consulum et hominum ac habitatorum utriusque sexus Montispessulani, Magalonensis dyocesis, oblata nobis petitio continebat, quod ipsi olim, seu eorum aliqui, cum nonnullis hominibus socialibus, per processus apostolicos *Ad reprimendas* et *Miserabilis* incipientes, ac a jure excommunicatis, emendo et vendendo, ac in cibo, potu et loquela, sed non aliter, nec in crimine participando, excommunicationis incurrerunt sententiam, in tales per dictos processus et a jure generaliter promulgatam : super quibus supplicari fecerunt humiliter, eis per Apostolicam Sedem misericorditer provideri. Nos igitur, auctoritate domini Pape, cujus primarie curam gerimus, et de ejus speciali mandato, super hoc vive vocis oraculo nobis facto, discretioni tue comittimus, quatinus, si est ita, postquam quicquid ex dictis emptione et venditione lucrati fuerunt Christi pauperibus erogaverint cum effectu, ipsos consules, homines et habitatores a dictis sententiis et hujusmodi excessibus absolvas, in forma Ecclesie consueta, et injungas inde ipsorum cuilibet, auctoritate predicta, pro modo culpe, penitentiam salutarem, quodque in similibus de cetero non excedant, habiturus te taliter in predictis, quod nulli dictorum supplicantium detur, occasione alicujus exactionis, materia conquerendi.

Datum Avinioni, VI kal. septembris, pontificatus domini Gregorii pape XI anno tertio. Benedictus.

Collatio facta est cum originalibus litteris, anno Domini M° CCC° LXXIII°, die XVᵃ mensis septembris per nos notarios. P. Egidii. J. Peyrussoni.

Arch. mun. de Montp., *Grand Thalamus*, fol. 142 v°.

## CLXXIII.

#### LETTRES DE LA REINE JEANNE DE NAVARRE AU SUJET DES HÔTELLERIES DE MONTPELLIER.

(2 Octobre 1373.)

Pateat universis quod nos Stephanus de Claperiis, burgensis, bajulus tocius ville Montispessulani pro serenissimo principe domino nostro rege Navarre, domino tocius dicte ville, rectorieque et baronie ejusdem, vidimus, tenuimus, et diligenter inspeximus quasdam patentes litteras recolende memorie domine nostre condam regine Navarre, et ejus sigillo cere rubee impendenti earum sigillatas, quarum tenor talis est :

Johanna, regis condam Francorum primogenita, Dei gracia regina Navarre, comitissa Ebroicensis, tociusque ville Montispessulani, baronie, rectorie ac parvi sigilli ejusdem domina, vicegerens domini mei in terris quas habet in regno Francie, in sua absencia, dilecto et fideli nostro gubernatori Montispessulani, aut ejus locumtenenti, salutem.

Cum nuper, ex relacione nonnullorum dilectorum nostrorum consulum ville nostre Montispessulani, graviter querelancium, noticie nostre pervenerit quod dominus Jacobus Mayssendis, legum doctor, judex seu assessor curie palacii nostri Montispessulani, et locumtenens vester, preceperit et mandaverit, nec non, sub certis et magnis penis, domino nostro et nobis applicandis, injunxerit omnibus hostalariis ville predicte, quod singulis diebus in cero omnes hospites suos advenas et transeuntes vobis et dicto domino Jacobo, locumtenenti vestro, denunciarent et notificarent, super predictis juramentum ab eis exigendo, que omnia dicti consules asserunt et dicunt fore contra privilegia, libertates, usus et consuetudines dicte ville, nobis humiliter supplicantes super hiis sibi de remedio provideri opportuno; nos itaque, volentes dictos consules favore benigno prossequi, licet gentes domini mei atque nostre, pro jure ipsius et nostro, super predictis asserant dicta precepta valere et tenere, litem seu controversiam de hoc cessare jussimus, et mandamus per presentes quatenus omnia precepta super predictis facta revocetis et anulletis. Nostre tamen intencionis est, et per presentes ordinamus, quod ea, que facta sunt hinc et inde, circa negocium prelibatum, videlicet tam pro parte gencium domini mei quam eciam dictorum consulum, pro non factis habeantur et repputentur, ac si nunquam facta fuissent, et quod propter hoc dictis partibus, aut earum alteri, nullum prejudicium quomodolibet generetur, sed jus suum circa hec prossequi valeant, quociens voluerint, in futurum; mandantes rectori rectorie nostre Montispessulani, et, si opus fuerit, commitendo, quatenus predicta omnia et singula, in vestri deffectu, si in predictis negligens et morosus fueritis, tenere et observare faciat indilate, nilque, quoad predicta, contra libertates, franquisias, privilegia, usus, mores et consuetudines ville predicte, quibus acthenus debite et pacifice usi sunt, fieri faciat seu permittat; et, si aliquid in contrarium factum fuerit, seu attemptatum, omnia et singula ad statum pristinum et debitum reducat, que nos casu predicto reducimus per presentes.

Datum Ebroycis, secunda die octobris, anno Domini M° CCC° LXX tercio.

Per reginam in consilio suo. Pasqryn.

In quarum visionis et diligentis inspectionis testimonium, nos dictus bajulus sigillum autenticum nostre curie hic duximus appendendum.

Actum et datum in Montepessulano, die XVII mensis januarii, anno Domini M° CCC° LXX tercio.

Collacio facta cum originali.

>Arch. mun. de Montp., Arm. G, Cass. II, N° 25. Original à queue de parchemin, avec sceau pendant.
>Au dos : *Littere domine Regine super facto ostaleriorum.* 1373.

## CLXXIV.

LETTRES DE PROVISION POUR LES CONSULS CHARGÉS DE REPRÉSENTER LE COMMERCE DE MONTPELLIER DANS LES ÉCHELLES DU LEVANT.

(23 Juin 1374. — 11 Décembre 1400.)

### I.

Universis et singulis dominis, presidentibus, potestatibus, presidibus, vicariis, judicibus, consulibus, et aliis quibuscumque, quamcumque jurisdictionem vel officium ubicumque exercentibus vel habentibus, vel eorum locatenentibus, consules ville Montispessulani, salutem et prosperos ad vota successus.

Vobis et vestrum cuilibet notum facimus per presentes, quod nos, confidentes de probitate, legalitate et industria comprobatis prudentis viri Jacobi Guillelmi, piperarii, oriundi dicti loci Montispessulani, ad presens in insula Rothdi degentis, eumdem Jacobum Guillelmi fecimus et instituimus, tenoreque presentium, ut est moris, facimus et creamus consulem mercatorum Montispessulani, et vicinorum Montispessulani navigantium, nunc et in posterum ad ipsas partes Rothdi confluentium, et etiam mercaturarum eorumdem, ad emolumenta consueta, quandiu tamen nostre et successorum nostrorum dicte ville consulum placuerit voluntati, videlicet ad faciendum et exercendum in dictis partibus omnia et singula ad ipsum consulatus officium quomodolibet spectantia, et que per alios consules mercatorum Montispessulani, ab olim in dictis partibus institutos, fieri consueverunt, atque possunt et debent; mandantes tenore presentium dictis mercatoribus, et aliis quibuscumque nobis subditis, non subditos in juris subsidium requirentes, ut dictum Jacobum tanquam consulem predictum recipiant et admittant, et dicto officio, privilegiis et libertatibus, nobis et dictis mercatoribus in dictis partibus concessis, uti faciant et permittant paciffice, omni impedimento cessante, et in hiis que ad dictum pertinent consulatus officium.... pareri faciant et intendi, taliter,... si placet, quod dicti consules et mercatores dictis privilegiis libere gaudeant et utantur, nosque vobis et vestrum cuilibet teneamur ad merita gratiarum, atque in omnibus vobis gratis toto posse obedire....

In cujus rei testimonium, sigillum nostrum commune presentibus duximus appendendum.

Actum et datum in Montepessulano, in domo dicti nostri Consulatus, die XXIII junii, anno Domini M° CCC° LXXIIII°.

> Arch. mun. de Montp., Arm. A, Cass. XIII, Liasse 6, Minute sur papier.
> Au dos : *Forma electionis consulis mercatorum, in aliquo loco partium remotarum.*

## II.

Universis et singulis dominis, gubernatoribus, bajulis, judicibus, et aliis quibuscumque, in urbe Alexandria ultra mare et alibi ubilibet constitutis, ad quos presentes littere pervenerint, vel eorum locatenentibus, consules ville Montispessulani, salutem cunctis felicitatibus oppulentam.

Notum facimus per presentes quod nos, ad instantem postulationem nonnullorum mercatorum Montispessulani, et quorumdam aliorum circumvicinorum nostrorum, sub nomine et consulatu nostris ad partes predictas frequenter confluentium, quoscumque alios consules, per quosvis alios predecessores nostros in dictis partibus constitutos, ex tenore presentium revocantes, informati de sufficentia, probitate et legalitate prudentis viri Petri de Podio sicco, mercatoris **Montispessulani**, eumdem Petrum fecimus et instituimus, atque per presentes facimus et creamus consulem dictorum mercatorum, concivium et vicinorum nostrorum, in dictis partibus frequentantium, ad comoda et emolumenta consueta, et quandiu nostre et nostrorum quorumcumque in dicto nostro consulatus officio successorum placuerit voluntati, scilicet ad regendum, tuhendum, deffendendum et gubernandum dictos mercatores, concives et vicinos nostros, eorumque familiares, ac mercaturas et bona, et de debatis que inter ipsos oriri continget cognoscendum, audiendum, examinandum, et fine debito cum suis dependentiis terminandum, in partibus predictis, prout fieri debet, et est aliter in talibus et similibus consuetum, et generaliter ad dicendum et faciendum, in premissis et dependentibus ex eis, in dictis partibus omnia et singula, que ad talis consulis oficium pertinere noscuntur, et que per talem et similem consulem fieri consueverunt atque debent, vos dominos et quemlibet vestrum requirentes et affectuose deprecantes, nobis subditis precipiendo, ut dicto Petro tanquam consuli prefato, si placet, intendatis, parerique ac obediri et intendi faciatis, in hiis que ad ipsum consulatus oficium noscuntur quomodolibet pertinere, dictosque mercatores nostros et concives, si placet, faciatis et permittatis [gaudere] privilegiis et libertatibus, quibus alii mercatores in dictis partibus frequentantes gaudent et gaudere consueverunt.

In cujus rei testimonium, presentes litteras fieri fecimus nostri sigilli communis, quo in talibus utimur, appensione muniri, in domo dicti nostri Consulatus Montispessulani, die XIII mensis junii, anno Domini M° CCC° LXXX sexto.

Arch. mun. de Montp., Arm. A, Cass. XIII, Liasse 6. Minute sur papier.

### III.

Universis et singulis dominis, gubernatoribus, potestatibus, capitaneis, judicibus, et aliis officiariis quibuscumque, in urbe et patria Alexandrie ultra mare et alibi constitutis, ad quos presentes littere pervenerint, vel eorum locatenentibus, consules ville Montispessulani, in regno Francie, salutem et successus ad vota prosperos et felices.

Meminimus discretum virum Petrum de Podio sicco, mercatorem Montispessulani, olim per tunc consules ejusdem loci, ad instantem postulationem nonnullorum mercatorum hujus loci, et aliorum patrie circumvicine, fuisse electum et institutum consulem mercatorum loci ipsius et patrie predicte, ad vestras partes confluentium, ad vadia et emolumenta consueta, que erant inter alia duorum quartorum pro centenari, quandiu dominorum tunc consulum et suorum successorum placeret voluntati. Nunc igitur, ad requisitionem regentium et aliorum mercatorum harum ville et patrie, dictum oficium consulatus dicto Petro de Podio sicco tenore presentium confirmantes, illudque sibi de novo conferentes, si sit opus, quandiu tamen nostre et nostrorum in dicto consulatus officio successorum placuerit voluntati, ad comoda videlicet et emolumenta trium quartorum pro centenari, et hoc pro tribus annis continuis sequendis post publicationem presentium, dicto Petro facienda, quibuscumque aliis consulibus per quoscumque predecessores nostros in dictis partibus vestris constitutis scienter revocatis, vos dominos et quemlibet vestrum instanter requirimus et affectuose deprecamur, quatinus dicto Petro de dictis vadis et emolumentis pro dicto termino integre responderi faciatis, et ulterius ipsum dicto consulatus officio uti et gaudere, si placet, faciatis et permittatis, omni impedimento cessante, mercatoresque nostros et dictos vicinos nostros privilegiis et libertatibus consuetis pacifice et libere perfrui et letari, et dicto Petro de Podio sicco, in hiis que ad dictum consulatus oficium pertinent, pareri efficaciter et intendi.

Datum et actum in Montepessulano, in domo nostri Consulatus, sub nostri sigilli autentici testimonio, die duodecima mensis julii, anno Domini M° CCC° nonagesimo secundo.

Arch. mun. de Montp., Arm. A, Cass. XIII, Liasse 6.<br>Minute sur papier.

## IV.

Universis et singulis dominis, gubernatoribus, potestatibus, capitaneis, bajulis, judicibus, et aliis officiariis quibuscumque, in urbe et patria Alexandrie ultra mare et alibi constitutis, ad quos presentes littere pervenerint, vel eorum locatenentibus, consules ville Montispessulani, in regno Francie, salutem et successus ad vota prosperos et felices.

Notum facimus per presentes quod nos, ad instantem postulacionem et requisicionem regencium mercatorum navigancium, et eciam nonnullorum mercatorum Montispessulani, et quorumdam circumvicinorum nostrorum, sub nomine et consulatu nostris ad partes predictas frequenter confluencium, informati igitur de sufficiencia, probitate et legalitate prudentis viri Johannis Fornerii, mercatoris Montispessulani, fecimus et instituimus, atque per presentes facimus et creamus consulem dictorum mercatorum, concivium et vicinorum nostrorum, in dictis partibus frequentancium, ad comoda et emolumenta consueta, scilicet duorum quartorum per centenam, et quandiu nostre et nostrorum quorumcumque in dicto nostro consulatus officio successorum placuerit voluntati, videlicet ad regendum, tuhendum, deffendendum et gubernandum dictos mercatores, concives et vicinos nostros, eorumque familiares, ac mercaturas et bona, et de debatis que inter ipsos oriri continget cognoscendum, audiendum, examinandum, et fine debito in suis deppendenciis terminandum, in partibus predictis, prout fieri debet, et est aliter in talibus et similibus consuetum, et generaliter ad dicendum et faciendum in premissis et deppendentibus ex eis, in dictis partibus, omnia et singula, que ad talis consulis officium pertinere noscuntur, et que per talem et similem consulem fieri consueverunt atque debent, vos dominos et quemlibet vestrum requirentes et affectuose deprecantes, nobis subditis precipiendo, ut dicto Johanni tanquam consuli prefato, si placet, intendatis, parerique ac obediri et intendi faciatis, in hiis que ad ipsum consulatus officium noscuntur quomodolibet pertinere, dictosque mercatores nostros et concives, si placet, faciatis et permittatis [gaudere] privilegiis et libertatibus, quibus alii mercatores in dictis partibus frequentantes gaudent et gaudere consueverunt.

Datum et actum in Montepessulano, in domo nostri Consulatus, sub nostri sigilli autentici testimonio, die XI mensis decembris, anno Domini millesimo quatercentesimo.

Arch. mun. de Montp, Arm. A, Cass. XIII, Liasse 6.
Minute sur papier.

## CLXXV.

LETTRES DE LOUIS, DUC D'ANJOU, LIEUTENANT-GÉNÉRAL EN LANGUEDOC, AUTORISANT L'IMPORTATION DES BLÉS A MONTPELLIER.

(26 Septembre 1374.)

Loys, filz de roy de France, frere de monseigneur le Roy et son lieutenent en toute Lengue d'oc, duc d'Anjou et de Touraine, et conte du Maine, aulx seneschaux de Beaucaire et de Carcassonne, ou a leurs lieuxtenens, et a chascun d'eulx, salut.

De par les consulz et habitans de la ville de Montpeslier nous a esté exposé, en eulx griefment complaignant, que, ja soit ce que de touz temps, pour la substentation de la dicte ville, environ laquelle ne croist pas si grant quantité de blez que il peust suffire a la mendre partie du vivre des habitans d'icelle, ilz aient acoustumé de en achater et faire achater en pluseurs villes et lieux des dictes seneschaucies, pour la provision d'icelle, et pour ce en aient n'a gayres achaté et fait achater par les dictes seneschaucies, des quels blez les aucuns de la dicte ville de Montpeslier ont paié tout ou partie, et les autres ont fait certains pacs et convenances, et baillez les deniers a Dieu aux marchans avecques les quelx ilz ont faiz leurs merchiez; et neantmoins vous, ou voz lieuxtenens, par vertu de certaine deffense ou commandement que nous devons avoir faits, que nulz blés ne se traie de lieu en autre, pour doubte que l'on ne les tire hors du royaume, ne lessiés ne souffrés trayre aux diz consulz ne habitans les blés que ilz ont achatez, paiez ou en errez, comme dit est, la quelle chose est en leur tres grant grief, prejudice et domaige, requerans que, comme environ la dicte ville de Montpeslier il ne croisse que si petit de blez que ilz ne peuent avoir de quoy eulx vivre, il nous pleust sur ce leur pourveoir de nostre grace. Pour ce est il que nous, inclinans a leur supplication, voulans ycelle avoir bon effect, et considerans la grant necessité que ilz ont au jour d'uy d'avoir blez pour leur vivre, vous mandons et commandons, si expressement comme plus poons, que tantost, et sanz aucun delay, veu ces presentes, et sur paine d'encourir nostre endignation, vous lessiés et souffrés lever et traire aux diz consulz et habitans les blez que ilz auront achatez et en errez, comme dit est, et yceulx mener au dit lieu de Montpeslier, et ailleurs, telle part que il leur plaira, au dedens de la baronnie dessus dicte, tant seulement pour la substentation d'icelle, en deffendant le plus efforcement que vous porrez, a certain et grosses paines, a touz les juges, consulz, officiers et autres des dictes seneschaucies, et a chascun d'eulx, que en la traicte des diz blez ilz ne metent ou souffrent estre mis aucun empeschement, par quelle que voie que ce soit ou puisse estre, mais en lessiés joir pasiblement lez diz consulz et habitans, selon la teneur de ces presentes, non obstant la dicte deffense, ne quelconques lettres impetrées ou a impetrer, inhibicions, mandemens ou deffenses, de bouche ou autrement faites ou a faire au contraire. Car ainssi le voulons nous estre fait, et de grace especial l'avons octroié et octroions, par la teneur de ces presentes, aux diz consulz et habitans, de l'auctorité et puissance a nous attribué de Moseigneur, dont nous usons en ceste partie, par ainssin que les diz consulz et habitans, qui les diz blez trairont et leveront es lieux de la dicte seneschaucie, jureront aus saints Euvangiles de Dieu, que yceulx blez ils ne porteront ne ne feront porter ne mener dehors des lieux de la dicte ville et baronnie de Montpeslier.

Donné à Thoulouse, soubz le scel de nostre secret, en absence de nostre grant, le XXVI° jour de septembre, l'an de grace mil trois cens soixante et quatorze.

Par monseigneur le duc. De Dubruelh.

> Arch. mun. de Montp., Arm. B, Cass. XX, N° 21, 22, 23 et 24 *bis*. Copies officielles et vidimées, dont une sur papier et trois sur parchemin.

## CLXXVI.

#### TROIS BULLES DE GRÉGOIRE XI AU JUGE D'ARBOREA, AU DOGE DE GÊNES ET AU ROI D'ARAGON, EN FAVEUR DES HABITANTS DE MONTPELLIER.

( 30 Septembre 1374. )

Gregorius episcopus, servus servorum Dei, dilecto filio nobili viro Mariano, judici Arboree, salutem et apostolicam benedictionem. Sincere devotionis affectus, quem ad nos et Romanam Ecclesiam gerere comprobaris, spem ingerit indubiam cordi nostro, quod preces nostras tibi directas prosecutione laudabili adimplebis. Cum itaque dilecti filii consules ville Montispessulani, Magalonensis diocesis, que quidem villa ejusdem Ecclesie Romane est camera, sicut nobis nuper exponere curaverunt, certa quantitate grani, propter necessitates sibi et habitatoribus dicte ville imminentes, indigeant de presenti, et propterea certas gentes suas, ut eis in hoc subvenias, ad te destinare velint infra breve, nobilitatem tuam rogamus et hortamur in Domino, eam attentius deprecantes, quatinus, pro nostra et Apostolice Sedis reverentia, prefatos consules et villam Montispessulani in premissis habens, prout plene confidimus, favorabiliter commendatos, predictis gentibus eorum de hujusmodi grano, eorum sumptibus et expensis, prout liberalius poteris, providere sinceritas tua velit.

Datum apud Villamnovam, Avinionensis diocesis, II kal. octobris, pontificatus nostri anno quarto.

> Arch. mun. de Montp., Arm. E, Cass. V. Expédition originale sur parchemin, avec sceau en plomb.

Gregorius episcopus, servus servorum Dei, dilectis filiis nobili viro de Campofregoso duci, ac comuni et populo Januensium, salutem et apostolicam benedictionem.

Cum dilecti filii consules ville Montispessulani, Magalonensis diocesis, que quidem villa Romane Ecclesie est camera, certas gentes suas ad insulam Sardinie, pro grano emendo, cum ipsis et habitatoribus dicte ville non modica necessitas immineat, destinare velint infra breve, ac eis favor vester sit plurimum oportunus, circumspectionem vestram rogamus et hortamur in Domino, eam attentius deprecantes, quatinus, pro nostra et Apostolice Sedis reverentia, prefatos consules eorumque gentes habentes, prout plene confidimus, favorabiliter commendatos, gentibus vestris dare velitis in mandatis, ut hujusmodi gentibus dictorum consulum et ville Montispessulani in personis, navigiis, grano et aliis rebus suis, nullam inferant injuriam, molestiam vel offensam, nec ab aliis, quantum in eis fuerit, inferri permittant; ac eisdem gentibus dictorum consulum et ville Montispessulani de securo conductu, si a vobis illum petierunt, sic libere, pro nostra et ejusdem Sedis reverentia, provideatis, quod vestra possit exinde apud nos devotio merito commendari.

Datum apud Villamnovam, Avenionensis diocesis, II kal. octobris, pontificatus nostri anno quarto.

<small>Arch. mun. de Montp., Arm. E, Cass. V. Expédition originale sur parchemin, avec sceau en plomb.</small>

Gregorius episcopus, servus servorum Dei, carissimo in Christo filio Petro, regi Aragonum illustri, salutem et apostolicam benedictionem.

Cum dilecti filii consules ville Montispessulani, Magalonensis diocesis, que quidem villa Romane Ecclesie est camera, certas gentes suas ad insulam Sardinie, pro grano emendo, cum ipsis et habitatoribus dicte ville non modica necessitas immineat, destinare velint infra breve, ac eis favor regius sit plurimum oportunus, serenitatem tuam rogamus et hortamur in Domino, eam attentius deprecantes, quatinus, pro nostra et Apostolice Sedis reverentia, prefatos consules eorumque gentes habens, prout plene confidimus, favorabiliter commendatos, gentibus tuis dare velis in mandatis, ut eisdem gentibus dictorum consulum ville Montispessulani in personis, navigiis, grano et aliis rebus suis, nullam inferant injuriam, molestiam vel offensam, nec ab aliis, quantum in eis fuerit, inferri permittant; ac eisdem gentibus dictorum consulum ville Montispessulani de securo conductu, si a te illum petierint, sic libere, pro nostra et ejusdem Sedis reverentia, provideas, quod tua possit exinde apud nos devotio merito commendari.

Datum apud Villamnovam, Avinionensis diocesis, II kal. octobris, pontificatus nostri anno quarto.

Arch. mun. de Montp., Arm. E, Cass. V. Expédition originale sur parchemin, sceau enlevé.

## CLXXVII.

SAUF-CONDUIT DE LOUIS, DUC D'ANJOU, LIEUTENANT-GÉNÉRAL EN LANGUEDOC, EN FAVEUR DE CEUX DES MARCHANDS DE MONTPELLIER QUI SE RENDAIENT A LA FOIRE DE SAINT-AMANS (DE PÉZENAS).

(26 Octobre 1374.)

Ludovicus, regis quondam Francorum filius, domini nostri regis germanus, ejusque locumtenens in tota Lingua Occitana, dux Andegavensis et Turonensis, ac comes Cenomanensis, senescallo Carcassone, vicario Biterris, gubernatori superioritatis et resorti et aliorum jurium regiorum ville, rectorie et baronnie Montispessulani, vicario et castellano Sumidri, vel eorum locatenentibus, nec non quibuscumque commissariis ad infrascripta deputatis seu deputandis per dictum dominum meum seu nos vel alios, quavis auctoritate fungantur, ad quos presentes littere pervenerint, salutem.

Ad supplicationem consulum Montispessulani, asserentium quod quamplures mercatores dicte ville ire proponunt et intendunt ad nundinas Sancti Amancii, aliter dictas Omnium Sanctorum, cum pluribus et diversis bonis suis et mercaturis, pro bono publico et utilitatis totius patrie augmento, dum tamen secure et libere eundo et redeundo teneantur, vobis et vestrum cuilibet in solidum, tenore presencium, inhibemus, ne predictis mercatoribus, eundo et redeundo ad nundinas predictas, circa predicta aliquod impedimentum apponatis seu faciatis, aut fieri a quoquam permittatis, in ipsorum bonis et mercaturis; quinymo ipsos et eorum quemlibet pacifice, secure et libere teneatis, ac ire et redire permittatis, non obstantibus quibuscumque indictionibus, impositionibus, indictis vel, durante tempore predicto, inducendis, dum tamen impositionem duodecim denariorum pro libra, solvi consuetam, et alia pedagia seu redibencias antiquitus debitas et ordinatas solvere, ut ceteri, teneantur. Nam sic fieri volumus et jubemus, dictisque consulibus concessimus et concedimus per presentes, de gracia speciali, regia qua fungimur auctoritate, ac de nostra certa sciencia, per presentes.

Datum Nemausi, sub nostro novo sigillo, in absencia magni, die XXVI octobris, anno Domini millesimo CCC<sup>mo</sup> septuagesimo quarto.

Per dominum ducem, ad relacionem consilii. Laforest.

> Arch. mun. de Montp., Arm. B, Cass. XII, N° 6. Original à queue de parchemin, avec fragment de sceau en cire rouge.

## CLXXVIII.

LETTRES DE CHARLES V OCTROYANT LA LIBRE CIRCULATION DES DENRÉES ALIMENTAIRES.

( 13 Août 1376. )

Karolus, Dei gracia Francorum rex, senescallo Carcassone ac vicario Biterris, ceterisque justiciariis dicte senescallie, vel eorum locatenentibus, salutem.

Pro parte dilectorum et fidelium nostrorum consulum ville Montispessulani senescallie Bellicadri nobis fuit expositum graviter conquerendo, quod, licet totum regnum nostrum sub nostro generali dominio gubernetur, et nos subditorum nostrorum comoda et unitatem investigare et nutrire, eorumque incomoda et divisionem propulsare, cum Dei adjutorio, totis viribus, sicut decet, intendamus, nichilominus aliqui consules, sindici, seu alii dicte vestre senescallie, pacis et unitatis emuli, divisionisque et rancoris promotores, actenus procurarunt pluries, et de die in diem procurare nituntur, inter subditos nostros illarum parcium, divisionem et rancorem, videlicet fieri et indici prohibicionem de non extrahendis vel portandis bladis, aut aliis victualibus, de una senescallia ad aliam, sicut de vestra senescallia Carcassone ad dictam senescalliam Bellicadri, tempore quo vestra senescallia habundat in eis, et dicta senescallia Bellicadri eis indiget, non advertentes quod, aliis temporibus mutatis, dicta vestra senescallia se juvare consuevit de bladis et aliis victualibus dicte senescallie Bellicadri, nitentes eorum malum propositum validare pretextu litterarum per ipsos super hoc, tam a nobis quam a carissimo germano et locumtenenti nostro in illis partibus, duce Andegavensi et Turonensi, quam eciam a vobis seu aliis officiariis nostris, subrepticie, et tacito de premissis, obtentarum, que procul dubio sunt res mali exempli, nobisque, nec immerito, displicent, si sit ita. Quocirca nos, cupientes regnum nostrum in pace et unitate, omni divisione semota, gubernare, et omnem scandali materiam amputare, vobis et vestrum cuilibet, ut ad eum pertinuerit, districte precipimus et mandamus, nichilominus castellano et vicario nostro Sumidrii, vel ejus locumtenenti, committentes, quatenus omnes et singulas bladorum et aliorum victualium quantitates, pro provisione habitatorum dictarum senescalliarum, de una ad aliam ipsarum libere portari, tam per mare quam per stagnum sive per terram, faciatis atque permittatis, omni impedimento semoto, dum tamen extra regnum nostrum non portentur, precaventes quod in hiis ex parte vestra nullus sit deffectus; qui si esset, nos exinde taliter puniremus, quod esset aliis in exemplum; quia sic fieri volumus, et dictis consulibus concessimus, et per presentes concedimus, de nostra certa et expressa sciencia et speciali gracia, si sit opus, et ex causa, ordinacionibus, mandatis et litteris nostris, et aliis in contrarium subrepticie impetratis et impetrandis, non obstantibus quibuscumque; super quibus et deppendentibus ex eis dicto castellano et vicario et ab eo deputandis pareri et intendi, auxiliumque et juvamen prestari, si opus fuerit, volumus et jubemus.

Datum Parisius, die XIII$^a$ augusti, anno Domini millesimo CCC$^{mo}$ septuagesimo sexto, regnique nostri terciodecimo.

In requestis hospicii. Blanchet.

<blockquote>Arch. mun. de Montp., Arm. B, Cass. XX, N° 24. Original à queue de parchemin, sceau arraché.</blockquote>

## CLXXIX.

#### LETTRES DE CHARLES V PORTANT QUITTANCE EN FAVEUR DE CERTAINS MARCHANDS DE MONTPELLIER.

(23 Août 1376.)

Charles, par la grace de Dieu roy de France, a touz ceulz qui ces lettres verront, salut.

Savoir faisons que, comme Domergue Pascal, bourgois de Montpellier, se fust obligiez a nous paier seize cenz frans d'or, par un instrument publique, passé et signé par maistre Pierre Lalemant, notaire publique, pour la delivrance de certains draps, qui sur Hugue Pascal son frere et sur autres bourgois et habitans dudit lieu de Montpellier avoient esté de par nous arrestez et menés a Lyon sur le Rosne, pour ce que il ne vouloient souffrir que les aides ordenez pour la guerre eussent cours oudit lieu, comme il avoient es autres parties de la Languedoc, ne ne voloient paier les arrerages, nous avons eu et receu dudit Domergue, par la main des consulz dudit lieu de Montpellier, les seize cenz frans d'or dessus diz, pour en faire nostre volanté; et par ce voulons que ledit instrument, contenant ladite obligacion, soit rendu audit Domergue chancelé, et que lesdiz consuls et habitans, lui et touz autres, a qui peut toucher ne appartenir, demeurent quittes a touz jours de ladite somme, non obstans quelconques ordenances, mandemens ou deffenses au contraire.

Donné au Boys de Vincennes, le XXIII<sup>e</sup> jour d'aoust, l'an de grace mil CCCLX et seize, et le XIII<sup>e</sup> de nostre regne.

Par le roy. Yvo.

Arch. mun. de Montp., Arm. F, Cass. III, N° 18. Original à queue de parchemin, sceau absent.

## CLXXX.

LETTRES DE LOUIS, DUC D'ANJOU, LIEUTENANT-GÉNÉRAL EN LANGUEDOC, SUSPENDANT LA PERCEPTION D'UN IMPÔT ABUSIVEMENT INTRODUIT DANS LE PORT D'AIGUESMORTES.

(11 Mai 1377.)

Ludovicus, regis quondam Francorum filius, domini mei regis germanus, ejusque locumtenens in partibus Occitanis, dux Andegavensis et Turonensis, ac comes Cenomanensis, senescallis Bellicadri et Carcassone, magistrisque portuum et passagiorum dictarum senescalliarum, nec non electis ac receptoribus, aliisque commissariis, receptoribus, vel deputatis ac deputandis ad infrascripta, ceterisque justitiariis et officiariis regiis, quibus presentes littere pervenerint, vel eorum locatenentibus, salutem.

Supplicationem dilectorum domini mei et nostrorum consulum et nonnullorum aliorum mercatorum ville Montispessulani, et aliarum senescalliarum predictarum, audivimus, continentem quod, licet pro quibuscumque rebus et mercaturis de dicto regno exeuntibus per portum Aquarum Mortuarum, et per alia loca dictarum senescalliarum, solvantur quatuor denarii pro libra, et ultra hoc, in dicto portu, ratione clavarie et portus, duo denarii pro libra, nichilominus dictus dominus meus, seu ejus gentes camere compotorum, aut generales sui super facto financiarum, vel dilectus et fidelis consiliarius dicti domini mei et noster, Petrus Scatisse, aut alie gentes regie, noviter, per suas certi tenoris litteras, mandasse dicuntur exhigi et levari in dicto loco Aquarum Mortuarum, et aliis finibus dictarum senescalliarum, duodecim denarios pro libra, de et pro quibuscumque rebus, mercaturis et victualibus, quas a dicto regno extrahi contingerit, etiam si pro eis impositio duodecim denariorum pro libra, hactenus levari consueta, semel vel pluries extiterit exsoluta, que cedunt in magnum juris regii et nostri ac rei publice detrimentum, mercatorumque ipsius totalem exheredationem, attentis etiam aliis oneribus subsidiorum, et aliorum in dictis partibus currentium, maxime quod, si dicti duodecim denarii, noviter levari ordinati, levarentur, mercatores extranei ad loca et nundinas dictarum partium venire et mercari cessarent, et sic factum et exercitium dictarum mercaturarum ad nichilum, vel quasi, deduceretur, aliaque emolumenta dicte impositionis, reve portus, et alia ex facto mercaturarum provenientia, cessare haberent, que omnia in maximum et irreparabile dampnum domini mei et nostrum ac rei publice redundarent, supplicantes nobis humiliter, ut super predictis de gratioso remedio providere dignaremur. Quocirca, premissis attentis, et aliis que ad hoc nostrum moverunt animum, indempnitati regie dictorum mercatorum ac rei publice providere volentes, vobis et vestrum cuilibet precipimus et mandamus, dictrictius injungendo, quatenus dictos duodecim denarios pro libra, in dicto portu Aquarum Mortuarum et aliis exitibus regni, ut premittitur, noviter levari mandatos, nullathenus levetis seu exhigatis, exhigi seu levari faciatis seu permittatis, quousque per dictum dominum meum seu nos super hoc aliud fuerit ordinatum, et a nobis aliud habueritis in mandatis, nil in contrarium faciendo, seu fieri permittendo, sed facta in contrarium, si que sint, revocando, et ad statum pristinum reducendo indilate, quod nos etiam revocamus, et ad statum pristinum reducimus per presentes. Nam sic fieri volumus, ac, premissis attentis, de nostri certa scientia, auctoritateque regia qua fungimur in hac parte, et speciali gratia, si sit opus, concessimus et concedimus per presentes, ordinationibus, litteris ac mandatis contrariis quibuscumque nequaquam obstantibus.

Datum in Montepessulano, sub nostri secreti sigillo, in absentia magni, die XI<sup>a</sup> mensis madii, anno Domini millesimo CCC<sup>mo</sup> septuagesimo septimo.

Per dominum ducem. Pignerii.

Arch. mun. de Montp., Arm. H, Cass. V, N° 49. Original à queue de parchemin, avec sceau en cire rouge.<br>
Au dos : *Pro portu Aquarum Mortuarum.*

## CLXXXI.

LETTRES DE LOUIS, DUC D'ANJOU, AFFECTANT UN DOUZIÈME D'IMPÔT POUR LA CONSTRUCTION D'UNE LOGE, NÉCESSAIRE AU COMMERCE DE MONTPELLIER.

(23 Mai 1377.)

Loys, filz de roy de France, frere de monseigneur le Roy, et son lieutenant es parties de Languedoc, duc d'Anjou et de Touraine, et conte du Maine, a nostre bien amé maistre Arnaut de Lar, secretaire de mon dit seigneur et le nostre, gouverneur et general conseiller sur le fait des subsides et impositions aians cours en la ville de Montpellier et aus autres lieux et terres que nostre tres chier et amé frere le roy de Navarre tient es parties de Languedoc, salut.

A la supplication de noz bien amez les consulz et marchans de la ville de Montpellier, disans que, comme pour le bien publique et pour l'aumentation des marchandises qui se font en la dite ville de Montpellier, et afin que li marchans frequentans lez marchandizes au dit lieu puissent mieux, plus proffitablement, honnorablement et convenablement exercer les dites marchandises, aient pour ce nouvellement ordonné construire et edifier une loige, en la place commune de la dite ville, appellée En Tables, laquelle chose pourra estre et sera ou temps advenir au grant proffit de mon dit seigneur et des diz marchans, et a l'onnour de la dite ville ; nous, eue consideration aus choses dessus dites, et aussi pour contemplation et en recompensation des bons et agreables services que lez diz consulz et marchans ont tousjours faiz et impensez a mon dit seigneur et a nous, et encores font de jour en jour, consideré aussi la bonne amour que ilz ont a monseigneur et a nous, et la grant obeissance en quoy nous les avons trovez et trovons envers mon dit seigneur, nous leur avons donné et octroié, donnons et octroions par ces presentes un denier tournois pour livre, des douze deniers pour livre qui se lievent en la dite ville, pour convertir en la edification et construction de la dite loige, et non ailleurs, a pranre par la main du receveur des dites impositions, de cest XVI$^e$ jour de mars darrenier passé jusques a deux ans apres ensuivans. Si vous mandons et commettons que aus diz supplians vous faites bien et diligemment paier, baillier et delivrer le dit denier ou la douziesme partie de tout ce que lez dites impositions de XII deniers pour livre monteront, gaiges d'officiers et despens pour vandre lez fermes paiez, en la maniere qu'il appartient, par le receveur des dites impositions, qui est a present ou sera ou temps advenir, c'est assavoir a chascun quarton ce qui deu leur en sera, selon la valour des dites impositions, durans les diz deux ans. Et volons et mandons par ces presentes que, par rapportant ces lettres ou transcript d'icelles soubz scel autentique, et lettres de quittance des diz consulz de la dite ville de Montpellier, de ce qu'il auront receu pour la cause que dessus, ce qui ainsi leur aura este paié soit alloé aus comptes de cellui receveur qui paié leur aura, et rabbatu de sa recepte senz contredit, par noz bien amez les gens des comptes de mon dit seigneur a Paris, non obstans mandemens, ordonnances ou deffenses faiz et a faire au contraire, et autres dons par nous autreffois faiz aus diz supplians.

Donné a Viviers, soubz nostre scel secret, en l'absence du grant. le XXIIIe jour de may, l'an de grace mil CCC LX dix et sept.

Par monseigneur le duc. Perdiguier.

> Arch. mun. de Montp., Arm. E, Cass. VII, No 37 (Original sur parchemin, avec fragment de sceau en cire rouge), et Arm. A, Cass. XVI, No 8 (Expédition vidimée émanant de la cour du bayle de Montpellier, avec sceau en cire verte).

## CLXXXII.

#### LETTRES DE CHARLES V CONFIRMANT LES DISPOSITIONS PRÉCÉDENTES DU DUC D'ANJOU, RELATIVES A LA CONSTRUCTION D'UNE LOGE A MONTPELLIER.

(28 Août 1377.)

Charles, par la grace de Dieu roy de France, a tous ceulx qui ces lettres verront, sallut.

Sçavoir faisons nous avoir veu les lettres de nostre tres cher et tres amé frere le duc d'Anjou, nostre lieutenant es parties de Languedoch, contenant cette forme :

Louis, filz de roy de France, frere de monseigneur le Roy, et son lieutenant es parties de Languedoch, duc d'Anjou et de Touraine, et conte du Maine, a nostre bien amé maistre Arnaud de Lar, secretaire de mon dit seigneur et le nostre, gouverneur et general conseiller sur le faict des subsides et impositions ayantz cours en la ville de Montpellier et aux autres lieux et terres que nostre tres cher et amé frere le roy de Navarre tient ez parties de Languedoch, sallut.

A la supplication de nos bien amés les consuls et marchands de la ville de Montpellier, etc.

Donné a Viviers, soubz nostre scel secret, en l'absence du grand, le vingtroisieme jour de may, l'an de grace mil trois centz soixante dix sept.

Lesquelles lettres dessus dictes transcriptes, nous ayantz agreables icelles et ce qui dedans est contenu, ratiffions, approuvons et confirmons, si mestier est, par ces presantes, et nous plaist, voulons, octroyons et consentons qu'elles ayent et sortissent leur plain effect, selon leur teneur et leur forme. Si mandons et commettons par ces presantes au dict M<sup>e</sup> Arnaud de Lar, nostre secretaire et de nostre dit frere, gouverneur et general conseiller sur le faict des subsides et impositions ayantz cours en la ville de Montpellier et ez autres lieux et terres que nostre dit frere le roy de Navarre tient ez parties de Languedoch, et a Pierre de Sault, receveur au dict lieu de Montpellier, et autres a qui il appartiendra, que aus dictz consuls et marchands de la ville de Montpellier ils fassent bien et diligemmant payer, bailler et deslivrer le dict denier pour livre, ou la douziesme partie de tout ce que les dictes impositions de douze deniers pour livre monteront, gages d'offices et despans pour vendre les fermes payés, en la maniere qu'il appartient, par le receveur des dictes impositions, qui est a presant ou sera au temps advenir, c'est a sçavoir a chascun quarteron ce qui deub leur en sera, selon la valleur des dictes impositions durant les deux ans dessus dictz, dont les susdictes lettres font mention. Et voulons et mandons par ces presantes que, par rapportant ces lettres ou transcript d'icelles soubz scel authentique, et lettres de quictance des dictz consuls de la dicte ville de Montpellier, de ce qu'ils auront receu pour les causes dessus dictes, ce que ainsy leur aura esté payé soit alloué ez comptes d'icelluy receveur qui payé leur aura, et rabbatu de sa recepte sans contredit par nos amés et feaulx les gens de nos comptes a Paris et generaulx conseillers sur les aydes ordonnés pour la guerre a qui il appartiendra, nonobstantz ordonnances, mandemantz ou deffances faictes et a faire au contraire, et autres dons par nous et nostre dit frere autrefois faictz aus dictz consuls et marchands. En tesmoing de ce, nous avons faict mettre nostre scel a ces lettres.

Donné au Bois de Vincennes, le vingthuictiesme jour d'aoust, l'an de grace mil trois centz soixante dix sept, le quatorziesme de nostre regne.

Par le roy en ses requestes. P. Blanchet. — Collation est faicte. F. de Metigues.

> Arch. départ. de l'Hérault, Fonds des consuls de mer de Montpellier, B, 62. Copie authentiquée, du 26 décembre 1677, d'après un vidimus des Archives de la maison consulaire, Arm. A, Cass. XVI.

## CLXXXIII.

#### FORMULE DE PROVISIONS POUR UN PATRON DE NAVIRE.

(16 Octobre 1382.)

Universis et singulis presentes litteras inspecturis, consules ville Montispessulani, salutem cunctis felicitatibus oppulentam.

Notum facimus per presentes quod nos, confidentes et informati de probitate, legalitate et sufficiencia discreti viri Petri de Podio sicco, mercatoris, habitatoris ville Montispessulani, eumdem Petrum, tanquam ydoneum, facimus et instituimus per presentes patronum cujusdam navis duarum copertarum, vocate Sanctus Johannes Babtista et Sancta Maria Magdalene, nunc in portu Aquarum Mortuarum existentis, et de proximo, duce Domino, velitrure per mare ad partes Rothdi, Cypri, Alexandrie, Damasci, et alias ultramarinas, et que per soldanum Babilonie detinentur, ista vice seu viagio, eundo et redeundo duntaxat, juxta graciam et concessionem nobis factam per dominum nostrum papam, et sequendo ipsius gracie et concessionis formam, et non ultra, dantes eidem Petro, tanquam patrono dicte navis, plenariam potestatem, licenciam et auctoritatem nauleiandi in dicta nave quoscumque mercatores christianos et mercaturas, licitas tamen et non prohibitas, nec non peregrinos nautasque, et alios ad custodiam dicte navis utiles, pro precio seu naulo, de quo et prout sibi videbitur, et alia omnia et singula faciendi, que circa oficium patroni necessaria sunt et opportuna, et que per tales patronos navium fieri consueverunt atque debent. In quorum testimonium, sigillum autenticum dicti nostri Consulatus hic duximus appendendum.

Factum et datum in Montepessulano, in domo nostri Consulatus, die XVI mensis octobris, anno Domini M° CCC° LXXXII°.

Arch. mun. de Montp., Arm. A, Cass. XIII, Liasse 6.<br>
Minute sur papier.<br>
Au dos : *Forma electionis patroni navis.*

## CLXXXIV.

FORMULE DE PROCÈS-VERBAL CONCERNANT L'ÉLECTION ET L'INSTALLATION DES CONSULS DE MER.

(1er Janvier 1383.)

In nomine Jhesu Christi, amen. Anno Nativitatis ejusdem M° CCC° LXXX tercio, et die prima mensis januarii, indictione sexta, pontificatus sanctissimi in Christo patris et domini nostri, domini Clementis divina providencia pape septimi, anno quinto, et illustrissimo principe domino Karolo Dei gracia rege Francorum regnante. Noverint universi et singuli quod, existentes et personaliter constituti in aula domus Consulatus ville Montispessulani, ubi, presentibus die et loco, actus infrascriptus fieri consuevit, scilicet honorabiles viri domini Bernardus Palmerii, Anglicus de Euseria domicellus, Jacobus Guillelmi, Raimundus Gauzimi, Petrus de Lauzis, Jacobus Corresii, Petrus Arnaudi alias Maurini, Petrus Navacii, Jacobus Poiade senior, Petrus Guillelmi Agusani, et Johannes Podiis, consules ville Montispessulani, dicto nomine eorum consulario, et nomine domini Petri de Verniorolis, eorum conconsulis, pronunc absentis, pro electione novorum consulum maris dicti loci continuo facienda, juxta et secundum formam libertatum, privilegiorum et consuetudinum, morum et usuum antiquorum dicte ville, factaque cloqua campanarum mediocris et majoris campanilis ecclesie Beate Marie de Tabulis Montispessulani, et ad earum sonum convocato et congregato, ut est moris, populo dicte ville, quo dicta aula erat fere plena, dicti inquam consules majores, nominibus quibus supra, concorditer elegerunt in consules maris dicte ville, pro uno anno integro, die presenti inchoando, quatuor viros notabiles dicte ville, inferius nominatos. Qua electione sic facta, ipsa electio fuit publicata ibidem, voce alta et intelligibili, nomine et ex parte dictorum dominorum consulum majorum, ac in presencia et audiencia ipsorum, nec non populi predicti ibidem existentis, et testium infrascriptorum; quorum nomina et cognomina sunt hec : Guillelmus de Manhania, campsor, Raimundus Mutonis, apothecarius, Salvator Oliverii, draperius, Johannes de Orlhaco, ordearius dicti loci. De quibus electione et publicacione dicti domini consules majores pecierunt eis fieri publicum instrumentum, per me notarium infrascriptum.

Acta sunt hec in dicta domo Consulatus, scilicet in porticu ejusdem, presentibus testibus dominis Petro Blavi, decretorum doctore, Petro de Portubus, Guillelmo Lumbardi, presbiteris dicti loci, et me Petro Egidii, notario publico infrascripto, qui requisitus hec in notam recepi.

Deinde, die tercia dicti mensis januarii, existentes dicti consules maris supra electi in presencia dictorum dominorum consulum majorum proxime nominatorum presencium, jurarunt ad sancta Dei Euvangelia, ab ipsis et eorum quolibet sponte tacta, se tenere et servare et omnia et singula contenta in sacramentali per novos consules maris ibidem prestari consueto, juxta sui tenorem, ipso sibi ibidem per me dictum notarium vulgariter explanato. De quibus dicti domini consules majores pecierunt fieri publicum instrumentum, per me dictum et infrascriptum notarium.

Acta sunt hec ubi supra, quorum fuerunt testes domini Raimundus Egidii, dicti domini nostri regis consiliarius, Bernardus de Monteolivo, legum doctores, Petrus de Portubus, presbiter, Johannes de Montibus, habitatores dicti loci, ad predicta vocati et rogati, et ego Petrus Egidii de Montepessulano, clericus et auctoritate apostolica notarius publicus, qui, requisitus et rogatus, predicta in notam recepi.

Arch. mun. de Montp., Registre original des procès-verbaux d'élection de 1382 à 1414.

## CLXXXV.

**FORMULE DE PROVISIONS POUR UN CONSUL SUR MER.**

(11 Octobre 1385.)

Magne nobilitatis et preheminentie viris, dominis, principibus, presidibus, judicibus, vicariis, castellanis, et aliis quibuscumque, in partibus Cypri, Rothdi, Damasci, et aliis citra et ultra marinis partibus constitutis, vel eorum locatenentibus, ad quem seu quos presentes littere pervenerint, consules ville Montispessulani, salutem et ad vota successus prosperos et felices.

Reverende cujuslibet vestrum dominationi notum facimus per presentes, quod nos, ad instantem requisitionem et supplicationem nonnullorum mercatorum Montispessulani, ad dictas partes confluentium seu suas mercaturas mitentium, confidentes ad plenum de legalitate, fidelitate et industria discreti viri Jacobi Arquerii, mercatoris Montispessulani, eumdem Jacobum Arquerii creavimus et instituimus, creamusque et instituimus per presentes consulem in hoc viatico, ad dictas partes ultramarinas de proximo, Deo propicio, faciendo, super unam navem dictam Sanctus Johannes Baptista et Sancta Maria Magdalene, cujus est patronus G. Arruffan, Agathensis. Quocirca dominationem cujuslibet vestrum tenore presentium, quanto carius possumus, deprecamur, quatinus dictum Jacobum Archerii consulem pro dictis mercatoribus Montispessulani, ad dictas partes confluentibus seu mittentibus, recomendatum, si placet, habentes, cum ceteris mercatoribus dicte navis, concivibus nostris, ipsorumque mercaturas et bona quecumque sub vestro salvo et securo conductu, ire, morari, transire et reddire, tam per mare quam per terram, gaudereque privilegiis, libertatibus et immunitatibus nostris, quocumque cessante impedimento, faciatis et permittatis, prout et de quibus ceteri mercatores nostri et tales consules uti et gaudere consueverunt, non permittentes ipsos, vel eorum alterum, in personis vel bonis modo quolibet fatigari vel molestari; quod si quid in contrarium factum reperieritis, id revocari et ad statum pristinum reducere, si placet, non differatis, in premissis et circa ea, domini, taliter vos habentes, quod dicti consul et mercatores has nostras presentes sibi sentiant fructuosas, vobisque astringamur ad merita gratiarum, offerentes nos paratos vobis dominis et cuique vestrum efficaciter complacere, in casu simili et majori. Volumus tamen quod, antequam dictus Jacobus Arquerii de dicto consulatus officio aliqualiter se intromittat, ipse prestet corporale juramentum super hoc per tales consules prestari solitum, in manibus providi viri Ganboni de Gamrino, mercatoris Montispessulani, cui receptionem dicti juramenti, hac vice duntaxat, loco nostri, committimus; cujus juramenti forma talis est: *Ieu hom elegut en cossol*, etc.

Actum et datum in Montepessulano, in domo nostri Consulatus, sub nostri sigilli communis testimonio, quo in talibus utimur, die XI mensis octobris, anno Domini Mº CCCº octuagesimo quinto.

Arch. mun. de Montp., Arm. A, Cass XIII, Liasse 6.<br>Minute sur papier.

## CLXXXVI.

LETTRES DE JEAN, DUC DE BERRI, LIEUTENANT-ROYAL EN LANGUEDOC, EXEMPTANT LES FACTEURS DES MARCHANDS DE MONTPELLIER DU PAIEMENT DE L'IMPÔT DANS LES LOCALITÉS OÙ ILS S'ARRÊTENT.

(20 Juin 1386.)

Johannes, regis Francorum filius, dux Bicturicencis et Alvernie, comes Pictavensis, locumtenens domini mei regis in dictis partibus totaque Lingua Occitana et ducatu Acquitanie, senescallis Tholose, Carcassone et Bellicadri, ceterisque justiciariis et officiariis regiis, quibus presentes littere pervenerint, vel locatenentibus eorumdem, salutem.

Querelam consulum et habitantium ville Montispessulani recepimus, continentem quod, cum aliqui mercatores, habitatores dicte ville, contribuentes ibidem pro omnibus bonis suis, saltim mobilibus, ubicunque existentibus, cum consulibus ejusdem ville, frequenter mittant suos factores et negociorum gestores, tamquam viatores, causa mercandi, ad partes Tholose, Narbone, et alias Lingue Occitane, nichilominus tamen capitularii, seu consules ipsorum locorum, de die in diem nituntur compellere hujusmodi factores, qui aliquod domicilium in dictis villis non habent, et contribuere in eorum tailliis et mutuis, sicut alios habitatores locorum predictorum, pro bonis et rationibus predictis, in eorum magnum prejudicium et gravamen, sicut dicunt, supplicato nobis de remedio super hoc provideri. Quapropter vobis et vestrum cuilibet, ut ad eum pertinuerit, precipimus et mandamus, quatinus, si, vocatis evocandis, vobis constiterit de premissis, talia fieri non permittatis, facta in contrarium revocando, et ad statum pristinum et debitum reducendo, seu reduci faciendo indilate ; et, in casu oppositionis, partibus auditis, ministretis bonum et breve justicie complementum....

Datum in Montepessulano, die XX mensis junii, anno Domini millesimo CCC$^{mo}$ octuagesimo sexto.

Arch. mun. de Montp., Arm. E, Cass. VII, N° 43. Original à queue de parchemin, avec sceau en cire rouge.

## CLXXXVII.

### STATUT DE ROULEMENT POUR L'ÉLECTION DES CONSULS MAJEURS DE MONTPELLIER.

(20 Février 1393-94.)

L'an M CCC LXXXX tres, lo XX jorn de febrier. Car lo rey, nostre senhor, a restituit ad aquesta vila dos dels cossols dels hueg que el ne avia ostatz, quant fonc en esta vila l'an M CCC LXXXIX, et a adordenat que, contatz los quater cossols que y eron demoratz, et los dos que a de novel restituitz, daqui avant aia en aquesta vila sieys cossols cascun an, am tant de poder quant avian quant eron xii. Per so, los senhors cossols que aras son, am cosselh de cortz bos homes de Montpellier, an ordenat que en l'an present, et pueys cascun an, rullon los ditz sieys cossols, en la forma que so sec :

Premieyrament, per lo primier rulle, v cambiadors.

Item, per lo segon rulle, ii pebriers, l'aun primier, l'autre derrier, et enneg ii borzeres et i drapier.

Item, per lo ters rulle, ii drapiers, ii peliciers, i sedier ; et aquestz rullaran tres ans, tot enseguen ; et lo quart an rullara i mercier, am els daquels que an acostumat de rullar antiquament am los canabassiers. Et l'an que rullara lo mercier, non rullara mays i pelicier. Et en lo cas que en alcun dels autres ans tombe cossol i pelicier, l'an apres rullaran ii drapiers, i pelicier, ii sediers. Et en lo cas que non se trobara mercier sufficien, rullara i pelicier o i sedier, aquel que se trobara plus sufficien dels ditz ii mestiers, sediers o peliciers. Et tot jorn ayssi per enseguen.

Item, per lo quart rulle, rullaran ii orgiers, ii canabassiers, am i especiayre, i an et autre non lo dich especiayre ; et lo segon an, ii orgiers et iii canabassiers ; et lo ters an, ii orgiers, ii canabassiers, i especiayre ; et lo quart an, ii canabassiers et iii orgiers ; et en ayssi per avant.

Item, lo quint rulle, i mazelier, de qualque mazel que sia, i peyssonier, i an et autre non lo dich peyssonier, i coyratier, ii blanquiers. Et l'an que lo peyssonier non rullara, rullara i fabre ; et l'autra ves que lo dich peyssonier non rullara, rullara i sabatier ; et en ayssi per avant.

Item, lo seysen rulle, rullara i fustier, de qualque carrieyra que sia trobat sufficient, i peyrier et iii lauradors, los quals iii lauradors rullaran cascun an ; et en ayssi per avant.

Arch. mun. de Montp., *Grand Thalamus*, fol. 159 v°.,<br>et init., fol. non coté.

*Mode de roulement substitué au précédent.*

L'an M CCCC X, lo IX jorn del mes de may, los senhors cossols d'esta vila, attendut que, en los mestiers que an rulles per rullar per cossols, avia defalhimen de valens homes per rullar per cossols, per so que en hun cascun rulle rullavant v valens homes, per deliberacion de cosselh, eligiron xiiii bons homes de las vii escalas, ii de cada una, per avisar am los ditz senhors cossols, ho am halcus de los, et adordenar com se degues far, si se fava diminucion dels ditz rulles, ho amstaria hom dels bons homes dels mestiers que non an rulles am laquelos que an los ditz rulles. Et per so, l'an que desus, a XX jorns del mes de febrier, los ditz xiiii de las vii escalas, am alcuns dels ditz senhors cossols, dicerunt que elos totz concordamen, obtenguda la licencia subre ayssò del rey nostre senhor am sas letras patens, avian avisat diminument, et adordenat que los ditz v rulles tornessan a iii, et que, aqui ont rullavan v bons homes per aver i cossol, non rullaran d'ayssins en avant mas iii, laquala diminucion et adordenansa per elos facha fonc publicada aqui meteys, en lo dich porgue, laquala s'en sec, en aquesta forma.

Premieyramens per cambiadors, auran iii rulles, de que tombara i cossol; he ayssò el premier rulle.

Item, el ii rulle, i pebrier, i borses, i drapier vermelh; e d'aquest rulle aura i cossol.

Item, al iii rulle, i drapier, i pellissier, i cedier; et d'aquest rulle aura i cossol. Et per so quar de iiii en iiii ans rulla i mercier, que aquel an non rulle ges de drapier. Et al cap dels autres iiii ans rullara lo mercier, et non pas lo pellissier; et als autres iiii ans complitz, non rullara ges de cedier, si non lo mercier, que an acostumat a rullar per lo temps passat, am los canabassiers. Et ayssis se seguira per avant.

Item, al iiii rulle, lo premier an i orgier e ii canabassiers; lo segon an, i orgier, i canabassier, i especiayre; lo iii an, ii orgiers, i canabassier; e ayssi per avant.

Item, al v rulle, i mazelier, de qualque mazel que sia, i coyratier, i blanquier, per lo premier an; al segon, i peyssonier, i fabre, i blanquier; lo ters an, i mazelier, i coyratier, i blanquier; lo quart an, i mazelier, i sabatier, i blanquier; lo sinquen an, i peyssonier, i coyratier, i blanquier. Et passatz los distz v ans, tornaran de recap.

Item, al vi rulle, lo premier an, i fustier, de qualque carrieyra que se trobe sufficien, e ii lauradors : lo segon an, i peyrier et ii lauradors ; et ayssi seguen tot jorn.

Ita est. D P M. notarius.

Nota que los merciers de Sant Nicholau son aquels que an acoustumat de rullar am los canabassiers.

Arch. mun. de Montp., *Grand Thalamus*, fol. 160 r°, et init. fol. non coté. Cf. Cérémonial des consuls, fol. 52 r°.

## CLXXXVIII.

TABLEAU DE ROULEMENT POUR L'ÉLECTION DES OUVRIERS DE LA COMMUNE-CLÔTURE, BASÉ SUR LA RÉPARTITION DE LA POPULATION MONTPELLIÉRAINE EN SEPT ÉCHELLES.

*Ordo faciendi operarios communis clausure ville Montispessulani per scalas.*

### Per l'escala del dimergue.

† Advocats, † Notaris (non an rulle en lo consolat, mas en l'obra). — Barbiers. — Tenchuriers.

† Motoniers, † Porcatiers, Mazeliers, † Peyssoniers (an rulle al consolat et en l'obra). — Cabassiers. — Candeliers. — Penheyres et Vitriers. — Pestres forniers. — Postiers. — Mundaires barutelaires. — Alberguiers. — Merciers de Castel moton. — Poliers.

Aquestos mestiers crosats † an obrier per l'escala del dimergue; et l'obrier es ung an clerc, et autre an mazelier ou peyssoniers, lo ters an notari, et lo quart mazellier ou peyssonier.

# PIÈCES JUSTIFICATIVES.

### Per l'escala del dilus.

† Pelliciers. — † Sediers. — Sartres. — Jupponiers. — Oliers. — Bayssaires. — Barraliers. — Celiers. — Veyriers.

Aquestos mestiers † an obrier pelliciers et cediers; et deu esser ung an pellissier, et l'autre an cedier.

### Per l'escala del dimars.

† Blanquiers. — Conreisaires. — Teysseires. — Merciers. — Revendeyres. — Parayres. — Pencheniers. — Mercadiers de la Fabraria. — † Lauradors. — Ortholans. — Gardas de pezes, balansas et mezuras.

Aquestos mestiers † an obrier blanquiers et lauradors; et deu esser ung an blanquier, et l'autre an laurador.

### Per l'escala del dimecres.

† Coyratiers. — † Sabatiers. — Groliers. — † Fabres. — Espaziers. — Merciers de l'Agulharia, de Taulas et de Sant Firmin. — Senturiers. — Freniers. — Cordiers. — Cambiers. — Teyssedors. — Pompedors et Filhadors. — Gayniers. — Esportaliers et Escarceliers.

Aquestos mestiers † an obriers coyratiers, sabatiers et fabres; et deu esser ung an coyratier, autre an sabatier, et autre an fabre.

### Per l'escala del dijous.

† Cambiadors. — † Canabassiers. — Candorayres de ribieyra. — Liaires del Camp nou. — Especiayres. — Pebriers. — Bastiers. — Argentiers. — Merciers de Sant Nicholau. — Batedors de telas blancas. — Escrivans dels inquans.

Aquestos mestiers † an obriers cambiadors et canabassiers; et deu esser ung an cambiador, et autre an canabassier. Totas ves Peyre de Viers fonc en temps passat obrier, que era especiayre. Mas es de la dicha escala.

### Per l'escala del divenres.

† Per plassa (so es borgeses et plassejans). — † Drappiers. — † Orgiers. — Pelhiers. — Candelliers de ceu. — Farniers. —

Fondeguiers. — Escandelhaires de las mezuras et de l'Oriaria. — Caussiers.

<small>Aquestos mestiers † an obrier. Deu esser ung an orgier, et autre an drappier, et autre an orgier.</small>

Per l'escala del dissapte.

† Fustiers. — † Peyriers. — Moliniers. — Manobras. — Taucrivers. — Plombiers et Bateyres de fuelha d'estang. — Batedors de fuelha d'aur et d'argent. — Arbalestiers. — Companhos d'Oriaria major. — Companhos del Pilar Sant Gili. — Fustiers de la Blancaria. — Menestriers. — Carratiers. — Cridas de vin. — Pozandiers. — Messaigiers. — Cotoniers et Cappelliers. — Saliniers.

<small>Aquestos mestiers † an obrier fustier et peyrier; et deu esser ung an fustier, et autre an peyrier.</small>

Arch. mun. de Montp., *Grand Thalamus*, fol. 163 v°.

## CLXXXIX.

**TROIS LETTRES DE CHARLES VI CONCERNANT LE RÉTABLISSEMENT OU LA RÉPARATION DES PONTS SITUÉS SUR LE COURS DU LEZ.**

(16 Juin 1394. — 31 Août 1401.)

Karolus, Dei gracia Francorum rex, bajulo Montispessulani, vel ejus locumtenenti, salutem.

Dilecti nostri consules Montispessulani nobis conquerendo fecerunt exponi quod, propter magnas aquarum inundaciones, que anno ultime preterito in dicta villa et circumquaque eam, per duas seu tres leucas, vel circiter, fuerunt, pontes de Sautoranicis corruit seu cecidit, et de Castro novo ac de Gay Juvenaul quamplurimum dampnificati et in ruinam lapsi extiterunt, taliter quod de presenti super dictum pontem de Sautoranicis habitantes ipsius patrie cum suis animalibus et quadrigis, oneratis aut exoneratis, ut hactenus consueverunt, nequaquam, nec in dictis pontibus de Castro novo et de Gay Juvenaul commode transire possunt, ex quo res publica illius patrie deterioratur, ac ulterius magis deterioraretur et lederetur, nisi super hoc provideretur de remedio condecenti ; quodque, licet habitantes dicte ville Montispessulani, seu ipsorum major et sanior pars, in reedificacione et reparacione dictorum poncium contribuere parati existant, tamen monetarii sacramenti Imperii, nec non habitantes quorumdam locorum circumvicinorum dicte ville Montispessulani, qui ad reedificacionem et reparacionem dictorum poncium tenentur, in ipsis reedificacione et reparacione contribuere recusant et contradicunt, indebite et injuste, ac in rei publice dicte patrie grave dampnum et prejudicium, prout dicunt, supplicantes per nos sibi super hoc de remedio oportuno provideri. Quocirca vobis precipimus et mandamus, et, quia vos estis judex noster proximior parcium, ac prefati habitantes dictorum locorum circumvicinorum in diversis juridictionibus moram trahunt, quos coram suis judicibus nimis grave et sumptuosum esset prosequi, et ut dicta causa que est connexa non dividatur, committimus, quatenus, vocatis evocandis, prefatos monetarios sacramenti Imperii et habitantes dicte ville Montispessulani ac aliorum locorum circumvicinorum, quos ad contribuendum in dictis reedificacione et reparacione et aliis necessariis teneri noveritis, ad contribuendum et solvendum in eisdem viriliter et debite compellatis seu compelli faciatis indilate ; in casu vero opposicionis, partibus super hoc auditis, ministretis inter eos celeris justicie complementum ; quia sic fieri volumus, et dictis supplicantibus concessimus ac concedimus, de gracia speciali, per presentes, litteris subrepticiis ad hoc contrariis non obstantibus quibuscumque.

Datum Parisius, die XVI$^a$ junii, anno Domini millesimo trecentesimo nonagesimo quarto, et regni nostri XIIII$^{mo}$.

Per regem, ad relacionem consilii. Jude.

Arch. mun. de Montp., Arm. G, Cass. V, N° 12. Original à queue de parchemin, sceau absent.

Karolus, Dei gracia Francorum rex, gubernatori et bajulo ville nostre Montispessulani, aut eorum locatenentibus, salutem.

Requestam dilectorum et fidelium nostrorum consulum et habitancium dicte ville Montispessulani recepimus, continentem quod, duo anni sunt, vel circa, aqua riparie Lani taliter crevit, quod, propter ejus magnam inundacionem, pontes de Sautayranicis, de Castronovo et de Gay Jovenal quamplurimum damnificati et in ruynam lapsi extiterint, taliter quod de presenti supra dictum pontem de Sautayranicis habitantes ipsius patrie cum suis animalibus et quadrigis, oneratis vel exoneratis, ut hactenus consueverant, nequaquam, nec in dictis pontibus de Castronovo et de Gay Jovenal commode aut secure transsire possunt, ex quo res publica illius patrie deterioratur, ac ulterius magis deterioraretur et lederetur, nisi super hoc per nos provideretur; supplicantes humiliter eisdem, premissis attentis, de remedio per nos provideri opportuno. Quocirca vobis et vestrum cuilibet precipimus et mandamus committendo, quatinus vos diligenter informetis, si sint aliqui in dicta patria, qui ab antiquo ad reedificandos seu repparandos dictos pontes teneantur, et quos reperieritis ad hoc teneri, viriliter et debite ad dictam reedificacionem seu repparacionem compellatis, seu compelli faciatis, prout vobis videbitur et fuerit racionis. Si vero neminem ad dictam reedificacionem seu reparacionem reperieritis teneri, pro dictis reedificacione et reparacione dictorum poncium tale juvamen in transsitu dictorum poncium, per modum leude, pedagii, seu aliter, prout vobis videbitur expedire, imponatis, seu imponi faciatis, in dictis reparacione et reedificacione convertendum, et non alibi, et per dictos supplicantes, seu deputandos ab eis, levandum et exigendum, proviso tamen quod dicti supplicantes de sic levatis et exactis per eos teneantur reddere compotum vobis, seu deputandis a vobis. Ab omnibus autem justiciariis, officiariis et subditis nostris vobis et vestrum cuilibet, ac deputandis a vobis in hac parte, pareri volumus efficaciter et intendi; quia sic fieri volumus, et dictis supplicantibus concessimus et concedimus, de gracia speciali, per presentes, litteris subrepticiis ad hec contrariis, impetratis vel eciam impetrandis, non obstantibus quibuscumque.

Datum Parisius, die IX$^a$ septembris, anno Domini millesimo CCC$^{mo}$ nonagesimo quinto, et regni nostri quintodecimo.

Per regem, ad relacionem consilii. Salaut.

Arch. mun. de Montp., Arm. C, Cass. XII, N° 2. Original<br>à queue de parchemin, sceau arraché.

Karolus, Dei gracia Francorum rex, gubernatori et bajulo Montispessulani, vel eorum locatenentibus, salutem.

Intellecta supplicacione, pro parte dilectorum nostrorum consulum ville nostre Montispessulani nobis exhibita, continente quod, cum vie sive itinera ac pontes dicte ville et ejus juridictionis et territorii, tam propter eorum vetustatem quam inundacionem aquarum, ac eciam transitum quadrigarum et animalium, oneratorum et exoneratorum, que diucius ibidem transierunt et de die in diem transeunt, adeo fuerint destructe sive deteriorata, destructi sive deteriorati, ac taliter quod de presenti supra dictos pontes ac predictas vias sive itinera habitantes et bone gentes illius patrie, ac aliarum patriarum, cum suis animalibus et quadrigis, oneratis et exoneratis, prout acthenus consueverant, comode aut secure transire non possunt, ex quo res publica dicte ville et eciam illius patrie deterioratur, et amplius deterioraretur et lederetur, nisi super hoc provideretur de remedio opportuno, illud a nobis humiliter implorando; vobis et vestrum cuilibet precipimus et mandamus committendo, quatinus vos diligenter informetis, si sint aliqui in dicta patria, qui ab antiquo ad reedificandos seu reparandos dictos pontes, vias et itinera teneantur, et quos repereritis ad hoc teneri, viriliter et debite ad dictam reedificacionem seu reparacionem compellatis, seu compelli faciatis, prout vobis videbitur et fuerit racionis. Si vero neminem ad dictam reedificacionem seu reparacionem repereritis teneri, pro dictis reedificacione et reparacione dictorum poncium, viarum et itinerum, tale juvamen, vocato procuratore et aliis de consilio nostro, quale vobis videbitur expedire, imponatis, seu imponi faciatis, in dictis reparacione et reedificacione, et non alibi, convertendum, et per dictos supplicantes, seu deputandos ab eis, levandum et exigendum, proviso tamen quod dicti supplicantes de sic levatis et exactis per eos teneantur reddere compotum vobis, seu deputandis a vobis, prout fuerit racionis. Ab omnibus autem justiciariis, officiariis et subditis nostris vobis et vestrum cuilibet, ac deputandis a vobis in hac parte, pareri volumus efficaciter et intendi; quia sic fieri volumus et dictis supplicantibus concessimus et concedimus, de gracia speciali, per presentes, litteris subrepticiis ad hec contrariis, impetratis vel eciam impetrandis, non obstantibus quibuscunque.

Datum Parisius, die ultima augusti, anno Domini millesimo quadringentesimo primo, et regni nostri vicesimo primo.

Per regem, ad relacionem consilii. Lexque.

Arch. mun. de Montp., Arm. C, Cass. XII, N° 3. Original à queue de parchemin, sceau arraché.

## CXC.

### LETTRES DE CHARLES VI SOUMETTANT AUX IMPÔTS COMMUNS L'ENSEMBLE DES MARCHANDS ÉTABLIS A MONTPELLIER.

(12 Août 1396.)

Karolus, Dei gracia Francorum rex, gubernatori et bajulo nostris ville Montispessulani, aut eorum locatenentibus, salutem.

Pro parte consulum dicte ville, nobis fuit expositum, graviter conquerendo, quod multi mercatores Ytalici, Januenses, Provinciales, Cathalani, et alii alienigene, habitatores ejusdem ville, et qui in ea diucius habitaverunt et adhuc habitant, facta suarum mercaturarum per se et suos factores ibidem exercendo, pluresque pecunias et commoda ex facto et exercitio hujusmodi mercaturarum ibidem consequendo, ex quibus magnas divicias acquisiverunt, in taliis omnibus et aliis oneribus que dicta villa ab olim passa fuit et de die in diem patitur, et constructionis ac repparationis murorum et fortaliciorum ville et suburbiorum ipsius, acthenus, licet pluries requisiti, recusarunt, et adhuc recusant, eo pretextu, quia asseruerunt se esse burgenses regios, et aliis frivolis coloribus exquisitis, comodum amplectantes, honus autem subire recusantes, contra juris formam, et in magnum dampnum et prejudicium rei publice dicte ville. Quocirca, nostre provisionis remedio implorato, vobis et vestrum cuilibet mandamus, committentes, si sit opus, quatenus dictos mercatores, et alios alienigenas in dicta villa habitantes et ibidem factum mercaturarum exercentes, et eorum quemlibet, pro modo facultatum suarum, ad solvendum et contribuendum cum dictis consulibus et habitatoribus dicte ville in talliis et omnibus predictis, indictis et indicendis, una cum arreragiis temporis preteriti per eos debitis, per bonorum suorum et cujuslibet eorumdem captionem, venditionem et festinam distractionem, et alia juris remedia opportuna, viriliter compellatis seu compelli faciatis indilate, et, in casu oppositionis, faciatis partibus auditis bonum et breve justicie complementum; quoniam sic fieri volumus, et dictis consulibus, de gracia speciali, concessimus et concedimus per presentes, litteris subrepticiis, in contrarium impetratis aut impetrandis, ad hec contrariis, non obstantibus quibuscumque.

Datum Parisius, die XII$^a$ augusti, anno Domini millesimo CCC$^{mo}$ nonagesimo sexto, et regni nostri sextodecimo.

Per regem, ad relacionem consilii. Tinnenguy.

Arch. mun. de Montp., Arm. C, Cass. XVIII, N° 16. Original à queue de parchemin.

## CXCI.

PUBLICATIONS CONCERNANT LA VENTE DES MARCHANDISES.

(24 Janvier 1399.)

In nomine Domini nostri Jesu Christi, amen. Anno a Nativitate ejusdem millesimo trecentesimo nonagesimo nono, et die veneris intitulata vicesima quarta dies mensis januarii, indictione septima, illustrissimo principe domino Carolo, Dei gracia, etc. Noverint universi et singuli, presentes pariter et futuri, quod, existentes et personaliter constituti in curia regia ordinaria Montispessulani, et in bancha inquestarum ejusdem,... et coram venerabili viro magistro Jacobo de Asperis, [judice] dicte curie, videlicet Guillermus Pinholis junior, Benedictus Cambini, piperarii, et Petrus Becede, speciator, ut custodes officii piperarie et appothecarie ville presentis Montispessulani, exhibuerunt atque eidem domino judici presentaverunt cedulam, in papiro scriptam, preconisationes infrascriptas continentem, signeto manuali ipsius domini judicis signatam, cujus quidem papiri cedule tenor talis est.

Baros, manda la cort de nostre seignor lo rey de Fransa [que negun, de] qualque condicio o stat que sia, que non ause liar ni far liar en neguna manieyra d'avers en la viela de Monpelier, ni en sos pertenemens, alcuns avers, sinon que premieyramen les aia mostrats a las gardas dels avers..., se son sufficiens e ses frau. — Item, may manda la davan dicha cort que negun lieyre non ause liar ni far liar degus avers en la dicha viela, ni en sos pertenemens, tro que los dicz avers sien vitz per las dichas gardas dels avers, et que [aion] jurat a las dichas gardas dels avers per mandament de moser lo bayle. — Item, manda la dicha cort que negun mercadier ni pebrier, ni neguna autra persona, de qualque condicio que sia, non ause portar ni far portar, ni far vendre, ni tener per vendre en la dicha viela denguns avers encamaratz. — Item, manda la dicha cort que negun corratier non ause corrateiar denguns avers encamaratz per vendre, et quo s'en sabia degus en alcun luocz, que ayso deion denunciar et revelar de present a las dichas gardas a lor sagrament. — Item, manda la dicha cort que dengun hostalier non ause delivrar ni far delivrar denguns avers pueys que seran en son hostal, tro a que sapia se las gardas avian vistz los dicz avers. — Item, manda la dicha cort que nenguna persona, de qualque condicio o estat que sie, non ause vendre ni far vendre en la dicha viela, ni en sos pertenemens, d'estranh a estranh, de L lieuras en bala d'aver de pes gros, ni d'aver de pes sotil de xxv l. en aval; ni negun corratier non ause far mercat.— Item, manda la dicha cort, e fa asaber a tot specieyre, a tot pebrier, et a tota autra persona, de qualque condicio que sia, [que] non sia tant ausar, que ause pastar ni far pastar denguna pols d'enses, ni vendre ni far vendre enses pastat en la dicha viela de Monpelier, ni en sos pertenemens. — Item, manda la dicha cort que nengun specieyre, ni nenguna autra persona, non ause far, per se ni per autre, nengun onguen ni nengun enplaust ni ongemen, ni metre en mortier, entro a que aion vist las gardas dels avers, ni far nengus coffimens per vendre, en que aia aucuna sofisticacio. — Item, manda la devant dicha cort que nengun penhieyre non ause penher ni far penher nenguna brostia, sinon que fos sufficiens, ni nengun specieyre non ause emplir deguna brostia de coffimens per vendre, tro que las gardas dels avers las aion vistas si son sufficiens. Et qui encontra fara, la cort de nostre seignor lo rey de Fransa hi fara so que far hi devra, ses tota merce. — Jacobus de Asperis, judex ordinarius.

Qua quidem papiri cedula reddita per dictos Guillermum Pinholis, Benedictum Cambini et Petrum Becede, custodes predictos, instanter requisiverunt eumdem dominum judicem, quatenus dictas preconisationes fieri faceret publice per villam Montispessulani, in locis in talibus est fieri consuetum, de quibus petierunt sibi fieri publicum instrumentum per me notarium infrascriptum.

Et dictus dominus judex, viso tenore dicte cedule superius tradite, et ad plenum perlecte, nec non preconisationes infra contentas, et eo diligenter attento et intellecto, attento etiam quod tales vel similes preconisationes fieri sunt consuete retroactis temporibus per villam Montispessulani, decrevit, causa cognita, preconisationes predictas fore faciendas per loca consueta,.... cum voce namphili et tube; et nichilominus precepit et in mandatis dedit Johanni Girardi, preconi publico dicte ville Montispessulani, ibidem presenti, quatinus preconisationes suprascriptas faciat per villam predictam Montispessulani....

Acta fuerunt hec in Montepessulano, et in bancha inquestarum curie ordinarie dicte ville, ad que fuerunt testes presentes discreti viri Johannes Dyonisii, vicebajulus, Petrus Polerii, baccallarius in legibus,... et ego Johannes Lantelmi, publicus auctoritate imperiali habitator Montispessulani notarius, qui requisitus de premissis notam recepi.

Deinde ibidem, incontinenti post predicta, dictus Johannes Girardi, preco dicte curie, vigore mandati sibi dati per dictum dominum judicem, accessit personaliter, una mecum notario supra et infra scripto, ad introitum janue predicte curie ordinarie Montispessulani, cum tubis et namphilo. Dictus preco dictas preconisationes fecit, prout superius sunt expressate et sunt inserte... Consequenter.... se transtulit ad plateam Sancte Crucis Montispessulani, ubi cum fuit, dictas preconisationes fecit publice.... Post que dictus preco accessit, una mecum notario supra et infra scripto, ad cantonum Fabrarie Montispessulani,... ad plateam Pelliparie, demumque ad carreriam Sancti Guillelmi,.. rursus ad quantonum Soquerie in Saunaria,... ad cantonum de Petra,... ad plateam que est ante hospitium dominorum consulum,... ad plateam campsorum Beate Marie de Tabulis,... ad cantonum Carbonerie,.... ad cantonum dictum d'En Camburat, ubi cum fuit, dictas preconisationes fecit, prout supra est expressatum....

Arch. dép. de l'Hérault, Fonds des consuls de mer de Montpellier, B. 65 (Original sur parchemin, et B, 47, fol. 263 r° (Transcription).

## CXCII.

**LETTRES DE CHARLES VI EN FAVEUR DES MARCHANDS DE MONTPELLIER.**

(30 Janvier 1404-1405.)

A touz ceuls qui ces lettres verront, Guillaume, seigneur de Tignonville, chevalier, conseiller et chambellan du roy nostre sire, garde de la prevosté de Paris, salut.

Savoir faisons que nous, l'an de grace mil CCCC et quatre, le vendredi XX⁰ jour de fevrier, veismes unes lettres du roy nostre dit seigneur, scellées de son grant scel, contenans la forme qui s'ensuit :

Charles, par la grace de Dieu roy de France, a Gautier Petit, commis a recevoir l'imposition foraine a Paris, salut.

Receu avons l'umble supplicacion des marchans de la ville de Montpellier frequentans les foires et marchiez des pays de France, Languedouil et de Flandres, contenant comme du temps de tes predecesseurs commis sur le dit fait, a l'instigation et pourchas d'aucuns, nous, par certaines nos autres lettres, eussions ordonné que nulles certificacions baillées par les consulz de Montpellier, ne d'autres villes du pays de Languedoc, pour recouvrer les caucions qui baillées estoient aux diz commis par les diz marchans ou autres, menans marchandises ou dit pais, de non les mener en aucun pais hors nostre royaume ne autre ou les aides ordonnées pour la guerre n'aient cours, feussent d'aucune valeur, et pour ycelles ilz ne rendissent les dites caucions, se ilz n'avoient certifficacion des esleuz des lieux ou les dites marchandises seroient deschargées, qui est moult dure chose, griefve et dommagable aux diz supplians ; car avant qu'ilz peussent avoir la certificacion des diz esleux, il leur convendroit soustenir plusieurs travaulx et dommages, en poursuiant pour ce yceulx esleuz, leurs clers et notaires ; et que anciennement, de si long temps qu'il n'est memoire du contraire, ilz aient acoustumé de ravoir leurs dites caucions, par eulz baillées pour la cause dessus dite, par baillant certifficacion des diz consulz tant seulement, et aussi que onques par avant la dite ordonnance, ne depuis, ne fu trouvé ou commise aucune fraude, malice ne mauvaistié es dites certifficacions baillées par les diz consulz, et aussi ne le pourroient il faire ; car se les marchans de la dite ville de Montpellier vouloient envoier les dites marchandises hors de nostre dit royaume, ou en pais ou les diz aides n'ont cours, par toutes les yssues d'icelui nostre royaume a gardes qui ne les laisseroient jamais passer, se ilz n'avoient lettres d'avoir paié la dite imposicion foraine ; et aussi que ou dit pays de Languedoc, par les autres villes et lieux ou sont descendues les dites marchandises, les marchans ont acoustumé d'avoir certifficacion des diz consulz, si comme dient les diz suppliant, en nous humblement requerant que, attendu et consideré ce que dit est, et afin que nouvelleté, charge ou servitute ne soit imposée aux diz marchans, nous leur vueillons sur ce pourveoir de nostre grace et remede. Pourquoy nous, ces choses considerées, voulans les marchans frequentans nostre dit royaume relever de peines et de griefves exactions a nostre povoir, te mandons et expressement enjoingnons que, en toy rapportant et recevant des diz suppliant leur certifficacions, telles et semblables que tes predecesseurs commis sur le dit fait et toy avez acoustumé de prendre et recevoir d'eulz ou temps passé, pour cause de leurs dites marchandises, par avant la dite ordonnance et depuis, tu a yceulz supplians rens, bailles et delivres leurs dites caucions, a toy ainsi baillées, comme dit est, doresenavant, sans vouloir avoir autres certifficacions, et sanz pour cause de ce leur donner ne souffrir estre fait ou donné aucun empeschement ou destorbier au contraire. Car ainsi nous plaist il estre fait, et aux diz supplians l'avons octroyé et octroyons de grace especial par ces presentes, non obstant la dite ordonnance et quelxconques autres ordonnances, mandemens, deffenses et lettres subreptices empetrées ou a empetrer au contraire.

Donné a Paris, le XXXe jour de janvier, l'an de grace mil CCCC et quatre, et le XXVe de nostre regne.

Ainsi signé par le Roy, monseigneur le duc de Bourgongne, le conte de Mortaing, le sire de Preaux et autres presens. E. de Mauregart.

Et nous a ce present transcript avons mis le scel de la prevosté de Paris, l'an et le jour dessus diz.

Arch. mun. de Montp., Arm. C, Cass. VII, N° 4. Parchemin original, avec sceau pendant.

## CXCIII.

**LETTRES DE CHARLES VI OBLIGEANT LES MARCHANDS ÉTRANGERS, EN RÉSIDENCE A MONTPELLIER, A CONTRIBUER AU PAIEMENT DES AIDES ET DES CHARGES COMMUNES.**

(18 Décembre 1405.)

Charles, par la grace de Dieu roy de France, au primier nostre sergent, qui sur ce sera requis, salut.

Noz amez les consulz et habitans de la ville de Montpellier nous ont fait exposer que, comme pour leur part et porcion des deux aides, puis certain temps en ça et derrierement mis sus en nostre royaume, pour resister a l'entreprinse et faire guerre a Henry de Lancastre, soy disant roy d'Angleterre, ilz aient esté assiz et imposez a la somme de onze mil cent livres, ou environ, c'est assavoir pour le primier aide a la somme de $vi^m vi^c$ livres, ou environ, et pour le second a la somme de $iiii^m v^c$ livres, ou environ, et soit ainsi que, combien que pour lesdictes sommes paier lesdiz habitans aient esté imposez, chascun en droit soy, a certaine somme d'argent, par vint personnes a ce esleuz et commis, pour plus justement et loyaument asseoir sur un chascun sa part et porcion selon leurs facultés et chevances, neantmoins plusieurs Genevoiz, Veniciens, Cathelans, et autres marchans d'estrange langue, qui toutesvoyes demeurent en certaines maisons qu'ilz tiennent a louaige, et marchandent grandement, et font tresgrant fait de marchandise en ladicte ville, ne veulent paier ce a quoy, pour leur part et porcion desdiz deux aides, ilz ont esté imposez par lesdiz xx hommes commis a ce, et aussi ne veulent contribuer aux charges de ladicte ville, mais de ce ont esté et sont du tout refusans et delayans, et s'en veulent affranchir, ou tresgrant prejudice et dommaige desdiz consulz et autres habitans d'icelle ville, qui par deffault du paiement desdiz refusans et delayans, et pour avancier le paiement entier de ce a quoy ladicte ville avoit esté imposée et assise, ont prins et fait prendre finance par change et autrement, a grans fraiz et perte, laquelle chose, se pourveu n'y estoit, pourroit tourner et tourne de jour en jour ou tresgrant dommaige desdiz consulz et habitans, requerans leur estre pourveu de remede convenable sur ce. Pour ce est il que nous, considéré ce que dit est, et qui avons voulu et voulons lesdiz aides et impostz par nous mis sus, comme dit est, estre levez et cueilliz sur tous les manans et habitans de nostre royaume, excepté ceulx qui par noz ordonnances sur ce faictes sont a exempter, et que lesdiz Genevoiz, Veniciens, [Cathelans,] et autres estrangiers, tiennent maisons et domicilles a louage et autrement en ladicte ville, et y font et meynent tresgrant fait de marchandise, te mandons et enjoingnons expressement, en commectant, se mestier est, que tous lesdiz Genevoiz, Veniciens, Cathelans, et autres estrangiers qui par le commis a la recepte desdiz aides te seront baillez en debte en roolles, papiers ou registres, deuement signez et scellez dudit commis a ladicte recepte, tu contraignes realment et de fait, par prinse de biens meubles et immeubles, et par toutes autres voyes qu'il est acoustumé de faire en tel cas, jusques a plain paiement et satisfaction des sommes a quoy par lesdiz roolles tu les trouveras avoir esté assiz et imposez a la cause dessus dicte, et aussi les contrains a paier leur part et porcion des autres charges de ladicte ville, comme les autres habitans. Et en cas d'opposition, refus ou delay, paiement primierement et avant tout euvre fait sur ce, par maniere de provision, au regart desdiz deux aides, adjorne les opposans, refusans et delayans, c'est assavoir en tant qu'il touche et pourra toucher lesdiz deux aides, pardevant les esleuz de ladicte ville, ou l'un d'eulx, ou leur lieutenant, et les autres, au regart des autres charges d'icelle ville, pardevant le baille de ladicte ville ou son lieutenant, pour dire les causes de leur opposition, refus ou delay, respondre sur ce auxdiz consulz, et autrement prouver, se partie se veult faire sur ce, et proceder en oultre comme il appartendra par raison, en certiffiant souffisamment lesdiz esleuz et baille de tout ce que fait en auras, ausquelz nous mandons, et, se mestier est, commectons que aux parties icelles oyes facent bon et brief droit, selon la forme et teneur des instructions sur ce faictes. Car ainsi nous plaist il estre fait, non obstant quelzconques lectres subreptices, empetrées ou a empetrer, a ce contraires.

Donné a Paris, le XVIII<sup></sup> jour de decembre, l'an de grace mil CCCC et cinq, et de nostre regne le XXVI<sup>e</sup>.

Par le roy, a la relation du conseil. Larut.

Arch. mun. de Montp., Arm. G, Cass. VI, N° 63. Original à queue de parchemin, sceau arraché.

## CXCIV.

LETTRES DE CHARLES VI ACCORDANT, EN FAVEUR DES MARCHANDS DE MONTPELLIER, LA CONTRAINTE PAR CORPS POUR LETTRES DE CHANGE.

(5 Avril 1410.)

Charles, par la grace de Dieu roy de France, au gouverneur et baille de Montpellier, ou a leurs lieuxtenans, salut.

Les marchans de nostre ville de Montpellier, consors en ceste partie, nous ont fait exposer que de toute ancienneté ladicte ville a esté bien marchande, et y sont debiteez et destalleez pluseurs denrées et marchandises d'espicerie et drapperie et autres, qui sont apporteez de nostre bonne ville de Paris, de Flandres, Breban, Normandie, des parties d'Orien, d'Aragon, et de diverses autres nacions et encontreez, et ne se pourroit bonnement conduire ne entretenir le fait de ladicte marchandise, se ce n'estoit la voye de change, par laquelle les marchans qui ont besoing des marchandises d'aucun loingtain pais baillent leur argent content a autres marchans en ladicte ville de Montpellier, moyennent une petite lettre privée, par laquelle cellui qui reçoit l'argent mande a ung autre marchant a Paris, a Bruges, a Jennes, a Damas, a Alexandrie, a Barut, ou alieurs, que ledit argent soit rendu et payé a cellui qui le lui a baillé, ou a son certain commandement ; et a esté ladite voye de change introduite, et de si bonne foy que on n'a point acoustumé de faire lectres obligatoires ne autres que ladicte lectre privée, que fait cellui qui reçoit l'argent, laquelle lectre est tenue et reputée de si grant auctorité et valeur, que ceulx a qui elle est baillée se treuvent pour tous asseurez de recevoir leur argent au lieu et termes contenus en icelles ; et en esperence de ce les marchans achectent et font achecter pour leurs compaignons ou facteurs qu'ilz ont en divers pais les denrées et marchandises telles comme bessoint leur fait. Toutesvoyes, depuis certain temps en ça, aucuns se sont entremis en ladicte ville de Montpellier de prendre et recevoir argent par voye de change, et pour cellui argent faire rendre et restituer, ont baillé leurs lectres de change, adressans a Paris et alleurs, a autres marchans ; maiz quant le temps a esté escheu que lesdits changes devoyent estre payez et renduz, et que ceulx qui l'argent desditz changes ont baillé, ou leurs facteurs et compaignons d'iceulx, ont presenté lesdictes lectres a ceulx a qui elles estoient adresseez, ilz n'ont peu avoir ne recouvrer leurdit argent, et a convenu faire les protestations acoustumeez contre ceulx a qui ledit argent avoit esté baillé, c'est assavoir de le recouvrer, ensemble les dommaiges et interestz ; maiz lesdictes protestations ont esté aucune foiz de nul effect ou valeur, par la fraude et malice de ceulx qui ledit argent avoyent receu, qui cautement ont mucié et destourné leurs biens meubles, et ont fainz estre non soulvables, les autres s'en sont fuiz et absentez de nostre royaume, et les autres se sont mis en franchise et immunité, et vivent de l'argent que mauvaisement et soubz umbre desditz changes ilz avoyent receu des bons marchans, dont aucuns d'iceulx marchans ont souffert grans pertes, dommaiges et interestz, et tant que a peine ilz ont esté desertz de leurs chevances ; et se ceste voye dampnable n'estoit reprimée, pluseurs bonnes gens seroyent moult fraudées, ou y convendroit que lesditz changes si delayssassent, et par consequent le fait de la marchandise faillist ; car la fraude et malice multiplie aujourd'uy en aucunes gens ; et plus seroit, si pourveu n'y estoit de convenable remede. Si nous ont fait humblement supplier lesdiz expousans que, attendu que le fait desdiz changes est moult favorable; car sans lectres obligatoires et sans scel on baille de bonne foy son argent, en prennent une petite lectre privée; et aussi est il expedient et neccessaire pour la marchandise et la chose publique, et doit estre tenu et reputé ledit argent de telle nature et condition que argent baillé en garde et depost, pour la restitution duquel les debteurs peuvent et doivent estre contrains par prinse et detention de leurs corps; car aussi la retention et contractation dudit argent sont assez nature de delit, si comme ils dient; nous leur veuillons pourveoir dudit remede. Pourquoy nous, consideré ce que dit est, voulans a nostre povoir obvier a fraudes et malice par especial qui peuent prejudiquer au fait et bien de la chose publique, vous mandons et commandons, et, se mestier est, commettons, et a chacun de vous, que toutes et quantes foys que vous treuverés argent avoir esté baillé par voye de change a aucunes gens demourans soubz vos jurisdictions et justice, ou de l'un de vous, et ilz ne le facent rendre et bailler au lieu et terme qu'ilz auront donné par leurs lectres de changes, tellement qu'il convienne faire les protestations en telz cas acoustumeez, vous les preneurs dudit argent contraingniés par prinse, emprisonnement et detention de leurs corps, et autrement par toutes voyes deuez et raisonnables, a le rendre et restituer, avecques les dommaiges et interestz que par leur faute auront esté souffertz. Et affin que chacun s'en garde doresenavant, faites publier ces presentes par voz jurisdictions et destroiz, en telle maniere que aucun n'en pretende ignorance. Et au cas que, apres ladicte publication, aucuns se enardiront de faire le contraire, punissés les, ainsi comme au cas appartendra, en faisant sur ce aux parties, icelles oyes, sommairement et de plain, sans aucun proces ou figure de jugement, bon et brief accomplissement de justice. Car ainsi nous plait il, et le voulons estre fait, non obstant quelzconques lectres subreptices a ce contraires. Mandons et commandons a tous noz justiciers, officiers et subgiez, que a vous et a chacun de vous en ce faisant obeissent et entendent diligemment.

Donné a Paris le V⁰ jour d'avril, l'an de grace mil IIII⁰ X, et de nostre regne le XXX⁰.

Par le roy. Brisoul.

> Biblioth. de la Fac. de méd. de Montp., Manuscr. H, 119, fol. non coté à la fin du volume, et Arch. du greffe de la maison consulaire, Arm. A, Liasse 15.

## CXCV.

**LETTRES DE CHARLES VI OCTROYANT A LA VILLE DE MONTPELLIER UNE AIDE SUR LE PRODUIT DE LA GABELLE, POUR SUBVENIR AUX BESOINS URGENTS ET REMÉDIER AUX DÉSASTRES COMMERCIAUX.**

(26 Mai 1411, et 27 Avril 1414.)

Jehan, filz de roy de France, duc de Berry et d'Auvergne, conte de Poictou, d'Estampes, de Boulongne et d'Auvergne, lieutenant de monseigneur le roy en ses pais de Languedoc et duchié de Guienne, a tous ceulx qui ces presentes lettres verront, salut.

Savoir faisons nous avoir veu les lettres de mondit seigneur le roy, contenans ceste fourme :

Charles, par la grace de Dieu roy de France, a tous ceulx qui ces presentes lettres verront, salut.

Savoir faisons que, comme a la supplicacion de nos amez les consulz et habitans de nostre ville de Montpellier, et pour leur aider a mectre et soustenir en bon estat les murs, forteresse, voyeries, chemins, chaussées, entrées et yssues de ladicte ville et supporter leurs autres necessitez communes, nous leur eussions octroyé nos autres lettres, desquelles on dit la teneur estre tele :

Charles, par la grace de Dieu roy de France, a tous ceulx qui ces presentes lettres verront, salut.

Savoir faisons nous avoir receu l'umble supplicacion de nos amez les consulz et habitans de nostre ville de Montpellier, contenant comme, pour occasion de mortalitez et autres pestilences qui depuis

environ seize ans ença ont esté en ladicte ville, et des grans
charges qui au temps passé leur a convenu et convient encores
supporter, et aussi pour plusieurs pertes, dommages et desfortunes
qu'ilz ont eu par mer et es parties d'Orient, par rompement de nefs,
navires et rencontrées de pirates et escumeurs de mer, qui souventesfoiz les ont pillez et desrobez, et que derrenierement en la rebellion
de Jannes ilz ont perdu grant quantité de marchandises, qu'ilz
avoient en ladicte ville de Jannes et a Saonne, yceulx supplians
soient moult diminuez de gens et de chevances, et telement qu'ilz
ne pourroient supporter ne fournir aux necessitez communes de
ladicte ville, qui sont graves et urgentes, et par especial ne pourroient lesditz supplians reparer ne tenir en estat convenable les
murs et forteresse, les voyeries, chemins et chaussées, entrées et
yssues de ladicte ville, lesquels sont ruyneux et en mauvais estat,
et ont besoing de bonne et briefve reparacion; et si feust bien chose
expedient et convenable, que en ladicte ville, qui est de notable
recommandacion, eust un horologe vray, sonnant artificielment,
comme font ceulx du pais de France; car l'orologe qu'ilz ont presentement sonne par mistere d'un homme, et n'est point certain
ne veritable, ne par icelui, quant sonne, les estrangiers ne peuent
entendre quelle heure il est; et pour ce que les reparacions et autres choses devantdictes lesdiz exposans ne pourroient faire d'eulx
mesmes, sans avoir aucun secours et aide, ilz nous ont humblement
supplié que, eu regard a la desolacion en quoy ladicte ville et les
habitans d'icelle sont constituez a present pour les causes et perse-
cucions devantdictes, qui leur est moult estrange et doloureux,
consideré l'estat, le peuple, les marchandises et les grans richesses
qui y souloient estre au temps passé, et que encores aucuns des
habitans la delaissent et s'en vont demourer ailleurs, nous leur
veuillons octroyer aucun aide convenable. Pourquoy nous, acertenez de la diminucion et empirement de ladicte ville, voulans
subvenir a leur necessité, a yceulx supplians avons octroyé et
octroyons, de grace especial, par ces presentes, que de et sur

chacun quintal de sel qui sera vendu es greniers du diocese de Maguelonne et de la ville de Macillargues, et en chacun d'iceulx, attendu que la greigneur partie du sel qui esdiz greniers est aporté vient des salines desdiz supplians, ilz preignent et aient de celui ou ceulx qui ledit sel acheteront un blanc de cinq deniers de tournois, jusques a trois ans prouchains venans, a compter du jour de la date de ces presentes, pour tourner et convertir l'emolument dudit blanc es reparacions devantdictes et a faire ledit horologe, par ainsi que celui ou ceulx qui l'emolument dudit blanc recevront seront tenuz d'en rendre compte et reliqua, quant temps sera, et la ou il appartiendra. Si donnons en mandement par ces memes lettres a nos amez et feaulx les generaulx conseillers sur le fait des aides ayans cours pour la guerre ou pais de Languedoc, aux visiteurs des gabelles, aux greneturs desdiz greniers ou diocese de Maguelonne et de Marcillargues, au receveur general desdiz aides oudit pais, et a tous noz autres justiciers dudit pais, ou a leurs lieuxtenans, et a chacun d'eulx, si comme a lui appartiendra, que de nostre presente grace, concession et octroy ilz facent, seuffrent et laissent lesdiz supplians joir et user plainement et paisiblement, sans les molester ou empeschier aucunement au contraire. En tesmoing de ce, nous avons fait mettre nostre scel a ces presentes.

Donné a Paris, le XXVIe jour de may, l'an de grace mil CCCC et onze, et de nostre regne le XXXIe.

Lesquelles lettres furent expediées par les generaulx conseillers sur le fait des aides ayans cours pour la guerre, et par les commissaires estans lors ou pais de Languedoc pour le gouvernement d'icelui, et par les visiteurs des gabelles du sel oudit pais; et par vertu d'icelles lettres et expedicion, lesdiz supplians ont joy dudit octroy, et encore joyssent a present. Mais pour ce que le temps d'icelui octroy doit prouchainement finer, et encores ne sont parfaiz les ouvrages qu'ilz ont emprins et encommencié en esperance que l'emolument dudit octroy deust souffire, ce qu'il n'a pas fait, lesdiz consulz et habitans nous ont fait humblement supplier que le temps et cours d'icelui qui finera environ le XXIII° jour du prouchain mois de may nous leur vueillons ralonger et proroger, jusques a trois ans apres prouchains ensuite. Nous, pour consideracion des choses dessusdictes et autres qui a ce nous ont meu et meuvent, ausdiz supplians avons prorogé et prorogeons, de grace especial, par ces presentes, le temps de l'octroy devantdit, jusques a trois ans prouchains venans, qui commenceront le XXIII° jour de may, pour en joyr par eulx durant ledit temps, en la forme et maniere qu'ilz ont fait ça en arriere. Si donnons en mandement, par ces memes lettres, a nos amez et feaulx les generaulx conseillers sur le fait des aides ayans cours pour la guerre ou païs de Languedoc, aux visiteurs des gabelles, aux grenetiers desdiz greniers ou diocese de Maguelonne et de Marcillargues, au receveur general desdiz aides oudit pais, et a tous nos autres justiciers dudit pais, ou a leurs lieuxtenans, et a chacun d'eulx, si comme a lui appartiendra, que de nostre presente grace, concession et octroy ilz facent, seuffrent et laissent lesdiz supplians joyr et user plainement et paisiblement, sans les molester ou empeschier aucunement au contraire. En tesmoing de ce, nous avons fait mettre nostre scel a ces presentes.

Donné en nostre siege devant Compiengne, le XXVII° jour d'avril, l'an de grace mil CCCC et quatorze, et de nostre regne le XXXIIII°.

Lesquelles lettres et leur contenu, nous, ayans fermes et agreables icelles, voulons, approuvons et ratifions par le teneur de ces presentes, par lesquelles nous mandons a nostre amé et feal conseiller et tresorier general, etc., que des presentes concession et octroy dessusdiz ils facent, seuffrent et laissent joyr et user lesdiz consulz et habitans de Montpellier, paisiblement et a plain, ledit temps durant....

Donné a Paris, en nostre hostel de Neelle, le second jour de may, l'an de grace mil quatre cens et quatorze.

Par monseigneur le duc et lieutenant, vous present. Deplanoy.

<small>Arch. mun. de Montp., Arm. E, Cass. VII, Liasse 44. Original sur parchemin, sceau absent.</small>

## CXCVI.

LETTRES DE CHARLES VI, EN FAVEUR DES HABITANTS DU LANGUEDOC, AU SUJET DE LA VENTE DES DENRÉES.

(4 Juin 1411.)

Jehan, filz de roy de France, duc de Berry et d'Auvergne, conte de Poitou, d'Estampes, de Bouloingne et d'Auvergne, lieutenant de monseigneur le roy en ses pais de Languedoc et duchié de Guienne, a touz ceulx qui ces presentes lettres verront, salut.

Savoir faisons nous avoir veu les lettres patentes de Monseigneur le roy, contenant la forme qui s'ensuit :

Charles, par la grace de Dieu roi de France, a touz ceulx qui ces presentes lettres verront, salut.

L'umble supplicacion de noz bien amez les cappitoulz, consoulz, scindicz et autres notables personnes des bonnes villes de nostre pays de Langue d'oc, nagueres par nostre comandement venuz devers nous en ceste nostre ville de Paris, pour eulx et les autres manans et habitans dudit pays, consors en ceste partie, avons receue, contenant que, tant pour le fait et occasion des guerres, mortalitez, sterilités de fruiz, et autres adversitez, qui ont regné oudit pays les temps passez, et pour les grans charges que lesdiz supplians ont eu et ont a supporter pour les aydes et subsides qui pour le fait de noz dictes guerres se sont leveez et lievent oudit pais sur eulx et leurs biens, et mesmement par les tresgrans durtés et rigueurs que leur ont fait et font les fermiers desdiz aydes et leurs commis, ou autres, commis de par nous a lever et faire venir iceulx aydes; car il advient souventesfoiz que, quant aucuns desdiz supplians qui ne sont point marchans, maiz les aucuns demeurent en plat pais et vivent de leur labeur et de ce qui croist en leurs heritaiges ou qu'ilz vont chassier et prendre a la force et poine de leurs corps, et les autres demeurent es bonnes villes fermées et autres lieux fors dudit pais, ont vendu ou porté vendre en aucunes desdictes bonnes villes et autres lieux d'icellui pais deux ou trois chappons, gelines, poussins, oyes, oysons, lievres, connilz, perdris, aigneaulx, chevreaulx, cochons, et autres volaille ou bestail, oefs, fromaiges, pommes, poires, noys, cerises ou autres fruiz ou vivres, qui ne se montent a chascune personne que deux, trois ou quatre solz au plus, aucune fois vi, viii, dix, douze, seze ou vint deniers tournois seulement, dont les vendeurs doyvent avoir leurs neccessitez, lesdiz fermiers ou commis les ont contrains et contraignent a paier l'imposicion desdiz vivres et denreez, tant peu ne pour si petit d'argent n'en peuent vendre, et aucunesfoiz pour lesdictes imposicions demandent greigneur somme de deniers que ne se monte ce qui en a esté vendu, ce quant ils sont reffusans de paier a la voulenté desdiz fermiers, prennent de fait gaiges desdis habitans, et les font convenir et adjourner pardevant les esleuz, les font demourer un jour ou deux avant qu'ils puissent retourner en leurs hostelz, et en la fin convient qu'ilz composent et paient a la voulenté d'iceulx fermiers. Et oultre, pour ce que oudit pais, qui est bien fertile et habondant en vivres et autres biens, lesquelx bonnement ne se pourroient delivrer ne degaster en icellui pais, attendu qu'il n'est pas si grandement peuplé comme il a anciennement esté, soubz umbre d'aucunes deffenses ou proclamacions que l'en dit de par nous avoir esté faictes en ycellui pais, les marchans estrangiers et autres, qui souloient admener pluseurs denrées oudit pais, et y achater, prendre et mener hors d'icellui blez, vins, huilles, draps, cuirs, et autres biens ne marchandises, n'ont osé ne osent frequenter ne habiter oudit pais, y admener aucunes denrées ou marchandises, ne en y chargier d'autres, ne semblablement lesdiz supplians marchander ne communiquer avec lesdiz estrangiers, ainsi qu'ilz ont de tout temps acoustumé, le fait de la marchandise est cessé en grant partie oudit pais, dont noz droiz et devoirs, tant en domaine comme en aides, ont esté et sont grandement diminuez, et lesdiz supplians tellement grevez, domaigiez et opprimés, que a pluseurs d'eulx a convenu delaissier leurs

propres maisons, labours, heritaiges et possessions, et aler demourer
et converser en diverses et estranges terres et seignouries, hors
dudit pais et de nostredit royaume, et encores sont en aventure de
faire plus, se par nous ne leur est sur ce impartie nostre grace,
si comme ilz dient, implorans icelle; pourquoy, savoir faisons
que nous, considerans la bonne amour, grant loyauté et vraye
obeissance que ont touz jours eu et ont a nous et a la couronne de
France lesdiz suppliants et leurs predecesseurs, les grans pertes,
dommaiges et autres charges qu'ils ont eu et ont a supporter
pour le fait de nozdictes guerres et autres choses dessusdictes, et
mesmement que la ville et cité d'Avignon, ou se souloit tenir la
cour de Rome, dont ausdiz suppliants de nostredit pais et autres
pais d'environ venoit de grans prouffiz, est de present, et des long
temps a, en grant perplexité et desolacion, voulans et desirans
de tout nostre cuer lesdiz suppliants et autres noz subgiez relever de
toutes charges et oppressions, et a nostre povoir les garder de touz
griefs, dommaiges et vexacions, les choses dessusdictes considereez,
et autres causes et consideracions a ce nous mouvans, eu sur ce
grant et meure deliberacion, avons voulu et ordonné, voulons et
ordonnons, et ausdiz suppliants avons octroié et octroyons, de nostre
certaine science, grace especial, plaine puissance et auctorité royal,
par ces presentes, que lesdiz habitans et chascun d'eulx, et leurs
successeurs, non tenans estal, tablier, fenestre ou bouticle publiques, puissent et leur loyse vendre, porter et mener, ou faire
porter, mener et vendre, a somades ou bestes chargées, et autrement, par toutes les villes, marchiez et autres lieux publiques de
nostredit pais de Languedoc, chappons, gelines, poussins et autres
volailles, aigneaulx, chevriaulx, cochons, lievres, connilz, faizans,
perdrix, oyseaux de riviere, oefs, fromaiges, lait, burre, pommes,
poires, poix, feves, noix, amandes, peches, cerises, prunes,
figues, raisins, roses et autres fleurs, verjus en grain, huilles,
aulx, oignons, chastaingnes, loches, anguilles, cardons, roches,
bourrées, fagos, busche, herbe vert pour donner aux chevaulx, et

autres vivres et choses semblables, jusques a la valeur de cinq solz parisis par jour, et au dessoubz, sanz fraude, sanz ce qu'ilz soient pour ce tenuz paier aucune imposicion ; et icelle imposicion des denrées dessusdictes, vendues par la maniere que dit est, jusques a ladicte somme de cinq solz parisis par jour, et au dessoubz, sanz fraude, seulement, leur avons quittée et remise, quittons et remettons, de nostredicte grace especial, par ces mesmes lettres, a commensier du premier jour de septembre prochainement venant; et que toutes et quantesfoiz que lesdiz supplians seront pour ce approuchiez pardevant les esleuz ou autres officiers desdiz aides, que ils soyent creuz par leur serement de la valeur desdictes denrées et de la meontée du vendre ; sanz ce que les fermiers puissent estre receuz a prouver le contraire, ou cas toutesvoies qu'il n'y auroit fraude evident, ce que nous remettons a la discrecion desdiz esleuz, ou autres devant qui ilz seront convenuz. Et avecques ce, et en ampliant nostredicte grace, avons aus supplians dessusdiz, pour eulx et pour touz lesdiz habitans de nostredit pais, ottroié et ottroyons, de noz science, grace et auctorité dessusdictes, qu'ilz puissent et leur loyse frequenter, communiquer et marchander avecques toutes manieres de gens, de quelque estat et condicion qu'ilz soient, et leur vendre et d'eulx achater touz vivres, denrées et marchandises, excepté toutesvoies aux ennemis de nous et de nostredit royaume. Si donnons en mandement a noz amez et feaulx les generaulx conseillers par nous ordonnez sur le fait de la justice, tant de nostredit domaine comme desdiz aides oudit pais de Languedoc et duchié de Guienne, aux seneschaulx et viguiers de Thoulouse, Carcassonne et Beaucaire, a nostre gouverneur de Montpellier, aux esleuz sur le fait desdiz aides es villes, citez et dioceses de nostre dit pais de Languedoc, auxdiz fermiers et commis, et a touz noz autres justiciers et officiers, ou a leurs lieuxtenans, et a chascun d'eulx qui sur ce sera requis, en commettant, se mestier est, par ces presentes, que noz presentes grace, ottroy, voulenté et ordonnance, publient ou facent publier en leurs sieges et auditoires, et autres lieux acoustumez a faire criz et publicacions, es mettes de leurs ressors et juridiccions, affin que aucun n'en puisse pretendre ignorance, les tiengnent et gardent, et facent tenir et garder sanz enfraindre, et d'icelles facent, sueffrent et laissent lesdiz supplians et leurs successeurs joyr et user plainement et paisiblement, sanz les molester ou empescher, faire ne souffrir estre molestez ou empeschiez, ores ne ou temps avenir, en aucune maniere au contraire. Et pour ce que ces presentes ne pourront pas estre portées ne exhibées pour en faire foy par touz les lieux ou il seroit besoing, nous voulons que au vidimus ou transcript d'icelles, fait soubz le scel de nostre prevosté de Paris ou autre scel royal, soit obtemperé et adjousté plaine foy, pareillement comme a cest present original. En tesmoing de ce, nous avons fait mettre nostre scel a ces presentes lettres.

Donné a Paris, le IIII$^e$ jour de juing, l'an de grace mil quatre cens et unze, et de nostre regne le XXXI$^e$.

Ainsi signées : Par le roy en son conseil, ouquel messeigneurs les ducs de Guienne et de Bretaigne, Loys duc en Baviere, le conte de Vendosme, messire Gilles de Bretaigne, vous l'arcevesque de Raims, l'amiral, le chancellier de Guienne, le seigneur d'Omont, messire Charles de Chambli, maistre Eustace de Laitre, et pluseurs autres estoient. Barrau.

Si donnons en mandement, de par mondit seigneur et de par nous, par la teneur de ces presentes, a noz amez et feaulx les generaulx conseillers de mondit seigneur le Roy et nostres sur le fait de la justice, tant du domaine comme des aides ordonnez ou pais de Languedoc et duchié de Guienne, aux seneschaulx et viguiers de Thoulouse, Carcassonne et Beaucaire, au gouverneur de Montpellier, aux esleuz sur le fait desdiz aides es villes, cités et dioceses dudit pais de Languedoc, auxdiz fermiers et commis, et a touz les autres justiciers et officiers dudit pays de Languedoc et duchié de Guienne, ou a leurs lieuxtenans, et a chascun d'eulx que sur ce sera requis, en commettant, se mestier est, que le contenu es ettres de mondit seigneur dessus transcriptes ilz et chascun d'eulx enterinent et acomplissent de point en point, et les mettent a execucion deue, tout ainsi et par la forme et maniere que mondit seigneur le veult et mande par sesdictes lettres. Et voulons que au vidimus d'icelles, fait soubz scel royal, foy soit adjoustée comme a l'original; car, ainsi que mondit seigneur le mande, nous le voulons estre fait, non obstant quelconques lettres surrepticies empetrées ou a empetrer au contraire. En tesmoing de ce, nous avons fait mettre nostre scel a ces presentes.

Donné en nostre ville de Bourges, le XVe jour de juing, l'an de grace mil quatre cens et onze.

Par monseigneur le duc et lieutenant, l'evesque de Chartres present. Gives. — Collation est faicte.

<small>Arch. mun. de Montp., Arm. Dorée, Liasse 8, No 10. Original sur parchemin, sceau absent.</small>

## CXCVII.

### LETTRES DE CHARLES VII, ENCORE RÉGENT, INTERDISANT L'EXPORTATION DES VIVRES ET DES CUIRS.

(1er Avril 1419-20.)

Charles, filz du roy de France, regent le royaume, daulphin de Viennois, duc de Berry, de Touraine et conte de Poictou, au seneschal de Beaucaire, et a tous gardes de bonnes villes, pons, pors, passages, juridicions et autres destroiz, et a tous les autres justiciers et officiers de mondit sire et nostres, ou a leurs lieuxtenans, salut.

Il est venu a nostre congnoissance que pluseurs marchans de ce royaume, tant du pais de Languedoil comme du pais de Languedoc, maynent et conduisent de jour en jour par ladite seneschaucie de Beaucaire pluseurs vitailles, c'est assavoir beufz, vaches, moutons, brebis, pourceaulx, blez, avoines, et autres vivres, et aussi y maynent des cuirs, et tant y ont coutume et continuent chacun jour, que lesdiz vivres et cuirs sont si encheriz en cedit royaume, que a peine en puet finer le poure peuple, laquelle chose est contre le bien commun de cedit royaume, et au grant grief et dommage du peuple d'icellui, et plus seroit, se par nous pourveu n'y estoit. Pourquoy nous, ces choses considerées, voulans pourveoir a telz inconveniens, vous mandons et expressement enjoingnons, et a chacun de vous, si comme a lui appartenra, que vous faciez deffense, de par mondit sire et de par nous, a tous marchans et autres, de quelque estat ou auctorité qu'ilz soient, que, sur peine de perdre lesdiz beufz, vaches, moutons, brebiz, pourceaulx, cuirs, et autres choses dessusdites, et sur certaines autres grosses peines, a appliquer a mondit sire et a nous, que plus doresenavant ilz ne mainent aucunes des choses dessusdites hors de cedit royaume. Et afin que aucun n'en puist pretendre ignorance, faictes crier et publier ces presentes a son de trompe publicquement es villes, lieux, pors et passages de ladite seneschaucie de Beaucaire, ou vous verrez estre plus expedient a faire. Car ainsi nous plaist il estre fait par ces presentes, non obstant quelzconques lettres de conduit que aucuns pourroient avoir impetrées ou impetreroient d'autres que de nous, a ce contraires.

Donné a Montpeslier, soubz nostre scel ordonné en l'absence du grant, le primier jour d'avril, l'an de grace mil CCCC et dix neuf avant Pasques.

Par monseigneur le regent daulphin, en son grant conseil. Gosset.

Arch mun de Montp., Arm. A, Tiroir XIV, N° 4 Original à queue de parchemin, avec grand sceau en cire jaune.
Au dos : *Littera prohibitoria ne victualia et coria extrahantur a senescallia Bellicadri. 1419.*
*Registrate sunt presentes littere in registro curie ordinarie domini bajuli Montispessulani, die XIII aprilis MCCCC XX, et deinde XVII die dicti mensis publicate, per loca et quadrivia dicte ville consueta.*

## CXCVIII.

DEUX LETTRES DE CHARLES VII CONCERNANT LA ROBINE DE LATTES.

(10 Juin 1427, et 1er Juin 1428.)

Karolus, Dei gracia Francorum rex, primo parlamenti nostri Bitterris hostiario, vel servienti nostro super hoc requirendo, salutem.

Gravem querelam consulum maris ville nostre Montispesulani recepimus, continentem quod, cum ipsi conquerentes, ad causam officii dicti consulatus maris, habeant certa rippayragia, contigua alveo vulgariter appellato la Robina portus loci Latarum, prope dictam villam Montispesulani, per quam robinam navigia vehuntur de portu nostro maritimo ville Aquarum Mortuarum ad dictum portum de Latis, et de dicto portu de Latis ad portum Aquarum Mortuarum, cum mercibus que in dictis partibus onerantur et exonerantur in et de dictis navigiis hinc inde navigantibus, cujus robine et ejus alvei, ut aquarum defluxus et navigacio libera et expedita non impediatur, ad curam, sollicitudinem et omnimodam administracionem ac tuihicionem ipsorum conquerencium maris consulum, qui nunc sunt, et suorum predecessorum in dicto officio consulatus maris, nec non et rippayragia dicte robine et ejus alvei, usque ad goletam ipsius robine, et specialiter rippayragia, contigua dicte robine, vulgariter appellata Torba velas, cum arboribus et aliis dictorum rippayragiorum pertinenciis et adjacenciis, pleno jure pertineant et spectent, pertinuerintque et spectaverint, ac pertinere et spectare debeant, ex bonis et legitimis titulis, suis loco et tempore lacius declarandis, sintque et fuerint ac esse debeant in pocessione et saysina predicta tenendi, gubernandi et administrandi, fructusque, redditus, proventus et emolumenta eorumdem sibi et ad usus suos, nomine dicti officii consulatus maris, applicandi et convertendi, in pocessione et saysina eciam quod nulli alii, cujuscumque condicionis existant, et specialiter magistri Petrus de Lauzeto, Johannes Gaycellerii, Philippus Hostarde, habitatores dicte ville Montispesulani, et eorum consortes seu adherentes, de dictis bonis seu juribus se intromittere possunt seu debent, nec eadem occupare seu usurpare, nec in dictis ripayragiis, specialiter de Torba velas, valatum facere, causa immittendi aquas deffluendas infra dictam robinam et alveum ejus, vel aliquid aliud explectare in eisdem rippayragiis, robina et alveo, preter usum publicum navigandi; ymo, si predicti [de] Lauzeto, Gaysseilerii et Hostarde, vel quicumque alii, aliquod impedimentum, presertim faciendo vallatum in dictis rippayragiis de Torba velas, vel alibi, pro agotando aquas de pratis vel prediis suis, et derivari seu defflui faciendo infra dictam robinam seu ejus alveum, vel aliud quodcumque, quod dicta rippayragia et robinam, ac usum navigandi, occupare valeat sive possit, prestiterint vel intulerint, quod licitum est eisdem conquerentibus, fuitque eorum predecessoribus in dicto officio consulatus maris, sua propria auctoritate tollere et amovere valatum seu vallata, si que fierent, reimplendo, et alia impedimenta realiter et de facto aufferendo, et ad pristinum statum reducendo, absque licencia, auctoritate vel concensu cujuscumque persone, publice vel private; et de dictis rebus, juribus, pocessionibus et saysinis, et aliis, loco et tempore plenius deducendis, dicti conquerentes, ad causam dicti officii, et eorum predecessores, tam per se quam per suos nuncios, familiares et servitores dicti officii consulatus, usi fuerint et gavisi per tantum temporis spacium, cujus memoria in contrarium non existit, vel quod sufficit vel sufficere potest et debet ad bonam pocessionem et saysinam adquirendas, et adquisitas retinendas, scientibus et videntibus, aut scire et videre valentibus predictis de Lauzeto, Gaysseilerii et Hostarde, ac eorum consortibus, et aliis qui hoc scire et videre voluerunt, plenarie, paciffice et quiete, palam et publice, excepta turba de qua infra dicetur, nichilominus, dictis conquerentibus consulibus maris in dictis possessionibus et saysinis existentibus, nomine dicti officii, prenominati de Lauzeto, Gaysseilerii, Hostarde, et eorum consortes in hac parte,

qui ab uno latere dictorum robine, alvei et rippayragiorum habere
et possidere dicuntur certa magna et lata territoria pratorum, que
faciunt adaquare, quociens volunt, de aqua fluvii Lani, longe remote
deffluente a dictis robina et rippayragiis, cujus adaquacionis pratorum aque pluviales superhabundanciam in dictis pratis rema-
nentes alibi deffluere seu agotare solti sunt facere, et non in dicta
robina, nec per dicta rippayragia, de facto et noviter, ab anno citra,
videlicet de mense aprilis proxime preterito, sua presumptuossa
voluntate, dicta rippayragia de Torba velas et alia dicte robine dir-
rumperunt, foderunt, et cocavando unum longum et latum vallatum,
infra limites et terminos dictorum rippayragiorum, et juxta alveum
dicte robine, fecerunt, aperiendo et rumpendo rippam dictorum
robine et alvei ejusdem, et aquas, tam pluviales quam superhabundantes ex adaquacione suorum pratorum, que sunt ad quantitatem
duorum mille jugerum, et ultra, de dictis eorum pratis immittere,
seu agotare facere, de facto nisi sunt, per dictum vallatum et frac-
turam noviter facta infra dictam robinam, et adhuc nittuntur, jura
et pocessionem et saysinam dictorum conquerencium noviter et de
facto sibi indebite occupando et usurpando, eosdemque conquerentes
in dictis possessione et saisina turbando, impediendo et molestando,
et ab anno et die citra, quod cedit, nedum in magnum prejudicium et dampnum dictorum conquerencium et officii consulatus, et
rippayragiorum et robine predictorum indebitam occupacionem, sed
eciam in maximum rey publice prejudicium, et omnium navigancium, seu navigare per dictam robinam de portu nostro ville Aquarum
Mortuarum, vel aliunde, ad portum de Latis, et vice versa, volencium, quoniam aque pluviales, vel adducte ad adaquandum dicta
prata, superhabundantes, et in eisdem pratis aliquandiu arrestantes
seu permanentes, per dictum vallatum deffluentes, infra dictam
robinam afferentes lymum, herbas, fustes, arbores, ramos, et
alia multa, que alveum dicte robine angustant, impediunt atque
replent, sic et taliter quod navigia, presertim onerata mercibus vel
hominibus, vehy et libere navigare impediuntur, et aqua dicte robine

deffluere non patitur ad stagnum, in quo solet intrare, presertim in passu dicte robine dicto lo Guolaio, quod esset totaliter anichilare et destruere, nedum usum navigandi in dicta robina et portu ejusdem, sed eciam portum nostrum dicte ville Aquarum Mortuarum, in quo portu nostro merces que super magnis navibus, galeis et aliis navigiis ibi apulcis onerantur, causa transmictendi ad alias regiones, vel que de aliis regionibus ad dictum portum nostrum adducuntur, solent ferri et deferri de villis nostris predictis Montispesulani ad villam Aquarum Mortuarum et portum suum, et vice versa, sic quod, si dicta robina impediretur, vel alias quovismodo occuparetur, et portus ejusdem, cum sint ut pediceca et deserviencia ad dictum portum nostrum maritimum, ipse portus noster Aquarum Mortuarum totaliter desereretur et fieret inhanis, et nos jura dicti portus et revas, que soliti sumus ibi recipere, omnino amitteremus, et respublica in hoc non modicum lederetur, nisi per nos de condecenti et celeri remedio provideretur, quod a nobis sibi impartiri humiliter postularunt, et procuratorem nostrum super hec eis adjungi, pro interesse nostro et rei publice, requisiverunt. Quocirca, premissis actentis, tibi comittendo mandamus, quathinus ad dictam robinam et ribeyragia ante dictum vallatum pro ceteris locis contenciosis personaliter te transferas, ibidemque, vocatis evocandis, memoratos conquerentes, nomine dicti officii, et procuratorem nostrum generalem, aut alium per eum substitutum, pro interesse nostro et rey publice, in predictis possessionibus et saisinis, et qualibet earum, manuteneas et conserves, ipsosque de eisdem uti et gaudere paciffice et plenarie facias et permittas, omnem turbam et impedimentum super premissis apposita tollendo penitus et amovendo, etc.

Datum Bitterris, decima die junii, anno Domini millesimo quadringentesimo vicesimo septimo, et regni nostri quinto.

Per regem, ad relacionem consilii. G. Cavarelli. (?)

Arch. mun. de Montp., Arch. du greffe de la maison consulaire, Arm. F, N° 294. Extrait d'une procédure originale.

Carolus, Dei gratia Francorum rex, judici parvi sigilli nostri Montipessulani, aut ejus locumtenenti, nec non primo parlamenti nostri Bitterris hostiario super hoc requirendo, salutem.

Consules maris ville nostre Montispessulani nobis conquerendo exponi fecerunt, quod ipsi exponentes habent, eorumque predecessores, ad causam dicti officii consulatus maris, hactenus habuerunt certam robinam, loco de Latis propinquam, ad unam modicam leucam dicte ville Montispessulani sitam, juxta ripayriagia vulgariter dicta Torbabelas, eisdem exponentibus cum suis adjacentiis pertinentia, per quam robinam navigia vehuntur de portu Aquarum Mortuarum ad dictum portum de Latis, et de dicto portu de Latis ad portum Aquarum Mortuarum, cum mercibus que in dictis portubus onerantur in et de dictis navigiis hinc inde navigantibus, que quamplurimum necessaria est rei publice dicte civitatis, cum absque illa non possent mercatores tam faciliter et utiliter eorum mercaturas exercere, et ex qua quidem robina multe utilitates, jura aut profigua, usque ad sex vel septem mille libras turonenses, annuatim nobis eveniunt, et plures alie utilitates atque commoda rei publice dicte ville Montispessulani, totique patrie circumvicine pariter succedunt. Quapropter expedit et est necessarium ipsis consulibus, ratione sui officii, dictam robinam tenere condirectam, liberam et expeditam ab omnibus immunditiis et aliis obstaculis, ne hujusmodi navigatio per dictam robinam aliqualiter impediatur..... Et quia nuper quidam magister Petrus de Lauzeto, licenciatus in legibus, judex noster baronie Montispessulani, Johannes Vaysselerii notarius, et Philippus Hostarde mercator, et nonnulli singulares dicte ville Montispessulani, potentes homines et divitiis abundantes, possidentes certa magna et lata prata in territorio dicti loci de Latis, juxta dictam robinam, a parte superiori, situata, suam privatam utilitatem utilitati publice preferre volentes, quoddam vallatum, sive esgoutal, ibidem existens, ad utilitatem et conservationem dicte robine factum, ne arbores, rausella, et alia stilicidia aquarum, provenientes ex dictis pratis ipsorum, ad finem eadem prata sua adaquandi, intrent dictam robinam, de facto aperuerunt, vel aperire fecerunt, ut, pratis suis adaquatis, aqua dormiens in ipsis deffluat, et cadat in ipsam robinam; et quia, preteritis temporibus, aquas suorum pratorum deflui facere consueverunt per aliam viam, et per alia loca ad hoc deputata, et plura alia impedimenta dicte robine, in prejudicium dictorum exponentium, juriumque et possessionum suarum antiquarum, ac navigationis dicte robine, intulerunt et novitatem fecerunt, predicti exponentes, decima die mensis junii ultimo elapsi, quasdam literas, infra annum turbe seu impedimenti, in casu novitatis, de dictis et pluribus aliis juribus, possessionibus et saisinis, ad dictos exponentes pertinentibus, mentionem facientes, a nobis obtinuerunt, quarum virtute quidam hostiarius nostri parlamenti, prius debite vocatis dictis de Lauzeto, Vaysselerii, Hostarde, et aliis singularibus, prefatos exponentes in eorum possessionibus, juribus et saisinis manutenuit et conservavit; et tandem, adveniente oppositione dictorum singularium, ad hoc vocatorum, idem hostiarius, ipsarum litterarum casus novitatis executor, faciendo reale restablimentum, dictum vallatum, seu esgoutal, recludi, et ad statum pristinum et debitum reduci, ipsisque partibus, hujusmodi debato, tanquam contentioso, ad manum nostram per ipsum posito, ad comparendum, et eorum oppositionem prosequendum, coram rectore nostro partis antique Montispessulani, cui cause oppositionis cognitio, atentis causis et rationibus in dictis aliis nostris literis contentis, committebatur, diem certam et competentem assignavit; et quanquam dicti singulares coram ipso rectore, commissario nostro, fere per annum processerint, et hinc inde altercando partes ipse scripturas et articulos reddiderint, ita quod non restat nisi procedere ad inquestam et alia cause incumbentia, et nihil in prejudicium dicte litis pendentis et casus novitatis fieri deberet seu attentari, nihilominus prefati de Lauzeto, Vaysselerii et Hostarde, mense aprilis novissime preterito, quasdam literas subrepticias impetrarunt, dando, inter cetera, licet falso, intelligi, quod ipsi per antea quoddam statutum querele, super novis dissaisinis a gubernatore nostro Montispessulani impetratum, in presentia dictorum exponentium, seu eorum predecessorum, exequi fecerant, et isto modo coram eorum gubernatore, inter ipsos singulorum et dictos exponentes, qui asserebatur, se opposuerunt, et litem super hoc fuerant contestati, causa seu processus pendebat indecisus, licet revera ita non existat, sed nos potius aut cancellariam nostram deceperint, seu circumvenerint, tacendo litem et statutum cause, coram dicto rectore, commissario nostro, dicti casus novitatis pendentis; ipsarum literarum subreptitiarum pretextu, per quemdam pretensum judicem Gigniacii, familiarem et olim domesticum dicti Hostarde, hujusmodi litem, coram commissario nostro pendentem, et ubi jam, ut premissum est, fere per annum partes processerant, interrumpi, expletumque dicti casus novitatis penitus revocari et annullari..... fecerunt et procurarunt;...... quod cedit nedum in dictorum exponentium, sed et nostri portus Aquarum Mortuarum, ac rei publice dicte ville, et totius patrie, maximum damnum et prejudicium, ampliusque cedere posset, nisi super hoc per nos celeriter provideretur de remedio condecenti..... Quocirca nos,... premissis attentis, vobis et vestrum cuilibet committimus et mandamus, quatenus ambas partes adjornetis ad certam et competentem diem coram dilectis et fidelibus consiliariis nostris, dictum nostrum parlamentum tenentibus, in et super dictis causis,... dictum foramen, seu esgotal, claudi seu recludi faciatis, et quecumque alia facta, in prejudicium dicte executionis, casus novitatis, dictorumve exponentium, atque nostri, reparetis, et ad statum pristinum et debitum reducatis, seu reduci faciatis indilate....

Datum Bitterris, prima die junii, anno Domini millesimo quadringentesimo vigesimo octavo, et regni nostri sexto.

Per regem, ad relationem consilii. P. Michiel.

Arch. départ. de l'Hérault, Fonds des consuls de mer de Montpellier, B, 66 (Original à queue de parchemin, sceau absent), et B, 47, fol. 335 r° (Transcription).

## CXCIX.

**AMOINDRISSEMENT DE LA PROSPÉRITÉ DE MONTPELLIER.**

(31 Octobre 1427.)

In nomine Domini, amen. Anno Incarnationis ejusdem millesimo quadringentesimo vicesimo septimo, et die ultima mensis octobris, illustrissimo principe domino Karolo Dei gracia Francorum rege regnante. Noverint universi quod, in mei notarii publici et testium infrascriptorum presencia, honorabiles et prudentes viri Petrus de Calmonte, nobilis Poncius Alamandi, Bertrandus Navassii, Petrus Fricani, Johannes Annati, et Jacobus Corni, consules universitatis ville Montispessulani, diocesis Magalonensis, scientes et attendentes se ipsos, quo supra nomine, consilio et deliberatione maturis prehabitis cum viris notabilibus, tam clericis quam laycis, Montispessulani, a quibus est assuetum per dominos consules Montispessulani consilium habere in Montepessulano, et cum certis aliis, appunctasse et conclusum fuisse ipsos dominos consules, pro se ipsis, consulario nomine quo supra, et pro eis adherentibus et adherere volentibus in hac parte, et pro bono rei publice, cujus habent regimen pro domino nostro rege, mittere velle et debere ad dictum dominum nostrum regem ambaxiatores infrascriptos, videlicet venerabiles et magne sciencie et honorabiles viros dominum Nicholaum Crozeti, decretorum eximium professorem, canonicum Sancti Ruffi ac priorem prioratus Sancti Jacobi de Melgorio, prefate dyocesis Magalonensis, et Arnaudum Talhapanis, burgensem Montispessulani, specialiter pro infrascriptis regie magestati explicandis, supplicandis et humillime requirendis, et primo pro explicando, supplicando et humiliter flexis genibus dicte regie magestati, que juste petentibus, supplicantibus et requirentibus nunquam denegat assensum, supplicando paupertatem, miseriam, depopulacionem, tribulacionem et alias angustias, in quibus villa Montispessulani, ac diocesis Maga-

lonensis, et alias tota patria circumvicina est posita, tam propter
mortalitates, que ibidem frequenter viguerunt, gencium armorum
perseveraciones, monetarum, tam auri quam argenti, frequentes
diminuendo mutaciones, fructuum terre et aliorum victualium diminuciones, mercanciarum, propter viarum pericula, infrequentacionem, sive cessaciones, navigacionis, que esse solebat libera,
adnihilacionem, seu perdicionem, quam per alia quamplurima,
dicte patrie inconveniencia atque dampnifera non modicum, ymo in
immensum; item factum subsidii sive tallii xxu$^m$ librarum, noviter, videlicet mense augusti ultimo lapsi, Tholose indicte, in et
super tribus senescalliis Tholose, Carcassone et Bitterris, ex parte
dicti domini nostri, ad relacionem domini comitis Fuxi, locumtenentis regii in partibus Lingue Occitane et ducatus Acquitanie,
tribus statibus dicte patrie, videlicet gentibus ecclesiasticis, nobilibus
et comunibus, minime vocatis, sed pocius insciis et ignorantibus,
contra libertates, usus et franchesias dicte patrie, et per dictum
dominum nostrum regem hactenus in hiis, que eidem magestati
regie dicte patrie placuit petere, tam pro novo adventu sue sacre
corone et conservacione sue dominacionis, quam alias, observatas,
veniendo, de quo subsidio tangit diocesim Magalonensem predictam;
item factum monetarum, tam auri quam argenti, in presenti patria
cursum habencium, que cotidie diminuuntur, in prejudicium dicti
domini nostri Francorum regis, et tocius sue rei publice dicte patrie;
nam, ob causam mutacionum predictarum, mercancie, que fieri
solebant in Montepessulano, modo fiunt in Avinione et in Provincia,
et in aliis regionibus circumvicinis dicte patrie Lingue Occitane;
ideo dicti consules, volentes dictum appunctamentum deducere ad
effectum, juxta dicti consilii deliberacionem, hujus publici instrumenti firmiter valituri, vicem epistole continentis, serie fecerunt
citra, in revocacionem aliorum actorum, procuratorum et sindicorum, per eos et eorum predecessores hactenus constitutorum, ac
constituerunt, creaverunt, nominaverunt, et eciam ordinaverunt
certos, veros, legitimos et induhitatos ambaxiatores, procuratores,

actores et sindicos suos, et dicte eorum universitatis Montispessulani, et eis adherencium et adherere volencium in hac parte, videlicet prenominatos dominum Nicholaum Crozeti et Arnaudum Talhapanis,.. scilicet ad explicandum et exponendum dicto domino nostro regi premissa omnia et singula, etc.

Acta fuerunt hec infra domum dicti Consulatus Montispessulani, testibus presentibus Guillermo Torti, piperario, Poncio Mirabelli, clerico, et me Petro Jordani, publico dicti domini nostri Francorum regis notario, habitatore Montispessulani, qui de premissis requisitus notam recepi

Arch. mun. de Montp., Arm. C, Cass. VII, N° 6. Original à queue de parchemin, avec sceau.

## CC.

**LETTRES DE CHARLES VII PORTANT, EN FAVEUR DU COMMERCE DE MONTPELLIER, ABOLITION ET CONCESSION SUR LE FAIT DES MONNAIES.**

(18 Août 1428.)

Universis et singulis, hoc presens vidimus inspecturis, pateat et sit notum, quod nos Poncius Alamandi, domicellus, et bajulus regius ville Montispessulani, vidimus, tenuimus, et diligenter inspeximus, ac coram nobis de verbo ad verbum perlegi fecimus, quasdam patentes litteras regias, in pargameno scriptas, et sigillo regio, in absencia magni ordinato, cum cauda duplici pargameni impendenti sigillatas, quarum tenor talis est :

Charles, par la grace de Dieu roy de France, a tous ceulx qui ces presentes lettres verront, salut.

Receue avons l'umble supplicacion de noz bien amez les consulz, habitans et singuliers de nostre ville de Montpellier, contenant que ladite ville a esté ou temps passé le chief et le principal reppaire de la marchandise qui se faisoit au pais de Languedoc par mer et par terre, et par la frequentacion de ladite marchandise y affluoient et conversoient gens de diverses nacions, si comme Almens, Flamens, Arragonnois, Cathelans, Espagnolz, Jenevois, Florentins, Lombars, Piemontois, et d'autres pais et contrées estranges, et consequemment, par la coustume ancienne, encores y a aucunement cours ladite marchandise, et ont les marchans de ladite ville de Montpellier des compaignies, factories et commandes de marchans estrangiers, et semblablement les marchans forains font en leurs pays pour iceulx de Montpellier aucunes factories; car l'un pais habonde en aucunes choses dont les autres n'ont point; ainsi convient que l'un secoure a l'autre, et que les ungs vivent avec les autres; et pource que, selon les pais et nacions, les monnoies sont diverses, et chacun veult faire son fait et son compte, jouxte la monnoie de son pais et nacion, il convient neccessairement que lesdiz marchans de Montpellier facent leur compte, livres, papiers, lettres de change, et autres choses touchans ladite marchandise, au nom et au compte de la monnoie des pais et nacions dont sont leurs compaignons marchans forains; car, se autrement estoit fait, lesdiz marchans forains se estrangeroient, et cesseroient la communicacion de ladite marchandise de entre eulx, que seroit grand dommaige a nous et a la chose publique de nostre royaume; et tant par ce que dit est, comme parce que ladite ville est en grant chemin passant, et y vont et viennent pluseurs gens desdites nacions et pais estrangiers, qui y mectent et allouent les monnoies qu'ilz apportent de leurs pais, il aconvenit et fault de neccessité aulx habitans de ladite ville prandre et allouer lesdites monnoies estranges, prandre et alloer noz deniers d'or appelez escuz et petis escus, moutons et frans a cheval, et autres noz monnoies, tant d'or comme d'argent, pour greigneur pris que nous n'avions ordonné; et, en ce faisant, sont venus contre noz ordonnances royaulx, faites et publiées sur le fait et cours de noz monnoies, et ont trespassé icelles; et aussi les notaires de ladite ville ont escript leurs contraulx a nombre d'escus et de moutons, contre nosdites ordonnances et deffenses : de laquelle transgression et des peines convenues ilz doubtent estre poursuiz ou temps avenir, se sur ce ne leur estoit impartie nostre grace, si comme ilz dient, requerans que, comme pour les grans charges des tailles et subsides qu'ilz ont supporté ou temps passé et ont encores a supporter, et aussi pour la mortalité que depuis seze ans a esté et est encores a present en ladite ville, ilz soient moult desolez et apouriz, et telement que, se n'estoit ung peu de marchandise que a la cause dessusdite y a cours, n'auroient de quoy avoir leur vie et sustentation, nous leur vueillons eslargir nostredite grace. Savoir faisons que nous, pour consideracion des choses dessusdites, ausdiz consulz, habitans et singuliers dudit Montpellier avons quictié et remis, quictons et remectons, de grace special, par ces presentes, la transgression de nosdites ordonnances, le cry et publicacion d'icelles, avec toute peine et amende, criminelle et civille, en quoy ilz peuent estre encomis envers nous, pour cause du cours et usaige des monnoies estranges, d'autre loy que de la nostre, en les prenant, mectant et allouant, nonmrant et scrivant en leurs livres, comptes et autres lettres quelxconques, publiques ou privées, et en prenant et allouant noz monnoies d'or pour greigneur pris que nous ne leur avons donné, et aussi pour cause de la mutacion de nosdites monnoies, tant d'or comme d'argent; et sur ce imposons silence perpetuel a nostre procureur. Et d'abondant grace leur octroions que jusques a deux ans avenir, a compter du jour de la date de ces presentes, ilz puissent loisiblement donner et prandre avantage de noz monnoies d'or, user desdites monnoies estranges, les prandre, allouer, nonmrer et scrire sans amende, pourveu que, quant ilz auront pris lesdites monnoies estranges, au plus tost que ilz pourront bonnement, ilz les apporteront ou les bailleront aux changeurs, pour les apporter en nostre monnoie audit Montpellier. Si donnons en mandement, par la teneur de ces presentes, a noz amez et feaulx les generaulx maistres de noz monnoies, au seneschal de Beaucaire, au gouverneur dudit Montpellier, et a tous noz autres justiciers, presens et avenir, ou a leurs lieuxtenans, et a chacun d'eulx, si comme a lui appartiendra, que de nostre presente grace, concession et octroy facent, sueffrent et laissent lesdiz supplians joir et user paisiblement et a plain, sans leur faire ou donner, ne souffrir estre fait ou donné aucun empechement au contraire, mais, s'ilz tiennent que aucune chose soit faite contre nostredite concession et octroy, la mectant sans delay a estat convenable. En tesmoing de ce, nous avons fait meetre nostre scel ordonné en absence du grant a cesdites patentes.

Donné a Poictiers, le XVIII<sup>e</sup> jour d'aoust, l'an de grace mil CCCC XXVIII, et le sixieme de nostre regne.

Par le roy en son conseil. J. Villevresme.

In quarum quidem litterarum regiarum visionis, tentionis et diligentis inspectionis testimonium, nos dictus bajulus sigillum dicte nostre curie auctenticum hic duximus impendendum, die vicesima mensis maii, anno Domini millesimo quadringentesimo tricesimo.

Constat de litteris originalibus preinsertis; et facta est collatio cum eisdem per me.

Arch. mun. de Montp., Arm. G, Cass. III, N° 19. Original sur parchemin, avec sceau en cire verte.

Au dos : *Vidimus litterarum transgressionis monetarum, ad duos annos, finiendos die XVIII augusti, anno Domini M° CCC° XXX<sup>mo</sup>, cum verifficacione ipsarum, facta per dominum Laudunensem episcopum.*

## CCI.

NOTIFICATION DES CONSULS DE MONTPELLIER ENGAGEANT LES ÉTRANGERS A VENIR SE FIXER DANS LEUR VILLE.

(6 Septembre 1432.)

De par les consulz de la ville de Montpellier, faiz on a savoir a toute personne estrange, de quelque estat ou condition et pais que ce soit, que vueille venir demourer et faire son habitation en la dicte ville de Montpellier, soient bourgoiz, marchans, menestayralz, laboureurs, et autres personnes de bonne vie, eulx, leurs fammes, enfans et mesnaiges, viengnent parler ausdiz consulz; car eulx les tendront francs et quittez de toutes charges appartenant a la dicte ville, jusques a six ans, a compter du jour qu'ilz vendront demourer ou faire leur habitation en la dicte ville, sanz contrediction ou difficulté aucune. Tesmoing les seings manuelz desdiz consulz cy mis, le VI° jour de septembre l'an M CCCC XXXII. Cy mis le scel dudit Consulat.

Nicholas, consul. Anthony Saully. Jacques Dauny, etc.

<small>Arch. mun. de Montp., Arm. Dorée, *Liber affranquimentorum*.
Original sur papier, feuille intercalée.</small>

## CCII.

**LETTRES DU LIEUTENANT DU PODESTAT DE GÈNES AUX CONSULS DE MONTPELLIER, RELATIVES A UNE DÉNONCIATION DE FAUX EN MATIÈRE D'OR FILÉ.**

(25 Octobre 1440.)

Spectabilibus dominis consulibus insignis ville Montispesulani, et universis et singulis, quacumque autoritate et potestate in eadem villa fungentibus, ad quos presentes littere pervenerint, Batista de Turicelis de Forosiriscomo, legum doctor, locumtenens et vicarius magnifici et potentis militis domini Bartolomei de Campofregoso, presidentis potestatie alme civitatis Janue et districtus, salutem et prosperos ad vota successus.

Cum in hac inclita nostra civitate Janue, a plerisque annis citra, ars seaterie, cujus pars sive membrum hoc misterium auri fillati semper fuisse dignoscitur, ut splendidissimum sidus veneratione non parva habita est, ex qua quidem arte cives infiniti, et prestantissimi merchatores, in ea se intromittentes, comoda non levia consequuntur, ex qua etiam pauperum turme aluntur et substentantur, que omnia, et nonnulla alia bona inde proficiscentia, hii qui ad gubernandam hanc rempublicam preerant animadvertentes, eam artem multis privilegiis, ut rectius, absque ulla macula posset exerceri, predoctarunt, constitueruntque magistratum, ut quod invenerit delinquentes in ea arte inquireret, et vel ipse vel ordinarius loci pro qualitate delicti puniret; cumque etiam ad nos de hujusmodi auri fillati fraude et falsa comistura, ex multorum merchatorum hujus nostre civitatis querellis, notitia pervenerit, quibus attendentes, cognoscentesque quod nos jure optimo pertinet omnia omnino crimina, tamquam mera et mixtum imperium in hac urbe habentes, impunita non relinquere, nostris vicariis et judici injunssimus, ut diligenti investigatione hujus enormissime fraudis principia et auctores, atque participes et conscios, inquirerent; cujus rei veritate tandem perquisita, audictis intellectisque ac intrinsece examinatis hujus cause meritis, ac multorum defensionibus, qui aliquam quantitatem hujus auri emisse dicebantur, tam ex mera confessione delinquentium quam aliis evidentissimis et lucidis probationibus, denique neminem alium hujus sceleris participem, ac huic rei operam, aut nommos, consilium, aut opem subministrasse, aut tractatorem aut ordinatorem fuisse compertum est, preter mulierem unam improbissimam, nomine Catarinetam, uxorem Agarici de Lagnello de Pisis, et duas ejusdem mulieris ancilas, quas ipsa secum habebat et tenebat, que de hac fraude conffesse atque convicte fuere, ut hec latius in actis et processu contra eandem mulierem et easdemmet ancilas factis evidentissime patent. Ex quibus evidentissimis argumentis, tam per inspectionem librorum quam per alia evidentissima documenta, ex predictis ementibus nullum culpabilem esse, quinymo ipsos ab antedicta Catarineta fraudatrice mirabiliter fore deceptos, comperimus. Nuper autem spectabilitatum vestrarum receptis litteris, que una cum quadam carterola, in qua aderat introclusum aurum illud, et talle qualle hee littere enarrant, quas ad diversas mondi partes heedem spectabilitates vestre dirrigunt signatas vestri sigili inpressione, quarum quidem litterarum tenor talis est :

Universis et singulis justiciariis et officiariis, tam infra quam extra Fraucie regnum quacunque autoritate seu potestate fungentibus, ubilibet constitutis, quibus presentes testimoniales littere pervenerint, et eorum cuilibet, vel locatenentibus eorundem, consules universitatis insignis ville Montispesulani, Magalonensis diocesis, salutem cunctis felicitatibus insignitam.

Dignum et rationi congruum fore meminiscimus, inscios, absentes et remotos, de hiis que in veritatis facto concistunt certiorare, ut, semotis ac procul pulsis ignorancie nebulis, factum veridicum radio prepolere veritatis dinoscatur. Hac in re, elligantissimis dominationibus vestris et cujuslibet vestrum, per continentiam presentium, dilucide reseramus, quod, die date presentium, honorabiles viri Guliermus Petri, Johanes de Manso, merchatores predicte ville, et nonnulli alii, in quantum ipsos et eorum quenlibet tangit, nostras adhierunt presentias, in domo Consolatus ville predicte Montispesulani, et exponendo dixerunt, et mediis eorum juramentis, ad sancta Dei quatuor Evangelia per ipsos et eorum quenlibet gratis tacta, in manibus nostris prestitis, asseruerunt se, hoc anno presenti et infrascripto, ab honorandis viris Nicolao de Nicolozis et Johane Brethon, merchatoribus, seu a Johane de Buny, prenominatorum merchatorum factore, duas auri fillati caxias, carterolas noncupatas, ponderantes, ut asseruerunt, quanlibet uncias quindecim, nec non a nobili viro Neapolino Lomelini, merchatore facunde civitatis Janue, denuo habitatorum Montispesulani, seu a factore ipsius, Jacobo Marquesani nuncupato, quandam aliam caxiam sive carterolam auri fillati, ponderantem uncias quindecim, dicto anno et diversis diebus emisse, pretio certo, inter prelibatos merchatores, ut premittitur, vendentes apretiato; ipsisque carterolis dicti auri fillati sic emptis, et inter eosdem ementes divisis, depost illas displicantes, seu displicari facientes per famulos botigiarum eorundem ementium, ad opus implicandi in operibus mersearie, et etiam pro aternalando, vel alias, dictum fillum auri, per eosdem sic emptum, ut premittitur, repererunt et viderunt partem ipsius non fore sufficientem, quinymo incamaratum, et partem ejusdem filli dictarum caxiarum esse aurum de bassino, prout ex aspectu auri caxie sive carterole dicti nobilis Neapolioni Lomelini nobis ostensi vidimus, et coram nobis, in Lomelini et Marquesani presentia et visu, ponderari fecimus, ad pondus et stateram, ita quod in caxia sive carterola predicti Lomelini, ut premissum est, uncias quindecim ponderantes fuerint reperte, et comperimus uncias sex et ternalia tria minus quarta dicti filli insufficientes vocati aurum de bassino. Qui Lomelini, Marquesani et de Nicolosis, eorum juramentis mediis, per ipsos et quenlibet ipsorum, eorum manibus dextris gratis corporaliter tactis, prestitis, dixerunt dictas caxias sive carterolas, ut pretactum est, prefatis Guliermo Petri et Johani de Manso, et nonnullis aliis vendidisse, et prout dicti prefatum fillum auri ementes in eodem decepti fuerunt, ita et ipsi pariter ignorantes penitus, prout asserunt eorum juramentis, dictum fillum auri nullo modo esse incamaratum, ob quod, ut jus eorundem valeant contra illos qui dictum fillum auri vendiderunt consequi, requisiverunt nos, quatenus caxiam sive carterolam prefati Lomelini, cum dicto fillo auri de bassino, insufficienti, ut supra, in eadem comperto, et cum botis tribus auri insimul, cum fillo ciricis rubei colloris per medium colligatis, partim auri boni, et partim auri predicti de bassino, sigillo comuni prefati nostri consolatus sigilatam, nec non has litteras testimoniales tradere et concedere vellemus. Ad fines supradictos, et, cum justa petentibus non sit denegandus assensus, idcirco has litteras testimoniales, concedi petitas, eysdem concessimus, de premissisque omnibus, prout in facto veritatis concistunt, ellegantissimas dominationes vestras et cujuslibet vestrum certioramus testificando et attestamur. In cujus rei testimonium, has presentes per notarium et secretarium nostrum infrascriptum fieri, scribi contrasignarique, et sigilli comunis predicti nostri consulatus, quo in talibus utimur, impendenti communiri fecimus, die vigesima nona mensis jullii, anno Domini milesimo quadringentesimo quadragesimo.

Eapropter, nos Batista, locumtenens et vicarius antedictus, cum viros egregios Guliermum Petri, Johanem de Manso, Nicolaum de Nicolozis, Johanem Brethon, Johanem de Buny factorem predictos, Neapolionum Lomelinum et Jacobum Marchesanum, de quibus in litteris vestris fit mentio, ac etiam virum honorabilem Cristoforum de Passano, seaterium, civem Janue, non culpabiles invenerimus, set solum ipsas Catarinetam et ejus ancilas, de quibus supra continetur, quorum merchatorum innocentiam excusari dignum judicamus, animadvertentes quod sit iniquum alium, cujus vita et fama integerima fuerit, pro alieno delicto apud bonos et graves diffamari, presentium tenore notum facimus quod, intuitu litterarum vestrarum, et ad veritatis indaginem, iterato easdem Catarinetam et ancillas ejus in questionem, mediante sacramento et aliis opportunis, repeti fecimus, ut et vestras spectabiles dominationes doctiores de predictorum innocentia redere possemus. Et quemadmodum antedictus Cristoforus de Passano, a dicta Catarineta emens, et deinde dictus Neapolionus Lomelinus a predicto Cristoforo, in qualitate rei, et consequenter in pretio, decepti fuere, ita et ipsi bona fide vendentes, et in allios transferre volentes, et predictos Neapolionum Lomelinum, Nicolaum de Nicolozis et Jacobum Marchesanum ignoranter deceperunt. Quamobrem vir nobilis Cristoforus Lomelinus, frater et procurator dicti Neapolioni Lomelini, vigore publici instrumenti, scripti manu Branche de Bagnaria notarii, hoc anno, die octava junii, et vir providus Cristoforus de Passano antedictus nostram presentiam adhiverunt, nos requirentes quatenus per has litteras testimoniales, ad purgandum predictorum supranominatorum innocentiam, ad vestras spectabilitates dirrigeremus. Idcirco eas eisdem concessimus, eis modo, forma et tenore, de quibus superius est descriptum, in testimonium veritatis omnium premissorum. In quorum omnium testimonium, presentes nostras litteras testimoniales fieri, et in actis nostre curie jubssimus registrari per notarium nostrum infrascriptum, ad instanciam prefatorum Cristofori Lomelini, dicto nomine, et Cristofori de Passano, nostrique sigilli inpressione communiri.

Ex Janua, milesimo quadringentesimo quadragesimo, die martis vigesimo quinto mensis octobris.

Johannes de Pineto, notarius.

> Arch. mun. de Montp., Arm. C, Cass. III, N° 6. Parchemin original, avec petit sceau.

## CCIII.

**LETTRES DE CHARLES VII EN FAVEUR DES MARCHANDS DU LANGUEDOC.**

(10 Mars 1442-43.)

Charles, par la grace de Dieu roy de France, a noz amez et feaulx les generaulx sur le fait de la justice de noz aides ordonnez pour la guerre en nostre pays de Languedoc, a tous esleuz, commissaires ou collecteurs sur le fait desdiz aides, et a tous noz autres justiciers, ou a leurs lieuxtenans, salut et dilection.

Receue avons l'umble suplicacion de noz bien amez les gens des trois estaz de nostre dit pays de Languedoc, contenant que, comme ceulz qui vont es foires et marchez portans denrées, vivres, denrées et marchandises soient ou doient estre si privilegiez, que nul, marchant ou autre, alant ou venant esdites foires et marchez, doye estre prins ou empesché en corps ne en biens, s'il ne fait delit ou meffait, mesmement pour debte d'autruy, mesmement aussi que pour les foires et marchiez les pays s'enrichissent et les terres engressent, mais, ce non obstant, les receveurs desdiz aides et autres de nostre dit pays ont fait et font de jour en jour arrester les corps, bestes, marchandises et denrées de ceulz qui viennent ausdites foires et marchiez, et donne pluseurs vexacions et travaulx pour la quote part et porcion des restes de noz tailles et aides, deuz par les habitans des lieux ou iceulz marchans et autres, venans, sejournans et retournans esdites foires et marchiez, sont demourans, ja soit ce qu'ilz aient paié leur dicte quocte part et porcion desdiz aides et tailles; et pour ce nous ont lesdiz suplians humblement suplié et requis que, attendu ce que dit est, et que a cause desdiz arrestz et voyes rigoreuses lesdictes foires et marchez n'en sont de si grant revenue et prouffit, mais en sont grandement diminuez, au prejudice et dommage de nous et de la chose publique de nostre dit pays, il nous plaise leur pourveoir sur 'ce de remede convenable. Pour ce est il que nous, ces choses considerées, a iceulz suplians et a tous les habitans de nostre dit pays de Languedoc, pour ces causes et autres a ce nous mouvans, avons octroyé et octroyons, de grace especial, par ces presentes, que pour les debtes d'autruy ne de la communauté et université des villes et lieux dont ilz seront, ou pour autres singuliers et habitans dudit pays, ilz ne soient doresenavant arrestez, prins, detenuz, ne empeschez en leurs personnes, bestes, denrées et marchandises, en quelque maniere que ce soit, si non toutesvoies qu'ilz soient des lieux esquelz noz officiers trouveront desobeissances en leurs execucions. Si vous mandons et expressement enjoignons, et a chacun de vous, si comme a lui appartendra, que de nostre presente grace et octroy vous faites, souffrez et laissiez tous les marchans et habitans de nostre dit pays de Languedoc joir et user plainement et paisiblement, sans leur mectre ou donner, ne souffrir estre mis ou donné destourbier ou empeschement, en corps ne en biens, en quelque maniere que ce soit; ainçois, se leurs corps, bestes, denrées et marchandises et biens, ou de l'un d'eulz, sont ou estoient pour ce prins, saisiz, arrestez ou empeschez, les mectez ou faites mectre tantost et sans delay a plaine delivrance. Et afin que de nostre presente grace et octroy aucun n'en puisse pretendre juste cause d'ignorence, faites ces presentes publier a haulte voix et son de trompe, es lieux acoustumez a faire criz et publicacions en nostre dit pays de Languedoc. Car ainsi le voulons, et nous plaist estre fait, de grace especial, par ces presentes, non obstant quelzconques ordonnances, mandemens et defenses et lettres subrepticies a ce contraires.

Donné a Tholouse, le dixieme jour de mars, l'an de grace mil CCCC quarante deux, et de nostre regne le XXI*me*, soubz nostre scel ordonné en l'absence du grant.

Par le roi en son conseil. Chaligaut.

Arch. mun. de Montp., Arm. B, Cass. XII, N° 17. Original à double queue de parchemin, sceau arraché.
Au dos : 1442. *Pour les foires et marches.*

## CCIV.

**LETTRES DE CHARLES VII POUR LA RÉPRESSION DE LA PIRATERIE.**

*( 10 Mars 1442-43. )*

Charles, par la grace de Dieu roy de France, aux seneschaux de Beaucaire, Carcassonne et Thoulouse, gouverneur de Montpellier, et a tous noz autres justiciers, ou a leurs lieuxtenans, salut.

Comme, a l'occasion de ce plusieurs pirates et cursaires de mer, et autres gens insulaires et gens continuans la mer, de plusieurs nations, regions et pays, souvent descendent en terre, et yssent de leurs bateaulx, et prenent noz hommes et subgetz qu'ilz treuvent, es lieux de nostre royaume situez et assis sur port de mer, peschans et faisans le sel et autres leurs oeuvres, besongnes et affaires, et les emmenent prisonniers comme esclaves, plusieurs lieux de nostre royaume demeurent despopulez et sont comme inhabitez, en nostre tresgrant dommaige, et grant diminution de noz dommaine et aides, prejudice de la justice publicque de nostre pays de Languedoc, et plus seroit, se bresve provision n'y estoit sur ce donnée ; pour ce est il que nous, voulans a ce pourveoir, et relever noz subgetz de teles voyes de fait et oppressions, vous mandons et commandons par ces presentes, et a chascun de vous, si comme a lui appartenra et que requis en sera, que vous faites ou faites faire expres commandement, de par nous, a son de trompe et cry publicque, par toutes les fins et mectes de voz juridictions, la ou il appartenra a faire, que a tous noz subgetz de voz juridictions, que ilz se mectent sus, et tous lesdiz pirates, cursaires et autres larrons et escumeurs de mer qu'ilz trouveront descendans en nostre royaume, et y commectre lesdiz exces, ils preignent prisonniers, et les meinent a justice pardevant nostre plus prouchain juge du lieu ou ilz seront prins, pour illec ester a droit et recevoir punition tele qu'il appartenra par raison ; ausquelz noz subgetz nous avons donné et donnons congié, pouvoir et licence de ce faire, et voulons que ceulx qui prendront lesdiz pirates, cursaires, larrons et escumeurs de mer ainsi commectans lesdiz crimes, et qui les meneront a justice, aient tous les biens desdiz pirates et cursaires, et qu'ilz leur soient baillez et delivrez reaument et de fait par vous ou aucun de vous, ou autre qu'il appartenra ; ou, s'ilz les ont, qu'ilz leur demeurent, sans ce qu'ilz soient tenuz les bailler ne exhiber a justice. Et s'il advenoit que, en prenant lesdiz cursaires et pirates, ilz resistassent par voye de fait, et se deffendoient tant qu'il y eust aucun murdre commis ou perpetré, nous, de nostre grace especial et auctorité royal, le remectons, quictons et pardonnons a cellui ou ceulx qui ainsi l'auroient fait et commis, sans ce que, a l'occasion de ce, ilz soient tenuz ne mis en proces, a la requeste de nostre procureur ne autrement; auquel, quant a ce, nous avons imposé et imposons silence perpetuel. Et se aucuns de nozdiz subgetz, qui feroient la dicte prinse, estoient a l'occasion dessusdicte mis en proces, voulons qu'ilz en soient, par cellui ou ceulx de vous qu'il appartenra, incontinent estre mis et envoyez hors, franchement et quictement, et tenuz quictes et paisibles. Car ainsi nous plaist il estre fait par ces presentes. De ce faire vous donnons povoir, auctorité et mandement especial. Mandons et commandons a tous noz justiciers, officiers et subgetz, que a vous, voz commis et deputez, en ce faisant, obeissent et entendent diligemment.

Donné a Tholouse, le dixieme jour de mars, l'an de grace mil CCCC quarante et deux, et de nostre regne le XXI$^e$, soubz nostre scel ordonné en l'absence du grant.

Par le roy en son conseil. Chaligaut.

Arch. mun. de Montp., Arm. F, Cass. VII, N° 65. Original à double queue de parchemin, sceau arraché.

Karolus, Dei gracia Francorum rex, universis presentes licteras inspecturis, salutem.

Notum facimus quod de registris curie dilectorum et fidelium generalium consiliariorum nostrorum, super facto justitie in patria Occitana ordinatorum, extrahi fecimus quasdam patentes et apertas nostras licteras hujusmodi tenoris :

## PIÈCES JUSTIFICATIVES.

Charles, par la grace de Dieu roy de France, aux seneschaulx de Beaucaire, Carcassonne et Thoulouse, gouverneur de Montpellier, et a tous noz autres justiciers, ou a leurs lieuxtenans, salut.

Comme, a l'occasion de ce plusieurs pirates et cursaires de mer, et autres gens insulaires et gens continuans la mer, etc.

Donné a Tholouse, le dixieme jour de mars, l'an de grace mil quatre cens quarante et deux, et de nostre regne le XXI$^e$, etc.

In cujus quidem extractus fidem et testimonium, sigillum nostrum presentibus duximus apponendum.

Datum extractus hujusmodi in auditorio dictorum nostrorum generalium consiliariorum, die quarta mensis maii, anno Domini millesimo quadringentesimo quadragesimo tercio, et regni nostri vicesimo primo.

Extractum a regestris curie generalium consiliariorum super facto justicie in patria Lingue Occitane. Monbelli. — Collatio facta est.

 Arch. mun. de Montp., Arm. F, Cass. VII, N° 65. Original à queue de parchemin, sceau arraché.<br>
Au dos : *Vidimus de las lettras reals contra los piratas.* 1442.

## CCV.

LETTRES DE CHARLES VII OCTROYANT LA PERCEPTION TEMPORAIRE D'UN IMPÔT SUR LES VIVRES ET MARCHANDISES, AU PROFIT DE LA VILLE DE MONTPELLIER.

(24 Juillet 1444.)

Charles, par la grace de Dieu roy de France, a tous ceulx qui ces presentes lectres verront, salut.

Savoir faisons nous avoir receue l'umble supplicacion de noz bien amez les consulz, bourgoys, manans et habitans de nostre ville de Montpellier, contenant que, puis aucun temps ença, ilz aient fait faire une grosse cloche, pesant environ quatre vintz dix quintaulx, et une tres belle tour de pierre taillée, assise sur une des portes de l'eglise de Nostre Dame de Tables de ladicte ville, et dessus icelle tour fait faire ung bel orloge avec ladicte cloche, pour laquelle cause soient tenuz et obligez iceulx supplians en pluseurs et grans sommes de deniers; et oultre est besoing et neccessité ausdiz supplians de faire couvrir de plomb et autre couverture perpetuelle lesdiz cloche et orloge, qui pourra couster grans sommes de deniers, ou autrement les autres matieres de boys, et mesmement les voultes sur lesquelles ledit orloge est assis et posé, seroient en voye de cheoir et demolir ; et aussi soit neccessité ausdiz supplians de faire reparer et amelliorer la porte sur laquelle ladicte tour est fondée, et laquelle, par le moyen du grant fes et charge qu'elle soustient, est desja encommancée de fendre et en dangier de cheoir, se bien brief n'y est pourveu; et pareillement est neccessité ausdiz supplians de faire reparer et fortiffier les murailles et tours de ladicte ville, lesquelz en pluseurs parties sont fenduz et demoliz, et en dangier de tourner du tout a ruine ; et pluseurs autres choses tres neccessaires pour le bien publique de ladicte ville, qui monteront et pourront couster grant somme de deniers, lesquieulx deniers lesdiz supplians ne pourroient paier d'eulx mesmes sans aucun aide, tant pour occasion de la guerre que des mortalitez qui puis dix ans ença ont esté en nostredicte ville de deux ans en deux ans, et mesmement puis nagueres, qui y sont alez de vie a trespas des plus notables gens de ladicte ville, qui a esté et est grant diminucion d'icelle ; en nous requerant humblement qu'il nous plaise leur donner sur ce congié et licence de imposer et faire cuillir et lever ung aide sur les vivres et marchandises qui se vendront en ladicte ville, par la maniere qui s'ensuit, jusques a tel temps qu'il nous plaira : c'est assavoir, sur toutes denrées et marchandises venues par mer, payeront de valeur de cent francs vingt solz tournois, et sur chascun quintal de verdet, toutes et quantesfoiz qu'il sera vendu en icelle ville, quinze solz tournois, pour les deniers qui en ystront estre convertiz et employez es choses dessusdictes et autres neccessitez communes de ladicte ville. Pourquoy nous, ayans regart et consideracion aux choses

## PIÈCES JUSTIFICATIVES.

devant dictes, desirant le bien et entretenement d'icelle nostre ville, et a ce que lesdiz supplians se puissent acquicter de ce qu'ilz doivent et sont obligez, comme dit est, a iceulx supplians avons donné et octroyé, donnons et octroyons, de grace especial, par ces presentes, congié et licence de imposer, et par eulx ou leurs commis faire cuillir et lever l'aide cy dessus declairé, ou autre tel aide au dessoubz, comme par eulx sera advisé, sur les marchandises dessusdictes, jusques au temps et terme de quatre ans, commençans le premier jour que icellui aide aura cours ; et seront mis sus, pour les deniers qui en istront estre convertiz et employez es choses dessusdictes, et non ailleurs, pourveu toutesvoyes que la greigneur partie d'iceulx habitans se consente a ce, et que noz droiz et aides n'en soient en aucune maniere diminuez, et aussi que cellui ou ceulx qui sera ou seront commis a icellui aide recevoir seront tenuz de rendre compte et reliqua ou il appartendra. Si donnons en mandement, par ces mesmes presentes, au gouverneur de nostredicte ville, et a tous noz autres justiciers, ou a leurs lieuxtenans, et a chascun d'eulx, si comme a lui appartendra, que lesdiz supplians facent, seuffrent et laissent joir et user plainement et paisiblement de nosdiz congié, licence et octroy, en contraignant ou faisant contraindre a ce tous ceulx qu'il appartendra, par toutes voyes et manieres deues et raisonnables ; car ainsi nous plaist il estre fait.

Donné a Montargis, le XXIIII<sup>e</sup> jour de juillet, l'an de grace mil CCCC quarante et quatre, et de nostre regne le XXIII<sup>e</sup>.

Par le roy en son conseil. Delaloere.

Arch. mun. de Montp., Arm. Dorée, Liasse G, N° 10. Original sur parchemin, sceau enlevé [1].

Au dos : *Lettres pour imposer sur les marchandises et verdet.* 1444.

---

[1] Il existe (Arm. Dorée, Liasse 6, N° 9) des lettres analogues, données par le même monarque le 29 avril 1439, et datées du Puy. La formule en est semblable à celle-ci, moins toutefois le chiffre de l'impôt autorisé. Nous éditons de préférence celles de 1444, parce que nous les avons seules rencontrées en original, les premières ne subsistant qu'à l'état de copie du XV<sup>e</sup> siècle sur papier.

## CCVI.

**LETTRES DE CHARLES VII CONFIRMANT ET REMETTANT EN VIGUEUR CELLES DE PHILIPPE DE VALOIS, DU 6 NOVEMBRE 1333, CONTRE LA PIRATERIE.**

(23 Novembre 1448.)

Karolus, Dei gracia Francorum rex, dilectis et fidelibus nostris gentibus, parlamentum nostrum Parisius et Tholose nunc et in futurum tenentibus, senescallisque nostris Tholose, Carcassone, Bellicadri, gubernatori nec non et rectori partis antique ville nostre Montispessulani, et ceteris justiciariis nostris, aut locatenentibus eorumdem, salutem et dilectionem.

Humilem supplicacionem dilectorum nostrorum gencium trium statuum patrie nostre Lingue Occitane, nec non plurium mercatorum patriam predictam, causa mercancie, frequentancium, recepimus, continentem quod, occasione certarum injuriarum, depredacionum et dampnorum intollerabilium, per subditos regnorum Aragonum et Majoricarum, nec non communitatum de Janua, Sahona, et quorumdam aliorum regnorum, principatuum et communitatum, per mare more piratico incedentes, regnicolis et subditis nostris per violenciam, armorum potenciam, et alias, indebite illatarum, inclite recordationis Philipus, quondam rex Francorum, predecessor noster, volens indempnitati rei publice providere, de anno Domini millesimo CCC° tricesimo tertio, suas patentes concessit litteras, quarum tenor dicitur esse talis :

Philipus, Dei gracia Francorum rex, dilectis et fidelibus gentibus nostris, parlamentum nostrum nunc vel in futurum tenentibus, nec non et senescallis Tholose, Carcassone, Bellicadri, et aliis universis et singulis justiciariis nostris, aut locatenentibus eorumdem, ad quos presentes litere pervenerint, salutem et dilectionem.

Regiam decet solerciam ita rei publice curam gerere et subditorum comoda investigare, ut regni utilitas incorrupta persistat, et singulorum status jugiter servetur illesus. Cum igitur, fama publica refferente, etc.

Datum Pissiaci, die sexta novembris, anno Domini millesimo CCC° tricesimo tertio.

Et quia, nostris temporibus, non solum predicti Aragonenses, Januenses, et alii supradicti, verum eciam Provinciales, Florentini, et multi alii extranei, predictas depredaciones, spoliaciones, insultus, raubarias, et quammaxima alia dampna, more piratico, et aliter multipharie, sepissime et quasi cothidie, in subditos nostros dicte patrie nostre Lingue Occitane, tociusque regni nostri, continuando excercent et inferunt, in magnum subditorum nostrorum et regnicolarum predictorum prejudicium et jacturam, nostreque regie majestatis vituperium et contemptum, nobis humiliter requisiverunt dicti supplicantes, quatinus predictas ordinationes et edicta atque literas ipsius predecessoris nostri confirmare, ac de novo, in quantum opus est, facere et concedere vellemus. Nos igitur, qui, ex officii nostri debito, subditos nostros ab adversis tuheri tenemur incursibus, habita super hiis nostri magni matura deliberatione consilii, predictas ordinationes et edicta, gracias et statuta, in vimque illarum gesta, ratas et gratas habentes, literas predictas vim et efficaciam originalium literarum habere volumus et decernimus per presentes, statuentes et districte precipiendo mandantes dictas ordinationes, edicta, statuta et gracias inviolabiliter teneri imposterum, absque calumpnia, ab omnibus justiciariis et subditis, integraliterque et imperpetuum observari ac execucioni debite demandari, literas similes de novo concedentes, et eas, in quantum opus, juxta requisitionem nobis factam per dictos supplicantes, ampliantes, dantes harum serie in mandatis dictis nostris gentibus, Parisius et Tholose ubilibet parlamentum nostrum tenentibus, et singulis senescallis, baillivis, gubernatoribus, et aliis justiciariis et officiariis regni nostri, ubilibet constitutis, seu eorum locatenentibus, quatinus presentem nostram ratifficationem, de novo concessionem et ampliationem in suis faciant auditoriis publicari, et eam ab omnibus faciant nostris subditis observari, usu contrario literisque a nobis seu nostra curia impetratis vel impetrandis, et quibuscumque aliis in contrarium actemptatis vel actemptandis, non obstantibus quibuscumque ; que universa et singula, in quantum predictis statutis et graciis, in toto vel in parte, possent vel viderentur obesse, revocamus, cassamus et anullamus, eaque cassa, irrita et nulla, auctoritate nostra regia, ex certaque sciencia et speciali gracia, tenore presencium declaramus, per presentes ; quarum vidimus, sub sigillo regio, aut alio auctentico facto, volumus plenariam fidem adhiberi.

Datum Aurelianis, die vicesima tercia novembris, anno Domini millesimo CCCC<sup>mo</sup> quadragesimo octavo, et regni nostri vicesimo septimo.

Per regem in suo consilio. Delaloere. — Dupplicata.

Arch. mun. de Montp., Arm. F, Cass. VII, N° 64. Original à double queue de parchemin, sceau arraché.

*Au dos : Anno Incarnacionis Domini millesimo quadringentesimo quinquagesimo tercio, et die sabbati, que fuit et intitulabatur vicesima octava mensis aprilis, retroscripte littere regie, instantibus et requirentibus dominis advocato et procuratore regiis, ac honorabilibus viris consulibus ville Montispessulani, fuerunt lecte et publicate in curia presidali palacii regii ejusdem ville, venerabili viro domino Johanne de Vallibus, in legibus licenciato, judice dicte curie, pro tribunali sedente, et audienciam causarum in eadem curia publice tenente, de qua publicacione ego Johannes Alegrandi clericus, publicus auctoritate regia notarius et dicte curie confirmarius, recepi instrumentum, anno et die predictis Alegrandi notarius.*

## CCVII.

**LETTRES DE CHARLES VII ABANDONNANT AUX HABITANTS DE MONTPELLIER UNE PORTION DES TAILLES, POUR AIDER A LA CONSTRUCTION OU A L'ACHÈVEMENT DE LEUR LOGE.**

(17 Juillet 1450.)

Charles, par la grace de Dieu roy de France, a noz amez et feaulx les generaulx conseillers par nous ordonnez sur le fait et gouvernement de toutes noz finances, tant en Languedoil que en Languedoch, salut et dilection.

L'humble supplication de noz bien amez les consulz, borgois, manans et habitans de nostre ville de Montpellier avons receue, contenant que, a l'occasion des mortalitez qui par diverses années presque communement ont puis aucuns temps ença esté en ladicte ville, et aussi des grans et importables charges et affaires que lesdictz supplians ont euz a supporter en maintes manieres, tant pour le fait des tailles et autres impostz mis sus de par nous, a quoy ilz ont tousjours liberalement contribué, que autrement, ladicte ville, qui ou temps passé estoit grandement bien peuplée et habitée de plusieurs notables et riches marchans et autres de divers estatz, est de present fort depopulée, et lesdictz supplians diminuez et amendriz de leurs biens et chevances, tellement que a peine y peuvent fornir, pour occasion desquelles choses, qui souvent nous ont esté remonstrées, et aussi pour ce qu'ilz ont commencé ou ont entention de faire une loge commune pour les marchans en ladicte ville, nous, qui voulons les soulager et supporter, ayons voulu et octroyé, a la requeste d'aucuns noz officiers et especiaulx serviteurs, que la tierce partie desdictes tailles et impostz de la portion de nostredicte ville leur feust diminuée et rebatue par aucunes années, a ce qu'ilz peussent fournir a l'ediffice d'icelle loge, qui est ou sera de grant coust et ediffice, et soubz ceste couleur ont procedé a ladicte euvre, et y ont employé lesdictz deniers ; mais pour ce qu'ilz n'en ont encores eu aucun mandement ou acquit de nous, le receveur qui a esté desdictes tailles et impostz depuis l'an mil CCCC quarante et cinq leur fait demande d'icelle tierce partie, ou qu'ilz luy en baillent acquit pour sa descharge ; requerans humblement nostre grace sur ce. Pour ce est il que nous, ces choses considerées, qui nous ont esté bien au long remonstrées, ausdictz supplians avons, pour ces causes et autres a ce nous mouvans, donné, quicté et remis, donnons, quictons et remectons, de grace especial, par ces presentes, la tierce partie desdictes tailles et impostz, qui ont esté mis sus en icelle nostre ville de Montpellier, les années passeez, en la maniere que s'ensuit : c'est assavoir de l'ayde de vi xx m florins, a nous octroyé ou moys d'octobre mil CCCC XLV, viiic liiii livres; de l'ayde de cent mille florins, a nous octroyé ou moys d'avril mil IIIIc XLVI, viic livres tournois; de l'ayde de clxx m livres, a nous octroyé ou moys de fevrier oudict an mil CCCC XLVI, xiic livres tournois; de l'ayde de cl m florins, a nous octroyé ou moys de mars mil IIIIc XLVII, m lxvi livres treize sols quatre deniers; de l'ayde de clm florins, a nous octroyé ou moys d'avril mil CCCC XLIX, pareille somme de mil lxvi livres treize sols et quatre deniers tournois; et de l'ayde de cent lxxm florins, a nous octroyé ou moys de mars au susdict an mil CCCC XLIX, xiic livres tournois; pour lesdictz deniers estre convertiz et employez en l'ediffice de ladicte loge, et non ailleurs, pourveu que ceulx qui en feront recepte seront tenuz en rendre compte et reliqua devant noz officiers qu'il appartendra, toutes foiz que mestier sera. Si vous mandons et expressement enjoignons que, en faisant lesdictz supplians joyr et user de nos presens grace, don et quictance, vous, par Loys de Andrea, ou autre qui pour lesdictz six années a esté receveur desdictes portions d'aydes ou tailles, vous faictes lesdictz supplians tenir quictes et paisibles des sommes dessus declarées, ou autres telles au dessoubz que peut monter la tierce partie d'icelles tailles pour nostredicte ville de Montpellier; et par rapportant cesdictes presentes ou vidimus d'icelles. et recognoissance sur ce souffisant desdictz supplians, ou du procureur de ladicte ville tant seulement, nous voulons tout ce que montera ladicte tierce partie desdictes tailles ou impostz pour lesdictes six tailles, jusques aux sommes dessus declarées, estre aloué ez comptes et rebatu de la recepte dudict receveur ou receveurs par noz amez et feaulx gens de noz comptes, ausquelz nous mandons que ainsi le facent sans difficulté.

Donné en l'abbaye de Saint André de Goffer prez Falaise, le dix-septiesme jour de juillet, l'an de grace mil CCCC cinquante, et de nostre regne le XXIXe.

Par le roy, l'evesque d'Agde, le sire de Baugy, Jaques Cuer, Jean Hardoin, M⁰ Estienne Chevalier, et autres presens. J. Delaloere.

> Arch. départ. de l'Hérault, Fonds des consuls de mer de Montp., B, 62. Copie du XV⁰ siècle, sur papier, authentiquée d'après l'original.
> Au dos : *Coppie des letres reals des graces de la loge neufve.*

## CCVIII.

DÉLIBÉRATION DES CONSULS ET MARCHANDS DE MONTPELLIER POUR DOTER ET EMBELLIR LA LOGE ÉTABLIE PAR JACQUES COEUR.

Advis faitz en la ville de Montpellier par les consulz, merchans, bourgois et autres de laditte ville, pour doter et parer la louge nouvellement faicte et construite par noble et tres honoré seigneur sire Jaques Cuer, conseiller et argentier du Roy nostre sire, comme apres s'ensuit.

Et primierement semble que, consideré la grant beauté de laditte loge, est besoing et neccessité que elle soit doutée des privileges et prerogatives comme ont les autres loges de Barsalonne, Maillorque, Perpeignan, Genes, Venese, Gayette, Naples, Palerme et Rodes, c'est assavoir de decider et determiner de tous debatz et questions qui survendront a cause de la merchandise, tant en la ville de Montpellier que ailleurs, et que icelles soyent determinées par les consulz de mer esleuz sur ce, comme plus a plain est contenu en certaines memoires ou articles, avecques le grée de certaines lettres patentes du Roy sur ce minutées. Car sans cella semble que laditte loge ne proffiteroit en riens, et seroit comme de nulle valeur.

Item a esté avisé que, dotée que soit laditte loge des privileges et prerogatives comme dit est, est neccessité et besoing de parer et haorner icelle loge de quelque belle tapisserie, tant en la sale basse que en la sale haulte, tout selon l'ordonnance et voulenté et par le bon moyen et advis dudit monseigneur l'argentier. Et fault que laditte tapisserie ayt de long, pour chacune desdittes sales, ix cannes d'une part, et quatre cannes et demie.

Item a esté avisé que, pour faire laditte tapisserie et autres choses neccessaires a laditte loge, de mettre sus aucun droit sur toutes denrées et merchandises, qui sauldront et intreront par mer es seneschaucées de Carcassonne et Beaucaire, c'est assavoir i denier tournois pour livre d'issue et i denier tournois pour livre d'antrée; et pour chacun sestier de blé qui saudra hors desdittes deux seneschaucées par mer payera i denier tournois pour sestier; qui semble chose raisonnable et faisable, voire supportable, pour laditte tapisserie et autres despenses neccessaires.

Item a esté avisé que, pour payer ledit droit de i denier tournois pour livre, et i denier tournois pour sestier de blé, chacune personne, de quelque estat ou condicion que soit, payera ledit droit, non obstant les privileges et franchises que ont les galées et autres fustes dudit monseigneur l'argentier, ne aussi non obstant le registre d'Aygues Mortes et tous autres privileges qui porroient estre esdittes deux seneschaucées, et sanz ce que nul en puisse estre exemp en aucune maniere.

Item est avisé que ledit droit se cueillira et levera par l'ordonnance et mandement du Roy, par l'espace de quatre années entiers tant seulement, et sur ce en obtendra lettres patentes dudit seigneur.

Item a esté avisé que ledit droit se mettra a ferme, et sera livrée au plus offrant et dernier encherisseur; et cellui qui sera fermier sera tenu de bailler sur ce bonnes fermances et caucions, et se baillera l'argent de laditte ferme a quelque notable merchant de ceste ville de Montpellier, pour distribuer les deniers et revenus d'iceulx es choses dessusdittes, tant de la tapisserie que es autres choses neccessaires, par ordonnance et commandement des consulz de mer sur ce esleuz. Et lui sera employé et mis en ses comptes par mandement et quictance, comme il appartendra. Et baillera ledit merchant bonnes et souffisans pleges et caucions de toute laditte recepte.

Item a esté avisé qu'il est de neccessité d'avoir l'admortisation du Roy des hostelz ou maisons qui ont esté achetteez et abatuez a cause de laditte loge, qui seront declairées au long quant besoing sera.

Item des choses et avis dessusditz plaise a monseigneur maistre Estienne Petit, tresorier general de Languedoc, en escrire bien au long et en avertir ledit monseigneur l'argentier, affin que la chose de bien en mieulx il ait pour especialment recommandée, et supplée les deffaultz neccessaires sur ce.

Item plaise audit monseigneur le tresorier escrire et faire savoir audit monseigneur l'argentier comme les consulz, merchans et bourgoiz de laditte ville se recommandent bien tous jours a sa bonne grace, et lui remercient tant que est possible des biens, honneurs et prouffiz qu'il fait envers laditte ville, et de la bonne amour et grant voulenté qu'il a tous jours eue, et encores a envers laditte ville et habitans d'icelle, en priant Nostre Sire que lui done bonne vie et longue, et que semblables biens puisse tous jours faire envers laditte ville et habitans d'icelle, de bien en mieulx.

> Arch. départ. de l'Hérault, Fonds des consuls de mer de Montpellier, B, 63. — Minute sur papier, contemporaine de la prospérité de Jacques Cœur, quoique sans date formellement exprimée.

## CCIX.

### RECHERCHE DES CRÉANCES DE JACQUES COEUR.

(12 Avril 1455.)

Nos, custos sigilli communis regii ad contractus, in Matisconensi baillivia et Lugdunensi senescallia constituti, notum facimus universis, presentes licteras inspecturis, quod, cum honorabilis vir Stephanus Achardi, mercator, burgensis Gebennensis, in mense maii millesimo quatercentesimo quinquagesimo primo, legitime confessus fuerit [debere] et solvere teneri, pro se et suis, honorabili

viro Anthonio Nigri, mercatori, habitatori Montispessulani, tanquam procuratori, factori et negociorum gestori honorabilis viri
Jacobi Cordis, olim argenterii et consiliarii domini nostri regis,
summam viginti sex marcharum auri, boni auri et fini, ex causa
finalis computi et reste majoris summe, seu auri quantitatis, per
eundem Anthonium Nigri, nomine predicto, ab honorabili viro
magistro Stephano Petiti, dicti domini nostri regis secretario, et pro
eo thesaurario generali in patria Occitana et ducatu Acquitanie,
habite, per eundemque Anthonium Nigri, pro et nomine dicti
Jacobi Cordis, dicto Stephano Achardi, titulo et ex causa veri et
legitimi cambii, realiter tradite, quam quidem summam viginti sex
marcharum auri dictus Stephanus Achardi promisit juramento suo,
corpus, res, bona et jura sua, presentia et futura, quecunque
obligando et ypothecando, et quibusvis curiis, ecclesiasticis et se-
cularibus, ubilibet constitutis, et signanter curie parvi sigilli regii
Montispessulani, carceribusque, viribus, districtibus et cohercionibus
ejusdem, supponendo et submictendo, reddere et solvere prelibato
Jacobo Cordis, vel suis, aut ejus certo procuratori, nuncio vel
mandato, terminis sequentibus, videlicet medietatem a tunc instanti
et proximo futuro festo Omnium Sanctorum in unum annum ex
tunc proximum sequentem et venturum, et aliam medietatem a tunc
proximo instanti festo Pasche Domini in unum annum ex tunc
etiam sequentem et proximum venturum, prout hec et plura alia in
licteris, super hoc inter dictos Stephanum Achardi et Anthonium
Nigri, nomine predicto, passatis, perque providum virum magistrum cognominatum de Mala Rippa, notarium publicum, receptis
continentur; quodque expost dictus Jacobus Cordis, quibusdam suis
causantibus demeritis, sententialiter diffinitive per arrestum domini
nostri regis fuerit erga dictum dominum nostrum regem in emenda
quatercentum millium scutorum auri condempnatus, pro quo quidem
arresto exequendo et executioni debite demandando commissus fuerit
venerabilis et egregius vir magister Johannes Dauvet, dicti domini
nostri regis consiliarius et generalis procurator; qui quidem dominus

generalis procurator et commissarius, dictum arrestum exequendo, et bona dicti Jacobi Cordis pro habenda solutione dicte emende discussiendo, inter cetera dictam dictarum viginti sex marcharum auri licteram obligatoriam invenerit, et, ea inventa, pro habenda solucione earundem viginti sex marcharum auri, quendam servientem dicti parvi sigilli regii curie de hac Lugdunensi civitate apud dictam civitatem Gebennam et personam dicti Stephani Achardi destinaverit; qui quidem Stephanus, certis preceptis, sibi per dictum servientem dicte parvi sigilli regii curie factis, parendo, ad hanc Lugdunensem civitatem accesserit, et eo coram eodem domino generali procuratore et commissario comparente, prelibatus dominus generalis procurator et commissarius peticionem de dictis viginti sex marchis auri dicto Achardi fecerit; qui quidem Stephanus Achardi, confitendo se erga dictos Jacobum Cordis et Anthonium Nigri, nomine ipsius Jacobi, fore obligatum in dicta viginti sex marcharum auri summa, dixerit et allegaverit quod, passando licteram dictarum viginti sex marcharum auri, fuerit dictum et in pactum expresse reductum, quod ipsi Jacobus Cordis et Anthonius Nigri tenerentur et deberent recipere, pro se et nomine dicti Achardi, inque solutum et satisfactionem dictarum viginti sex marcharum auri, duo ipsius Achardi debita, per eundem Achardi prelibato Anthonio Nigri, nomine predicto, cessa et remissa, unum videlicet duodecim marcharum auri, a Laurencio Servelli, Florentino mercatore, habitatore Montispessulani, et aliud mille florenorum monete papalis, ab Anthonio de Montecluso, mercatore Valencie, et quod dicti Jacobus Cordis seu Anthonius Nigri eadem duo debita, seu id quod de eisdem reciperent, eidem Achardi allocarent, in et super dicto debito viginti sex marcharum auri. Insuper dictus Anthonius Nigri, nomine predicto, a data dicte lictere citra, habuerat et receperat a dicto Stephano Achardi viginti novem pessias pannorum de Verny ab una, et decem octo pecias pannorum Valencie, una cum ipsorum pannorum serpilleriis, partibus ab alia, qui quidem palam expost fuerant in Palermo et civitate Napolitensi venditi, videlicet quelibet pecia dictorum pannorum de Verny viginti quinque ducatos auri, et quelibet pecia dictorum pannorum Valencie quindecim ducatos auri, dicte vero serpillerie triginta ducatos auri, deductis, super dicta totali summa pannorum, mille et duobus mutonibus auri, per dictum Anthonium Nigri dicto Stephano Achardi computatis : et sic restabant et adhuc restant quatercentum et quinquaginta octo ducati cum dimidio auri, valentes sex marchas et sex onczias auri. Et sic, omnibus computatis, solverat ipse Stephanus Achardi plus quam deberet sex onczias auri. Ad que dictus dominus generalis procurator et commissarius replicando dicebat, quod dicta duodecim marcharum auri summa et dicti mille floreni monete predicte non fuerant, quicquid diceret dictus Achardi, nec erant per dictos debitores soluta, et sic, premissis non obstantibus, ipse Achardi, qui principaliter erat et est obligatus, ad easdem summas tenebatur. Dictus vero Achardi econtrario dicebat, quod ipse credebat quod dicte auri et argenti summe erant et sunt solute; actamen, si dicta duo debita, per eum dicto Anthonio Nigri, dicto nomine, cessa et remissa, sibi Achardi remicterentur et cederentur, sibique restituerentur lictera cambii dictarum duodecim marcharum auri cum uno protesto et policia dictorum mille florenorum, presto erat et paratus adimplere contenta in dicta obligacione. Tandem dicti dominus generalis procurator et commissarius predictus, nomine regio, et Stephanus Achardi, suo proprio et privato nomine, qui, propter ea que sequuntur, personaliter constituti coram Claudio Bessonati, clerico, auctoritate regia notario et tabellione publico, et testibus infrascriptis, scienter, et eorum spontaneis voluntatibus fecerunt et faciunt inter se adinvicem ea que sequntur, videlicet quod dictus dominus generalis procurator et commissarius, dictum arrestum exequendo, de dictis duodecim marchis auri, a eodem Laurencio Servelli habendis et recuperandis, et eciam dictus Stephanus Achardi, de se inquirendo, et dictum dominum generalem procuratorem et commissarium predictum informando, de vendicione et expedicione dictorum pannorum et preciis eorundem, cum

Michaele Borguorgnault, Herne Paris, Petro Pintinardi, et aliis, deque perquirendo et sciendo si dicti mille floreni dicte monete fuerint per dictum Anthonium de Montecluso soluti, vel ne, nec non de mictendo copiam seu duplum cessionis et remissionis dictarum duodecim marcharum auri, per eundem Achardi dicto Anthonio Nigri facte, infra instans et proximum futurum festum Assumptionis Beate Marie Virginis, meliorem quam poterint hinc inde faciant diligentiam; et, casu quo dictus dominus generalis procurator et commissarius predictus infra dictum tempus solucionem et satisfactionem de dictis duodecim marchis auri ab eodem Servelli habere non poterit, dictusque Achardi dictum dominum generalem procuratorem de vendicione et expedicione dictorum pannorum et preciis eorundem, eciam de solucione dictorum mille florenorum sufficienter non informaverit, eo casu prelibatus Stephanus Achardi, ut supra, coram dicto notario regio et testibus infrascriptis personaliter constitutus, citra tamen innovacionem aliarum licterarum obligatorum, super dicto debito viginti sex marcharum auri per eum supradictis Jacobo Cordis et Nigri passatarum, perque dictum cognominatum de Mala Rippa, notarium publicum, receptarum, sed illas per istas, et istas per illas corroborando et fortificando, confitetur, et in verbo veritatis palam et publice recognoscit, ac si in judicio coram suo competenti judice legitime constitutus, se bene et legitime debere ac solvere teneri, pro se et suis heredibus et successoribus quibuscunque, dicto domino nostro regi, licet absenti, dicto tamen domino generali procuratore, una cum dicto notario regio, presente et stipulante, ad opus sui et suorum, videlicet predictas summas viginti sex marcharum auri, ex causa predicta; ipsasque viginti sex marcharum auri summas promictit ipse Stephanus Achardi, coram dicto notario regio et testibus infrascriptis, per juramentum suum, super sancta Dei Euvangelia, per eum manualiter tacta, prestitum, et sub obligacione pariter et ypotheca omnium et singulorum bonorum suorum,.... reddere et solvere dicto domino nostro regi, seu ejus receptori ad hoc deputato, incontinenti dicto termino Assumptionis Beate Marie

Virginis lapso, cedendo tamen et remictendo eidem *Stephano* Achardi dicta duo debita superius mencionata, una cum juribus contentis in dicta prima obligacione, una cum dampnis omnibus, interesse, missionibus, et expensis, per dictum dominum nostrum regem, seu dictum ejus receptorem, deffectu solucionis dictarum viginti sex marcharum auri, faciendis et sustinendis,.... se, suos, et omnia bona sua quecunque predicta, ac suum proprium corpus, quantum ad premissa omnia et singula actendenda, tenenda et complenda,... dictus Stephanus Achardi totaliter supponendo, ac eciam submictendo, etc.

Actum et datum Lugduni, die duodecima mensis aprilis, anno Domini millesimo quadringentesimo quinquagesimo quinto, post Pascha, presentibus honestis viris Johanne Des Molins et Petro Larchangier, clericis habitatoribus Lugduni, pro testibus ad premissa vocatis et rogatis.

Expedita est hujusmodi lictera per me notarium et tabellionem regium predictum, teste signo meo manuali, in talibus apponi consueto. Bessonat.

Arch. du greffe de la maison consulaire, Arm. F, Liasse 422.<br>Original sur parchemin.

## CCX.

###### LETTRES DE CHARLES VII PORTANT RESTITUTION DE LA LOGE DE MONTPELLIER ET AMORTISSEMENT EN SA FAVEUR.

(30 Juillet 1456.)

Charles, par la grace de Dieu roy de France, a tous ceux qui ces presentes lettres verront, salut.

Receue avons l'humble suplication de noz bien amez les consulz, bourgeois et habitans de nostre ville de Montpellier, contenant que, pour la bonne amour et affection que avons tousjours eue a la ditte ville, et pour consideration des grandz affaires et necessités d'icelle, et a ce qu'elle feust maintenue et entretenue en reparation, et pour autres cauzes et considerations a ce nous mouvans', leur avons au temps passé acoustumé donner et remettre la tierce part de leurs cotes et portions de noz tailles; or est il ainsin que, au temps que Jacques Cuer gouvernoit le fait de nostre argenterie, et estoit homme de grand entreprinze et soy entremettant du fait de grandes marchandizes, donna consel ausdits suplians et entreprit faire, au plus bel lieu de laditte ville, une belle maison, apellée Lotge des Marchans, en construction de laquelle furent employez les deniers dudit octroy, par l'espace de six années, montant la somme de six mil quatre vingt sept livres six solz huict deniers tournois, sauf a en rabatre d'une part la somme de sept cens livres, quy pour aucuns noz affaires feurent deslivrées a M⁰ Estienne Petit, receveur general de noz finances de Languedoc, par Louis d'Andrea, receveur particulier au dioceze de Magalonne, et tenant le compte desdits six mil quatre vingt sept livres six solz huict deniers, et d'autre part trois cens vingt livres doutze solz tournois, que ledit Louis d'Andrea debvoit, par la fin de son compte de la recepte et despance de laditte lotge, ouy et clos par nostre amé et feal conseiller et procureur general M⁰ Jean Dauvet, par nous comis a l'execution de l'arrest prononcé a l'encontre dudit Jacques Cuer, et par son ordonnance ont esté balliés a Octo Castellan, comis a la recepte des biens dudit Jacques Cuer, et ne s'en ayderent aucunement lesdits suplians, dont ilz ont souffert de grandes necessitez, pour laquelle lotge faire et construire, et avoir place tant pour les fondemens et grandeur d'icelle, comme pour le parement et ornement par dehors, a ce qu'elle ne feut empechée, ne la veue d'icelle occupée par autres ediffices, feurent abatues plusieurs maisons et botiques, pour lesquelles, ou partye de l'achapt et prix d'icelles, sont encore deubes plusieurs grands sommes de deniers; et combien que laditte lotge est esté construite, acquize et ediffiée principalement des deniers dudit octroy, par nous a eux donnés, comme dict est, et que ledit Jacques Cuer n'y ayt employé du sien, fors la somme de dix huict cens soixante neuf livres treitze solz quatre deniers tournois tant seulement, qu'il dizoit avoir employée pour aquerir partye desdites places, et certenes autres depances en matiere de bois, de ferures, pentures et armoiries de ses armes, neantmoins aucuns de noz officiers, par nous comis au gouvernement des biens qui furent dudit Jacques Cuer, considerans laditte lotge avoir esté faitte a ses despans, prindrent et misrent icelle lotge en nostre main et a l'inquant public, au tres grand prejudice et domage desdits suplians, sy comme ilz dient; et, pour ce, nous ont humblement fait suplier et requerir, que laditte main mize voulsissions faire lever, et laditte lotge, avec les fondz et apartenances d'icelle, en la maniere qu'elle est construite et pourprinze, ensemble le droit des vantes et lausimes des maisons et ediffices pour ce acheptées et abatues, et aussy laditte somme de dix huict cens soixante neuf livres treitze solz quatre deniers, et autres deniers pour ce payés, aveques le fond et apartenances et places acquizes et demoulies pour le parement et ornement d'icelle,...... ensemble les droitz des vantes et lausimes, et laditte somme de dix huict cens soixante neuf livres treitze solz quatre deniers, et tous autres droitz a nous apartenans, avons donné, remis et quitté ausdits suplians et a laditte ville, donnons, quittons, remettons, de grace expesial, par ces presantes, sans ce que pour ce nous soient tenus payer, ne a nos successeurs, ores ne pour le temps avenir, aucun droit d'amortissement ou finance. Sy donnons en mandement, par ces dittes presantes, a noz amez et feaux gens de noz comptes et tresoriers, au gouverneur de Montpellier, aux commissaires ordonnez par nous a l'execution dudit arrest donné contre ledit Jacquer Cuer, et tous noz autres justiciers et officiers, presans et advenir, ou leurs lieutenans, et a chacun d'eux, sy comme a luy apartiendra, que lesditz consulz et habitantz de Montpellier ilz fassent et souffrent jouir et user paisiblement de nostre presante grace et octroy; et par raportant ces dittes presantes, signées de nostre main, ou vidimus d'icelles, et quittance ou recognoissance sur ce suffisant desdits consulz et habitantz de Montpellier, ou de leur procureur ou sindic tant seulement, nous voulons nostre receveur ordinaire dudit lieu de Montpellier, et ledit Octo Castellan, et tous autres qu'il apartiendra, en estre et demurer quittes et deschargés par noz dits gens de comptes, nonoustant quelconques ordonnances, mandemens ou deffances a ce contraires. En temoin de ce, nous avons fait mestre nostre scel a ces presantes.

Donné au Chastellier en Bourbonnois, le trentieme jour de julliet, l'an de grace mil quatre cens cinquante-six, et de nostre regne le trente et quatrieme. Charles signé.

Arch. départ. de l'Hérault, Fonds des consuls de mer de Montpellier, B, 62. Copie authentiquée du XV<sup>e</sup> siècle sur papier.

## CCXI.

LETTRES DE CHARLES VII PRESCRIVANT UNE ENQUÊTE SUR L'OPPORTUNITÉ DE DISPENSER LES NAVIRES DESTINÉS A L'APPROVISIONNEMENT DE MONTPELLIER DE VENIR A AIGUESMORTES.

(23 Septembre 1425.)

Charles, par la grace de Dieu roy de France, a noz amez et feaulx conseillers les gens de nostre parlement, de nouvel par nous ordonné seoir en nostre ville de Besiers, salut et dilection.

Receue avons l'umble supplicacion des consulz de nostre ville de Montpellier, ou nom des manans et habitans d'icelle ville, contenant que, comme en nostre lieu d'Aiguesmortes ait certains previleges, statutz et ordonnances royaulx, c'est assavoir que nulz navires, de quelzque terres et parties qu'ilz viengnent, ne doient passer a la veue de nostredite ville d'Aiguesmortes, sans audit lieu paier et raisoner noz droiz accoustumez, et soit ainsi que en nostredite ville de Montpellier ait maintesfoiz eu, et a de present deffault de blez, vins, poissons, fruites et autres vivres; et comme, pour secourre a nostredite ville desdiz vivres, aucuns marchans d'icelle ville et autres amenassent blez, poissons et autres vivres du pais de Prouvence et d'ailleurs, passans par la mer en ladite veue dudit lieu d'Aiguesmortes, et venans a nostredit lieu, pour aler paier et raisoner nosdiz droiz accoustumez, comme dit est, aucuns d'iceulx marchans aient esté prins et moult dommagiez en leurs corps et en leurs biens, tant par courssaires, comme par la corrupcion de leursdiz biens, et autrement, et tout par la demourée qu'ilz faisoient oudit lieu d'Aiguesmortes, pour l'expedicion de leursdites marchandises, et a ceste cause ont eu lesdiz manans et habitans de nostre dite ville moult a souffrir, et auroient encores plus, se par nous pourveu n'estoit sur ce de remede, si comme dient lesdiz supplians, requerans que, comme ou territoire dudit lieu de Montpellier croisse peu de blez, pour le soustenement du peuple qui y demoure et afflue chacun jour pour cause de ladite marchandise, leur vueillons octroyer, que eulx et tous autres marchans, amenans vivres et autres marchandises en icelle ville, [ayent] congié et licence de amener et faire amener et venir leurs navires, en especial les chargiez de vivres, et entrer en l'estang, pour venir deschargier a nostre lieu de Lates lez Montpellier, sans les arrester ne faire demourer devant ledit lieu d'Aiguesmortes, pour illec les araisonner et acquicter, comme il a esté accoustumé, parmi ce que, incontinent que lesdiz navires entreront oudit estaing, ceulx a qui seront lesdiz navires soient tenus de les envoyer acquicter audit lieu d'Aiguesmortes, sur peine de les forfaire et confisquer envers nous. Pourquoy nous, les choses dessusdites considerées, voulans les marchans de nostre royaume estre favorablement traictiez, et en leurs denrées et marchandises donner toute seurté convenable, vous mandons que par l'un de vous, et par nostre gouverneur dudit lieu de Montpellier, vous faites faire diligente informacion, appellez ceulx qui seront a appeller, quel prouffit ou dommaige nous pourrions avoir a octroyer ausdiz supplians les congié et licence dessusdiz. Et pour ce aussi que despieça avons esté aucunement advertiz que audit lieu d'Aiguesmortes se sont faiz et se font chacun jour pluseurs abus, au grant

## PIÈCES JUSTIFICATIVES.

prejudice de nous et de la chose publique du pais, que semblablement ilz se informent desdiz abus, par qui, comment et en quelle maniere ilz ont esté faiz et se font, comme dit est, et l'informacion que sur tout faite ara esté envoyez avecques voz advis feablement close et scellée, pardevers nous ou les gens de nostre grant conseil, pour estre a ces choses par nous pourveu comme par raison; et pour le bien de nous et dudit pais nous verrons que a faire sera.

Donné a Poictiers, le XXIII<sup>e</sup> jour de septembre, l'an de grace mil quatre cens et vint cinq, et de nostre regne le tiers.

Par le roy en son conseil. Villebresme.

> Arch. mun. de Montp., Arm. H, Cass. V, N° 57. Original à queue de parchemin, sceau absent.
> Au dos : *Littere quod unus de dominis parlamenti cum gubernatore Montispessulani se informent de comodo et incomodo regis, quod esse posset, si concederet licentiam intrandi navigia de mari in stagnum, pro veniendo Latas, absque eundo ad Aquas Mortuas, dum tamen intrando stagnum unus de navigio iret solutum apud Aquas Mortuas jus dicti portus.*

### CCXII.

**EXTRAIT VIDIMÉ DES LETTRES DE LOUIS XI CONCERNANT LES ATTRIBUTIONS JUDICIAIRES DES CONSULS DE MER DE MONTPELLIER.**

(12 Septembre 1463.)

Antoine de Roubin, docteur ez droicts, conseiller du roy nostre sire, recteur et juge ordinaire de la ville et viguerie de Montpellier, a tous ceux quy ses prezantes lettres verront, salut.

Sçavoir faizons et attestons avoir palpé, veu et leu, et fait lire par le greffier de nostre cour soubzsigné le dictum de certaine ordonnance et edict du roy, daté du douziesme jour de septembre mil quatre cens soixante trois a Poissy, signées Coustans, duquel la teneur s'ensuict.

Le douziesme jour de septembre mil quatre cens soixante trois a Poissy, le roy commanda que les consuls de Montpellier tous les ans puissent eslire consulz de mer, qui auront pouvoir de cognoistre et decider dedans la Loge neufve, construite par les marchans audit lieu, de tous debatz et questions qui sourdront a cauze des marchandizes d'icelle ville, et des portz d'Aiguesmortes et Agde ; et n'auront nulle cognoissance d'autres matieres, que seulemant du faict de ladicte marchandize ; et sur ce donneront les appointemans et sentances telles qu'ilz verront estre a faire par raison, sommairemant et de plain, sans proces et figueure de jugemant, sans avoir recours a autres courts, sinon ausdiz consulz de mer, et a ceux qui seront ordonnés pour cognoistre sur lesdiz consulz desdiz debatz en ladicte Loge ; et tout ainsy et en la mesme forme et maniere que font et ont accoustumé faire au Consulat de mer de la ville de Perpignan ; et ce, pour esviter aux longueurs des proces quy se font ez cours ordinaires de ladicte ville de Montpellier, dont pluseurs marchans sont venus a pauvretté....

Item, pour ce que le faict de la marchandize, et par especial l'espicerie, sucres et drogueries, a prins et prend autre cours et voye, et entre en ce royaume par autres lieux que par les portz d'Aiguesmortes, Agde, La Rochelle et autres portz dudit royaume, par lesquelz elles y entroyent anciennemant, qui est le grant domaige de la choze publique, et le bien et augmentation des nations estrangeres, le roy, pour obvier a ce et remettre ladicte choze au cours ancien, a ordonné et commandé par edict que doresenavant toute espicerie, sucres et drogueries quy entreront audit royaume par ailheurs que par lesdiz portz et autres lieux maritimes du royaume, et aussy par la ville de Lion, pour la franchize paiera dix pour cent ; et ce sur peyne de confiscation desdictes espices, sucres et drogueries qui seront trouvées avoir esté mizes ou entrées audit royaume par autre part que par lesdiz portz et lieux maritimes dudit royaume et aussy par ladicte ville de Lion. Et en outre, pour entretenir ledit edict, et eviter aux fraudes que l'on pourroit faire en passant ladicte espicerie par le Daulphiné pour entrer en cedit royaume, paieront semblable somme de dix pour cent, sinon qu'elles feussent entrées par l'ung desdiz portz.

Faict comme dessus, ledit an, et jour dessus dict, en presence des sires Du Lau, de Bazoges, Guilhaume de Varye, et autres. — Coustans.

En foy de quoy, avons faict expedier et signer le present vidimus, lequel aussy avons signé.

A Montpellier, ce vingt huictiesme jour du mois d'octobre, l'an mil cinq cens cinquante trois.

A. Du Roubin, juge ordinaire de Montpellier, signé.

Par commandement dudit sieur juge ordinaire. Dupuy. Ainsin signé.

Collationné a son original, par moy notaire royal et greffier de la maison consulaire de la ville de Montpellier, soubzsigné. Fesquet.

Arch. mun. de Montp., *Grand Thalamus*, fol. 351 v°.

## CCXIII.

#### LETTRES DE LOUIS XI ÉRIGEANT A MONTPELLIER L'ART DE LA DRAPERIE.

(23 Janvier 1475-76.)

Loys, par la grace de Dieu roy de France, a tous ceulx qui ces presentes lectres verront, salut.

Receue avons l'umble supplicacion de noz chiers et bien amez les consulz, bourgoiz, manans et habitans de nostre ville de Montpellier, contenant que nostre dicte ville, qui est assise en tres bon et fertil pays, souloit estre fort peuplée et habitée de plusieurs notables marchans, et autres gens de divers estatz, habundans en richesses et biens, et a present, et puis aucun temps en ça, a l'occasion des mortalités qui ont eu cours en nostre royaume, et especialment en nostre pays de Languedoc, et des guerres, divisions et passaiges de gens d'armes qui ont esté oudit pays, et aussi des grans charges qu'il leur a convenu et convient chascun an porter, pour subvenir aux tres grans et urgens affaires de nous et de nostre royaume, icelle nostre ville est tellement diminuée et apouvrie, tant de gens que de chevance, que la moitié des maisons d'icelle ne sont habitées, et laquelle chascun jour se diminue et apouvrist grandement ; et pour ce qu'elle ne peut estre bonnement rasseurée ne repeuplée, sans grant frequentacion de peuple, a quoy ilz ne pourroient parvenir sans avoir aucun art ou mestier de nouvel en ladicte ville, iceulx supplians ont advisé entre eulx de faire mectre sus en nostre dicte ville de Montpellier le fait et art de drapperie, qui leur assemble le plus convenable pour aidier et remectre sus icelle ville, en entencion de faire faire et conduire icelui fait et art de drapperie, et y garder la police, justice et autre façon de faire, que y gardent ceulx des draperies de noz villes de Rouen et Bourges, mais ilz ne l'oseroient faire, ne en ce proceder, sans avoir sur ce noz congié et licence, comme ilz dient, en nous requerant humblement que, actendu que le pais d'environ est fourni de bonnes et fines laines en grant habundance, et que aupres et joignant ladicte ville a une petite riviere ou il y a eaue bien propre et bonne pour ledit mestier et art de drapperie, et que, par le moien dudit art, les habitants de ladicte ville, dont il en y a pluseurs oyseux, se excerceront et occuperont a ce faire, et en y viendra d'autres, par lesquelz nostre dicte ville se pourra aucunement peupler et enrichir, au bien de nous et de la chose publique d'icelle et des environs, il nous plaise sur ce leur octroyer nosdiz congié et licence, et sur ce leur impartir nostre grace. Pour ce est il que nous, ces choses considerées, desirans le bien et augmentacion de nostre dicte ville, ausdiz consulz, manans et habitans de Montpellier supplians, pour ces causes et consideracions, et autres a ce nous mouvans, avons donné et octroyé, donnons et octroyons, de grace especial, par ces presentes, congié et licence qu'ilz puissent et leur loise eriger et mectre sus ledit fait et art de drapperie juré en nostre dicte ville de Montpellier, pour y estre fait et excercé, tant en police et justice que autre façon et maniere de faire, tout ainsi que on le fait et excerce, et que fait et excercé a esté par cy devant en nos dictes villes de Rouen et Bourges. Et pour le mieulx conduire et entretenir esdicte police et ordre, leur avons octroyé et octroyons qu'ilz puissent faire et escripre articles et chappitres, esquelz soit contenue et escripte la forme et ordre conment on devra besongner oudit fait et excercice de drapperie, et quelz scel ou marque, lisieres, aulne et largeur de drap y devra avoir, afin que on puisse congnoistre les draps qui y seront faitz et ouvrez, comme es autres bonnes villes jurées de nostre royaume, ou ledit fait et excercice de drapperie a eu et a cours; et aussi qu'ilz puissent commectre et depputer certain nombre de hommes notables et congnoissans audit art, tant et telz qu'ilz verront estre convenable, qui aient povoir de visiter les draps qui seront faiz et ouvrez en ladicte drapperie, et de corriger les faultes qu'ilz y trouveront, soit en faisant bruler les draps qui ne seront bons et telz qu'ilz devroient estre, ou autrement, et de condempner les delinquans envers nous et justice en telles peines et amendes qu'ilz verront estre a faire, et generalement de faire en ceste matiere tout ce qu'ilz verront estre bon et convenable pour le bien et conduicte dudit fait et art de drapperie; voulans et octroyans que tout ce qu'ilz auront sur ce advisé et ordonné, en ensuivant l'ordre et maniere que tiennent en cas semblable ceulx desdictes villes de Rouen et Bourges, soit vallable, et que lesdiz supplians et ceulx de ladicte drapperie s'en puissent aider doresenavant a tousjoursmaiz, tout ainsi que se tous les points et articles qui seront sur ce faitz estoient declairez et exprimez en cesdictes presentes : et sur ce imposons silence perpetuel a nostre procureur et a tous autres. Si donnons en mandement, par ces dictes presentes, au gouverneur recteur de la part auctentique (antique?) dudit Montpellier, et a tous noz autres justiciers, ou a leurs lieuxtenans, et a chascun d'eulx, si comme a lui appartiendra, que lesdiz consulz, bourgoiz et habitans de Montpellier supplians, et ceulx qui feront et excerceront ledit mestier et art de drapperie, facent et seuffrent joyr et user paisiblement de noz presens grace, congié et octroy, et leur gardent et entretiennent leursdiz articles, contenans ladicte police, selon ce que se y gouvernent, et que ont acoustumé faire ceulx desdictes villes de Rouen et Bourges, sans leur faire, ne souffrir estre fait ne donné, ores ne pour le temps avenir, aucun destourbier au contraire; ainçoys, se fait ou donné leur estoit, l'ostent ou facent hoster, et mectre sans delay au premier estat et deu; car ainsi nous plaist il estre fait, et ausdiz supplians l'avons octroyé et octroyons de nostre dicte grace, par ces mesmes presentes, ausquelles, en tesmoing de ce, nous avons fait mectre nostre scel.

Donné au Plessis du Parc lez Tours, le XXIII$^e$ jour de janvier, l'an de grace mil IIII$^c$ soixante et quinze, et de nostre regne le quinziesme.

Par le roy, maistre Guillaume Picart, Michel Gaillart, generaulx des finances, et autres presens. M. Petit.

Lecte, publicate et registrate et perpetrate fuerunt predicte littere, presentibus dominis Jacobo Lumbardi, advocato, et Johanne Barrani, procuratore regiis, in curia presidali palacii regii Montispessulani, die sabati intitulata undecima mensis januarii, anno domini M$^o$ IIII$^c$ LXXVI$^{1o}$, ut latius constat instrumento, sumpto per me notarium infrascriptum. A. Salamonis, notarius.

Extractum de licteris regiis originalibus preinsertis; et collatio facta fuit cum eisdem per me. Mala rippa, notarius.

Arch. mun. de Montp., *Grand Thalamus*, fol. 178 r°.

## CCXIV.

#### DÉLÉGATION DES CONSULS DE MONTPELLIER AU SUJET DE L'ACQUISITION DE LA PROVENCE PAR LOUIS XI.

(21 Janvier 1481-82.)

Les consulz de la ville de Montpellier, a tous ceulx qui ces presentes lectres verront, salut.

## PIÈCES JUSTIFICATIVES. 391

Comme il soit ainsi, que le Roy, nostre souverain seigneur, par sa lectre missoire, escripte a Thouars le XXVI⁰ jour de decembre darnier passé, nous ayt mandé que, par le trespaz du feu roy de Cecille darnier decedé, la conté et seigneurie de Prouvence lui est escheue et advenue ; et pour ce que en icellui pays y a plages et ports de mer, et mesmement en la cité de Marceilhe entend y faire affluer toutes nacions estranges, pour illec faire, sur les galées et aultres navires qu'il entend a y faire construire et ediffier de nouvel, grans, riches et notables marchandises, pour l'acroissement et augmentacion de ce royaume, dont pourra venir grans biens, prouffiz et avantaiges a tous les marchans qui vouldront frequenter ledit navigaige et traffig de marchandise ; et, a ceste cause, nous a escript que nous eussions a eslire deux notables marchans, expers et biens entendus, et iceulx envoyer, dedans la fin de ce present moys de janvier, devers ledit seigneur, ou sieur Michiel Gailhart, son conseillier et maistre d'ostel, auquel en a donné charge et commandement exprez, de exprimer et dire le bon vouloir et entencion dudit seigneur sur ce; et pour ce que de tout nostre povoir voulons obeir et obtemperer aux mandemens du Roy, nostre dit seigneur, par l'adviz et deliberation de pluseurs notables personnaiges de ladicte ville de Montpellier, avons esleu et nommé honorables hommes Guiraud Boisson et Estienne Cezely, marchans de ladicte ville de Montpellier, c'est assavoir pour, et ou nom de nous et communauté de ladicte ville de Montpellier, aller et eulx transporter a la presence du Roy, nostre souverain seigneur, ou dudit sieur Michiel Gailhart, et de tous aultres ausquelx par ledit sieur lesdiz Boisson et Cezely seroient remiz, pour oyr et entendre tout ce que leur sera dit et exprimé par le Roy, nostredit seigneur, ou ledit sieur Michiel Gailhart, touchant le contenu esdictes lectres missoires ou aultrement, et sur ce en dire et respondre leur bon adviz, et y faire tout ce qu'ilz y verront estre expedient pour le bien, prouffit et utilité du Roy, nostredit seigneur, et de son pays de Languedoc, et aultrement dire, faire et besoigner, pour nous et toute la communauté de ladicte ville et chose publique, en tout ce que dit est, avec les aultres dudit pays de Languedoc pour ce mandez, comme nous mesmes pourrions dire et faire, se presens y estions en noz propres personnes.

Donné a Montpellier, en l'ostel de nostre Consolat, es presences de Jehan Trincaire, Bernard Morgue, Guilhem Jehan, marchans dudit Montpellier, soubz le scel commun dudit consolat, et seing manuel du notaire d'icellui, le XXIe jour de janvier, l'an mil quatre cens quatre vings et ung. — Cordelier notaire.

> Arch. mun. de Montp., Arm. Dorée, Liasse 8, N° 9. Original à queue de parchemin, avec sceau.
> *Au dos*: 1481. *Election faite par les consuls de Montpellier, des personnes de Guiraud Bouisson et Estienne Ceselly, pour aller trouver le Roy, suivant sa lettre du 26e decembre de la meme année, au sujet du trafiq qu'il vouloit etablir a Marseille, apres que la Provence luy feut advenue apres le trespas du roy de Cicille.*

## CCXV.

LETTRES DE LOUIS XI PORTANT DÉGRÈVEMENT EN FAVEUR DES HABITANTS DE MONTPELLIER, EU ÉGARD A L'AMOINDRISSEMENT DE LEUR VILLE.

(9 Mars 1481-82.)

Loys, par la grace de Dieu roy de France, a noz amez et feaulx les generaulx conseilliers par nous ordonnez sur le fait et gouvernement de toutes noz finances, tant en Languedoil que en Languedoc, salut et dilection.

L'umble supplicacion de noz chers et bien amez les manans et habitans de nostre ville de Montpellier avons receue, contenant que par cy devant souloit avoir et demourer en icelle ville plusieurs bourgeois, marchans, et autres gens puissans, tant du royaume que estrangiers, qui faisoient et conduisoient grant fait de marchandise par mer et par terre; mais de present, a l'occasion des foires de Lyon, le fait et entrecours de la marchandise est du tout cessé et discontinué en ladite ville, a l'occasion de quoy, et aussi des pestes et mortalitez qui ont eu cours en icelle, puis dix ans ença, et encores ont de present, et aussi des grans ravynes et inundacion d'eaues qui y sont survenues es deux années passées, lesquelles ont gasté plusieurs maisons, moulins, pons, prez et terres, et abatu grant partie des murailles d'icelle ville, et emmené grant quantité de selz, qui estoient es salins, appartenans a plusieurs desdits habitans, et semblablement pour certain inconvenient de feu, qui l'année passée, ou meilleur endroit de ladite ville, ardit et brulla vingt ou vingt cinq maisons, qui souloient porter et contribuer a noz tailles et impostz grant somme de deniers, et pour les grans charges et creues que iceulx supplians ont eues a paier et supporter pour nosdites tailles, deniers et affaires, ausquelles, sans avoir regard aux choses dessusdites, icelle ville a esté tousjours imposée, assise et augmentée, en la mesme exstime qu'elle estoit du temps qu'elle estoit en valleur et prosperité, ladite ville est depuis si pouvre et deppopulée, que impossible chose leur seroit de paier et contribuer a nosdites tailles, au taux et a l'exstimacion qu'ilz ont fait par cy devant; et seroit en voye que la pluspart desdits habitans se absentassent d'icelle ville; et pour ce, nous ont tres humblement supplié et requis, que, en compassion et pitié, il nous plaise avoir regard aux choses dessusdites, et leur faire aucun rabaiz ou moderacion. Pourquoy nous, les choses dessusdites considerées, desquelles nous avons eté et sommes deuement acertenez par aucuns de noz principaulx officiers et serviteurs, voulons, vous mandons et commectons par ces presentes, que de et sur ce qui pourra compecter et appartenir ausdits supplians, par l'assiecte qui sera faicte des deniers qui nous seront octroiez estre mis sus de creue oudit pays, oultre l'ayde ordinaire, a l'assemblée des prochains estatz que avons ordonnez estre tenuz cette presente année oudit pays de Languedoc, vous rabatez ausdits supplians la somme de deux mil cinq cens livres tournois, de laquelle nous les avons deschargez et deschargeons par ces presentes, et icelle somme mectez et faictes mectre sus, asseoir et imposer sur les autres lieux, pais et dyoceses dudit pays de Languedoc, que verrez qui mieulx le sauront porter et supporter, en maniere que noz deniers n'en soient aucunement deminuez ; et a ce faire et souffrir contraignez et faictes contraindre, reaument et de fait, tous ceulx qu'il appartiendra, non obstant oppositions ou appellations quelzconques, pour lesquelles ne voulons estre differé. De ce faire vous donnons plain povoir, auctorité, commission et mandement especial. Mandons et commandons a tous noz justiciers, officiers et subgectz, que a vous, en ce faisant, soit obey et entendu dilligemment.

Donné au Plessis du Parc, le IX<sup>e</sup> jour de mars, l'an de grace mil CCCC quatre vings et ung, et de nostre regne le vingt et ungnieme.

Par le roy. Briçonnet.

Arch. mun. de Montp., Arm. G, Cass. VI, N° 50. Original à queue de parchemin.<br>
Au dos : *Lettres du rabais de la creue de II<sup>m</sup> V<sup>c</sup> livres, pour les consulx de Montpellier*. 1481.

## CCXVI.

#### LETTRES DE JEAN DE FERRIÈRES EN FAVEUR DES MARCHANDS DE LANGUEDOC.

(31 Mai 1483.)

Jehan de Ferrieres, chevalier, seigneur de Champlevoys et de Presles, conseiller et chambellan du roy nostre sire, son gouverneur et lieutenant ou pays de Languedoc, et commissaire depputé en ceste partie et pour pourveoir aux douleances des troys estatz dudit pays, aux seneschaulx de Beaucaire, Carcassone et Tholose, maistre des portz et passaiges, gouverneur de Montpeillier et chastellain de Pesenaz, ou a leurs lieuxtenans, et a chacun d'eulx, salut.

Les gens desdiz troys estatz en ladicte assemblée, en remonstrant leurs douleances, entre aultres nous ont dit et remonstré que, combien qu'il fust permis et loisible a ung chacun dudit pays, et autres frequentans les foires, et faisant le fait de marchandise oudit pays et foire, et excercent entre aultres l'art et traffique de la marchandise par terre liberalment, et sans qu'il leur deust estre mis ou donné aucun empeschement ou destourbier, et que aucune chose ne deust estre faicte ou actemptée au contraire, ce neantmoins, puis naguieres aucuns se sont efforcés de faire faire prohibicion et deffense au contraire, et ce venu a la cognoissance des gens desdiz estatz, et en ceste presente assemblée, qui a esté faicte en ceste presente ville de Montpeillier, par ordonnance et commandement dudit sire, tous lesdiz estatz en ont faicte et opposée unt tres grande douleance, comme prejudiciable audit sire, ses subgetz et de la chose publicque, requerans leur estre pourveu sur ce par nous de remede convenable; et, eue de et sur ce meure deliberacion de conseil avec les conseillers du roy, commissaires a presider avec nous en ceste ville de Montpeillier a ladicte assemblée desdiz estatz, ayons conclud et deliberé que les habitans dudit pays de Languedoc, et autres frequentans, excerçans et faisant le fait de marchandise, joyront de leur dit previllege et liberté, et leur sera permis et loisible faire fait de marchandise par terre, selon la forme et maniere acoustumée, et comme derrenierement, et avant les dictes proclamacions et prohibicions, a ung chacun estoyt permis et loisible de faire et tirer les dictes marchandises, non obstant les dictes et quelxconques inhibicions et deffenses, faictes au contraire. Pour ce est il que, ce considéré, nous vous mandons et expressement enjoignons, en commectant, se mestier est, que nostre dicte ordonnance et appoinctement vous mectés a deue exequcion, et de l'utilité et prouffit d'iceulx les habitans, marchans, et autres frequentans le fait de marchandise oudit pays, par la forme devant dicte, user et joyr plainement et paisiblement, sans nul contredit, non obstant la dicte generale prohibicion et deffense sur ce faictes, et jusques a ce que par le dit sire autrement y soit pourveu, de ce certiffié. Si mandons et commandons a tous les justiciers, officiers et subgetz dudit sire, que a chacun de vous, en ce faisant, obeissent et entendent diligemment, prestent et baillent conseil, confort et aide, se mestier est, et par vous requiz en sont.

Donné a Montpelier, soubz nostre scel, le derrier jour de may mil quatre cens quatre vingts et trois.

Par mondit seigneur le lieutenant et gouverneur. Chappuis.

Arch. mun. de Montp., Arm. B, Cass. XII, N° 5. Original<br>à queue de parchemin, sceau absent.

## CCXVII.

**LETTRES DE CHARLES VIII EXEMPTANT LES HABITANTS DE MONTPELLIER DES MARQUES, CONTRE-MARQUES ET REPRÉSAILLES.**

(20 Mars 1485-86.)

Charles, par la grace de Dieu roy de France, a tous ceulx qui ces presentes lectres verront, salut.

Comme tantost apres nostre avenement a la couronne, informez de la poureté et depopulacion en quoy nostre ville de Montpellier estoit devenue, afin de icelle repopuler, nous, des le derrenier jour de fevrier mil CCCC quatrevingts et trois, octroiasmes a noz tres chiers et bien amez les consulz, bourgeoys, manans et habitans de nostre dicte ville de Montpellier, par nos lectres de chartres[1], et pour les causes a plain contenues en icelles, que tous marchans et autres personnes, de quelque nacion ou condicion qu'ilz feussent, excepté ceulx de Languedoc, qui vouldroient venir demourer en nostre dicte ville, le peussent faire franchement, sans ce que pen-

---

[1] Il en existe une expédition originale sur parchemin, encore munie du grand sceau royal en cire verte, aux Archives municipales de Montpellier, Grand Chartrier, Arm. F, Cass. V, N° 46.

dant le temps qu'ilz y feroient leur demourance, ne ailleurs en nostre royaume, on les peust inquieter ou molester, soubz couleur de quelzconques marques, contremarques ou reprisailles, qui apres le dict octroy pourroient estre laxées et declairées, entre les villes, communitez et marchans particuliers de leurs nacions, et contrées dont ilz seroient ainsi partiz et deslogez pour venir demourer en nostre dicte ville de Montpellier, lesquelles lectres de chartre iceulx consulz et habitans en toute diligence ont fait publier es royaumes de Vallance et Maillorque, es pays d'Ytalie, de Catheloingne et autres, ou mieulx leur a semblé le faire, pour atraire et tirer gens en la dicte ville; au moyen de laquelle publicacion et des privileiges, exempcions et libertez declairez esdictes lectres de chartre, aucuns marchans cathelans, et autres gens de Barcelonne riches et puissans, sont desja venuz habiter audict Montpellier, et autres qui se sont deslogez et departiz des villes et lieux ou ilz demouroient, et sont encores sur les chemins pour y venir faire leur residence, soubz esperance dudict privilege, et d'en joir et user; et combien que lesdicts privileiges aient esté par nous octroyez a bonne et juste cause, et par deliberacion des gens de nostre conseil, pour le bien de nostre dicte ville de Montpellier et pays de Languedoc, toutesvoyes, en venant contre lesdicts privileges, signiffications et publicacion d'iceulx, le seneschal de Beaucaire ou son lieutenant, par vertu de certaine marque, par nous octroyée a Pierre Simoneau, marchant de Fontenay le Conte en Poictou, a l'encontre de Domp Franscisque de Tourrilles, demourant a Barcellonne, et autres subgectz dudict lieu et principaulté de Catheloingne, s'est efforcé de fare prendre au corps Jaques Vernegail, marchant natif de Barcellonne, et japieça receu pour habitant en ladicte ville de Montpellier, selon la teneur dudict privileige, jaçoit ce que d'icelluy et de la recepcion dudict Vernegail en feust lors faicte obstencion audict lieutenant dudict seneschal, lequel ne voult differer de proceder a l'execucion d'icelle marque, qui estoit donné occasion de faire retraire et garder lesdicts marchans et autres estrangiers de venir demourer et eulx habiter en nostre dicte ville de Montpellier, laquelle execucion ne doit prejudicier ne desroguer contre la teneur desdicts privileiges, actendu qu'ilz estoient ja obtenuz six moys auparavant ladicte marque et execucion d'icelle, qui a esté faicte ou tres grant prejudice et dommaige de nostre dicte ville de Montpellier et pays de Languedoc, pour ce que tous marchans estrangiers, advertiz et doubtans ladicte marque, ont differé et different venir marchandanment oudict pays, et y faire descharger leurs marchandises, mesmement ceulx de la nau et barque de Roddes et bolenier de Vallance, lesquelz puisnagueres venoient deliberez pour faire leur deschargement au port d'Aiguesmortes, et s'en sont retournez descharger ailleurs, en quoy nostre dommaine et l'entrecours de la marchandise oudict pays de Languedoc ont esté et sont grandement diminnuez. A ceste cause, les bourgeoys, marchans et habitans de nostre dict pays de Languedoc ont remonstré ces choses, et le grant dommaige que ledict pays supportoit, par le moyen de ladicte marque et execucion qui se faisoit par vertu d'icelle, sur plusieurs personnes estrangiers, en leurs biens et marchandises habituez oudict pays, mesmement audict Montpellier, tant aux lieuxtenans de nostre tres chier et tres amé oncle et cousin le duc de Bourbonnoys et d'Auvergne, connestable de France, gouverneur dudict pays, que aux commissaires par nous commis a presider en l'assemblée des trois estatz ordonnez estre tenuz en icelluy, lesquelz, advertiz des choses dessusdictes, et que telles voyes n'estoient a souffrir oudict pays, par meure deliberacion de conseil, ont ordonné et appoincté, par maniere de provision, que l'execucion de ladicte marque surcerroit jusques a ce que de la matiere ilz nous eussent advertiz, pour en ordonner a nostre bon plaisir, et, en ce faisant, que ledict Vernagail, prisonnier et vray habitant de Montpellier, seroit mis au delivré; en ensuivant lequel appoinctement et ordonnance, lesdicts consulz et habitans de Montpellier ont envoyé devers nous, tant pour eulx que pour les autres habitans oudict pays, en nous tres humblement requerant que, pour le bien d'icelluy pays de Languedoc et augmentacion de ladicte ville de Montpellier, nostre plaisir soit declairer qu'ilz joissent dudict privileige, et que ce qui a esté fait, au moyen de ladicte marque, ou prejudice d'icelluy, soit revocqué et adnullé, et sur ce leur eslargir et impartir noz grace et provision. Savoir faisons que nous, les choses dessusdictes considerées, voulans que dudict privileige lesdicts de Montpellier joissent paisiblement, et en leurs besoingnes et affaires estre favorablement traictez, pour consideracion de la bonne amour et loyauté qu'ilz ont tousjours demonstré par effect avoir envers nous, et a ce qu'ilz soient plus enclins a y perseverer et continuer, comme noz bons, vraiz et obeissans subgectz, pour ces causes, et autres grandes, justes et raisonnables consideracions a ce nous mouvans, et par l'advis et deliberacion d'aucuns des princes et seigneurs de nostre sang et gens de nostre conseil, avons voulu, declairé et ordonné, et par la teneur de ces presentes, de nostre certaine science, grace especial, plaine puissance et auctoricté royal, voulons, declairons et ordonnons que lesdictz consulz et habitans de Montpellier joissent entierement dudict privilege, sans doresenavant, soubz couleur de telles et semblables marques, contremarques ou reprisailles, on leur puisse faire, mectre ne donner, ne aux estrangiers qui se seront venuz ou viendront cy apres retirer et habituer en ladicte ville de Montpellier, aucun destourbier ou empeschement, en corps ne en biens, en quelque maniere que ce soit; et tout ce qui a esté fait ou prejudice dudict privileige, par vertu et au moyen de ladicte marque octroyée audict Simoneau, arrestz, emprisonnemens faiz en la personne dudict Vernegail et autres, et procedures qui au moyen d'icelle s'en sont ensuiviz, avons, ou cas dessusdict, adnullez, adnullons, et mectons du tout au neant, par cesdictes presentes; par lesquelles donnons en mandement a nostredict oncle et cousin, gouverneur dessusdict, ou a son lieutenant, et a noz amez et feaulx conseilliers les gens de nostre parlement a Tholose, seneschaulx dudict Beaucaire et Carcassonne, gouverneur dudict Montpellier, recteur de la part antique, et a tous noz autres justiciers, officiers, ou a leurs lieuxtenans, et a chacun d'eulx, si comme a luy appartiendra, que de noz presens grace, declaracion, voulenté, et de tout l'effect et contenu de cesdictes presentes ilz facent, seuffrent et laissent lesdictz consulz et habitans de Montpellier, et leurs successeurs, joir doresenavant, plainement et paisiblement, sans souffrir que aucun destourbier ou empeschement leur soit donné au contraire, en faisant publier et notiffier le contenu en cesdictes presentes par toutes les villes et lieux ou il appartiendra; et ledict contenu gardent et facent garder, observer et entretenir inviolablement et sans enfraindre; et a ce faire et souffrir contraignent et facent contraindre, reaument et de fait, ledict Simoneau et tous autres qu'il appartiendra, et qui pour ce seront a contraindre, par toutes voyes et manieres deues, raisonnables, et en tel cas requises, non obstant ladicte marque et execucion d'icelle, opposicions ou appellacions quelzconques, ordonnances, statuz, edictz, deffenses et lectres a ce contraires. Et pour ce que de ces presentes l'on pourra avoir affaire en plusieurs et divers lieux, nous voulons que au vidimus d'icelles, fait soubz scel royal, foy soit adjoustée, comme au present original. En tesmoing de ce, nous avons fait mectre nostre scel a cesdictes presentes.

Donné a Paris, le XX$^{me}$ jour de mars, l'an de grace mil CCCC quatre vingts et cinq, et de nostre regne le troisiesme.

Par le roy, le conte de Clermont et de la Marche, seigneur de Beaujeu, les sires de Graville et de Lisle, messire Estienne de Vest, chevalier, bailly de Meaulx, maistre Jehan Martin, maistre des comptes, et autres presens. Parent.

> Arch. mun. de Montp., Arm. C, Cass. XX, N° 13 (Original sur parchemin); Arm. G, Cass. VI, N° 71 (Vidimus daté de 1489), et *Grand Thalamus*, fol. 196 v°. (Transcription).
> Au dos : *Lectres que les habitans de Montpellier n'ayent marques, contremarques, ne reprisailles contre iceulx.* 1485.

## CCXVIII.

### LETTRES DE CHARLES VIII PORTANT CRÉATION DE DEUX FOIRES ANNUELLES A MONTPELLIER.

(Mars 1487-88.)

Charles, par la grace de Dieu roy de France, savoir faisons a tous presens et avenir nous avoir receu l'umble supplicacion de noz chiers et bien amez les consulz, bourgeoys, manans et habitans de nostre ville de Montpeslier, contenant que ladicte ville est assise en nostre pays de Languedoc a demye lieue de la mer et des estangs marins, en lieu garny de grant habondance de blez, vins, charnaiges et autres victuailles, et de plusieurs autres marchandises, et est une ville de grande et ancienne renommée, en laquelle souloit avoir grant entrecours de marchandise, a l'occasion de quoy, durant ce temps, ladicte ville a esté construicte et bastie de belles et somptueuses maisons de pierre de taille, voultées la pluspart, et garnye de boutiques pour la salvacion des marchans et marchandises, lesquelz ediffices se sont entretenuz par aucun temps, et jusques a ce que ledit entrecours et frequentacion de marchandise a cessé, pour les insupportables charges que lesdiz habitans ont par cy devant soubstenues, pour lesquelles la pluspart desdiz habitans s'en sont allez hors de ladicte ville, tellement que a present elle est bien petitement peuplée; aussi est assise ladicte ville pres nostre ville d'Aiguesmortes, ou il y a une belle et grosse tour et port de mer, duquel on peut venir par mer jusques pres dudit Montpeslier, et audit port arrivent incessanment fustes et navires de toutes nacions, chargées d'espiceries et autres denrées et marchandises tant par mer que par eaue doulce; lesquelz supplians, qui de tout leur cueur desirent que ladicte ville se puisse mectre en bonne valeur, comme autresfoiz elle a esté, ont advisé ensembleement que, si nostre plaisir estoit leur donner et octroyer par chascun an deux foyres, durant chascune certains jours en ladicte ville de Montpeslier, perpetuellement, a telles franchises, libertez et preheminences que les autres foyres dudit pays, que ladicte ville se repeupleroit, et avecques ce, que lesdictes foyres nous seroient, et a tout le pays, de grant prouffit et utilité, en nous requerant humblement que les leur vueillons octroyer, et sur ce leur impartir noz grace et provision. Pourquoy nous, consideré ce que dit est, et apres ce que nous avons fait debatre et desliberer ladicte matiere par les gens de nostre grant conseil et generaulx de noz finances, pour savoir du prouffit et dommaige que nous et la chose publicque dudit pays de Languedoc pourrions avoir en l'octroy desdictes foyres, nous, par l'advis et deliberacion d'iceulx, pour ces causes, et autres a ce nous mouvans, inclinans liberalement a la supplicacion et requeste desdiz suppliants, avons, de nostre grace especial, plaine puissance et auctorité royal, creé, estably, institué et ordonné, creons, establissons, instituons et ordonnons a perpetuité, en nostredicte ville de Montpeslier, lesdictes deux foyres, durant chascune huit jours ouvrables, commençans c'est assavoir la premiere le vingt sixiesme jour d'avril, et l'autre le premier jour d'octobre ensuivant, pour doresenavant perpetuellement et a tousjours estre tenues et continuées en icelle ville de Montpeslier, et durant les jours dessusdiz y vendre, acheter et distribuer toutes manieres de denrées et marchandises licites et honnestes, a telz et semblables droiz, privilleges, prerogatives, franchises et libertez dont joyssent, et que d'ancienneté ont coustume avoir et ont les autres foyres de nostre royaume de semblable creacion, en payant noz droiz et devoirs, et autres pour ce deuz et acoustumez estre payer, pourveu toutesvoyes que ausdiz jours ne se tiennent les foyres de Pezenas et Montaignac, ne autres foyres a dix lieues a la ronde. Si donnons en mandement, par ces mesmes presentes, a noz amez et feaulx gens de nos comptes et tresoriers, au general de noz finances oudit pays de Languedoc, gouverneur dudit Montpeslier, et a tous noz autres justiciers, ou a leurs lieuxtenans, presens et avenir, et a chascun d'eulx, si comme a lui appartiendra, que lesdiz supplians et leurs successeurs, habitans dudit Montpeslier, ilz facent, seuffrent et laissent joyr et user de noz presens grace, creacion, institucion et establissement desdictes deux foyres, durant chascune huit jours, par la maniere dessusdicte, plainement et paisiblement et entierement, tout ainsi que on fait et ont acostumé faire es autres pays d'environ ou il y a foyres, sans en ce leur faire, mectre ou donner, ne souffrir estre fait, mis ou donné, ne aux marchans affluans esdictes foyres, ne en leurs denrées et marchandises, ores ne pour le temps avenir, aucun destourbier ou empeschement au contraire, en faisant cryer et publyer, se mestier est, es lieux et villes du pays d'environ, et ou il appartiendra, lesdictes foyres ausdiz jours et lieu, et y establyr places, estaulx, et autres choses a ce neccessaires, pour l'exercice desdictes foyres, en tenant a seureté lesdiz marchans y frequentans, ensemble leursdictes denrées et marchandises, durant lesdictes foyres, tout ainsi qu'il est acostumé faire es autres foyres de nostre royaume, de semblable creacion. Et pour ce que on pourra avoir a faire de ces presentes, tant pour ladicte publicacion que autrement, en plusieurs lieux, nous voulons que au vidimus d'icelles, fait soubz scel royal, foy soit adjoustée comme a ce present original; car ainsi nous plaist il estre fait. Et afin que ce soit chose ferme et estable a tousjours, nous avons fait mectre nostre scel a cesdictes presentes, sauf en autres choses nostre droit, et l'autruy en toutes.

Donné a Tours, ou moys de mars, l'an de grace mil CCCC quatrevings sept, et de nostre regne le cinquiesme.

Par le roy, les contes de Clermont et de Bresse, vous l'amyral, les sires de Curton, de Lisle, de Grimault, maistres Estienne Pascal, Charles de Pontolz, Philippe Baudot, et autres presens. Leber.

Visa contentorum. Texier.

Françoiz de Marzac, seigneur de Haulterive, escuyer, conseillier et maistre d'ostel du Roy nostre seigneur, et pour lui gouverneur des ville et baronnies de Montpellier et Homelatz, commissaire ordonné et depputé en ceste partie par le Roy nostre dit seigneur, a tous justiciers et officiers, ou a leurs lieutenans, et a chascun d'eulx, comme a lui appartiendra, salut.

Veues par nous les lectres patentes du Roy nostre dit seigneur, a nous adressans, ausquelles ces presentes sont atachées, soubz le scel autenticque de nostre court presidale de Montpellier, données a Tours ou moys de mars dernier passé, et scellées de son grant scel en cyre vert suz laz de soye, obtenues par les consulz, manans et habitans dudit Montpellier, par lesquelles, et pour les causes contenues en icelles, le Roy nostre dit seigneur a creé, estably, institué et ordonné a perpetuité en ladicte ville de Montpellier deux foyres l'an, durant chascune huit jours ouvrables, commençant la premiere le XXVIe jour d'avril, et l'autre le premier jour d'octobre ensuyvant, pour doresenavant perpetuellement et a tousjours estre tenues et contenues en icelle ville de Montpellier, a telz et semblables droiz, privileges, prerogatives, franchises et libertez dont joyssent, et que d'ancienneté ont acoustumé avoir les autres foyres de ce royaume, de semblable creacion, ainsi que plus a plain est contenu esdictes lectres, a nous presentées par lesdiz consulz de Montpellier, consentons, en tant que a nous est, l'enterinement et veriffication desdictes lectres, en mandant et commandant, par vertu du pouvoir a nous donné, a tous justiciers, officiers et subgectz du Roy nostre dit seigneur, les non subgetz requerans, et a chascun d'eulx, comme a luy appartiendra, que du contenu esdictes lectres ilz facent, seuffrent et laissent joyr et user plainement et paisiblement lesdiz impetrans, et crier et publier lesdictes foyres par toutes les bonnes villes et lieux de leurs juridicions, tout ainsi et par la forme et maniere que le Roy nostre dit seigneur le veult et mande. De ce faire vous donnons plain pouvoir, commission, auctorité et mandement especial. Mandons et commandons a tous les justiciers, officiers et subgetz du Roy nostre dit seigneur, que a vous en ce faisant obeissent et entendent diligenment.

Donné soubz le scel de nostre dicte court presidale de Montpellier, le XVIIe jour du moys de juing, l'an mil quatre cens quatre vings et huit.

Arch. mun. de Montp., Arm. Dorée, liasse C, N° 6 *bis*.<br>Parchemins originaux, sceau royal détaché.

Au dos : *Lecte et publicate fuerunt alta et intelligibili voce, hora vesperarum diey presentis, lictere regie retroscripte, in plano Cambiorum ville Montispessulani, et per alia loca et quadrivia ejusdem ville, ubi talia et similia sunt fieri assueta, per me Nicolaum Cordelerii, notarium regium publicum, sono tube Stephani Dulceti, preconis publici dicte ville Montispessulani, precedente; avide audito sono tube, supervenit multitudo populi copiosa, qui actente lecturam et publicacionem predictarum licterarum regiarum audivit, die videlicet lune decima sexta mensis junii, anno Domini millesimo quadringentesimo octuagesimo octavo. N. Cordelerii, notarius.*

## CCXIX.

### LETTRES DE CHARLES VIII CONCERNANT LA TENUE DES FOIRES DE MONTPELLIER.

(16 Août 1488.)

Charles, par la grace de Dieu roy de France, aux viguier de Ginac et d'Aiguesmortes, chastellain de Frontignan, ou a leurs lieutenans, salut.

De nostre procureur en noz villes et baronnies de Montpelier et de Homelaz, et de noz bien amez les consulz de nostre ville de Montpellier, nous a esté exposé que, jaçoit ce que, tant par privileges donnez et octroyez par feu de bonne memoire le roy saint Loys, que autres noz predecesseurs roys de France, nostre pays de Languedoc, au dedans duquel nostredite ville de Montpelier est assise, soit et ait esté de toute ancienneté en liberté, franchise, pocession et saisine de recevoir tous marchans, de quelque part ou contrée qu'ilz viegnent, soient de nostre royaulme ou d'ailleurs, et avec eulx marchander et contraicter, sans ce qu'ilz puissent ne doyvent estre contrains ne [tirés] en aucuns lieux particuliers hors leurs juridictions, mesmement de Pesenas et Montagnac, pour raison des

foires ne autrement, et que, puis peu de temps ença, nous, pour le
bien de nostredite ville de Montpelier et pays circumvoisin, manans
et habitans d'iceulx ville et pays, et pour grans causes et considerations a ce nous mouvans, ayons donné, octroyé, voulu, ordonné
les foires et marchez estre tenuz en nostredite ville de Montpelier, a
certains jours et temps declarez et limitez en noz lettres, sur ce
octroyées par forme de chartes, et scellées en cire veir et laz de
soye, au moyen de quoy lesdites foires et marchez aient esté publiées
et criés es dits jours limités, mesment au moys d'octobre prochain
venant, en quoy nostredit dommaine en peult estre et sera grandement augmenté, pour l'affluence des marchans et marchandises qui
y pourroient affluer, esquelles foires et marchez est licite et permis
a tous marchans aller et mener tout fait de marchandise et marchander, comme es autres foires et marchez des autres villes de
nostre royaume, sans ce que lesdits exposans, ne pareillement
lesdits marchans, doyent estre en ce inquietez ne empeschez en
aucune maniere ; neantmoins, puis nagueres, les consulz des lieux
de Pezenas et Montagnac, par envye qu'ilz ont sur ce content, soubz
umbre de ce qu'ilz dient aussi par privilege avoir foires et marchez
esdits lieux, et que a trente lieues pres d'iceulx n'y doit avoir autres
foires ou marchez, combien que lesdits privileges pretenduz aient
esté par nous et de nostre propre mouvement, plaine puissance et
auctorité royal, cassez et irritez, voulant et declairant nostre vouloir
et intention estre les foires et marchez par nous establiz estre tenuz
es lieux par nous ordonnez, si se sont depuis efforcez faire inhiber
et deffendre, par certain commissaire, puis aposté, et a eulx propice
et favorable, ausdits exposans de ne tenir, ne souffrir tenir en
nostredite ville lesdites foires et marchez, et les descrier publicquement, afin de empescher qu'elles ne soient tenues au moys d'octobre
qui tantost escheira, contrevenant directement contre noz vouloir,
ordonnance, edict et declaration, en grant diminution de nostre
dommaigne, et ou tres grant grief, prejudice et dommaige desdits
exposans, et plus pourroit estre, si par nous ne leur estoit sur ce

pourveu de remede de justice convenable, humblement requerans icelluy. Pour ce est-il que nous, ces choses considerées, voulans nosdites ordonnances, vouloir, edict et declaration estre entretenuz et observez sans enfraindre, vous mandons, et a chacun de vous sur ce requis commectons par ces presentes, que, si vous appert sommairement et de plain, et sans figure de proces, de la revocation desdits privileges desdits lieux de Pezenas et Montaignac, et declaration par nous faicte, par maniere de edict perpetuel et irrevocable, ensemble de la confirmation et octroy desdites foires et marchez en nostredite ville de Montpelier, assignation et publication d'icelle, et que ladite assignation soit faicte a autres jours que lesdites foires et marchez desdits lieux de Pezenas et Montaignac n'ont accoustumez estre tenuz, et des autres choses dessusdites, ou de tout que souffrir doyt, en ce cas faictes iceulx exposans joyr et user de l'effect de nosdits privileges, grace et octroy, par nous a eulx faictz, en leur permectant tenir et faire tenir et assigner lesdites foires et marchez, selon la forme et teneur de nosdites lettres, et icelles faire, pour tant que besoing seroit, publier, au moins par maniere de provision et, jusques a ce que par justice autrement en soit ordonné, non obstant lesdites inhibitions et deffences, pour lesquelles ne voulons estre differé, pourveu que lesdites lettres de don et privileges soient veriffiées et expediées, ainsi qu'il appartient....

Donné a Bourdeaulx, le XVI[e] jour d'aoust, l'an de grace mil IIII[c] IIII[xx] et huit, et de nostre regne le cinquiesme.

Arch. mun. de Montp., Arch. du greffe de la maison consulaire, Arm. A, Liasse 15. Copie authentique sur papier.

## CCXX.

### LETTRES DE CHARLES VIII CONFIRMANT ET RÉGLANT LA PRÉCÉDENTE CRÉATION DE DEUX FOIRES A MONTPELLIER.

(9 Septembre 1488.)

Charles, par la grace de Dieu roy de France, au gouverneur de Languedoc, ou a son lieutenant, salut et dilection.

L'umble supplicacion de noz chiers et bien amez les consulz, bourgeois, manans et habitans de nostre ville de Montpeslier avons receu, contenant que puisnagueres ilz se sont tirez par devers nous, et nous ont requis que, pour le bien et augmentacion de ladicte ville, leur voulsissions octroier et donner certaines foyres; laquelle requeste oye, et apres ce que deuement avons esté informez du prouffit ou dommaige que nous et la chose publicque de nostre pays de Languedoc pourrions avoir sur ce, nous, par l'advis et deliberacion des seigneurs de nostre sang, gens de nostre conseil et de noz finances, avons creé, estably, institué et ordonné a perpetuité en icelle ville de Montpeslier deux foyres l'an, chascune de huit jours durans, pour y vendre, acheter et distribuer toutes denrées et marchandises licites et honnestes, a telz et semblables droiz, franchises et libertez dont joissent et ont acostumé joir les autres foyres de nostre royaume, de semblable creacion, en nous payant les droiz et devoirs anciens et acostumez, pourveu que aux jours desdictes foyres ne se treuvent les foyres des villes de Pezenas et Montaignac, ne autres foyres a dix lieues a la ronde, ainsi que par nos dictes lectres en fourme de chartre on dit ces choses et autres apparoir plus a plain; au moien desquelles noz lectres lesdiz supplians ont fait crier et publier lesdictes foyres en plusieurs et divers lieux et auditoires dudit pays de Languedoc et ailleurs, et tellement que, comme ont sceu iceulx supplians, plusieurs notables marchans d'icelui pays et autres estrangiers, ayans la chose agreable, ont proposé y venir et amener grans marchandises, en quoy nous et la chose publicque pourrions avoir grant prouffit. Et combien que lesdictes foyres ainsi creés audit Montpeslier ne soient establies aux jours d'icelles dudit Pezenas et Montaignac, par quoy ilz n'en deussent estre desplaisans, aussi que, a la requeste des gens des trois estatz de tout nostre dit pays de Languedoc, ayons par noz lectres patentes volu, declairé et ordonné, pour le bien et entrecours de la marchandise, qui est la nourrice dudit pays, que en toutes bonnes villes d'icelui pays pourra avoir foyres et y estre tenues, pourveu que ce

[ne] soit a semblables jours les unes des autres, non obstant toutes provisions par lesdiz de Pezenas et Montaignac obtenues, et que a ce moyen lesdiz supplians ne puissent ou doyent estre empeschez ou inquietez en la joissance d'icelles foyres, ce neantmoins iceulx de Pezenas et Montaignac, advertiz de la creacion desdictes foyres, et meuz plus par envye que de raison, se sont, ou aucuns d'eulx, tirez en nostre chambre des comptes a Paris, et soubz coleur de plusieurs choses non veritables, quoyque soit frustratoires, mesmement que lesdictes foyres avoient esté publiées sans premierement avoir esté veriffiées et expediées en nostre dicte chambre des comptes, laquelle chose aussi n'estoit et n'est neccessaire, veu que elles ne sont franches de noz droiz, ont iceulx de Pezenas, ou nom de nostre procureur en ladicte chambre des comptes, obtenu de nous certaines lectres, par lesquelles a esté mandé au premier de noz amez et feaulx conseillers en nostre court de parlement a Tholose contraindre lesdiz supplians a lui monstrer lesdictes lectres, et s'il lui apparoissoit que elles ne fussent veriffiées en nostre dicte chambre des comptes, en ce cas fist cesser, reaument et de fait, et par cry publicque, les dictes foyres, en faisant inhibicion et deffense ausdiz supplians et autres qu'ilz ne les feissent seoir ne tenir, et oultre qu'il adjournast tous ceulx qui auroient fait seoir icelles foyres, et autres coulpables, a certain jour en nostre dicte chambre des comptes a Paris, pour respondre audit procureur sur lesdictes entreprinses et abus, a telz fins et conclusions qu'il vouldroit contre eulx prendre et eslire; apres l'impetracion desquelles lectres, lesdiz de Pezenas et Montaignac, saichant que, comme inutiles, elles ne pourroient bonnement estre mises a execucion, aussi par ce que elles sont contre les privilleges dudit pays de Languedoc et de ladicte ville de Montpeslier, par lesquelles les habitans d'icelles ne peuent estre tirez hors des limites de nostre court de parlement a Tholose ne de ladicte ville en premiere instance, saichans y avoir grans pois et faveurs, se sont tirez en nostre dicte chancellerie, et illec ont obtenu autres nos lectres, esquelles sont incorporées lesdictes lectres obtenues a Paris, et

icelles ont fait adrecer a nostre amé et feal conseiller, maistre Guy
de Sermur, qui a la garde de nostre scel a ladicte chancellerie de
Tholose, en l'absence de nostre amé et feal conseillier l'evesque de
Lavaur, par lesquelles lectres, que ledit de Sermur s'est procuré
faire adrecer, pour complaire a aucuns de nostre dicte court de parlement, que l'en dit avoir interest en la matiere et estre parties
formelles, lui a esté mandé, entre autres choses, les mectre a execucion, non obstant les privilleges octroiez ausdiz habitans, et sans
en faire insinuacion, jasoit ce qu'il ne fust mandé par lesdictes pre-
mieres lectres; pour lesquelles mectre a execucion ledit de Sermur,
acompaigné de grant nombre de gens armez, s'est premierement
transporté au lieu de Montbazenc, distant de la ville de Montpeslier
de quatre lieues ou environ, et depuis au lieu de Lupian, en la
seneschaucée de Carcassonne, et illec, non obstant plusieurs inhibicions et deffenses a lui faictes de non proceder a aucune execucion,
aussi non obstant que lesdiz supplians l'eussent recusé, et de lui
fussent et soient appellans, il, en actemptant contre ledit appel, s'est
efforcé proceder a l'execucion desdictes lectres, en faisant inhibicion
et deffense ausdiz supplians et a tous marchans qu'ilz n'eussent a
tenir lesdictes foyres, ne eulx y trouver, sur peine de confiscacion
de leurs denrées et marchandises, et autres grans peines a nous a
applicquer, et avec ce a fait descrier lesdictes foyres en plusieurs
lieux, comme si la matiere fust decidée, dont iceulx supplians ou
procureur, pour eulx et leurs adherans, se sont derechief portez
pour appellans; apres lesquelles procedeures ainsi faictes, iceulx de
Pezenas et Montaignac, eulx confians grandement des chiefz principaulx de nostre dicte court, c'est assavoir de nostre amé et feal conseillier et premier president en icelle, maistre Bernard Lauret, natif
dudit Pezenas, le frere duquel fait toute la poursuite de ceste matiere,
et de ses adherans, se sont derechief tirez en nostre dicte chancellerie, et, soubz coleur de pluseurs choses controuvées, aussi que a
trente lieues desdiz Pezenas et Montaignac ne peut avoir autres
foyres, et taisans ladicte ordonnance et declairacion, ont, par le

moyen des dessusdictes, impetré certaines autres lectres, aussi adreçans audit maistre Guy de Sermur, par lesquelles lui a esté mandé faire joir lesdiz de Pezenas et Montaignac de leurs foyres et privilleges d'icelles, et, en cas d'opposicion, les inhibicions tenans, qui estoit gaing de cause, faire raison aux parties ; a l'execucion desquelles lectres ledit de Sermur, sans garder forme ne ordre de droit, en l'absence desdiz supplians, et tant audit lieu de Luppian que de Beziers, et en la seneschaucée de Carcassonne, a procedé tres precipitamment et abusivement, et, en ce faisant, s'est efforcé maintenir et conserver lesdiz de Pezenas et Montaignac en la joissance de leursdictes foyres, et de non tenir autres foyres a trente lieues a la ronde, pressupposans contre verité certains torts et griefz leur avoir esté faiz et donnez par nostre gouverneur de Montpeslier, comme ilz dient, ont obtenu certaines noz autres lectres, de ladicte chancellerie de Tholose en cas d'appel, et icelles faictes executer contre iceulx supplians, et adjourner audit parlement; lesquels exploiz, execucions et autres procedeures dessusdites abusives, venues a la notice tant de nostre procureur a Montpeslier que desdiz consulz et autres ayans en ce interest, ilz s'en sont portez pour appellans; et ja soit ce que, comme dit est dessus, ayons volu et ordonné que en toutes bonnes villes de nostre pays de Languedoc pourra avoir foyres et y estre tenues, que a nous compete et appartient donner foyres, et que l'octroy que pretendent avoir lesdiz de Pezenas et Montaignac, c'est assavoir que autres foyres et marchez que les leurs ne se peuent tenir a trente lieues a l'environ, quant il auroit lieu, fust et soit au grant prejudice de toutes les autres bonnes villes de nostredit pays de Languedoc, et ne puisse ne doye avoir lieu, ne empeschier lesdictes foyres par nous crées et octroyées ausdiz de Montpeslier, autrement ce seroit preferer le bien particulier desdictes deux villes au bien de la chose publicque de tout nostredit pays de Languedoc, toutesfoiz lesdiz supplians, doubtent que, soubz coleur desdictes telles quelles abusives [procedeures et] execucions, faictes par ledit maistre Guy de Sermur sans les oyr, et des appellacions ensuivies, on les voulsist empescher a tenir lesdictes foyres, et, par le moyen desdictes lectres obtenues en nostre dicte chancellerie de Tholose, les frustrer de l'effect desdictes foyres, par nous a eulx octroyées, comme dit est, et les leur rendre inutiles, qui seroit venir contre nostre vouloir et auctorité, et au tres grant interest, prejudice et dommaige, non seulement desdiz supplians, mais de tout ledit pays de Languedoc, et en grant diminucion de noz droiz et dommaine, et pourroit plus estre, se par nous ne leur estoit sur ce pourveu de remede convenable et de justice, en nous humblement requerans icelui. Pourquoy nous, ces choses considerées, qui ne voulons la creacion et octroy desdictes foyres par telz moyens et voyes indirectes estre assouppie, mais sortir effect et ausdiz supplians subvenir, selon l'exigence des cas, vous mandons, et pour ce que les lectres de la creacion d'icelles foyres sont a vous adreçans, et pour aucunes autres grans causes et consideracions a ce nous mouvans, mesmement qu'il est question de matiere de police, dont la cognoissance vous appartient en nostredit pays de Languedoc, commandons et enjoignons, en commectant, se mestier est, par ces presentes, que, se sommairement et de plain et sans figure de proces, appellez ceulx qui pour ce seront a appeller, il vous appert de la creacion, octroy et concession desdictes foyres, que elles aient esté publiées et criées, ainsi que dit est, et que elles ne soient aux jours d'icelles dudit Pezenas et Montaignac, aussi que par noz lectres patentes ayons voulu, declairé et ordonné par edit et ordonnance, que en toutes bonnes villes d'icelui nostre pays de Languedoc pourra avoir foyres et y estre tenues, pourveu que ce ne soit a semblables jours les unes des autres, et que par les impetracions obtenues par lesdiz de Pezenas et Montaignac ilz aient teu ladicte ordonnance et edit, aussi que lesdictes foyres par lesdiz supplians obtenues soient prouffitables a nous et a la chose publicque dudit pays de Languedoc, et des autres choses dessusdictes, ou de tant que souffire doye; oudit cas, eu sur ce conseil et advis avecques les commissaires qui par nous sont ou seront deputez pour assister a l'assemblée des estats qui prouchainement se tiendront en nostre dit pays, et avecques les gens desdiz estaz et des pays et nacions circunvoisins, se mestier est, vous, non obstant lesdictes lectres ainsi obtenues par lesdiz de Pezenas, et les appellacions d'un quartier et d'autre ensuyes, et les procedeures sur ce faictes par lesdiz de Sermur et autres, faites tenir et seoir lesdictes foyres audit Montpeslier, selon la forme et teneur de nosdictes lectres, et ainsi que elles ont esté criées et publiées, et icelles, se besoing est, faites derechief publier et crier, en faisant ou faisant faire inhibicion et deffense de par nous, sur certaines et grans peines a nous a applicquer, ausdiz de Pezenas et Montaignac, et autres qu'il appartiendra et dont serez requis, que, contre la teneur de ces presentes, ilz n'empeschent ne troublent lesdiz supplians en la joissance des dictes foyres, mais, se fait l'avoient, qu'ilz le reparent et revocquent; et a ce faire et souffrir, et a cesser de toutes autres procedeures contraigniez ou faites contraindre iceulx de Pezenas et Montaignac, et autres qu'il appartiendra et qui pour ce seront a contraindre, par toutes voyes et manieres deues et raisonnables, non obstant comme dessus lesdictes appellacions, impetracions et procedeures, et autres quelxconques faictes ou a faire, aussi lesdictes lectres obtenues par nostre dit procureur en la chambre des comptes a Paris; lesquelles ne voulons ausdiz supplians prejudicier en aucune maniere; et au contraire, se trouvez et il vous est apparu ou appert lesdictes foyres estre prejudiciables a la chose publicque dudit pays de Languedoc, oudit cas surceez la procedeure dessusdicte, et la renvoyez devers nous, pour apres en estre ordonné ainsi que de raison. Et pour ce que de cesdictes presentes l'en pourra avoir a faire en pluseurs et divers lieux, nous voulons que au vidimus d'icelles, fait soubz scel royal, foy soit adjoustée comme a ce present original, et icelles estre mises a execucion, sans placet, pancarte ou annexe d'autres juges.

Donné au Mans, le neufiesme jour de septembre, l'an de grace mil CCCC quatre vings [huit, et de nostre] regne le sixiesme.

Par le roy, monseigneur le duc de Bourbon, le conte de Baugé, seigneur de Bresse, l'arcevesque de Bourdeaulx, les sires de Graville, admiral de France, de Lisle, de Grimault, maistre Jehan Martin, maistre des comptes, Guillaume Briçonnet, general de Languedoc, et pluseurs autres presens. Parent.

> Arch. mun. de Montp., Arm. Dorée, Liasse C, N° 5. Original à double queue de parchemin, avec grand sceau royal en cire jaune.

## CCXXI.

#### PROCURATION D'UN MARCHAND DE PERPIGNAN POUR SE FAIRE RECEVOIR HABITANT DE MONTPELLIER.

(11 Février 1489.)

Sit omnibus notum, quod ego Petrus Catalan, mercator ville Perpiniani, quia, propter diressionem negosiorum meorum, et alias pro conservasione mei patrimonii, ego decrevi domicilium meum transmutare, ad partes videlicet regni Francie, et cum, pensatis et excogitatis negociis mercanciarum, que fiunt per multas civitates atque villas dicti Francie regni, fuit michi visum melius et utilius michi esse me debere transportare apud villam Montispessullani quam alibi, eapropter, quia, ad faciendum me hominem et habitatorem dicte ville Montispessullani, et ad faciendum et promittendum ea ad que incole et habitatores dicte ville tenentur et facere sunt astricti, propter negosiorum meorum occupasionem, interesse non valeo, gratis et ex certa sciencia, constituo et ordino certum, verum, specialem atque indubitatum procuratorem meum, venerabilem Petrum Fallo, mercatorem, habitatorem in dicta villa, absentem velut presentem, videlicet ad se faciendum, nomine meo et pro me, hominem proprium et habitatorem dicte ville Montispessullani, et ad promittendum, dicto nomine meo, quod ego faciam et solvam omne et totum id quod facere et solvere tenentur homines et habitatores ville ejusdem, nec non defendam privilegia et ordinasiones dicte ville.

Quod fuit actum Perpiniani, die undecima mensis febroarii, anno a Nativitate Domini millesimo quadringentesimo octuagesimo nono, presentibus, etc., et me Anthonio Pastor, notario Perpiniani.

Arch. mun. de Montp., Arm. Dorée, Liasse 2, N° 4.<br>Parchemin original.

## CCXXII.

### LETTRES DE JEAN DE LA ROCHE-AYMONT CONCERNANT LES MARQUES ET REPRÉSAILLES.

(8 Juillet 1489.)

A tous ceulx qui ces presentes lectres verront et orront, François de Marzac, seigneur d'Aulterive, escuyer, conseiller et maistre d'ostel du roy nostre sire a Paris, au gouverneur des ville et baronnies de Montpellier, Lates et Homelas, salut.

Savoir faisons aujourdhuy, date de ses presentes, avoir veues, tenues et de mot a mot avoir leues les lectres patentes d'un appoinctement et ordonnance donnée par magnific et puissant seigneur, monseigneur de la Roche Aymont, lieutenant general de tres haut et puissant prince monseigneur le duc de Bourbonnois et d'Auvergne, gouverneur par le roy nostre sire au pays de Languedoc, en parchemin escriptes, données a Montpellier le huitiesme jour de juillet dernier passé, et scellées du scel des armes dudit seigneur,... dont la teneur s'enssuyt :

Jehan de la Roche Aymont, chevalier, seigneur de Chabanes, conseillier et chambellan du roy nostre sire, son baillif et juge royal de Mascon, lieutenant general de tres haut et puissant prince monseigneur le duc de Bourbonnois et d'Auvergne, lieutenant general du roy, et pour luy gouverneur en Languedoc, a tous ceulx qui ces presentes lectres verront.

Savoir faisons que, apres pluseurs procedures, qui ont esté faictes par Anthoine Pierre, marchant de Tholose, suppliant en son nom, et Salvador du Cappet, soy disant procureur de Pierre Simonneau de Fontenay le Conte, aussi suppliant pour ledit Simonneau, impetrans de lectres de marques et represailles contre Cathalans et Barchelonnois, a l'encontre de Jehan Bertrand, jadis marchant et habitant de Barcellonne, suppliant et opposant, et que icelles parties, d'un costé et d'autre, ont baillez leurs tiltres, marques, privilieges et autres choses qu'ilz ont voulu en ceste partie, par nostre appoinctement avons dit, par grande et meure deliberation de conseil, ledit Bertrand n'estre point comprins es dictes deux marques desdiz Pierre et Simonneau, ains qu'il joira, ensemble ses familles, familliers, domestiques et biens quelzconques, des privilieges donnés et octroyez aux habitans de Montpellier, et autres privilieges octroyez par le roy aux Cathalans voulans habiter en ce royaume, et des saufconduiz plus a plain declairez au proces verbal sur ce faiz, en le licenciant des demandes desdiz Pierre et Simonneau, et leur imposant silence perpetuelle. Si donnons en mandement par ces presentes, et par vertu du pouvoir a nous donné, aux seneschaux de Tholose, Carcassonne, Beaucaire, et a tous baillifz, viguiers, juges, maistres de haulz portz, pais, passages, cappitaines de villes, places, chasteaux, et a leurs lieuxtenans, presens et advenir, et a chacun d'eux, comme a luy appartiendra, que ledit Bertrand, ensemble ses familles, familliers, domestiques, marchandises et biens quelzconques, le facent, seuffrent et laissent joir dudit appointement, sans ce que pour occasion desdictes marques luy soit donné, ne a sesdiz familiers et biens dessusdiz, aucun empeschement; ains, se donné luy estoit, qu'ilz le facent reparer et mectre au premier estat deu, en contraignant a ce faire et seuffrir tous ceulx qu'il appartiendra, reaulment et de fait, et par toutes voyes deues et raisonnables, non obstant oppositions ou appellations quelzconques.

Donné a Montpellier, soubz nostre scel, le huictiesme jour de juillet, l'an mil CCCC quatre vings et neuf.

Par monseigneur le lieutenant general. Chanorrier.

En tesmoing de laquelle vision, lecture et tention, nous gouverneur susdit avons fait signer ces lectres par le notaire de nostre court cy soubz escript, et sceller du scel de nostre dicte court presidiale du Palais de Montpellier en pendant, le septiesme jour du moys d'aost, l'an mil CCCC quatre vings et neuf.

Arch. mun. de Montp., Arm. C, Cass. XX, N° 14. Parchemin original, avec sceau pendant [1].

## CCXXIII.

### LETTRES DE CHARLES VIII EN FAVEUR DES CATALANS ÉTABLIS A MONTPELLIER.

(1489 ou 1490.)

A nostre amé et feal conseiller et chambellan, le gouverneur de Montpellier, ou son lieutenant.

De par le Roy.

Nostre amé et feal, assés estes adverti comment de piéça nous avons octroyé nos lettres, par lesquelles avons declairé que nostre plaisir est que les Cathelans qui se sont retirez et viendront retirez en nostre ville de Montpellier, apres qu'ilz nous auront fait le serment en tel cas acoustumé, ils soient traictez en toute seureté et equicté, comme noz autres subgetz. Et pour ce que avons esté adverty que on leur a voulu faire quelques nouvelletez indeues, au prejudice d'eulx, en venant contre nostre vouloir et declaration, et que nostre plaisir est que eulx et leurs biens soient gardez et deffenduz de toutes oppressions, nous vous mandons et expressement enjoignons, que vous faictes bien et deuement entretenir iceulx Cathalans en bonne seurté de leurs personnes et biens quelz-

---

[1] Il existe une lettre des conseillers de Barcelone relative à cette affaire, dans Capmany: *Memorias historicas sobre la marina, comercio y artes de Barcelona*, à la date du 28 mars 1487.

conques, sans souffrir leur estre faicte aucune chose a leur prejudice, en leurs personnes et biens. Car nous les avons mis et mectons en nostre protection et saulvegarde, et voulons qu'ilz soient traictez en toute justice et equicté, comme les autres subgetz de nostre royaume.

Donné a Aigueperce, le XXIIII$^{me}$ jour de fevrier. — Charles. — Rochier.

<blockquote>
Arch mun. de Montp., <i>Liber affranquitorum</i>, B. Transcription du XV<sup>e</sup> siècle, intercalée parmi des actes appartenant aux années 1489 et 1490.
</blockquote>

## CCXXIV.

### LETTRES DE CHARLES VIII MAINTENANT CONTRE LES AVOCATS, NOTAIRES ET PRATICIENS L'EXCLUSION DU CONSULAT DE MONTPELLIER.

(6 Juillet 1493.)

Charles, par la grace de Dieu roy de France, a nostre tres cher et tres amé frere et cousin le duc de Bourbonnoys et d'Auvergne, gouverneur et nostre lieutenant general de par nous en nostre pays de Languedoc, et aux gouverneur, recteur et bailly de Montpellier, ou a leurs lieuxtenans, salut et dilection.

L'umble supplicacion de noz chers et bien amez les consulz, bourgois, manans et habitans de nostre ville de Montpellier avons receue, contenant que, pour le gouvernement et entretenement de ladicte ville, chose publique et police d'icelle, ilz et leurs predeccesseurs, depuis la fondacion et institucion d'icelle, ont acoustumé de faire, creer et eslire tous les ans six notables personnages, qui sont nommez et appellez consulz, dont le premier, second, tiers et quart sont changeurs, bourgois et notables marchans, et les autres deux sont gens mecaniques et de labeur, des plus notables et apparans que on y peut trouver, sans ce que oudit office et estat de consulat aient jamais esté mis clercs, docteurs, advocatz, licenciez, bacheliers, ne autres clercs, notaires, ne semblables gens de praticque; mais, ce non obstant, aucuns clercs, notaires, et autres praticiens, desirans introduyre en ladicte ville nouvelletez, ont, par malice, envye, cuppidité, ou autrement, voulu entrer ou consulat d'icelle; et de faict aucuns desdiz clercs et notaires de ladicte ville, tant par eulx que leurs adherens, nostre procureur joinct avec eulx, jaçoit ce que n'y eussions aucun interest, ainçoys aurions et avons interestz au contraire, voulans dire et maintenir par certaines frivolles raisons qu'ilz devoient estre consulz, et avoient des honneurs et prouffitz audit consulat, obtindrent, des le vivant de feu nostre ayeul, le roy Charles septiesme, que Dieu absoille, lectres pour faire commandement ausdiz consulz qui lors estoient, de eslire lesdiz clercs et notaires impetrans audit estat et office de consulat, dont se meut proces en nostre court de parlement a Tolose, ou lesdictes parties ont long temps plaidoyé et demouré en proces, pendant lequel proces aucuns et plusieurs desdiz impetrans, clercs, praticiens et notaires, et de leurs adherens, sont alez de vie a trespas, et aucuns autres ont renoncé audit proces, en faveur desdiz consulz et de ladicte ville; mais, ce non obstant, sans avoir regard aux choses dessus dictes, et aux usages et coustumes observées de toute ancienneté en ladicte ville, et aux privileiges par nous donnez et confermez ausdiz supplians, ne aussi a la qualité desdiz clercs et notaires, qui sont gens de pratique, la conversacion desquelz est fort discrepant et differant a l'art de marchandise, sur laquelle est ladicte ville fondée et principallement entretenue, comme dit est; et avec ce que lesdiz clercs et notaires, a cause de leurdicte praticque, ne sauroient pourveoir ne fournir aux affaires et neccessitez qui chascun jour surviennent a ladicte ville, pour l'occupacion continuelle qu'ilz ont en l'exercice de leurdicte praticque, dont s'en pourroient ensuyr grans dommaiges et inconveniens a ladicte ville, et pourroient estre retardez les deniers qui sont levez en ladicte ville, lesquelz convient ausdiz consulz avancer de leur propre, en actendant qu'ilz soient levez d'iceulx qui particulierement les donnent, ne avoir aussi regard a plusieurs autres inconveniens, qui en plusieurs autres manieres se pourroient, a cause de ce, ensuyr, fut passé, a XXIII ans, et des l'an mil IIII<sup>c</sup> LXX paravant, certain arrest en nostredicte court de parlement de Tholose, par lequel fut dit que lesdiz clercs et notaires impetrans, a bonne et juste cause, avoient impetré lesdictes lectres, et fait faire, par vertu d'icelles, ausdiz consulz lesdiz commandemens, et que doresenavant, par chascun an que l'on procederoit a faire l'election desdiz consulz de ladicte ville, lesdiz clercs et notaires y seroient mis et receuz, ainsi qu'il est plus a plain contenu audit arrest, l'execucion duquel fut mise par ladicte court a feu maistre Loys de la Vernade, lors president et conseiller d'icelle court de parlement de Tholose, lequel commança ladicte execucion : mais voyant iceulx consulz, que, si icelle execucion eust eu lieu, ce eust esté la totalle destruction du fait et estat de marchandise de ladicte ville, par laquelle icelle ville est et a tousjours esté entretenue, et a la grant foule, interest et dommage d'icelle ville et de la chose publicque, ilz s'en porterent pour appellans, et aux gens de nostre grant conseil, et depuis obtindrent de feu nostre tres cher seigneur et pere, que Dieu absoille, lectres patentes, par lesquelles, par deliberation des gens de son grant conseil, en ayant regard aux grans, bons et agreables services que lesdiz habitanz de ladicte ville avoient faiz a luy et a noz predeccesseurs roys et faisoient chascun jour, et pour autres grans, justes causes et consideracions a ce le mouvans, plus a plain contenues es dictes lectres, mectoit et mist, en tant que besoing seroit, ledit arrest et execucion d'iceluy, et tout ce qui s'en estoit ensuy, en estat suspens et surceance, jusques a ce que par luy et les gens de son grant conseil, le tout veu, autrement en fust ordonné, en interdisant et deffendant a nostre court de parlement, et a tous et chascuns les presidens et conseillers d'icelle court, toute court, jurisdicion et congnoissance de ladicte matiere, en mectant aussi ladicte appellacion au neant, sans admende, et imposant sur ce silence a nostre procureur, lesquelles lectres furent presentées a nostre amé et feal conseiller et chambellan Geoffroy de Chabannes, chevalier, seigneur de Charluz, pour lors lieutenant general de feu nostre oncle le duc de Bourbonnoys et d'Auvergne, en son vivant nostre gouverneur dudit pays de Languedoc, par lequel fist ou fist faire inhibicion et deffense ausdiz clercs et notaires, et a tous autres qu'il appartenoit, sur certaines et grans peines, que des lors en avant ilz n'eussent a empescher ladicte election et creacion desdiz consulz de nostredicte ville de Montpellier, non obstant ledit arrest de nostredicte court de parlement de Tholose, aussi fissent et laissassent lesdiz consulz et habitans joir et user de ladicte election de consulat, ainsi qu'ilz et leurs predeccesseurs en avoient joy et usé de tout temps et d'ancienneté, ausquelz commandemens, inhibicions et deffenses aucuns desdiz clers et notaires firent response qu'ilz se garderoient de mesprandre, sans ce que aucuns d'eulx se y soient opposez ne aient appellé, et que depuis ont lesdiz consulz, manans et habitans dudit Montpellier joy et usé desdiz privileiges, libertez, franchises et anciennes coustumes, fait et esleu lesdiz consulz, tout ainsi qu'ilz avoient acoustumé auparavant, l'espace de vingt ans et plus, paisiblement et sans aucune contradiction, et ainsi taisiblement lesdictes parties ont acquiessé ausdiz commandemens, inhibicions et deffenses, par lesdits commissaires a eulx faiz, lesquelz, par ce moien, en sont demourez et passez en force de cause jugée; mais, ce non obstant, de nouveau, et des l'an mil IIII$^c$ IIII$^{xx}$ et unze, le XXIIII$^e$ jour du moys de fevrier, aucuns desdiz clercs et notaires, voulans susciter la cause ainsi asouppée, obtindrent en nostredicte court de parlement de Tholose certaines lectres patentes, par vertu desquelles ung sergent, sans oyr ne appeller lesdiz supplians, leur a fait commandement, inhibicion et deffense, de par nous, que doresenavant ilz ne fissent creacion ne eslection desdiz consulz, sans ce que lesdiz clercs y fussent esleuz et nommez, dont lesdiz supplians se porterent pour appellans a nous et a nostre grant conseil, ou ladicte cause et matiere avoit esté et estoit evocquée; et le deuxiesme jour d'avril avant Pasques, l'an mil

IIII$^c$ IIII$^{xx}$ et unze, lesdiz supplians se tirerent pardevers nous, en nous requerant que sur ce leur voulsissions donner provision ; et apres que eusmes fait veoir par les gens de nostredit grant conseil lesdiz proces et impetracions, tant d'un cousté que d'autre, nous, par leur advis et deliberation, mandasmes par noz autres lectres a nostre tres cher et tres amé frere et cousin le duc de Bourbon, gouverneur dudit pays de Languedoc, ou a son lieutenant, que, appellez ceulx qui pour ce seront a appeller, s'il luy apparoissoit que de tout temps et d'ancienneté lesdiz supplians eussent acoustumé eslire et faire leursdiz consulz sans lesdiz clercs et notaires et praticiens, et qu'ilz en eussent ainsi tousjours joy et usé, tant auparavant ledit arrest de nostredicte court de parlement de Tholose que depuis, et que ce fust le bien de nous et de la chose publique d'icelle, de ainsi l'entretenir, que en mectant ladicte appelacion, ainsi par lesdiz supplians intergettée, comme dit est, et ce dont avoit esté appellé au neant, il fist lesdiz supplians joyr et user de leurdit consulat et election d'iceluy, ainsi qu'ilz avoient fait de tout temps et d'ancienneté, en faisant expresse inhibicion et deffense de par nous, sur certaines grans [peines] a nous a applicquer, ausdiz advocatz, clercs, notaires et praticiens de ladicte ville de Montpellier, et a tous autres qu'il appartiendroit, que, par vertu et auctorité dudit arrest et desdictes lectres de provision de nostredicte court de parlement de Tholose, et autrement, ilz ne troblassent ne empeschassent lesdiz supplians ne aucun d'eulx en leurdit consulat, en quelque maniere que ce soit, et, en cas d'opposition, refuz ou delay, lesdiz commandemens, inhibicions et deffenses tenuz, et lesdiz supplians joissans de leurdit consulat et election desdiz consulz, ainsi qu'ilz ont acoustumé d'ancienneté, qu'il assignast jour ausdiz clercs, notaires et praticiens, par devant nous et les gens de nostredit grant conseil, pour dire et declairer les causes de leur opposition ou delay, proceder et aller avant en oultre, comme de raison ; par vertu desquelles noz lectres nostre amé et feal conseiller et chambellan Jehan de la Roche, lieutenant de nostredit frere et cousin oudit gouvernement de Languedoc, fist adjourner lesdiz clercs, notaires et praticiens, et autres parties adverses desdiz supplians, par devant luy a certain jour, et lesdictes parties sur ce oyes bien au long, et apres ce qu'il lui fut deuement apparu du contenu en nosdictes lectres, proceder a l'enterinement de nosdictes lectres, et, en icelles enterinant, fist faire inhibicion et deffense de par nous, a la peine de cent marcs d'argent, ausdiz advocatz, clercs, notaires et praticiens de ladicte ville de Montpellier, que des lors en avant ilz ne troublassent ne empeschassent lesdiz supplians ne aucun d'eulx en la joyssance de leurdit consulat et election d'iceluy, desquelles choses n'a esté appellé ne reclamé, ainsi que plus a plain peut apparoir par les procedeures et actes sur ce faites ; mais, ce non obstant, lesdiz clercs et praticiens, ou mois de fevrier mil IIII<sup>c</sup> IIII<sup>xx</sup> et douze, en venant contre lesdictes evocation et execution de nosdictes lectres et desdictes inhibitions et deffenses, ont derechef, en taisant les choses dessusdictes, obtenu autres lectres dudit parlement de Tholose, par lesquelles est mandé que ledit arrest soit executé selon sa forme et teneur, et se ventent lesdiz clercs de faire executer lesdictes lectres, et de contraindre lesdiz supplians, par prinse de corps et de biens, a y obeir, laquelle chose, se ainsi estoit, seroit du tout abolyr les privileges de ladicte ville, et la destruction de ladicte ville et habitans en icelle, en nous humblement requerant, en ayant regard aux bons et agreables services qu'ilz ont faiz par cy devant a nous et a nosdiz predeccesseurs, et a la bonne loyauté, subgection et vraye obeissance en quoy ilz ont tousjours entretenue et gouvernée ladicte ville, et que, si ledit arrest avoit lieu et estoit mis a execucion, seroit subvertir totallement leur ordre, que de toute ancienneté bien et loyaument ilz ont observé et gardé, aussi que aucune nouvelleté raisonnablement ne se doit faire en telles matieres, il nous plaise sur ce leur pourveoir de remede convenable. Pourquoy nous, ces choses considerées, voulans ladicte ville estre entretenue et gardée ainsi et par la forme et maniere qu'elle a esté par cy devant, nous, par l'advis et deliberacion des princes et seigneurs de nostre sang et lignage et gens de nostre dit grant conseil, vous mandons, et, pour ce que ja avez congneu de ladicte matiere, commandons et enjoignons par ces presentes, que, appellez ceulx qui pour ce seront a appeller, s'il vous est apparu ou appert, ainsi que autrefoiz, que de tout temps et d'ancienneté lesdiz supplians aient acoustumé eslire et faire leursdiz consulz, sans lesdiz clercs, notaires et praticiens, et qu'ilz en aient ainsi tousjours joy, tant auparavant ledit arrest de nostre dicte court de parlement de Tholose que depuis, et que ce soit le bien de nous et de la chose publicque d'icelle ville, ainsi l'entretenir, et des autres choses dessusdictes, ou de tant que souffire doyt, vous, oudit cas, faites, souffrez et laissez lesdiz supplians joyr et user de leurdit consulat et election d'iceluy, ainsi qu'ilz ont acoustumé d'ancienneté, en faisant inhibicions et deffenses de par nous, sur certaines et grans peines a nous a applicquer, ausditz advocatz, clercs, notaires et praticiens de ladicte ville de Montpellier, et a tous autres qu'il appartiendra, que, au moien et par vertu dudit arrest et desdictes lectres de provision de nostredicte court de parlement de Tholose, et autrement, ilz ne troublent ne empeschent lesdiz supplians ne aucuns d'eulx, en quelque maniere que ce soit, en l'election de leurdit consulat, en tenant et faisant tenir l'execucion desdiz arrestz et provisions de nostredicte court de parlement en suspens et surceance, jusques a ce que par nous et les gens de nostredit grant conseil, lesdictes parties oyes, autrement en soit ordonné, en leur faisant avec ce inhibicion et deffense de par nous, a la peine chascun de mille livres a nous a applicquer, que, pour raison de ladicte cause et matiere, ilz ne tiengnent lesdiz supplians en proces, et ne se pourvoient en nostre dicte court de parlement de Tholose, ne ailleurs que par devant nous et lesdiz gens de nostre grant conseil, et a laquelle nostredicte court de parlement de Tholose nous en avons de rechef et d'abondant, en tant que besoing est ou cas dessusdit, interdict et deffendu, interdisons et deffendons par cesdictes presentes toute court, jurisdicion et congnoissance, et a ce faire et souffrir contraignez ou faites contraindre lesdiz clercs, notaires, praticiens et autres qu'il appartiendra, reaument et de fait, et non obstant opposicions et appellacions quelzconques, et en cas d'opposicion, reffuz ou delay, lesdictes inhibicions et deffenses et lesdiz supplians joyssans de leursdiz privileiges et libertez, comme ilz ont acoustumé faire de tout temps et d'ancienneté, et lesdiz clercs, notaires et autres parties averses desdiz supplians a ce contraings, reaument et de fait, non obstant comme dessus, adjournez ou faites adjourner les opposans et reffusans ou delayans, a certain et competant jour, par devant nous et les gens de nostredit conseil, pour dire les causes de leur opposicion, reffuz ou delay, respondre, proceder et aller avant en oultre comme de raison ; et avecques ce informez vous ou faites informer de et sur lesdiz exces et actemptaz faiz par lesdiz clercs, notaires et praticiens, qui plus a plain vous seront baillez en escript par declaracion, se mestier est, et ladicte informacion renvoyez, feablement close et scellée, par devant nous et lesdiz gens de nostre dit grant conseil, pour, icelle veue, y donner telle provision qu'il appartiendra ; et de tout ce que fait aurez sur ce certiffiez souffisamment nous et les gens de nostredit grant conseil, ausquelz nous mandons, et, pour ce que, du temps de nostredit feu seigneur et pere, et par nosdictes autres lectres, la congnoissance de ladicte matiere leur est commise, commandons et enjoignons que aux parties oyes facent bon et brief droit et acomplissement de justice ; car ainsi nous plaist il estre fait, non obstant comme dessus et qu'on vueille dire que par les privileiges de nostredit pays de Languedoc les habitans d'iceluy ne puissent estre traictez hors dudit pays, a quoy nous avons derrogé et derrogons pour ceste foiz seullement, et sans prejudice dudit privileige en autres choses, et quelzconques lectres surreptices, impetrées ou a impetrer, a ce contraires. Mandons et commandons a tous noz justiciers, officiers et subgetz, que a l'execucion de ces presentes obeissent et entendent diligenment.

Donné a Paris, le sixiesme jour de juillet, l'an de grace mil CCCC quatre vings et treize, et de nostre regne le dixiesme.

Par le roy, le conte de Ligny, les sires de Graville admiral....
Me Jehan Trousselier, premier medecin ordinaire, et autres, presens.
— Bourdin.

> Arch. mun. de Montp., Arm. Dorée, Liasse 2, N° 5. Original
> à queue de parchemin, avec grand sceau royal.
>
> Au dos : *Lettres du roy Charles, qui maintient la communauté
> de Montpellier a exclure les advocatz, notaires et gens de
> pratiques du consulat, et a elire seulement marchans, bour-
> geois, changeurs pour les quatre premieres eschelles, et de
> gens de mestier ou de labeur pour les deux dernieres.* 1493.

## CCXXV.

LETTRES DE CHARLES VIII CONFIRMANT L'ÉRECTION DE L'ART DE LA
DRAPERIE A MONTPELLIER, AVEC EXTENSION DE PRIVILÉGES.

(Juillet 1493.)

Charles, par la grace de Dieu roy de France, savoir faisons a touz presens et avenir, nous avoir receue l'umble suplicacion de noz chers et bien aymez les consulz, bourgoys, manans et habitans de nostre ville de Montpellier, contenant que ladicte ville, qui est assise en tres bon et fertil pays, souloit anciennement estre fort peuplée et habitée de pluseurs notables marchans et autres gens de divers estatz, habundans en richesses et biens, et a present, puys aucun temps ença, a l'ocasion des mortalitez qui ont eu cours en nostre royaume, et especialement en nostre pays de Languedoc, et des guerres ou pays de Cathelongne, du temps de feu nostre tres cher seigneur et pere, que Dieu absoille, aussi des passaiges de gens d'armes, qui continuellement ont passé parmy ledit pays, et aussi des foyres de Lyon, qui leur ont osté le traffigue et art de la mar-chandise, ou grant prejudice des previleges et libertez dudit pays de Languedoc, et pareillement des grans charges que leur a convenu et convient chascun an porter, pour subvenir aux tres grans et urgens affaires de nous et de nostre royaume, esquelz ilz nous ont tousjours liberallement secouru et aydé, nostre dicte ville est tellement diminuée et apourie, tant de gens que de chevance, que la moytié des maisons d'icelle ne sont habitées, et laquelle chascun jour se diminue et appourist grandement; et pour ce qu'elle ne se peut bonnement resouldre ne repeupler sans grant frequentacion de peuple, a quoy ilz ne pouroint parvenir sans avoir aucun art ou mestier de nouvel en ladicte ville, iceulx supplians ont advisé entre eulx de faire mectre en nostre dicte ville le fait et art de draperie, qui leur semble le plus convenable pour ayder a la remectre sus, ainsi que du vivant de feu nostre dit seigneur et pere, que Dieu absoille, ilz avoient, par son congé et licence, deliberé de faire; et mesmement que pluseurs paragiers et drappiers de la ville de Parpignen ont commencé venir habiter en ladicte ville, en intencion de faire faire et conduyre iceluy fait et art de drapperie, et y garder la police, justice et façon de faire que y gardent ceulx des drapperies de noz villes de Rouen, Bourges, Parpignen, et autres villes de nostre dit royaume, touchant le fait et art d'icelle drapperie, que aussi du fait de soye; mais ilz ne l'oseroient faire, ne en ce proceder, sans avoir sur ce de nous congié et licence, comme ilz dient, en nous requerant humblement que, actendu que le pays d'environ est fourny de bonnes et fines laines en grant habundance, lesquelles chascun jour les Ytaliens et estrangiers transportent hors de nostre dit pays de Languedoc, par faulte que on ne les drappe oudit pays, et que empres et joingnant ladicte ville a une petite rivere, ou il y a eaue bien propre et bonne pour ledit mestier et art de draperie et de soye, et que, par le moyen dudit art, les habitans de ladicte ville, dont il y a pluseurs oyseulx, se excerceront et occuperont ad ce faire, et y en viendra d'autres, par lesquelz nostre dicte ville se poura aucunement peupler et entretenir en bon estat, dont par ce moyen ilz paieront plus aiseement les tailhes et autres charges qu'ilz supportent pour noz affaires, qui leur sera grant sollaigement, redondant a la chose publicque de nostre dit pays de Languedoc, il nous plaise sur ce leur octroyer nos diz congié et licence, et sur ce leur impartir nostre grace. Pour ce est il que nous, ces choses considerées, desirant le bien et augmentacion de nostre dicte ville et des habitans en icelle, pour ces causes et autres ad ce nous mouvans, et que icelle ville puisse estre repopulée ainsi quelle souloit estre, avons, de nostre certaine science, plaine puissance et auctorité royale, donné et octroyé, donnons et octroyons, par ces presentes, congé et licence qu'ilz puissent et leur loyse eriger et mectre sus ledit fait et art de draperie et de soye jurez en nostre dicte ville de Montpellier, pour y estre fait et excercé, tant en justice et police que autre fasson et maniere de faire, tout ainsi que on le fait et excerce, et que fait et excercé a esté par cy davant en nos dictes villes de Rouen, Bourges et Parpignen, ou autres de nostre dit royaume. Et, pour le mieulx conduyre et entretenir esdicte police et ordre, leur avons octroyé et octroyons congié et licence qu'ilz puissent faire et escripre articles, chapitres et ordonnances telles que leur semblera estre bons, valables, propres et convenables, esquelles soit contenue et escripte la forme et ordre conment on devra besongner audit fait et excercice de drapperie de layne ou soye, et quel scel ou marque, lisiere, aulne et largeur de drap devra avoir, pour evicter les abbus qui se y pouroient estre faiz, affin qu'on puisse congnoistre les draps qui y seront faiz et ouvrés, comme es autres bonnes villes jurées de nostre dit royaume, ou ledit fait et excercice de draperie de layne et de soye a eu et a cours; et aussi qu'ilz puissent commectre et depputer certain nombre d'ommes notables et congnoessans audit art, qui seront nommez les Surposez, tant et telz qu'ilz verront estre convenables, qui ayent povoir de visiter les draps qui seront faiz et ouvrez en ladicte draperie, et de corriger les faultes et abuz qu'ilz y trouveront, soit en faisant brusler les draps qui ne seront bons et telz qu'ils deveroient estre, ou autrement condempner les delinquans en telles paines et amendes qu'ilz verront estre a faire, tant envers nous que au prouffit et utilité dudit art et office de ladicte draperie de layne et de soye, et generallement de faire en ceste matiere tout ce qu'ilz verront estre bon, utille et convenable pour le bien et

## PIÈCES JUSTIFICATIVES. 429

conduicte dudit fait et art de draperie de layne et de soye ; et neantmoins, pour l'entretenement et support de l'art de ladicte draperie de layne et de soye, ou il conviendra faire pluseurs grans fraiz et despens, qu'il leur loyse mectre sus les sceaulx telles sommes de deniers que leur semblera estre a faire comme de raison, augmenter et diminuer, et par lesdiz surposez ou commis prendre et recevoir a fournir aux despences faictes ou a faire a mectre sur ledit art et autrement, au proffit et utilité d'iceluy et de la chose publicque de ladicte ville, et tout ainsi que est fait et observé en nostre dicte ville de Rouen, principalle dudit art de drapperie, et de nostre ville de Tours, principalle dudit art de faire draps de soye : voullans et octroyans que touz lesdiz ouvriers d'iceluy art de draperie de layne et soye joyssent et usent de telz et semblables privileges, libertez et franchises que ont fait et font les autres ouvriers de drapperie desdictes villes de Rouen et Tours et des autres villes dessusdictes, et que tout ce que lesdiz supplians auront sur ce advisé et ordonné, en ensuyvant l'ordre et maniere que tiennent en cas semblable ceulx desdictes villes ou aucunes d'icelles, soit valable, ferme et estable a tousjours, et que lesdiz supplians et ceulx de ladicte drapperie s'en puissent ayder doresenavant a tousjoursmais, et sans ce que mestier leur en soit en avoir de nous autre confermation, ne autres lectres que ces presentes, tout ainsi que si touz les poincts et articles qui seront sur ce faiz estoient declairez et exprimez en ces dictes presentes ; car ainsi nous plaist et est nostre vouloir ; et sur ce imposons silence perpetuelle a nostre procureur et autres. Si donnons en mandement, par ces dictes presentes, au gouverneur, recteur de la part antique, baille et juges ordinaires dudit Montpellier, et a touz noz autres justiciers, ou a leurs lieutenans, ou a chascun d'eux, si comme a luy appartiendra, que lesdiz consulz, bourgeoys et habitans de Montpellier, supplians, et ceulx qui feront et excerceront ledit mestier et art de drapperie de layne et de draps de soye, facent, seuffrent joyr et user paisiblement de noz presens privileges, grace, congié, licence et octroy, et leur gardent et entretiennent lesdiz articles, qui sur ce ont esté ou seront par eulx faiz et dressez, contenans ladicte police, selon que se y gouvernent et que ont acoustumé faire ceulx desdictes villes ou aucunes d'icelles, sans leur faire ne souffrir estre fait ou donné, ores ne pour le temps advenir, aucun destourbier au contraire; onçoys, ce fait ou donné leur estoit, l'ostent ou facent incontinent oster et mectre sans delay au premier estat et deu; car ainsi nous plaist il estre fait, et ausdiz supplians l'avons octroyé et octroyons, de nostre certaine science, plaine puissance et auctorité royal, par ces dictes presentes. Et afin que ce soit chose ferme et estable à tousjours, nous avons fait mectre nostre sceel a cesdictes presentes, sauf en autres choses nostre droict, et l'autruy en toutes.

Donné a Paris, ou moys de juillet, l'an de grace mil IIII<sup>c</sup> quatre vings et treze, et de nostre regne le dixiesme.

Par le roy, les sires de la Tremoille, de Grimault, seneschal de Beaucaire, maistre Jehan Trousselier et Jehan Michel de Pierre Vives, medecins ordinaires, et pluseurs autres, presens. — Bourdin.

Arch. mun. de Montp., *Grand Thalamus*, fol. 202 r°.

## CCXXVI.

### LETTRES DE CHARLES VIII RENFERMANT ET APPROUVANT LES STATUTS POUR L'ART DE LA DRAPERIE DE MONTPELLIER.

(Juillet 1493.)

Charles, par la grace de Dieu roy de France, savoir faisons a touz presens et avenir, nous avoir receue l'umble supplicacion de noz chers et bien aymez les consulz, bourgoys, manans et habitans de Montpellier, contenant que, tant par feu nostre tres cher seigneur et pere, que Dieu absolle, que par nous a esté donné ausdiz supplians congié, licence et permission de mectre sus en la dicte ville le mestier, art et excercice juré de drapperie, ainsi que en aucunes des autres bonnes villes de nostre royaume, comme il appert plus a plain par les lectres de don a eulx sur ce octroyés tant par nous que par nostre dit feu seigneur et pere, par lesquelles, entre autres choses, leur avons donné congié et licence de faire certains statuz, articles et ordonnances, pour le bien, prouffit et utilité de ladicte ville et dudit mestier, et de la chose publicque du pays, et obvier aux faultes, fraudes et abuz qui, par faulte d'y mectre et tenir ordre et police, y pourroient estre faictes, commises et perpetrées. A ceste cause, lesdiz supplians, en ensuyvant nosdit congié, licence et permission, et par l'advis et opinion de pluseurs notables marchans drappiers, et autres gens en ce congnoissans, tant de ladicte ville de Montpellier, de nostre ville de Paris, que d'autres, ont advisé, conclud, deliberé entre eulx, et fait mectre par escript lesdiz statuz, articles et ordonnances, en la forme et maniere que s'ensuyt:

Et premierement a esté ordonné que doresenavant se feront draps en icelle ville meslez a la verinne, cordillays, cadices, estamignes et autres, lesquelz draps seront en la bonté de la laine, largeur, longueur, lisieres, seignalz et sceaulx, en la forme que se fait et excerce, et que fait et excercé a esté parcydavant en la ville de Parpignen, sans y estre mue aucun ordre et façon de faire. Et afin que les draps qui se feront en nostre dicte ville de Montpellier soient bons et loyaulx, a esté ordonné que le maistre tissarant, qui tissera ledit drap, ne fera ne pourra tistre plus avant que de treze rains et demy, et tistra son drap bien et loyaulment a deux ou troys coups, et menera son peigne en façon que le drap soit bien tissu et acomply de layne tout a long du drap; et sera tenu de parachever ledit drap et mectre au chief d'iceluy les armes de la ville, au bout d'embas son seignal; et s'il fait le contraire, ledit drap ne sera scellé des sceaulx de nostre dicte ville.

Item, a esté ordonné que, apres que le drap sera tissu, sera espuré et nectié bien et deuement; et, ce fait, sera apporté a la maison de ceulx qui seront commis a la visitacion desdiz draps, par lesquelz sera visité, avant qu'il soit baillé et delivré au foulon ou moulinier. Et, s'il est trouvé qu'il soit bien tissu et nectié, y sera mis deux petiz cachez de cire vert et rouge, ou milieu du chief dudit drap. Et ne seront si hardiz lesdiz foulon ou molinier prendre ledit drap pour enforcir, qu'il ne soit premierement cacheté, sur la paine de l'amende de soixante solz tournoys, la tierce partie au roy, l'autre tierce partie a la charité et confrairie des delinquans, et l'autre tierce partie a la caisse desdiz commis a recevoir par leurs commis et de clavaire, ainsi qu'il est contenu cy apres. Et ledit drap cacheté, il sera apporté par le fouleur ou molinier, pour enforcir et achever a son devoir; et sera par ledit fouleur ou molinier rapporté a la maison desdiz commis et jurez; et sera ledit drap scellé d'un sceau de plomb au bout du chief dudit drap, auquel seau sera d'un cousté la magesté du roy et de l'autre les armes dudit seigneur. Et paiera celuy a qui sera le drap pour le present, jusques ad ce qu'il soit autrement advisé par lesdiz commis et jurez, quatre deniers tournois, pour chascun rain que le tissarant aura tessu, lesquelz seront receuz par ledit clavaire, qui tiendra le conte des receptes, fraiz, coustz, mises et despens.

Item, et apres ce que ledit drap sera par le paraire mis a point et parachevé bien et deuement, ainsi qu'il appartient et qu'il est acoustumé de faire en ladicte ville de Parpignen, sera tenu le paraire, avant qu'il apporte le drap a l'apoincteur, rapporter autres foiz ledit drap a la maison desdiz commis et jurez; et la sera par eulx visité, et a tout le moins par les troys d'iceulx commis, pourveu qu'il y soit ung paraire, ung tisserant, ung bourgeoys ou marchant, lesquelz passeront le drap par la perche, au lieu ad ce depputé; et recongneu s'il est de bon poil, bien adoubé et paré a leur congnoessance, sera commandé estre mis ung petit seing de plomb sur les armes de la ville, auquel plomb aura enseigne de l'une bende les armes de ladicte ville, et de l'autre bande Nostre Dame, pour lequel scellé se paiera ung denier tournois, lequel seau sera nommé Seau de licence, et apres, quand il plaira au seigneur du drap, le faire sceller d'un autre seau de plomb carré, la ou aura pour enseigne d'un cousté Fy, et de l'autre cousté sera Nostre Dame, et au pié d'icelle l'escusson de la ville, pour lequel ne payera riens. Et s'il advient le cas que ledit drap soit trouvé non estre suffisant de poil ou mal paré, en lieu du seau de licence sera mis ung autre petit seau de plomb, auquel d'un cousté sera Nostre Dame et de l'autre cousté n'aura aucune impression; et, au lieu du seignal de Fin, sera scellé, au dessoubz des armes de la ville, d'un autre petit seau de plomb, qui sera nommé Seau de megem, auquel aura d'un cousté pour enseigne L., qui signiffiera Loyal, et de l'autre cousté Nostre Dame. Et si le sieur dudit drap se sent estre grevé, en pourra appeller davant les huit conseillers, pour en decider par eulx ce que selon Dieu et leurs consciences en devra estre fait. Et s'il est congneu par lesdiz supposez ledit drap n'estre bon de poil, ou autrement gasté par les ouvriers, en tel cas luy seront couppés les armes de la ville, ou y sera mis ung plomb tout seul, qui sera dit de passage, auquel aura d'un cousté B P, et de l'autre cousté l'escusson de la ville; ou autrement en sera ordonné selon raison. Et ou cas que, pour l'abus trouvé en aucun drap, le maistre d'iceluy drap fust condempné en amende par lesdiz commis et jurez, ledit sieur dudit drap en pourra appeller davant lesdiz conseillers desdiz commis et jurez, pour en decider ainsi que de raison, sans que de l'ordonnance desdiz conseillers en puisse autrement ne ailleurs estre appellé ne reclamé en aucune maniere; et devant iceulx conseillers prendra fin la question.

Item, touchant les draps blans qui se feront en icelle ville, pour estre tains en noir, vert, sanguine ou morat, avant qu'ilz soient apportez par le foulon ou molinier pour enforcir, luy sera donné par le taintturier pris d'escurement de xv den. tourn. a tout le moins. Et apres qu'il sera enforcy, cardé et rapporté devant la maison desdiz commis et jurez, et iceluy veu et visité, sera mis le plomb, qui sera dit d'escurement, qui aura d'un cousté les armes de la ville, et de l'autre bande sera escript Escurement, pour lequel paiera ce que sera advisé par lesdiz consulz et commis. Et apres qu'il aura eu par le taincturier son compliement de bleu a luy neccessaire, eschevans toutes manieres de moulades et autres taintures faulces, et parachevé ledit drap de touz poincts, sera rapporté a la maison desdiz commis, et la visité de ply en ply; et s'il est trouvé suffisant et de bon taint, luy seront mis les deux autres sceaulx, en la forme et maniere qu'il se fait aux megens; et payera ung denier tournois pour chascun seau.

Item, a esté ordonné que aucun drap, pour bonté qu'il ait, ne sera scellé dedans ladicte ville, s'il n'est tissu et paré par les maistres d'icelle ville, et portant les seignaulx d'iceulx.

Item, afin que les draps qui sont faiz en icelle ville soient faiz bons et loyaulx et en bonne police, a esté ordonné estre esleuz toutes les années par les consulz d'icelle ville, appellez avec eulx les xxiiii conseillers d'icelle, ou la plupart d'iceulx, le jour de la feste monseigneur Saint Jehan Baptiste, cinq personnaiges notables d'entre eulx, de bonne conscience, a leur discretion, qui seront nommés les surposez ou commis, entre lesquelz aura ung bourgeoys, ou marchant drappier ou tainturier, deux paraires et deux tixerans, lesquelz surposez ou commis, ainsi par iceulx consulz esleuz, feront serment entre les mains desdiz consulz de bien et loyaument entendre au fait de ladicte draperie, et que par faveur ne hayne ne feront tort a personne; et auront, pour leurs paines et travaulx, ce qui sera advisé par lesdiz consuls et surposez pour chascun, qui seront payez par les commis a la recepte des deniers des emolumens d'icelle drapperie, et lesquelz surposez et commis auront toute puissance a veoir et visiter tant sur les tainturiers, retorseurs, tixerans, foulons, mouliniers, paraires et autres faisans draps, et sur les laines qui ne seront bonnes, ordonner et condempner les delinquans, ainsi qu'ilz verront estre a faire par raison, decider des questions qui descendront dudit art de drapperie, soit en faisant, vendant ou achaptant iceulx draps ou laines au comptant ou en barates, sans ce que autres justiciers en puissent prendre congnoessance, oyes les parties en ce qu'elles vouldront alleguer, appellez avecques eulx lesdiz conseillers d'iceulx surposez ou commis, ou la pluspart d'iceulx, et l'accesseur d'icelle ville, ou son commis; et, en cas d'appellacion, soit appellé devant les consulz de mer, appellez les xxiiii conseillers d'icelle ville, ou la pluspart d'iceulx, lesquelz, oyes les parties, feront droict, et condempneront ainsi qu'ilz trouveront par raison, sans ce qu'il puisse autrement estre appellé ou relevé, en maniere que ce soit.

Item, pareillement ledit jour, seront, par lesdiz consulz et conseillers, esleuz viii personnages, gens de bonne conscience, entenduz au fait de drapperie, qui seront nommez les conseillers des surposez ou commis, avecques lesquelz lesdiz surposez se conseilleront, a ce que bon leur sera durant le temps de leur année.

Item, a esté ordonné qu'il sera faicte une maison dedans la ville, en laquelle se tiendra le conseil desdiz surposez; et y seront visitez les draps, et le faict des deffaulx et abuz d'iceulx, et en sera fait telle justice qu'il appartiendra; et sera ordonné, joignant ladicte maison, une place, qui sera nommée la place de la Layne, en laquelle se mectront les laines qui seront a vendre, sans payer aucun estalaige.

Item, sera commis ung homme pour habiter dedans ladicte maison, pour la garder et les denrées qui seront dedans, lequel sera tenu de peser les laines qui se vendront; et se peseront la, et non autre part. Et ne sera rien payé pour le prix, reservé ce qui a acoustumé estre payé au poix du roy, qui sera levé par les rentiers d'iceluy, ou leurs commis.

Item, sera commis par les consulz d'icelle ville ung notaire, qui sera perpetuel s'il n'estoit trouvé avoir forfait, lequel sera tenu escripre en ung livre apert touz les noms des paraires et maistres tixerans, et escripre leurs seings aplacquez ausdiz draps, et touz les proces et questions qui surviendront devant lesdiz surposez, et autres escriptures; et n'aura pour vaccacion de chascun jour fors ce que sera tauxé par les consulz et surposez; et sera tenu de se trouver en la maison et conseil des surposez, quant requis en sera, et ainsi qu'il sera ordonné, lequel aura de gaiges ce qui sera advisé par les diz consulz et surposez, qui se paieront par le receveur des emolumens ad ce commis.

Item, sera commis ung clavaire, notable homme receant, par les diz consulz, a recevoir les deniers et autres droiz qui viendront et descendront du fait de la draperie, lequel en tiendra compte avecques le clerc, et donnera bons pleges et sufisante caucion, et paiera les officiers par cartons et par commandement des consulz et quictance, et autres despences, ainsi qu'il luy sera commandé par les surposez, et rendra compte et reliqua; et sera au plaisir et libertez desdiz consulz de demourer oudit office de recepte ung an entier, autant que ausdiz consulz plaira; et aura pour ses gaiges la somme qui sera advisée par lesdiz consulz et surposez.

Item, sera commis ung clerc suffisant et ydoine, qui aura la clef du coffre ou sera le seau du roy et le seau de l'escurement, lequel tiendra compte de touz les draps qui seront scellez, et ce accordera avecques le clavaire; et sera office perpetuelle : et la sera esleu par les consulz de ladicte ville, et jurera, sur la paine d'estre banny de la ville, et de l'amende, de ne sceller jamais drap, sinon au lieu ad ce depputé, et de tenir bon et loyal compte; et aura de gaiges ce qui sera advisé par les consulz et surposez.

Item, sera commis par lesdiz consulz d'icelle ville ung sergent, qui sera perpetuel s'il n'estoit trouvé avoir forfait, homme lectré, lequel fera les commandemens, adjournemens et autres exploiz, a luy par lesdiz supposez commandez; et aura de gaiges la somme qui sera advisée par les consulz et surposez, et payez comme dessus; et pour les adjournemens et autres exploiz luy sera fait taxation, ainsi que de raison sera; et jurera d'estre bon et loyal.

Item, seront ordonnez deux parsonnaiges, qui auront charge de visiter les laynes lavées et a laver qui seront vendues, et donner les tares, ainsi que verront estre a faire, a l'achapteur, s'ilz ne povoient estre d'accord, et tout ainsi en ordonner a faire, touchant lesdiz tares, tout ainsi qu'il se fait de present en la ville de Parpignen.

Item, lesquelz surposez visiteront les taintures de pastel; et leur feront commandement qu'ilz n'ayent a taindre laynes faulces ne laines emmolades, sur la paine de lx solz ou autrement, ainsi qu'ilz verront estre a faire par raison.

Item, lesdiz supposez visiteront les paraires, ausquelz sera fait commandement qu'ilz ne soient si osez mectre layne de palade ou ratines ausdiz draps, sans ce qu'il en fust autrement advisé.

Item, a esté ordonné que aucun paraire ne preingne apprentiz pour les servir au moins de terme que de deux ans. Et donnera ledit apprentis caucion, et se obligera par la note dudit notaire des surposez ; et paiera iceluy aprentiz pour sa nouvelle entrée, pour une fois xxx solz, la moytié content, l'autre dedans le terme de six moys, ou plustost. Les cinq solz seront pour le notaire ; les quinze solz seront a la boete de la confrairie et charité des paraires ; et les dix seront a la caysse des surposez. Et s'il est poure, luy sera faicte telle grace a congnoessance des consulz du mestier. Et s'il estoit cas que ledit apprentiz ne finist son terme, ne luy sera permis de jamais besongner en ladicte ville.

Item, que toute personne, privée ou estrange, qui se voudra passer maistre pour tenir perche et boutique ouverte, sera premierement examinée en la maniere qui s'ensuit : c'est assavoir il luy sera baillé ung apprentiz qui aye a carder avecques luy ung drap verny mesclat, une piece de cordilat fine, et ung drap blanc de bon poil ; et, si par eulx est congneu estre suffisant les choses dessus dictes faictes, luy sera consenti signal, ou autrement a faire, ainsi qu'il sera advisé par lesdiz supposez ou la pluspart d'iceulx, et licence de tenir perche en ladicte ville, laquelle licence et seignal sera escripte par le notaire des surposez, presens les consulz du mestier ; et payera pour sa nouvelle maistrise soixante solz tournois, s'il n'est filz de maistre, cinq solz pour le notaire, xxv solz pour la confrairie des paraires, et les xxx solz a la caysse des surposez. Et s'il est filz de maistre, ne payera que quinze solz, cinq solz tournoys au notaire, et les dix solz a la confrayrie.

Item, tout tondeur, estrangier ou privé, qui vouldra lever bouticle nouvelle sera premierement examiné par les consulz du mestier, encores qu'ilz aient fait leurs espreuves autre part ; et leur sera baillé par lesdiz maistres ung drap de bon poil a tondre. Et s'il est trouvé suffisant, luy sera donné licence de ouvrir boutique, en payant pour sa nouvelle maistrise, s'il n'est filz de maistre, LX solz, ainsi que font les paraires; s'il est filz de maistre, XV solz, comme dessus.

Item, a esté ordonné que nul correctier ne s'entremectra de faire vendre draps entiers, faiz dedans ladicte ville, s'il n'a expresse licence des surposez et prins les sermens desdiz consulz d'icelle ville ; et paieront, pour leur entrée de corretier, soixante solz tournois, comme dessus ; laquelle licence sera escripte par le notaire des surposez : et ne oseront conclure marché, soit de draps, laynes, ou autres choses apartenans a icelles, que les parties ne soient affrontées, le denier a Dieu, et les paulmes des mains d'iceulz touchées, sur la paine de dix livres, a appliquer moytié au roy, et l'autre a la caysse des surposez.

Item, a esté ordonné qu'a la nouvelle entrée des surposez, touz les maistres, soient laveurs de laynes, tainturiers, tixerans, paraires, foulons et moliniers et coretiers de draps, seront tenuz venir, au mandement desdiz surposez, faire serment de bien et loyaulment excercer leurs offices, lesquelz sermens se feront entre les mains des consulz de ladicte ville.

Item, sera faicte ordonnance sur les maistres paraires et moliniers, ainsi qu'il sera advisé par lesdiz consulz et surposez avecques leur conseil.

Item, tout homme qui vouldra estre mestre foulleur ou moulinier de draps, il en sera aussi faicte ordonnance, telle qu'il en sera advisé par lesdiz consulz et surposez avecques leur conseil.

Item, sera faicte ordonnance sur iceulx qui vouldront estre maistres foulons et paraires, pour les examiner, ainsi qu'il sera advisé par lesdiz consulz et surposez et leur conseil. Et generallement est donné congié et licence ausdiz surposez avecques leur conseil de faire en la matiere de ladicte drapperie tout ce qu'ilz congnoestront estre a faire par raison.

Item, toutes les confiscacions et amendes qui seront jugées estre payées par lesdiz surposez ou consulz de mer, ensembles leurs conseillers, la tierce partie sera au roy, et l'autre tierce partie a la reparation de la halle et maison des surposez, et l'autre tierce partie a la caisse des surposez.

Lesquelz supplians nous ont humblement fait requerir que, pour le bien, prouffit et utilité de ladicte ville, des habitans d'icelle et de la chose publicque du pays, nostre plaisir fust louer, rattifier, confermer et approuver lesdiz articles, statuz et ordonnances, et sur ce leur impartir nostre provision convenable. Pour ce est il que nous, ces choses considerées, et apres ce que avons fait veoir par noz aymez et feaulx les gens de nostre grant conseil lesdiz statuz et articles, ensemble l'advis sur iceulx, tant des consulz de nostre dicte ville de Montpellier que desdiz marchans drappiers, et gens en congnoessans de nostre dicte ville de Paris, par l'advis et deliberacion de pluseurs princes et seigneurs de nostre sang et lignaige et desdiz gens de nostre dit grant conseil, leursdiz statuz, ordonnances et articles dessus transcriptz avons louez, ratiffiez, confermez et approuvez, et par la teneur de ces presentes, de nostre grace especial, puissance et auctorité royal, louons, ratiffions, confermons et approuvons, par ces dictes presentes : voulons et nous plaist qu'ilz soient doresenavant gardez, tenuz, entretenuz et acompliz de point en point, selon leur forme et teneur, sans enfraindre. Si donnons en mandement, par ces dictes presentes, au gouverneur de Montpellier, recteur et juge de la part antique, baille et juges ordinaires dudit lieu, et a touz nos autres justiciers, ou a leurs lieutenans, presens et advenir, et a chascun d'eulx qui sur ce sera requis, et comme a luy appartiendra, que lesdiz statuz, ordonnances et articles, et tout le contenu en iceulx, ilz facent doresenavant garder, tenir, entretenir et acomplir de point en point, selon leur forme et teneur, et que a ce faire et souffrir ilz contraignent ou facent contraindre, reaument et de faict, tous ceulx qu'il appartiendra et qui pour ce seront a contraindre, par toutes voyes et manieres deues et en tel cas requises; car ainsi nous plaist il estre fait. Et afin que ce soit chose ferme et estable a tousjours, nous avons fait mectre nostre scel a cesdictes presentes, sauf en autres choses nostre droict, et l'autruy en toutes.

Donné a Paris, ou moys de juillet, l'an de grace mil IIII<sup>e</sup> quatre vingts et treze, et de notre regne le dixiesme.

Par le roy, les sires de la Tremoille, de Grimault, seneschal de Beaucaire, maistres Jehan Trousselier et Jehan Michiel de Pierre Vives, medecins ordinaires, et pluseurs autres, presens.

Arch. mun. de Montp., *Grand Thalamus*, fol. 199 v<sup>o</sup>.

## CCXXVII.

### CÉRÉMONIAL D'ÉLECTION POUR LES CONSULS DE MER ET POUR LES RÉGENTS DES MARCHANDS NAVIGUANTS.

Le jour de Agnneu, qui est le premier jour de jenvier, premier jour de l'an, est acoustumé de faire consulz de mer et regens des seigneurs marchans navigans. Et se font a son de cloche, de les cloches grosse et moyenne du clochier de Nostre Dame de Tables, en icelle maniere, que tous les seigneurs consulz se doyvent venir de matin, en leurs robbes du consolat, en la maison du Consolat; et de la mandent querir leur docteur, et en la chappelle du Consolat oyent messe tous ensemble. Et oy messe, quant vient environ tierce, font monter un de leurs escuyers amont a la cloche du Consolat, que le sonne huyt ou dix coups, affin que cellui qui sonne la cloche au clochier de Nostre Dame de Tables sonne la grosse cloche, pour faire venir et adjouster les consulz des mestiers et l'autre peuple a l'ostel du Consolat, pour veoir et oyr faire consulz de mer et regens des seigneurs marchans navigans. Et sonné ou clocher ladicte grosse cloche, les seigneurs consulz en leur clerc se doyvent asseoir en les bancs du conclavi dudit porque, et font asseoir tout le peuple que y sera venuz et adjousté. Et adoncques le docteur prend son teusme, pour faire la, par maniere de sermon, une collation a l'onneur de Dieu et de la benoicte Vierge Marie, sa tres digne Mere, et des seigneurs consulz de mer de l'an prouchainement passé, les louans de les reparations que ont faictes en leur année en la robyne, en l'estang, au chemin de Lates et ailleurs; car, dix ou quinze jours devant, ledit notaire doit avoir eu en ung rolle de papier les reparations que lesdictz seigneurs consulz de mer ont faictes en leur année, et avoir advisé lesdictz seigneurs consulz que entretant ayent mandé a leur docteur, ou a autre leur clerc, de faire ladicte collation; et mais leur doyvent avoir baillé les noms et subrenoms des seigneurs consulz de mer et des regens des marchans navigans, que ont estez de quatre ans prochainement passez, affin que les seigneurs consulz ne y tournent yceulx que ont estez dedans lesdictz quatre ans, et affin que ayent deliberé qui feront consulz de mer ne qui feront regens des seigneurs marchans navigans. Et, faicte par ledit clerc ladicte collation, ung des seigneurs consulz, et comunement le premier, doit bailler audit notaire en une cedule par escript les noms et sobrenoms des quatre vaillans hommes que lesdictz seigneurs consulz auront esleuz pour consulz de mer pour l'an prouchainement venant, et les noms et sobrenoms des deux vaillans hommes que lesdictz seigneurs consulz auront esleuz pour regens desdictz marchans navigans pour ledit an prouchainement venant. Et ledit notaire, prinse ladicte cedule, doit regarder se les seigneurs consulz les auront escriptz et mis par la forme que doyvent aller premiers ou derreniers : car s'il y mectent changeur, icellui doit estre nommé premier, et le pevrier doit estre le second; et s'il y a drappier, le drapier doit estre le tiers, et l'orgier doit estre le quart. Et au cas que non y ayt drapier, et y ayt marchant de Fabrerie, ou d'autre mestier que ne soit drapier, l'orgier doit estre le tiers, et le marchant de Fabrerie ou d'autre mestier doit estre le quart; car comunement ont acoustumé de ainsi faire. On auroient esleu homme de telle proheminense, que pour son estat ladicte orde ne se doyve garder. Et de tout ce ledit notaire doit avoir, devant huyt ou quinze jours, certiffié lesdictz seigneurs consulz. Et emapres, du mandement desdictz seigneurs consulz, recite la a haulte voix, en presence d'eulx et de tout le peuple, lesdictz consulz de mer et regens, disant : Ycy sont les noms et les sobrenoms des seigneurs nouvellement esleuz par les seigneurs consulz maieurs pour consulz de mer de Montpellier, pour l'an prouchainement venant, tel, tel, tel et tel. Et apres : Ce sont les noms et sobrenoms des seigneurs nouvellement esleuz par lesdictz seigneurs consulz mayeurs pour regens des seigneurs marchans navigans. Et recité en la forme dessusdicte par ledit notaire, et publicqué les noms et sobrenoms desdictz consuls de mer et regens, lesdictz seigneurs consulz maieurs en demandent faire instrument par ledit notaire. Et s'il ne estoient advisé de demander instrument, ledit notaire les en doit adviser. Et ce fait, les seigneurs consulz en leur clerc se lyevent dehorcz, et tout le peuple se lyeve pareilhement, et prengnent congié, et s'en vont. Et emapres s'en vont lesdictz seigneurs consulz et leur clerc, chascun a son hostel. Et ledit jour, apres disner, lesdictz seigneurs vienent de leur maison avec leurs robes, et avec les seigneurs ouvriers vont aux honneurs es Carmes, ou y a sermon. Et emapres lendemain, que est le second jour de janvier, ou l'autre jour apres, quant bien leur vient a poinct, toutesfoiz non y doyvent actendre, lesdictz seigneurs consulz maieurs doyvent envoyer querir par leurs escuyers les devantdictz consulz de mer nouvellement esleuz, pour les faire jurer, et pour prendre d'eulx le sacrement accoustumé de prester pour consulz de mer au commencement de leur office, lequel sacrement est escript au livre des Coutumas du Consolat, a feulh CCCLXII. Et quant l'ont receu les seigneurs consulz mayeurs desditz consulz de mer, ledit sacrement, lesdictz seigneurs consulz de mer s'en vont, et prengnent de leurs predecesseurs le charge de leur office. Et de toutes ces choses doit adviser ledit notaire lesdictz seigneurs consulz.

Arch. mun. de Montp., *Cérémonial des consuls*, fol. 46 v°.

## CCXXVIII.

CLAVERIE D'AIGUESMORTES. — PRÉSENTATION DE CANDIDATS PAR LES CONSULS DE MONTPELLIER.

Cellui jour mesme de monseigneur Saint Thomas (21 decembre), ou lendemain, lesdictz seigneurs consulz, actendu que la presentation du clavaire des emolumens du port royal d'Aiguesmortes un an appartient a la presentation desdictz seigneurs consulz de Montpellier, et autre a la presentation des consulz dudit lieu d'Aiguesmortes, et la presentation du sobre entendent des emolumens desusdictz de ladicte reparation dudit port appartient un an a la presentation desdictz seigneurs consulz de Montpellier, et autre an a la presentation desdictz consulz d'Aiguesmortes, et autre an a la presentation des scindicz de Lunel, et la institution desdictz clavaire et sobre entenden appartient a monseigneur le seneschal de Beaucaire et monseigneur le tresorier de Nysmes, ou a leurs lieuxtenans, lesquelles presentations se doyvent faire a chascun an a Nysmes par lesdictz consulz et scindicz, ou de par eulx, ausdictz monseigneur le seneschal et thresorier, ou a leurs lieuxtenans, la vigille de Noel, advisent et regardent en le *Grand Thalamus* a cxlii feulliez, ou cartes en est inserée, la lectre du roy nostre sire, et l'exequcion d'icelle, octroyée par monseigneur le seneschal que estoit adoncques, soubre l'ordonnance desdictz clavaire et sobre entendant. Et si trouvent que icellui an a eulx appartienne la presentation des devant dictz clavaire et sobre entendant, ou l'ung d'eulx, car aucunes foiz se estalita que leur appartient de le un, et aucunes foiz se estalite que leur appartient de deux, et aucunes foiz se estalite que ne leur appartient ne de l'ung ne de l'autre, et ne convient mais avoir recours au registre de les lectres, car ila se trouvera pour ce que ung an et autre non lesdictz seigneurs consulz ont la presentation dudict clavaire, et le tiers ont dudict sobre entendant, et la trouveront en les lectres que chascun an tramectent sur ce a monseigneur le seneschal et au tresorier, en quelz ans on faitz lesdictes presentations. Et quant auront trouvé que ladicte presentation leur appartient, eulx tous ensembles, de egual consentement, doyvent eslire quatre bons hommes de ladicte ville de Montpellier, pour presenter ausdictz monseigneur le seneschal et tresorier, que prengnent l'ung d'iceulx quatre pour faire le clavaire icellui an, et autres quatres bons hommes de ladicte ville pour presenter ausdictz monseigneur le seneschal et au tresorier, que prengnent ung d'iceulx quatre pour faire le sobre entendant celui an. Et faicte par eulx ladicte election, ont a faire une lectre close, que de par eulx se adresse ausdictz monseigneur le seneschal et tresorier, ou a leurs lieuxtenans, faisant mention en quelle maniere ilz ont esleu quatre bons hommes de la ville, lesqueulx leur presenton, que de le ung d'iceulx fassent clavaire icelui an a recevoir lesdictz emolumens de ladicte reparation dudit port, nommant les tous quatre au pié de ladicte lectre; et par semblable maniere autres quatre que prengnent l'ung pour sobre entendant : et que icelle lectre tramecte a la journée a Nysmes, et le leur facent presenter; car si non estoient a la journée, lesdictz monseigneur le seneschal et tresorier ne les actenderoient pas ung jour, mais feroient a leur plaisir lesdictz clavaire et sobre entendant : et que lesdictz seigneurs consulz se advisent quel presenteront pour clavaire; car si le presentat et institué a ladicte presentation, a la fin de ses comptes de sa recepte de ladicte clavairie, non avoit que payer, le consolat payera ses faultes, car il aura esté presenté par les seigneurs consulz; et y appert l'an mil trois cens septante, et a tant que, a la requeste de maistre Arnart de Lar, les seigneurs consulz que estoient adoncques presenterent le sieur Guillem D'Agrifuelh, canebassier, et fust fait clavaire, dont le consolat emapres paya pour sa faulte, car ne y avoit que payer une grant somme de monnoye. Pourquoy seroit bien fait que, quant les seigneurs consulz, sur icelle cause, ausdictz monseigneur le seneschal et tresorier, ou a leurs lieuxtenans, les advisent, que, quant institueront le clavaire, ledit presenté et lui feroient sa lectre, que le facent obliger de rendre bon compte, et que lui facent donner bonne fermance aux mains, selon la teneur desdictes lectres reaulx. Lesdictz seneschal et tresorier, ou leurs lieuxtenans, ne doyvent ne peuvent denegner que ne prengnent ung desdictz presentez, et de faire le clavaire, s'il est presenté pour clavaire, ou de faire le sobre entendant, s'il est presenté pour faire le sobre entendant.

Arch. mun. de Montp., *Cérémonial des consuls*, fol. 43 r°.

## CCXXIX.

#### PUBLICATIONS ANNUELLEMENT FAITES A LA CABANE DE CARNON.

Sequuntur proclamaciones sive preconisaciones fieri solite annis singulis in cabanna de Carnone.

Mandat curia de Carnone domini Magalonensis episcopi et comitis Melgorii, et parierorum dicti domini episcopi et comitis in stagno et silva Melgorii et Carnonis, quod nemo audeat transire aliquas mercaturas per passum neque per gradum de Carnone, nisi prius solverit pedagium domino episcopo et comiti et suis pariariis debitum, sub pena barche, capuli, mercaturarum et LX sol. turon., dicte Carnonis curie applicanda.

Item, quod nemo audeat piscari in aquis et stagno Melgorii seu Carnonis cum palangre, roayrol, talamont, bolegio, gauquil, cata, neque cum alia quacunque arte prohibita, sine licencia curie seu curialium Carnonis, sub pena barche, navigii, artium, piscium et LX$^{\text{ta}}$ solid. turon., dicte Carnonis curie applicanda.

Item, quod nemo audeat piscari in aquis et stagno Melgorii seu Carnonis cum batuda, portantes nec habentes guela, videlicet de festo Beati Michaelis proxime preterito, citra festum Beati Pauli proxime futurum, sine licencia curie seu curialium Carnonis, sub pena barche, artium, piscium, et LX solid. turon., dicte Carnonis curie applicanda.

Item, quod nemo audeat piscari in aquis et stagno, ac jurisdictione Melgorii seu Carnonis, cum aliqua arte piscarie, trahendo seu yssargando ad terram sive de terra cum aliqua arte secta, nisi malha ipsius artis sit latitudinis duorum digitorum, sub pena barcharum, navigiorum, artium et LX sol. tur., dicte curie Carnonis applicanda.

Item, quod nemo audeat mittere, protendere, neque tenere panteras, neque aliquam aliam artem piscarie prohibitam, in passu et jurisdictione de Carnone, sub pena barche, navigii, artium, piscium et LX sol. tur., dicte Carnonis curie applicanda.

Item, quod nemo audeat albeyare in aquis ac stagno Melgorii seu Carnonis, sine licencia curie seu curialium de Carnone, sub pena barche, piscium et LX$^{ta}$ sol. tur., dicte Carnonis curie applicanda.

Item, quod nemo audeat ameyare in aquis et stagno Melgorii seu Carnonis, seu in gradibus de Cauquilhoza et de Pantabona, nec in canalibus eorumdem graduum, nec ullas ramaterias in eisdem gradibus, nec eorum canalibus, seu prope, facere, apponere, pretendere seu tenere, nec aliquod aliud dampnum seu impedimentum inferre, sine licencia curie seu curialium de Carnone, sub pena barche, piscium et LX sol. tur., dicte Carnonis curie applicanda.

Item, quod omnis piscator, piscans in aquis et stagno Melgorii seu Carnonis, veniat mane, in solis ortu, sive in hora prime, ad portum consuetum cum tota piscaria, sive cum omnibus piscibus per ipsum piscatorem captis, pro adrechurando seu usagyando dictos pisces, et pro ibidem in portu dando et solvendo usaticum seu drechuram debitum ac debitam dominis de Carnone, seu usagerio ad hoc deputato seu deputando; et quod non audeat recedere seu discedere a dicto portu, donec omnes sui pisces fuerint per dictum usagerium usagiati seu adrechurati; sub pena barcharum, navigiorum, artium, piscium et LX sol. tur., dicte Carnonis curie applicanda.

Item, quod nemo sit ausus exire neque ire usacyatum pisces,

## PIÈCES JUSTIFICATIVES. 447

in aquis seu stagno Melgorii seu Carnonis captos, nisi duntaxat ad portum de Candilhanicis, seu ad portum Melgorii, seu ad portum Carnonis, seu ad portum de Terra vermelha, pro usagyando cum usagerio ibidem in quolibet portu predicto deputato, sub pena barche, navigii et piscium, et LX sol. tur., dicte Carnonis curie applicanda. Et de portu Terre vermelh non tenentur ire recipere in portum, nisi a festo Sancti Michaelis ad carniprivium.

Item, quod nemo sit ausus in aquis et stagno Melgorii seu Carnonis piscari, neque aves capere seu venari, ac aliquod genus recium neque aliquas tesuras dicte piscarie seu venationis avium, in dicto stagno positas seu infixas, trahere nec levare, in diebus dominicis, neque in festivitatibus Beate Marie Virginis, neque Beatorum Apostolorum, neque in aliis festivitatibus sollempnibus, neque in noctibus vigiliarum dictorum festorum, sub pena piscium, avium, artium et LX sol. tur., dicte Carnonis curie applicanda.

Item, quod nullus rodayronus audeat in aquis et stagno Melgorii seu Carnonis, aliqua recia in dicto stagno posita seu infixa levare, nisi duntaxat de clara die, videlicet de sole in solem, sub pena barche, piscium et LX sol. tur., dicte Carnonis curie applicanda.

Item, quod nullus piscator sit ausus exire de stagno Carnonis, cum piscibus in dicto stagno captis, licet dicti pisces fuerint usagiati, nisi in suo discessu se presentet et ostendat cum omnibus suis piscibus usagiario dominorum Carnonis, et in cabana seu apud cabanam Carnonis, sub pena piscium et LX sol. tur., dicte Carnonis curie applicanda.

Item, quod nemo audeat pisces in aquis seu stagno Carnonis captos vendere neque emere, neque alias sibi appropriare, neque alicui dare, nisi prius per usatgerium ad hoc deputatum seu deputandum fuerint complete usatgyati, sub pena barche, navigii, piscium et LX sol. tur., dicte Carnonis curie applicanda.....

Item, quod nemo audeat vituperose aut maligne aut injuriose jurare, neque blasfemare, neque renegare de Deo, nec de Beata Virgine Maria, neque de Sanctis Apostolis, neque de aliis Sanctis

Dei, sub pena standi in toscello, prima vice qua de premissis fuerit convictus, et sub pena perforandi linguam in loco publico, cum uno greffio vel clavello, pro secunda vice qua de premissis fuerit convictus.

Item, quod nemo audeat ferre arma prohibita seu suspecta, neque arnesia prohibita, neque dagam, neque cutellum, cum puncta ultra mensuram unius palmi et duorum digitorum, in jurisdictione Carnonis, de die, sub pena LX sol. tur., neque de nocte, sub pena centum sol. tur., et amissionis armorum, tam de die quam de nocte, dicte Carnonis curie applicanda.

Item, quod nemo audeat accipere, neque defferre seu portare ligna seu fustes, neque aliqua alia bona, que per maris flatum, impetum, seu alio casu fortuito vel nauffragio, vel aliquo alio modo, evenerint ad plagiam sive silvam condominorum de Carnone, donec per curiam de Carnone, seu curiales ejusdem curie, de custodia premissorum et eorum jure cognitum fuerit, sub pena centum sol. tur., dicte Carnonis curie applicanda.

Item, quod nemo audeat, in jurisdictione Carnonis, amovere aliquod genus navigiorum, neque aliquam yssartiam navigii, nisi de licencia illius cujus esset, sub pena centum sol. tur., dicte Carnonis curie applicanda.

Item, quod nemo sit ausus venare, in silvis nec in plagiis de Carnone, cuniculos seu perdices, nec ullam aliam cassam prohibitam, sub pena amissionis perdicum et cuniculorum, et dicte alterius casse seu venationis, et LX sol. tur.....

Item, quod nemo sit ausus ludere cum taxillis ad argentum suum, in cabana Carnonis, sub pena LX sol. tur.....

Item, quod quicumque piscator, qui dalphinum vel dalphinos in mari piscatus fuerit, et eos in plagia Melgorii aplicuerit, vel in stagno Melgorii cum dictis dalphinis intraverit, quod solvat vel solvant, de dictis dalphinis, dicto domino Magalonensi episcopo, vel suis gentibus, capud dalphini, cum auricula et albo usque ad umbiliculum, et hoc sub pena decem librarum turon., dicto domino episcopo Magalonensi aplicanda, et barcha sive alia fusta, cum qua dictos dalphinos portaverit, cum omnibus artibus, dicto domino episcopo confiscandis, et alias stare misericordie dicti domini.....

> Arch. départ. de l'Hérault, *Cartulaire de Maguelone*, Reg. B, init., fol. non coté.

## CCXXX.

#### LETTRES TESTIMONIALES DE RÉCEPTION, DE FRANCHISE, ETC., DES NOUVEAUX BOURGEOIS DE MONTPELLIER.

(XV<sup>e</sup> siècle.)

### I.

In nomine Domini, amen. Anno Incarnationis ejusdem millesimo quadringentesimo vicesimo quarto, et die octava mensis marcii, domino Karolo Dei gracia Francorum rege regnante. Cunctis fiat manifestum, quod in mei notarii publici et testium subscriptorum presentia honorabiles et prudentes viri nobilis Johannes Roque, Franciscus Poiade, Heliotus Caylaris, Johannes Vorte et Dominicus Bremundi, consules universitatis ville Montispessulani, una cum provido viro Petro de Sereriis, eorum conconsule absente, desiderantes bono desiderio dictam villam Montispessulani bonis et honestis personis et habitatoribus augmentari et populatam fore, considerantesque quod, quanto pluribus privilegiis, franchesiis et libertatibus dicte ville persone per dictos dominos consules in veros incolas et habitatores ejusdem ville recipiende utentur et gaudebunt, tanto melius et affectuosius mansionem suam continuam in dicta villa facient, cum alibi domicilium suum eligere possent, eapropter ipsi domini consules, pro se et successoribus suis consulibus Montispessulani, audito a multis laudabili testimonio de bona fama et conversatione honesta discreti viri Andree de Mariano, mercatoris civitatis de Senis, commorare et habitare desiderantis in dicta villa Montispessulani, eundem Andream de Mariano, presentem et requirentem, stipulantemque et recipientem, receperunt et, tenore presentis publici instrumenti, recipiunt in civem seu incolam et verum habitatorem dicte ville Montispessulani, volentes ipsi domini consules et expresse concedentes eidem Andree de Mariano, ut supra stipulanti, quod de cetero ipse, mansionem suam seu domicilium et habitationem faciendo in dicta villa Montispessulani, utatur et gaudeat omnibus et singulis privilegiis, libertatibus, franchesiis et immunitatibus, concessis et concedendis habitatoribus et incolis dicte ville Montispessulani, et quibus ipsi veri incole et habitatores gaudent et utuntur, utique et gaudere possunt et consueverunt atque debent. Preterea voluerunt et concesserunt ipsi domini consules, voluntque et concedunt dicto Andree de Mariano, ut supra stipulanti et recipienti, cum et sub pactis et conditionibus infrascriptis, quod idem Andreas sit liber, quittus et immunis, pro bonis suis mobilibus dumtaxat, a solutione et contributione quarumcunque talliarum, subsidiorum et indictionum, impositarum et imponendarum per dictos dominos consules et eorum successores in presenti villa Montispessulani, barragio tamen presentis ville Montispessulani excepto, a die presenti in tres annos proxime sequentes continuos et completos; hoc tamen acto et in pactum expressum deducto inter dictas partes, quod idem Andreas de Mariano promittet et jurabit stagiam et habitationem suam facere et tenere in presenti villa Montispessulani, et alia contenta in sacramentali seu juramento infrascripto, per novos habitatores Montispessulani prestari et fieri solito, servare et complere. Item quod, lapsis dictis tribus annis, dictus Andreas de Mariano, stagiam et habitationem suam seu domicilium faciendo et tenendo in Montepessulano, ipse debeat et teneatur, ex pacto expresso inter dictas partes inhito et convento, solvere et contribuere in talliis, subsidiis et aliis oneribus quibuscunque dicte ville Montispessulani, secundum facultatem persone et bonorum suorum, prout alii habitatores talliabiles ejusdem ville Montispessulani solvent et solvere consueverunt, omni contradictione cessante. Et preter hoc dictus Andreas de Mariano debeat et teneatur, ex pacto predicto, dare et solvere dominis

operariis comunis clausure dicte ville Montispessulani, seu eorum
clavario, ducentos et quinquaginta cayronos lapideos, bonos, pulcros
et integros, pro reparatione dicte comunis clausure Montispessulani, de die in diem, ad ipsorum operariorum, seu eorum clavarii,
omnimodam voluntatem. Item quod, casu quo infra dictum tempus
dictus Andreas de Mariano a dicta villa Montispessulani recederet,
habitationem et stagiam predictam relinquendo, quod ipse teneatur
solvere dicto consulatui Montispessulani, seu clavario ejusdem, pro
rata sua, tallias, subsidia et indictiones, que a die presenti usque
ad diem sui recessus indicte et imposite fuerint in dicta presenti villa
Montispessulani, premissis non obstantibus, et omni contradictione
cessante. Et sic, cum et salvis pactis et conditionibus predictis, dicti
domini consules dictum Andream de Mariano presentem, stipulantem et recipientem, prout supra, in civem sive incolam et verum
habitatorem dicte ville Montispessulani, ut premissum est, receperunt et recipiunt, prout supra. Et hec omnia et singula predicta sic
tenere, attendere, servare et complere, et in nullo contrafacere,
dicere, vel venire, dicti domini consules dicto Andree de Mariano,
ut supra stipulanti, promiserunt per bonam fidem suam, et sub obligatione omnium bonorum dicti consulatus, presentium et futurorum,
cum omni juris et facti renunciatione ad hoc necessaria pariter et
cauthela. Et dictus Andreas de Mariano, predicta omnia et singula
recipiens et acceptans in modum predictum, et de eisdem dictis
dominis consulibus grates et gracias, quantas potuit et potest, reffe-
rens, promisit et convenit dictis dominis consulibus presentibus, et
michi notario infrascripto, ut comuni et publice persone, sollemp-
niter stipulantibus et recipientibus, pro tota dicta universitate et re
publica dicte ville Montispessulani, et omnibus aliis quorum interest
et poterit interesse, stagiam et habitationem suam facere et tenere
in presenti villa Montispessulani, et omnia alia pacta et conditiones
superius descriptas, in quantum ipsum Andream tangunt et con-
cernunt, nec non omnia et singula contenta in dicto et infrascripto
sacramentali seu juramento, per novos habitatores dicte ville Mon-

tispessulani fieri et prestari solito, per me notarium infrascriptum ibidem, de jussu et voluntate dictorum dominorum consulum, eidem Andree recitato, facere, attendere, servare et complere cum effectu; cujus quidem sacramentalis seu juramenti tenor sequitur, sub hiis verbis :

Aquest sagrament fan aquels que se meton en la comunalesa et el cossolhat de Montpellier : — Yeu hom jur fizentat a nostre senhor lo rey de Fransa et senhor de Montpellier, d'ayssi avans, ayssi com li autres homes de Montpellier li an jurat; et jur a vos cossols de Montpellier, recebens per la comunaleza de Montpellier, et a tota la universitat de Montpellier, et a cadaun de la universitat, stara, valensa, mantenensa, deffendemen de totz homes et encontra totz homes; et promet et convent salvar et gardar ben fizelment et deffendre las personas e las causas dels habitans de Montpellier, presens et esdevenidors, et tot aquo que perten ho pertenra a la comunaleza de Montpellier, dins et defforas. Et promet et convent a vos cossols de Montpellier, presens et esdevenidors, que en totas causas, que pertanhon o pertanheran a la comunaleza de Montpellier, bons et fizels et hobediens vos seray. Totas aquestas causas et cadauna tenray et gardaray a bona fe, salva la fizentat de nostre senhor lo rey, si Dieu me ajut et aquestz sans Euvangelis de Dieu, salvas la costumas et las franquesas et las libertatz els uzes de Montpellier, et cascuna de las causas sobredichas juradas.

Sub expressa ypotheca et obligatione omnium bonorum suorum ipsius Andree de Mariano, presentium et futurorum, cum omni juris et facti renunciatione ad hec necessaria pariter et cauthela. Et hec omnia et singula predicta, et in preinserto sacramentali seu juramento contenta, sic tenere, attendere, servare, complere, et in nullo contrafacere, dicere vel venire prenominatus Andreas de Mariano preffatis dominis consulibus, et michi dicto et infrascripto notario, ut supra stipulanti, promisit et juravit ad et super sancta Dei Euvangelia, ab ipso corporaliter sponte tacta, cum omni juris et facti renunciatione ad hec necessaria pariter et cauthela. De quibus omnibus universis et singulis predictis dicti domini consules voluerunt et concesserunt dicto Andree de Mariano, et idem Andreas peciit et requisivit, sibi fieri publicum instrumentum per me notarium infrascriptum. Et ad majorem premissorum corroborationem, ipsi domini consules sigillum comune dicti eorum consulatus huic presenti instrumento impendenti duxerunt apponendum.

Acta fuerunt hec omnia predicta in concistorio comuni Consulatus Montispessulani, testibus presentibus Ludovico Perdiguerii, campsore, Guillermo Colrati, speciatore, Ramundo Barralis, ordeario, habitatoribus Montispessulani, et me Johanne Vaysellerii, publico auctoritate regia notario, qui de premissis utrinque requisitus notam recepi.

Sumptum est instrumentum.

> Arch. mun. de Montp., Arm. Dorée, *Liber affranquimentorum*, papiers annexés.

## II.

A tres nobles seigneurs les consolz de Montpellier.

Suplie humblement Raolin Selier, frapier, habitant de Montpellier, que, comme ledit supliant, meiamment vostre bonne aide, soit de entencion de prandre molher en ceste presente ville de Montpellier, et le temps advenir de paier et contribuer aux charges d'icelle, comme les autres manans et habitans d'icelle, et si la grace qui s'ensuit vous lui voulez faire, comme aux autres noveaulx mariés avez acoustumé de faire, se habitera en ceste dicte ville, sy non il prandra son aventure la o bon lui semblera, c'est assavoir que vous le gitez et tienguez quite de toutes charges et talles que un autre pouroit faire en ceste ville, durant le temps de six ans, ou de tel temps comme a voz nobles discrecions sera d'avix. Et ledit supliant priera Dieu pour monseigneur le roy et vous et tous ses bienveillans.

> Arch. mun. de Montp., Arm. Dorée, *Liber affranquimentorum*, papier détaché, de date incertaine, mais comprise entre 1421 et 1424.

## III.

Universis et singulis custodibus portuum et passagiorum, villarum et locorum, presentes testimoniales litteras inspecturis, lecturis et eciam audituris, consules universitatis ville Montispessulani, Magalonensis dyocesis, salutem et presentibus indubiam adhibere fidem.

Notum vobis et vestrum cuilibet harum serie facimus, et in verbo veritatis actestamur, quod prudens vir Philippus Mocheti, sabbaterius, fuit per multa tempora, et adhuc est verus incola et habitator dicte ville Montispessulani, et tandem, suis exhigentibus meritis et virtutibus, electus merito aspiravit ad officium consulis in eadem villa Montispessulani, in quo quidem officio bene, probe et laudabiliter se habuit, et continue, ut verus incola et habitator dicte ville, in talliis seu subsidiis regiis et affariis communibus ejusdem ville predicte contribuit, prout et ceteri habitatores et incole jamdicte ville contribuunt et contribuere consueverunt. Ea de re merito debuit et debet dictus Philippus Mocheti uti et gaudere, prout et ceteri veri incole et habitatores dicte ville Montispessulani usi fuerunt et gavisi, ac utuntur et gaudent, privilegiis, libertatibus, usibus, exemptionibus, franchesiisque ac immunitatibus, veris incolis et habitatoribus dicte ville, tam per sanctam Sedem Apostolicam, quam per dominum nostrum Regem, concessis. Quapropter vos omnes et singulos supradictos custodes portuum et passagiorum, villarum et locorum, ad quos presentes pervenerint, presentium tenore, actencius quo valemus, deprecamur, ut dictum Philippum Mocheti, ejusque servitores, bona ac merces alibicunque, pedagiis et leudis, barragiisque ac aliis tributis inditis et indicendis, francos, quictios, liberos et exemptos, eundo et redeundo, libere abire permictatis et faciatis, absque solucione alicujus financie seu tributi, prout et ceteri veri habitatores dicte ville ab antiquo franchi, quictii, liberi et exempti fuerunt, esseque debuerunt et debent. In quorum fidem et testimonium premissorum, has nostras testimoniales litteras per notarium et secretarium nostrum infrascriptum fieri fecimus et mandavimus dicto Philippo Mocheti, illas petenti, et sigillo dicti nostri consulatus, quo in talibus utimur, impendenti sigillari.

Actum et datum in Montepessulano, die XVI$^{ma}$ mensis novembris, anno Domini M° IIII$^c$ LXXII$^{do}$.

De dictorum dominorum consulum mandato. De Mala rippa, notarius.

Arch. mun. de Montp., Arm. Dorée, Registre original sur papier, coté *Liber affranquitorum*, 1472-1553, fol. 2 r°.

## IV.

Universis et singulis presentes testimoniales litteras inspecturis, lecturis et eciam audituris, nos consules ville Montispessulani, Magalonensis diocesis, rem publicam ipsius ville, ex dispositione regia, actu regentes et gubernantes, notum facimus et in verbo veritatis actestamur, quod Johannes Tancquerelli, mercator, habitator dicte ville Montispessulani, fuit et est oriundus verusque habitator et incola jamdicte ville, in eaque habitacionem et residenciam suam fecit, a decem annis citra et ultra, et eciam in ea tenuit et possedit, prout et adhuc tenet et possidet, plura bona, mobilia et inmobilia, pro quibus, ut ceteri habitatores et concives dicte ville, contribuit et contribuere consuevit in talliis regiis communibusque et affariis ipsius ville, propter quod merito gavisus fuit gaudereque debet privilegiis, libertatibus, franchesiis ac immunitatibus, habitatoribus et civibus seu incolis dicte ville per dominos olim ejusdem ville concessis, et inde per dominos reges Francie, dicte ville Montispessulani dominos, ultimoque per illustrissimum dominum nostrum Francorum regem modernum, dominum dicte ville Montispessulani, cum suis patentibus litteris, laudatis, approbatis et confirmatis, ac eciam consuetudinibus, usibus et statutis ipsius ville Montispessulani. In quorum premissorum certitudinem atque fidem, nos dicti consules has nostras testimoniales litteras per notarium et secretarium nostrum infrascriptum dicto Johanni Tancquerelli, illas petenti, fieri et sigillo communi nostri consulatus, quo in talibus utimur, impendenti retro impressionem, communiri fecimus et mandavimus.

Actum et datum in dicta villa Montispessulani, die XXI<sup>a</sup> mensis junii, anno Domini M° CCCC° LXXV.

Constat de preassertis. De Mala rippa, notarius.

Arch. mun. de Montp., Arm. Dorée, *Liber affranquitorum*, 1472-1553, fol. 2 r°.

## V.

Noverint universi quod, anno Incarnacionis Domini millesimo CCCC<sup>mo</sup> LXXIX°, et die XXI<sup>a</sup> mensis octobris, nobiles et honorabiles viri domini consules ville Montispessulani affranquiverunt discretum virum Johannem Chaumel, alias lo Catalan, habitatorem dicte ville Montispessulani, presentem et stipulantem, pro bonis suis mobilibus, a die presenti in tres annos proxime sequentes continuos et completos, per quod affranquimentum dicti domini consules voluerunt et concesserunt dictum Chaumel, alias lo Catalan, durante dicto tempore dictorum trium annorum, esse quictum, franquum et inmunem a solucione et contribucione quorumcunque talhorum regiorum et onerum communium dicte ville, cum et sub certis condicionibus in instrumento hujusmodi affranquimenti expressatis et declaratis, prout lacius constat publico instrumento, in notam sumpto, sub anno et die predictis, per me Anthonium de Mala rippa, notarium regium publicum, habitatorem dicte ville Montispessulani, qui hec scripsi, et signeto meo manuali subsequenti contrasignavi, in fidem premissorum. De Mala rippa, notarius.

Arch. mun. de Montp., *Liber affranquitorum*, 1472-1553.

## VI.

In nomine Domini, amen. Anno Incarnacionis ejusdem millesimo quadringentesimo nonagesimo tercio, et die decima tercia mensis marcii, illustrissimo principe et domino nostro domino Karolo Dei gracia rege Francorum regnante. Noverint universi et singuli, presentes pariterque futuri, quod, apud villam Montispessullani, diocesis Magalonensis, in loco infrascripto, meique notarii regii publici et testium infrascriptorum presencia, coramque nobili et honorabilibus viris Johanne Bocas, Stephano Magni, Petro Martini, Stephano Carbonerii et magistro Beraudo Calherii, consulibus universitatis dicte ville Montispessullani, una cum Johanne Declauso, conconsule, eorum socio, absente, existens et personaliter constitutus providus vir Bernardus de Lala, mercator Cathalanus ville Perpiniani, pro nunc habitator ejusdem ville Montispessullani, qui eisdem dominis consulibus dixit et verbo exposuit, ad ejus noticiam pervenisse quod dictus dominus noster rex, ut dicta villa Montispessullani repopularetur et melio[r]aretur, voluerat et ordinaverat inter cetera, quod omnes mercatores et alie persone, cujuscumque nationis aut conditionis essent seu existerent, qui vellent habitare et mancionem suam facere in dicta Montispessullani villa, illud facere possent, dum et quando eis bonum videbitur, et quod eorum residenciam et mansionem in eadem villa Montispessullani faciendo, ipsi mercatores et alie persone essent et remanerent quieti, franchi et exempti, ratione personarum, mercanciarum, seu mobili[um] et industriarum suarum, ab omnibus talliis regiis et affariis comunibus dicte ville, et quod ipse dominus noster rex suas dictis dominis consulibus concesserat licteras, que quidem lictere regie fuerant publicate; et cum idem Bernardus de Lala esset extraneus, et condicionis mercatorum comprehensorum in dictis licteris regiis, velletque et intenderet mancionem suam facere in dicta villa Montispessullani, ut artem draparie in eadem villa exerceret, dum tamen ipsi domini consules eum in civem sive incolam et habitatorem ejusdem ville Montispessullani reciperent, ac etiam effectu dictarum licterarum regiarum, privilegiorumque et libertatum habitatoribus dicte ville concessorum gauderet, requisivit ideo eosdem dominos consules, ut ipsum Bernardum de Lala in civem sive incolam et habitatorem dicte ville Montispessullani recipere et admictere vellent, offerendo, ex convencione inter eosdem dominos consules ac prefatum Bernardum de Lala facta, dare et solvere eisdem dominis consulibus, et ipsorum in dicto consulatu successoribus, aut eorum clavario, qui nunc est seu pro tempore futuro erit, anno quolibet, ac certo termino inferius mencionato, pro suis mobili, cabali et industria, summam triginta solidorum turonensium, pro illis convertendis in talliis regiis et aliis affariis comunibus dicte ville, prout eisdem dominis consulibus videbitur faciendum; et ultra dictam summam triginta solidorum turonensium dictus Bernardus de Lala non contestabitur neque solvet. Qui quidem domini consules, premissis auditis, cupientes dictam villam Montispessullani bonis et honestis personis augmentare et populatam [fore, et] artem draperie inibi continuatam esse, audito a multis laudabili testimonio de bona fama et conversatione honesta predicti Bernardi de Lala, ac de ipsius super facto et arte draperie et tinturarie industria et experiencia, ipsum eumdem Bernardum de Lala, ibidem presentem et recipientem, tenore et contestimonio hujus veri, presentis et publici instrumenti, firmiter valituri, in civem sive incolam et habitatorem dicte ville Montispessullani admiserunt et receperunt; qui ea de re juramentum fidelitatis, per novos habitatores in civesquē dicte ville receptos prestari et fieri solitum, in manibus dictorum dominorum consulum gratis et sponte prestitit; et nichilominus, adeo ut dictus de Lala melius et libencius artem dicte draperie in dicta villa exerceat et exercere valeat, voluerunt et concesserunt ipsi domini consules eidem de Lala, quod ipse mancionem suam in dicta villa Montispessullani faciendo, privilegiis, usibus, libertatibus et franchesiis, tam per dominum nostrum regem modernum per suas patentes et appertas licteras regias, inferius insertas et descriptas, quam suos predecessores Francie reges et dominos Montispessullani concessis ac etiam in futurum concedendis, utatur et gaudeat, sitque francus et quictus a quibuscumque regiis et aliis taliis ac affariis comunibus dicte ville, impositis aut in futurum imponendis, cum hoc quod ipse de Lala suam habitacionem in dicta villa Montispessullani faciat, dictamque summam triginta solidorum turonensium anno quolibet solvat, prout inferius describitur. Que omnia et singula dixerunt et asseruerunt dicti domini consules, nomine consulario quo supra, fore vera et veritatem continere, seque ipsos dominos consules et suos in dicto consulatu successores tenere, actendere, servare et complere, ac in nullo contra facere, dicere vel venire, dicto de Lala, ut supra, presenti, stipulanti et recipienti promiserunt dicti domini consules et juraverunt ad et super sancta Dei quatuor Euvangelia, ab ipsis et eorum quolibet gratis corporaliter tacta, sub obligatione omnium bonorum, rerum et jurium dicti consulatus, presencium et futurorum, ac cum et sub omni facti et juris renunciacione, ad hoc necessaria, utilli, debita pariter et cauthela.

Et ibidem existens atque personaliter constitutus, dictus Bernardus de Lala, qui omnia et singula in modum predictum recipiens et acceptans, cum hoc eodem vero et publico instrumento, firmiter valituro, promisit et convenit, pactumque expressum, sollemni stipulatione vallatum, fecit predictis dominis consulibus dicte ville Montispessullani, ac michi notario infrascripto, ut comuni et publice persone, presentibus, stipulantibus et recipientibus pro eisdem predictis dominis consulibus et suis in officio successoribus, nec non pro dicta comunitate seu universitate dicte ville Montispessullani, ac omnibus illis quorum interest, intererit et poterit interesse in futurum, tamdiu quamdiu mansionem suam faciet in dicta villa Montispessullani, dare, tradere et solvere anno quolibet eisdem dominis consulibus, seu eorum successoribus in dicto consulatu, aut eorum clavario, qui nunc est aut pro tempore futuro erit, dictam summam triginta solidorum turonensium, dum et quando ac tociens quociens fuerit requisitus, pro suis mobili, cabali et industria, nec non et omnia et singula contenta et descripta in sacramentali, per novos habitatores dicte ville fieri et prestari solito, et per me notarium infrascriptum ibidem, de verbo ad verbum, alta et intelligibili voce lecto, dictus de Lala faciet, tenebit, actendet et complebit, de puncto in punctum, juxta ipsius sacramentalis seriem, formam, mentem et tenorem, pro quibus omnibus universis et singulis premissis, sic ut premititur tenendis, intendendis, servandis et complendis, ac restitucione omnium et singulorum dampnorum, gravaminum, interesse et expensarum, si que vel quas dictos dominos consules dictamque universitatem sive comunitatem sepedicte ville Montispessullani, aut suos successores, pati aut sustinere contingerit, pro premissis, obligavit idem Bernardus de Lala omnia bona, res et jura sua, mobilia et inmobilia, presencia et futura, sub viribus et compulcionibus curiarum parvi sigilli regii dicte ville Montispessullani ordinarieque domini bajulli ipsius ville, ac statuti novi ejusdem incipientis *Si per Christianum,* etc., et domini officialis Magalonensis, omniumque aliarum curiarum ecclesiasticarum et secularium, ubilibet constitutarum, et alias, prout in debitis regiis est fieri consuetum. Et voluit et expresse concessit dictus de Lala, quod, una dictarum curiarum electa, seu uno earum judice electo pro predictis, nichilominus tamen ad aliam earumdem curiarum, seu ad alium earum judicem, dicti domini consules, seu eorum successores, reddire et recursum habere possunt pro predictis, nullum propter electionem hujusmodi prejudicium in aliquo predictorum generando, ita quod locum non habeat id quod dicitur, ubi ceptum est judicium, ibi debeat terminari. Voluitque ulterius et expresse concessit dictus de Lala, quod ad predicta omnia et singula, sic ut premititur tenenda, actendenda, servanda et complenda cogi et compelli possit ubique, per bonorum suorum quorumcumque predictorum captionem, vendicionem et festinam distractionem, prout vires, rigores, stilus et privilegia dictarum curiarum et cujuslibet ipsarum, seu aliarum quarumcumque ecclesiasticarum vel secularium ad hec requisitarum, ac alias, sic prout et quemadmodum in debitis regiis fuit et est fieri consuetum, renuncians inde super hiis predictis, scienter et consulte, juris et facti ignorancie, doli et fraudis exceptioni et in factum actioni, privilegio crucis et fori, omnibusque bastidis et burgesiis, ac earum privilegiis, et aliis quibuscumque concessis et concedendis, et generaliter omni et cuilibet alii juri, usui, rationi et consuetudini, quibus contra predicta vel aliquod predictorum venire posset, aut se et dicta bona sua in aliquo juvare, deffendere seu thueri. Predicta autem omnia universa et singula sic tenere, actendere, servare, complere et in nullo contra facere, dicere vel venire promisit et juravit ad et super sancta Dei quatuor Euvangelia, per ipsum gratis propterea tacta; de quibus omnibus et singulis premissis dictus de Lala peciit et requisivit sibi fieri atque tradi publicum instrumentum per me notarium regium publicum infrascriptum.

Acta fuerunt hec omnia predicta in dicta villa Montispessullani, et in aula domus dicti Consulatus, testibus presentibus nobili et providis viris Jacobo Burelli, burgensi, Arnaudo Reynardi, Johanne Achardi, scutifferis dictorum dominorum consulum, et me Anthonio Salamonis, publico auctoritate regia notario, et domus dicti Consulatus eorumdemque dominorum consulum secretario, qui de premissis requisitus notam sumpsi, a qua hoc presens verum et publicum instrumentum extrahi, scribi et grossari feci, et, inde facta decenti collatione, hic me subscripsi, signum meum auctenticum, quo, dicta regia michi concessa auctoritate, in meis publicis et auctenticis utor instrumentis, apponendo. In fidem et testimonium omnium et singulorum premissorum, et ad majorem omnium premissorum firmitatem habendam, et in testimonium eorumdem, dicti domini consules huic presenti instrumento sigillum comune dicti consulatus, quo in talibus est consuetum uti, duxerunt apponi impendenti.

Tenor vero licterarum regiarum, publicacionisque illarum, de quibus superius fit mencio, sequitur, et est talis :

Charles, par la grace de Dieu roy de France, savoir faisons a tous presens et avenir nous avoir receue l'umble supplicacion de noz chiers et bien amez les consulz, manans et habitans de nostre ville de Montpellier, contenant que ladicte ville a esté anciennement une des principalles villes et plus marchandes de nostre pays de Languedoc, en laquelle tous marchands estrangiers et autres de diverses nacions et contrées souloient frequenter, resider et excercer faiz et traffiz de marchandise, qui reddondoient au prouffit et utilité de tout nostre dit pays de Languedoc, et en celle prosperité s'est entretenue jusques puis xxv ou xxx ans en ça, ou environ, tant au moyen des grans mortalitez qui y ont eu cours et aussi des armées qui ont passé en ladicte ville et es environs, en alant faire la guerre en Roussillon et Catheloigne, pareillement des dures pertes, fortunes de nauffrages que les principaulx marchans de ladicte ville ont soustenues a diverses foiz es galées qui ont esté perdues en mer, et autrement ; aussi que la liberté de marchandise a esté par cy devant clouse et retrainte a l'apetit d'aucuns officiers et marchans particuliers dudit pays, qui se sont voulu avantager ou prejudice de la chose publicque d'icelluy ; ladicte ville a esté par ces moyens et autres desnuée et depopulée de marchans et marchandises, et tellement que, aux causes dessus dictes, la pluspart d'iceulx qui y souloient frequenter et resider s'en sont distraictz et esloignez, et est icelle ville a present comme inhabitée, en voye de cheoir en totalle ruyne et desolation, se prompte provision n'y est par nous donnée ; pour laquelle cause iceulx supplians nous ont fait dire que ladicte ville ne se pourroit bonnement ressouldre, repeupler ne remectre ou train qu'elle estoit quant la liberté de marchandise avoit cours en nostre dit pays de Languedoc, et que tous marchans, tant de nostre royaume que estrangiers, y affluoient de toutes pars, se lesdiz estrangiers et autres qui vouldront venir demourer et faire leurs residences en ladicte ville n'avoient de nous quelque affranchissement, exemption et autres libertez et concessions convenables et propices, pour les atraire et tirer en icelle ville, en nous humblement requerant par lesdiz supplians noz grace et provision leur estre sur ce imparties. Pourquoy nous, ces choses considerées, inclinans favorablement a la supplicacion et requeste desdiz supplians, que l'entrecours de marchandise, que nagueres avons ouverte et mise en liberté, tant par mer que par terre, se puisse entretenir et continuer, et ladicte ville par ce moyen restaurer et mectre sus, au bien, prouffit et decoracion d'icelle et de tout nostre dit pays de Languedoc, pour ces causes et autres a ce nous mouvans, avons, par l'advis et deliberacion de plusieurs princes de nostre sang et gens de nostre grant conseil, voulu, ordonné, statué et declairé, et par la teneur de ces presentes, de grace especial, plaine puissance et auctorité royal, statuons, declairons et ordonnons, voulons et nous plaist que tous marchans et autres personnes quelxconques, de quelque estat, nacion ou condicion qu'ilz soient, tant estrangiers que de nostre royaume, exceptez ceulx de nostre dit pays de Languedoc, qui vouldroient aler demourer et eulx habiter en nostre dicte ville de Montpellier, le puissent faire franchement, toutesfoiz que bon leur semblera, et que, en ce faisant, ilz, avec leurs femmes, familles et biens quelxconques, soient et demeurent en nostre protection et sauvegarde especial, et lesquelx des a present pour lors nous y avons prins et mis, prenons et mectons, de nostre dicte grace, par ces dictes presentes, sans ce qu'ilz, ne aucuns d'eulx, pendant ledit temps qu'ils seront et demourront en nostre dicte ville, puissent dedans icelle, ne ailleurs en nostre royaume, estre inquietez, molestez ne empeschez, eulx ne leurs facteurs, procureurs ou commis, ne aussi leurs marchandises et autres biens tant d'eulx que de ceulx de qui ilz pourroient avoir commission et commande, soient estrangiers, ennemys ou autres, soubz umbre de quelconques marques, contremarques ou represailles, qui pourroient cy apres estre laxées et declairées, entre les villes, communautez et marchans particuliers de leurs nacions et contrées dont ilz seroient ainsi partiz et deslogez pour venir demourer en nostre dicte ville de Montpellier, en quoy nous n'entendons lesdiz estrangiers ilec retirez et habituez estre aucunement comprins. Et, de nostre plus ample grace, leur avons octroyé et octroyons que, du jour qu'ilz entreront et arriveront en nostre dicte ville de Montpellier, deliberez d'y faire leur residence, ilz soient et demeurent des lors en avant francs, quictes et exemps, pour raison de leurs personnes, marchandises, arbitres et industries, de toutes noz tailles et emprunctz et autres affaires communs de ville, et aussi de guet et de garde porte ; et dore les avons, des a present pour lors, quictez, affranchiz et exemptez, quictons, exemptons et affranchissons, de nostre dicte grace, par ces dictes presentes, pourveu que, s'ilz ou aucuns d'eulz acqueroient aucuns heritaiges ou possessions, dedans ou dehors ladicte ville de Montpellier, qui fussent d'ancienne contribucion, ilz paieront la taille au solt la livre, selon la valeur et estimacion desdiz heritages, comme les autres habitans de nostre dicte ville de Montpellier. Et encores avons voulu et ordonné, voulons et ordonnons, comme dessus, que lesdiz estrangiers, de quelque estat, nacion ou condition qu'ilz soient, qu'ilz vouldront habiter et demourer en nostre dicte ville de Montpellier, puissent et leur loise ordonner et disposer de leurs biens qu'ilz auront acquis et pourroient ou temps avenir acquerir et posseder tant par testament que autrement, et que, s'ilz decedoient sans hoirs ab intestat, leurs prouchains parens leur puissent succeder, en ensuyvant la disposicion de droit et l'ancienne coustume et observance gardée en nostre dit pays de Languedoc, sanz ce qu'ilz ne leurs heritiers et successeurs en puissent estre inquietez ne molestez, soubz umbre du droit d'aubenaige que nous ou noz successeurs y pourrions pretendre, lequel droit n'entendons quant a ce avoir lieu, au prejudice des dessusdiz, ne de leurs successeurs et ayans cause ; et sur ce imposons sillence perpetuel a nostre procureur general, present et avenir, et a tous autres ; et sans ce aussi que a ceste cause ilz soient tenuz de nous en payer aucune finance ou indempnité, laquelle, a quelque somme qu'elle puisse monter, nous, des a present pour lors, leur avons donnée, quictée et remise, donnons, quictons et remectons, de nostre dicte grace, par ces mesmes presentes. Si donnons en mandement a noz amez et feaulx conseillers les gens de nostre court de parlement a Tholose, gens de noz comptes et tresoriers a Paris, aux seneschaulx de Beaucaire, Carcassonne et Tholose, au gouverneur de Montpellier, ou a leurs lieuxtenans, presens et avenir, et a chacun d'eulx, conme a lui appartiendra, que noz presens declaracion, ordonnance, voulenté et octroy, et tout le contenu en ces presentes, ilz gardent, entretiengnent et observent, et facent garder, entretenir et observer inviolablement, sans enfraindre, et ces dictes presentes facent lire, publier et enregistrer en leurs cours, auditoires, jurisdicions, ou ailleurs ou mestier sera, a ce que aucun n'en puisse pretendre juste cause d'ignorance, en faisant lesdiz estrangiers et autres de nostre royaume, excepté ceulx de Languedoc, qui, comme dit est, viendront demourer et habiter en nostre dicte ville de Montpellier, joir et user de noz present affranchissement et autres concessions et octroiz dessus declairez, par la maniere davant dicte, plainement et paisiblement, sans leur faire, mectre ou donner, ne souffrir estre fait, mis ou donné aucun destourbier ou empeschement au contraire, lequel, se fait, mis ou donné leur avoit esté ou estoit, ostent ou facent oster, et mectre incontinant et sans delay a plaine delivrance, et au premier estat et deu. Et afin que ce soit chose ferme et estable a toujours, nous avons fait mectre nostre scel a ces dictes presentes, sauf en toutes choses nostre droit, et l'autruy en toutes.

Donné aux Montilz lez Tours, le derrier jour de fevrier, l'an de grace mil CCCC quatrevingts et troys, et de nostre regne le premier.

Par le roy en son conseil, monseigneur le duc de Bourbon, connestable de France, les comtes de Clermont et de Dunois, les evesques d'Alby et de Coustances, les sires de Baudricourt, de Vatan, de Genly, de Lisle, et autres, presens. — Primaudaye.

> Arch. mun. de Montp., Arm. F, Cass. V, N° 47. Original sur parchemin.
> Au dos : *Instrumentum receptionis Bernardi de Lala, mercatoris Montispessulani. 1493.*

## VII.

Universis et singulis justiciariis et officiariis, nec non custodibus portuum et passagiorum ac villarum et locorum, aliisque cunctis quibuscunque auctoritate, preheminencia et potestate prefulgentibus, tam infra quam extra Francie regnum ubilibet constitutis, quibus presentes littere pervenerint, et eorum cuilibet, vel locatenentibus eorumdem, consules universitatis insignis ville Montispessullani, diocesis Magalonensis, actu rem publicam jam dicte universitatis, ex dispositione regia super consulatu et administratione dicte rey publice nobis concessa, regentes et gubernantes, salutem, et presentibus indubiam adhibere fidem.

Justum et equitati congruum esse cognoscimus inscios, absentes et remotos de hiis que in verbo et facto veritatis consistunt certiorare, ut, procul pulsis ignorantie nebulis, veritas, que in se sola manet, clarius elucescat. Unde, harum nostrarum testimonialium litterarum serie, in dicto verbo veritatis, vobis omnibus universis et singulis supradictis, et vestrum cuilibet, notum facimus, quod honorabilis vir Petrus Miro, mercator, contrarotulator expensarum [hospicii] domine nostre regine, constantibus litteris patentibus, manu propria dicte domine nostre regine, prout in eisdem litteris legitur, signatis, et sigillo suo impendenti sigillatis, datis in loco Sancti Germani en Laye, die decima septima mensis maii, anno Domini millesimo quadringentesimo nonagesimo secundo, olim habitator ville Parpiniani, pluries et sepissime a certo tempore citra, et ultimate hodie date presentium, coram nobis et in nostro Consulatu se presentavit, dicens et asserens quod ad sui noticiam pervenisse, quod serenissimus princeps ac dominus noster, dominus Karolus, Dei gracia Francorum rex, ut dicta villa Montispessullani repopularetur et melioraretur, voluit, ordinavit et declaravit, ut in pluribus villis et locis fuerat publicatum, quod omnes mercatores et alie persone, cujuscunque nationis aut condicionis essent seu existerent, tam extranei quam regni Francie, illis patrie Lingue Occitane exceptis, qui vellent venire habitare in dicta villa Montispessullani, illud facere possent libere, dum et quando eis placeret, et hoc faciendo ipsi et eorum uxores et familie ac bona quecunque essent et remaneant in ipsius domini nostri regis protectione et salvagardia, absque eo quod, pendente tempore quo ipsi eorum mansionem facient in dicta villa Montispessullani, possent infra illam, nec alibi infra presens regnum Francie, inquietari, molestari, sive eorum factores, procuratores aut commissi, neque eorum mercancie sive bona quecunque, sive illorum de quibus habebunt sive habere poterunt commissionem aut commendam, sub umbra quarumcunque marcharum aut represalliarum, laxatarum aut in futurum laxandarum; et ulterius quod ipse dominus noster rex dedit et concessit, quod, ex die qua applicabunt in dicta villa Montispessullani, deliberati facere in eadem eorum residenciam et mansionem, sint et remaneant franchi, quieti et exempti, ratione personarum, mercanciarum et industriarum suarum, ab omnibus talliis et aliis oneribus et affariis comunibus dicte ville Montispessullani, super quibus ipse dominus noster rex suas patentes concessit licteras, que fuerunt in pluribus et diversis villis, civitatibus et locis publicate. Et ideo, cum ipse Petrus Miro esset, prout dixit, condicionis mercatorum, de quibus in dictis licteris fit mencio, nobis dictis consulibus animum suum declaravit, quod ipse erat totaliter deliberatus, cum suis uxore, liberis, familia et servitoribus, ex toto mansionem in dicta Montispessullani villa facere, et quod jam domum, per modum locati, in eadem habuerat, in ipsaque uti intendebat et volebat facto mercantili, tam pro se quam aliis, a quibus onus et commendam seu commendas habet seu habere poterit, requirens se propterea tamquam civem et habitatorem dicte ville Montispessullani per nos admicti et recipi, et hujusmodi receptionem in libro nostri Consulatus, in quo similia describuntur, scribi et registrari, licterasque testimoniales de et super premissis neccessarias sibi dari et concedi. Nosque dicti consules, premissis auditis, et coram nobis pluries et sepissime per dictum Petrum Miro dictis et fieri requisitis, cupientes dictam villam bonis et honestis personis augmentare et populatam esse, considerantesque, dum persone que, mediantibus licteris regiis, recipientur, et de contentis in eisdem gaudebunt, tanto melius et libencius mansionem suam continuam in dicta villa Montispessullani facient, sin alibi domicilium suum eligere et facere possent, audito a multis fidedignis laudabili testimonio de bona fama et conversatione honesta dicti Petri Miro, ipsum in civem sive incolam et verum habitatorem dicte ville Montispessullani, imquantum in nobis est, recepimus et admisimus, prout et per presentes recipimus et admictimus, mediante juramento inferius inserto, et per ipsum Petrum Miro in manibus nostris prestito, et omnia in eodem contenta servari jurato, cum hoc eciam quod ipse, mansionem suam faciendo in dicta villa Montispessullani, utatur et gaudeat privilegiis, franchesiis, libertatibus et immunitatibus per dictum dominum nostrum regem concessis, juxta et secundum formam, mentem et tenorem dictarum patencium licterarum regiarum, datarum *Aux Montilz lez Tours,* sub sigillo regio cera viridi cum cordulis ciriceis impendenti, die ultima mensis februarii, anno Domini millesimo quadringentesimo octuagesimo tercio, et quarum quidem licterarum regiarum et sacramentalis tenor sequitur et est talis :

Charles, par la grace de Dieu roy de France, savoir faisons a tous presens et advenir nous avoir receue l'umble supplicacion de noz chiers et bien amez les consulz, manans et habitans de nostre ville de Montpellier, contenant que ladicte ville a esté anciennement une des principales villes et plus marchandes de nostre pays de Languedoc, etc.

Donné aux Montilz lez Tours, le darnier jour de fevrier, l'an de grace mil quatre cens quatre vings et trois, et de nostre regne le premier, etc.

Yeu home jure fizentat a nostre senhor lo rey de Fransa e senhor de Montpellier, d'ayssi avant, comma los autres homes de Montpellier li an jurat; et jure a vos senhors consols de Montpellier, recebens per la comunaleza de Montpellier, et a tota la universitat de Montpellier, et a cadaun de la universitat, estara, valensa, mantenensa et deffendement de totz homes et contre totz homes; et promet et convent salvar et gardar ben fizelmen et deffendre las personas et las causas dels habitans de Montpellier, presens et endevenidors, et tot aquo que perten ho pertendra a la comunaleza de

Montpellier, dins et defforas ; et promet et convent a vos senhors consols de Montpellier, presens et endevenidors, que en totas causas que pertanhon ou pertanheram a la comunaleza de Montpellier bon et fizel et hobedien voz seray. Totas aquestas causas et cadauna tenray et gardaray a bona fe, salva la fizentat del rey nostre senhor, se Dieu me ajut et aquestz sans Evangeles de Dieu, salvas aussi las coustumas et las franquezas et las libertatz els uses de Montpellier, et cascuna de las causas sobredichas juradas.

Igitur nos dicti consules, ex nostro incumbenti officio, instanteque et requirente dicto Petro Miro, vos dominos omnes et singulos, ex parte dicti domini nostri Francorum regis, requirimus, et ex nostra actente rogamus, quathinus, premissis actentis, dictum Petrum Miro verum incolam ac civem sive habitatorem nostrum et dicte ville Montispessullani, sicque veluti domini nostri regis subditum, ejusque gentes et servitores, equitaturas, nec non aurum, argentum mercesque, et alia bona sua quecunque, et illorum a quibus commendam habebit, cum per vestros districtus et juridictiones, sive per terram, sive per aquam, transibunt et applicabunt, amicabiliter et favorabiliter, premissorum gracia et inthuitu, et alias, comendatum, si placet, recipiatis, in eisque quietari seu sejornari, ac inde libere abire permictatis, victualia et alia eis neccessaria que pecierint suis decostamentis seu expensis racionabilibus ministrari precipiatis, ac eos ab injuriis, molestacionibus, violenciis, oppressionibus ac impedimentis quibuscunque, tam in personis quam in bonis, tuheri, deffendi et preservari faciendo, taliter, si placet, in premissis vos habentes, quod dictus Petrus Miro, concivis noster, hujusmodi precamina, loco se afferente, sibi, ut plene confidimus, senciat fructuosa, nosque et ipse vobis ad graciarum teneamur actiones, et prout velletis nos, in casu simili, pro vobis, concivibusque et amicis vestris, peracturos, ad que et multo majora nos promptos offerimus pariter et paratos, si et cum per vos fuerimus requisiti, et casus exhigencia hoc postulaverit. In quorum omnium et singulorum fidem et testimonium premissorum, has nostras testimoniales licteras per notarium et secretarium nostrum subscriptum dicto Petro Miro, illas petenti, in presencia et testimonio Micaelis Adocti, Secondini Sandro, mercatorum, magistri Petri Doligny, notarii, Arnaudi Reynardi, scutifferi dicti Consulatus, habitatorum Montispessullani, fieri fecimus et concessimus, et sigilli comunis dicti nostri Consulatus, quo in talibus utimur, appensione roborari.

Actum et datum in domo dicti nostri Consulatus, die decima septima mensis augusti, anno Incarnacionis Domini millesimo quadringentesimo nonagesimo quinto.

De dictorum dominorum dicte ville Montispessullani consulum mandato. Salamon, notarius.

> Arch. mun. de Montp., Arm. G, Cass. VI, N° 70. Original à queue de parchemin, sceau absent.
> Au dos : *1495. Habitanaige de Pierre Miro.*

## CCXXXI.

**LETTRES DE LOUIS XII CONFIRMANT UNE SENTENCE ARBITRALE RENDUE ENTRE LES CONSULS DE MONTPELLIER ET LES MARCHANDS CATALANS.**

(7 Décembre 1503.)

Loys, par la grace de Dieu roy de France, a noz amez et feaulx conseillers les generaulx sur le faict de la justice de noz aydes seans a Montpeiller, salut et dilection.

Receue avons humble supplication de noz chers et bien aymez les consulz, manans et habitans de nostre ville de Montpeiller, de Pierre Anthoine Andrée et Michel Vidal, marchans cathalans, toutz habitans de ladicte ville et leurs adherans ou consortz en ceste partie, contenant que pieça, tant par feu nostre tres cher seigneur et cousin le roy Charles dernier decedé, que Dieu absoille, que par nous, certains privilleiges, libertés et franchises furent et ont esté donneez et octroyées ausdiz Cathalans, lors habitans du pays de Cathalongne, pour les faire habiter et demeurer en nostredicte ville de Montpeillier, pour la population d'icelle, lesqueulx privilleiges ont estez impetrez par les consulz, manans et habitans de ladicte ville, et de leur consentement, et ce afin de tenir iceulx Cathalans francs, quictes et exemps de toutes charges, tailles et aultres subsides en ladicte ville, pour leur meuble, cabal et industrye, ainsi qu'il peult plus a plain apparoir par noz lectres patentes sur ce octroyeez; et pour ce que, a l'occasion de ce, plusieurs questions, proces et differens ont esté, du temps de nostredit feu seigneur et cousin que de nous, meuz et suscitez entre lesdiz consulz et Cathelans supplians, a cause desdictes charges, tailles et suscides, pour iceulx assoupper et mectre a fin, aussi pour avoir paix et union entre eulx touchant lesdictes questions et differens, ilz, d'un commun accord et consentement, ont prins et esleu arbitres gens de bien, clercs et aultres, pour decider et congnoistre desdictes questions et differens, lesqueulx arbitres, ce qu'ilz ont ouy au long lesdictes parties, d'une part et d'aultre, ont decidé et determiné desdiz differens par leur sentence, diffinition et arbitraige, comme plus a plain peult apparoir par le contenu en icelle; et, entre aultres chouses, a esté convenu et accordé par lesdictes parties que ledit arbitraige, ainsi fait et accordé, pour le bien et utilité desdiz supplians et de ladicte ville et chose publicque d'icelle, seroit passé par arrest, decret et confirmation de vous, nosdiz conseillers, et laquelle sentence le gouverneur de Montpellier et sa court, apres informations par luy faictes, et ouy sur [ce] la depposition de plusieurs bourgeoys, marchans et gens de bien de ladicte ville, representans la plus grande et saine partie d'icelle, disans que ladicte sentence est bien prouffitable et neccessaire a la chose publicque d'icelle, et appellé nostredit procureur en ladicte court, veu aussi que icelle sentence n'est point dommegeable a nous, ne au retardement de noz deniers en ladicte ville, icelluy nostre gouverneur, a la requeste desdictes parties, a mys son auctorité et decret, en ce faisant a confermé icelle, ainsi que plus a plain peult aparoir par lesdicte sentence, decret, diffinition et arbi-

traige, ce que vous avez reffusé ou différé de faire, sans avoir sur
ce noz lectres de provisions, en nous humblement requerant icelles.
Pourquoy nous, ces choses dessusdictes considerées, voulans nourrir
paix, concorde et union entre nos subgectz, et evicter entre eulx
toutz debaz et proces, vous mandons, et, pour ce qu'il est question
en ceste matiere de noz deniers, et que estes juges souverains et en
dernier ressort en celles matieres, commandons et expressement enjoignons par ces presentes, que, appellé nostre procureur en ladicte
court, s'il vous appert de ladicte sentence arbitralle, ratiffiée par
lesdictes parties d'ung cousté et d'aultre, et de leur consentement,
aussi decretée et ratiffiée par ledit gouverneur, comme dessus est
dit, et que n'y ayons interest, vous, oudit cas, icelle sentence,
arbitraige et decret ratiffiez, confermez et passés par arrest et decret,
et ainsi qu'il appartiendra pour raison, en les faisant garder, tenir
et observer sans enfraindre, de point en point, selon leur forme et
teneur; car ainsi nous plaist il estre fait, nonobstant quelzconques
lectres subreptices, impetreez ou a impetrer, a ce contraires.

Donné a Lyon, le VII<sup>e</sup> jour de decembre, l'an de grace mil cinq
cens et trois.

Arch. mun. de Montp., *Grand Thalamus*, fol. 221 r°.

## CCXXXII.

### LETTRES DE LOUIS XII ÉTABLISSANT DEUX MARCHÉS A MONTPELLIER.

(Août 1505.)

A tous ceulx qui ces presentes lectres de vidimus verront, Pierre
de Clarmont de Lodeve, seigneur dudit lieu, viscomte de Nevozon,
conseillier et chambellan du roy nostre sire, et pour lui gouverneur
des ville et baronies de Lates et Homellas, salut.

Sçavoir faisons nous avoir leu, tenu, veu, et par le notaire cy
dessoubz escript et signé fait lire de mot a mot certaines lectres
royaulx du roy nostre sire, contenens le don et octroy par ledit

seigneur fait aux consulz, manans et habitans de la ville de Montpellier, de deux marchez, joinctz et entrelassez es deux foyres, par le feu roy Charles, dernier decedé, données et octroyées en ladicte ville, de son grand scel de cire verde et en las de soye scellées, données a Bloys au moys d'aoust dernierement passé, ensemble la veriffication et lecture d'icelles, faicte en nostre court presidale du Palays de ladicte ville de Montpellier, et la publication, par vertu d'icelles, par ladicte ville et carrefours faicte, desquelles lectres de don et octroy, publication et lecture d'icelles la teneur est telle :

Loys, par la grace de Dieu roy de France, savoir faisons a tous presens et advenir nous avoir receu l'umble supplication de noz chers et bien aymés les consulz, manans et habitans de nostre bonne ville de Montpellier, contenant que nostre feu tres chier seigneur et cousin le roy Charles, dernier decedé, que Dieu absoille, pour le bien, prouffit et utilité de ladicte ville et de la chose publique de nostre pays de Languedoc, donna et octroya ausdiz supplians deux foyres l'an, la premiere le premier jour du moys d'octobre, et l'aultre le vingt et siziesme jour du moys d'avril, lesquelles deux foyres ont tousjours esté tenues et continuées, et sont encores de present ; mais, pour mieulz accroistre et augmenter nostre dicte ville de Montpellier et tout le pays de Languedoc, lequel est souvent depopullé au moyen des pestes et mortalités qui y ont par cy devant eu cours, et aussi affin que les marchans estrangiers, hantans et frequentans les foyres et marchés, soyent tenuz soubz nostre protection, sauvegarde et seureté, et plus enclins de venir en ladicte ville de Montpellier, y vendre, changer, trocquer et distribuer leursdictes marchandises et les y laisser sejourner, seroit besoing creer, establir et ordonner en nostre dicte ville de Montpellier, avec lesdictes deux foyres qui y sont de present, deux marchez, de huyt jours ouvrans chascun marché, non comprins les jours des festes, affin que les diz marchans frequentans foyres et marchez puissent aller et venir aux aultres foyres et marchez, et que ce pendent ilz puissent ordonner et faire les payemens, ainsi qu'ilz ont acoustumé de faire de quartier en quartier, de foyre en foyre et de marché en marché, pour lesdiz deux marchés, de huyt jours ouvrables chascun marché, non comprins les jours de festes, estre tenuz, creez, establiz et entrelassez entre lesdictes deux foyres, c'est a sçavoir le premier marché le segond jour de janvier, et l'aultre le douziesme jour de juillet ; et, a ceste cause, lesdiz suppliantz nous ont humblement supplié et requis que nostre bon plaisir soyt faire, creer, ordonner et establir et entrelasser entre lesdictes deux foyres lesdiz deux marchez, et sur ce leur impartir nostre grace et liberalité. Pourquoy nous, les choses dessusdictes considerées, et mesmement que singulierement desirons le bien, entretenement, accroissement et augmentation de nostre dicte ville de Montpellier, laquelle, au moyen des grans mortalitez et pestes qui y ont eu cours par cy devant, a esté fort diminuée et depopulée, et affin que ladicte ville soyt mieulx entretenue, et que elle ne tumbe en ruine et decadence, et soit repopullée, et pour aultres grans causes et considerations a ce nous mouvans, avons fait, creé, ordonné et establi, et par ces presentes, de grace especial, plaine puissance et auctorité royal, creons, ordonnons et establissons lesdiz deux marchez, de huyt jours entiers et ouvrables chascun marché, non comprins les jours de festes, pour iceulx deux marchez estre tenuz et entrelassez entre lesdictes deux foyres, c'est a sçavoir le premier marché le segond jour de janvier, et l'aultre le douziesme jour de juillet ; voulans et octroyans qu'on y puisse vendre, changer, trocquer et achater toutes denrées et marchandises, licites, honnestes et permises, et que les marchans frequentans iceulx marchez joyssent et usent de telz et semblables privileges, franchises, libertez et droitz comme es foyres dudit Montpellier, Pezenas, Champaigne, Brye et Lyon, pourveu toustesvoyes que noz droiz de peages, entrées, yssues, coustumes, et autres devoirs a nous appartenans, n'en soyent aucunement retardez ne diminuez, et que a quatre lieues a la ronde n'y ayt aultres foires et marchez. Si donnons en mandement, par ces mesmes presentes, au gouverneur de nostre ville de Montpellier, et a tous noz aultres justiciers et officiers, ou a leurs lieuxtenans, et a chascun d'eulx, si comme a luy appartiendra, que de noz presens grace et ordonnance, creation, establissement, volenté et octroy, ilz facent, seuffrent et laissent lesdiz suppliantz, ensemble les marchans frequentans lesdiz marchez, joyr et user a tousjours, perpetuellement, plainement et paisiblement, sans leur faire, mectre ou donner, ne souffrir estre fait, mis ou donné, ores ne pour le temps advenir, aucun destorbier ou empechement au contraire, lequel, se fait, mis ou donné leur estoit, le leur mectent ou facent mectre incontinant et sans delay au premier estat et deu; et avecques ce facent crier et publier, par cry public et a son de trompe, se mestier est, lesdiz deux marchez, chascun de huyt jours entiers et ouvrables, ainsi entrelassez avec lesdictes deux foyres que dit est, et, pour iceulx faire seoir et tenir, establir places, estaux, loges et aultres choses neccessaires et en tel cas requises, comme ils verront estre a faire et au cas appartenir, en faisant tenir les marchans en nostre protection, sauvegarde et seurté, et joyr de telz ou semblables privileges, franchises, libertez et droiz que les marchans ont acoustumé de joyr et user es aultres foyres dudit Montpellier, Pezenas, Champaigne, Brye et Lyon, pourveu toutesvoyes que noz droiz de peages, entrées, yssues, coustumes, et autres devoirs a nous apartenans, ne soyent aucunement retardez ne diminuez, et que a quatre lieues a la ronde n'y ayt aultres foyres et marchez, comme dit est cy dessus; car tel est nostre plaisir, non obstant quelzconques ordonnances, mandemens, restrinctions ou deffences, a ce contraires. Et affin que ce soit chose ferme et estable a tousjours, nous avons fait mectre nostre scel a cesdictes presentes, sauf en autres choses nostre droit, et l'autruy en toutes.

Donné a Bloys, ou moys d'aoust, l'an de grace mil cinq cens et cinq, et de nostre regne le huytiesme.

Par le roy, maistre Charles du Haultboys, maistre des requestes de l'ostel, et autres, presens. J. Acarie. — Visa contentorum. E. Petit.

Lecte et publicate fuere presentes lictere regie in consistorio curie presidalis palacii regii Montispessulani, coramque nobili et egregio viris Stephano Deheneys, domino de Botoneto, et Petro de Petra, juris proffessore, locatenentibus magniffici et potentis viri domini gubernatoris ville et baroniarum Montispessulani et Homeladesii, in presentia venerabilis viri domini Petri Galopini, jurium licentiati, procuratoris regii in dicta curia instituti, publicationi earumdem licterarum consencienti, ac nobilium et honorabilium virorum Stephani Sezelli, Thome Amalricy, Octo Focardi, Johannis Calveti, Bertrandi de Petraficta, Salvatoris de Ulmo, Johannis de Genebreriis, et plurium aliorum burgentium et mercatorum dicte ville, nobilibus et honorabilibus viris Johanne Tincturerii, Johanne Columberii et Johanne Declauso, conconsulibus ejusdem ville, organo venerabilis viri domini Johannis Serilhani, jurium licentiati, dictorum dominorum consulum assessoris, et pro eisdem loquentis, illud fieri petentibus et postulantibus, die vicesima tercia mensis septembris, anno Domini millesimo quingentesimo quinto.

Constat de dictis lectura et publicatione. G. de Cathena, notarius.

De par le roy nostre seigneur, et par comandement de monseigneur le gouverneur de la present ville de Montpellier, commissaire en ceste partie par ledit seigneur depputé, l'on fait assavoir a toute personne, de quelque estat ou condition que soyt, qu'il a pleu audit seigneur donner et octroyer a ladicte ville de Montpellier, outre et par dessus les foyres données par le feu roy Charles dernier decedé, c'est a sçavoir deux marchez francz, durans huyt jours ouvrables par chascun marché, lesquelz seront entrelassés avecques lesdictes deux foyres, dont le premier acomensera le segond jour de janvier, et l'aultre le douziesme jour de juillet ensuivant, et en la forme et maniere qu'il est contenu aux lectres pactentes dudit seigneur, dont la teneur s'ensuit. E. Devene.

L'an a l'Incarnation de Nostre Seigneur mil cinq cens et cinq, et le vingt troysiesme jour du moys de septembre, a une heure apres midy, tres chrestien prince Loys, par la grace de Dieu roy de France, regnant, en la ville de Montpellier, ou diocese de Maguellonne, en la court presidale du palays royal dudit Montpellier, et par devant nobles et egreges personnes Estienne Devene, seigneur de Botonnet, et Pierre de Petra, docteur es droiz, lieuxtenans de magniffic et puissant seigneur monseigneur le gouverneur des ville et baronnies dudit Montpellier et Homellas, comissaire en ceste partie par ledit seigneur depputé, ont comparu nobles et honorables hommes Jehan Tincturier, Jehan Colombier et Jehan Duclaux, consulz de ladicte ville de Montpellier, lesquelz, par la bouche de maistre Jehan Serilhan, es droiz licencié, ont presenté a nos susdits seigneurs les lieuxtenans et comissaires certaines lectres royaulz du roy nostredit seigneur, a ces presentes atachées soubz le scel auctentic de nostre dicte court, et lesquelles lectres lesdiz seigneurs, par la bouche dudit maistre Jehan Serilhan, ont requis et demandé a nosdiz seigneurs qu'ilz les eussent a mectre a deue exeqution, juxta le contenu en icelles. Et nosdiz seigneurs les lieuxtenens et comissaires ont receu lesdictes lectres royaulx avecques toutes honneur et reverence deues, et se sont offerts, prestez et apareilhez de y proceder, selon le contenu en icelles, et ont comandé a moy notaire soubzsigné que en fasse la lecture, lesquelles lectres royaulx par moy leues es presences des tesmoings cy dessoubz escriptz, lesdiz seigneurs consulz, par la bouche que dessus, ont requis nosdiz seigneurs les lieuxtenens et comissaires qu'ilz eussent icelles faire crier et publier a son de trompe par les carefours de ladicte ville de Montpellier et aultres lieux et villes circumvoysins dudit Montpellier. Et nosdiz seigneurs les lieuxtenens et comissaires ont ordonné lesdictes lectres estre cryées et publiées a voix de trompe et cry publiq, de mot a mot, par les carrefours acoustumez de ladicte ville de Montpellier, me commectant a ce faire.

Fait a Montpellier, en ladicte court du palays et concistoire d'icelle, es presences de nobles et honorables hommes Estienne Sezelli, Thomas Amalric, Octo Foucard, Jehan Calvet, Bertrand de Pierreficte, Salvayre de l'Om, Jehan de Genebrieres, et plusieurs autres borgoiz et marchans dudit Montpellier, et de moy Guillaume de la Chene, notaire royal et confermier de ladicte court presidale du palays, qui en ay prins et receu acte et instrument.

Les an et jour que dessus, lesdictes lectres royaulx ont esté leues et publiées a aulte voix et cry public, ou plein des Changes et par les carrefours dudit Montpellier acoustumez, ou telz et semblables publications ont acoustumé de estre faictes, es presences de, etc., et de moy Guillaume de la Chene, notaire royal dudit Montpellier, a ce commis par nosdiz seigneurs les lieuxtenens et comissaires, etc.

Extraict des registres de la dicte court. G. de la Chene, notaire.

En tesmoing desquelles choses, nous avons fait mectre nostre scel de nostre court presidale du palays de Montpellier a cest present vidimus ou transcript, le XI<sup>e</sup> jour du moys d'octobre, l'an mil cinq cens et cinq.

    Arch. mun. de Montp., Arm. Dorée, Liasse I, N° 16. Original à queue de parchemin, sceau absent.
    Au dos : *Vidimus des lettres du roy Louis, par lesquelles il accorde a la ville de Montpellier, oultre les deux foires qui se tenoient a ladite ville le 1<sup>er</sup> octobre et le 26 avril, deux marchés qui se doivent tenir le 2 janvier et le 12 juillet.*

## CCXXXIII.

#### LETTRES DE LOUIS XII CONCERNANT LA TENUE DES FOIRES ET MARCHÉS DE MONTPELLIER.

(17 Décembre 1505.)

Loys, par la grace de Dieu roy de France, au premier huissier de nostre parlement, ou nostre sergent qui sera requis sur ce, salut.

De la partie de noz chers et bien amez les consulz, manans et habitans de nostre ville de Montpellier, nous a esté exposé que japieça nostre treschier seigneur et cousin le roy Charles dernier decedé, que Dieu absoille, establist, institua et ordonna en nostredite ville de Montpellier deux foires, durant chacune huit jours ouvrables, la premiere c'est assavoir le vingt sixiesme jour d'avril, et l'autre le

premier jour d'octobre, pour perpetuellement et a tousjours estre
tenues et continuées chacun an audit Montpellier, a toz droiz, privillieges, franchises, libertez que l'on a acoustumé joyr es autres
foyres de nostre royaume, en payant les droitz et devoirs anciens
acoustumez de payer ; en la joissance desquelles les consulz, manans
et habitans de noz villés de Pezenas et Montignac voulurent troubler
et empescher iceulx exposans, jasoit ce qu'elles eussent bien et
deuement esté publiées et veriffiées par tout ou il appartenoit, et que
d'icelles lesdits exposans en eussent paisiblement joy et usé par long
temps ; a cause de quoy proces fut meu entre les susdites parties
pardevant nostre cher et bien amé Jehan de la Roche Aymon, chevalier, lieutenant general de feu nostre treschier cousin le duc de
Bourbonnoys et d'Auvergne, gouverneur de nostre pays de Languedoc, commissaire en ceste partie de par nous specialement depputé, ouquel fut tant procedé que, oyes lesdites parties bien au long,
en tout ce qu'elles voulsirent dire, deduyre, proposer et alleguer,
faictes enquestes et autres productions d'un cousté et d'autre, et
ladite cause et matiere mise en deliberation de conseil, et avec sages
en droit, en la cité de Nysmes, lieu neutral et non suspect ausdites
parties, par deliberation dudit conseil, fut dit, appoincté et ordonné
par ledit de la Roche Aymon, lieutenant et commissaire, que les
proces et procedeures faictes par lesdites parties seroient renvoyées
devers nous et les gens de nostre grant conseil, pour en estre ordonné
et appoincté a nostre bon plaisir, et ce pendant, jusques a ce qu'autrement par nous et les gens de nostredit grant conseil en fust ordonné
et appoincté, que lesdits consulz, manans et habitans dudit Montpellier joyroient desdites deux foires, selon et en ensuyvant la forme
de l'octroy a eulx fait par nostredit seigneur et cousin ; et combien
que, selon forme de droit escript, selon lequel se regist et gouverne
ledit pays de Languedoc, lesdits de Pezenás et Montaignac de ladite
joissance ne deussent ou peussent appeller, toutesfoiz ilz, formelle-
ment et temerement, sans aucun grief, se porterent pour appellans
a nous et a nostredit grant conseil, ou ledit proces, au moyen dudit

appel, dix huit ans a, ou environ, fut introduit, et est encores pendant et indecis, lequel des lors lesdits appellans, saichans et congnoissans avoir tort et mauvaise cause, le delaisserent de poursuivre, apres lequel temps en ça lesdits exposans ont tousjours joy desdites foires plainement et paisiblement, presens, saichans et voyans lesdits de Pezenas et Montignac et plusieurs autres, sans aucune contradiction. Or est il que, puis nagueres, nous, qui singulierement desirons le bien, entretenement, accroissement et augmentation de nostredite ville de Montpellier, qui a esté et est une des principalles de nostredit pays de Languedoc, et est en pays limitrophe de nostre royaume, pour icelle nostredite ville mieulx accroistre et augmenter, laquelle est souvent deppopulée au moyen des pestes et mortalitez qui y ont par cy devant eu cours, et afin qu'elle ne tumbe en ruyne et decadence, et qu'elle se puisse reppopuler, et aussi afin que les marchans estrangers, hantans et frequentans lesdites foyres et marchez, soient tenuz soubz nostre protection, sauvegarde et sureté, et plus enclins a venir en ladite ville de Montpellier, et illec y vendre, changer, trocquer et distribuer leursdites marchandises, et les y laissier sejourner, et afin que lesdits marchans, frequentans les foyres et marchez, puissent aller et venir aux autres foyres et marchez, et que ce pendant ilz puissent ordonner et faire leurs payemens, ainsi qu'ilz ont acoustumé de faire de quartier en quartier, de foyre en foyre et de marché en marché, les choses dessusdites considerées, mesmement en ensuivant les privillieges et libertez dudit pays de Languedoc, par lequel il est permis en chacune bonne ville dudit pays de povoir avoir foyres et marchez, pourveu qu'elles ne soyent les unes les jours des autres, et pour autres grans considerations a ce nous mouvans, de nostre grace especial, pleine puissance, auctorité royal, ou moys d'aoust dernier passé, donnasmes, creasmes, instituasmes et establysmes deux marchez de huit jours entiers et ouvrables, pour iceulx estre chacun an en nostredite ville de Montpellier tenuz, continuez et entrelassez avec lesdites deux foyres, c'est assavoir le premier marché le second jour de janvier, et l'autre le douziesme jour de juillet, a telz et semblables privillieges, franchises et libertez, que joissent et ont acoustumé joyr les foyres de nostredit royaume, mesmement comme celles de Brye, Champaigne et Lyon, pourveu toutesvoyes que noz droiz de peages, yssues, entrées acoustumez, et autres devoirs a nous appartenans, n'en soient aucunement retardez ne diminuez, et que a quatre lieues a la ronde n'y ayt autres foyres et marchez, lesquelz marchez ont esté depuis bien et deument publiez et veriffiez par tout ou il estoit necessaire et appartenoit; et combien que en la joissance desdits marchez lesdits exposans ne deussent aucunement estre troublez ne empeschez, et que d'iceulx, selon et en ensuyvant le don et octroy que par nous leur en a esté fait, ilz en deussent playnement et paisiblement joyr et user, ce non obstant, lesdits de Pezenas et Montignac, par envye qu'ilz ont conceue contre lesdits exposans, soubz coulleur de certain formel appel, qu'ilz dient avoir interjecté et relevé en nostredit grant conseil, se sont efforcez et efforcent troubler et empescher lesdits exposans en la joissance desdits marchez; et pour mieulx parvenir a leurs fins et garder iceulx exposans de tenir l'un desdits marchez, qui eschoit a tenir le second jour de janvier prochain, lesdits de Pezenas et Montignac, cauteleusement et mallicieusement, ont delaissé et differé, puis quatre moys en ça, ou environ, que la publication desdits marchez a esté faicte, comme dit est, par tout nostredit pays de Languedoc, jusques puis nagueres, de relever leurdit appel, et neantmoins, a ce que le proces sur ladite appellation pregne long traict, s'efforcent de donner et assigner ausdits exposans pour proceder en ladite matiere d'appel un certain long jour a avenir, qui seroit ou tres grant grief, prejudice et dommaige desdits exposans, et retardement de leur bon droit, si comme ilz dient, requerant humblement sur ce nostre provision. Pour ce est il que nous, les choses dessusdites considerées, voulans et desirans l'abreviation des pletz et proces d'entre noz subgectz, te mandons et commetons par ces presentes que tu adjournes lesdits de Pezenas et de Montignac a certain et compectant jour, en nostre grant conseil, pour monstrer et enseigner la poursuitte et dilligence qu'ilz ont fait de leurdit appel relever, iceluy veoir dire et declarer nul, desert et mal poursuyt, si mestier est et estre le doit, et, sinon, proceder et aller en avant en ladite matiere, ainsi que de raison, en faisant en oultre inhibition et deffense ausdits consulz, manans et habitans desdites villes de Pezenas et Montignac, et autres qu'il appartiendra, sur certaines et grans peynes a nous a appliquer, que pendant ladite cause et matiere d'appel... ils n'ayent a interpeller ou innover, ne pour raison desdits marchez, deppendances et circonstances d'iceulx, poursuivre ne tenir en proces ailleurs que en nostre grant conseil.... Et pour ce que l'en dit lesdits de Pezenas et Montignac, sous couleur dudit appel par eulx interjecté et relevé, avoir fait par force d'armes assemblées et congregations illicites et reprouvées, monopolles et plusieurs autres exces et vyolances, et prins par les chemyns publicques les marchans frequentans les foyres et marchez, ensemble leurs denrées et marchandises, pillé et rançonné iceulx marchans, battu et mutilé leurs muletiers et voituriers, et iceulx avoir prins, detenuz et emprisonnez, ensemble leurs bestes, et plusieurs autres voyes de fait avoir commis et perpetreez, mandons et commettons, par ces mesmes presentes, aux seneschaulx de Beaucaire et de Carcassonne, viguiers et juges de Ginhac, du Vigan et de Lunel, ou a leurs lieuxtenans,... que, s'il leur appart, par informations faictes ou a faire, desdits exces et voyes de fait, en ce cas ilz procedent a l'encontre des coulpables et delinquans par prinse de corps et de biens... et autrement, ainsi qu'ilz verront estre a faire,... en reparant les acteptaz qu'ilz trouveront avoir esté faiz....

Donné a Bloys, le XVII<sup>e</sup> jour de decembre, l'an de grace mil cinq cens et cinq, et de nostre regne le huitiesme.

Par le roy, a la relacion du conseil. De Butout.

Arch. du greffe de la maison consulaire de Montpellier, Arm. A, Liasse 15. Original à queue de parchemin, avec fragment de sceau royal en cire jaune.

## CCXXXIV.

LOCATION D'UN ENDROIT PROPRE A L'INDUSTRIE DES PAREURS DE DRAPS DE MONTPELLIER.

(23 Août 1507.)

In nomine Domini, amen. Anno Incarnationis ejusdem millesimo quingentesimo septimo, et die vigesima tertia mensis augusti, illustrissimo principe et domino nostro domino Ludovico Dei gratia rege Francorum regnante. Noverint universi et singuli, presentes pariter et futuri, quod apud villam Montispessulani, Magalonensis diocesis, in loco infrascripto, in meique, notarii regii publici, et testium infrascriptorum presentia, coramque nobili et honorabilibus viris Jacobo Monathi, Anthonio Chaboti et Bernardo Barresii, consulibus, Petro Noguerii, Petro Ratherii et Joanne Choardii, operariis presentis ville Montispessulani, existentes et personaliter constituti providi viri Joannes Dabadie, consul paratorum pannorum, Joannes Blasini, Joannes Nigri, Bartholomeus Puech, paratores dicte ville Montispessulani, qui organo predicti Joannis Dabadie, tam pro ipsis quam aliis paratoribus pannorum et panna facientium in eadem villa, a quibus infrascripta ratificari facere promisit de die in diem, dixerunt et verbo tenus exposuerunt, quod in presenti villa Montispessulani, ut est notorium, ars draperie cursum habet, multaque pulchra et bona panna et multos lodices mercabiles conficiunt et parant, in tantum quod predicta villa Montispessulani per multas et diversas regiones ad ipsius draperie causam laudatur, et multe pauperes mulieres vitam earum lucrant super dicta arte, in tantum quod ex eadem multum exiit, et quod predicta panna et dictos lodices estuandi sive essugandi nullus est locus plus proportionatus nec lepidus prope hanc villam, quam in vallato seu fossato parvo, confrontato juxta vallatum arbalesteriorum, quod tendit a dicto arbalesteriorum vallato versus portale Saunerie, ubi a presenti sunt quatuor parvi viridarii, quos tenent aliqui habitatores ville a dictis dominis operariis, sub loquerio annuo, anno quolibet eisdem operariis termino consueto solvendo, et est a remotis, quod melius est, et in quo dicta panna bene parabuntur, et melius et utilius estuabuntur sive essugabuntur, propter quod erunt panna predicta et lodices melius bona et mercabiles, et dicta villa Montispessulani de meliori in melius erit in dicta arte formata. Ideo ipse idem Joannes Dabadie requisivit, nomine quo supra, dictos dominos consules quatenus, pro bono rei publice, valeant dictum vallatum ad talem locationem, et juxta consuetudinem locationis dictorum operariorum, facere eisdem tradere et deliberare per dictos dominos operarios, pro summa duarum librarum turonensium, anno quolibet solvenda… Qui quidem domini consules, auditis premissis, fieri postulatis et requisitis per dictum Joannem Dabadie, nomine quo supra, tanquam rei consonis, et pro bono rei publice, et ut melius et utilius dicta draperia in eadem villa augmentetur,…. habitoque et convocato consilio inter ipsos et alios probos viros et sapientes, scientes fundationem et principium exercitii dicte artis multas pecunias dicte ville costare, tam ad causam litterarum doni dicte fundationis, institutionis, ordinationis, quam alias, quas minime habere et sustinere poterunt, nisi in magnis sumptibus, vacationibus et expensis, ut est notorium, licentiam et auctoritatem dictis operariis ad loquerium assuetum dictis paratoribus tradendi dictum vallatum, ad pensionem seu locationem predictarum duarum librarum turonensium, anno quolibet terminis assuetis solvendarum, dederunt, in quantum in eis est, et ad profiguum et utilitatem universitatis dicte ville tangere potest, et totius predicte rei publice. Qui quidem domini operarii, videlicet Petrus Noguerii, Petrus Ratherii et Joannes Choardi, scilicet dictus Ratherii tam nomine predicto quam nomine Joannis Libelli, Joannis Salgues, Ludovici Peyronati et Blasii Guasqueti, cooperariorum predicti Montispessulani, eorum sociorum, ab hujusmodi actu absentium, et a quibus ipse Ratherii dixit vices infrascripta faciendi habere, constantibus instrumentis, sumptis per magistrum Joannem Valocerie, notarium eorumdem dominorum operariorum,… attentis consensu et voluntate dictorum dominorum consulum Montispessulani, et quod pro bono rei publice agitur, dicto Joanni Dabadie, consuli dictorum paratorum pannorum predicti Montispessulani, et inde consulibus artis predicte in futurum successoribus, dictum vallatum, ad summam predictarum duarum librarum turonensium, quolibet anno solvendarum, videlicet medietatem in festo Omnium Sanctorum, et aliam medietatem in festo Pasche, locarunt et ad loquerium tradiderunt, tantum quantum dictam summam homines predicti solvent. Qui quidem Joannes Dabadie, consul prelibatus, nomine quo supra, dictam locationem gratis acceptans, tam pro se quam in futurum consulibus in dicta arte successoribus, promisit dictam summam terminis predictis solvere, et per alios paratores pannorum predicte ville Montispessulani omnia in hujusmodi instrumento contenta de die in diem ratificare facere,... et dicti domini operarii in solvendo dictam summam quolibet anno terminis predictis dictum vallatum non auferre pro majori, equali vel minori pretio, nec per venditionem fructuum ipsius....

Acta fuerunt hec omnia premissa in dicta villa Montispessulani, et in introhitu porte dicti vallati, testibus presentibus venerabili et providis viris domino Petro Cabride, presbitero, Raymundo Gigoti, Bernardo Hospitis,... et me Francisco Auriacii, notario regio ville Montispessulani oriundo et habitatore, qui requisitus de premissis notam sumpsi.

Arch. mun. de Montp., Liasse cotée *Lanéfice*, Copie du XVIIe siècle sur papier.

## CCXXXV.

#### LETTRES DE LOUIS XII CONTRE LES AVOCATS, NOTAIRES ET PRATICIENS DE MONTPELLIER, QUI PRÉTENDAIENT AU CONSULAT.

(30 Janvier 1510-11.)

Loys, par la grace de Dieu roy de France, au premier de noz amez et feaulx conseillers en nostre grant conseil, gouverneur de

Montpellier, recteur de la part anticque, viguier et juge de Lunel, de Ginhac, de Tarascon et d'Arle, ou leurs lieuxtenans, et chascun d'eulx sur ce premier requis, salut.

De la partie de noz chers et bien amez les consulz, manans et habitans de nostre ville de Montpellier, nous a esté exposé que, combien que d'ancienneté ilz ayent par privileige, pour le gouvernement de ladicte ville, droit et coustume d'eslire six notables personnages, appellez consulz, dont les premier, second, tiers et quart sont changeurs, bourgeoys et notables marchans, et les aultres deux sont meccaniques et de labour, des plus apparens et notables qui se puissent trouver en ladicte ville, et de tout temps acoustumé joyr et user sans contredit ou empeschement, et sans ce que pour ce fere ilz n'y ont acoustumé ne soient tenuz convocquer ne aucunement appeller aucun des clercz, noteres, advocatz et practiciens de ladicte ville, qui ordinerement sont occupez a l'exercisse de leurs estatz requerant tout homme, et ce de tel et si long temps qu'il n'est memoyre du contraire; et neaulmoins iceulx clercz, noteres et practiciens d'icelle ville, soubz umbre de quelque appoinctement, qu'ilz maintiennent long temps, et passé a quarante ans ou environ, avoir esté donné par nostre arret de parlement de Tholose, se seroient et sont, puis aucun temps en ça, efforcez troubler et empescher lesdiz exposans en leurdit consulat et election dessusdicte, le tout soubz umbre dudit appoinctement du temps que dessus, duquel, ensemble de l'execucion d'icelle, iceulx exposans des longtemps se seroient portez pour appellans a nous et a nostre grant conseil, et seroient retirez par devers feu nostre tres cher seigneur et cousin le roy Charles, que Dieu absoille, et d'icelluy auroyent obtenu lectres, l'an IIII$^{xx}$ XI, II$^e$ jour d'avril, addressans a nostre gouverneur de Languedoc ou a son lieutenant, par lesquelles luy estoit mandé que, si luy apparoissoit dudit privileige, et que de tout temps et d'ancienneté iceulx exposans eussent acoustumé d'eslire et faire lesdiz consulz d'icelle ville sans aucunement convocquer ne appeller iceulx clercz, noteres, advocatz et practiciens d'icelle ville, et qu'ilz en eussent tout temps joy et usé, tant auparavant ledit prethendu appoinctement de Tholose que depuis, en ce cas, ladicte appellacion, par lesdiz exposans interjectée, ensemble ce dont avoit esté appellé, mis au neant, sans amende, feist joyr lesdiz exposans de leurdit consulat et election, tout ainsi qu'ilz avoient auparavant acoustumé d'en joyr et user, en interdisant a icelle nostredicte court de parlement de Tholoze, toute court, juridiction et cognoissance de la matiere, et faisant inhibition et deffence ausdiz clercz, noteres et practiciens d'icelle ville de n'empescher iceulx exposans en la joyssance de leurdit consulat et election, comme plus a plain est contenu esdictes lectres, lesquieulx iceulx exposans auroient des lors presentées a feu Jehan de la Roche Amon, en son vivant chevallier, et pour lors lieutenant de nostre gouverneur de Languedoc, ou a son lieutenant, pour icelles mectre a execucion, lequel nostredit gouverneur ou sondit lieutenant auroit sur nosdictes lectres, lesdiz clercs et practiciens deuement appellez, donné sa sentence, et par icelle enteriné lesdictes lectres et procedé a autres actes, a plain declairez en sadicte sentence, laquelle il auroit commancé de executer dedans l'an du daté d'icelle, a l'encontre desdiz clercz, noteres et practiciens d'icelle ville, qui n'en auroient appellé ny reclamé, mais seroit tout ce qui par ledit gouverneur ou sondit lieutenant en auroit esté fait passé en force de chose jugée, sans ce toutesfoiz que ladicte sentence, donnée sur lesdictes lectres, fust autrement parachevée de executer par ledit gouverneur ou sondit lieutenant, laquelle, a cette cause, iceulx exposans feroient volontiers parachever de mectre a execucion; mais ilz doubtent qu'ilz ne puissent bonnement fayre, sans avoir sur ce noz lectres de provision convenable, si comme ilz dient, humblement requerant icelles. Pourquoy nous, ces choses considerées, voulans les lectres et provisions, tant par noz predecesseurs que par nous octroyées a noz subgectz, estre executées de point en point, selon leur forme et teneur, et a ung chacun d'eulx subvenir selon l'exigence des cas, vous mandons et commectons par ces presentes que, s'il vous appert de ce que dit est, mesmement desdictes lectres, ainsi obtenues par lesdiz exposans de nostredit feu seigneur et cousin le roy Charles, que Dieu absoille, sentence donnée sur icelles, execucion d'icelluy encommancée dedans l'an par nostredit gouverneur ou sondit lieutenant, dont n'ait esté appellé ne reclamé, mais soit passé en force de chose jugée, comme dit est, ou de tant que souffire doye, vous, oudit cas, procedez ou faictes proceder au parachevement de ladicte sentence, selon sa forme et teneur, en ce qui reste a executer, non obstant opposicions ou appellacions quelzconques faictes ou a fayre, et sans prejudice d'icelles; car ainsi nous plaist il estre faict, non obstant comme dessus et quelzconques lectres subreptices, impetrées ou a impetrer, a ce contraires. Mandons et commandons a touz noz justiciers, officiers et subgectz, que a vous, en ce faisant, soit obey.

Donné a Bloys, le penultiesme jour de janvier, l'an de grace mil cinq cent et dix, et de nostre regne le treiziesme.

Par le roy, a la relacion du conseil. Pinelly.

Arch. mun. de Montp., *Grand Thalamus*, fol. 232 r°.

## CCXXXVI.

LETTRES DE FRANÇOIS I<sup>er</sup> APPELANT LES OFFICIERS ROYAUX A L'EXERCICE DES CHARGES CONSULAIRES.

(25 Février 1544-45.)

François, par la grace de Dieu roy de France, a tous ceulx qui ces presentes lectres verront, salut.

Comme nous ayons esté advertiz que les longueurs et retardemens qui se tiennent au payement et recouvrement des deniers de noz tailles, ou diocese de Montpellier, et autres desordres qui souvent et en diverses manieres adviennent en ladicte ville de Montpellier, proviennent principalement de ce que les personnaiges de qualité et autres ne veullent accepter la charge de consulz, ne charges de ladicte ville, dont ilz se dyent et pretendent estre exempts, soubz umbre de leurs estatz et offices, tant de presidens, conseillers et maistres de nostre court des generaulx de la justice des aides, que chambre de noz comptes audit Montpellier, et autres estatz et judicature, de maniere que l'on est contraint d'eslire pour consulz gens de petite qualité, qui n'ozent proceder par execution contre les contrevenans pour le payement de nozdictes tailles ny pourveoir ausdiz desordres, ainsi qu'il est requis et necessaire, de peur de encourir leur indignation et malveillance, sçavoir faisons que nous, voullant leur pourveoir et remedier pour le bien de noz subgectz, conservation et entretenement de la pollice de ladicte ville de Montpellier, avons, de nostre certaine science, plaine puissance et auctorité royal, dit, decreté, statué et ordonné, disons, decretons, statuons et ordonnons par ces presentes, voullons et nous plaist que, en procedant cy apres a l'election des consulz et eschevins de ladicte ville de Montpellier, l'on choisisse et eslise pour cest effect gens notables et de qualité, soient presidens, conseillers, maistres et officiers, tant de nostre dicte cour des aides que de nostre dicte chambre des comptes, et autres noz officiers et gens de justice dudit Montpellier, que d'autres estatz, ausquelz personnaiges susdits, et a chascun d'eulx qui ainsi seront choisiz et esleuz pour consulz et eschevins de ladicte ville, nous commandons et enjoignons tres expressement, sur peine d'estre pugniz comme infracteurs de noz ordonnances, commandemens et edictz, de accepter lesdictes charges, et les exercer bien deuement et dilligemment, selon le debvoir d'icelles, au bien de nostre service, administration de noz deniers, manutention, conservation et entretenement de la pollice de ladicte ville. Si donnons en mandement, par ces mesmes presentes, au gouverneur ou son lieutenant, et aux consulz, eschevins, manans et habitans dudit Montpellier, que noz presens declaration, edict, statut et ordonnance ilz facent lire, publier et de rigueur entretenir, garder et conserver de poinct en poinct, selon sa forme et teneur, sans aller ny venir, ne souffrir aller et venir encontre, et droictement; car ainsi nous plaist il estre faict. En tesmoing de ce, nous avons faict mettre nostre scel a cesdictes presentes.

Donné à Chambourt, le XXV° jour de febvrier, l'an de grace mil cinq cens quarante quatre, et de nostre regne le trente ungniesme.

Par le roy en son conseil. Delaubespine.

Arch. mun. de Montp., *Grand Thalamus*, fol. 275 r°.

## CCXXXVII.

#### LETTRES DE FRANÇOIS II PORTANT CONFIRMATION DES PRIVILÉGES ET DES FOIRES DE MONTPELLIER.

(Septembre 1560.)

François, par la grace de Dieu roy de France, a tous presens et advenir, salut.

Sçavoir faisons. Noz chers et bien amez les consulz, manans et habitans de nostre ville de Montpellier nous ont faict dire et remonstrer que, l'an mil deux cens quatre, le roy de Maillorque, lors leur seigneur, leur feist et ordonna certaines coustumes, loix et statuz, pour garder et observer en ladicte ville, lesquelz le roy Philipes, depuis que ladicte ville et supplians furent mis en sa subjection, par contract et rachapt faict par iceulx supplians dudict roy de Maillorque, confirma, en l'an mil trois cens cinquante, comme au semblable ont faict ses successeurs, et en l'an mil quatre cens quatre vingtz et sept le roy Charles, lors regnant, ordonna et establist deux foires franches en ladicte ville, l'une le vingt sixiesme apvril, l'aultre le premier octobre, et en l'an mil cinq cens cinq le roy Loys douze, oultre lesdictes deux foires, ordonna et establist deux marchez en icelle ville entre lesdictes deux foires, ce qui a esté confirmé tant par le feu roy Françoys, nostre ayeul, que le feu roy nostre treshonnoré seigneur et pere, que Dieu absolve, lequel, par mesme moyen, auroict supprimé le baille de ladicte ville et le recteur establiy en la part anticque d'icelle, et au lieu d'iceulx creé ung officier ou viguyer perpetuel, et icelluy uny au consulat de ladicte ville, auroyt aussi supprimé les notarias qui estoient en tiltre d'office et forme de greffier en ladicte ville, et iceulx offices remis es mains des supplians, suivant leurs contractz, a la charge de rembourser par eulx Jehan Baraton, qui en estoict pourveu, et de faire exercer le greffe civil et cryminel de ladicte ville sans aucuns gaiges, et d'iceulx gaiges descharger nostre domaine, et que les proffictz desdicts greffes seroient employez aut reparations de ladicte ville ; et oultre ce, par aultres lectres du moys de julliet mil cinq cens cinquante troys, auroict ordonné que lesdicts consulz joyroient de la justice et jurisdiction de ladicte ville, comme il est porté par leursdicts contractz et privilleiges, et que le premier consul de ladicte ville tiendra et exercera ledict office de viguyer, et les aultres consulz d'icelle aussi, les ungs en l'absence des aultres, desquelles coustumes, loix, statuz, privilleiges, exercice de jurisdiction, greffes et offices de viguyer lesdicts supplians ont par cydevant jouy et usé, comme encores de present ilz joissent et usent. Toutesfoiz, au moyen du deces advenu de nostredict feu seigneur et pere, ilz doubtent que on les voulsist empescher en la joissance d'iceulx, sans sur ce avoir noz lectres de confirmation, lesquelles ilz nous ont tres humblement requis et supplié leur impartir. Pourquoy nous, ce considéré, desirans user envers iceulx supplians de pareille grace que nozdicts predecesseurs, a iceulx, pour ces causes, et aultres bonnes considerations a ce nous mouvans, avons tous lesdicts statuz, coustumes, privilleiges, libertez, franchises, suppression, union et creation desdicts offices, portez et contenuz par lesdicts privilleiges, cy attachez soubz nostre contrescel, confirmez, louez et approuvez, et de nostre certaine science, grace especial, plaine puissance et auctorité royal, confirmons, louons et approuvons par ces presentes, pour par eulx et leurs successeurs en joyr et user plainement et paisiblement, en la maniere acoustumée, tant et si avant qu'ilz en ont par cydevant deument et justement joy et usé, joissent et usent de present. Si donnons en mandement, par ces mesmes presentes, a noz amez et feaulx conseillers les gens tenans nostre court de parlement a Thoulouze, court des aydes, gens de noz comptes, tresoriers de

France, et generaulx de noz finances en ladicte ville de Montpellier, gouverneur d'icelle, et a tous noz aultres justiciers et officiers qu'il appartiendra, que de nostre presente declaration et confirmation, et de tout le contenu en cesdictes presentes, ilz facent, souffrent et laissent lesdicts supplians joyr et user plainement et paisiblement, sans en ce leur mettre ou donner, ne souffrir estre mis ou donné aulcun destourbier ou empeschement au contraire, lequel, si faict, mis ou donné leur estoit, ilz facent mettre incontinant et sans delay a plaine et entiere delivrance et au premier estat et deu; car tel est nostre plaisir, nonobstant quelconques edictz, ordonnances, restrinctions, mandemens, deffences et lectres a ce contraires. Et affin que ce soit chose ferme et stable a tousjours, nous avons faict mettre nostre scel a cesdictes presentes, sauf en aultre chose nostre droict, et l'aultruy en toutes.

Donné a Fontainebleau, ou moys de septembre, l'an de grace mil cinq cens soixante, et de nostre regne le deuxieme.

Par le roy. Debarbere.

> Arch. du greffe de la maison consulaire de Montp., Arm. A, Liasse 15. Parchemin original, avec fragment de sceau royal en cire verte.
>
> Au dos : *Lettres patentes du roy, portant confirmation des deux foires et des autres privilieges de Montpellier. — Pour les consulz et viguiers de ladite ville.*

## CCXXXVIII.

### LETTRES DE CHARLES IX ET DE HENRI III AUTORISANT LA VENTE ET L'EXPORTATION DES VINS DE FRONTIGNAN.

(17 Mars 1565, et 30 Novembre 1574.)

Guilhaume Pascal, conseiller du roy, lieutenant en la chastelenie et balhage de la ville de Frontignan, a tous ceulx qui ces presentes verront, salut.

Sçavoir faisons que huy, datte d'icelles, comparant par devant nous M⁰ Barthazar Villar, premier consul de ladicte ville de Frontignan, lequel au nom de la communaulté d'icelle auroit remonstré audict sieur lieutenant que, le dixseptieme jour du moys de mars mil cinq cens soixante cinq, le feu roy Charles, par ses lettres patentes, pour les causes et considerations y contenues, auroit permis aux manans et habitans dudict Frontignan sourtir et emporter par mer et par tous les endroictz ou bon leur semblera tous et chacuns leurs vins, provenus de leur creu, et que se feront des raisins quy croistront au teroir et juridiction dudict Frontignan, pour iceulx vandre et debiter et trocquer ez aultres marchandises, sy besoing est, a leur gré, proffict, et du pais de Languedoc, sans qu'ilz puissent estre constrainctz pour ce faict obtenir aulcunes particullieres permissions, en payant toutesfoys les droictz acoustumez de resve, maistrise et hault passaige, et le denier de la claverie d'Aiguesmortes, ordonné par les repparations et entretenement du port de ladicte ville, ensamble tous aultres droictz impausés sur ledict vin et aultrement, comme plus a plain est contenu es dictes lettres patentes, ausquelles aultres lettres de confirmation du priviliege du feu roy Henry données ez Advignon le dernier nouvambre soixante quatorze, ensamble les lettres de consentement desdicts privilieges de monseigneur le duc de Montmorency, pair et marechal de France, gouverneur et lieutenant general pour Sa Majesté en Languedoc, du vingtieme octobre soixante cinq et seiziesme juing soixante seze, par sadicte grandeur signées, et au bas : Par mondict seigneur. Viart et Seignoret, et scellées du scel aux armes de sadicte grandeur, sont attachées, d'icelles requis en estre faict extraict en forme de vidimus pour servir ausdicts manans et habitans dudict Frontignan, lesquelles patentes a exhibées, dont la teneur s'ensuict :

Charles, par la grace de Dieu roy de France, a tous presentz et advenir, salut.

Les manans et habitans de nostre ville de Frontignan, en nostre pais de Languedoc, dioceze et gouvernement de Montpellier, nous ont faict dire et remonstrer qu'en l'année mil V$^c$ soixante deux, et au moys de julhet, ceulx que l'on dict de la religion refformée, par fois de nuict se ampararent et saisirent de ladicte ville, et ayant mis en icelle plusieurs soldatz en garnison qui pendent ledict tamps auroient pilhé et saccagé icelle, despuis par les habitans auroient esté chassés et mis ors, qui s'estans fortiffiés auroient esté assiegés par ceulx de ladicte relligion, et ayant mis et pausé leur siege devant ladicte ville l'auroient batue et cannonnée pour le tamps et espace de dix et douze jours, et faict breche, et donné plusieurs assaultz, pendant lequel tamps ayant esté refoulés, et ne pouvant entrer, auroient gasté et ruiné la plus grand partie des vignes et olliviers, desquelz consiste entierement tout le revenu desdicts habitans, tellement que, les ayant laissé en extreme pouvretté, oultre ce auroient esté constrainctz a leurs propres deniers entretenir et solder pour la deffence de ladicte ville et pais, par l'espace d'ung an, une compagnie de gens de pied, et ung brigantin pour le passaige de la mer, et a vitualher de leurs propres vivres et a leurs despans le camp qui estoit au lieu de Lattes les Montpellier, conduit par le seigneur de Fourquevaulx, soubz le commandement de mon cousin le sieur de Joieuse, mon lieutenant et gouverneur audict pais, lesquelz fraiz, fournitures et despanses les auroient entierement ruinés, a cause que tout leur revenu consiste en la cuilhette des vins et huille, comme dict est, sans que de leur terroir se requillisse aulcungz grains ni bledz; en consideration et pour avoir recompance de telles pertes, fraiz et despances, nous auroient requis, par leur requeste du vingtieme decembre dernier M V$^c$ LXIIII, les vouloir tenir quites et deschargés pour dix années des tailhes et aultres deniers qui ont accoustumé estre impausés et cotizés sur eulx, et en oultre permettre qu'ilz puissent sourtir hors de nostre royaulme, et pourter ou bon leur sembleroit, francz et quites de tous droictz, les vins qui provienent des raisins qui se cuilhent du teroir dudict Frontignan et de leur creu, laquelle requeste nous aurions ranvoyée au general, a la charge pour sur icelle imformer et nous envoyer son adviz, ce que despuis auroit faict. Nous, apres avoir faict voir et communiqué a nostre conseil privé ledict adviz, enqueste et aultres productions et procedures sur ce faictes, le tout attaché soubz le contrescel de nostre chansellier, et ayant esgard aux grandes et insuportables calamités et assaulx que lesdicts habitans ont pour ce faict souffertz, soubstenus et endurés, par l'advis et deliberation sur ce, et de nostre grace special, plaine puissance et authorité royal, a iceulx habitans avons permis et permetons, voullons et nous plaist, qu'il puissent et leur loise sortir et emporter par mer, et par tous les endroitz ou bon leur semblera, tous et chascungz leurs vins de leur creu, et que se feront des raisins qui croisseront en leur teroir et juridiction dudict Frontignan, pour iceulx vandre et debiter et trocquer ez aultres marchandises, si besoing est, a leur gré, proffict et dudict pais, sans qu'ilz, a presant ny pour l'advenir, soient constrainctz obtenir pour ce faict aulcunes particullieres permissions, en payant toutesfoys les droictz accoustumés de resve, maistrize et hault passaige, et le denier de la claverie d'Aiguesmortes, ordonné pour la repparation et entretenement du port de ladicte ville, ensamble tous aultres droictz impausés sur ledict vin, sans qu'en ce iceulx habitans, leurs mariniers, marchans et voituriers ne leurs bateaux puissent estre troublés ne empechés, directement ou indirectement, en quelque façon et maniere, de quel estat et condition, ne par quelques aultres personnes que soient; ains l'avons prohibé et deffandu, prohibons et deffandons par ces presentes, signées de nostre main; a la charge toutesfoiz, pour esviter tous abuz et fraude, iceulx habitans, marchans, mariniers ou voituriers, seront tenuz apporter et faire apparoir aux gardes ou bureau de la foraine certifflcation, signée de noz officiers de ladicte ville et de nostre procureur, lesdicts vins estre du creu dudict lieu, teroir et juridiction. Si donnons en mandement a nostre gouverneur et lieutenant general en nostre pais de Languedoc, a nostre cour des aides, tresoriers de France, general de noz finances, gouverneur et cappitaine d'Aiguesmortes, maistres de portz, a nos gardes d'iceulx et a tous noz aultres justiciers, officiers, chascun en leur endroict, comme leur appartiendra et en seront requis, que noz presans permission, licence et octroy facent lire, publier et enregistrer, entretenir, garder et observer, et d'icelle ilz permetent, laissent, souffrent et facent jouyr et user plainement et paisiblement lesdicts habitans, leurs mariniers et marchans, sans permetre que leur soit donné pour raison de ce aulcun trouble ne empechement ; car tel est nostre plaisir, nonobstant quelconques ordonnances, restrictions ou deffances, generalles et particullieres, au contraire. Et pour ce que l'on pouroit avoir a faire des presentes en plusieurs et divers lieux, nous voullons que au vidimus d'icelles, faict soubz scel royal, foy soit adjoustée comme au present original.

Donné a Tholose, le dix septieme jour de mars, l'an de grace mil V<sup>c</sup> soixante cinq, et de nostre regne le cinquieme. Charles.

Au reply : Par le roy en son conseil. De l'Aubespine.

Scellé du grand scel en cire vert, pendant a lac de soye vert et rouge.

Henry de Montmorency, seigneur de Dampville, chevalier de l'ordre du roy, cappitaine de cent hommes d'armes de ses ordonnances, gouverneur et lieutenant general pour Sa Magesté en Languedoc, veu par nous les lettres patentes du roy, données a Tholose le dix septieme mars dernier, signées par Sa Magesté, et sur le reply : Par le roy en son conseil. De l'Aubespine, obtenues par les manans et habitans de la ville de Frontignan, au diocèze de Montpellier, par lesquelles, et veu les pieces cy attachées, et pour les considerations resultans d'icelles, Sa Magesté auroit permis et accordé ausdicts habitans de Frontignan pouvoir faire sourtir et transporter hors le royaulme et ou bon leur sembleroit tous et chacuns les vins provenus de leur creu, et qui croissent dans le teroir et juridiction dudict Frontignan, en paiant toutesfoys les droictz deubz et accoustumés, et aultres a plain speciffiés par lesdites lettres, cy soubz nostre contrescel attachées, nous, suivant l'intention du roy, consantons a l'enterinement desdictes lettres, et declarons n'entendre empecher lesdicts habitans du lieu de Frontignan qu'ilz ne puissent joyr paisiblement de l'octroy et contenu en icelles,

## PIÈCES JUSTIFICATIVES.

sans en rien les exeder, deffandant au gouverneur d'Aiguesmortes, maistres de portz, officiers et gardes, et aultres qu'il appartiendra, ne donner ny faire aulcuns destourbés ny empechement ausdictz habitans, ains les laisser joir de l'effect desdictes lettres, sans y commetre aulcung dol, fraude ou abus, sur peyne d'estre pugnis comme infracteurs et desobeissans au voulloir et mandement de Sadicte Magesté et nostre commandement.

Donné au Saint Esprit, le vingtieme jour d'octobre mil V$^c$ LXV. De Montmorency. —Par mondit seigneur. Viard. — Scellé du scel et armes dudict sieur.

Henry, par la grace de Dieu roy de France et de Poloigne, a tous ceulx qui ces presentes lettres verront, salut.

Noz chers et bien amés les manans et habitans de nostre ville de Frontignan, en nostre pais de Languedoc, dioceze et gouvernement de Montpellier, nous ont faict remonstrer qu'il auroit pleu au feu roy nostre tres honoré sieur et frere dernier decedé, que Dieu absolve, pour les rellever des pertes et ruines qu'ilz auroient souffertes durant les troubles passés, et aultres raisonnables considerations a ce le mouvant, leur permettre et accorder par priviliege et lettres patentes, sur ce expediées le dix septieme jour de mars mil V$^c$ soixante cinq, cy attachées soubz le contrescel de nostre chanscellier, de pouvoir faire sourtir et transporter hors nostre royaulme, par mer et par terre, et par tous les aultres endroictz que bon leur sembleroit, tous et chacuns les vins provenus de leur creu, et qui se font de raisins croissans en leur teroir et juridiction dudict Frontignan, pour iceulx vandre et debiter a leur gré et proffict, en payant les droictz accoustumés de resve, maistrize et haut passaige, et denier de la claverie d'Aiguesmortes, sans que, moyennant ce, iceulx supplians, leurs mariniers, marchans, voituriers, puissent estre troublés ny empechés, de laquelle grace ilz ont jouy despuis ledict temps, et jouissent et usent encore du present; mais craignant qu'atandu le deces du feu roy nostre sieur et frere, on les volust cy apres troubler en la jouissance desdictz privilieges, ilz nous ont tres humblement supplié et requis la leur confirmer et rattiffier, et leur octroyer nos lettres en tel cas necessaires. Sçavoir faisons que nous, voullant conserver lesdictz supplians en leurs dictz privilieges, franchises, libertés, et iceulx bien favorablement traiter, en consideration de la fidellité et obeissance qu'ilz ont tousjours pourté a la couronne de France, et pour leur donner occasion de continuer en apres de bien en mieulx, leur avons, de nostre grace special, plaine puissance et authorité royal, confirmé et confirmons les susdictz privilieges, permission et octroy, consedés et accordés ausdictz supplians par le feu roy nostre sieur et frere, pour en uzer et joir par lesdictz manans et habitans en la fourme et maniere qu'ilz en ont sidevant jouy, joisent et usent encore de present. Si donnons en mandement a nostre amé et feal cousin le gouverneur et nostre lieutenant general en nostre pais de Languedoc, et a nos amés et feaulx conseillers les gens tenans nostre cour des aides, tresoriers de France, generaulx de noz finances, gouverneur et cappitaine d'Aiguesmortes, maistres des portz et gardes d'iceulx, et a tous aultres justiciers et officiers, chascung en droict soit, sy comme a eulx appartiendra, que de noz present continuation, confirmation, voulloir et intention, et du contenu desdictz privilieges ilz fassent, souffrent et laissent joir et user, ores et pour le temps advenir, plainement et paisiblement, lesdictz supplians, sans leur faire ne permettre leur estre faict aulcung trouble, destourbés ne empechement au contraire, lequel, sy faict leur estoit ou avoit esté, mettent le ou facent mettre incontinant et sans delay au premier estat et deu; car tel est nostre plaisir. Et affin que ce soit chose ferme et stable a tousjours, nous avons faict mettre nostre scel a ces dictes presentes, saulf en aultres choses nostre droict, et l'aultruy en toutes.

Donné a Avignon, le dernier jour de nouvambre, l'an de grace mil V$^c$ soixante quatorze, et de nostre regne le premier.

Signé au reply : Par le roy. De Sounart, — et scellé du grand scel en cire jaulne, a double ceue.

Henry de Montmorency, seigneur de Dampville, marechal de France, gouverneur et lieutenant general pour le roy au païs et gouvernement de Languedoc, veu par nous les lettres patentes de sa main, données en Avignon le dernier jour du moys de nouvambre, an mil V<sup>c</sup> LXX IIII, signées sur le reply: Par le roy. De Sounart, et scellées a double queue, de son grand scel en cire jaulne, par lesquelles Sadicte Magesté, confirmant et continuant aux manans et habitans de la ville de Frontignan leurs privilieges, permission et octroy, a eulx accordé par le feu roy dernier decedé, leur permetant de pouvoir vandre et debiter hors du royaulme et a leur gré et proffict, en payant les droictz accoustumés de resve, maistrize et haut passaige, et denier de la claverie d'Aiguesmortes, tous et chacuns leurs vins, provenus de leur creu, et qui se font des raisins croissant en leur terrroir et juridiction dudict Frontignan, et pour les causes et considerations assés amplement speciffiées et declarées par lesdictes lettres, ausquelles ces presentes sont attachés soubz nostre contrescel, nous, suivant l'intention et vollanté de Sadicte Magesté, et en tant qu'a nous est, consantons l'enterinement desdictes lettres, sellon leur fourme et teneur, et declarons lesdicts manans et habitans de ladicte ville de Frontignan pouvoir librement et sans aulcung trouble, empechement ou destourbés, jouir et user des present octroy et permission de Sadicte Magesté et teneur desdictes lettres, sellon leurdicte fourme et qu'il est contenu en icelles, deffandant par ces mesmes presentes au gouverneur de la ville d'Aiguesmortes, maistres des portz, justiciers, gardes, et tous aultres qu'il appartiendra ou en seroient requis, ne donner ou permetre estre faict, mis ou donné aulcung trouble, destourbés ou empechement ausdictz habitans, au contraire et prejudice desdictes lettres et desdictes presentes, les en faisant chacun d'eulx jouir plainement et paisiblement, sans y contravenir ou coumetre aulcung dol, fraude ou abus, sur payne d'estre pugnis comme desobeissans et infracteurs au voulloir et mandement de Sadicte Magesté et noz commandemens.

Donné a Montpellier, le seiziesme jour de juin, l'an mil Vᶜ soixante seize. De Montmorency. Par mondit seigneur. Marᵃˡ Seignouret. Scellé du scel dudict sieur.

Et en foy et tesmoing de tout ce dessus, nous sommes soubzsignés, et [avons] fait escripre et signer le present vidimat a nostre greffier, et mis le scel royal en nostre cour estably. Guilhaume Pascal.

<blockquote>Arch. de Frontignan, Expédition originale sur parchemin, sceau enlevé.</blockquote>

## CCXXXIX.

### STATUTS DES TISSERANDS DE MONTPELLIER.

(14 Septembre 1582.)

Jean de Sainct Ravy, seigneur de Pignan et Valeyrac, consellier du roy, son mestre d'hostel, gouverneur de Montpellier au bureau du domaine du roy, a tous ceux que ces presantes verront, sçavoir faizons que, ce jourd'huy, datte des presantes, comparans pardevant nous, ou nostre lieutenant general et juge maige, Mᵉ Jean Bourrelly, procureur de nostre cour et des consulz des mestres tisserans de toilles, nappes, serviettes et cotonnines de la ville de Montpellier, quy a dit et remonstré estre necessaire a ses parties de faire collationner et vidimer les articles, ordonnances et estatuts par eux faitz et dressés consernant ladicte mestrize dans la ville de Montpellier et faulxbourgs d'icelle, du quatorzieme jour du mois de septembre mil cinq cens quatre vingts deux, signé de nous juge mage et Degan greffier, ensemble les articles adictionnaux dressés par lesdiz mestres, et l'autorization d'iceux, par nous faite le vingtroisieme jour de febvrier mil six cens setze, ainsin signés par nous lieutenant general et juge mage et Feynes greffier, pour vidimus s'en pouvoir servir partout ou besoing sera, remettant a cesdites fins l'estrait desdiz estatutz et articles aditionnaux, gros-

## PIÈCES JUSTIFICATIVES.

soyés en huit feuilletz parchemin, le tout saing et entier, non uzé, soubsonné ny raturé en aulcun endroit d'iceux, de teneur :

Ordonnances, reglemens et statutz des mestres tisserans de toille de la ville de Montpellier, pour estre gardés et observés inviollablemant entre eux, pour la conservation de la mestrise et police de leur mestier, et ce soubz le bon plaizir du roy nostre sire et de la cour de monsieur le seneschal, gouverneur de Montpellier, ou son lieutenant au bureau de son domaine.

En premier lieu a esté accordé que tous les mestres tisserans, que de tout temps et despuis cinq ans en ça ont tenu boutique dudit mestier, seront tenus pour mestres, sans qu'ilz soient constraintz de faire aulcung chef d'œuvre, mais tant sullement de jurer et prester le seremant pardevant monsieur le gouverneur ou son lieutenant, de bien et fidellemant exercer ledit estat et mestier, et observer par cy apres les statutz faitz pour la conservation et police d'icelluy mestier.

Item, que nul doresenavant ne sera receu et ne pourra travailler, ny tenir boutique ouverte dudit mestier de tisserant, que par un preallable il n'aye fait son chef d'œuvre, tel qu'il sera advizé par les consulz et mestres dudit mestier, et que par eux soit approuvé d'estre suffizant et cappable de pouvoir exercer ledit mestier de tisserant.

Item, que celluy qui sera passé mestre, appres avoir fait son chef d'œuvre et estre approuvé par lesdiz consulz, sera par eux presanté par devant monsieur le gouverneur, ou son lieutenant, pour prester entre ses mains le seremant en tel cas requis.

Item, que le compagnon qui aura fait sullement sa mestrize en toilles planes, ne pourra et ne luy sera permis et loisible de pouvoir travailher aux ouvrages de nappes et serviettes, sans au prealable en avoir fait chef d'œuvre, et avoir esté approuvé par lesdiz mestres suffizans et cappables a faire lesdiz ouvrages; et appres, pourra travailher en toutes autres choses consernant ledit mestier.

Item, que lesdiz consulz des tisserans seront tenus de bailler et fournir une chambre en sa maizon du plus ancien consul a celluy qui voudra passer mestre, dans laquelle il sera tenu faire son chef d'œuvre, sans personne luy ayde, fortz un aprantis, pour luy aider a entrer son pigne.

Item, que le compagnon estranger, quy aura fait son chef d'œuvre et passé mestre, sera tenu se faire recevoir et prendre le seremant par devant ledit sieur gouverneur, ou sondit lieutenant en la chambre du bureau du domaine, et payer pour son entrée demy escu au roi, et demy escu a la boitte de leur mestier, pour subvenir a l'entretenemant des pauvres mestres et compagnons, et prendre les lettres de mestrize.

Item, que le compagnon natif et habitant de la ville de Montpellier, et qui sera filz de mestre tisserant, voulant tenir boutique, fera un essay de sa suffizance, et ne sera tenu de payer aulcun droit a la boitte, sy ce n'est le droit du roy, et prendre le seremant, comme dessus est dit.

Item, que tous les mestres dudit mestier s'assembleront chacun jour et feste Sainte Marthre, et creeront et esliront deux consulz, lesquelz auront la charge et administration des affaires et police dudit corps, et ausquelz, le jour de la reception, seront baillés en garde les lettres et estatutz, ensamble la boitte dudit mestier, en prestant le seremant aux precedans consulz et mestres, de bien et fidellemant exercer la charge de consulz, et de randre bon compte, et prester le reliquat des deniers qu'ilz auront receus durant leur année aux consulz qui seront esleus apres eux, a la fin de leur année.

Item, que chacun mestre dudit mestier sera tenu de mettre tous les sabmedis dans la boitte ung liard, et les compagnons travailhans en boutique un denier, pour subvenir aux pauvres mestres souffreteux et compagnons passans.

Item, que les deniers provenans de ce dessus, qui seront mis dans la boitte, seront employés en œuvres pies, pour subvenir aux pauvres mestres ou compagnons dudit mestier qui seront en necessité, et pour donner le passage aux compagnons dudit mestier necessiteux.

Item, que les consulz dudit mestier seront tenus, au plustost qu'ilz auront de deniers ou fondz en ladite boitte, de faire ung lict a l'hospital de la presant ville, pour y mettre les pauvres malades dudit mestier, et les servir, selon le pouvoir et faculté desdiz deniers, jusques a garizon.

Item, les compagnons dudit mestier de tisserant, quy voudront travailler en la presant ville, et quy auront commancé une piece en la boutique d'un mestre dudit mestier, apres en avoir fait une demy canne, ne pourront, et ne leur sera loisible laisser ladite piece sans l'achever, a paine de vingt cinq solz d'amande, aplicable dans ladite boitte; comme aussy nul autre mestre ne leur pourront donner autre besongne en sa boutique, jusques que ladite piece soit achevée, a peyne de cinquante solz d'amande a ladite boitte.

Item, ou et quand un desdiz mestres dudit mestier viendroit a deceder, sera permis et loisible a sa vefve de pouvoir tenir boutique ouverte, et travailler dudit mestier, jusques qu'elle soit remariée. Et sy elle se remarie avec un compagnon dudit mestier, ne pourra non plus tenir boutique, sans premieremant estre passé mestre, et avoir fait chef d'œuvre comme les autres.

Item, que les apprentifs qui viendront aprandre ledit mestier seront tenus de tailler a la boitte dudit mestier dix solz, pour ayder et survenir aux pauvres dudit mestier venant en maladie, ou pour les compagnons passans, ou pour eux mesmes n'ayant de quoi. Et les mestres qui les recevront seront tenus de se faire payer ladite somme ausdiz apprantifs, et incontinant le remettre en ladite boitte. Et a faute de ce faire, lesdiz mestres desdiz apprantifs en respondront, et pourront estre executés a payer ladite somme, en leur propre et privé nom.

Item, ne pourront estre receus en ladite mestrize aulcung dudit mestier, s'il n'est cogneu et approuvé homme de bien, bonne vie et bonne conversation, et faisant apparoir du lieu de sa nativité et des lieux ou il aura fait sa demure, en raportant suffizante attestation.

Quand au fillet blanc et mis a la lissive du corps, suivant l'ordre, sera de deschet d'une livre sur vingt livres fillet; et pour raizon de l'estoupe blanche et nette, de seitze livres une; et pour raizon du fillet crus, de quinze livres une. Et pour le fillet de Bourgougne, ne se doibt pezer en le randant a la bourgeoize.

Comme aussy sy celluy a qui appartiendra le fillet estant travaillé, s'il le veut prendre sans laver, estant entierement seche, le mestre luy doibt randre son prix. Et sy le mestre de la besongne ne le veut faire en ceste sorte, il sera tenu de la rafraichir a la riviere tant sullement; et s'il la veut candegir avec d'eau chaude, le mestre tisserant ne sera tenu aulcunemant de la pezer.

*Extrait des registres de la cour du bureau du domaine du Roy au gouverneur de Montpellier.*

Veu au conseil du domaine du roy, en la cour du gouverneur de la presant ville de Montpellier, le reglemant contenant statutz, privileges et ordonnances, faitz et accordés entre les mestres tisserans tenant boutique ouverte audit Montpellier, pour faire chef d'œuvre et passer leur maistrize, comme les autres mestres jurés des autres mestrizes dudit Montpellier, la requeste par eux presantée pour la confirmation et authorization desdiz statutz et ordonnances, soubz le bon plaizir du roy et de sadite cour, avec son appointemant au pied, les conclusions du procureur du roy, suivant l'advis et deliberation du conseil, avons dit et ordonné, dizons et ordonnons que lesdiz reglemans, statutz et ordonnances, soubz le bon plaizir de Sa Majesté, sont receus, et lesquelz avons publiés, publions et autorizons, pour iceux estre gardés et observés par les mestres et leurs successeurs, lesquelz avons condempné et condempnons a ladite observation et entretenemant, et neantmoins ordonné que lesdiz statutz seront enregistrés aux registres du bureau dudit domaine, le tout par provizion, jusques que lesdiz mestres ayent obtenu de Sa Majesté lettres ausdites fins, ce qu'ilz feront dans un an prochain. — De Trinquaire, juge mage. Rochemore, lieutenant. Ainsin signés.

Prononcé pardevant ledit sieur juge mage, yssue de l'audiance, requerant lesdiz mestres, le quatorziesme de septembre mil cinq cens quatre vingts deux.

Le vingt septiesme dudit mois, dans la chambre du bureau du domaine du roy, en la cour dudit gouverneur, et pardevant de monsieur M⁰ Jean de Trinquaire, sieur des Baux, conseiller du roy, lieutenant general nay, et juge mage en ladite cour du gouverneur et siege presidial dudit Montpellier, ont compareu lesdiz mestres tisserans, assavoir Guillaume Jugon, Claude Pourtau, Esprit Brouchet, Jacques Boudon, Jean Boudon, François Vidal, Guillaume Vidal, Guillaume Jaubert, Guillaume Sallendres, Juillien Guepin, et Jean Delorme, lesquelz, presans et consentans monsieur Barthelemy Perdrier, procureur du roy, ont fait, presté le seremant en tel cas requis, pour l'entretenemant et observation desdiz statutz, et requis acte, presant moi conterolleur greffier et garde des archifz dudit domaine, soubz moydit scellés du scel royal estably en ladite cour. — De Trinquaire, juge mage. Degan, greffier. Ainsin signés, avec le scel y attaché.

*A monsieur le gouverneur de Montpellier, ou vostre lieutenant au bureau et domaine du Roy.*

Supplient humblemant Guillaume Vidal, Anthoine Trial, consulz des mestres tisserans de toilles de ladite ville, lesquelz, d'un commun accord et consantemant de tous les maistres dudit estat, ont dressé les articles adictionnaux y attachés, aux fins que par le moyen d'iceulx ilz se puissent plus facilemant entretenir en leurdit estat et mestier, et suporter les charges et surcharges de la present ville, ce qui leur seroit impossible sy lesdiz statutz et articles n'estoient inviollablemant gardés et observés. A ceste cauze, veu lesdiz articles adictionnaux cy attachés, il vous plaira de vos graces ordonner qu'ilz seront enregistrés au registre du domaine du roy, pour le contenu d'iceux estre inviollablemant gardé et observé, suivant leur forme et teneur, sur les peynes portées par iceux ; et ferés bien. — Bourrelli, procureur.

Soit monstré au procureur du roy, ce vingt neufviesme janvier mil six cens sept. — De Trinquaire, juge mage. Ainsy signé.

Extrait collationné sur autre extrait, signé comme dessus, exibé et retiré par René Houvrard, m⁰ tisserand de toiles de Montpellier, quy n'a seu signer, presans sieur Anthoine Rieupeyroux, habitant dudit Montpellier, et moy notaire royal de ladite ville, soubznommé, ce VII⁰ aoust 1665. — Rieupeiroux. Demus.

Arch. mun. de Montp, Arm. Dorée, Liasse I des papiers ramassés. Transcription authentique sur parchemin.

## CCXL.

### PRESCRIPTIONS CONCERNANT LA VENTE DES DRAPS A MONTPELLIER.

(6 Mars 1590.)

De par le roy, et de par messieurs les surpausez a la Loge, sur le faict de la drapperie.

Il est faict inhibition et deffence a tous marchans et autres habitans, qui vendront draps, tant en gros que en detail, qu'ilz n'ayent a vendre aulcungs draps façonnez en ceste ville, soyt en gros ou en detail, que premierement ilz n'ayent esté apportez en Loge, veuz, visittez et scellez, suivant l'ancienne coustume, a peyne de cent solz d'amende et confiscation desdits draps.

Et en suicte de ce, il est faict tres expres commandement a tous maistres tondeurs de ne bailler et delivrer aulcungs draps, qui auront esté portez en leurs bouticques, aux marchans ou autres, ne façonneurs a qui ilz appartiendront, sans au prealable avoir esté apportez

PIÈCES JUSTIFICATIVES. 507

en Loge, pour y estre plombez et marquez par lesdits sieurs surpausez, soubz semblable peyne.

Faict a Montpellier, ce sixiesme jour du mois de mars mil cinq cens quatrevingtz et dix. — Ranchin. Debourdie.....

Le septiesme jour du mois et an que dessus, apres midy, certiffie je Bernard Labat, trompette royal et crieur public en la ville et gouvernement de Montpellier, soubzsigné; le contenu aux presentes a esté leu et publié par tous les lieux, coings et carrefours dudit Montpellier accoustumez, a son de trompe et cry public, accompagnié de Pierre Simon, clerc, lisant le contenu aux presentes, en presences de M<sup>es</sup> Arnaud Peyre et Augustin Alquier, tondeurs, André Manuel, Guillem Suau, Jehan Vernet, et plusieurs autres habitans de ladicte ville. En foy de quoi, etc.

Arch. mun. de Montp., Liasse cotée *Lanéfice*.

## CCXLI.

LETTRES DE HENRI IV QUI PERMETTENT AUX OFFICIERS ROYAUX DE SE FAIRE RECEVOIR AUX CHARGES CONSULAIRES.

(18 Juin 1596.)

Henry, par la grace de Dieu roy de France et de Navarre, a toutz ceulx quy ces presentes lettres verront, salut.

Noz chers et bien amez les consulz et habitans de nostre ville de Montpellier nous ont faict entendre que, bien que par l'ordonnance du roy Henry second, nostre tres honoré seigneur et beau pere, de l'an mil cinq cens quarante sept, soict porté par expres qu'aucuns de noz officiers ne peuvent estre proveuz de charges consulaires, soubz les peynes y contenues, neanmoings, ayant noz predecesseurs reunye l'estat de viguier avec la charge consulaire de nostredicte ville, en ont par mesme moien donné entrée a nosdiz officiers en ladicte charge consulaire, ce que mesmes a esté declairé expressemant par nos predecesseurs a diverses fois, et en font foy les actes de la maison consullaire de ladicte ville; aussy a il esté ainsy observé jusques a present despuis l'année mil cinq cens soixante quatre, par expres commandement de nosdiz predecesseurs, quy ont trouvé estre bezoing et necessaire ainsy faire, veu le grand nombre de noz officiers qu'il y a en ladicte ville, et la dignité de ladicte charge, ensemble la rareté d'autres personnes dignes et capables de la pouvoir exercer au gré et contantemant des habitans d'icelle: en suivant ceste coustume ou privilliege les estatz generaulx de nostre province de Languedoc ont donné entrée es assemblées d'iceulx a nosdiz officiers de ladicte ville se trouvant pourveuz de ladicte charge consulaire, quoique par leurs antiens privillieges lesdiz estatz ayent droict de refuser l'entrée a tous ceulx qui ont charges de nous. Pour ces causes, a ce que l'estat de ladicte ville puisse estre de tant mieux administré, et les afaires mainées avec prudence, au soulaigement desdiz habitans, nous leur avons permis et permettons, par ces presentes, appeller et choisir ausdictes charges consulaires nosdiz officiers, tant des cours souveraines qui sont en ladicte ville, que autres, soict de justice ou des finances, ainsy qu'il a esté faict jusques a present, sans qu'ilz puissent estre recerchés pour ce regard, en vertu de ladicte ordonnance de l'an mil cinq cens quarante sept, a laquelle nous aurions expressement derogé et derogeons par ces presentes, que nous voulons estre enregistrées, tant en nosdictes cours seantes en ladicte ville, que dans les registres de la maison consullaire d'icelle ville, pour estre suivies doresenavant es elections qui seront faictes ausdites charges consulaires, desquelles toutesfois n'entandons exclure par ce moyen ceulx de la noblesse, ou autres habitans quy seront jugés ydoines et cappables pour administrer lesdictes charges par ceulx qui auront charge d'en faire l'eslection, l'honneur et la conscience desquelz nous chargeons de faire choix de personnes qu'ilz jugeront estre elus propres et cappables de les exercer, sans observer en cela aulcune diferance, ny faire distinction des gens de robbe longue avec ceulx de robbe courte, et entre noz officiers et ceulx qui ne le sont point; car tel est nostre plaisir. En tesmoing de ce, nous avons fait mettre nostre scel ausdictes presentes.

Donné a Paris, le dix huictiesme jour de juing, l'an de grace mil cinq cens quatrevingtz seize, et de nostre regne le septiesme.

Par le roy en son conseil. De Beaulieu.

Signé a l'original, et scelé du grand sceau de sire jaulne.

Collationné a son original, remis dans les archifs de la maison consulaire dudit Montpellier, par moy notaire royal et greffier de ladicte maison consulaire, soubzsigné. Fesquet.

Arch. mun. de Montp., *Grand Thalamus*, fol. 340 r°.

## CCXLII.

### STATUTS DES FUTAINIERS DE MONTPELLIER.

(1600.)

Ce sont les statuts dressés en forme de reglements et privileges, accordés par le commun accord et consentement de tous les maistres fustaniers de la ville de Montpellier, afin que leur mestier soit a l'advenir et a perpetuité juré et privilegié de ladite ville, comme aux autres bonnes et principales villes du present royaume, le tout soubs le bon plaisir du roy, de la souveraine cour du parlement de Toulouse et de Montpellier, le gouverneur de Montpellier, ou son lieutenant au bureau du domaine de Sa Majesté, pour obvier et remedier aux abus qui se pourroint commettre audit mestier en ladite ville, lesquels abus redonderoint au tres grand prejudice du bien public.

En premier lieu a esté accordé que tous lesdits maistres fustaniers, qui tiennent des a present boutique ouverte en ladite ville, assemblés en la presence et par permission de M. le gouverneur, en nombre de neuf, savoir Pierre Determe, Pierre Pourtail, Claudon Floyard, Jean Martin, François Desimitiere, Philippe Vinet, Claudon Martignan, David Taillevin, Simon Maynil, seroint tenus et approuvés pour vrais maistres dudit mestier de fustanier, a la charge toutesfois qu'ils soint tenus de faire un chef d'œuvre, savoir est les quatre anciens desdits maistres un chef d'œuvre conjointement, lequel chef d'œuvre lesdits anciens seront tenus prendre des autres desdits maistres restants; et ledit chef d'œuvre fait, lesdits quatre maistres anciens bailleront aux susdits autres maistres restants conjointement un chef d'œuvre, ainsy qu'ils adviseront. Et ne sera tenu aucun des susnommés neuf maistres de prendre autres lettres de maistrize dudit sieur gouverneur, quoyque les maistres qui seront a l'advenir soint tenus de les prendre.

Item, qu'il ne sera permis a aucune personne de se mettre dores en avant a travailler dudit mestier de fustanier dans ladite ville ny aux faubourgs, ny mesme dans le lieu de Celleneuve, comme estant du taillable de ladite ville de Montpellier, soit en chambre ou ailleurs, publiquement ou secretement, moins pourront lever ou dresser boutique, que premierement ils n'ayent fait chef d'œuvre.

Item, pour obvier aux abus,.... toutes sortes de fustaines, quelles qu'elles soient, seront marquées de la marque de celluy qui les aura fait faire et manufacturer. Et a cette fin, chacun baillera marque qui sera advisée entre eux, et apres registrée, pour y avoir recours. Et toutes pieces qui ne se trouveront marquées seront confisquées, comme sera dit cy apres.

Item, que tous les premiers jours des années, tous lesdits maistres seront tenus de s'assembler a la maison du plus ancien desdits maistres fustaniers, et ainsin assemblés creeront et nommeront deux d'entre eux, pour estre consuls dudit mestier, pour faire visite et recherche aux boutiques et lieux ou se font et manufacturent fustaines. Et dans trois jours aprez ladite creation, les vieux consuls conduiront les nouveaux consuls pardevant ledit sieur gouverneur, tenant son audience du bureau du domaine, pardevant lequel lesdits consuls presteront le serment en tel cas requis et pour l'observation dudit reglement, lequel sera leu et publié a son de trompe et cry public en la present ville de Montpellier, tout de mesme qu'est acoustumé a faire a la ville de Lion.

Item, que si quelque personne et compagnon dudit mestier se presente pour estre receu a ladite maistrise et faction de chef d'œuvre, ledit chef d'œuvre ne lui pourra estre baillé qu'il ne rapporte attestatoire d'avoir travaillé un an entier en la present ville avec quelqu'un des maistres jurés, et d'estre de bonnes vie, mœurs et conversation.

Item, qu'a l'avis des anciens maistres jurés, les consuls dudit mestier pourront bailler chef d'œuvre a celui qui se presentera, pourvu qu'il soit de la qualité requise, portée par lesdits statuts, lequel chef d'œuvre se fera en la boutique de tel desdits maistres jurés, ainsin qu'il sera advisé par lesdits consuls dudit mestier. Et si ledit chef d'œuvre se trouve mal fait, et le compaignon jugé incapable pour encore, il ne pourra d'un an apres se representer pour faire ledit chef d'œuvre.

Item, qu'avant qu'aucune personne puisse estre receue a ladite maistrise, sera tenue, apres ledit chef d'œuvre faict et paracheve, mettre trois escus dans la boite dudit mestier, pour ledit argent estre employé pour subvenir aux pauvres compaignons dudit mestier.

Item, que lesdits consuls, un mois apres qu'ils seront hors de charge, rendront compte et presteront le reliquat de l'administration par eux faicte durant leur année, et c'est pardevant les nouveaux consuls et un desdits maistres jurés, tel que sera deputé par tous les autres maistres jurés, et ce aux depens de la communauté.

Item, que chaque apprentif dudit mestier, a l'entrée et commencement de son apprentissage, sera tenu, ou en son defaut son maistre, sauf son recours contre ledit apprentif, de mettre pour une fois un teston dans la boite dudit mestier, permettant auxdits maistres dudit estat faire tant d'apprentis qu'ils voudront, affin d'entretenir l'estat et manufacture dans la ville, et autres lieux et villes.

Et d'autant que plusieurs differends, noises et querelles sont survenues a cause des apprentifs et serviteurs pour la pratique dudit art, sera defendu recevoir ni retirer aucun apprentif ni serviteur sortant d'un autre maistre, que premierement le precedent maistre n'en ayt esté adverti, et soit content et satisfait de lui.

Item, que les fils des maistres seront exempts de payer ledit teston pour ledit apprentissage, ensemble de payer lesdits trois escus pour ladite maistrise. Et seront aussi exempts de rapporter attestatoire d'avoir travaillé un an en ladite ville. Seront tenus, neantmoins, de faire un essay, tel que sera advisé par les maistres jurés dudit estat.

Item, que les veufves desdits maistres jurés, tant qu'elles vivront honnestement et en viduité soubs le nom de leurs feux maris, auront la faculté et privilege de tenir boutique ouverte dudit mestier, comme si leurs maris vivoint, a la charge que les compaignons que lesdites veufves tiendront pour travailler de leur nom et en leursdites boutiques seront prealablement presentés et approuvés, s'ils sont capables, par les consuls dudit mestier, lesquels compaignons repondront des fautes auxdits statuts, sans que lesdites veufves, pour raison de ce, puissent estre en rien molestées et inquietées.

Item, seront tenus les consuls dudit mestier de visiter chaque semaine, et le jour de samedy, ou autre tel jour qu'ils adviseront, toutes les boutiques desdits maistres fustaniers. Que s'ils trouvent des fustaines mal faictes et mal façonnées, ils en dresseront leur relation, laquelle estant veüe par tous lesdits maistres jurés et par ceux qui seront par eux deputés, celui qui sera trouvé contrevenant et refractaire sera condamné pour la premiere fois en l'amende de trois sous, la marchandise confisquée; et s'il retombe, en vingt cinq escus, outre ladite confiscation : le tiers applicable à Sa Majesté, l'autre tiers en aumosnes, et l'autre sera et appartiendra en propre au denonciateur, pour faire la poursuite des contrevenans et malfacteurs a l'observation desdits reglements, estant les maistres jurés dudit mestier responsables des fautes faictes en cet endroit, ou par les compaignons ou apprentifs, ou autres qui travailleront soubs eux.

Item, qu'il sera permis et loisible aux consuls dudit mestier de visiter toutes les années, lors et quand bon leur semblera, toutes les boutiques de ceux qui travailleront en futaines, par toutes les villes du ressort dudit sieur gouverneur, comme sont les villes de Frontignan, Sommieres, Lunel, Aymargues, Massillargues, Sauve, et autres villes et villages dudit ressort. Et si lesdits consuls trouvent des fustainiers qui ne soint point legitimes, ou bien contrevenants et refractaires, ils seront condamnés pour la premiere fois en l'amende de trois escus, la marchandise confisquée ; et s'ils retombent, en vingt cinq escus, outre ladite confiscation, le tiers applicable a Sa Majesté, l'autre tiers en aumosnes ; et l'autre tiers sera et appartiendra en propre au denonciateur, pour faire la poursuite des contrevenants et malfacteurs a l'observation desdits reglements.

Item, que si un mesme maistre est trouvé en mesme temps avoir faict plusieurs pieces de fustaine, il ne sera tenu qu'a la confiscation de toutes lesdites fustaines et une amende de trois escus, applicable comme au precedent article.

Item, que lesdits maistres jurés fustanniers ne pourront faire que fustaines, sans se mesler de faire aucunes toiles, ni par eux ni par personne interposée a leur nom, sur peine de l'amende de vingt cinq escus, un tiers applicable a Sa Majesté, l'autre tiers aux aumosnes, et l'autre tiers au denonciateur, et de confiscation desdites toiles qui se trouveront estre faictes par lesdits maistres fustanniers ; comme, au contraire, ne sera permis aux maistres teysserands de toile de se mesler directement ou indirectement de faire ou faire faire aucune fustaine, sur la mesme peine de l'amende de vingt cinq escus, applicable comme dessus un tiers a Sa Majesté, l'autre tiers aux aumosnes, et l'autre tiers au denonciateur, et de confiscation desdites fustaines, qui se trouveront avoir esté faictes par lesdits teysserands de toile, dans leurs boutiques ou autrement, par eux ou par personne interposée.

Item, pour obvier aux abus et fraudes qui surviennent journellement en la manufacture et ouvrage desdites fustaines, il sera permis auxdits maistres fustainniers, soit a ladite ville, faubourgs circonvoisins d'icelle, de pouvoir faire ouvrer et manufacturer les fustaines a gros et menu grain pour l'ouvrage qui est de douze cannes six pans et damassé, en moins de largeur de dix huit cents filets; et les autres, rayés ou a petite raye frangés, et celui appelé Landfort a trois rayes carrées, croisées, mouchetées a dicts carreaux, seront tous faicts et façonnés a dix ou a neuf ou a huit cents filets pour le moins : toutes lesquelles fustaines doivent estre ourdies d'une mesme longueur, que sera de vingt deux aunes d'ourdissage, que sont douze cent six pans tout crus et sortant du mestier, mesure de ladite ville de Montpellier. Et seront toutes les susdites fustaines de la largeur acoustumée, qui est de deux pans ou environ.

Item, que l'ourdissage des fustaines a menu grain sera du nombre de dix huit ou de seize cents filets pour le moins, et de largeur acoustumée, qui est environ quatre pans tout crus et sortant du mestier; et ce, a cause que en chaque piece de dite fustaine a menu grain on met et marque la longueur de chaque piece ensemble aux pieces de fustaine damassée.

Item, que l'ourdissage des fustaines a gros grain a huit filets de six marches sera faict a dix huit cens filets.

Determe, Portal, Vinet, Desimitiere, etc., signés.

Arch. mun. de Montp., Liasse cotée *Lanéfice*.<br>Copie contemporaine.

*Articles postérieurs complétant les statuts des futainiers de Montpellier.*

Articles additionaux, dressés en forme de statuts, reglements et privileges, accordés par le commun consentement de tous les maistres fustainiers de la ville de Montpellier, afin que leur estat et mestier soit a l'advenir juré, comme les autres estats et mestiers jurés, lesquels articles lesdits maistres adjoutent aux precedents par eux dressés, pour obvier aux abus, malversations et contraventions qui pourroient estre commises a leur dit estat, et ce pour le bien et soulagement du public et conservation de leur mestier; ce qu'ils font toutesfois soubs le bon plaisir de Sa Majesté, de la souveraine cour du parlement de Thoulouze, et de vous, Monsieur le gouverneur au bureau du domaine du roy, lesquels articles mettent en la forme qui s'ensuit.

Premierement, outre les articles dressés en forme de statuts et privileges, et qui ont esté deja authorisés, tous lesdits maistres, d'un commun accord, ont trouvé estre expedient et necessaire que, pour obvier aux abus qui se commettent ordinairement en la manufacture des fustaines, par le moyen de certaines personnes qui apportent de mauvaise marchandise de fustaines, venant de dehors, des villes et villages circonvoisins, et les vendent aux marchands pour besoingne fabriquée dans la present ville, au grand deshonneur de la ville et du public, ne sera permis d'entrer ni exposer ni vendre telle marchandise en la present ville, que au prealable elle ne soit veüe et visitée par les consuls dudit estat. Et au cas que la marchandise ne se trouveroit de la qualité requise, sera permis auxdits consuls la prendre, la saisir soubs la main du Roy et de la cour, et y poursuivre la contravention. Et sera l'amende pour la premiere fois de.... escus ; et s'il y retourne, pour la seconde fois en l'amende de six escus, et la marchandise confisquée, moitié au Roy, et l'autre moitié a la boite des maistres fustainiers.

Item, pour subvenir aux plaintes qui se sont faictes et font journellement par les marchands de la present ville, a cause de certaines pieces de fustaine crues, qui se vendent ordinairement par la ville, ne sera permis ni loisible a aucun maistre d'eux, estant de la present ville ni de dehors, exposer en vente de telle marchandise en gros ni menu, qu'elle ne soit blanchie, ainsin que les marchands ont acoustumé de vendre, a peine de trois escus d'amende envers celui qui se trouvera contrevenant et refractaire auxdits statuts, moitié au Roy, et l'autre moitié a ladite boite; et pour la seconde fois en l'amende de dix escus, et la marchandise confisquée, et applicable comme dessus.

Item, a cause des abus qui se commettent ordinairement par le moyen des compaignons et apprentifs venant de dehors, qui bien souvent quittent leurs maistres sans avoir parachevé leur apprentissage, au grand prejudice de leurs maistres, ne sera permis ni loisible a aucuns maistres de la present ville de retirer en leur boutique de tels compaignons apprentifs, que au prealable ils ne portent attestatoire acquis de son maistre comme estant maistre fustainier, et qu'ils sont de bonne vie, mœurs et conversation, sur peine de l'amende de trois escus de celui qui se trouvera contrevenant et refractaire auxdits statuts, moitié au Roy, et l'autre moitié a la susdite boite.

Item, pour obvier aux abus qui se commettent ordinairement a la fabrique des fustainiers, a cause des pieces qui se gatent et pourrissent sur le mestier, au grand prejudice des marchands et de la communauté, ne sera permis a aucun compaignon quitter la piece lorsqu'il l'aura commencée, que au prealable il ne l'aye achevée, avec inhibition aux susdits maistres de ne donner aucune besoingne que ladite piece ne soit faicte et parachevée, a peine de trois escus d'amende envers celui qui se trouvera contrevenant, moitié au Roy, et l'autre moitié a la susdite boite.

Item, ne sera permis a aucun maistre de la present ville, ni aux faubourgs d'icelle, prendre aucun apprentif qui ne soit pour le temps et terme de trois années pour le moins, a peine de six escus d'amende, moitié au Roy, et l'autre moitié a ladite boite.

Arch. mun. de Montp., Liasse cotée *Lanéfice*.
Copie contemporaine.

## CCXLIII.

LETTRES DE HENRI IV APPROUVANT LES STATUTS DES FUTAINIERS DE MONTPELLIER.

(Septembre 1600.)

Henry, par la grace de Dieu roy de France et de Navarre, a tous presents et advenir, salut.

## PIÈCES JUSTIFICATIVES. 517

Sur les remonstrances a nous faictes par les marchands fustaniers, ouvriers, et faisant train de negoce en nostre ville de Lion, et apres avoir veu en nostre conseil les articles par eux presentés pour le reglement et police dudit estat, nous leur aurions, et a tous autres nos sujets des villes de nostre royaume, permis ladite manufacture, avec l'ordre et reglement porté par les susdits statuts sur ce faicts, par nous confirmés au mois de septembre 1595, et le tout publié en la cour et siege presidial dudit Lion le 5 octobre ensuivant ; en consequence de quoy, nos bien amés les maistres ouvriers de ladite manufacture et ouvrage des fustanniers en nostre ville de Montpellier, desirant pour la commodité publique, et pour l'augmentation de ladite ville et continuation du traffic qui s'y faict, regler et policer ledit traffic et manufacture, a l'exemple de ceux dudit Lion, auroint dressé leurs statuts et articles qu'ils ont jugé necessaires pour cet effect, afin d'obvier aux abus qui s'y pourroint commettre, et iceux presenté au gouverneur dudit Montpellier ou son lieutenant, et de son ordonnance communiqué a nostre procureur, qui auroit donné son consentement, et renvoyé les suppliants pardevant nous, pour leur estre sur ce pourveu, comme de tout ce appert, tant par les articles et statuts susdits, consentement de nostredit procureur, que jugement susdit, le tout cy attaché, avec les articles et provisions obtenus par ceux dudit Lion. Sçavoir faisons que nous, ayant agreables iceux articles et statuts de ladite ville de Montpellier pour ledit faict de manufacture, et attendu que c'est chose servant, non seulement a la decoration et augmentation du traffic de ladite ville, mais aussi a l'utilité publique, qui nous a donné subjet d'eriger tous les maistres jurés des villes de nostre royaume ; joint que icelle ville de Montpellier est une des principales de nostre pays de Languedoc ; avons, de nostre certaine science, pleine puissance et autorité royale, confirmé, ratifié et approuvé, homologué et autorisé, et par cestuy nostre edict perpetuel et irrevocable confirmons, ratifions et approuvons, homologuons et autorisons lesdits articles et statuts, arrestés pour la manufacture desdits fustainiers en nostredite ville de Montpellier, pour en jouir et user par eux maistres fustainiers et leurs successeurs audit estat pleinement et paisiblement, et comme il se faict et pratique pour ce regard en ladite ville de Lion, voulant qu'a cet effect les articles cy attachés soient entierement suivis et observés, sans qu'il y soit par aucun contrevenu, afin que, faute dudit ordre et police, il ne se commette aucun abus. A cette fin, mandons et ordonnons a nos amés et feaux conseillers, les gens de nostredite cour de parlement de Tholoze, gouverneur de Montpellier ou son lieutenant, et autres nos justiciers et officiers qu'il appartiendra, faisant enregistrer ces presentes, et le contenu fonder et entretenir, sans souffrir qu'il y soit contrevenu, contraignant de ce faire, souffrir et obeir tous ceux qu'il appartiendra et qui seront a contraindre, par declaration et amendes esdits articles, et autres que besoin sera jugé, et executer sans aucun depost ni moderation, et autres voyes deues et raisonnables acoustumées en faict de plaidoirie et police, nonobstant oppositions et appellations quelsconques, et sans prejudice d'icelles, et les ordonnances et defenses a ce contraires : car tel est nostre plaisir. En tesmoing de quoy, nous avons faict mettre nostre scel a cesdites presentes, sauf en autres choses et sur ce nostre droit, et l'autruy en toutes.

Donné a Grenoble, au mois de septembre, l'an de grace mil six cent, et de nostre regne le douziesme.

Arch. mun. de Montp., Liasse cotée *Lanéfiee*.<br>Copie contemporaine.

## CCXLIV.

LETTRES DE HENRI IV QUI CONFIRMENT LES PRIVILÉGES DE L'ART DE LA DRAPERIE DE MONTPELLIER.

(Mai 1605.)

Henry, par la grace de Dieu roy de France et de Navarre, a tous presens et advenir, salut.

Nos predecesseurs roys, sur l'humble supplication a eulx faicte par nos chers et bien amez les consulz, bourgeois, manans et habitans de nostre ville de Montpellier, en consideration de la fidellité et affection qu'ilz ont tousjours eu au bien de cest estat et couronne, leur auroient octroyé et donné plusieurs beaux privilleges, franchises, libertez et inmunitez, et iceulx continuez et confirmez, et entre autres de pouvoir establir le mestier, art et exercice juré de drapperie et flessaderie, tout ainsy que en aucunes des aultres bonnes villes de nostre royaume, et, pour le bien, proffict et uttillitté de ladicte ville et dudit mestier, affin d'obvier aux fraudes et abuz qui se pourroient cometre en icelles, permis d'y establir certain ordre et pollice, par forme de statutz, articles et ordonnances, qui seroient gardées et observées par les maistres jurez dudit estat; ce qu'ayant esté faict, et lesdictz statutz et ordonnances faictes par les consulz, bourgeois et habitans de ladicte ville et supposez au faict et art de ladicte drapperie, autorisée despuis par nosdictz predecesseurs, cy attachez, soubz le contrescel de nostre chancellerie, les maistres jurez dudict estat auroient exercé ledict art de drapperie et flesaderie soubz lesdicts statutz et ordonnances, sans avoir souffert y estre aulcunement contreveneu; toutesfois, soubz pretexte que, par nos lettres pattantes données a Chartre au mois de febvrier mil cinq cens quatre vingtz quatorze, portant confirmation de tous les statutz et privilleges desdicts habitans, les statutz et ordonnances faictes pour raison dudict art et mestier de drapperie n'ont esté particulierement par nous confirmez, aucungs de nostredicte ville se seroient licentiez de dresser certains articles pour demenbrer ledict art et mestier, contennant de faire de cadis, sarges et burattes au petit mestier, avec interdictions aux maistres jurez dudict art de drapperie et flesaderie de pouvoir faire ny façonner lesdicts cadis, sarges et burattes, quoyque par les statutz et ordonnance desdicts maistres jurez dudict art de drapperie, la faicture desdicts cadis, sarges et burattes, et tout autre facture de draps de layne et flesades y soit particullierement comprinse; et partant nous ont lesdicts maistres jurez dudict art de drapperie tres humblement supplié et requis, que nostre bon plaisir feust de volloir, en tant que besoing seroit, en particullier et par expres confirmer les statutz et ordonnances concernant ledict art de drapperie, flesades, facture, et toute autre sorte de layne, soubz lesquelz il ont exercé ledict art, et jouy des privilleges et inmunitez apartennans a icelluy jusques a presant, et sur ce leur pourvoir de nos lettres sur ce necessaires. A ces causes, voulant user de graces et faveurs envers lesdicts maistres jurez dudict art et mestier de draperie, avons, de nostre certaine science, grace speciale, plaine puissance et authoritté royalle, confirmé, loué et appreuvé, confirmons, louons et appreuvons, par ces presentes, ausdicts maistres jurez dudict art et mestier de draperie et flesaderie et toute autre faicture de leynes, tous lesdicts statutz, privilleges, coustumes, libertez, franchises et inmunitez appartennant audict estat, pour par eulx et leurs successeurs en jouyr et user plainement et paisiblement, tout ainsy qu'ilz en ont cy devant jouy et uzé, joysent et uzent encores de present, sans qu'il soit loisible a personne quelconque de desmanbrer dudict art et mestier de draperie la facture des cadis, sarges et burattes au petit mestier, pour en faire ung art et mestier separé de celluy de draperie et flesaderie, moins s'ingerer a la facture d'icelles, soit au grand ou petit mestier, sans la licence et permission desdicts maistres jurez dudict art, et sans avoir faict chef d'œuvre et experience, et par eulx appreuvée faicte. Sy donnons en mandement a noz amez et feaulx conseillers les gens tenans nostre cour de parlement a Tholose, gouverneur de nostre ville de Montpellier, et a tous nos autres justiciers et officiers qu'il appartiendra, que ces presentes, contennant nos declarations et confirmations, ilz facent lire, publier et enregistrer, et de tout le conteneu en icelles souffrent et laissent jouyr et uzer plainement et paisiblement lesdicts maistres jurez dudict art de draperie et flessaderie, sans en ce leur faire, mectre ou donner, ny souffrir estre faict, mis ou donné aulcung destourbier ou empechement ; ains au contraire, sy faict, mis ou donné leur estoit, ils facent le tout mettre incontinant et sans dellay au premier estat et deub, nonobstant les articles pardevant le juge maige dudict Montpellier dressés par la facture desdicts cadis, sarges et burattes au petit mestier, lesquelz voullons estre nulz et de nul effect, comme contraires aux statutz et privilleges dudict art et mestier de draperie et flasaderie ; car tel est nostre plaisir, nonobstant aussy quelconques edictz et ordonnances, jugemens, restrinctions, mandemens, deffences et lettres a ce contraires, ausquelles nous avons derrogé par ces presentes. Et affin que ce soit chose ferme et stable a tousjoursmais, nous y avons faict mettre nostre scel, saulf en aultres choses nostre droict, et l'autruy en toutes.

Donné a Fontenebleau, au moys de may, l'an de grace mil six cens cinq, et de nostre regne le seiziesme.

Par le Roy. Potier. Ainsin signé, et scellées du grand sceau en sire verde.

Collationné a l'original, par moy notaire royal soubzsigné, a la requisition des maistres tisserands dudict Montpellier. Fesquet.

Arch. mun. de Montp., *Grand Thalamus*, fol. 328 v°.

## CCXLV.

LETTRES DE HENRI IV AUTORISANT LA TENUE DE QUATRE FOIRES PAR AN ET D'UN MARCHÉ CHAQUE SEMAINE AU FAUBOURG DE BOUTONNET.

(Août 1609.)

Henry, par la grace de Dieu roy de France et de Navarre, a tous presens et advenir, salut.

Sçavoir faisons qu'inclinant a la suplication que nous a esté faicte par nostre cher et bien amé messire Aymart de Calvison, chevalier de l'ordre du roy, seigneur et baron de S$^t$ Auban et autres places, contenant qu'il a a luy apartenant ung manoir au dioceze de Montpellier en Languedoc, appellé Boutonnet, dont il est seigneur foncier, avec toute juridiction, mere, mixte et impere, quy avoit esté ruyné et bruslé par ceux de la religion pretendue reformée, laquelle maison luy seroit inutile et presque sans revenu, s'il ne faisoit bastir des maisons et bailler a nouveau fief une partye des terrains qu'il a audit Boutonnet, ce qu'ayant faict publier par le dioceze de Montpellier et les environs, plusieurs personnes se seroient offertes de demeurer audit Boutonnet, pourveu qu'il y eust quelques foires et marchés pour faire commerce et negoce; c'est pourquoy il nous a tres humblement suplié et requis, que nostre plaisir feust y establir quatre foires par chascun an et un marché chascune sepmaine; A ces causes, desirant gratifier ledit sieur S$^t$ Auban, en consideration de ses services et qu'il ne s'est desparty de nostre obeissance, avons audit lieu de Boutonnet creé, ordonné, creons, ordonnons et establissons, sçavoir un marché le judy de chascune sepmaine, et quatre foires par an, la premiere le jour de la Circoncision, quy est le premier jour de janvier, la deuziesme le jour et feste de Sainte Croix au mois de may, la troisiesme le jour et feste de Saint Laurent au mois d'aoust, et la quatriesme le jour et feste de.... Sy lesquelles festes se trouvent le dimanche, la foire sera remise au lundy ensuivant. Voulons et nous plaist que tous marchans puissent aller, venir, sejourner, vendre, trafiquer, distribuer, eschanger, troquer, admener, conduire et transporter toutes sortes de marchandises licites, et qu'ils jouissent de tous les droictz, privileges, franchises, libertez qu'on a acoustumé de jouir en autres foires et marchés de cestuy nostre royaume, pourveu toutesfoiz qu'a quatre lieues autour dudit Boutonnet il n'y ayt aux jours cy dessus aulcune foire et marché. Si donnons en mandement au senechal et gouverneur de Montpellier, ou son lieutenant, et gens tenant le siege presidial dudit lieu, et a tous nos autres justiciers, presents et avenir, si comme il appartiendra, que noz presents creation et establissement il facent lire, proclamer, crier et signiffier aux lieux voisins, circonvoisins, et aleurs ou besoing sera, et d'iceux, ensemble de tout le contenu de la present, ils facent lesdits supplians jouir et user plainement et paisiblement;.... car tel est nostre plaisir....

Donné a Paris, au mois d'aoust, l'an de grace mil six cens neuf, et de nostre regne le vingtiesme.

<small>Arch. du greffe de la maison consulaire de Montpellier, Arm. A, Liasse 15. Copie sur papier.</small>

## CCXLVI.
### LETTRES DE LOUIS XIII RATIFIANT LES STATUTS ET PRIVILÉGES DE L'ART DE LA DRAPERIE EN VIGUEUR A MONTPELLIER.

(Juillet 1611.)

Louis, par la grace de Dieu roy de France et de Navarre, a tous presens et advenir, salut.

Nos chers et bien amés les consulz, bourgeois et habitans de nostre ville de Montpellier nous ont faict dire et remonstrer qu'il leur a cy devant esté concedé, entre autres privilleges et immunitez, la faculté de mettre sus en laditte ville l'art, labeur et exercisse de drapperie de laine et de soye, de flassades, estalons, barragans, chappelleries, bonneteries, tapisseries et autres artz fins de laine et de soye, plus au long declairés par le reglement et lettres de confirmation cy attachées soubz nostre contrescel, ausquelz ilz ont continuellement esté maintenuz ; et d'aultant qu'ilz jugent leur estre necessaire prendre de nous pareilles lettres de confirmation desdits privilleges, affin de n'estre a l'advenir troublés et empechés a la jouissance d'iceulx, ilz nous ont tres humblement requiz et suplié icelles leur vouloir octroyer. Sçavoir faisons, et desirans tesmoigner liberalement ausdits consulz, bourgeois et habitans de Montpellier l'effect de nostre bonté en leur endroict, en consideration du bon devoir qu'ilz ont rendu a noz predecesseurs roys, lequel a inviolablement esté observé, et dont nous avons receu une particuliere cognoissance en ce qui concerne le bien de nostre service, selon l'importance des occasions qui se sont presentées; nous, a ces causes, et sçachans combien il est de besoing de faire soigneusement entretenir et observer l'ordre et la police porté par le susdit reglement, de l'avis de nostre conseil, et de noz grace specialle, plaine puissance et auctorité royalle, avons les privilleges susdits, cy comme dict est attachez, continuez, ratiffiez et confirmez, continuons, ratiffions et confirmons par ces presentes, pour par eulx perpetuellement et a tousjours en jouir et user, tout ainsy que bien et deument ilz en ont jouy, jouissent et usent encores a present. Sy donnons en mandement a nostre gouverneur de Montpellier, ou son lieutenant, et a tous noz autres justiciers et officiers, presens et advenir, et a chacun d'eulx comme a luy apartiendra, que de tout le contenu cy dessus ilz fassent, souffrent et laissent jouyr et user plainement et paisiblement lesdits consulz, bourgeois et habitans, et a eulx obeir et entendre, de tous que de besoing sera, et ainsy que requiz seront, es choses touchant et concernant iceulx privilleges et reglemens, sans permettre leur estre faict, mis ou donné, ores ny a l'advenir, aulcun trouble ny empechement, en quelque sorte et maniere que ce soit; ains au contraire, sy faict, mis ou donné leur estoit, icelluy levent et ostent incontinant et sans delay, mettant ou faisant mettre la chose au premier estat et deub, nonobstant oppositions ou appellations quelzconques, et sans prejudice d'icelles ; car tel est nostre plaisir. Et, afin que ce soit chose ferme et stable a tousjours, nous avons faict mettre nostre scel a cesdittes presentes, sauf en autres choses nostre droict, et l'aultruy en touttes.

Donné a Paris, au moys de juillet, l'an de grace mil six cens unze, et de nostre regne le deuxieme.

Sur le pli : Par le roy. Rolet. — Visa contentorum. Bonnet.

Arch. mun. de Montp., Liasse cotée *Lanéfice*. Original sur parchemin, sceau détaché. — A ces lettres sont jointes celles de Charles VIII de 1493 et de Louis XII de 1498.

## CCXLVII.

CERTIFICAT DÉLIVRÉ PAR LES CONSULS MAJEURS DE MONTPELLIER, TOUCHANT LES ATTRIBUTIONS ET LES PRÉROGATIVES DES CONSULS DE MER.

*( 12 Novembre 1612.)*

Nous consulz et viguier de la ville de Montpellier, seigneurs et barons de Caravettes, Combes et Puechconnil, certiffions et attestons a tous qu'il appartiendra, que anuellement et a chacun premier de janvier, par nous ou autres consuls nous devantiers, il est faict nomination de quatre habitans de ladicte ville, sçavoir d'ung bourgeois, d'ung marchant epicier, d'ung marchant de thoilles ou de laines, et d'ung mangonnier, lesquels se disent consuls de mer, ayant juridiction dans ladite ville de touttes les questions que interviennent entre les marchans ; et de leurs santances y a appel ez la cour de parlement, saulf en ce qui est de la facture de soye et laynes que se facturent dans ladicte ville. De ces deux cas ils jugent souverainement sans appel, en la presance du Consel de vingt quatre de ladicte ville, suivant les lettres pattantes de Sa Majesté, données a Paris au mois de julhet l'an mil quatre cens quatre vingts treze, estant leur juridiction jusques aux graux de Maguelonne et Agde, comme cognoissans aussy de touttes contestations que interviennent sur le faict de la marine. Et pour faire justice, ils s'assamblent deux jours de la sepmaine, qui sont les mardy et vendredy apres disner, ou ils tiennent leurs assises, ayant la ung greffier pour escripre toutes les causes qui se meuvent par devant eux, et un bedeau qui assigne les parties, ayans a cest usage ung lieu dans ladicte ville appellé la Loge, ou ils tiennent leurs assises. Et lorsque lesdicts consuls de mer vont es honneurs, leur bedeau porte la masse d'argent devant eux, estant ladicte costume sy antienne, que despuis l'année mil trois cens il a esté observé, comme se veriffie des registres de la maison consulaire.

En tesmoing de quoi, avons signé ses presantes, et icelles faict signer par nostre greffier et secrectaire, et faict mettre a apposer le scel de ladicte ville.

Faict a Montpellier, ce douzieme jour de novambre mil six cens douze.

Maduron consul et viguier, Verchant consul, Carguet consul, Coneaut consul.

Du mandement desdits seigneurs consulz. Fesquet.

Arch. départ. de l'Hérault, Fonds des consuls de mer de Montp., B, 71. Document original sur papier, avec sceau à froid.

## CCXLVIII.

#### LETTRES DE LOUIS XIII CONFIRMANT LA JURIDICTION DES CONSULS DE MER DE MONTPELLIER.

(Juillet 1615.)

Louis, par la grace de Dieu roy de France et de Navarre, a tous presens et advenir, salut.

Sçavoir faisons avoir receu l'humble supplication de noz chers et bien amez les consuls de mer, juges des marchans de nostre ville de Montpellier, contenant que les feuz roys Louis unsiesme et Charles huictiesme, par leurs lettres patentes des l'an M IIII$^c$ LXIII et M IIII$^c$ IIII$^{xx}$ III, leur auroient accordé et concedé plusieurs beaux privilleges, entre autres de pouvoir cognoistre et decider de tous proces et differans, meuz entre marchans de ladicte ville et des portz d'Aiguesmortes et Agde, pour faict de marchandize, sans que lesdiz proces peussent estre jugez par autres juges, et ce pour esviter aux longueurs des procez quy se font ez cours ordinaires de ladicte ville, ainsy que plus particulierement est porté ez extraictz vidimus, cy attachés soubz le contrescel de nostre chancellerie, dont ilz ont tousjours jouy et usé, jouissent et usent encor de present, a l'instar des juges consuls des autres villes de nostre royaume;

toutesfois ilz craignent qu'au moien qu'ilz n'ont obtenu continuation et confirmation des feuz roys nos predecesseurs despuis ladicte concession, ny de nous despuis nostre advenemant a la couronne, on les y vollut cy apres troubler et empecher, s'il ne leur estoit par nous pourveu de noz lettres de confirmation sur ce necessaires, humblemant requerant icelles. A ces causes, desirans, pour les mesmes consideracions qui ont meu nosdiz predecesseurs, leur octroyer lesdiz privilleges, qu'ils en soient effectuellemant jouissans, nous avons ausdiz exposans continué et confirmé, continuons et confirmons par ces presentes, tous et chacungz leursdiz privilleges, franchises, libertés, exemptions, a eux octroyés et concedés par nosdiz predecesseurs, pour en jouir et user par eux et leurs successeurs plainemant, paisiblemant et perpetuellemant, ainsy et en la mesme forme et maniere que font les juges consulz des autres villes de nostre royaume, suivant les edictz de leur establissemant et nostre declaration du IIII$^e$ jour d'octobre M VI$^c$ unse, ou tout ainsin que lesdiz exposans en ont bien et deuemant jouy, jouissent et usent encor de presant, et que s'ils eussent obtenu confirmation des feuz roys nos predecesseurs, dont et du laps du temps sur ce intervenu nous les avons relevez et rellevons. Si donnons en mandemant a noz amez et feaulx conseillers, les gens tenans nostre cour de parlemant a Tholose, que de noz presante continuation, confirmation, octroy, et contenu esdictes presantes, ils facent, souffrent et laissent lesdiz supplians jouir et user, plainemant, paisiblemant et perpetuellemant, sans souffrir leur estre faict, mis ou donné, ores ne pour l'advenir, aucung trouble ou empechemant contraire, lequel, sy faict, mis ou donné leur estoit, le facent mettre incontinant au premier estat et dub; car tel est nostre plaisir, nonobstant quelconques ordonnances, mandemans, deffances et lettres a ce contraires, ausquelles et aux derogatoires y contenuz nous avons derogé et derogeons par cesdictes presantes. Et, affin que ce soit chose ferme et stable a tousjours, nous avons faict mettre nostre scel a cesdictes presantes, sauf en autre chose nostre droit, et l'autruy en toute.

Donné a Paris, au mois de juillet, l'an de grace mil six cens quinze, et de nostre regne le sixiesme.

Signé Louis, et plus bas : Par le roy. Phelipeaux.

> Arch. départ. de l'Hérault, Fonds des consuls de mer de Montpellier, B, 63 (Expédition originale sur parchemin, avec grand sceau royal en cire verte); et Arch. mun. de Montp., *Grand Thalamus*, fol. 350, r° (Transcription officielle, que suit un ordre d'enregistrement du parlement de Toulouse, du 26 février 1616).

Louys, par la grace de Dieu roy de France et de Navarre, au premier nostre huissier ou sergent sur ce requis.

Veu par nostre cour de parlement de Tholose la requeste a elle presantée par le scindic des consuls de mer establis en nostre ville de Montpellier, cy attachée soubz le contrescel de nostre chancellerie, nous, ensuivant l'ordonnance de nostre dicte cour, mize au pied de ladicte requeste, te mandons et commandons par ces presantes, a la requeste desdiz scindic et consuls, faire, de par nous et nostre dicte cour, inhibitions et deffances aux bourgeois et marchans, tant de ladicte ville de Montpellier que Aiguesmortes et Agde, de ne directemant ou indirectemant contrevenir aux privillieges, lettres patantes octroyées ausdiz consuls de mer par noz predecesseurs, et arrest sur ce donné par nostre dicte cour ; ce faizant, de ne pour raison de leurs proces et differans, provenans du trafic, negoce, change et rechange, se retirer ailheurs en premiere instance, soict en demandant ou deffendant, que devant lesdiz consuls de mer, et par appel en nostre dicte cour de parlement; comme aussy fais inhibitions et deffances a tous noz juges et officiers des susdictes villes de Montpellier, Aiguesmortes et Agde, prendre aulcune cour, jurisdiction ny cognoissance des proces et differans qui regardent ledit trafic, commerce, change et rechange, moingz empecher les exploictz et executions des lettres et autres actes expediés au nom desdiz consuls de mer, ains permettre libremant l'execution d'iceux, a peyne de dix mil livres en cas de contrevention, etc.

Donné a Tholose en nostre parlement, le vingt septiesme febvrier, l'an de grace mil six cens seize, et de nostre regne le sixiesme.

Arch. mun. de Montp., *Grand Thalamus*, fol. 351 r°.

## CCXLIX.

### DEVIS DE RÉPARATIONS CONCERNANT LA ROBINE DE LATTES.

(1635.)

Estat ou devis des reparations necessaires, qu'il convient faire a la roubine de Lattes, pour la randre navigable, comme elle estoit par le passé.

Celuy qui entreprandra a faire lesdites reparations sera tenu de curer et nettoyer ladite roubine de long en long, despuis la muraille du lieu de Lattes, aupres de laquelle sont les degrés du port, jusques au bout de la terre ferme et entrée de l'estang, de la largeur de trois canes au plus estroict, pour le moings; et aux endroicts ou elle se truvera plus large, sera curée de la mesme largeur qu'elle se treuvera, comme le restant.

L'entrepreneur fera ledit curement et netoyement, en tel estat qu'y aye quatre pans d'eau partout le long de ladite roubine.

Sera tenu l'entrepreneur faire deux jets des terres et boues qu'il en tirera, et les mettra du moings a quatre pans sur le bord, pour esviter qu'elles ne retombent dans ladite roubine, et ne se puisse entasser.

Ledit entrepreneur sera tenu de cruzer cinq destours, la ou luy seront marqués, de quatre canes carrées chascun, afin de laisser le passaige libre aux barques que monteront ou dessandront; et a iceulx destours, les cruzera comme la roubine, et y fera de fonds de quatre pans d'eau.

Cruzera icelluy entrepreneur dans l'estang cent vingt canes en long, de trois canes de large, durant laquelle estandue seront pozés d'un costé et d'autre dudit canal de grands pieux, pour marquer le passage dudit canal. Et sera tenu l'entrepreneur porter les boues ou terres qu'il tirera dudit canal de l'estang a quatre canes loing dudit canal, et du costé du levant, afin que la riviere du Lez desbordant ne rejettat les boues dans icelluy canal.

> Arch. départ. de l'Hérault, Fonds des consuls de mer de Montpellier, B, 60. Original sur papier, qu'accompagne un acte d'adjudication des travaux indiqués. — Les deux documents portent la signature autographe des consuls de mer d'alors.

## CCL.

### ARRÊT DU CONSEIL D'ÉTAT PRESCRIVANT UNE ENQUÊTE SUR UN PROJET D'AGRANDISSEMENT DE L'ENCEINTE DE MONTPELLIER.

(10 Décembre 1657.)

Sur la requeste presantée au roy estant en son conseil, par les consuls et habitans de la ville de Mompellier, que despuis quelques années ladite ville est cy fort peuplée de personnes de condition, a cauze principallemant des compagnies d'officiers dont Sa Majesté augmante le nombre de temps en temps, et que lesdites personnes de condition y ont attiré un sy grand quantité de marchandz et artisans, qu'on ne sest plus ou se lotger; d'ailheurs quoyque le nombre des catholiques soit beaucoup plus grand qu'il n'a jamais esté, tant par la raison susdite du peuplemant de ladite ville, que par la conversion de quantité faisant profession de la religion P. R., qu'au lieu de quatre vingts esglises qu'il y a eu autres fois, il n'y a maintenant que la cathedralle et une seule parroissielle, dont l'une a esté rediffiée despuis quinze ou vingt années seullemant, et l'autre despuis deux ans, ausquels inconvenians il ne peut estre pourveu, sy l'enceinte de ladite ville n'est agrandie, en portant les murailles d'icelle cy avant qu'on puisse bastir dans ladite enceinte des esglises pour le service divin, et de maisons a suffisance pour le logemant des habitans, du costé qu'ilz trouveront a propos, et par les moyens quy seront proposés ; auquel effet requeroint lesdits suplians qu'il pleut a Sa Majesté de leur permettre ledit agrandissemant ; veu ladite requeste, la desliberation prinse par les habitans de ladite ville, au conseil d'icelle tenu le XI juin, le Roy estant en son conseil, auparavant faire droit sur ladite requeste, a ordonné et ordonne que par les sieurs evesque de Mompellier et comte du Roure, lieutenant general en Languedoc et gouverneur de la ville et citadelle de Mompellier, Bon, premier president en la cour des comptes, aydes et finances de ladite ville, Besons, intendant de la justice en ladite province, et quatre tresoriers generaux de France en la generalité de Mompellier, il sera fait dessente sur les lieux, et procedé a la veriffication de la necessité qu'il y a de faire l'agrandissemant de ladite ville requis par lesdits sieurs consuls, ensemble de la comodité ou prejudice que Sa Majesté et le publiq en peuvent recevoir, faire dresser le plan et devis dudit ouvrage, s'ilz trouvent a propos qu'il doive estre fait, et du tout en dresser leur proces verbail et donner leur avis a Sa Majesté, pour, icellui veu et examiné en son conseil, estre ordonné ce qu'il appartiendra.

Fait au conseil d'estat, Sa Majesté y estant, tenu a Paris, le X$^e$ decembre 1657. Signé Phelipeaux.

Arch. mun. de Montp., Arm. Dorée, Liasse DDDD, N° 1.
Au dos : *Minute d'arrest sur l'agrandissement de la ville de Montpellier.*

Anthoine de Crouzet, conseiller du roy en ses conseilz d'estat et privé, president juge mage en la seneschaussée, gouvernemant et siege presidial de Montpellier, commissaire a ce depputté, a tous qu'il appartiendra et ses presentes verront, sçavoir faizons et attestons que huy, datte des presentes, comparant devant nous, dans nostre maizon d'habitation, M$^e$ Jean Querelles, troisiezme consul, faizant pour et au nom des autres sieurs consuls ses collegues et communautté de ladite ville, qui nous a dit qu'en l'execution de l'arrest donné par le roy et nosseigneurs de son conseil, le diziesme decembre dernier, sur la requeste sur ce presentée par lesdits sieurs consuls, au subjet de l'agrandissemant de la present ville, il leur est bezoing et necessaire de justiffier et faire aparoir par acte de nottorietté et sommaire aprinze, comme despuis quelques années le nombre des habitans et familles qui sont dans icelle ont grandement augmenté, en sorte que a prezant il ne se truve pas assés de maizons dans ladite ville pour les y loger, tant lesdites maizons se truvent occupées, ce qui cauze que les affermes et loyers desdites maizons ont extraordinairemant augmenté, et enchery de plus que du double, en quoy lesdits habitans reçoipvent par ce moien beaucoup de prejudice et grande incomoditté, nous administrant a ces fins en tesmoings, pour justiffication de ce, lesquels, moienant seremant par ung chascung d'eux presté suivant la forme de leur religion, ont unanimemant dit et attesté estre verittable que despuis quelques années le nombre des habitans et familles de ladite ville ont sy fort augmenté, que a present il ne se truve pas assés de maizons dans ladite ville pour les y loger, tant lesdites maizons se truvent occupées, ce qui cauze que les affermes et loyers desdites maizons ont extraordinairemant augmenté, et enchery de plus que du double, en quoy lesdits habittans reçoipvent par ce moien beaucoup de prejudices et grandes incomodittés, duquel dire et attestation, requerant ledit M⁰ Querelles, avons octroyé acte a icelluy. En foy de quoy avons fait expedier ses presentes, de nous, nostre greffier et attestans signées, et scellées du scel royal de nostre dite cour.

Donné a Montpellier, le cinquiesme jour du mois d'avril mil six cens cinquante-huit.

Suivent trente-sept signatures.

Arch. mun. de Montp., Arm. Dorée, Liasse S, N° 10. Pancarte originale sur papier, revêtue des signatures autographes.
Au dos : 1658. *Pour l'agrandissement de Montpellier.*

## CCLI.

LETTRE DE LOUIS XIV AUX CONSULS ET HABITANTS DE MONTPELLIER,
AU SUJET DE LA COMPAGNIE DES INDES ORIENTALES.

(13 Juin 1664.)

De par le Roy.

Tres chers et bien amez. Ayant considéré que rien ne pouvoit estre plus advantageux aux peuples que Dieu a soubsmis a nostre obeissance, ny plus capable de leur faire gouster l'aise et le repos que nous leur avons acquis par la paix, que le restablissement du commerce au dehors de nostre royaume, par le moyen duquel l'abondance de toutes choses peut y estre attirée et se respandre sur le general et les particuliers d'icelluy, qui auront plus de facilité a se defaire des denrées qui y croissent et qui ne s'y peuvent consommer, et a debiter leurs manufactures qui s'y font, dont la quantité qui en sera augmentée par le trafficq donnera mattiere d'employer une infinité de personnes de tous aages et sexes, nous avons pris resolution d'establir une compagnie puissante, pour faire le commerce des Indes Orientalles, ce qui estant venu a la connoissance des marchans negocians de nostre bonne ville de Paris, ils ont, de nostre consentement et avec nostre permission, tenu diverses assemblées, ou ayans examiné les graces et les advantages qu'ils pouvoient attendre de nous, et qu'ils ont jugées necessaires pour affermir cet establissement, et pour convier plus de personnes a s'y interesser, ils en ont dressé des articles, le XXVI<sup>e</sup> du mois de may dernier, qu'ils nous ont faict presenter par aucuns d'eux, envoyez exprez vers nous en ce lieu; et comme nous avons eu a plaisir de rencontrer une occasion si favorable pour donner a nos subjectz des marques de nostre affection et de l'amour que nous leur portons, nous avons bien volontiers accordé les demandes portées par lesdits articles, sans faire aucune resflexion sur la diminution qu'elles apportent a nos droictz et aux revenus ordinaires de nos fermes, ce que vous connoissez par la lecture desdits articles et des responses que nous y avons données, dont vous envoyant coppie, nous les avons voulu accompagner de cette lettre, pour vous dire que nostre intention est qu'incontinant apres l'avoir receue, et celle qui vous sera adressée de la part des scindicz du commerce desdites Indes Orientales en nostre dite ville de Paris, vous ayez a faire faire une assemblée generalle des habitans de nostre ville de Montpellier de toutes conditions, qu'en icelle vous fassiez faire lecture desdits articles et de nos responses sur iceux, et entendre a tous nos subjectz qui s'y trouveront, que, comme nous n'avons rien plus a cœur que l'establissement de cette compagnie, nous nous porterons avec un soin et une application singuliere a la proteger en toutes occasions. Et d'autant que, dans nostre dite ville de Paris, ceux qui ont eu dessein d'entrer dans ladite compagnie, dont il y en a desja plus de trois cens de tous ordres, ont signé au bas de coppie desdits articles, nous desirons que vous en fassiez faire une coppie en papier, pour y recevoir les signatures de ceux qui voudront s'associer et s'interesser en cette dite compagnie, qu'ensuite vous donniez part aux scindicz d'icelle en nostre dicte ville de Paris de ceux qui auront signé, et que vous informiez le sieur Colbert, conseiller en nostre conseil royal et intendant de nos finances, de tout ce qui se sera passé dans cette assemblée, vous recommandant de ne rien obmettre de ce qui dependra de vous pour faire connoistre a un chacun l'utilité et l'advantage de cet establissement pour tous ceux qui s'y interesseront. N'y faites donc faulte; car tel est nostre plaisir.

Donné a Fontainebleau, le XIII<sup>e</sup> jour de juin 1664.

Louis. — Phelypeaux.

> Arch. mun. de Montp., Arm. Dorée, Liasse NNN, N° 10. Lettre originale sur papier, avec signatures autographes.
>
> Au dos, par manière d'adresse : *A nos tres chers et bien amez les consuls et habitans de nostre ville de Montpellier.*

Messieurs,

Le Roy ayant désiré que tous les negocians de son royaume formassent une compagnie qui entreprist le commerce des Indes Orientalles, ceux de cette ville de Paris se sont diverses fois assemblez, pour resoudre les moyens de parvenir a une si utille et si glorieuse entreprise, et, apres plusieurs conferences, ont dressé les articles cy joinctz, pour demander a Sa Majesté les graces y contenues; et pour les presenter, deputerent les sieurs Pocquelin, Maillet, Le Brun, Faverolles, Cadeau, Samson, Simonnet, Jabat et Scot, desquels Sa Majesté voulut bien les recevoir, et leur donner son aprobation, par les apostilz que Sa Majesté a mis sur chacun d'iceux, tous de sa main, par lesquels Sa Majesté veut bien donner tous advantages qui luy estoient demandez, et a receu les deputez avec une tendresse et des honneurs au dela de tout exemple. A leur retour, pour accelerer le succez de cette affaire, il s'est tenu une assemblée tres nombreuse, dans laquelle plusieurs notables marchandz negocians ont signé au pied des articles, comme se voulant interesser; et beaucoup de personnes de haute consideration, tant d'espée que de robbe, et plusieurs personnes des finances du Roy, sont aussy engagez pour des sommes tres notables; ensuitte de quoy l'assemblée nous a faict l'honneur de nous eslire par provision, au nombre de douze, pour estre scindicqs pour la conduitte des affaires de la compagnie, attendant l'eslection des directeurs. En cette qualité, Messieurs, nous vous prions de convoquer une assemblée de tous les habitans de vostre ville, pour les informer de l'estat de cette affaire, de l'advantage qui en proviendra, et des intentions du Roy sur ce subject, qui vous seront cogneues par la lettre que Sa Majesté vous en escript. Prenez, s'il vous plaist, la peine de nous faire sçavoir ceux qui voudront y prendre part, et nous en envoyer les noms. Nous ne doubtons pas que le nombre n'en soit grand, si l'on considere que l'advantage et l'interest particulier de ceux qui y entreront, la gloire de l'estat et le bien de la religion concourent tous dans cette entreprise. Nous sommes, Messieurs, vos tres humbles et tres obeissans serviteurs. Les scindics de la Compagnie du commerce des Indes Orientalles : Pocquelin. Lebrun. Cadeau. Simonet, Sanson, De Faverolles, etc.

De Paris, le XVIIe juin 1664.

    Arch. mun. de Montp., Arm. Dorée, Liasse NNN, N° 10. Lettre originale, avec signatures autographes.
    Au dos : *A messieurs, messieurs les consuls de la ville de Montpellier. A Montpellier.*

FIN DU TOME DEUXIÈME.

# TABLE ANALYTIQUE DES MATIÈRES

CONTENUES DANS CE VOLUME.

V. — COMMERCE DE MONTPELLIER AVEC LE LEVANT............... P. 1—24

A quelle époque remonte ce commerce. — Essor que lui donnent les Croisades. — Encouragements qu'il reçoit de Conrad de Montferrat, du roi de Jérusalem Gui de Lusignan, des rois de Chypre Henri I<sup>er</sup>, Hugues IV et Pierre I<sup>er</sup>, du prince d'Antioche Bohémond V, des rois d'Arménie Oschīn et Léon V, du grand-maître des chevaliers de Rhodes Roger de Pins, de l'empereur de Constantinople, etc. — Fondiques et consulats en Orient. — Principaux objets du négoce montpelliérain. — Les papes eux-mêmes le protègent, tout en le surveillant. — Il embrasse à la fois l'Afrique et l'Asie. — Jacques Cœur.

VI. — COMMERCE DE MONTPELLIER AVEC L'ESPAGNE. — COMMERCE AVEC LES DIVERS POINTS DE LA FRANCE ET AVEC LE NORD DE L'EUROPE.. P. 25—40

Le commerce de Montpellier avec l'Espagne doit beaucoup aux liens politiques qui unirent de bonne heure les deux pays. — Impulsion plus directe que lui imprime la seigneurie des rois d'Aragon et de Majorque. — Faveurs successives dont l'honorent Pierre II, Jayme I<sup>er</sup>, Nugnez-Sanche. — Développement parallèle du commerce montpelliérain avec les différentes villes de France, — avec Narbonne, Marseille, Toulon, Hyères, Antibes, Montélimar, Valence, etc., — avec la Champagne, la Brie et les autres provinces septentrionales, — avec la Flandre, — avec l'Angleterre. — Le commerce de Montpellier offre une étendue de rayonnement supérieure aux proportions de l'histoire locale.

VII. — PROTECTORAT DES ROIS DE FRANCE A L'ÉGARD DU COMMERCE ET DE L'INDUSTRIE DE MONTPELLIER. — AMOINDRISSEMENT SUCCESSIF DE MONTPELLIER.............................................. P. 41—68

Le caractère d'exceptionnelle généralité qui distingue le commerce montpelliérain explique la constance des monarques français à s'en faire les patrons. — Philippe-Auguste et Louis VIII ouvrent la voie sous ce rapport. — Ils y sont suivis par les gouvernements de S. Louis et de la reine Blanche. — Extension que prend cette politique à partir de l'établissement de Philippe le Bel et de Philippe de Valois à Montpellier. — Le roi Jean et Charles V s'y montrent fidèles, ainsi que Charles le Mauvais et que les ducs d'Anjou et de Berri. — Charles VI et Charles VII ne peuvent, toutefois, empêcher les infortunes nationales de porter un coup funeste au commerce et à l'industrie de Montpellier. — Restauration essayée par Louis XI et Charles VIII, — poursuivie par Louis XII, — interrompue par les troubles du protestantisme, — reprise par Henri IV et par Louis XIII, mais toujours sans beaucoup de succès. — Art de la draperie. — Tissage des étoffes de laine, de soie et de coton. — Foires et marchés.

VIII. — INSTITUTIONS COMMERCIALES DE MONTPELLIER. — CONSULS DE MER ET CONSULS SUR MER. — CONSULS EN PAYS ÉTRANGERS. — RÈGLEMENTS ET USAGES COMMERCIAUX DIVERS. — COUR DU PETIT-SCEL. — LOGE. P. 69—130

L'exercice du commerce et de l'industrie a pour auxiliaires trois ordres de consuls spéciaux, subordonnés aux consuls majeurs, investis à Montpellier du pouvoir municipal : — 1° consuls de mer, — 2° consuls sur mer, ou consuls des marchands naviguants, — 3° consuls à poste fixe, soit dans les comptoirs d'outre-mer, soit dans les autres résidences commerciales, — aux foires de Champagne notamment. — Indications sur ces trois ordres de consuls, et en particulier sur les consuls de mer, qui paraissent avoir été les plus anciens. — Simples administrateurs dans le principe, ils reçoivent de Louis XI un pouvoir judiciaire. — Étendue de ce pouvoir. — Ils siègent à la Loge. — Détails concernant cet édifice. — Libéralités dont il est l'objet de la part du duc d'Anjou, de Charles V, de Charles VII et de Jacques Cœur. — Claverie d'Aiguesmortes. — Statuts relatifs à la succession du marchand montpelliérain qui meurt en voyage, et aux commandes ou sociétés commerciales. — Marques et représailles. — Législation touchant les

## DES MATIÈRES.

dettes. — Rôle essentiellement moral des consuls à l'égard du négoce et de l'industrie. — Uniformité des poids et mesures. — Police de la vente des denrées et marchandises. — Rigueurs contre la fraude et contre l'usure. — Défense énergique des droits communs. — Cour du Petit-Scel.

IX. — CRÉATION DU CANAL DES DEUX MERS ET DU PORT DE CETTE. P. 131—138
Le projet de cette double création était déjà ancien, quand on le réalisa.— Modification capitale qu'y introduit Paul de Riquet. — Part respective de Colbert et de Louis XIV dans ce travail. — Difficultés qu'il présentait. — Accroissement rapide de la nouvelle ville. — Avenir de Cette.

## PIÈCES JUSTIFICATIVES.

CXIII. Lettres de Philippe de Valois concernant les relations commerciales des habitants de Gênes et de Savone avec ses sujets (4 décembre 1337).......................... 139

CXIV. Lettres de Philippe de Valois et du lieutenant du sénéchal de Beaucaire autorisant l'usage provisoire des graux voisins d'Aiguesmortes (31 mars 1337-38, et 18 avril 1339). 156

CXV. Lettres de Philippe de Valois prolongeant, eu égard au mauvais état du port d'Aiguesmortes, la tolérance de navigation par les graux (6 avril 1339)................... 162

CXVI. Protestation des consuls de Montpellier contre le monopole commercial accordé par le roi de France, — en vertu de ses lettres du 16 et du 17 décembre 1339, — aux génois Charles Grimaldi et Antoine Doria (25 janvier 1339-40).. 163

CXVII. Deux lettres de Philippe de Valois interdisant l'exportation du blé (15 février 1339-40, et 3 février 1340-41)...... 176

CXVIII. Commission donnée par Philippe de Valois au sujet des plaintes formulées contre le monopole commercial concédé aux génois Grimaldi et Doria, et sentence annulant ce monopole (4 avril 1339-40, et 14 juin 1340)........... 178

| | | |
|---|---|---|
| CXIX. | Statuts à l'usage de la corporation des teinturiers de Montpellier (17 juin 1340)........................... | 179 |
| CXX. | Lettres de Philippe de Valois autorisant de nouveau, à cause du mauvais état du port d'Aiguesmortes, la navigation par les graus du voisinage (29 juillet 1340)............ | 183 |
| CXXI. | Priviléges des marchands de Montpellier à Constantinople et dans tout l'empire d'Orient.......................... | 184 |
| CXXII. | Trois lettres de Philippe de Valois autorisant l'importation du blé et des autres denrées alimentaires à Montpellier (12 novembre 1341, — 8 mars 1346-47).............. | 186 |
| CXXIII. | Tarif de la leude payable à Balaruc (Épiscopat d'Arnaud de Verdale).......................................... | 190 |
| CXXIV. | Lettres de Philippe de Valois, sur le fait des monnaies, en faveur des commerçants de Montpellier (2 mars 1342-43). | 191 |
| CXXV. | Lettres du sénéchal de Beaucaire à l'occasion d'un règlement qui fixait le prix de la journée des cultivateurs et des artisans de Montpellier (8 mars 1343-44).......... | 192 |
| CXXVI. | Lettres de Philippe de Valois, établissant le sens d'une précédente disposition contre les Lombards et autres usuriers (27 mai 1345).................................... | 193 |
| CXXVII. | Lettres de Philippe de Valois consacrant la liberté commerciale des marchands de Montpellier (28 mai 1345)...... | 195 |
| CXXVIII | Lettres de Philippe de Valois en faveur des marchands qui fréquentaient les foires de Pézenas (février 1345-46).... | 196 |
| CXXIX. | Lettres de Philippe de Valois prescrivant l'entretien du grau de la plage de Melgueil (7 juillet 1346).......... | 199 |
| CXXX. | Requête adressée, de la part des consuls de Montpellier, au sénéchal de Beaucaire, pour le maintien et le libre accès d'un nouveau grau, et pour la cessation des travaux de la robine commencée aux environs de la tour Carbonnière (19-24 octobre 1346)............................. | 200 |
| CXXXI. | Lettre du doge de Gênes aux consuls et aux habitants de Montpellier, pour leur interdire de naviguer vers l'île de Chypre et vers la Romanie (8 mars 1347)............. | 209 |

## DES MATIÈRES.

CXXXII. Lettres de Philippe de Valois en faveur des marchands de Montpellier, indûment rançonnés par les péagers de la robine de Narbonne (26 avril 1347).................. 211

CXXXIII. Lettres de Philippe de Valois en faveur du commerce maritime de Montpellier (7 décembre 1348)................ 213

CXXXIV. Lettres de Philippe de Valois prescrivant une enquête sur l'opportunité d'accorder au commerce de Montpellier le libre usage du grau de Cauquillouse (3 août 1350)...... 214

CXXXV. Statuts concernant la corporation des peillers ou fripiers de Montpellier (2 mars 1350-51)....................... 215

CXXXVI. Lettres du roi Jean en faveur de la libre circulation des marchands de Montpellier (4 juillet 1353)............. 218

CXXXVII. Lettres du comte Jean d'Armagnac interdisant l'exportation des denrées alimentaires hors des limites du royaume (2 août 1353)...................................... 219

CXXXVIII. Arrentement des oboles de Lattes (28 janvier 1354-55)... 220

CXXXIX. Lettres du roi Jean relatives à une expertise de safran avarié (24 juin 1355)............................. 222

CXL. Lettres du roi Jean en faveur des habitants de Montpellier, contre les marchands italiens des Conventions-royaux de Nimes (2 juillet 1355)............................. 224

CXLI. Lettre du viguier de Marseille aux autorités de Montpellier, relative à une réduction du droit de marque (5 octobre 1356). 226

CXLII. Lettres royales réglant l'administration des redevances perçues pour la réparation du port d'Aiguesmortes (21 janvier 1357-58 ; 22 et 29 octobre 1401).................... 228

CXLIII. Lettres du dauphin Charles, duc de Normandie, interdisant la translation du privilége du port d'Aiguesmortes à Leucate 232

CXLIV. Protestation du doge et de la commune de Gênes, et réponse des consuls de Montpellier, au sujet de la navigation et du commerce de la Méditerranée (novembre 1359)...... 234

CXLV. Lettres royales maintenant le privilége du port d'Aiguesmortes contre les entreprises des gens de Narbonne (27 mars 1359-60, et 20 juin 1360)........................... 237

| | | |
|---|---|---|
| CXLVI. | Lettres de Jean, comte de Poitiers et lieutenant-général en Languedoc, autorisant les habitants de Montpellier à faire entrer par les graux, sans passer par Aiguesmortes, les blés nécessaires à leur subsistance (30 avril 1360)....... | 239 |
| CXLVII. | Lettres du connétable Robert de Fiennes autorisant l'arrivée directe par le grau de Cauquillouse, des blés nécessaires à l'approvisionnement de Montpellier (27 février 1360-61). | 242 |
| CXLVIII. | Lettres du roi Jean portant suspension du droit de marque, en faveur des blés nécessaires à l'approvisionnement de Montpellier (4 août 1362).......................... | 243 |
| CXLIX. | Lettres du roi Jean autorisant la libre arrivée des grains à Aiguesmortes et à Montpellier (9 janvier 1362-63)...... | 245 |
| CL. | Lettres du roi Jean suspendant l'exercice du droit de marque, au profit de l'approvisionnement général (4 février 1362-63). | 247 |
| CLI. | Arrentement des oboles du port et du chemin de Lattes (9 février 1362-63).. ................................. | 248 |
| CLII. | Lettres du roi Jean contre les exigences usuraires des Juifs (23 avril 1363). ...................................... | 250 |
| CLIII. | Lettres de Charles V pour le port et la claverie d'Aiguesmortes (2 juillet 1364)......................... | 251 |
| CLIV. | Lettres de Charles V en faveur des habitants de Montpellier, contre les prétentions renaissantes des péagers de la Radelle (11 août 1364)...................................... | 253 |
| CLV. | Lettres du maréchal Arnoul d'Audrehem autorisant l'usage du grau de Cauquillouse pour l'importation des denrées à Montpellier (6 septembre 1364)...................... | 255 |
| CLVI. | Deux lettres de Charles V relatives au grau de la Chèvre et à la robine de Lunel (22 décembre 1364, et 12 août 1368). | 257 |
| CLVII. | Priviléges des marchands de Montpellier dans l'île de Chypre (14 janvier 1365)................................... | 259 |
| CLVIII. | Bref explicatif et absolutoire touchant un privilége commercial concédé par Urbain V aux habitants de Montpellier (16 août 1365)..................................... | 261 |
| CLIX. | Lettres de Charles V en faveur des marchands de Montpellier (10 juillet 1366)..................................... | 263 |

## DES MATIÈRES.

| | | |
|---|---|---|
| CLX. | Bulle d'Urbain V octroyant un nouveau privilége au commerce de Montpellier (18 février 1367)............... | 265 |
| CLXI. | Lettres de Charles V dégrevant, pour la vente des denrées, la ville et la baronnie de Montpellier (16 août 1367).... | 266 |
| CLXII. | Mémoire adressé à Charles V sur l'avantage qu'offrirait à être converti en port le grau de Cauquillouse (1366 ou 1367). | 268 |
| CLXIII. | Bulle d'Urbain V en faveur du drapier montpelliérain Bernard Franc (5 février 1368)......................... | 273 |
| CLXIV. | Enquête prescrite par Charles V sur l'opportunité de la concession de deux foires aux habitants de Montpellier (6 août 1368)......................................... | 273 |
| CLXV. | Lettres de Louis, duc d'Anjou, lieutenant-général en Languedoc, en faveur des marchands de Montpellier, au sujet du cours des monnaies (11 septembre 1368)............ | 274 |
| CLXVI. | Lettres de Charles V autorisant l'arrivée des blés à Montpellier par le grau de Cauquillouse, aussi bien que par le port d'Aiguesmortes (4 août 1369)..................... | 275 |
| CLXVII. | Lettres de Louis, duc d'Anjou, lieutenant-général en Languedoc, ratifiant pour les vignes du territoire de Montpellier la prescription d'un mode de culture propre à faciliter l'exportation des vins (15 octobre 1369)............ | 277 |
| CLXVIII. | Lettres de Louis, duc d'Anjou, lieutenant-général en Languedoc, au sujet du péage de la Radelle (15 mars 1369-70). | 278 |
| CLXIX. | Lettres de Louis, duc d'Anjou, lieutenant-général en Languedoc, interdisant l'exportation des grains (20 décembre 1370).............................................. | 279 |
| CLXX. | Lettres de Charles V prescrivant enquête et répression touchant les abus commis par les péagers de la viguerie de Béziers (31 janvier 1371-72)......................... | 281 |
| CLXXI. | Lettres de sauvegarde et de franchise du roi de Navarre Charles le Mauvais en faveur des marchands de Montpellier (20 juillet 1372).................................... | 282 |
| CLXXII. | Bref d'Étienne de Poissy, cardinal de Saint-Eusèbe, portant absolution en faveur des habitants de Montpellier pour délits de commerce (27 août 1373).................... | 284 |

CLXXIII. Lettres de la reine Jeanne de Navarre au sujet des hôtelleries de Montpellier (2 octobre 1373).................. 285

CLXXIV. Lettres de provision pour les consuls chargés de représenter le commerce de Montpellier dans les échelles du Levant (23 juin 1374 — 11 décembre 1400).................. 287

CLXXV. Lettres de Louis, duc d'Anjou, lieutenant-général en Languedoc, autorisant l'importation des blés à Montpellier (26 septembre 1374)............................... 292

CLXXVI. Trois bulles de Grégoire XI au juge d'Arborea, au doge de Gênes et au roi d'Aragon, en faveur des habitants de Montpellier (30 septembre 1374).................... 294

CLXXVII. Sauf-conduit de Louis, duc d'Anjou, lieutenant-général en Languedoc, en faveur de ceux des marchands de Montpellier qui se rendaient à la foire de Saint-Amans de Pézenas (26 octobre 1374)................................ 296

CLXXVIII. Lettres de Charles V octroyant la libre circulation des denrées alimentaires (13 août 1376)..................... 297

CLXXIX. Lettres de Charles V portant quittance en faveur de certains marchands de Montpellier (23 août 1376).............. 299

CLXXX. Lettres de Louis, duc d'Anjou, lieutenant-général en Languedoc, suspendant la perception d'un impôt abusivement introduit dans le port d'Aiguesmortes (11 mai 1377)..... 300

CLXXXI. Lettres de Louis, duc d'Anjou, affectant un douzième d'impôt pour la construction d'une loge, nécessaire au commerce de Montpellier (23 mai 1377)................... 302

CLXXXII. Lettres de Charles V confirmant les dispositions précédentes du duc d'Anjou, relatives à la construction d'une loge à Montpellier (28 août 1377)......................... 304

CLXXXIII. Formule de provisions pour un patron de navire (16 octobre 1382)............................................. 306

CLXXXIV. Formule de procès-verbal concernant l'élection et l'installation des consuls de mer (1er janvier 1383)............. 307

CLXXXV. Formule de provisions pour un consul sur mer (11 octobre 1385)............................................. 309

CLXXXVI. Lettres de Jean, duc de Berri, lieutenant-royal en Languedoc, exemptant les facteurs des marchands de Montpellier du paiement de l'impôt dans les localités où ils s'arrêtent (20 juin 1386)............................ 310

CLXXXVII. Statut de roulement pour l'élection des consuls majeurs de Montpellier (20 février 1393-94).................. 311

CLXXXVIII. Tableau de roulement pour l'élection des ouvriers de la Commune-clôture, basé sur la répartition de la population montpelliéraine en sept échelles..................... 314

CLXXXIX. Trois lettres de Charles VI concernant le rétablissement ou la réparation des ponts situés sur le cours du Lez (16 juin 1394, — 31 août 1401)............................ 316

CXC. Lettres de Charles VI soumettant aux impôts communs l'ensemble des marchands établis à Montpellier (12 août 1396). 320

CXCI. Publications concernant la vente des marchandises (24 janvier 1399)....................................... 321

CXCII. Lettres de Charles VI en faveur des marchands de Montpellier (30 janvier 1404-1405).................... 324

CXCIII. Lettres de Charles VI obligeant les marchands étrangers, en résidence à Montpellier, à contribuer au paiement des aides et des charges communes (18 décembre 1405)..... 327

CXCIV. Lettres de Charles VI accordant, en faveur des marchands de Montpellier, la contrainte par corps pour lettres de change (5 avril 1410)...................................... 329

CXCV. Lettres de Charles VI octroyant à la ville de Montpellier une aide sur le produit de la gabelle, pour subvenir aux besoins urgents et remédier aux désastres commerciaux (26 mai 1411, et 27 avril 1414).......................... 332

CXCVI. Lettres de Charles VI en faveur des habitants du Languedoc, au sujet de la vente des denrées (4 juin 1411)......... 336

CXCVII. Lettres de Charles VII, encore régent, interdisant l'exportation des vivres et des cuirs (1er avril 1419-20)....... 341

CXCVIII. Deux lettres de Charles VII concernant la robine de Lattes (10 juin 1427, et 1er juin 1428)..................... 343

| | | |
|---|---|---|
| CXCIX. | Amoindrissement de la prospérité de Montpellier (31 octobre 1427)................................................ | 350 |
| CC. | Lettres de Charles VII portant, en faveur du commerce de Montpellier, abolition et concession sur le fait des monnaies (18 août 1428)................................. | 352 |
| CCI. | Notification des consuls de Montpellier engageant les étrangers à venir se fixer dans leur ville (6 septembre 1432).. | 355 |
| CCII. | Lettres du lieutenant du podestat de Gênes aux consuls de Montpellier, relatives à une dénonciation de faux en matière d'or filé (25 octobre 1440)................... | 356 |
| CCIII. | Lettres de Charles VII en faveur des marchands du Languedoc (10 mars 1442-43)................................ | 361 |
| CCIV. | Lettres de Charles VII pour la répression de la piraterie (10 mars 1442-43)...................................... | 363 |
| CCV. | Lettres de Charles VII octroyant la perception temporaire d'un impôt sur les vivres et marchandises au profit de la ville de Montpellier (24 juillet 1444)................. | 365 |
| CCVI. | Lettres de Charles VII confirmant et remettant en vigueur celles de Philippe de Valois, du 6 novembre 1333, contre la piraterie (23 novembre 1448).................... | 368 |
| CCVII. | Lettres de Charles VII abandonnant aux habitants de Montpellier une portion des tailles, pour aider à la construction ou à l'achèvement de leur Loge (17 juillet 1450)........ | 370 |
| CCVIII. | Délibération des consuls et marchands de Montpellier pour doter et embellir la Loge établie par Jacques Cœur...... | 373 |
| CCIX. | Recherche des créances de Jacques Cœur (12 avril 1455)... | 375 |
| CCX. | Lettres de Charles VII portant restitution de la Loge de Montpellier et amortissement en sa faveur (30 juillet 1456)... | 380 |
| CCXI. | Lettres de Charles VII prescrivant une enquête sur l'opportunité de dispenser les navires destinés à l'approvisionnement de Montpellier de venir à Aiguesmortes (23 septembre 1425)............................................ | 383 |
| CCXII. | Extrait vidimé des lettres de Louis XI concernant les attributions judiciaires des consuls de mer de Montpellier (12 septembre 1463.................................. | 385 |

## DES MATIÈRES.

CCXIII. Lettres de Louis XI érigeant à Montpellier l'art de la draperie (23 janvier 1475-76)............................ 387

CCXIV. Délégation des consuls de Montpellier au sujet de l'acquisition de la Provence par Louis XI (21 janvier 1481-82)....... 390

CCXV. Lettres de Louis XI portant dégrèvement en faveur des habitants de Montpellier, eu égard à l'amoindrissement de leur ville (9 mars 1481-82)................................ 392

CCXVI. Lettres de Jean de Ferrières en faveur des marchands de Languedoc (31 mai 1483)............................ 394

CCXVII. Lettres de Charles VIII exemptant les habitants de Montpellier des marques, contre-marques et représailles (20 mars 1485-86)......................................... 396

CCXVIII. Lettres de Charles VIII portant création de deux foires annuelles à Montpellier (mars 1487-88)................ 401

CCXIX. Lettres de Charles VIII concernant la tenue des foires de Montpellier (16 août 1488)........................... 405

CCXX. Lettres de Charles VIII confirmant et réglant la précédente création de deux foires à Montpellier (9 septembre 1488). 407

CCXXI. Procuration d'un marchand de Perpignan pour se faire recevoir habitant de Montpellier (11 février 1489)........... 414

CCXXII. Lettres de Jean de la Roche-Aymont concernant les marques et représailles (8 juillet 1489)...................... 415

CCXXIII. Lettres de Charles VIII en faveur des Catalans établis à Montpellier (1489 ou 1490)............................... 417

CCXXIV. Lettres de Charles VIII maintenant contre les avocats, notaires et praticiens, l'exclusion du consulat de Montpellier (6 juillet 1493)..................................... 418

CCXXV. Lettres de Charles VIII confirmant l'érection de l'art de la draperie à Montpellier, avec extension de priviléges (juillet 1493)............................................. 426

CCXXVI. Lettres de Charles VIII renfermant et approuvant les statuts pour l'art de la draperie de Montpellier (juillet 1493).... 430

CCXXVII. Cérémonial d'élection pour les consuls de mer et pour les régents des marchands naviguants.................... 440

## TABLE ANALYTIQUE

| | | |
|---|---|---|
| CCXXVIII. | Claverie d'Aiguesmortes. — Présentation de candidats par les consuls de Montpellier............................ | 443 |
| CCXXIX. | Publications annuellement faites à la cabane de Carnon... | 445 |
| CCXXX. | Lettres testimoniales de réception, de franchise, etc., des nouveaux bourgeois de Montpellier (XV$^e$ siècle.)...... | 449 |
| CCXXXI. | Lettres de Louis XII confirmant une sentence arbitrale rendue entre les consuls de Montpellier et les marchands catalans (7 décembre 1503)............................ | 470 |
| CCXXXII. | Lettres de Louis XII établissant deux marchés à Montpellier (août 1505)................................... | 472 |
| CCXXXIII. | Lettres de Louis XII concernant la tenue des foires et marchés de Montpellier (17 décembre 1505)............. | 478 |
| CCXXXIV. | Location d'un endroit propre à l'industrie des pareurs de draps de Montpellier (23 août 1507)................. | 483 |
| CCXXXV. | Lettres de Louis XII contre les avocats, notaires et praticiens de Montpellier, qui prétendaient au consulat (30 janvier 1510-11)................................. | 485 |
| CCXXXVI. | Lettres de François I$^{er}$ appelant les officiers royaux à l'exercice des charges consulaires (25 février 1544-45). | 488 |
| CCXXXVII. | Lettres de François II portant confirmation des privilèges et des foires de Montpellier (septembre 1560)........ | 490 |
| CCXXXVIII. | Lettres de Charles IX et de Henri III autorisant la vente et l'exportation des vins de Frontignan (17 mars 1565, et 30 novembre 1574)............................. | 492 |
| CCXXXIX. | Statuts des tisserands de Montpellier (14 septembre 1582). | 500 |
| CCXL. | Prescriptions concernant la vente des draps à Montpellier (6 mars 1590)..................................... | 506 |
| CCXLI. | Lettres de Henri IV qui permettent aux officiers royaux de se faire recevoir aux charges consulaires (18 juin 1596). | 507 |
| CCXLII. | Statuts des futainiers de Montpellier (1600)............ | 509 |
| CCXLIII. | Lettres de Henri IV approuvant les statuts des futainiers de Montpellier (septembre 1600). ................. | 516 |
| CCXLIV. | Lettres de Henri IV qui confirment les privilèges de l'art de la draperie de Montpellier (mai 1605)............ | 518 |

## DES MATIÈRES.

CCXLV. Lettres de Henri IV autorisant la tenue de quatre foires par an et d'un marché chaque semaine au faubourg de Boutonnet (août 1609).......... 521

CCXLVI. Lettres de Louis XIII ratifiant les statuts et priviléges de l'art de la draperie en vigueur à Montpellier (juillet 1611). 523

CCXLVII. Certificat délivré par les consuls majeurs de Montpellier, touchant les attributions et les prérogatives des consuls de mer (12 novembre 1612)............. 525

CCXLVIII. Lettres de Louis XIII confirmant la juridiction des consuls de mer de Montpellier (juillet 1615).......... 526

CCXLIX. Devis de réparations concernant la robine de Lattes (1635) 529

CCL. Arrêt du conseil d'état prescrivant une enquête sur un projet d'agrandissement de l'enceinte de Montpellier (10 décembre 1657)............. 530

CCLI. Lettre de Louis XIV aux consuls et habitants de Montpellier, au sujet de la compagnie des Indes-Orientales (13 juin 1664)............. 533

FIN DE LA TABLE DU TOME DEUXIÈME.

# CHANGEMENTS ET RECTIFICATIONS.

## TOME Ier.

*Pag.* 93, *ligne* 27 : simiiiter, *lisez* : similiter.
*Pag.* 71, *ligne* 20 : Charles VIII, 1485, *lisez* : Charles VII, 1425.
*Pag.* 165, *ligne* 21 : Baucaire, *lisez :* Beaucaire.

## TOME II.

*Pag.* 18, *ligne* 30 : Capitulaires des rois de France, *lisez :* Capitulaires des rois francs.

# TABLE GÉNÉRALE ET ALPHABÉTIQUE.

## A

AGDE. Son port. I, 69, ses relations avec Montpellier. II, 35. — Participe au privilége du port d'Aiguesmortes. II, 53. — Ses différends maritimes rentrent sous la juridiction des consuls de mer de Montpellier. II, 75.

AIGUESMORTES. Fondation de son port par S. Louis. I, 43. — Impôt d'un denier pour livre qu'y payaient les marchandises. I, 47. — Devient le port obligé du commerce français de la Méditerranée. I, 51; II, 232 et 237. — Son mauvais état, auquel cherchent à remédier Philippe de Valois. I, 65, Jean, I. 64, et Charles V. I, 65; II, 222. — Sa restauration reprise par Charles VI, I, 69, — poursuivie par Charles VII, François Ier, Charles IX et Henri IV, mais toujours infructueusement. I, 70. — Décadence d'Aiguesmortes. I, 70. — Ses différends maritimes sont jugés par les consuls de mer de Montpellier. II, 75. — Claverie d'Aiguesmortes. I, 50, 62, 66; II, 92, 228, 251, 300 et 443.

AIGUILLERIE. I, 37.

ALEP. Son commerce d'alun avec Montpellier. I, 248.

ALEXANDRE III. Son séjour à Montpellier. I, 3. — Il y est harangué par un prince sarrazin, *ibid*. — Il essaie de réprimer les abus touchant les péages. I, 9. — Il prend, en face de la république de Gênes, la défense du commerce de Montpellier. I, 97.

ALEXANDRE IV invite les Marseillais à se réconcilier avec les habitants de Montpellier. I, 222, et II, 33. — Interdit aux débiteurs l'asile des églises. I, 224. — Protège la perception des oboles de Lattes. II, 74 et 123.

ALEXANDRIE. Ses relations avec Montpellier. I, 253, et II, 8.

ANDRONIC III, auteur présumé des priviléges commerciaux dont jouissaient dans l'empire grec les marchands de Montpellier. II, 8.

ANGLETERRE. Ses rapports commerciaux avec Montpellier. I, 4; II, 18 et 38.

ANTIBES. Ses relations commerciales avec Montpellier. II, 35.

APPRÊTEURS. I, 35.

ARBALÉTIERS. I, 37.

ARGENTIERS. Place importante qu'ils occupent dans l'industrie et le commerce de Montpellier. I, 26 et 37. — Réputation qu'avait leur travail. II, 111.

ARLES. Ses rapports commerciaux avec Montpellier. II, 35.

**Arménie.** Avantages dont y jouissaient les marchands de Montpellier. II, 9.

**Arnaud Aubert,** archevêque d'Auch, camérier d'Urbain V, donne en faveur des habitants de Montpellier, au sujet de leur commerce en Orient, un bref explicatif et absolutoire. II, 261.

**Arpin** (Raymond), capitaine des marchands de Montpellier aux foires de Champagne. I, 307, et II, 90.

**Arrêt.** Montpellier ville d'arrêt. II, 102.

**Aubergistes** et hôteliers. I, 36. — Lettres de la reine Jeanne de Navarre les concernant. II, 285.

**Audrehem** (Maréchal Arnoul d') autorise le commerce de Montpellier à se servir temporairement du grau de Cauquillouse. I, 53, et II, 255.

**Avignon.** Ses rapports commerciaux avec Montpellier. I, 273, et II, 35.

**Avocats.** Ils sont exclus des fonctions consulaires, mais participent à l'élection des ouvriers de la Commune-clôture. I, 27, 36; II, 311, 314, 418 et 485.

# B

**Balaruc.** Leude qu'y percevait l'évêque de Maguelone. II, 190.

**Baléares** (îles). Le commerce de Montpellier y a des établissements. I, 12.

**Barbiers** et chirurgiens. I, 36.

**Barraliers** ou tonneliers. I, 36.

**Batiers.** I, 37.

**Batteurs** de feuilles d'étain. I, 37 — de feuilles d'or et d'argent. I, 37.

**Batteurs** de toiles. I, 37.

**Benjamin** de Tudela. Son témoignage relatif à l'importance commerciale de Montpellier au XIIe siècle. I, 4.

**Bérenger** de Frédol, évêque de Maguelone, s'attire les reproches du pape Clément IV, en contrefaisant la monnaie arabe. II, 21. — Cède Montpelliéret à Philippe le Bel. I, 132. — En quelle année I, *ibid.*

**Bernard IV,** comte de Melgueil, renonce au droit de naufrage I, 5.

**Bernard-Pelet** approuve cette renonciation. I, 6.

**Besaces** (faiseurs de). I, 37.

**Blanche** de Castille, régente en l'absence de S. Louis, favorise les habitants de Montpellier. I, 212, et II, 120.

**Blanchisseurs.** I, 37.

**Blanquiers.** Importance de leur industrie. I, 25, 26, 35, 36, 186; II, 17.

**Boccanegra** (Guillaume) se charge de la construction des murailles d'enceinte d'Aiguesmortes. I, 48.

**Boccanegra** (Simon) revendique pour Gênes le monopole du commerce de la Méditerranée. I, 165 et 170.

**Bohémond V** octroie aux marchands de Montpellier un privilége commercial dans sa principauté d'Antioche. II, 4.

**Brabant.** Relations commerciales de Montpellier avec ce pays. II, 37.

**Brie.** Relations de Montpellier avec cette province. II, 37. — *Voy.* Foires de France et de Champagne.

# C

**Canabassiers.** I, 35 et 37.

**Canal** des deux mers. II, 131 et 133.

**Capitaine** des marchands de Montpellier aux foires de Champagne. I, 201, 202, 203, 204, 228, 273, 296, 307; II, 29, 37, 89.

**Carbonnière** (Tour) près d'Aiguesmortes. Travaux commencés pour le creusement d'une robine dans son voisinage. II, 200.

CARNON (Grau et cabane de). I, 78. — Son étang. II, 202. — Publications qu'on y faisait annuellement. II, 445.

CATALANS. Lettres de Charles VIII concernant ceux qui sont établis à Montpellier. II, 417. — Lettres de Louis XII en leur faveur. II, 470.

CAUQUILLOUSE. Le maréchal Arnoul d'Audrehem autorise provisoirement l'usage de ce grau. I, 53; II, 255, — de même que le connétable Robert de Fiennes. II, 242, — et que Charles V. II, 275. — Époque présumable de l'ouverture de ce grau. I, 75 et 86. — Sa fréquentation par le commerce de Montpellier. I, 81. — Projet de port le concernant. I, 82 et 268. — Son emplacement vraisemblable. I, 88. — Philippe de Valois prescrit une enquête à son sujet. II, 214.

CEINTURIERS. I, 37.

CETTE. Son port projeté au XVIe siècle. I, 71; II, 131. — Réalisé par Louis XIV, II, 67, 132, — avec la participation de Colbert et de Riquet. II, 134. — Occasionne un nouveau déplacement du commerce. II, 67.

CHAMPAGNE (Foires de). Voy. FOIRES.

CHANDELIERS, ou fabricants de chandelles. I, 36 et 37.

CHANGEURS, ou banquiers. Leur importance à Montpellier. I, 34 et 37. — Transaction relative aux tables ou comptoirs qu'ils y possédaient. I, 187.

CHAPELIERS. I, 37.

CHARLES LE BEL, roi de France. maintient l'obligation pour les marchands italiens de commercer à Nimes. I, 145 et 465. — Protège ceux de Montpellier contre les prétentions des péagers de la Radelle. I, 466, — et contre les rigueurs de la cour du Petit-Scel. II, 126.

CHARLES V, roi de France, rétablit l'obligation pour les navires d'aborder au port d'Aiguesmortes. I, 54. — S'occupe de faire réparer ce port et en modifie l'administration. I, 65; II, 92, 251. — Prescrit une enquête sur l'opportunité de deux foires dont les marchands de Montpellier demandaient la concession. II, 44, 273, — et au sujet de l'établissement d'un marché aux draps dans la même ville. II, 44. — Protège les marchands de Montpellier. II, 45, 123. — Aide à la construction de la Loge de Montpellier. II, 78, 304. — Mitige les rigueurs de la juridiction du Petit-Scel. II, 26. — S'oppose à la translation du privilége du port d'Aiguesmortes. II, 232, 237. — Statue concernant sa claverie. II, 251, — contre les prétentions des péagers de la Radelle. II, 253, — et des autres péagers en général. II, 281. — Sur le grau de la Chèvre et la robine de Lunel. II, 257. — En faveur des marchands de Montpellier, après la cession de cette ville au roi de Navarre Charles le Mauvais. II, 265 — Accorde à la baronnie de Montpellier un dégrèvement pour la vente des denrées, II, 267. — Autorise l'arrivée des blés par le grau de Cauquillouse. II, 275.

CHARLES VI prescrit une égale répartition des charges entre les habitants de Montpellier. I, 177; II, 320, 327. — Ordonne de rétablir ou de réparer les ponts du Lez et les chemins nécessaires au commerce. II, 48, 316. — Prescrit une enquête sur les feux de Montpellier. II, 50. — Impose la contrainte par corps, faute de paiement des lettres de change. II, 52 et 329. — Octroie à la ville de Montpellier une aide sur la gabelle pour remédier aux désastres commerciaux. II, 332. — Statue en faveur des habitants du Languedoc, au sujet de la vente des denrées. II, 336.

CHARLES VII remet en vigueur les

dispositions de Philippe de Valois contre la piraterie. I, 173, 363 et 368.—Statue concernant les monnaies, au profit du commerce de Montpellier. II, 52 et 352.—Concourt à construire la Loge de Montpellier. II, 78, 370 et 380. — Interdit, étant encore régent, l'exportation des vivres et des cuirs. II, 341.— S'intéresse à la conservation de la robine de Lattes. II, 343,—aux besoins des marchands du Languedoc. II, 361, et à ceux de la ville de Montpellier. II, 365. — Prescrit une enquête sur l'opportunité de dispenser les navires destinés à l'approvisionnement de Montpellier de venir raisonner à Aiguesmortes. II, 383.

CHARLES VIII, ses efforts pour régénérer Montpellier. II, 56. — Il y appelle les étrangers. II, 56, — y établit deux foires chaque année. II, 57, 401, 405, 407, — y confirme et y étend l'art de la draperie. II, 58 et 426. — Renouvelle les anciens règlements relatifs au consulat. II, 58 et 418.—Confirme aux consuls de mer de Montpellier le pouvoir juridictionnel que leur avait assigné Louis XI. II, 75. — Exempte les habitants de Montpellier des marques, contre-marques et représailles. II, 395. — Ses lettres en faveur des Catalans établis à Montpellier. II, 417.

CHARLES IX autorise la vente et l'exportation des vins de Frontignan. II, 492.

CHARLES LE MAUVAIS, roi de Navarre, établit à Montpellier un marché pour les draps, qu'il soumet en même temps à l'obligation d'une marque et d'une surveillance spéciales. II, 44. — Protège les opérations des marchands de Montpellier dans ses domaines de Navarre et dans son comté d'Évreux. II, 45 et 282.

CHARLES d'Anjou, roi de Sicile. Ses lettres de sauvegarde en faveur des marchands de Montpellier I,

175. — Rétablit la paix entre Marseille et Montpellier. I, 249; II, 33 et 34.

CHARRETIERS. I, 37.

CHAUSSETIERS, ou fabricants de chausses. I, 37.

CHRESTIEN (Jean), capitaine des marchands de Montpellier aux foires de Champagne. II, 91.

CHYPRE. Ses rapports commerciaux avec Montpellier. II, 8. — Priviléges dont y jouissaient les marchands de cette ville. II, 14 et 259.

CLAVERIE d'Aiguesmortes. I, 50, 62, 66; II, 92, 228, 251, 300 et 443.

CLÉMENT IV. Ses relations avec S. Louis, au sujet du comté de Melgueil. I, 46 — et à propos du port d'Aiguesmortes. I, 48. — Ses reproches à l'évêque de Maguelone, relativement à une contrefaçon de la monnaie arabe. II, 21.

CLÉMENT V. Bulle où il mentionne la société commerciale des Rocels de Montpellier. I, 423.

CONCILES. Le concile de Rome de 1078 anathématise quiconque dépouille les naufragés. I, 6. — Celui de Latran de 1179 statue, ainsi que ceux de Montpellier de 1195 et de 1214, sur la police des péages, l'usure, la trève de Dieu, etc. I, 9. — Les conciles interdisent les abus commerciaux entre Chrétiens et Sarrazins. II, 18.

CONRAD de Montferrat favorise en Orient le commerce de Montpellier. II, 1.

CONSTANTINOPLE. Priviléges commerciaux qu'y obtiennent les marchands de Montpellier. II, 6 et 184.

CONSULS majeurs, représentants nés de la classe marchande et industrielle à Montpellier. I, 26. — Leur mode et leur personnel de recrutement. I, 34. — Interviennent auprès de Philippe de Valois, pour la liberté du commerce de leur ville. I, 158. — Élisent le capitaine des marchands aux foires de Champagne. I, 202, 203, 228, 273, 307; II, 90. — Charles VIII renouvelle les anciens statuts relatifs à leur nomination. II, 58 et 418. — Louis XII les maintient à son tour. II, 62 et 485. — François Ier s'en écarte. II, 63, 488.— Henri II y revient. II, 63.— Henri IV retourne au système de François Ier. II, 63 et 507. — Leur rôle dans l'élection des consuls de mer. II, 70, 76, 440 et 525, — dans le choix des consuls sur mer. II, 85, — dans celui des consuls d'outremer. II, 87, — dans la présentation des officiers de la claverie d'Aiguesmortes. II, 92 et 443, — dans l'administration du commerce et de l'industrie. II, 105. — Leur esprit de vigueur et d'honnêteté. II, 111. — Statut de roulement pour leur élection. II, 311.— Leurs efforts pour attirer les étrangers dans leur ville. II, 355.

CONSULS de mer. Leur établissement à Montpellier dès le XIIe siècle. I, 5; II, 70. — Se font inféoder par l'évêque de Maguelone Pierre de Conques le droit d'établir sur la plage voisine de Melgueil un grau et une tour. I, 74 et 209.— Mode de leur élection au milieu du XIIIe siècle. I, 239; II, 70; — à la fin du XIVe siècle. II, 76. — Reçoivent de Louis XI des attributions judiciaires. II, 75, — que leur maintient Louis XIII. II, 64, 75 et 526. — Leurs fonctions. II, 71 et 526. — Leur serment. II, 72. — Leur juridiction. II, 75.— Leur élection et leur installation à la fin du XIVe siècle. II, 307; — au XVe siècle. II, 440.

CONSULS sur mer, ou consuls des marchands naviguants. II, 69. — Leur mission. II, 84. — Leur serment, *ibid*. — Par qui désignés, et pour combien de temps. II, 84. — Formule de provisions les concernant. II, 309.

CONSULS des marchands de Montpellier, à Tyr. II, 2, — à Tripoli. II, 4, — à Constantinople. II, 7, — à Alexandrie. II, 8, — dans les îles de Rhodes et de Chypre. II, 11, — aux foires de Champagne. *Voy.* CAPITAINE.— Ancienneté de leur institution. II, 87. — Durée de leur existence. II, 88. Formules de provisions les concernant. II, 287.

CONVENTIONS-ROYAUX (Cour des), établie à Nimes par Philippe le Hardi. I, 49, 125. — Le roi Jean réprime, au profit des marchands de Montpellier, les prétentions de ses justiciables. II, 224.

CORDIERS. I, 37.

CORDONNIERS et savetiers. I, 37.

CORPORATIONS. Elles sont en vigueur à Montpellier durant toute la période qu'embrasse cette histoire. — Caractère et influence de ce régime. I, 38.

COURTIERS. I, 35 et 37.

CRÉANCIERS. Leurs droits à l'égard des débiteurs. II, 102.

CRIEURS de vin. I, 37.

CROISADES. Leur influence sur le développement du commerce de Montpellier. I, 2.

CUIRS. Leur commerce à Montpellier. I, 186; II, 17, 106. — Charles VII, encore régent, en interdit l'exportation. II, 341.

# D

DÉBITEURS. Ne peuvent chercher asile dans les églises contre leurs créanciers. I, 224. — Dispositions de la Coutume de Montpellier les concernant. II, 102 et 127.

DORIA (Antoine) traite avec Philippe de Valois au sujet du commerce de la Méditerranée. I, 157; II, 164.

DRAPIERS. Leur position sociale à Montpellier. I, 35-37.

DRAPS de Flandre. Lettres de Louis X les concernant. I, 441.
DRAPS de Montpellier. I, 19-25. — Leur exportation dans le Levant. II, 16. — Charles le Mauvais établit un marché hebdomadaire et un règlement de police industrielle les concernant. II, 44. — Louis XI et Charles VIII érigent leur fabrication en art privilégié. II, 58, 387 et 426. — Statuts à ce sujet. II, 58 et 430. — Confirmés par Louis XII, II, 59, — par Henri IV. II, 61 et 518, — par Louis XIII. II, 64 et 523. — Dispositions consulaires sur le même objet. II, 105. — Location d'un endroit propre à l'industrie des pareurs de draps. II, 483. — Prescriptions touchant la vente des draps à Montpellier. II, 506.
DRAPERIE rouge. I, 20. — Statuts la concernant. I, 20-25. — Son commerce. II, 17, 18.

## E

ÉGYPTE. Ses rapports avec Montpellier. I, 4, 253; II, 8 et 20.
EMPIRE d'Orient. Privilèges qu'y obtiennent pour leur commerce les marchands de Montpellier. II, 6 et 184.
ENCANS (Scribes des). I, 37.
EPÉES (Fabricants d'). I, 37.
ÉPICERIES. Surveillance dont leur vente est l'objet. I, 472, 474; II, 109, 222.
ÉPICIERS. I, 37. — Leur commerce. II, 18.
ESCARCELLES (Faiseurs d'). I, 37.
ESCLAVES. Leur trafic forme une branche du commerce montpelliérain. II, 13 et 17.
ESPAGNE. Ses rapports avec Montpellier. I, 4; II, 25.
ÉTIENNE de Poissy, cardinal de Saint-Eusèbe, octroie une sentence d'absolution en faveur des marchands de Montpellier. II, 123 et 284.

## F

FABRES, ou forgerons. I, 35.
FERRIÈRES (Jean de) écrit en faveur des marchands du Languedoc. II, 394
FEUX de Montpellier. Leur nombre à diverses époques. II, 50.
FIENNES (Connétable Robert de) autorise l'usage du grau de Cauquillouse, pour l'approvisionnement de Montpellier. II, 242.
FLANDRE. Ses relations commerciales avec Montpellier. II, 37.
FLORENCE Quelques-uns de ses habitants se livrent à la piraterie. I, 173. — Ses relations avec Montpellier. I, 177.
FOIRES de France et de Champagne. Montpellier y entretient un capitaine des marchands. I, 201, 202, 203, 204, 228, 273, 296; II, 29, 37, 89. — Actes divers le concernant. I, 307.
FOIRES de Lyon. II, 55.
FOIRES de Montpellier. Charles V prescrit une enquête touchant l'opportunité de leur concession. II, 44 et 273. — Charles VIII en établit deux chaque année. II, 57, 401, 405, 407. — Louis XII y ajoute deux marchés. II, 60, 472 et 478. — Henri IV accroît encore cette création. II, 61 et 521, — qu'avait déjà confirmée François II. II, 490.
FOIRES de Pézenas et de Montagnac. I, 46; II, 57, 60, 196, 296.
FORAINE (Droit de). I, 10.
FOURNIERS et boulangers. I, 36.
FRANC (Bernard). Bulle d'Urbain V le concernant. II, 273.
FRANÇOIS Ier, roi de France, réforme

le mode suivi à Montpellier pour l'élection des consuls majeurs. II, 63 et 488.
FRANÇOIS II, roi de France, confirme les priviléges et les foires de Montpellier. II, 490.
FRÉDÉRIC II d'Aragon, favorise les marchands de Montpellier qui commerçaient en Sicile. I, 176.
FRENIERS. I, 37.

FRIPIERS. I, 37. — Statuts concernant leur corporation. II, 215.
FRONTIGNAN. Ses rapports commerciaux avec Montpellier. II, 35; — Son commerce de vins favorisé par Charles IX et par Henri III. II, 492.
FUSTIERS. I, 35 et 37.
FUTAINIERS. Statuts à leur usage. II, 509. — Approuvés par Henri IV. II, 516.

# G

GAINIERS. I, 37.
GARDES des marchandises. I, 472 ; II, 109.
GARDES des poids et mesures. I, 37; II, 107.
GARIBALDI (Thomas de), délégué en Languedoc par Philippe de Valois pour une enquête relative au commerce. I, 164; II, 178.
GÊNES. Ses relations avec Montpellier au XIIe siècle. I, 4.—Concessions qu'elle obtient de Guillem VI. I, 92. — Elle possède une fonde à Montpellier. I, 93, 108 et 112. — Traite commercialement avec Guillem VIII. I, 107, — avec Jayme Ier et les consuls de Montpellier. I, 108, 109, 112, — avec Jayme II. I, 405, 412. — Négociations auxquelles donne périodiquement lieu le maintien de ces traités. I, 114, 136, 137, 241, 426, 442. — Importance maritime de Gênes. I, 165. — Elle prétend au monopole commercial de la Méditerranée. I, 165, 170 ; II, 209, 234. — Opposition que lui fait Montpellier. I, 167-170 ; II, 234. — Sentence du juge de Gênes consacrant la liberté des marchands montpelliérains. I, 196.—Gênes accrédite deux de ses envoyés auprès de la Commune de Montpellier. I, 227. — Rançonne les marchands de Montpellier, I, 424, 426, 436, 437, 442 ; II, 139 (Voy. PIRATERIE). — Est contrainte de surveiller son industrie comme son commerce II, 110 et 356.

GRAINS et denrées alimentaires. Leur importation à Montpellier autorisée par Jayme Ier. I, 265, et II, 27 ; — par S. Louis et la reine Blanche. II, 119 ; — par Philippe le Hardi. I, 284 ; — par Philippe le Bel. I, 292, 298 et 325 ; — par Guillaume de Nogaret. I, 425 ; — par Philippe de Valois. II, 186 ; — par le connétable Robert de Fiennes. II, 242; — par le roi Jean. II, 243, 245, 247 ; — par le maréchal Arnoul d'Audrehem. II, 255 ; — par le duc Louis d'Anjou. II, 292, — qui l'interdit hors du royaume de France. II, 279, — et l'encourage, au contraire, de sénéchaussée à sénéchaussée. II, 297. — Elle est également défendue par Charles VII, encore régent. II, 341.
GRANDES-COMPAGNIES. Obstacles qu'elles mettent à l'exercice du commerce. I, 54.
GRAUX. Leur rôle dans l'histoire du commerce de Montpellier. I, 44. — Variations successives de leur emplacement. I, 45, 84, 189. — Leur usage sous le régime du privilége du port d'Aiguesmortes. I, 77, 260, 326, 464, 485, 486 ; II, 156, 162, 183, 199, 200, 239, 383. —Recherches spéciales de M. Régy sur les graux. I, 521. — Leur état au XIIIe siècle. I, 86 et 326 (Voy. CAUQUILLOUSE, MAGUELONE, MELGUEIL, VIC, etc.
GRÈCE. Ses rapports avec Montpellier. I, 4.
GRÉGOIRE IX octroie une bulle d'ab-

solution en faveur des habitants de Montpellier coupables de délits commerciaux. I, 190; II, 123. — Approuve la perception des oboles de Lattes. II, 74 et 123.

GRÉGOIRE X interdit aux habitants de Montpellier de fournir aux Sarrazins ni armes, ni navires, ni autres choses prohibées. I, 266, et II, 18.

GRÉGOIRE XI interdit aux débiteurs les églises comme asiles. I, 224.
— Écrit au juge d'Arborea, au doge de Gènes et au roi d'Aragon, en faveur des habitants de Montpellier. II, 124 et 294.

GRIMALDI (Charles) traite avec Philippe de Valois pour le commerce de la Méditerranée. I, 157; II, 164.

GUI DE LA CHARITÉ, évêque de Soissons, procède, au nom de Philippe le Bel, à une enquête touchant le commerce maritime de Montpellier. I, 85 et 326.

GUI CHEVRIER, sénéchal de Beaucaire, protège les habitants de Montpellier contre les exigences du péager de la Radelle. I, 465.

GUI DE LUSIGNAN, roi de Jérusalem, favorise les marchands de Montpellier. II, 2.

GUILLAUME CHRISTOL, évêque de Maguelone, s'engage à ne pas établir de teinturerie d'écarlate à Montpellier, sans le consentement de Jayme Ier. I, 21.

GUILLAUME DE NOGARET autorise pour Montpellier la liberté d'importation et d'exportation. I, 425.

GUILLEM V, seigneur de Montpellier, exclut les Juifs des fonctions publiques. I, 3. — Traite avec le comte de Melgueil Raymond II touchant les péages. I, 8. — Est regardé comme l'auteur de l'établissement des consuls de mer de Montpellier. II, 70.

GUILLEM VI stipule en 1140 avec l'évêque de Maguelone Raymond Ier au sujet du port de Lattes. I, 5 et 76. — Concessions qu'il fait aux Génois. I, 92.

GUILLEM VII traite, pour le commerce maritime de Montpellier, avec les Génois. I, 95.—A à souffrir de leurs déprédations. I, 97.
— Fait une convention commerciale avec les Pisans I, 97 et 180.

GUILLEM VIII promet de renoncer aux nouveaux péages. I, 8. — Promulgue un statut concernant la draperie rouge de Montpellier. I, 20. — Favorise les commerçants du port de Lattes. I, 76 et 187. — Stipule avec les Génois et les Pisans. I, 107. — Affecte une place de Montpellier à la vente des cuirs. I, 186.

# H

HENRI II, roi de France, simplifie la perception des droits de péage. I, 10. — Ses dispositions au sujet du grau de Melgueil. I, 55, — à l'égard de l'élection des consuls majeurs de Montpellier. II, 63.

HENRI III autorise la vente et l'exportation des vins de Frontignan. II, 492

HENRI IV établit à Boutonnet quatre foires et un marché. II, 61 et 521.
— Confirme les priviléges de la draperie de Montpellier. II, 61 et 518. — Modifie le mode de l'élection consulaire pour Montpellier. II, 63 et 507. — Prescrit la construction d'un port à Cette. II, 131. — Approuve les statuts des futainiers de Montpellier. II, 516.

HENRI Ier de Lusignan, roi de Chypre, gratifie de faveurs commerciales les marchands de Montpellier. II, 3.

HÔTELLERIES. Lettres de la reine Jeanne de Navarre les concernant. II, 285.

HUGUES IV de Lusignan, roi de Chypre. Ses relations de commerce avec Montpellier. II, 9. — Avantages qu'il concède aux marchands de cette ville. II, 14.

HYÈRES. Ses rapports commerciaux avec Montpellier. II, 35.

## I

INDES-ORIENTALES (Compagnie des). — Lettre de Louis XIV aux consuls et habitants de Montpellier à son sujet. II, 533.
INDUSTRIE. Son importance à Montpellier au moyen âge. I, 19-38. — Se pratiquait parfois en société. II, 99. — Statuts divers qui la régissaient. II, 105. — Son cantonnement. II, 107. — Son degré de moralité. II, 109 et 356.
INNOCENT IV protège les marchands de Montpellier contre les prétentions des nobles de la province de Narbonne. I, 9, 204. —Confirme les avantages commerciaux concédés aux marchands de Montpellier par le roi de Chypre Henri Ier de Lusignan. II, 4.
ITALIE. Étendue de ses relations commerciales avec Montpellier. I, 91. (*Voy.* GÊNES, PISE, etc.)
ITALIENS (Marchands) assujettis à commercer à Nimes. I, 49, 122, 277, 462, 465, 479. — Ne quittent Montpellier qu'avec peine. I, 126. — Renoncent peu à peu au commerce français. I, 144. — Reviennent à Montpellier. I, 144.—Abandonnent progressivement cette ville mais sans la délaisser tout-à-fait. I, 177. — Protestent contre certaines mesures émanées de la cour du sénéchal de Beaucaire. I, 285.

## J

JACQUES COEUR. Son commerce à Montpellier. II, 23. — Ses largesses pour la construction de la Loge de cette ville. II, 79, 373 et 380. — Recherche de ses créances, après sa disgrace. II, 375.
JARDINIERS. I, 37.
JAYME Ier, roi d'Aragon et seigneur de Montpellier, statue concernant la teinturerie d'écarlate. I, 22 et 254, — touchant la vente des marchandises. I, 32.—Inféode aux habitants de Montpellier le littoral compris entre Cette et Aiguesmortes. I, 77 et 195. — Traite, au sujet du commerce, avec Gènes, Pise, etc. I, 108 et 109, — avec le roi de Tunis. II, 20. — Autorise la construction de maisons à Lattes. I, 190. — Exempte des droits de leude et de péage les habitants de Montpellier dans ses divers états. I, 194. — Décrète pour et contre les Juifs de Montpellier. I, 219, 240. — Détermine les droits dus par les marchandises venant de Gènes. I, 263. — Autorise dans ses terres la libre exportation pour Montpellier. I, 265 ; II, 26, 27. — Stipule avec l'église de Maguelone relativement aux péages et à la navigation. I, 270. — Octroie la faculté d'établir un consulat à Alexandrie. II, 87.
JAYME II, roi de Majorque et seigneur de Montpellier, règle la teinturerie d'écarlate et le pesage des laines. I, 22 et 299. — Modifie le tarif des droits de vente. I, 31. — Traite avec les Génois. I, 110, 136, 138, 405, 412 ; et avec les Pisans. I, 135, 392. — Délègue pour agir avec un envoyé de Philippe le Bel. I, 289. — Prend parti en faveur de ses sujets rançonnés par les Génois. I, 424. — Renouvelle le traité de Jayme Ier avec le roi de Tunis. II, 20.

JAYME III, roi de Majorque et seigneur de Montpellier, transige avec Philippe de Valois à l'occasion du commerce maritime. I, 79.—Vend au roi de France la seigneurie de Montpellier. I, 170. — Fait un traité de commerce avec le roi de Maroc. II, 21.

JEAN, roi de France, maintient le privilége du port d'Aiguesmortes. I, 53. — Interdit la restauration du port de Narbonne, *ibid*. — Prescrit celle du port d'Aiguesmortes. I, 64; II, 92. — Combat la piraterie, dans l'intérêt du commerce. I, 173. — Suspend, au profit des habitants de Montpellier, l'exercice du droit de marque. II, 13, 243, 247. — Intervient en faveur de leur libre circulation. II, 218. — Les patronne au sujet d'une expertise de safran avarié. II, 222. — Prend leur défense contre les marchands italiens des Conventions-royaux de Nimes. II, 224, — contre les exigences usuraires des Juifs. II, 250.

JEAN, comte d'Armagnac, lieutenant-général en Languedoc, interdit l'exportation des denrées alimentaires hors des limites du royaume de France. II, 219.

JEAN, duc de Berri, lieutenant-royal en Languedoc, exempte de l'impôt dans les localités où ils s'arrêtent les facteurs des marchands de Montpellier. II, 47 et 310.

JEAN, comte de Poitiers, lieutenant-général en Languedoc, autorise les habitants de Montpellier à faire entrer par les graux les blés nécessaires à leur subsistance. II, 239.

JEAN de Varennes, sénéchal de Beaucaire, prescrit la mise à exécution des lettres de Philippe le Bel pour l'importation des vivres et l'exportation des vins dans la baronnie de Montpellier. I, 391.

JEANNE, reine de Navarre, écrit au sujet des hôtelleries de Montpellier. II, 285.

JUIFS. Leur position sociale à Montpellier. I, 2. — Leur exclusion des fonctions publiques. I, 3. — Leur importance financière. I, 3. Le Juif étranger est astreint à un péage. I, 30, 33 ; II, 30. — Cantonnement et isolement de la population juive. I, 33. — Dispositions de Jayme Ier concernant les Juifs. I, 219, 240; II, 117. — Philippe le Long réprime, à son tour, leurs tendances usuraires. I, 461, — ainsi que le roi Jean. II, 250.

JUPONNIERS ou jupiers. I, 36.

## L

LABOUREURS et cultivateurs. I, 35 et 37. — Règlement qui fixe le prix de leur journée. II, 192.

LALA (Bernard de). Ses lettres de bourgeoisie, II, 456.

LANGUEDOC. Dispositions concernant son commerce en général. II, 336, 361, 394.

LATTES. Transaction de 1140, où figure son port. I, 5.— Sa robine. I, 41 ; II, 72, 529.—Le maréchal Arnoul d'Audrehem en autorise l'usage. I, 53. — Aspect de cette localité au XIVe siècle. I, 83. — Jayme Ier y autorise la construction de diverses maisons. I, 190. — Police du port. I, 513. — Chemin entretenu par les consuls de mer. II, 72 — Oboles de Lattes. II, 73. — Leur arrentement. II, 220 et 248.

LÉON V, roi d'Arménie, maintient les concessions commerciales faites par son père le roi Oschïn aux marchands de Montpellier. II, 9 et 10.

LEUCATE, objet de l'attention des rois de France. I, 65.— Charles V défend d'y transporter le privilége du port d'Aiguesmortes. II, 232, 237.

LEUDE des chemins de Béziers à Narbonne, et de Saint-Thibéry à Marseillan. I, 7. — Leude perçue à Montpellier sur divers objets de commerce. I, 29-33. — Leude de Narbonne. Accord la concernant. I, 179. — Leude de Balaruc. Son tarif. II, 190.

LEVANT. Transaction entre Pierre Teric et les bourgeois de Montpellier touchant le commerce qu'y faisait cette ville. I, 214. — Bulle de Grégoire X réglant ce commerce. I, 266. — A quelle époque il remonte. II, 1. — Son développement dans les diverses échelles. II, 2 — Il reçoit de Jacques Cœur un surcroît d'activité. II, 23.

LEZ. Son rôle dans le développement du commerce maritime de Montpellier. I, 41. — Robine ou canal du Lez. I, 41 et 486. — Charles VI ordonne de rétablir ou de réparer les ponts du Lez. II, 48 et 316.

LOBET (Étienne). Sa nomination et ses provisions comme capitaine des marchands aux foires de France et de Champagne. I, 201, 204 ; II, 90.

LOGE de Montpellier. Le duc Louis d'Anjou, lieutenant-général en Languedoc, aide à la bâtir. II, 46, 78 302, — ainsi que Charles V. II, 78, 304, — que Charles VII. II, 78, 370, 380, — et que Jacques Cœur. II, 79, 373, 380 — Elle est le siège judiciaire des consuls de mer. II, 77, 383. — Sert de lieu de réunion aux marchands. II, 79, — au culte. II, 79. — Son emplacement. II, 77. — Sa description. II, 80.

LOGE (Petite). II, 82.

LOMBARDS. Leurs rapports commerciaux avec Montpellier. I, 4, 122. — Ils ralentissent leurs opérations, et se retirent peu à peu. I, 144. — Ils reviennent à Montpellier. I, 144 — Ils s'en éloignent encore. I, 177. — Leurs habitudes usuraires. II, 193.

LOUIS VIII, roi de France, accorde des lettres de sauvegarde aux habitants de Montpellier. I, 189 ; II, 42, 119.

LOUIS IX fonde le port d'Aiguesmortes. I, 43. — Le fait concourir à hâter dans le Midi les progrès de la royauté. I, 46. — Établit à Aiguesmortes l'impôt d'un denier pour livre. I, 47. — Confirme pour ses domaines la liberté commerciale des habitants de Montpellier. I, 221 ; II, 42, 119, 120. — Prescrit réparation, de la part des Marseillais, aux bourgeois de Montpellier. I, 223, et II, 33, — qu'il assimile à ses propres bourgeois. II, 121. — Fondé la cour du Petit-Scel. II, 125.

LOUIS X double l'impôt du denier pour livre dans le port d'Aiguesmortes. I, 48. — Négocie avec les Génois en faveur du commerce montpelliérain. I, 143 — Protège les marchands de Montpellier contre les exigences des péagers de la Radelle. I, 439.

LOUIS XI favorise les ports d'Agde et d'Aiguesmortes. II, 53. — Statue sur la vente des grains et sur la fabrication des draps à Montpellier. II, 54. — Accorde à cette ville un dégrèvement d'impôts. II, 55 et 392. — Érige à Montpellier l'art de la draperie. II, 58 et 387. — Décerne aux consuls de mer de Montpellier un pouvoir judiciaire. II, 75 et 385.

LOUIS XII s'efforce de ranimer le commerce et la prospérité de Montpellier. II, 59. — Confirme les priviléges de la draperie montpelliéraine. II, 59. — Ajoute deux marchés aux deux foires déjà existantes. II, 60, 472 et 478. — Intervient en faveur des marchands catalans établis à Montpellier. II, 470, — contre les avocats, notaires et praticiens qui prétendaient au consulat. II, 485.

LOUIS XIII favorise la draperie de Montpellier. II, 64 et 523. —

Confirme les priviléges judiciaires des consuls de mer. II, 64, 75 et 526.— Érige en Languedoc sept siéges d'amirauté. II, 132.

Louis XIV invite le commerce de Montpellier à particuper aux opérations de la Compagnie des Indes-Orientales. II, 66 et 533. — Crée le canal des deux mers et le port de Cette. II, 67, 131.

Louis, duc d'Anjou, lieutenant-général en Languedoc, reçoit de son frère Charles V l'ordre de presser activement la réparation du port d'Aiguesmortes. I, 67. — S'occupe de ce travail, *ibid.* — Accorde aux marchands de Montpellier un sauf-conduit pour la foire de Pézenas. II, 46 et 296. — Aide à la construction de la Loge de Montpellier. II, 46, 78 et 302. — Écrit au sujet du cours des monnaies. II, 274. — Ratifie un règlement relatif à la culture des vignes. II, 277. — Maintient la liberté des communications avec Aiguesmortes en dehors de la Radelle. II, 278. — Interdit l'exportation des grains. II, 279. — L'autorise pour Montpellier. II, 292, — et de sénéchaussée à sénéchaussée. II, 297. — Suspend la perception d'un impôt abusivement introduit dans le port d'Aiguesmortes. II, 300.

LUNEL partage le droit de présentation pour le renouvellement des officiers de la claverie d'Aiguesmortes. II, 92, 251. — Robine de Lunel, II, 257.

LYON. Ses avantages commerciaux. II, 53.

## M

MAGUELONE. Droits féodaux de ses évêques sur la navigation. I, 78, 260, 270. — Grau de Maguelone. I, 86, et II, 77.

MAILLERS. Receveurs des mailles ou oboles de Lattes. II, 71.

MAJORQUE. Établissements qu'y possédait le commerce de Montpellier. I, 12; II, 26. — Plusieurs de ses habitants se livrent à la piraterie. I, 150.

MARQUE (Droit de). Dispositions le concernant prises par S. Louis. II, 119, — par Philippe de Valois. I, 149, 154 156, 483, — par le roi Jean. II, 43, 243, 247, — par Charles VIII. II, 57, — par Jean de la Roche-Aymont II, 415. — Usages de Montpellier à ce sujet. II, 101, 112.

MARSEILLE. Ses relations commerciales avec Montpellier. II, 32, 112. — Sa supériorité maritime. II, 54, 136.—Lettre de son viguier, relative à une réduction du droit de marque. II, 226.

MASSE (Pierre). Missions de ce légiste auprès de la république de Gênes. I, 139, 143, 426, 442.

MAZELIERS, ou bouchers. I, 35 et 36.

MELGUEIL. Graux de sa plage. II, 199, 200 et 445.

MERCIERS. I, 35, 36 et 37.

MESURES. Fabricants de mesures. I, 37.—Gardes des poids et mesures. I, 37 ; II, 107. —Poids et balances de Montpellier également en usage à Nimes. I, 124, 281. — Uniformité des poids et mesures. II, 106.

MEUNIERS. I, 37.

MIRO (Pierre). Sa réception comme bourgeois de Montpellier. II, 465.

MONNAIES. Lettres du duc Louis d'Anjou à leur sujet. II, 274.

MONNAIE arabe, à l'usage du commerce de Montpellier dans le Levant. II, 21.

MONTAGNAC forme opposition à la tenue des foires établies à Montpellier par Charles VIII. II, 57, 60, 407.

MONTÉLIMAR. Ses rapports commerciaux avec Montpellier. II, 36.

MONTPELLIER. Avantages de sa position pour le commerce maritime. I, 2. — Ses conciles de 1195 et de 1214 décrètent sur la police des péages, l'usure. etc. I, 9. — Son état politique favorise beaucoup l'essor de son commerce. I, 11. — Sa décadence au XVᵉ siècle. I, 11; II, 355. — Sa population. I, 19. — Ses traités de commerce avec Gênes. I, 93, 95, 107, 108, 109, 112. 114, 241 ; — avec Pise. I, 107, 108. 135; — avec Nice. I, 108, — avec Antibes, Hyères et Toulon. I, 109, — avec Vintimille. I, 113, — avec le comte Azemar de Valence. I, 255, — avec Avignon. I, 273, — avec Marseille. II, 32, — avec Agde, Arles, Frontignan, Montélimar. II, 35 et 36. — Est condamné à perdre une partie de ses marchands italiens, qu'appelle à Nimes Philippe le Hardi. I, 126. — S'efforce de les retenir. I. 291. — Les recouvre. I, 144, 171. — Obtient de Philippe de Valois l'annulation d'un traité avec Charles Grimaldi et Antoine Doria. I, 158. — S'oppose aux prétentions des Génois sur le monopole du commerce méditerranéen. I, 167 et 170. — Voit diminuer peu à peu sa colonie italienne. I, 177. — Ancienneté de son commerce en Orient. II, 1. — Développement et vicissitudes de ce commerce. II, 2. — Ses ramifications à Tyr. II, 2, — à Saint-Jean-d'Acre. II, 2, — dans l'île de Chypre. II, 4, 14, — dans la principauté d'Antioche. II, 5, — à Constantinople et dans le reste de l'empire d'Orient. II, 6, — dans l'île de Rhodes. II, 11, — en Afrique. II, 19. — Relations de Montpellier avec l'Espagne. II, 25, — avec Narbonne. II, 29, — avec Marseille. II, 32, — avec le nord de la France et avec les pays plus septentrionaux. II, 35. — Amoindrissement progressif de Montpellier. II, 48, 55, 350, 355. — Tentatives de régénération. II, 57. — Transformation sociale de Montpellier. II, 65. — Coutumes et usages commerciaux de Montpellier. II, 94. — Agrandissement de l'enceinte de Montpellier. II, 530.

MURTA (Jean de) renouvelle auprès de la commune de Montpellier les prétentions de la république de Gênes au monopole du commerce de la Méditerranée. I, 168; II, 209.

# N

NARBONNE. Ses rapports commerciaux avec Gênes. I, 98. — Sa leude. I, 179, et II, 30. — Ses priviléges dans l'empire grec. II, 8 — Son importance au moyen âge. II, 29. — Ses relations avec Montpellier. II, 30. — Robine de Narbonne. II, 124 et 211. — Charles V réprime les entreprises de ses habitants contre le privilége du port d'Aiguesmortes. II, 232, 237.

NAUFRAGE (Droit de). Le comte de Melgueil Bernard IV y renonce, ainsi que sa fille Béatrix et que son gendre Bernard-Pelet. I, 6. — Condamné par le concile de Rome de 1078, *ibid.* — Sa persistance, *ibid.* — La ville de Narbonne est une des premières à le supprimer, *ibid.* — Guillem VI y renonce en faveur des Génois. I, 93 ; et Philippe le Hardi, en faveur des marchands italiens. I, 125.

NICE. Son traité de commerce et de réparation avec Montpellier. I, 108. — Sentence du juge de Nice à propos d'actes de piraterie commis par des Pisans. I, 236.

NIMES. Philippe le Hardi l'assigne comme résidence aux marchands italiens. I, 49, 122, 277. — Dé-

mêlés commerciaux entre ses négociants et ceux de Marseille. I, 399.
NOTAIRES, exclus du consulat, mais participant à l'élection des ouvriers de la Commune-clôture. I, 27, 36.
NUGNEZ-SANCHE, seigneur de Roussillon, accorde une sauvegarde aux commerçants de Montpellier dans ses domaines. I, 121 ; II, 27.

## O

OBOLES de Lattes. II, 73. — Leur arrentement. II, 220 et 248.
ODARD DE VILLARS reçoit cinq lettres de la reine Blanche en faveur des habitants de Montpellier. I, 212.
ORFÈVRERIE de Montpellier. Sa réputation. II, 111.
ORGIERS. I, 35 et 37.
OSCHYN, roi d'Arménie, octroie des faveurs commerciales aux marchands de Montpellier. II, 9.
OUVRIERS de la Commune-clôture. Mode et personnel de leur recrutement. I, 35, et II, 314.

## P

PASSAGE (Droit de haut) perçu sur les marchandises qui sortaient de France. I, 10.
PATRON de navire. Formule de provisions le concernant. II, 306.
PÉAGES. Leur fréquente perception sur les routes. I, 6. — Péages de l'évêque et du prévôt de Maguelone. I, 6, 260, 270. — Péage de la route de Béziers à Montpellier, affermé par le vicomte Roger II à Elzéar de Castries. I, 7. — Péage des chemins de Béziers à Narbonne et de Saint-Thibéry à Marseillan, ibid. et 181. — Stipulations du comte de Toulouse Raymond V, à titre de comte de Melgueil, et du seigneur de Montpellier Guillem VIII touchant les péages. I, 8. — Refusés en 1204 à Jayme Ier par la commune de Montpellier. I, 11. — Péage de la Radelle. I, 56, 380, 387, 465, 466, 495. — Péages indûment exigés des marchands de Montpellier. I, 301 ; II, 281.
PEIGNEURS. I, 37.
PEINTRES et vitriers. I, 35 et 37.
PELAVICINO (Hubert) protège le commerce de Montpellier en Lombardie. I, 174.
PELISSIERS, ou pelletiers. I, 35 et 36.
PETIT-SCEL. Utilité commerciale de l'établissement de cette cour à Montpellier. II, 125.
PEYRIERS. I, 35 et 37.
PÉZENAS. Le duc Louis d'Anjou accorde un sauf-conduit aux marchands de Montpellier qui se rendent à sa foire de Saint-Amans. II, 46 et 296. — Ses habitants forment opposition aux foires établies à Montpellier par Charles VIII. II, 57, 60, 407. — Lettres de Philippe de Valois en faveur des marchands qui fréquentent les foires de Pézenas II, 196.
PHILIPPE AUGUSTE, roi de France, favorise de sa protection les habitants de Montpellier. II, 42.
PHILIPPE LE HARDI maintient le denier pour livre payable au port d'Aiguesmortes. I, 48. — Impose aux marchands italiens l'obligation d'aborder à ce port, et de fixer à Nimes le centre de leur commerce. I, 49, 122, 277. — Autorise le transport des grains à Montpellier. I, 284.
PHILIPPE LE BEL perpétue le paiement du denier pour livre au port d'Aiguesmortes. I, 48. — Acquiert les salins de Peccais, la part antique de Montpellier et la baronnie de Lunel. I, 57. — Conserve aux habitants de Montpellier l'immu-

nité du péage de la Radelle. I, 58, 380. — Sa tactique à ce sujet. I, 59. — Fait faire une enquête relativement au commerce maritime de la plage voisine d'Aiguesmortes. I, 85 et 326. — Maintient pour les marchands italiens l'obligation de commercer à Nimes. I, 127. — Acquiert en 1293 la partie épiscopale de la ville de Montpellier. I, 132. — Sa politique à l'égard du commerce montpelliérain. I, 133. — Il le protège en face des Génois. I, 138, 436, 437. — Autorise l'importation des grains et autres denrées alimentaires à Montpellier. I, 292 et 325. — Patroune le capitaine des marchands de Montpellier aux foires de Champagne. I, 296; II, 91. — Assure à l'évêque de Maguelone et au roi de Majorque leurs droits commerciaux. I, 296. — Prescrit la liberté du commerce des vins dans le ressort de la baronnie de Montpellier. I, 298 et 325. — Prend la défense des marchands de Montpellier indûment frappés de droits de péage. I, 301. — — Installe à Montpellier la cour du Petit-Scel, fondée par S. Louis. II, 125.

PHILIPPE LE LONG négocie avec les Génois, en faveur du commerce de Montpellier. I, 143, 442. — Remet en vigueur pour les marchands italiens l'obligation de commercer à Nimes. I, 145, 462. — Protège le commerce de Montpellier. I, 457, 460, — et l'ensemble des habitants de cette ville. I, 460; II, 121, — contre les excès usuraires des Juifs. I, 461.

PHILIPPE DE VALOIS s'occupe de faire réparer le port d'Aiguesmortes. I, 63, — et la robine de Lattes. I, 72, 486. — Permet temporairement la navigation par les graux. I, 73, 464; II, 156, 162, 183, 199. — Traite avec Jayme III au sujet du commerce maritime de Montpellier. I, 79. — Exige des marchands italiens qu'ils continuent de résider à Nimes. I, 145, 463, 479. — Statue contre les pirates espagnols et italiens. I, 147, 483, 484, 497, et II, 139, — réprime l'usure. I, 496, — avec discrétion toutefois. I, 519. — Concède aux génois Charles Grimaldi et Antoine Doria le monopole du commerce de la Méditerranée. I, 157; II, 164. — Le leur retire, sur les réclamations des marchands de Montpellier. I, 164; II, 178. — Appuie l'opposition de la commune de Montpellier aux prétentions dominatrices de la république de Gènes. I, 168. — Achève de s'établir à Montpellier, dont il acquiert définitivement la seigneurie. I, 170. — Prescrit la libre circulation des marchandises. I, 477; II, 195. — Défend la liberté des marchands montpelliérains contre le zèle intempestif de ses officiers. II, 118, 193, 195, 213. — Adoucit à Montpellier la rigueur des ordonnances monétaires. II, 118 et 191. — Repousse les prétentions des péagers de Narbonne. II, 121 et 211, — et les entreprises fiscales du roi de Majorque. II, 122. — Interdit l'exportation du blé. II, 176. — L'autorise pour Montpellier. II, 186. — Vient en aide aux marchands qui fréquentent les foires de Pézenas. II, 196.

PHILIPPE DE PRIE, sénéchal de Beaucaire, exécute les ordres de Philippe de Valois contre les pirates. I, 149, 506.

PIERRE II, roi d'Aragon et seigneur de Montpellier, engage aux consuls de cette ville le château de Lattes. I, 76. — Accorde aux marchands de Montpellier le droit de commercer librement dans ses états. II, 26.

PIERRE Ier DE LUSIGNAN, roi de Chypre, concède aux marchands de Montpellier des privilèges pour leur commerce. II, 14 et 259.

PIERRE DE CASTELNAU, capitaine des

marchands aux foires de Champagne. 1, 228, 273.

PIERRE DE CONQUES, évêque de Maguelone, inféode aux consuls de mer de Montpellier un endroit de la plage du comté de Melgueil, pour ouvrir un grau et bâtir une tour. 1, 71 et 209.

PIERRE DE MELGUEIL, évêque de Maguelone, stipule au sujet de la leude de Narbonne. I, 179.

PIERRE, comte de Melgueil, engage à l'église de Maguelone ses droits sur la navigation. I, 44. — Se désiste de la perception d'une leude ou d'un péage qui lui appartenait à Castelnau, *ibid*.

PIERRE DE LA PALU, sénéchal de Beaucaire, écrit au recteur et au juge royal de Montpellier, à l'occasion d'un règlement qui fixait le prix de la journée des cultivateurs et des artisans de cette dernière ville. II, 192.

PIRATERIE, redoutée jusque dans le port d'Aiguesmortes. I, 69. — Exercée au détriment du commerce de Montpellier, par les Génois. I, 97, 112, 142, 146, 153, 205, 497; II, 139, — par les Pisans. I, 113, 135, 229, 236; — par les habitants de Savone. I, 146. 497; II, 139, et par les Florentins. I, 173. — Dispositions de Philippe de Valois la concernant. I, 147, 153, 480, 483, 484. — Remises en vigueur par Charles VII. I, 173; II, 363, 368. — Cas insignes de piraterie. I, 150, 152, 173, 229, 236, 506, 517. —Traité royal avec les génois Grimaldi et Antoine Doria, pour soustraire à ses périls le commerce français de la Méditerranée. I, 157.

PISE. Ses relations commerciales avec Montpellier au XIIe siècle. I, 4. — Traité avec Guillem VII. I, 97 et 180; — avec Guillem VIII I, 107; — avec Jayme Ier et les consuls de Montpellier. I, 108; — avec Jayme II. I, 135 et 392. —Exerce la piraterie. I, 229, 236.

PLOMBIERS. I, 37.

POIDS DU ROI. Tarif des droits qu'on y acquitte. I, 31. — Son emplacement. II, 78.

POIDS et mesures. Leur uniformité à Montpellier. I, 106. (*V.* MESURES.)

POISSONNIERS. I, 35 et 36.

POIVRIERS. Leur position sociale. I, 35-37.

POPULATION de Montpellier. Variété de ses éléments. I, 4.—Son chiffre présumable au XIIIe et au XVe siècle. I, 19; — au XVIIe. II, 66. Son amoindrissement au XVe. II, 355.

PORQUIÈRES (Grau de). II, 200.

PORTUGAIS reçus bourgeois de Montpellier. II, 28.

POSANDIERS. I, 37.

POTIERS. I, 26, 36; II, 106.

POULAILLERS, ou marchands de volaille. I, 36.

PROVENCE. Sa réunion au domaine de la couronne de France contribue à amoindrir Montpellier. II, 52. —Délégation des consuls de Montpellier à ce sujet. II, 390.

PSALMODI. Ses moines cèdent à S. Louis l'emplacement d'Aiguesmortes. I, 43.

# R

RABASTENS (Pierre-Raymond de), sénéchal de Beaucaire, prescrit des travaux de réparation au port d'Aiguesmortes. I, 65. — Présente à Charles V un règlement le concernant, *ibid.*, et II, 92.

RADELLE. Rôle de ce canal dans la pratique du commerce de Montpellier. I, 55. — Concession du seigneur de Lunel Raymond Gaucelin, affranchissant du péage de la Radelle les habitants de Montpellier. I, 56 et 218. —Maintenue par Philippe le Bel et ses succes-

seurs. I, 57, 76, 380, 387, 439, 465, 466; II, 253. — N'est pas la route obligée pour communiquer avec Aiguesmortes. II, 278.
RAYMOND Ier, évêque de Maguelone, traite avec le seigneur de Montpellier Guillem VI, au sujet de leurs ports respectifs. I, 5 et 76.
RAYMOND V, comte de Toulouse. Son traité avec les Génois. I, 98. — Conséquences qu'ils essaient d'en tirer. I, 165. — Opposition des consuls de Montpellier. I, 167.
RAYMOND GAUCELIN, seigneur de Lunel, affranchit les habitants de Montpellier du péage de la Radelle. I, 56 et 218.
RAYMOND DE SALGES, délégué en Languedoc par Philippe de Valois pour une enquête commerciale. I, 164; II, 178.
RÉGENTS des marchands naviguants. Mode de leur élection. II, 440.
RÈGLEMENTS somptuaires, indice de la richesse de Montpellier. I, 13.
REPRÉSAILLES (Droit de). (*Voy.* MARQUES.)
RÈVE (Droit de) perçu par les rois de France. I, 10, — par les Génois sur les marchandises venant de Montpellier. I, 137.
REVENDEURS. I, 37.
RHODES. Priviléges commerciaux des marchands de Montpellier dans cette île. II, 11.
RHÔNE. Droits de péages qui y entravaient la navigation. I, 10. — Soin qu'apporte Montpellier à se la ménager libre. II, 35.
RICHARD NEVEU, archidiacre de Lisieux, fait, de la part de Philippe le Bel, une enquête touchant le commerce maritime de Montpellier. I, 85 et 326.
RIQUET DE BONREPOS (Paul). Son canal des deux mers. II, 131, 133.
ROBERT DE POMAIS, lieutenant du sénéchal de Beaucaire Philippe de Prie, sévit contre les pirates siciliens. I, 157 et 517.
ROCELS. Leur société commerciale au XIVe siècle. I, 423.
ROCHE-AYMONT (Jean de la). Ses lettres concernant les marques et représailles. II, 415.
ROGER II, vicomte de Béziers, afferme les péages entre Montpellier et Narbonne. I, 7 et 181.
ROGER DE PINS, grand-maître des chevaliers de Rhodes, accorde divers avantages commerciaux aux marchands de Montpellier. II, 11.
ROUTES. Le vicomte Roger II pourvoit à la sécurité de celle de Béziers à Montpellier. I, 7.

# S

SABATIERS, ou cordonniers. I, 35 et 37.
SAFRAN. Surveillance dont il est l'objet. I, 471, 474; II, 110, 222.
SAINT-JEAN-D'ACRE. Faveurs et importance dont y jouissaient les marchands de Montpellier. II, 2, 8. — Sert de théâtre à leur rivalité avec les Marseillais. II, 33.
SANCHE, roi de Majorque et seigneur de Montpellier, négocie avec les Génois au profit des marchands montpelliérains. I, 141. — Renouvelle le traité de commerce de Jayme Ier avec le roi de Tunis. II, 20.
SARRAZINS. Leur position sociale à Montpellier. I, 3. — Sont assujettis à un droit de péage. I, 30; II, 30. — Sont l'objet d'un trafic. II, 11, 17. — Mesures qui règlent leurs rapports commerciaux avec les Chrétiens. II, 18.
SAUNIERS. I, 37.
SAVONE. Ses habitants pratiquent l'usure et la piraterie. I, 146. —

Dispositions de Philippe de Valois les concernant. I, 147, 153 497; II, 139.
SEDIERS. Représentants de l'industrie sérigène à Montpellier. I, 35 et 36.

SELLIERS. I, 36.
SERRURIERS. I, 37.
SICILE. Ses relations commerciales avec Montpellier. I, 175.
SIENNE. Ses relations avec Montpellier. I, 177, 257.

T

TAILLEURS. I, 36.
TALLEYRAND DE PÉRIGORD, cardinal, a des intérêts commerciaux à Montpellier. II, 22.
TEINTURIERS. I, 19-25. — Règlements à l'usage de leur corporation. II, 105 et 179. — Leur part dans les fonctions municipales. I, 36. — Statut de Jayme I<sup>er</sup> les concernant. I, 254. — Statut de Jayme II. I, 299.
TEISSIERS, ou tisserands. I, 37. — Statuts à leur usage. II, 500.
TERIC (Pierre) transige avec les consuls et les marchands de Montpellier au sujet du commerce du Levant. I, 214. — Est chargé par Jayme I<sup>er</sup> d'une mission auprès du prince d'Antioche. I, 220.
THIBAUD DE CORBEIL, délégué par Philippe le Bel pour informer au sujet du commerce italien. I, 130, 288.
TOILES. Franchise de leur commerce déterminée par Philippe de Valois. I, 505. — Leur tissage à Montpellier. II, 62. — Leur vente. II, 105.

TOLÉRANCE sociale et commerciale des seigneurs et des bourgeois de Montpellier. I, 3, 4; II, 22.
TOULON. Ses rapports commerciaux avec Montpellier. II, 35.
TOULOUSE. Ses capitouls sont priés par les consuls de Montpellier d'envoyer un consul à Gênes. I, 146 et 479.
TRAITÉS de commerce, constatés pour Montpellier dès le XII<sup>e</sup> siècle. I, 5 ; — avec Gênes. I, 93, 107, 108, 109, 110, 119, 136, 138 ; — avec Pise. I, 97, 107, 108, 135; — avec Antibes, Hyères, Toulon. I, 109 ; II, 35 ; — avec Nice. I, 108 ; — avec Vintimille. I, 113 ; — avec Marseille. II, 32; — avec Avignon, Arles, Frontignan, Valence, Montélimar. II, 35 ; — avec le roi de Tunis. II, 20 ; — avec le roi de Maroc. II, 21.
TRIPOLI. Priviléges dont y jouissaient les marchands de Montpellier. II, 5.
TYR. Les marchands de Montpellier ont droit d'y avoir un consulat. II, 2.

U

URBAIN V interdit aux débiteurs les églises comme asiles. I, 224. — Favorise le commerce de Montpellier avec le Levant. II, 19, 123, 265. — S'intéresse en faveur du drapier Bernard Franc. II, 273.
USURE, anathématisée par les conciles. I, 9 ; II, 17. — Réprimée par Jayme I<sup>er</sup>. I, 240 ; — par Philippe le Long. I, 461 ; — par Philippe de Valois. I, 496, 519 ; — par le roi Jean. II, 250. — Est antipathique au caractère de la population de Montpellier. II, 116.

V

VALENCE. Son comte Azemar fait une convention d'amitié et de commerce avec les consuls de Montpellier. I, 255, et II, 36.

VALENTE (Jean de). Son opposition à l'exercice de la piraterie génoise. I, 172.
VENISE. Ses relations commerciales avec Montpellier. I, 174 et 175.
VENTE des marchandises. Publication, la concernant. II, 321. — Lettres de Charles VI à son sujet. II, 336.
VERDET. Ancienne importance de ce genre d'industrie à Montpellier. I, 19.
VERRIERS. I, 36.
VIC (Grau de). I, 86. — Époque de son ouverture, ibid.
VIGNES. Le duc Louis d'Anjou ratifie un règlement relatif à leur culture. II, 277.
VINS, objet d'exportation à Montpellier. I, 18, et II, 17. — Crieurs de vin. I, 37. — Philippe le Bel favorise cette branche du commerce montpelliérain. I, 134 et 298 — — Philippe le Long appuie un statut consulaire concernant la vendange. I, 441. — Charles IX et Henri III encouragent la vente et l'exportation des vins de Frontignan. II, 492.
VINTIMILLE signe avec Montpellier un traité de commerce et de réparation. I, 113.
VISCONTI (Jean). Ses efforts pour détruire la piraterie. I, 173.
VITRIERS. I, 36.
VIVRES (Voy. GRAINS ET DENRÉES ALIMENTAIRES).

## Z

ZENO (Renier, protège, dans le territoire de la république de Venise, les marchands de Montpellier. I, 174.

FIN DE LA TABLE GÉNÉRALE ET ALPHABÉTIQUE.

PRINCIPALES PUBLICATIONS DU MÊME AUTEUR.

Histoire de l'Église de Nimes, depuis ses origines jusqu'à nos jours. 2 vol. in-8°, 1838-1842

Histoire de la Commune de Montpellier, depuis ses origines jusqu'à son incorporation définitive a la monarchie française. 3 vol. in-8°, 1854.

Mélanges académiques d'histoire et d'archéologie. 2 vol. in-1°, 1817-1860.

www.ingramcontent.com/pod-product-compliance
Lightning Source LLC
Chambersburg PA
CBHW050422240426
43661CB00055B/2240